U0784088

黄帝陵·文化自信
清明学术交流会论文选集

陕西省公祭黄帝陵工作委员会办公室
西北大学中国思想文化研究所 编

西北大学出版社

图书在版编目（CIP）数据

黄帝陵·文化自信清明学术交流会论文选集/陕西省公祭黄帝陵工作委员会办公室，西北大学中国思想文化研究所编. —西安：西北大学出版社，2017.10

ISBN 978-7-5604-3787-3

Ⅰ.①黄… Ⅱ.①陕… ②西… Ⅲ.①黄帝陵—学术会议—文集 Ⅳ.①K878.41-53

中国版本图书馆 CIP 数据核字（2017）第 263209 号

黄帝陵·文化自信清明学术交流会论文选集

作　　者：陕西省公祭黄帝陵工作委员会办公室，西北大学中国思想文化研究所　编

出版发行：西北大学出版社

地　　址：西安市太白北路 229 号

邮　　编：710069

电　　话：029-88303059

经　　销：全国新华书店

印　　装：西安华新彩印有限责任公司

开　　本：787 毫米×1092 毫米　1/16

印　　张：40.75

字　　数：707 千字

版　　次：2017 年 10 月第 1 版第 1 次印刷

书　　号：ISBN 978-7-5604-3787-3

定　　价：92.00 元

陕西省人民政府常务副省长梁桂在学术交流会开幕式上作重要讲话

陕西省人民政府副秘书长张光进主持学术交流会开幕式

学术交流会开幕式

学术交流会会场一角

西北大学名誉校长、清华大学暨西北大学教授张岂之先生在学术交流会开幕式上致辞

西北大学党委书记王亚杰在学术交流会开幕式上致辞

“黄帝陵·文化自信”清明学术交流会与会代表合影

在“黄帝陵·文化自信”学术交流会上的致辞

中共陕西省委常委、常委副省长
陕西省公祭黄帝陵工作委员会主任　梁　桂

尊敬的各位专家学者，同志们、朋友们：

在清明时节里，我们相聚古都西安，围绕“黄帝陵·文化自信”开展研讨交流，很有意义。4月4日，由陕西省人民政府、国务院台湾事务办公室、国务院侨务办公室共同举办的公祭黄帝大典，将在桥山黄帝陵如期举行。我们这个交流会，是整个公祭系列活动的重要组成部分。在此，请允许我代表中共陕西省委、陕西省人民政府，对出席今天学术交流会的贵宾们，表示热烈的欢迎！对长期以来关注支持陕西发展的各位专家学者，表示衷心的感谢！

轩辕黄帝是中华民族的伟大先祖，是中华文明的开拓者和奠基者。《史记》载，黄帝“修德振兵，治五气，艺五种，抚万民，度四方”，功勋赫赫、日月可彰。五千年后的今天，我们依然在“得其利、畏其神、用其教”。习近平总书记讲，“不论树的影子有多长，根永远扎在土里”。我体会，黄帝就是我们民族深扎在土里的根。随着时代的发展进步，这种根脉意识越来越强烈。作为中华文明的重要精神标识，黄帝是凝聚全体炎黄子孙的鲜艳旗帜，是我们文化自信的重要源泉。

浩荡华夏五千年，巍巍桥山聚华魂。黄帝陵是我们民族记忆最生动的教科书。自秦汉至今，桥山公祭黄帝一直是华夏儿女寻根祭祖的伟大精神盛典。到陕西寻根、到黄陵祭祖，正渐化为全体炎黄子孙的行动自觉。在黄帝的旗帜之下，全球华人的民族认同感和凝聚力与日俱增。从这个意义上说，到桥山公祭黄帝本身就是对于中华文化的自信。这种自信深沉、持久、深刻，支撑和导引着全体炎黄子孙心向伟大祖国、投身民族复兴事业的热忱。

各位专家学者！大家脚下的这片三秦热土，不仅是黄帝陵寝的所在地，更是中华文化的重要高地，赓续着泱泱大国的文明史。周秦汉唐等十三个封建王朝在此建都，缔造出一幕幕盛世华章，中华传统文化成了陕西最靓丽的名片之一。党中央在延安的十三年，开启了中华文明的新时代，革命文化的自信吸引着无数爱国青年来到了黄土高原。新中国成立后，特别是改革开放以来，陕西进入了跨越式发展的新时期，无论是物质文明建设还是精神文明建设都取得了辉煌成就，社会主义文化、现代文明都达到了新的高度。所以，在建设文化自信上，陕西优势十分明显。

2015 年春节前，习近平总书记来陕视察时，对陕西提出了“五个扎实”要求和追赶超越的定位，特别强调要扎实推进文化建设，注重发掘和利用历史文化，溯到源、找到根、寻到魂。去年，我们以省委的名义制定了进一步坚定文化自信的意见，在全国省级层面发出了先声，对传承中华文化、弘扬社会主义核心价值观、坚定文化自信、建设文化强省做了全面部署，正在扎实有序推进。诚恳地希望各位专家学者，能够利用这次学术交流会，多为陕西社会发展出谋划策。

春风得意马蹄疾，一日看尽长安花。春天的陕西风景秀丽可人，希望大家在繁忙的工作之余多走走、多看看，亲身体验陕西的文化自信。

最后，祝各位贵宾在陕工作顺利、身体健康、万事如意！

谢谢大家！

目 录

黄帝陵与黄帝文化

文化传承与学术创新

文化自信与民族复兴

黄帝陵与黄帝文化

中华文明根脉与文化自信

张岂之

（西北大学名誉校长，西北大学、清华大学教授）

各位学者、朋友们、来宾们：

欢迎诸位光临古城西安，参加2017年清明学术交流会。本次讨论的主题是：黄帝陵与文化自信。

2016年5月17日，习近平总书记在哲学社会科学工作座谈会上的讲话，对文化自信的重要性做了这样的阐述："我们说要坚定中国特色社会主义道路自信、理论自信、制度自信，说到底是要坚定文化自信。文化自信是更基本、更深沉、更持久的力量。"

2016年11月30日，习近平总书记在中国文联十大、中国作协九大开幕式上的讲话，对文化自信做了进一步论述："坚定文化自信，是事关国运兴衰、事关文化安全、事关民族精神独立性的大问题。没有文化自信，不可能写出有骨气、有个性、有神采的作品。"

总之，文化自信是国家兴衰的命脉，是民族精神独立性的基石。陕西省今年清明在西安举行的黄帝文化学术交流会，以此作为主题，十分必要。

第一，文化自信应认同中华文明从黄帝时代开始，5000多年没有中断。正如习近平总书记所说："黄帝陵是中华文明的精神标识。"

2015年9月3日，是我国抗日战争胜利70周年[①]，在阅兵式上，习近平总书记的讲话两次提到5000多年的中华文明。他说抗日战争胜利"捍卫了中华民族5000多年发展的文明成果"，"中华民族创造了具有5000多年历史的灿烂文明，也一定能够创造出灿烂的明天"。

---

① 中国抗日战争始于1931年日军入侵中国东北。中国人民经过14年抗日战争，于1945年取得伟大胜利。

关于中华文明有5000多年的历史，我国历史学家、考古学家们已有不少研究成果发表，将继续推进这方面的研究。众所皆知，世界上有四大文明古国。两河流域文明，即幼发拉底河、底格里斯河产生的巴比伦文明；埃及文明，即尼罗河文明，金字塔是它的象征；印度文明，起源于南亚次大陆的文明。

与以上古文明相比，中华文明连绵不断。从黄帝肇始，到春秋时期（即公元前770年至公元前476年，简称为公元前8世纪至公元前5世纪）、战国时期（即公元前475年至公元前220年，简称为公元前5世纪至公元前3世纪），这是中华文明异彩纷呈、百家争鸣时期，有儒家、道家、阴阳家、法家、名家（逻辑学家）、墨家、纵横家（外交家）、杂家、农家，还有在街头巷尾讲故事的“小说家”。

今天的中国特色社会主义文化，是从中华优秀传统文化遗传基因中产生发展起来的。

第二，文化自信反映了中华文明对人类文明的重大贡献。2014年3月，习近平总书记访问欧洲，他于当月27日在法国巴黎联合国教科文组织总部的讲演中说：“中国的造纸术、火药、印刷术、指南针四大发明带动了世界变革，推动了欧洲文艺复兴。”另外，中华儒学还受到18世纪法国启蒙思想家们的赞颂，他们从中吸取了丰富的精神营养。

马克思早就指出：“火药、指南针、印刷术这是预告资产阶级社会到来的三大发明。”

第三，世界上不同国家和民族都对人类文明做出了贡献，我们必须尊重世界文明的多样性。联合国规定每年5月21日为“世界文化多样性促进对话和发展日”，我国积极参加了这方面的活动。

2014年3月，习近平总书记在联合国教科文组织总部的讲演中有针对性地指出：“每一种文明都是独特的。在文明问题上，生搬硬套、削足适履不仅是不可能的，而且是十分有害的。一切文明成果都值得尊重，一切文明成果都要珍惜。”

第四，从我国北宋时思想家张载（1020—1077）的“四句教”看中华文化的特色。

河南、陕西之间有函谷关，关以西称“关中”。张载祖上为大梁人，今河南开封，后来迁到陕西郿县（今眉县）的横渠镇，他在这里讲学，人们称他为“张横渠”。

张载的思想是通过对《周易》和《孟子》的阐发而表述的，他提出：“为天地立心，为生民立命，为往圣继绝学，为万世开太平。”这四句话被称为“横渠四句”或“横渠四句教”。

第一句“为天地立心”。张载认为，人有见闻之知，这近似于我们今天所说的感性认识。除此，人还有德性之知。德性之知来源于战国中期孟子的“尽心”论。孟子认为：君子应充分发挥“大心”的作用；“大心”和我们今天所讲理性认识有相似之处。张载加以发挥，认为人有见闻之知，又有德性之知。“为天地立心”，就是沿着孟子的思路，用理性认知来思考天地万物之理。

第二句“为生民立命”，这是孔子、孟子儒学坚守的信念。孔子说：为百姓解除患难，尧和舜这些圣人也没有完全做到。张载将儒学的志向称为“为生民立命”，这符合儒学的基本信念，也反映了他生活时北宋的社会状况。当时人们面临两大困苦：一个是土地兼并，再一个是边患。土地兼并造成农民生活困难，张载在关中的郿县曾试图解决，把一些田地分给无地和少地的农民，但没有造成全国影响。总之，张载所说的“为生民立命”讲的是解决百姓们的患难困苦。

第三句“为往圣继绝学”。张载讲的“绝学”指的是孔子、孟子为代表的儒学传统。在张载看来，孟子以后没有出现过继承孔、孟思想的学人，儒学中断，成为“绝学”。唐朝韩愈虽然写了《原道》一文，提出了儒学的道统论：从西周文王、武王到春秋时孔子再到战国时孟子，这是儒家的道统。张载认为，他创立的关学，才是上接孔孟道统的传人，而且要以实际行动来实现儒家的理想，以此作为自己的使命。

第四句“为万世开太平”。这是从学术的大方向去看振兴儒学的目标，既坚守儒学一贯的经世致用原则，同时解决北宋时期的边患和土地兼并问题。

2016 年 5 月 17 日，习近平总书记在哲学社会科学工作座谈会上的讲话，有一段就是发挥张载“四句教”的。他说：“自古以来我国知识分子就有为天地立心，为生民立命，为往圣继绝学，为万世开太平的志向和传统。”这里指的是张载的“四句教”。又说：“一切有理想、有抱负的哲学社会科学工作者都应该立时代之潮头、通古今之变化、发思想之先声，积极为党和人民述学立论、建言献策，担负起历史赋予的光荣使命。”这里从一千多年前张载的“四句教”引申到今天的现实，提出我国哲学社会科学工作者应当具有的担当精神。

各位来宾、朋友们，今年1月中共中央办公厅、国务院办公厅印发了《关于实施中华优秀传统文化传承发展工程的意见》的文件，其中关于“总体目标”是这样表述的：“到2025年，中华优秀传统文化传承发展体系基本形成，研究阐发、教育普及、保护传承、创新发展、传播交流等方面协同推进并取得重要成果，具有中国特色、中国风格、中国气派的文化产品更加丰富，文化自觉和文化自信显著增强，国家文化软实力的根基更为坚实，中华文化的国际影响力明显提升。”

各位学者、来宾、朋友们，我们应当为实现这个宏伟目标而努力工作！

黄帝陵祭祀是文化自信的体现

霍彦儒

（宝鸡炎帝与周秦文化研究会会长、研究员）

“黄帝崩，葬桥山。”（《史记·五帝本纪》）陕西黄陵县桥山自汉武帝开始，就成为中华民族祭祀始祖黄帝的“国祭”之地。经过两千多年的历史，积淀了深厚的陵庙祭祀文化，其文化已成为中华传统文化的重要组成部分，其祭祀不仅体现着对中华文化的自信自觉，而且亦成为实现中华文化自信自觉的重要途径和形式。因而，黄帝陵祭祀不仅对中华文化认同、中华民族认同乃至中华国家认同，有着深远的意义，而且对坚定中华文化自信，提高中华文化自觉也有着深远的意义。

一、黄陵县桥山是中华民族“国祭”黄帝唯一祭祀地

我们说，黄陵县桥山是中华民族“国祭”黄帝唯一祭祀地，这是由历史所形成的。最早祭祀黄帝是有虞氏。公元前422年秦灵公在位三年，在今陕西宝鸡的“吴阳”（吴山之阳）“设上畤，祭黄帝；设下畤，祭炎帝。”（《史记·封禅书》）这是有文字记载的第一次“国祭”黄帝。到了秦汉时期，其统治者以祭“五帝”继续将黄帝列入“国祭”。在畤、坛、郊、庙等祭祀的同时，秦汉以后，开始了陵祭。《史记·五帝本纪》载：“黄帝崩，葬桥山。”《封禅书》又载：汉元封元年（前110），汉武帝“北巡朔方，勒兵十万。还，祭黄帝冢桥山，释兵须如。”从此以后，在黄帝畤、坛、郊、庙“国祭”黄帝之外，又增加了在今陕西黄陵县桥山“国祭”黄帝这一项。

据文献记载，“黄帝陵”之名是由唐朝李泰在《括地志》中首次提出。至唐代宗大历五年（770），“鄜州节度使臧希让上言，坊州有轩辕黄帝陵，请置庙，四时享祭，列于祀典。”（《册府元龟》）坊州（后改称中部县）即今陕西黄陵县。因此可知，在今陕西黄陵县黄帝陵庙致祭黄帝，正式开始于唐大历年

间。从此以后，在今陕西黄陵县桥山黄帝陵庙祭祀黄帝，成为国家公祭黄帝的一种行为。至宋代又制礼，三年一享，以仲秋之月，牲用太牢，祀官为本州长官，祝版请御署。明清时期多由朝廷遣官代表皇帝祭祀。要求每次祭陵的祭文、祭祀日期、祭品名称、数量和主祭、陪祭官员姓名都要刻石立碑。至今在黄帝陵庙还保存有明太祖、成祖、宣宗、代宗、英宗、武宗、世宗、穆宗、神宗、熹宗等皇帝遣使到黄陵致祭的碑文。根据《陕西省志·黄帝陵志》记载，明代皇帝遣官祭祀黄帝陵庙 14 次，其中明太祖 2 次，明宣德、代宗、英宗、武宗、正德各 1 次，明世宗 3 次，其中一次是御制祭文。以后明穆宗 1 次，明神宗 2 次，均为御制祭文，明熹宗 1 次。清代对黄帝的祭祀除了在中央历代帝王庙由皇帝主祭外，在桥山黄帝陵庙祭祀，也多由皇帝派遣专员祭祀，见于记载的共有 26 次。其中清世祖 1 次，清圣祖 8 次，清世宗 3 次，清高宗 8 次，清仁宗 2 次，清宣宗 4 次（不包括同盟会 1 次）。因主祭官员均由皇帝派遣，所以，黄帝陵庙的祭祀也都带有国家祀典的性质。

辛亥革命后，孙中山就任临时大总统，1912 年 3 月，他以大总统身份亲笔撰写祭文。这实际上也是“国祭 ”行为。中华民国时期，在黄帝陵庙共有 26 次祭祀，其中以国民党中央名义祭祀 11 次，以国民政府名义祭祀 10 次，以陕西省政府名义祭祀 2 次，以个人名义祭祀 2 次，以陕甘宁边区政府名义祭祀 1 次。在抗日战争进入全面抗战阶段前，为了国共两党合作，建立抗日统一战线，民国二十六年（1937）4 月 5 日清明节，国共两党在黄帝陵前举行了共祭仪式。中共方面的祭文是由时任中共中央政治局常委、中央革命军事委员会主席毛泽东亲自撰写的。可以说，这次祭祀也为“国祭”。

中华人民共和国成立后，自 1955 至 1963 年，公祭黄帝陵由陕西省人民政府领导主祭。在中断了 16 年后，1980 年恢复。1994 年起，每年都邀请国家领导人与陕西各界人士参加公祭。

这种国家祭祀，还体现在历朝历代由皇帝下诏、朝廷筹资或由国家出资、出政策对黄帝陵庙的整修上。自汉代立庙，唐代扩建，宋代迁址，一直到元明清、中华民国、中华人民共和国，先后大小重修、整修黄帝陵庙 30 多次。

根据《册府元龟》记载，最早一次是唐代宗大历五年（770），代宗采纳了坊州臧希让的建议，重修和扩建黄帝庙。经过两年的施工，于大历七年（772）竣工。到了宋代，据《陕西通志·艺文志》录存的宋代李昉《黄帝庙碑记》载：宋太祖开宝五年（972）赵匡胤下诏，对包括黄帝陵在内的前代功德昭著的帝王“庙貌坠而享祀寂寞”者，“当命有司，遍加兴葺”。于是，黄帝陵庙得到了重点修缮，增加了庙院、山门、过亭和大殿。为了不受沮河水的侵袭，便于祭祀，将原庙迁至桥山东麓。元至正元年（1341），元惠宗降旨，重修了由大火焚毁的保生宫，并对整个黄帝陵庙进行了较大规模的整修。明代先后对黄帝陵庙进行了六次整修。第一次为明洪武三年（1370），明太祖朱元璋在派大臣考察得知黄帝陵庙年久失修、破损严重后，旋即下旨由朝廷拨出银两，派专人负责修缮。随后，明太祖还在黄帝陵设立五品护陵官。明洪武七年（1374）降旨，在轩辕庙大殿内塑黄帝像。嘉靖四十二年（1563），见庙中道人生活困难，免除黄帝庙地税，以后历朝历代沿用。并在这一年，降旨拨银400 两，修缮黄帝陵庙。以后的天启元年（1621）、崇祯九年（1636）两次由朝廷拨出银两，对黄帝陵庙进行了较大规模的修建。整修后，黄帝陵庙“栋宇辉煌”“烨然改观”。清代分别有顺治、康熙、雍正、乾隆、嘉庆、道光等皇帝下诏，先后对黄帝陵庙重修了 12 次。这在《重修轩辕黄帝庙碑》《重修轩辕黄帝庙募缘序》等碑文中均有记载。中华民国时，黄帝陵庙先后得到国民政府和有关方面人士的 4 次整修。分别对黄帝陵道路、围墙、碑林等进行了修缮。设立了黄帝陵庙管理所、古物陈列室、奉祀官等。在进一步完善黄帝陵庙硬件设施的同时，对其软件也做了进一步完善。①

1949 年后，先后进行了大小 8 次整修。最早的一次是 1956 年，毛泽东主席根据陈嘉庚的建议，由周恩来总理落实，对黄帝陵祭祀亭、陵墓砖花墙等进行了修缮和新建。随后毛泽东主席还委托郭沫若题写了“黄帝陵”碑。以后的 1959 年、1963 年、1964 年又进行了几次修缮。最近也是规模最大的一次整修是从 1992 年开始的，分两期工程，前后历时 12 年。从整修规划的制定、资金的落实等方面都得到了党和国家领导人的重视和关心，得到了中央部委、全国各省市的支持。第一期工程，国家计委拨款 500 万元。1990 年，在整修未正式开始前，时任中共中央政治局常委、书记处书记李瑞环在陕西视察期间，对整修黄帝陵庙做出明确指示：“一定要把黄帝陵整修好，上对得起祖宗，下对

---

① 何炳武，刘宝才：《黄帝陵志》，西安：陕西人民出版社，2005 年版，第 286－289 页。

得起子孙。”整修后的黄帝陵庙，比历史上任何一个朝代的规模都要大，建筑都要宏伟。①

为了加大对黄帝陵的保护，1961 年，国务院将其公布为第一批全国重点文物保护单位，编为“古墓葬第一号”，号称“天下第一陵”。2006 年黄帝陵祭典被国务院列入第一批国家级非物质文化遗产名录，随后又被确定为全国首批 5A 级旅游景区。现在，正在申报联合国教科文组织人类非物质文化遗产代表作名录。

以上简述，虽说目前黄帝陵公祭由国台办、国侨办与陕西省人民政府共同举办，实际上已具有国家公祭的性质。而这种国家公祭是随着历史的发展而逐渐形成和确立的。

二、黄帝陵祭祀文化是中华传统文化的重要组成部分

祭祀在中国起源很早，最初是自然、图腾崇拜，随后扩展到对神对人的崇拜和祭祀，并使之上升为“国之大事”。在各类的祖先、帝王和神祇的祭祀中，黄帝祭祀始终从未中断过，且随着时间的推移，愈加隆重，其形式由畤、坛、郊、庙等祭祀，发展到陵祭。在长达两千多年的黄帝陵庙祭祀中，积淀了深厚的祭祀文化，成为中华传统文化的重要组成部分。

习近平指出：“黄帝陵是中华文明的精神标识”，“轩辕黄帝陵文化积淀十分深厚”。这句话不仅科学地指出了黄帝陵的历史定位，而且深刻地概括了黄帝陵祭祀文化的深厚内涵。那么，黄帝陵的“精神标识”和“文化积淀”主要体现在哪些方面?

首先，体现在黄帝与黄帝文化方面。黄帝陵是中华民族始祖轩辕黄帝的陵寝，不言而喻，黄帝陵祭祀的对象是黄帝。黄帝是中国远古时期的氏族部落领袖，是原始社会父系时期的代表性人物，以其文治武功统一了当时的各个氏族部落，成为中华民族最早的一位共主，开创了人类从野蛮走向文明的一系列物质文明和精神文明，开启了中华民族灿烂文化之先河。根据史书记载，黄帝的创造发明上至国家（部落）制度、国家（部落）管理，下至族民的吃、穿、

① 何炳武，刘宝才：《黄帝陵志》，西安：陕西人民出版社，2005 年版，第 286 – 288 页。

住、行，既有物质文化，又有精神文化、制度文化。于右任编著的《黄帝功德记》一书，依据历代文献古籍，将黄帝在物质文化和精神文化方面的贡献列举了20项，黄帝和黄帝时人著作60余项，黄帝的政绩列举了3项。当然，有些是假托于黄帝，不全是黄帝所为。但是，根据考古发现，至少衣食住行中的七八项或更多的内容均与黄帝或黄帝时人有关。如协和百族、教民农桑、创制舟车、采铜铸器、规划地理，以及发明书契、医术、音律、历算等。为此，于右任在其著作序文中把黄帝对中华文化、中华文明的贡献做了高度评价。他说："皇古荒昧，孰起鸿蒙？生活文物，孰为大备？黄帝不惟为中华民族之始祖，抑又为中国文化之创造者也。其发明制作，除人民衣食住行日常资用者外，尤要者如文字、算术、历数、医药、音乐等，皆万世之资，而一时已备。至于指南之针，辨方定位，迄今为世界交通所大赖。然此犹事功之章著者言耳。更加至德要道，典籍恒垂，后世玄言，动皆称述。是此精神文教之施，亦万世万类矣。"正因为黄帝有如此伟大的发明创造和贡献，所以，被后世尊为中华民族人文之始祖，成为中华古代文明之象征。如元胡一桂所说："至黄帝之世，实为文明之渐。"（《十七史纂古今通要》）。钱穆说："传说中的黄帝，是中国历史上第一个伟人，是奠定中华文明的第一座基石。"①

其次，体现在祭祀礼仪、礼器、服饰、音乐和祭文诸方面。这是祭祀文化的重要内容，体现着祭祀的"礼制"。自汉武帝起除在祖庙、圜丘、郊外、帝王庙祭祀黄帝以外，自唐代宗大历五年（770）鄜坊节度使上言请求于坊州轩辕黄帝陵置庙，并列入四时祀典，得到了朝廷的认可，从此，位于陕西黄陵县的黄帝陵也就成为祭祀黄帝的重要场所，奠定了黄帝陵祭祀黄帝的传统，逐渐形成了一套"国祭"的祭祀礼仪。根据《大唐开元礼》记载，祭祀帝王陵庙的一般仪式分为：前享五日（享官前三日散斋正寝，后二日致斋帝王庙所）、前享一日（清扫陵庙，整拂神座，安置配神）、享日未明（烹牲于橱）、赞礼引导（引亚献、终献诣盥洗处洗手及取爵献酒）、祝各进神座前跪、彻俎豆（三叩九拜）、赞礼者引初献就望瘗座。因唐代将黄帝列入帝王祭祀的范畴，所以黄帝陵祭祀也沿用的是一般帝王祭祀的仪式。宋代初年在黄帝陵置守陵五户，每年春秋"祠一太牢"（《宋史・礼志》）。据宋《政和五礼新仪》记载，

① 钱穆：《黄帝》，北京：生活・读书・新知三联书店，2004年版，第7页。

祭祀黄帝陵仪式分为时日、斋戒、陈设、省馔、行事等程序。明代初年，在对历代帝王陵庙考察、清理后，再一次确定黄帝陵庙由陕西延安府祭祀。规定每三年一祭黄帝陵庙，并将由地方官员代祭改为由朝廷派员致祭。清代对黄帝陵庙祭祀更加重视，不仅每年仍令有司以时致祭外，若遇到登基、亲政、册立、加徽号等，也要遣官告祭。《大清会典》规定历代帝王祭祀仪式分为拟祭文、造香亭、备香烛、备制帛、钦点人、择吉日、先期致斋、备祭品等。清代已形成了一套完整的祭祀黄帝陵庙的礼仪。

中华民国时，从1935年起确定黄帝陵庙祭祀为每年清明节。公祭时，在黄陵前设一祭棚，内置供桌，陈设酒醴、鲜果、时菜、杯箸、香炉、烛台等祭器。各界代表集中于陵前，举行祭祀典礼。其典礼程序分为主祭官就位、参祭者就位、上香、献爵、献花、恭读祭文、行礼、静默、奏乐、鸣炮、绕陵、摄影等。①

中华人民共和国成立后，公祭仪式在沿用古代、民国一些礼仪的基础上，又增加了一些程序，如击鼓鸣钟、乐舞告祭等。在乐舞告祭中，增加了“御龙升天”。除公祭外，于1988年重阳节，黄陵县恢复了民间祭祀黄帝陵庙活动也形成了一套礼仪形式，除与公祭程序有相同之外，更突出了民间性，增加了敬献三牲、上香、烧纸、奠酒等内容。② 台湾于每年4月24日，遥祭黄帝陵，其仪式基本上采用古代传统的祭祀礼仪。

自明代起，恭读祭文是礼仪程序中必不可少的。据统计，明清两代祭祀黄帝陵的祭文共有41篇，中华民国时共有26篇，中华人民共和国成立后共有82篇。这些祭文也已成为祭祀文化的重要内容。

再次，祭祀场地、陵地古柏也是构成“精神标识”和“文化积淀”的组成部分。祭祀礼仪的进行，必须要有一定的环境和设施。黄帝陵经过两千余年的建设、修缮、扩建，已形成了独特的人文景观和自然景观。在人文景观方面：陵墓、庙宇、大殿、黄帝塑像、祭祀广场、展览馆厅等，设施完善，规模宏大。在自然景观方面：古柏森森，四季常青；沮水环绕，桥岭巍峨；山水相映，蔚为壮观。清澈蜿蜒的沮水，苍莽起伏的群山，黄帝陵雄踞在古柏环绕的

① 何炳武，刘宝才：《黄帝陵志》，西安：陕西人民出版社，2005年版，第144页。
② 何炳武，刘宝才：《黄帝陵志》，西安：陕西人民出版社，2005年版，第162页。

盘龙岗，形成了一处独特的地形地貌和祭祀场地，体现了中华民族“天人合一”的思想观念。尤其是数万株千年古柏，莽莽苍苍，已不是天然生成，而是历代炎黄子孙养护使然，渗透着炎黄子孙的心血和汗水，印记着华夏儿女崇敬先祖的思绪。传说的“黄帝手植柏”，不仅是始祖黄帝的象征，而且是五千年中华文明的写照；“汉武帝挂甲柏”不仅是黄帝陵“国祭”的见证，而且是黄帝陵源远流长祭祀文化的见证。这一切都与黄帝陵的祭祀礼仪，共同构成了黄帝陵祭祀文化的丰富内涵。

总之，黄帝陵祭祀已经成为具有最广泛影响和强烈感召力的民族盛典，成为团结凝聚海内外中华儿女、促进祖国和平统一的重要平台，也是坚定中华文化自信、民族和国家信仰的体现。而依此形成的祭祀文化已构成中华优秀传统文化的重要内容。

三、黄帝陵祭祀是坚定文化自信的重要平台

“文化自信”是习近平总书记近年来多次强调的重要思想理念，而且从国家发展战略的高度提出坚定文化自信的重要性和迫切性。他说：“全党要坚定道路自信、理论自信、制度自信、文化自信”，“有了‘自信人生二百年，会当水击三千里’的勇气，我们就能毫无畏惧面对一切困难和挑战，就能坚定不移开辟新天地、创造新奇迹。”他又特别指出：“文化自信，是更基础、更广泛、更深厚的自信。”①

那么，如何坚定文化自信？在中共中央办公厅、国务院办公厅印发的《关于实施中华优秀传统文化传承发展工程的意见》中，提出了实现中华文化自信的多种途径和方法。而黄帝陵祭祀作为中华传统祭祀文化即中华传统文化的组成部分，我们说，它是坚定中华文化自信的重要平台，对提高中华文化自觉有着重要意义。其原因：

首先，亲临现场的体验性。我们说，黄帝陵祭祀向世人传达出多个重要文化信息：黄陵县桥山是安葬黄帝的神圣之地；黄帝不仅是中华民族伟大的人文始祖，也是中华民族伟大的血缘始祖。黄帝的发明创造，开创了中华文明之先

① 习近平：《在庆祝中国共产党成立 95 周年大会上的讲话》，《光明日报》，2016 年 7 月 2 日第 1 版。

河，奠定了中华文明发展之基础。黄帝与炎帝、蚩尤的联盟，孕育了华夏族，进而产生了多元一体的中华民族。因而，黄帝才受到历朝历代华夏子孙的顶礼膜拜。参祭者通过参与一系列祭祀仪式典礼，不仅能深切地体验到黄帝所发明创造的文化即黄帝文化、黄帝思想，是中华传统文化之根、之源、之魂，博大精深，源远流长，而且通过亲身祭拜，对黄帝及黄帝文化产生敬畏，进而对中华优秀传统文化产生敬畏。敬畏生自信，自信生自觉。文化自信、文化自觉的意识就在这黄帝陵的祭祀仪式中，不知不觉地得到增强，得到树立和坚定。正如张岂之先生所说："借助祭祀活动……提高施礼者、参礼者、观礼者对传统优秀文化的认识，加深对传统文化精神的体验或感受。"①

其次，广泛参与的群众性。陕西黄帝陵自古以来就是海内外炎黄子孙向往的地方。近代特别是新时期以来，随着黄帝陵的大规模整修，祭祀活动的正常开展，国家领导人的重视和祭拜，祭祀典礼的提升和礼仪形式的完备。每年清明节黄帝陵公祭和重阳节民祭的影响力越来越大，每年参加祭祀的人数也越来越多，尤其是港澳台地区的同胞和海外华裔，在每年清明节或重阳节都有大批同胞来到黄陵县桥山，参加黄帝陵祭祀活动。不仅如此，在平时，也有大量的海内外中华儿女来到黄帝陵，或以团体或以个人名义祭拜、瞻仰黄帝陵。参加的人员有时达数万人，海外侨胞达数千人。祭拜人员上至国家领导人，如赵紫阳、李瑞环、李铁映、姚依林、田纪云、陈慕华、郭沫若，等等，下至中小学生，普通群众。参加的行业，既有科技界、学术界、文艺界、教育界的著名科学家、专家学者、艺术家、作家、教育家，也有企业界、宗教界的著名企业家、著名宗教人士。可以说，祭拜黄帝陵涉及各行各业、各类人士。正是通过这种极其广泛的群众参与性强的祭祀活动，广大群众从祭祀活动中感知黄帝文化和中华优秀传统文化，了解和认识黄帝文化、中华优秀传统文化，以坚定中华文化自信，提高中华文化的自觉意识。所以，黄帝陵祭祀是宣传、普及黄帝文化、中华优秀传统文化的重要平台。

第三，肃穆庄严的神圣性。《礼记·祭统》说："礼有五经，莫重于祭。"《左传·成公十三年》说："国之大事，在祀与戎。"从古人的这些话可以看

① 张岂之：《心祭重于形祭》，收于黄帝陵基金会：《黄帝祭祀与中华传统文化学术研讨会论文集》，西安：陕西人民出版社，2007 年版，第 4 页。

出，古代对祭祀是特别看重的，从祭祀的仪式，祭祀所用的礼器，祭祀人员所穿的服饰，祭祀对象所享用的食物，等等，都是非常讲究的。不仅如此，祭祀前三日或五日，祭拜人员就要开始斋戒，停止各种活动。这一切都增加了祭祀活动的严肃性和神圣性。现在，虽说古代这些礼仪形式淡化或者不再使用了。但是，由于祭祀场面的布置、音乐的演奏、视屏的播放，造成一种肃穆庄严的氛围，将人们带进一个特定而神圣的情境之中。此时此地各种文化信息汇集于此，感化着人们的心灵，净化着人们的思想，冲击着人们的情感，在感化、净化、冲击中使参拜者感受到中华优秀传统文化的魅力。于是，也就在无形中产生了对中华优秀传统文化的自信、自觉。我们说，在一个特定的环境和氛围中，面对特定的祭拜对象，往往使人在不知不觉中得到一种心灵的升华，产生一种强烈欲望，对祭拜对象产生信赖和敬仰，产生一种自信心。正如钱穆所说："礼、乐是一种自然感化，是从精神上劝服人心。"①

第四，"祭无已也"的持续性。自汉武帝第一次祭拜黄帝陵，黄帝陵祭祀可以说几乎没有停止过。虽说在特殊的年代有过几年或较长时间曾停止过公祭，但这比起历史的长河，那就微不足道了。而民间祭祀黄帝陵从未停止过，即使灾年或发生战争的年代，老百姓还是照常祭祀。自 20 世纪 80 年代清明节恢复黄帝陵公祭和 1988 年恢复重阳节黄帝陵民祭以来，每年清明节和重阳节便成为祭祀黄帝的盛大节日。这种年年岁岁、世世代代、周而复始、永不终止的祭祀，通过反复体验、感受、感知，不仅有利于强化对华夏始祖、中华民族的认同感、向心力、凝聚力，而且有利于坚定中华文化自信和中华文化自觉。因为文化自信不是一朝一夕所能建立的，而是需要长期地、反复地进行才能实现。

四、制定《黄帝陵公祭法》，确立国家公祭黄帝陵地位

既然黄帝陵庙祭祀是文化自信的体现，也是民族信仰、国家信仰的体现，那么，我们如何发挥、利用黄帝陵庙祭祀对坚定文化自信、建立民族和国家信仰中的重要作用，也就是说，如何将黄帝陵庙祭祀打造成实现文化自信和民族信仰、国家信仰的平台？我认为，当前首要的是要制定一部《黄帝陵公祭

① 钱穆：《黄帝》，北京：生活·读书·新知三联书店，2004 年版，第 129 页。

法》。

一是确立国家公祭黄帝陵地位的需要。近年来，有些地方召开研讨会、座谈会，也有学者在报刊上撰文，呼吁将河南新郑黄帝拜祖升格为国家祭祀，而将陕西黄帝陵作为地方祭祀继续存在。为此，引发了两地将“国家公祭黄帝放在哪里”的讨论。最近，又有学者在全国人大、政协“两会”期间，在腾讯道学网上撰文，提出，“将黄帝国家公祭的主祭地点定在北京天坛，河南新郑、陕西黄陵及其他黄帝遗迹地作为分祭地点”的建议。为此，笔者认为，面对这些不同的建议，为了避免在这件事情上继续发生不必要的争论，维护黄帝陵庙祭祀的唯一性，应该由国家有关部门主持，着手制定《黄帝陵公祭法》，用法律手段确立黄帝陵庙的国家公祭地位。

二是整肃黄帝祭祀，提高祭祀质量的需要。新时期以来，除陕西黄帝陵恢复历史上的祭祀黄帝外，其他地方基于扩大本地影响，发展地方旅游，从20世纪90年代起，根据本地一些黄帝传说，也开始搞起黄帝祭祀活动。始祖大家祭，本该这是一件值得肯定的事，但因从地方利益出发，逐渐演变成“争名人”。甚至有些地方将严肃的祭祖活动搞成“文化搭台·经贸唱戏”的经贸洽谈、招商引资会，借祭祖之名邀请海内外商家搞捐赠，为地方敛财；有些地方篡改历史、凭空臆造，自造所谓的“黄帝陵”和黄帝祭拜场所，以虚假宣传和祭拜之名，蛊惑人心。这反映在祭祀礼仪上便是不规范、不严肃，随意性大。如有学者所指出的：“乱象丛生，有失尊严。”这严重影响了黄帝的崇高地位和黄帝陵祭祀活动的至上性和严肃性，更是严重影响了中国的国际形象和中华优秀文化的传承和弘扬。基于黄帝祭祀（当然不仅仅指黄帝祭祀，还反映在对其他始祖的祭祀）中的这些乱象，有必要制定一部《黄帝陵公祭法》，以规范黄帝祭祀礼仪，提高黄帝祭祀（包括其他祭祖活动）质量。

三是制定《黄帝陵公祭法》条件基本成熟。远的不说，仅近30年来，黄帝和黄帝文化研究取得了丰硕成果，对黄帝和黄帝文化的认识已达成多项共识，黄帝为中华民族的始祖形象已在世人心目中树立起来。黄帝陵的祭祀延续了2000多年，积累了深厚的黄帝陵庙祭祀文化。尤其是经过近30多年的黄帝陵庙祭祀，海内外炎黄子孙对黄帝陵庙祭祀已达成了基本认同。所以说，制定《黄帝陵公祭法》条件已经基本成熟。

五、结语

陕西黄帝陵“国祭”地位是经过数千年历史所形成的，黄帝陵在海内外每个炎黄子孙心目中，对其“国祭”的地位已达成共识。因而，陕西黄帝陵自古以来就是国家唯一的祭祀黄帝之地。黄帝陵经过数千年的历史发展，不仅积淀了深厚的祭祀文化，而且成为中华传统文化的重要组成部分。因其亲临现场的体验性、广泛参与的群众性、肃穆庄严的神圣性和“祭无已也”的持续性等特征，使黄帝陵祭祀自然成为坚定中华文化自信的重要平台。习近平同志在2015年春节前夕赴陕西考察时说：“黄帝陵是中华文明的精神标识”。“轩辕黄帝陵文化积淀十分深厚。对历史文化要注重发掘和利用，溯到源，找到根，寻到魂”。这既是对黄帝陵地位的肯定，也是对黄帝陵庙祭祀的肯定。发掘和利用黄帝陵庙祭祀文化，无疑对培育和践行社会主义核心价值观，实现中华文化自信和文化自觉有着积极的作用。为了发挥黄帝陵庙祭祀在坚定文化自信上无可替代的重要作用，维护黄帝陵庙祭祀的庄严性，为此，我们呼吁国家有关部委，尽快为黄帝陵公祭立法，以确立黄帝陵的国家公祭地位，在传承、发展中华优秀传统文化，坚定、提高中华文化自信自觉方面发挥更大作用。

“黄帝时期”上下限的考古学推定和黄帝陵只是“标识”

胡义成
（陕西省社科院研究员）

拙文《西安杨官寨遗址是把黄陵祭祀确立为“国家公祭”的考古－历史学主证——论黄陵墓主即西安杨官寨遗址族群盛期首领》，重申了笔者此前关于西安杨官寨遗址（以下简称杨址）即黄帝最早都邑及其首领即黄陵墓主的见解①。本文以此为前提，推想中国“炎黄时代”的具体年代上限，同时说明黄帝陵并非黄帝埋葬处，而是秦皇汉武之际人们出于“祭黄”之需所创的一种建筑艺术标识。

一、“黄帝时期”上下限的考古学推想

自从孙中山先生任中华民国大总统且下令“阳历”用“黄帝纪元”后，黄帝的年代断定，一直是中国政界和学界共同关心的一个考古－历史学问题。前些年，“夏商周断代工程”实施时，当时的国务院副总理宋健先生就说过，“辛亥革命时期倡议的‘黄帝纪元’是否能肯定？轩辕黄帝的年代是否能确定？炎黄子孙们寄希望于历史学家和考古学家能做出科学结论”②。但“断代工程”完成后，又实施了“中华文明探源工程”，其主题之一当然包括弄清楚“轩辕黄帝的年代”。但“探源”的结果是，不仅面对西安杨址已经出土却视而不见地没有搞清楚“轩辕黄帝”的大致年代，而且似乎对夏代之前截至黄帝时期所有“帝皇”的具体“年代”也没有搞清而含糊其辞。其中，有的是

---

① 陕西省公祭黄帝陵工作委员会办公室：《黄帝陵是中华文明的精神标识》，西安：陕西人民出版社，2016 年版。

② 《文史哲》编辑部：《“疑古”与“走出疑古”》，北京：商务印书馆，2010 年版，第 15 页。

因为目前对无文字时代相关“帝皇”年代确实难以做出考古–历史学的结论，但完全没有搞清楚黄帝的大致年代，在我看来却是较为明显的学术失误所致。本段之作，意在弥补此种失误。

（一）推想“黄帝时期”具体起始年份的两个前提性说明

1. 从民族学角度看，原始部落首领的称号普遍具有沿袭性，在一些强大的原始部落共同体中更是如此。其典型例证之一，是北美印第安人的易洛魁部落。其中，“每一位首领职位的名号，也就成了充任该职者在任期内的个人名字，凡继任者即袭用其前任者之名”①。徐旭生先生也曾引述印第安族资料说，其酋长可分为“世袭酋长和普通酋长”，后者“是选举的”且可“罢免”，其职务在“个人死后亦即随之而终结”②。这应是印第安族从原始社会转型到文明社会过程中新旧并存状况的表现，印第安族在原始社会中肯定不存在职务世袭的情况。另鉴于张光直先生已发现史前地球上存在着“玛雅—中国文化连续体”③，复鉴于笔者根据宋耀良先生的岩画研究，已论析过关中黄帝族，最早是与北美玛雅文化同源的银川“萨满”进入关中④，故可以认为，北美印第安及其易洛魁部落对首领的称呼习俗，对黄帝族也大体适用。“黄帝”应是对史前庙底沟文化时期一批中原部落联盟领袖职务的通称。其早期应是非世袭的（包括杨址中的黄帝），后来是否世袭，尚待进一步研究。

2. 对“第一届黄帝”的确认。本文此“届”字，是因为杨址黄帝当时是非世袭的。黄陵墓主之所以应是“第一届黄帝”，因为，所有黄帝（包括河南诸黄帝陵墓主）中，只有他死后“归葬”于“故里”，而迄今从考古或文献上未发现其他黄帝有“归葬”之事，这说明只有他是黄帝族群进入关中后在外地出生、领导并等待杨址最终建成后正式进驻的第一位族群首领。再由于杨址“都邑”建成对该族群是一件大喜事，表示其部落联盟领导地位的确立与巩固，故族人可能特称其为“黄帝”，此后其继任者也均被以“黄帝”尊称之。

① 杜勇：《炎帝部落东进扩张中的重要区域》，《光明日报》，2016 年 2 月 2 日“论苑”版。

② 徐旭生：《中国古史的传说时代》，北京：文物出版社，1985 年版，第 23 页。

③ 张光直：《中国考古学论文集》，北京：生活·读书·新知三联书店，2013 年版，第 356 页。

④ 徐旭生：《中国古史的传说时代》，北京：文物出版社，1985 年版，第 12 页。

可以设想，杨址从距今6000年即开始有人生活，他们最早应是已沿泾河河谷进入彬县的黄帝族群试探者，而不是西安本地半坡、姜寨等地土著，因为远古先民住地一般是不转让的，除非战争所迫。这些试探者安顿下来后，逐渐增加试探人数且大力吸收关中土著文明成果，如使用尖底瓶之类。经过很长时间，黄帝族群与关中土著文化相融合，彬县黄帝族“指挥中心”即开始正式谋划杨址的开发建设。尽管这位“第一届黄帝”显然不是杨址早期建设的领导者，但他却应是杨址族群盛期最劳苦功高的领袖，包括很可能是他领导黄帝族群把杨址“都邑”最终建成并领导了作为最早“部落联盟”标志的杨址环壕（疑有城墙）聚落的最后建成（这实际是为中国文明举行了最早的奠基礼），且同时大力推进以养猪为代表的农牧业迅速发展，制定拜祭日神和“郊雍上帝”的整套仪规，使这个族群成为著名的“朝云之国”和“司彘之国”，还用陶器上的“‘花’图腾”取代了半坡陶器的“‘人面鱼纹’图腾”，昭示着关中一种新的“华（花）”文化的出现，等等。人们用“归葬”其故里黄陵的方式，表示对其勋业的承认和景仰，也就是对其新制“黄帝”尊号的再确认。鉴于杨址环壕建成距今至少5500年，而作为族群首领的“第一届黄帝”应住在环壕内，故他应生活在距今5500年前，而不是传统所讲的近5000年，但确切年数已经难知，至少因为炎黄时代未必有历法。

在中国史学研究中，确认“第一届黄帝”及其生活年代，是非常严肃而具有重大文化象征意义的事情。笔者才疏学浅，在这里仅是提出猜想，抛砖引玉，希望能继续展开讨论。

（二）推想“黄帝时期”具体年限

对“第一届黄帝”的确认，并不等于对“炎黄时代”具体年限的确认。因为，“炎黄时代”的起讫点应考虑其族群整体。目前，对其年限讨论的观点颇多，其中最值得注目者是“始于6000年前”说。

鉴于杨址北部环壕距今6000—5500年，其南部陶窑等距今约5000年以上；同时鉴于庙底沟文化考古和许多文献所显示，黄帝族群也曾活动于河南灵宝铸鼎原和新郑具茨山等地，而据许嘉璐先生称，作为后者证据的具茨山史前岩画，距今约4500年（许文述距今4850—3980年，本文大体取其中间值）①。

① 许嘉璐：《国家祭拜的力量》，《光明日报》，2015年11月9日“国学”版。

另一方面，可能作为“尧都”的山西陶寺遗址出土的最早“王墓”距今约4300年（参见笔者等著《周文化和黄帝文化管窥》，陕西人民出版社，2015年版，第398－399页），这意味着，在考古证据中，截至尧帝的“黄帝时期”年代上下限，应距今6000—4300年，约1700年。这一理解，基于把早于“第一届黄帝”进入杨址的最早开拓者们也包括在内了。由此看来，全国干部培训教材编审指导委员会组织编写的全国干部学习读本《从文明起源到现代化——中国历史25讲》，其中说“约自前4000年起”中国文明“迈开了文明起源的步伐”①，是比较精确的。王巍先生则从“过程论”出发提出，中国文明的起源和发展过程也可概括为“万年奠基，八千年起步，六千年加速，五千年进入，四千年过渡，两千年转型”②。照此，则杨址和新郑具茨山等遗址对作为中国文明起点的“炎黄时代”年限的显示，正好应和着其中“六千年加速、五千年进入、四千年过渡”的阶段。这都比顾颉刚先生认为中国文明仅有2000多年历史③“长了”两三倍。

（三）推想“黄帝时期”具体年限应服从考古学新成果

在“黄帝时期”年限的确定上，由于此前杨址和凤翔水沟遗址等未出土，故人们的误解不少。其中包括，南宋《轩辕黄帝传》力主黄帝距今差6年即5000年的观点④，影响很大且至今不衰。孙中山先生当年以国家法令确认1912年为黄帝纪元4609年⑤，以及后来于右任先生著《黄帝功德纪》，也均是在其框架内增减年份形成的。目前，“黄帝时期”年限确定还有囿于仰韶文化、庙底沟文化等定义的现象，似也不足取。在我看来，这种基于定义、文献或传说

① 全国干部培训教材编审指导委员会：《从文明起源到现代化——中国历史25讲》，北京：人民出版社，2002年版，第28页、第21页。

② 魏永康：《“中国早期文明与国家建构”学术研讨会简述》，《光明日报》，2015年12月26日“史学”版。

③ 胡义成：《再思杨官寨遗址的文化价值——兼论中国当代考古学思潮应按“否定之否定”演进》，收于胡义成，等：《周文化和黄帝文化管窥》，西安：陕西人民出版社，2015年版。

④ 朱恪孝，谢阳举：《黄帝与中华文化学术研讨会论文集》，西安：西北大学出版社，2008年版，第31页。

⑤ 胡义成：《西安古都史当在5000年以上》，收于胡义成，等：《周文化和黄帝文化管窥（下册）》，西安：陕西人民出版社，2015年版，第283页。

的“黄帝时期”年代上下限界定，都得服从考古新成果。

笔者此前对“黄帝时期”年代上下限还有其他说法，现在看来，还应以本文所述为准。

二、作为艺术“标识”的黄帝之“陵”

“黄帝陵”的考古、文献和民俗根据的确立，并不等于“黄帝陵”即为“全真”。从历史真实的角度看，黄帝之“陵”仅为艺术标识。

（一）黄帝时无“陵”

皇帝死后葬于“陵”，是后世习俗，而史前黄帝时期的先民葬俗是“不封不树，丧期无数”；“死不（得）用椁”。[①] 在中国进入文明社会后很久，直到商代，从出土的“妇好墓”可知，商代贵族似乎也不“起坟”而仅于葬处建“享堂”[②]。周人最初也是“不封不树”且实施“族葬”者，至今西周“王陵”并未出土一个，包括《史记·鲁周公世家》中说“葬周公于毕”，但“周公墓”至今屡寻未现。追记西周制度的《周礼》中则说，当时实施“族葬”，国王逝后也仅列于其中，只是有较大“丘封”和种树较多而已[③]。降至战国，出土显示“中山国”国王夫妇和河南辉县贵族数墓并列，墓上也仅建“享堂”[④]。《左传》记载，此时人们对国王之墓，已有人呼之为“陵”[⑤]。陕西凤翔的秦公大墓，显示出秦国国王已有较大之墓且上建“享堂”[⑥]。秦统一六国后，在废除政治“分封制”时，也废除了“族葬”制，使官民“择地而葬”逐渐推广[⑦]，且在战国国王陵墓体制基础上，不仅把秦国国王之墓改建为“陵”，如

---

① 《周易·系辞》：“古之葬者，厚衣之以薪，葬之中野，不封不树，丧期无数，后世圣人易之以棺椁，盖取诸于《大过》。”《商君书·画策》：黄帝时“死不得用椁”。《汉书·楚元王传》延展《周易·系辞》，谓“棺椁之作，自黄帝始。黄帝葬于桥山”，“丘垄皆小，葬具甚微”，恐不可靠。

② 潘谷西：《中国建筑史》，北京：中国建筑工业出版社，2001 年版，第 131 页。

③ 《周礼·春官·冢人》。

④ 潘谷西：《中国建筑史》，北京：中国建筑工业出版社，2001 年版，第 131 页。

⑤ 毛心一：《中国建筑史》，北京：东方出版社，2008 年版，第 194 页。

⑥ 傅熹年：《中国科学技术史·建筑卷》，北京：科学出版社，2008 年版，第 82 页。

⑦ 张杰：《中国古代空间文化溯源》，北京：清华大学出版社，2012 年版，第 316 页。

“公陵”（秦惠文王）、“永陵”（秦悼武王）、“孝陵”（秦孝文王）等[①]，而且还建成了中国历史上体量空前绝后的“秦始皇陵”。此陵使中国皇帝死后葬于“陵”成为规制，“陵”也成为皇帝尊严的象征。汉武帝之前的所有西汉皇帝，都建有“陵”，如长陵（刘邦）、安陵（刘盈）、霸陵（刘恒）和阳陵（刘启）。从上述中国陵墓起源史可以悟出，黄帝时期，并无部落首领死后葬于“陵寝”的规制，所以，《史记·孝武本纪》关于汉武帝到“黄帝陵”祭黄帝时，该处已有“黄帝冢”的记载，即显示着虚构的出现。在这当中，有两种可能。其一，随着“陵”成为皇帝尊严的象征，秦皇汉武之际有人追逐时尚，在黄帝葬处营建了“黄帝冢”以示纪念，汉武帝便前往致祭。其二，“黄帝冢”可能是当时鼓动汉武帝前往致祭的“方士”公孙卿等派人急忙修建者。无论是上述哪种情况，黄帝有“陵”是虚构，但其地望无错。我们今天对黄陵实施“国祭”，是在总体上承认黄帝历史真实性的前提下，顺应中国人几千年习俗，把黄帝之“陵”视为中华“人文初祖”标识的一种“约定俗成”。

（二）领会习近平总书记关于“黄帝陵是中华文明的精神标识”的定性

习近平总书记关于它是“中华文明的精神标识”的定性，启示我们应当首先从民族凝聚和国家团结统一的角度思考“黄陵‘国祭’”问题，不能一味讲求黄帝之“陵”也应是百分之百的历史真实。目前，只要确证了“黄帝陵”具有杨址的考古证据，就可以在黄帝只是中原史前部落联盟首位领袖的意义上，坚定地把它确定为“国家公祭”地点。至于“黄帝陵”之“陵”概念是依托某种“历史素底”而形成的虚构，应不妨碍把它确定为“国家公祭”地点，因为它首先是“中华文明的精神标识”，不能完全从历史真实性上来思考它。

习总书记所用“标识”一词很考究。“标识”原义即“记号”，如魏晋嵇康便说过，“夫言非自然一定之物，五方殊俗，同事异号，举一名以为标识耳”[②]，此话中的“标识”即“记号”。近世西方艺术设计学也有专业术语“标志”（logo，又译“标识”[③]），原意指“狭义的符号”，谓“以精炼的形象

---

① 《史记·赵世家》。

② 《辞海》，上海：上海辞书出版社，1980年版，第1280页。

③ 陈正俊，等：《设计概论》，北京：中国出版集团东方出版中心，2011年版，第57页。

代表或指称某一事物”，可分为象征性符号和指示性符号等[①]。由此可知，习总书记首先视黄帝之“陵”为表达中华文明精神的象征性符号或“象征性记号”，这种“象征符号”功能的形成，并非无真实历史的凭证，而是确有来自考古—历史学的证据对黄帝作为中国史前文明发祥地部落联盟首领的确凿印证，但人们也不能要求作为“象征记号”的“陵”直接就是历史本身。

从民族心理学看，中华民族团结心理由认知、情感和意志三部分组成[②]；黄帝之“陵”在其中首先起着在认知上使各民族感知和理解大家“血浓于水”的爱国主义民族共源，从而在情感上达致团结互助和爱国主义，在意志上形成万众一心、对抗分裂、共圆“中国梦”的爱国主义效果。

① 尹定邦：《设计学概论》，长沙：湖南科技出版社，2005 年版，第 164 页。

② 罗鸣春：《民族团结心理的结构与功能》，《中国社会科学报》，2016 年 2 月 22 日第 6 版。

兴起于西北　定都于中原

——轩辕黄帝八次迁徙定都于河南新郑考

杨东晨

（陕西历史博物馆研究馆员）

轩辕黄帝是传说时代的五帝之首，处于父系氏族社会初期阶段，距今5000多年。“传说中的黄帝，是中国历史上第一个伟人，是奠定中华文明的第一座基石。”[①] 轩辕黄帝是中华民族的人文初祖，也是中国文明的初祖。2015年春节前，习近平总书记在陕西视察时指出：“黄帝陵是中华文明的精神标识。”拙文根据文献记载，结合考古文化，吸取传说遗迹和有关文化研究，仅就轩辕黄帝氏族兴起至定都于有熊之墟（今河南新郑市）的有关问题，做一些粗浅探讨，以与同仁交流。

一、轩辕黄帝故里及其在西北的三次迁徙

1. 轩辕黄帝的故里在今甘肃清水县

《国语·晋语四》云：“昔少典娶于有蟜氏，生黄帝、炎帝。黄帝以姬水成，炎帝以姜水成。成而异德，故黄帝为姬，炎帝为姜，二帝用师以相济也，异德之故也。”按此载，黄帝年长于炎帝，与“三皇”在前、“五帝”在后相矛盾。汉代贾（谊）侍中释云：“少典，黄帝、炎帝之先。有蟜，诸侯也。炎帝，神农也。”晋代韦昭云：“神农，三皇也，在黄帝前。黄帝灭其子孙耳，明非神农可知也。”《史记·五帝本纪》载：“黄帝者，少典之子，姓公孙，名轩辕。”可见他是由公孙改姓姬的。严格地说，在他未登上“帝”位以前，应当称姬轩辕，登上帝位后才称轩辕黄帝或黄帝（一说以图腾黄龙而称，一说以生在黄土高原、崇尚土德而称）。但为行文方便，一般都以“黄帝”或“轩辕黄帝”相称了。少典、有蟜属于伏羲氏后裔。

---

① 钱穆：《黄帝》，台北：东大图书有限公司，1978年版，第4页。

少典有熊氏部落在今河南新郑市（新密市地区古亦属之），有蟜氏部落在今河南孟津县东南及洛阳市地区，西达今陕西华阴市。二者在不断发展中，在黄河中上游的渭水流域已有分布。加之姜水、姬水的方位无确切记载，就形成了黄帝生地（故里）多元的文化现象。“从我国新石器时代的考古资料，也证明了我国‘三皇’传说的可信性。‘五帝’传说反映的时代比‘三皇’传说反映的时代为晚，所以也流传的更为广泛和具体了。”①

在十五六处黄帝故里之说中，我们赞同今甘肃省清水县山门乡三皇沟村之说。徐中舒先生说：“我国地势西北高，东南低，古代各族人民总是从高向低迁徙。高还有远、悠久等项含义。”② 甘肃天水市位于省境东南部渭河上游，渭河自西向东横贯市境，辖五县两区。旧石器时代、新石器时代早中期与其他地区一样，无行政建置。大约在禹治理洪水而划天下为九州时，天水地区才属于雍州的一部分。《辞海》释：“雍州，州名，古九州之一。《书·禹贡》：‘黑水西河惟雍州。’《尔雅·释地》：‘河西曰雍州。’《周礼·职方》：‘正西曰雍州。’黑水所指，自来说法不一，有张掖河、党河（在今甘肃）、大通河（在今青海）等说。”春秋时代始置县。《辞海》释：“上邽，古县名。”本邽戎地，在今甘肃天水市。公元前688年秦武公取其地，置邽县，后改为上邽县。县域广大（比今天水市辖区要广），治所在今清水县，亦曾迁治所于今天水秦州区。为行文方便，均以黄帝生（故里）于甘肃清水县称之。

关于黄帝故里在清水县之说，我曾写过几篇文章③，不多叙。《汉书·古今人表》云：黄帝“姬姓，少典之子。少典娶有蟜氏，名附宝，感大电绕枢，孕二十五月，以戊巳日生黄帝于天水。”《水经注·渭水》云：“黄帝生于天水，在上邽城东七十里轩辕谷。”《甘肃通志》载：“轩辕谷隘，清水县东七十里，黄帝诞此。”《直隶秦州新志》载：“帝生轩辕之丘，名曰轩辕，今清水县有轩辕谷。”据《甘肃省志考异》，具体说黄帝诞生地在今山门乡三皇沟村，古代有三皇庙（1943年被国民党军队拆除，做修碉堡用），今日村民仍称“三皇爷”或“轩王爷”。当代学人调查说：清水县城在民国时称“轩辕镇”，之

① 田继周：《先秦民族史》，成都：四川民族出版社，1988年版，第103页。

② 徐中舒：《先秦史论稿》，成都：巴蜀书社，1992年版，第16页。

③ 杨东晨：《炎黄故地考辨》，《宝鸡师范学院学报》，1993年第1期；《再论清水县是轩辕黄帝的故里》，2013年10月（参加会议论文）。

后称“轩辕区”。县城北两公里处的上邽乡李崖村有“轩辕窑”（2孔），传为黄帝和母亲居住处。清水县出土的齐家文化陶片，也与黄帝时代相吻合。[①] 至黄帝部落时，大约已有今甘肃天水地区。

2. 黄帝部落迁徙的主要原因

如果说炎帝时代是农耕为业，黄帝时代则是进入了耕战（即以农业为生和征战扩土）社会。这也是黄帝是“人文初祖”或“文明初祖”的特征，更是时代进步的表现。此后，气候再次发生变化，开始由之前的持续升温向逐渐降温过渡，黄土地变得干旱少雨，加上人口增多，水源缺少，不得不向外迁徙或扩张，而“市井”社会的出现，也许反映的正是黄土高原干旱缺水的现状。[②] 我们认为这是次要原因，征战扩土才是主要原因。

3. 黄帝部落在渭水流域的三次迁徙

炎帝时代的八世传人有名字、有事迹，黄帝的代系亦应有八世，但却考证不出名字，故我们只能说黄帝迁徙了八次。黄帝部落的迁徙路线，一说是沿渭水东迁；一说是从今陕西榆林市神木县（有石峁遗址）进入陕北南部；一说是由清水县经陕西陇县，再进入宝鸡。

（1）黄帝氏族部落迁于陈仓

黄帝带领其氏族部落向东迁徙，居于陈。陈，一般认为指的是今河南淮阳县，但也有认为陈为古陈仓之说。《水经》载：“渭水又过陈仓西。”《水经注》云：“姚睦曰：黄帝都陈，言在此。”吕思勉先生释云：“赵氏一清曰：‘上云南安（今江西大余县）姚瞻此云姚睦，未知即一人也？抑误字也?’案《路史》引姚睦云‘黄帝都陈仓，非宛邱（今河南淮阳县）’，则睦似非误字。然谓黄帝都陈仓，要亦附会之说也。”[③] 我们认为，姚睦即姚瞻，“瞻”为误字无疑。黄帝都于陈，亦非“附会之说”。何光岳释：“陈，为伏羲、神农、黄帝所都，他们起源于甘青高原，这个陈是陕西宝鸡县（今改为宝鸡市），不是河南淮阳的陈国。”[④] 我们在对黄帝迁徙的研究中，曾对此表示过怀疑，并撰文不同意“陈”是“陈仓”之说。之后再深入研究，改变了认识，觉得此说是

---

① 刘兰香：《轩辕故里》，清水县档案局印行，2006年5月。

② 令平：《中国史前文明》，北京：中国文史出版社，2012年版，第174页。

③ 吕思勉：《吕思勉读史札记》，上海：上海古籍出版社，1982年版，第36－38页。

④ 何光岳：《炎黄源流史》，南昌：江西教育出版社，1992年版，第2页。

对的。黄帝氏族沿渭水的东迁，陇山以东当为其第一站。陈仓的具体地方在哪里呢?《史记·秦本纪》云：文公十九年（前747），“得陈宝”。《索隐》案：“《汉书·郊祀志》云，‘文公获若石云，于陈仓北阪城祠之，其神来，若雄雉（今称山鸡或野鸡），其声殷殷云，野鸡夜鸣，以一牢祠之，号曰陈宝’。又臣瓒云：‘陈仓县有宝夫人祠，岁与叶君神会，祭于此者也。’苏林云，‘质如石，似肝’。云，语辞。”《正义》引《括地志》云：“宝鸡（神）祠在岐州陈仓县东二十里故陈仓城中。”引《晋太康地志》云：“秦文公时，陈仓人猎得兽，若彘，不知名，牵以献之。逢二童子，童子曰：‘此名为媦，常在地中，食死人脑。’即欲杀之，拍捶其首。媦亦语曰：‘二童子名陈宝，得雄者王，得雌者霸。’陈仓人乃逐二童子，化为雉，雌上陈仓北阪，为石，秦祠之。《搜神记》云其雄者飞至南阳，其后光武起于南阳（今属河南。实为今湖北枣阳，时属南阳郡），皆如其言也。”秦文公十九年（前747）得陈宝，约在秦武公（前697—前678）时置陈仓县，以山得名。陈仓山，今名鸡峰山，在今宝鸡市陈仓区（原宝鸡县）马营镇南侧，有三座峰，以中峰最高（海拔2014米），十分险峻。相传盘古开天地时，二郎神杨戬从昆仑山（今甘肃祁连山）担土堆积而成。秦穆公（前659—前621）改陈仓山为鸡峰山，又改陈仓为宝鸡，在城内立祠纪念，起名曰陈宝，穆公果应“媦”的预言，成为“春秋五霸”之一。因此黄帝初都陈仓（即其氏族居地）的地方，应在今宝鸡市陈仓区马营镇南（一说戴家湾）一带，位于渭水的南岸。久而久之，人们对黄帝迁居陈仓信而不疑。

宋代罗泌《路史·疏讫纪》云：“有熊氏，少典之子。王承火而土行色尚黄，天下号之，而都于陈。”注曰：“今宝鸡故陈仓。姚睦曰：黄帝都陈仓，非宛邱。”清高宗乾隆三十一年（1766）《重修凤翔府》卷五“封建”条载：“陈，黄帝后，姬姓，今宝鸡故陈仓有陈山，非宛丘之称。”乾隆五十年（1785）《重修宝鸡县志·沿革》载：宝鸡“在上古曰陈仓，为庖羲所治”。可见伏羲东迁时是先至陈仓，黄帝东迁时亦是如此，陈仓是指今宝鸡市陈仓区。

（2）黄帝二迁居于姬水考

陇山以西以东的有蟜部落是同族，又均为炎帝榆罔部族集团和黄帝族的亲族，关系密切，因而黄帝氏族得以在炎帝邑城近郊居住、生产和生活。随着氏族成员的增加，公孙轩辕便又率领族民渡过渭水，向东北的泾水（渭水支流）

迁徙，在人口相对较少而地广的“北山”（渭水平原与陕西北部黄土高原过渡地带的诸山，横跨关中平原西东）发展，筑氏族聚落于姬水岸旁（今陕西宝鸡市麟游县或咸阳市彬县）。也不知道过了多少年，轩辕部落逐渐发展成了族团，分布地约在今陕西宝鸡市麟游、岐山与扶风县北，咸阳市的长武、彬县、旬邑，甘肃灵台、泾川、宁县、正宁县等地区。其部落族团因久居姬水（有学者认为即古漆水）流域，故轩辕也以水名而改姓“姬”。按古代氏族迁徙时地名多随迁的规律，宝鸡市陈仓区、咸阳市彬县应有寿丘、轩辕谷及鲁等地名，但今难以觅寻，所以《陕西通史·原始社会卷》只好说：“黄帝取名轩辕，是因为他这一氏族曾在叫轩辕的地方活动过，这个地方位于陕甘交界一带的黄土高原上。古人有因地为名的习惯。战国时邹衍创立了五德终始之说后，以土、木、金、水、火为次，黄帝作为五帝之首，应有土德，而土地色黄，故称黄。”① “轩辕”之丘在什么地方？未确指。但按其说“陕甘交界一带”，则是甘肃天水与陕西宝鸡之间。

陕西长武县下孟村仰韶文化遗址，也证明当时“长于姬水”的黄帝氏族兴起之时已进入父系氏族社会，出土的遗迹有仰韶文化的房基、窖穴、陶窑、墓葬等。房子多为方形圆角半地穴式，个别也有圆形。窖穴多为圆形直筒或圆形口小底大袋状，此外还有长方形、椭圆形等。陶穴有横穴窑和竖穴窑两种。墓葬均为单身仰式直肢葬，随葬有陶器、石器、骨器等。整个遗址内已出土各种器具近千件，佐证了黄帝氏族部落的定居农耕经济形态。这也与《国语》的“黄帝以姬水成”相吻合。徐旭生《中国古史的传说时代》云：“少典生黄帝、炎帝，是说后面这两个氏族由少典氏族分出，不是说这两位帝是少典个人的儿子。”② 李民教授等说：“黄帝氏族部落活动的陕甘交界的黄土原上，正处于黄河流域东西往来的西段，炎帝氏族部落活动的关中平原西部，渭水岸边亦属于这条交通线，二支氏族部落同出一源，关系密切，其间的文化交流非常频

---

① 石兴邦：《陕西通史·原始社会卷》，西安：陕西师范大学出版社，1997 年版，第 334 页。

② 徐旭生：《中国古史的传说时代》，桂林：广西师范大学出版社，2003 年版，第 46 页。

繁，它们在这一带地区的开发，正是黄河流域东西文化交流的准备期。”① 黄帝部族在姬水流域有了较大的发展。

（3）黄帝三迁居于桥山

姬姓黄帝部落发展壮大后，又向东迁徙，营筑聚落于北洛水的支流沮水（北洛水下游，亦称古漆水）岸旁，有的学者认为：沮水就是古姬水。

桥山在黄陵县城内，县城则位于陕北黄土高原的南部，西高东低，地势以店头镇至建庄一线为界，分为东西两部。东部有川有原，沟壑纵横，葫芦河和沮河周边，适合多种作物生长，经济林木较多，利于畜牧业发展，更有利于黄帝联合西北、北部、东北的氏族。桥山以山势高峻如桥而得名。沮水环山而过，形成山环水抱、青山绿水的优美环境，河流谷地适宜农耕，有鱼等水产之利，山林又适于狩猎和放牧；姬水以北地区是关中盆地向陕北黄土高原过渡地带，从西向东多山，泛称为“北山”。彬县、长武、旬邑、宜君县以北至延安，沟壑纵横，丘陵与土塬相间，有河流谷地。延安以北是榆林市，北达黄河，自然地理面貌也是梁峁、川塬相间。当时陕北黄土高原的植被较好，适于氏族先民生息，相对地说，人口比渭水、泾水流域稀少，利于黄帝氏族部落的发展，也避免了与炎帝部落集团的领土之争，关系较好；约距今 5500 年以前，阴山（今属内蒙古）以南，陕北、晋西北等地还属于气候湿润期，炎帝的氏族已有徙入，仰韶文化遗址可为资证。“考古资料告诉我们：从陕北无定河上游柳河的大沟湾，无定河中游榆林的横山、米脂、绥德和榆林市的油房头、鱼和堡，神木的永兴堡，吴堡的宋家川，以及延安市黄陵县都有新石器文化遗存。尤其是在黄帝陵所在地的桥山及其周围，仰韶遗址非常丰富。”②

二、黄帝再五次东徙定都于新郑考

姬姓黄帝部落定居桥山，标志着进入父系氏族社会。在划时代的变革中，黄帝部落乃至部落族团呈现出蓬勃发展的趋势，尤其是农业和家畜驯养业并重的经济发展，使其经济、军事力量快速增长，成为强盛的庞大部落。石兴邦主

① 李民，等：《略论黄河流域东西部落集团融合及其意义》，《中州学刊》，1990 年第 2 期。

② 张岂之：《炎黄时代到周秦文化》，收于宝鸡社科联：《炎帝论》，西安：陕西人民出版社，1996 年版，第 5 页。

编的《陕西通史·原始社会卷》云："黄帝部族东迁之前，活动范围在陕西和山西的北部黄土高原。"① 黄帝族应是以农业为主、兼及家畜驯养的经济形态。炎帝虽然还是"九州"氏族共奉的大帝，但经历千余年的历程，已走向衰败阶段，天下大势已发生巨变。

1. 东方部落的渐强

三皇中的太皞伏羲氏及其胞族女娲氏（一说兄妹，一说夫妇），由今甘肃天水市逐渐东迁后，活动在今河南东部和山东，因而又称他们为东方部族。有熊、有蟜、伏羲、女娲等，皆尊奉华胥为老祖母。太皞、女娲的后裔传至母系氏族社会末期，又派生出少皞、蚩尤等氏族部落。

（1）少皞金天氏

《帝王世纪》云："少皞（又写作皞）帝名挚，姬姓也。"《史记·五帝本纪》《集解》云：黄帝之妃"嫘祖生昌意及玄嚣，即青阳也"。《索隐》云："青阳非少皞。"这就指明了青阳是姬姓，为黄帝之子，与少皞同名。宋代罗泌《路史·发挥》云："玄嚣、青阳、少皞，三人也"。少皞非黄帝之子，而是太皞后裔的一支。

《帝王世纪》云："少皞氏在穷桑（今山东曲阜），故或谓之穷桑。帝以金承土德，图谶所谓白帝朱宣者也，故称少皞，号金天氏。"少皞为秦、赵之祖先，故二国崇祀白帝。《左传·昭公十七年》载：少皞部落的管理人员都以鸟命名，有凤鸟氏、玄鸟氏、伯赵氏、青鸟氏、丹鸟氏、祝鸠氏、雎鸠氏、鸤鸠氏、爽鸠氏、鹘鸠氏，还有"五雉""九扈"。全是鸟的名字，共 24 种，即少皞部落由 24 个氏族组成。少皞初为己姓，后改为嬴姓。太皞后裔中的一支居偃地，又姓偃，嬴、偃音近通用。少皞部落有己、嬴两姓人组成，活动地包括今山东、苏北及皖北、豫东地区。《中国史稿》曰少皞以鸟命名"官"者共"二十四种，当是二十四个氏族。氏族中又分母氏族和女氏族。几个氏族合为一个胞族，如从凤鸟到丹鸟氏就是一个胞族。合起来就是一个完整的部落了。这个部落最初可能是从太皞氏分出来的。在古代文字中'风'即'凤'，风夷也就是'凤'夷。从一个凤鸟氏族分为两个，一个属太皞，另一个属少皞。

① 石兴邦：《陕西通史·原始社会卷》，西安：陕西师范大学出版社，1997 年版，第 337 页。

夷人中这两支，一支在江淮流域，另一支北上到黄河下游，后来大部分融为华夏族。"[①]"融为华夏族"是以后之事，炎帝榆罔时是称"太皞""少皞"为东方氏族部落。这里的"太皞"是"三皇"时代太皞（皞）的后裔。黄帝通过联姻与少皞部落建立亲缘关系。

（2）蚩尤氏族部落

蚩尤氏族部落的族属，历有争议，有苗蛮、东夷（含黎氏族），炎帝后裔三说，应以东夷说为确。徐旭生《中国古史的传说时代》曰：蚩尤不属于南蛮集团，而属于东夷民族集团。因为蚩尤的活动地区在山东西部和河南东北部，九黎在山西南部，不在三苗活动的江汉地区[②]。《中国史稿》曰："相传蚩尤'兄弟'八十一人，当为八十一个氏族。这样，九黎就是九个部落，每个部落有九个氏族，是一支庞大的势力。"[③] 此说是因蚩尤成为东夷本部落与结合的九黎首领之故。王玉哲先生说："蚩尤也是东夷氏族，《逸周书·尝麦解》说：'命蚩尤于宇少皞，以临四方。'蚩尤既居少皞之地，那么他的氏族应该是在山东西南东夷所处之地"，蚩尤与太皞、少皞实为同一集团。[④] 蚩尤部落强盛后，逼迫少皞迁移，占据其聚落城曲阜。

观当时天下形势，东方有强大的蚩尤和少皞部族集团（约在今山东、江苏、安徽及河南中部以东的地域），南方（江汉地区）有苗蛮，只有西方还是炎帝榆罔的一统天下。局势严重，榆罔帝决定东迁，以稳定东方。黄帝亦奉命东迁，助榆罔帝稳定东北方。

2. 炎黄两大部落的东迁

《中国历史·先秦卷》云："炎黄两个氏族部落发祥于我国西北黄土高原地区。"[⑤]《中国古史的传说时代》说："炎帝和黄帝的氏族居住陕西，也不知道经历几何年月。此后也不知道因为什么缘故一部分逐渐东移。黄帝氏族东迁的路线大约偏北，他们大约顺北洛水南下，到今大荔、朝邑（今合为陕西大荔

---

① 郭沫若：《中国史稿·第1册》，北京：人民出版社，1976年版，第113页。

② 徐旭生：《中国古史的传说时代》，桂林：广西师范大学出版社，2003年版，第58－61页。

③ 郭沫若：《中国史稿·第1册》，北京：人民出版社，1976年版，第113页。

④ 王玉哲：《中华远古史》，上海：上海人民出版社，2000年版，第130页。

⑤ 张岂之：《中国历史·先秦卷》，北京：高等教育出版社，2001年版，第25页。

县）一带，东渡黄河，跟着中条及太行山边向东北走。今山西省南部沿黄河的区域，姬姓的建国很多。《左传》上说：‘虞、虢、焦、滑、霍、扬、韩、魏皆姬姓也。’此外见于《左传》的还有芮、有荀、有贾、有狐、有耿、有魏。”“这杨（今洪洞）、魏（今芮城）、荀、贾（皆在今新绛）、耿（今河津）的晋南小国，全不知道它们为何时所封。我们怀疑那里面有一部分为黄帝氏族东迁时沿途留下的分族。”“古蓟地就在今北京附近，不在今蓟县境内。山西南部诸姬姓国家的分布，芮、马骊戎、鲜虞（今河北正定县）、蓟的建国，或者可以指示黄帝氏族东迁时的路线。”① 又云：“炎帝氏族也有一部分向东迁移。他们的路途大约顺渭水东下，再顺黄河南岸向东。”② 徙于陈，再徙于曲阜。

（1）黄帝四迁于涿鹿

黄帝部落集团中部分人的东徙是顺利的，没有遭到九黎、蚩尤部落的阻挡。他们经过今山西南部、河南北部而进入河北南部，再向蚩尤未控制的北部及东北迁徙，直到今北京城西南，营筑“都城”（中心聚落）于涿鹿（今属河北省，还有河北涿县、巨鹿二说，可能是迁徙中驻休之地）。《中国古史的传说时代》曰：“黄帝支的姬姓建国则偏于北方，全在黄河北岸，沿中条山及太行山跟，远或已到燕山以北，今涿鹿一带。”③ 黄河中游以北（今山西南部与河南北部）接近河岸的一带，多是姜姓炎帝氏族或部落，间有九黎或蚩尤氏族，以及土著或由中原、东方徙入之族，多依附于黄帝部族集团，因此比较安全。

黄帝都于涿鹿后，对自从在姬水形成部落以来的管理机构进行了充实和健全，凡是比较大的氏族部落长，皆为其部落议事成员。知道名字的“官”员有仓颉、大鸿、风后及力牧等。经过征战与结盟，黄帝部落集团已控制了今甘肃、陕西、山西、河北、北京等北部广大地区。

（2）黄帝五迁于平谷

---

① 徐旭生：《中国古史的传说时代》，桂林：广西师范大学出版社，2003 年版，第 50－52 页。

② 徐旭生：《中国古史的传说时代》，桂林：广西师范大学出版社，2003 年版，第 52 页。

③ 徐旭生：《中国古史的传说时代》，桂林：广西师范大学出版社，2003 年版，第 109 页。

黄帝族东迁于涿鹿后，又继续向东北徙，到达今北京市平谷。之后，留氏族先民于此，返回后都于涿鹿。

（3）黄帝六徙于迁安市

黄帝带领族人向东北迁徙中，还曾到过今河北迁安市，其原为卢龙县辖区，地处燕山脉系、滦河之畔。迁安市在文物普查中，发现有五千多年古遗址，又有许多黄帝的传说和地名等。经调查研究，专家论证，学界已出版了《迁安黄帝古都》《轩辕黄帝及子孙居燕山地区》系列丛书。

（4）炎帝都于曲阜

炎帝榆罔带领部分族民东迁，受到陈地（今河南淮阳县）的同姓部落人欢迎。炎帝榆罔在此居住一段时间后，对东方的局势放心不下；时军事力量强盛的蚩尤部落，已攻占了与炎帝榆罔、黄帝部落友好的少皞邑城曲阜，少皞族人的安全受到了威胁。《逸周书·尝麦解》载“蚩尤宇于少皞”，就是说他占据少皞之墟（今曲阜）后，帝榆罔只好封他为“卿”，以免其叛乱。于是，帝榆罔便又带领族民东徙，去稳定东方的局势，受到各氏族首领的欢迎，蚩尤便让出了原少皞故都曲阜，供榆罔帝居住，局势暂时平定。

3. **炎黄共抗蚩尤**

炎帝榆罔和奉其命东迁的黄帝分别都于曲阜、涿鹿后，相安无事了几年，但总的形势是黄帝族在黄河以北呈现出生机勃勃的趋势；蚩尤（含九黎）部族集团势力强盛，对帝榆罔、黄帝皆构成威胁；姜炎部族集团趋于衰败之势。《史记·五帝本纪》载：“轩辕之时，神农氏世衰。”《集解》皇甫谧曰：“《易》称庖牺氏没，神农氏作，是为炎帝。”班固曰：“教民耕农，故号曰神农。”《索隐》云：“世衰，神农氏后代子孙道德衰薄，非指炎帝之身，即班固所谓‘参卢’，皇甫谧所云‘帝榆罔’是也。”蚩尤反叛，榆罔帝大败，逃于涿鹿。

《逸周书·尝麦解》云：“赤帝大慑，乃说于黄帝。”《中国古史的传说时代》释：“炎帝族本住在今河南北部，狼狈北窜，疆土全失，‘九隅无遗’，就是说他们的任何一个角落也没有了。‘赤帝大慑’是说他很害怕。‘乃说于黄

帝’是说他求救于同集团的黄帝与东夷族大战于涿鹿。”① 蚩尤以自封的“炎帝”号令弱小的部落参战，所向披靡，攻势凶猛；炎帝榆罔无立锥之地，成了名义上的“天下共主”；轩辕居涿鹿后则得到长足发展。《史记·五帝本纪》载“神农弗能征”伐反叛的部落时，“轩辕乃习用干戈，以征不享，诸侯咸来宾从”，势力强盛。他不仅是炎帝部落集团的可靠成员，而且还是榆罔帝的女婿，关系非同一般。一败涂地的榆罔一行逃入涿鹿后，轩辕自然是予以热情厚待。在此关乎生死存亡的关头，炎帝榆罔主动把“天下共主”的职权让于轩辕，令他“摄政”，全力反击蚩尤的东夷集团。轩辕临危受命，担负起了历史使命和重担。《二十六史通俗演义》云：“炎帝逊居涿鹿，轩辕乃征师诸侯，与蚩尤战。”

4. 黄帝七迁于灵宝

为了征讨蚩尤，黄帝首先屯兵于今河南省灵宝铸鼎原，各部落首领也率各自的军队陆续会聚于此。他们采首阳山之铜，铸鼎于荆山脚下，对天发誓，自愿组成一个强大的联盟。这个联盟紧密团结在黄帝的周围，形成了一支纪律严明、骁勇善战的队伍。此说值得进一步研究。

5. 蚩尤战败被杀

《史记·五帝本纪》载：“蚩尤作乱，不用帝命。黄帝用征师诸侯，与蚩尤战于涿鹿之野”。轩辕代帝榆罔行政之事已明。《正义》曰：“《龙鱼河图》云：‘黄帝摄政，有蚩尤兄弟八十一人，并兽身人语，铜头铁额（头戴铜饰件之义），食沙石子（指吃白色盐），造立兵仗刀戟大弩，威震天下，诛杀无道，不慈仁。万民欲令黄帝行天子事，黄帝以仁义不能禁止蚩尤，乃仰天而叹’。”蚩尤军强，黄帝处于守势。《山海经·大荒北经》云：“蚩尤作兵伐黄帝，黄帝乃令应龙攻之冀州之野（今河北涿鹿之野）。应龙畜水（断绝水源，欲困死蚩尤军），蚩尤请风伯（传为上箕星化成的风神，名叫飞廉）、雨师（天上的雨神，名叫屏翳），纵大风雨。”雷电大作，狂风大雨顿起，破了应龙的“畜水”阵法，黄帝之军迷失方向，不能作战，大败。臣子风后立即造出指南车献于黄帝，带军回营。“黄帝乃下天女曰魃”（天上的旱神，一说是黄帝之女），

---

① 徐旭生：《中国古史的传说时代》，桂林：广西师范大学出版社，2003 年版，第 40 页。

又破了蚩尤的“风雨迷漫”阵法。转败为胜。蚩尤又令山精鬼怪出征，黄帝的将士恐慌，用雷兽的肋骨作鼓槌，复与蚩尤军大战，令军队戴虎狼等野兽面具出阵。两军交战，黄帝令击大鼓，响声震天，那些蚩尤的山精水怪、牛鬼蛇神被如雷的鼓声吓破了胆，慌作一团，溃败而逃，应龙指挥大军冲杀，斩蚩尤猛将三十余人，血流成河。不久，蚩尤又聚大军进攻，阵法古怪，难以识破，黄帝军又被打败，十分发愁。《龙鱼河图》载，在此生死存亡关头，天帝又派“玄女下授黄帝兵信神符”，教其识破神鬼阵法。黄帝得“九天玄女兵法书”后，重新调整兵力，列为“九天含珠军阵”。蚩尤率风伯、雨师、鬼怪等进攻，进入交战地后，一声鼓响，黄帝的军阵大变，层层包围，无头无尾，无门无缝，蚩尤带残军大败南逃。《中国史稿》释曰：“这些神话反映出蚩尤原在东南方，习惯于阴雨气候，黄帝则属于‘迁徙无常处’的北方游牧部落，能适应干旱的环境。蚩尤战败南逃，被黄帝彻底打败。”① 以新的考古材料证实，黄帝仍是农耕首领，并非游牧部落，因游牧民族是夏末商初才逐渐形成的。

徐旭生《中国古史的传说时代》云：“应龙及女魃全是天神，可是黄帝全能命令他们，使他们下到地上，为他所用，古代人想象他们的人帝应该有这样的威力。蚩尤的同盟军有太皞族，就姓风，风伯属于此族也难说。黄帝本来想使‘应龙畜水’来淹没蚩尤所领导的军队，可是他不晓得蚩尤也有很大的神通，能使风伯和雨师造出大风雨。他没有办法，只得从天上请下来一位很危险的神祇，女魃仗着她的神通，才能够止住大风雨，打了胜仗。”② 此释显然比前者更全面、更正确，而且比较符合《山海经·大荒北经》的原意。

蚩尤形象狰狞，人身牛蹄，四目六手，头长竖角，耳旁毛发直竖如戟剑，本身又有超常的神力，还有81个勇猛异常的战将和九黎将士，是以兽为图腾的首领，神话还说有天神、鬼怪相助。但因其发动的是不义之战，故受到天帝与代表其行事的黄帝征伐，终于遭到灭顶之灾。他不甘心束手就擒，收拾残兵败将，退出涿鹿，聚军南撤。蚩尤率残军狼狈南逃，应龙、风后、力牧奉黄帝令率军追击，炎帝榆罔故地（今山西东南部与河南北部）的族人乘机收复土

---

① 郭沫若：《中国史稿·第1册》，北京：人民出版社，1976年版，第124页。

② 徐旭生：《中国古史的传说时代》，桂林：广西师范大学出版社，2003年版，第111页。

地，攻杀蚩尤守军。蚩尤且战且走，入蚩尤城（安邑和解州，均在今山西运城市），企图以坚固的蚩尤城和富饶的盐池卷土重来。黄帝大军穷追不舍，包围了蚩尤城，经过几次大战，蚩尤军死伤惨重，蚩尤也被黄帝活捉处死。南宋文天祥《战蚩尤》诗曰："我瞻涿鹿郡，古军战蚩尤。黄帝立此极，玉帛朝诸侯。"战争从冀州、涿州一直打到盐池，故涿州（含阪泉）之地名在盐池亦有，"中冀"就包括这些地区。《孔子三朝记》云："黄帝杀之于中冀，蚩尤股体身首异处，而其血化为卤，则解之盐池也。因其尸解，故名其地为'解'。"《河东盐法备览·盐池门胜迹》云："轩辕氏逐蚩尤于涿鹿之野，血如池化卤，今池南有蚩尤城，相传是其丧处。"此处所说的解，即今山西运城市西南的解州镇，该地的盐池泛红色，相传为蚩尤的血所染。当地方言读解为害，为蚩尤被害于此之义。《解州志》云："昔解县亦称涿鹿。"唐代诗人王翰咏解州诗《盐池晓望》曰："涿鹿城头分曙色，素池如练回无尘。"《中国史稿》说："最后，黄帝擒杀蚩尤于冀州之野，有的说在凶黎之谷（黎山，今中条山，在运城一带）。黄帝的前锋追到今山东一些地方，所以有黄帝'封泰山，禅亭亭'的传说。"①

《韩非子·十过篇》云："昔者黄帝合鬼神于西泰山上，架象车而六蛟龙，毕方并辖，蚩尤居前，风伯进扫，雨师洒道，虎狼在前，鬼神在后，腾蛇伏地，凤凰覆上，大合鬼神，作为《清角》。"徐旭生先生释曰："这段混杂神话的史实可以这样解释：古代氏族的名称与氏族首长个人的名字常常没有分别。蚩尤个人既被杀，他的族人总有不少为黄帝所虏，蚩尤族人仍可称蚩尤，所以能使他们'居前'。因为蚩尤战败，所以他的联盟部落的首领，风伯、雨师等全在战胜者的前后奔走，所以能使他们或进扫，或洒道。"② 少部分不愿意归顺的蚩尤旧族人则先逃入淮汉地区，后又逃入江汉苗蛮地区。轩辕黄帝安抚东夷诸族人后，原谅被迫派军参战的少皞氏，任其为官，管理东方的氏族部落。《逸周书·尝麦解》云：黄帝"乃命少皞清司马鸟师，以正五帝为官，故名曰质"。东夷集团的主要部落（海隅和偏远山区的氏族除外），由此与炎黄部族

---

① 郭沫若：《中国史稿·第1册》，北京：人民出版社，1976年版，第124页。

② 徐旭生：《中国古史的传说时代》，桂林：广西师范大学出版社，2003年版，第112－113页。

集团结盟。

蚩尤虽然被杀，但他在天下氏族或部落长眼中仍为“兵神”，在东夷（包括九黎）人民心中仍是一位英雄。黄帝为安抚民心，使东夷心服口服，便礼葬蚩尤，但不合埋尸体，免得他再复生作乱。《史记·五帝本纪》《集解》引魏朝王象、缪袭《皇览》曰：“蚩尤冢在东平郡寿张县（今山东省东平县）阚乡城中，高七丈，民常祀之。有赤气出，如匹绛帛，民名为蚩尤旗。肩髀冢在山阳郡钜野县（今山东巨野县）重聚，大小与阚冢等。传言黄帝与蚩尤战于涿鹿之野，黄帝杀之，身体异处，故别葬之。”《索隐》案：“皇甫谧云‘黄帝使应龙杀蚩尤于凶黎之谷’。或曰：黄帝斩蚩尤于中冀。”东方局势稳定后，黄帝和联军又返回涿鹿。“英雄”蚩尤后被南蛮族人尊奉为祖先。

6. 黄帝成为盟主

黄帝摄政，炎帝榆罔作为天下共主和先辈受到敬重，住在涿鹿城内宫廷。蚩尤被杀，失土恢复，炎帝榆罔离开涿鹿，返居上党郡的神农城（今山西高平市神农镇羊头山，一说榆罔退居于今山西长治）。因为黄帝、炎帝都曾以涿鹿为都，蚩尤亦曾攻占过，所以史载涿鹿为炎帝、黄帝、蚩尤（伪称炎帝）之都。改革开放后，涿鹿修建了“三皇祠”等建筑，学术活动较多。

（1）黄帝打败榆罔帝

东夷集团归服后，不愿失去千余年世代正统帝位的炎帝榆罔，在其同族部落长的劝说和支持下，又失信而欲从黄帝手中再夺回“天下共主”的帝位。《史记·五帝本纪》载：炎帝榆罔“欲侵陵诸侯”，威逼他们共同伐轩辕，“诸侯”不从，反而“归轩辕，轩辕乃修德振兵，治五气，艺五种，抚万民，度四方”，教熊、罴、貔、貅、虎等以兽为图腾的部落作战，“以与炎帝战于阪泉之野”。《中国古史的传说时代》云：“这一次黄帝与炎帝的战争为华夏集团内部的战争。阪泉的战争，古书里面多有记载。如《左传·僖公二十五年》就有‘遇黄帝战于阪泉之兆’的说法，足证春秋时人相信这一次的战役。”①在“炎帝族还没有衰败的时候，黄帝族也已经开始强盛，两强相忌相争，也是

① 徐旭生：《中国古史的传说时代》，桂林：广西师范大学出版社，2003 年版，第 115 页。

一件常遇的情形。”[①]《绎史》卷五引《新书》云：炎帝（榆罔）、黄帝在战胜蚩尤后，商定“各有天下之半。黄帝行道而炎帝不听，故战于涿鹿之野（今河北涿鹿），血流漂杵”。交战三次，黄帝胜利，炎帝失败。《史记·五帝本纪》云：“诸侯咸尊轩辕为天子，代神农氏，是为黄帝。”

宋代罗泌《路史·禅通纪·炎帝纪下》对炎黄之战记载得比较详细（译文）：“由于黄帝有熊氏大有圣德，所以有利于诸侯向之臣伏。参卢大惧，起而禅位于有熊氏”，“于是四方诸侯都来参加有熊氏招待宾客的大典，表示臣服。炎帝的光辉就为有熊氏所取代，开始了黄帝的新时代”。明代《三才图会·人物卷》云（译文）：“炎帝神农氏在位一百四十年”，子孙“袭神农之号三百八十年之后，至榆罔失政，诸侯相伐”。“其臣蚩尤作乱，帝遂居于涿鹿。有熊国君曰公孙轩辕，大有圣德，诸侯归之。帝立五十五年，诸侯尊轩辕为天子。”薛翔骥《中国神族》则说：“炎帝收住败军，只见出军时的数万神兵，战罢只剩下五千来残兵败将，且个个带伤，人人丧气。炎帝一声长叹，令三军将士安营歇息。又令刑天写降表送呈黄帝”，表示归服，不再攻战，愿禅位。此言可备为一说。当时部落之间的战争，只要归服或远徙就行了，不会消灭或俘虏对方的军民。“战争结束后，炎帝部族被融合进黄帝部族，形成了炎黄联盟。由此奠定了中华文明形成的基础。”[②]

（2）巩固天下盟主地位

黄帝成为“天下盟主”后，从炎帝榆罔失位的教训中总结经验，特别重视与姜姓和东方风、嬴两姓集团的关系，欲打破地域和血统而建立比较牢固的部落联盟。《路史·后纪四》载：“炎帝器，器生钜及伯陵、祝庸。钜为黄帝师”，“祝庸为黄帝司徒”，“伯陵为黄帝臣”。炎帝戏、吕降为本部落首领。相传黄帝还封炎帝榆罔为南方帝的嗣位者，祝融氏后裔辅佐，掌管火与夏天，又称夏官。封榆罔的第五子于潞（今山西潞城）等。凡姜姓炎帝后裔的首领或贤者，皆予以封职，亡职者皆予以祭祀，成神仙者封其寓所。如封炎帝小女儿化成精卫鸟于发鸠山，封另成仙的女儿瑶姬于姑瑶山等。又通过姜姬氏族或部

① 徐旭生：《中国古史的传说时代》，桂林：广西师范大学出版社，2003 年版，第 116 页。

② 石兴邦：《陕西通史·原始社会卷》，西安：陕西师范大学出版社，1997 年版，第 337 页。

落互相联姻，结为牢固的亲缘团体。对华胥、有巢、燧人、女娲、有熊、有蟜等祖先的后裔更是如此。

对以太皞伏羲后裔、少皞和蚩尤族为主体的东夷，黄帝特别注意安抚和团结；封伏羲后裔嗣“东方天帝太皞”位（称东帝或青帝），由少皞之子句芒（又叫重）辅佐，掌管春天和万物生命，称为春官；封少皞挚（又称质或青）为西方天帝，称白帝，由其子蓐收（又叫该）代执政，住在长留山（今甘青高原），掌管秋天，兼司察落日沉入汤谷时折向东方的余晖，称秋官。少皞则仍为东方部落的总首领。再通过姬、姜两姓与风、嬴、偃三姓的人通婚，结成亲缘联盟。

西北炎黄与东方太皞、少皞两大部落（二者的远祖先同宗）联盟于中土（天下之中，又称中原或夏），以地理位置冠以老祖母华胥氏之“华”，遂称黄河流域融合的庞大族团为“华夏部落联盟”（或称华夏民族集团）。黄帝自称“中央帝”，任部落联盟最高军事民主首长，由年轻有为的颛顼（昌意之子，黄帝之孙）辅佐（他还兼任北方天帝，称黑帝，由其子禺京代行政，掌管冬天，称冬官）。下有大臣风后、力牧、常先、仓颉等。联盟内设民主议事机构，大事由黄帝和诸部落的酋长议定。华夏民族集团按居住区称其四周未加入联盟的氏族为东夷、北狄、西戎、南蛮（或苗蛮），但这些称谓并无歧视之义。“四夷”的氏族或部落比较分散，势力较弱。黄帝时期社会比“三皇”时期有所进步，分散的氏族或部落逐渐趋于联合。

（3）威慑不轨的部落

姜姓炎帝的天下相传千余年，势力和影响非短时间能被黄帝所取代，反叛的部落时有出现，就不可避免地会发生战争。《史记·五帝本纪》云：黄帝“邑于涿鹿之阿。迁徙往来无常处，以师兵为营卫（环绕军兵为营以自卫之义）”。史载比较大的战争是黄帝讨伐刑天之战，刑天的事迹前文已述，其后裔部落长仍号为“刑天”，是帝榆罔的近臣，但有异心，而与蚩尤关系较好。蚩尤被杀后，他不敢造次，忠于炎帝，炎帝榆罔失政被流放，他便对黄帝怀恨在心。一次黄帝出巡，年轻的颛顼守于涿鹿，刑天乘机发动战争攻击，颛顼令军队反击，刑天战败西逃，企图依赖西方的姜姓不轨者抵抗黄帝之军。黄帝令军队追击，直至常羊山（今甘肃祁连山一带），双方展开激战，黄帝的军队胜利，阵斩刑天之头。刑天却不死，在地上摸找头颅，树断石飞，黄帝的神将一剑劈开常羊山，使刑天的头落入裂开的山谷中，随后常羊山又合了起来。刑天复猛地站起，两乳变成了双眼，肚脐眼变成了口，继续持剑拼杀，血流尽后才倒下。黄帝闻，令女祭、女戚两个巫师祭刑天亡灵。这则神话是颂扬刑天维护榆罔正统地位，死而复战精神的。《山海经·海外西经》收录了这个故事："刑天与帝争神，帝断其首，葬之常羊之山。乃以乳为目，以脐为口，操干戚以舞。女祭女戚在其北，居两水间，戚操角觛，祭操俎。"他与蚩尤一样，都是战败的英雄，灵魂皆升天成为"兵神"。这显然是夸大、虚构的情节，表达了人们尊奉英雄的心愿。刑天的头被砍掉后，自然是死而不能复生的。

黄帝为使天下安宁，除恩威笼络人心外，还以蚩尤之威制服不从者。《龙鱼河图》云："蚩尤没后，天下复扰乱，黄帝遂画蚩尤形象以威天下，天下咸谓蚩尤不死，八方万邦皆为弭服"，即以蚩尤之威震慑不轨之人。钱穆先生说："黄帝和蚩尤的战争，是古时候第一个惊天地、动鬼神的大战。后来的传说，也真加入了天地鬼神。"[①] 他又说："黄帝的武功在涿鹿之战达到最高峰，蚩尤灭亡以后，诸侯推尊黄帝代神农为天子——当时的共主。各国并立，最不容易安定"，黄帝"一方面耀武扬威，图画蚩尤的形象送给他们看，一方面立即整顿军队，讨伐叛乱者。他们当然不堪一击，黄帝才真正平定当时的世界。"[②]

7. 黄帝八迁定都于新郑

《吕氏春秋·孟秋纪》云："未有蚩尤之时，民固削木为战矣，胜者为长。""黄帝五十五战而天下服"，"少皞之难，四十八战而后济"。这些数字现在看来虽未必如此准确，但反映的黄帝时代征战之多，却符合当时生产力进步、财产渐多，诸部落争地域、资产或争盟主而互相征战的社会实际。《括地志》云："黄帝征战蚩尤，初都涿鹿，即位乃都有熊。"即黄帝巩固其盟主地位后，为了加强对华夏部落联盟的管理，以及对"四夷"的震慑，便离开偏北的涿鹿之阿，渡过黄河，定都于"有熊之虚"（今河南新郑市），雄踞中原，威临四方。《商君书·画策》云："神农既殁，以强胜弱，以众暴寡"，故黄帝"内行刀锯，外用甲兵"。《吕思勉读史札记》释："可见炎黄之际，世变转移

① 钱穆：《黄帝》，台北：东大图书有限公司，1978 年版，第 13 页。
② 钱穆：《黄帝》，台北：东大图书有限公司，1978 年版，第 17 页。

之亟也。盖为暴治于蚩尤，而以暴易暴，实惟黄帝。”[1] 战争促进了古代五大民族集团的产生，故曰黄帝时代是民族第一次大融合的时代。炎黄与东夷融合为华夏民族集团，也与仰韶、大汶口文化融合而形成中原龙山文化相一致，史学研究与考古发现不谋而合。不论是持黄帝生于新郑，还是持黄帝生于他地者，在黄帝定都于新郑的问题上，则没有多大争论。《史记·五帝本纪》《集解》皇甫谧曰：“有熊，今河南新郑是也。”《续汉书·郡国志》“新郑”下刘昭注引皇甫谧云：“古有郑国，黄帝之所都。”《帝王世纪》云：“新郑，古有熊国，黄帝之所都，受国于有熊，居轩辕之丘，故因以为名，又以为号。”《竹书纪年》载：“黄帝轩辕氏，元年即帝位，居有熊。”《元和郡县志》云：“郑州新郑县，本有熊之墟。”《读史方舆纪要》卷四十七《开封府新郑县》载：“古有熊地，黄帝都焉，周封黄帝后于此，为郐国。”中国古都学会亦认为黄帝都于此。黄帝在新郑活动遗址主要有轩辕丘、黄帝城、大隗山、风后城、洪堤、大鸿山、大熊山、西太山、崆峒山，姬水两岸有黄帝口、天寿宫、玄女庙，还有黄帝饮马泉、黄帝御花园及黄帝避暑洞等。

综上所述，黄帝及其氏族部落由西向东经过八次迁徙，又经过与其他部族的融合或战争，形成了以黄帝与炎帝部落族团为主体，结合部分蚩尤余民，联合少皞、太皞部落，共同组成了华夏部落联盟集团，黄帝成为“最高军事民主首长”，定都（邑城）于今河南新郑。从此，天下的“万国”逐步形成以地域为称谓的“五大民族集团”，开始了“多元一体”的中国文明和中华民族格局发展的新阶段。这也就是说，作为世界四大文明古国之一的中国，五千多年文明史是从黄帝开始的。黄帝以来的悠久历史文化，也就是中华民族的优秀传统文化，更是我们实现中华民族伟大复兴梦的坚强信念和动力。

① 吕思勉：《吕思勉读史札记》，上海：上海古籍出版社，1982 年版，第 36 – 38 页。

炎黄文化研究及其文化活动的现代意义

任大援

（中国艺术研究院教授）

国内对中华优秀传统文化的研究，在党的十八大以后，有了新的形势和新的气象，其中最突出的表现就是国家最高领导层的高度重视。2017 年年初，中共中央办公厅和国务院办公厅转发的《关于实施中华优秀传统文化传承发展工程的意见》（5 号文件）和《关于进一步加强和改进中华文化走出去工作的指导意见》（8 号文件）更是一个标志性的事件，把中国传统文化研究的重要性提到了意识形态的高度。也就是说，中国传统文化与马克思主义相结合，亦将成为中国人民建设中国特色社会主义的指导思想。之所以这样说，是因为"文化自信"已经写进中央文件，与"理论自信""制度自信""道路自信"具有同等重要的地位。

当思考"传统文化"时，我们要把"中华五千年的文明"当作一个整体来看待，既要看到"轴心时代"及其之后，也要看到"轴心时代"之前，看到轴心时代之前与轴心时代之后二者之间的联系。但是事实上，当我们说到传统文化时，主要是侧重在"轴心时代"——也即春秋战国之后，而对炎黄上古时代，则以"传说时代""神话时代"等概括语将这一时期的历史与"信史"区分开来，这样的做法是值得商榷的。其原因是：第一，著名历史学家司马迁，在《史记》第一篇，就以黄帝开头；第二，中国的上古考古，证明着文字出现之前的中国古文明。例如近年发掘的陕西神木石峁遗址，中国社会科学院的"中华文明探源工程"等，都为炎黄时代的历史提供了新的参考证据。著名考古学家苏秉琦先生说过，中国考古学家的三项任务，其中有一项就是将考古"扩展到没有文字记录的时代"。

在上述思考的基础上，炎黄文化研究和以炎黄文化相关的文化活动，就不仅不是空洞的发思古之幽情，而是有着重要的文化意义。可以概括为以下三点：

第一，对中华祖先、中华文化、中华英烈的崇敬与信仰。

中华民族的历史五千年延续不断，这在世界历史上是独一无二的。我们通过拜祖大典等祭拜活动，实践古代儒家所提出的“慎终追远”观念，强调用庄重诚敬的形式表达对祖宗的敬畏和感恩。中国古代的思想家，也把这种对“天”（自然）、对祖宗的敬畏和感恩，用“尊天敬祖”这个概念表达出来，似乎只有如此才能突出“敬畏”这样一种心理状态。中国古代儒家所谓的天，虽然主要是指自然（特别是在荀子那里），但并非完全没有神秘的成分，这就是我们说的儒家所带有的宗教性。所以在现代社会，我们一般不再用“尊天”这样的概念，但我们仍然强调敬畏和感恩的理念。

在现代社会，我们对“尊天敬祖”有一个继承和发挥，就是把对祖先的怀念敬仰，继续演化为对革命英烈的怀念敬仰。对在中国历史发展中做出突出贡献的人物的怀念敬仰，这种怀念敬仰上升为敬畏和感恩就能催发出一种历史责任感。就是要时刻提醒我们：今天每一个人的所作所为，要对历史有所交代、要对祖宗有所交代、对先烈有所交代，对一切历史上对中华民族做出重要贡献的人有所交代。这就是古人所讲的“尊天敬祖”的现代意义，也是对“仰不愧于天，俯不怍于人”的现代性表述。

“敬”是中国古代儒家的重要观念，但是在“敬”的背后，有“畏”的意识。孔子说：“君子有三畏”，“小人不知天命而不畏也”。在“畏”的背后，有一个“天命”的概念。在现代社会，我们已经抛弃了“天命”的概念，那么我们如何实现“敬”的有效性？这是一个我们要思考的问题。例如关于仪式方式，在陕西、河南，他们都有固定的仪式。仪式中要不要下跪？这个在学者中也有不同的意见。这说明传统文化在现代化转化的过程中，既有理论的问题，也有实践的问题。所以我们说，文化自信，应该从对中华祖先、中华文化、中华英烈的崇敬与信仰开始。

第二，在建设小康社会中，要以炎黄时代流传下来的开拓创新精神引领每个人的具体工作实践。

黄帝被视为“人文初祖”，不是偶然的。从我国古代许多关于炎帝、黄帝时期发明创造的传说来看，这一时期已经是人类迈进文明门槛的初期，从舟车、宫室、算术、律吕、历法、兵器、医药、衣裳一直到文字，后人将这些从物质到精神的种种发明归功在黄帝身上，实际上表现了中国自古以来崇尚文明、开拓进取的创新精神，正如孙中山在《祭黄帝陵文》所写，“世界文明，惟有我先”。

从整个人类文化的发展来看，第一个发明制造石斧的人就是一个具有开创精神的人，可惜就世界考古学界的一般认识而言，他并不是中国人。但是，到了新石器时代，情况就大不一样。

近年来，学术界通过对仰韶文化、龙山文化的研究，对农业文明起源的研究，中华文明探源工程为我们进一步科学地了解黄帝时代的文化与发明创造，起到了积极的推动作用。炎帝与黄帝，被古代史学家看作中华生活方式的创造者，《史记》中说，黄帝“种五艺，抚万民，度四方”，其所代表的开拓进取之创新精神，成为后人的典范。直到今天，仍然值得发扬。

炎黄时代所创造的这种生活方式，对后来中华民族的思想观念发展，也起到了重要作用。例如，炎黄时代，中国的农业发展已经达到了一定的程度，而人类从采集农业和渔猎进入以种植农业为主要生产方式时，人与自然的关系也改变了。首先，人类从适应自然转为利用、改造自然；其次，人类由迁徙生活方式逐渐转为定居的生活方式，社会结构发生了变化，家庭关系及其重要性愈加凸显，影响到了人们的思维，伦理也越来越受到重视了；再次，由于人口增加和技术进步，使一部分人开始从事维持基本生存以外的活动，既有发明创造，又有艺术活动，从而产生了新的社会分工和物品交换。炎黄时代，这些情况都出现了，虽然对这些情况的文字描述产生于后来的春秋战国时期，即中国古代思想观念发生的时期，但我们仍可以窥视到其对炎黄时代观念的映射。

第三，在建设小康社会中，要发扬自炎黄时代起中华民族开始建立的“百川归海、中华一统”的观念，为民族团结、祖国统一服务。

中国自秦汉以来就形成了一个多民族统一的国家，在中华民族成长壮大的过程中，逐渐形成了“炎黄子孙”的概念。正如于右任先生在《黄帝功德纪·序》中所说：“黄帝既战胜蚩尤，东至于海，西登昆仑，南及交趾，北出幽陵，而开拓中华民族已有之疆土。其子孙蔓延于各地也，如汉族固为其苗裔，而西藏族之羌，回族之安息，苗黎族之禺号，蒙古族之匈奴，东胡族之鲜卑，金人之祖且为黄帝之子清，清则金人之后也，是皆近世治史者所能考信。是中华民族之全体，均皆黄帝之子孙也。”这里的论述，表现了历史上形成的

普遍社会心态，即“百川归海、中华一统”的民族认同精神。中华民族的形成，据专家考证：到距今三千年左右，首先在黄河中下游地区形成了华夏族（以夏朝得名），而黄帝即华夏族的始祖之一。此后，华夏族又逐渐融合了四周的夷、狄、蛮、苗等族，得以发展、壮大。到春秋战国时，原被中原视之为“蛮夷”的商人（东夷）、周人（西戎）、秦人（戎狄）、巴人、蜀人（西南夷）、楚人、吴越（南蛮）等先后融入华夏族，成为华夏族的组成部分。到汉代，华夏民族正式成为汉族（由汉朝而得名）。中华民族的融合，不仅为几十年来的考古资料所证实，而且在理论研究上，费孝通先生在20世纪80年代以后，对“中华民族多元一体格局”进行了充分论证。他指出：“中华民族是包括中国境内56个民族的民族实体，并不是把56个民族加在一起的总称。因为这些加在一起的56个民族已结合成相互依存的、统一而不能分割的整体，在这个民族实体里所有归属的成分都已具有高一层次的民族认同意识，即共休戚、共存亡、共荣辱、共命运的感情和道义。”从这个意义上可以说，中国人作为炎黄子孙已经不是一个血统的观念，而是一个文化归属的观念，是近百年来中华民族在外国列强的入侵和欺凌中逐步萌发、出现和发展的中华民族整体的自觉意识。

所以，我们不赞成那种认为黄帝是汉族人的祖先，不是少数民族祖先的看法。当然，有些具体的问题，还要通过研究来进一步加深认识。

总而言之，上述三个方面都涉及了炎黄文化研究和研究文化实践的现代意义。也就是要通过对炎黄时代的中华历史源头的研究，培养慎终追远、尊天敬祖的理念；要通过炎黄文化研究，培养勇于创造、开拓创新的精神；通过炎黄文化研究，树立中华民族大家庭意识，实现百川归海，华夏一统。这都是炎黄时代以来留给我们的文化遗产，我们要通过研究和举办文化活动，把它们继承下来，进而巩固我们的文化自信。

道教黄帝信仰的建构与形成

张泽洪

（四川大学道教与宗教文化研究所教授）

黄帝被尊为中华民族始祖、人文初祖，在中国社会有着长期的影响。在中国传统的儒释道三教中，道教以信仰黄老之道而著称。道教推崇黄帝是得道的神仙，在斋醮科仪文书中黄帝有灵宝黄帝先生、中岳嵩山黄帝真君、黄帝中主君、黄帝解厄神君、黄帝土真神王、玄清洞元黄帝玉司道君等名号。黄帝是道教所尊崇祖先神的典型，道教黄帝信仰的建构与形成，从一个侧面反映出道教塑模祖先神的特点，道教黄帝信仰的建构有助于中华民族凝聚力的形成，是道教研究中值得专门考察的问题。

一、道教尊崇黄帝及其神仙化的塑造

道教尊崇华夏人文始祖黄帝，亦尊崇先秦道家的老子。西汉立国至文景之世，朝廷倡行黄帝老子之道，社会上尊崇黄帝老子学说，论大道则先黄老而后六经，以致形成所谓黄老之学。《隋书·经籍志》叙述《老子》《庄子》等道家著作后说："自黄帝以下，圣哲之士所言道者，传之其人，世无师说。汉时，曹参始荐盖公能言黄老，文帝宗之。自是相传，道学众矣。"① 早在道家庄子的学说中，就视黄帝为得道者。《庄子·大宗师》宣称大道"黄帝得之，以登云天"。② 早期道教在创立过程中，汲取了黄老之学的思想元素，用以建构道教的神仙学说与神学理论。道教黄帝崇拜经历了长期的历史过程，道门中历代高道的想象力和创造力，最终形成具有祖先崇拜特色的黄帝信仰。

---

① 魏征，令狐德棻：《隋书·第4册》，北京：中华书局，1973年版，第1003页。

② 郭象：《庄子·卷三》，收于《文渊阁四库全书·第1056册》，台北：台湾"商务印务书馆"，1986年版，第39页。

1. **道经中自称道家黄帝之教**

在道教经书的神仙叙事中，常将黄帝、老子并称，甚至称吾道家黄帝之教。道教以推崇黄帝之道而立教，道教的神仙学说亦宗本黄帝，此彰显道教作为中华传统宗教的特质。南宋薛道光、陆墅，元陈致虚注《紫阳真人悟真篇三注》之《悟真篇记》就说："明违黄帝之言，全失老君之旨。"① 我们知道黄帝之言与黄老之学，是先秦两汉哲学讨论的重要话题。道经中不乏黄帝、老子并称的例证，我们试举以下数例。宋张君房《云笈七籤》卷七十《内丹诀法》引陶植《还金术三篇并序》说：

若天地在乎手，造化由乎身，自凡跻圣，名列金簿，与黄帝、老子为先后，所以顾兹门而无别径也。②

宋邓牧《洞霄图志》卷六《洞霄宫碑》说：

而道为天地万物之宗，幽明巨细之统。此虙羲、黄帝、老子所以握乾坤，司变化也。③

宋沈庭端《华盖山浮丘王郭三真君事实》卷一《三真记》说：

夫神仙之学，大抵宗本黄帝、老子，以清静无为、虚心寡欲为本，而佐以阴功密行及炼丹服气之术。④

明朱权《天皇至道太清玉册序·原道》说：

凡有生之民，所称之道，所用之字，所服之衣，所居之室，所用之器，皆吾中国圣人黄帝、老子之所制也。岂非皆出于吾道教哉！⑤

在道教各宗师看来，道教的内丹诀法，天地万物之道，炼丹服气的神仙之学，甚至社会生活之道，大抵都宗本于圣人黄帝。北宋苏轼《上清储祥宫碑》

---

① 《道藏·第2册》，北京：文物出版社，上海书店，天津古籍出版社，1988年版，第969页。

② 《道藏·第22册》，北京：文物出版社，上海书店，天津古籍出版社，1988年版，第491页。

③ 《文渊阁四库全书·第587册》，台北：台湾"商务印书馆"，1986年版，第455页。

④ 《道藏·第18册》，北京：文物出版社，上海书店，天津古籍出版社，1988年版，第48页。

⑤ 《道藏·第36册》，北京：文物出版社，上海书店，天津古籍出版社，1988年版，第357页。

对道教尊崇黄帝、老子的特点，有一段精彩的论述：

道家者流，本出于黄帝、老子。其道以清静无为为宗，以虚明应物为用，以慈俭不争为行，合于《周易》“何思何虑”，《论语》“仁者静寿”之说，如是而已。①

宋元史家马端临有道教之术杂而多端之说，认为黄帝、老子所言清静无为才是道家要旨。南宋彭耜《道德真经集注·杂说》卷上，就认为相较于方士的符箓道法，黄帝、老子之道是道教之本。② 早在司马迁《史记》的黄帝叙事中，就已将黄帝、老子并称。西汉时期，黄帝、老子学说在社会上颇有影响，朝野尊黄帝、老子之术者不乏其人。明代皇家道士朱权推崇黄帝，明确宣称道教为黄帝之教。明朱权《高上玉皇本行集经前序·原序》说：

今九流之中，三教之内，所用之文字，所服之衣裳，所居之房屋，所用之器皿，皆黄帝之始制，是皆出于吾道家黄帝之教焉。③

黄帝是三皇五帝中之得道者，历来被视为帝王得道的典型。元陈致虚《上阳子金丹大要》卷十一《与至阳子田至斋》说：

帝皇之得道者，若羲、农、黄帝焉。……道之在天地间，成仙作佛者，历历不可以指数也。④

在中古道教兴盛的唐宋时期，唐代李姓皇帝尊崇老子，宋代赵姓帝王则尊崇黄帝。⑤ 北宋王朝以赵姓出于黄帝，尊道教的黄帝为圣祖，加尊号为圣祖上灵高道九天司命保生天尊。封建王朝尊黄帝、老子为远祖，将古代社会的神道

---

① 苏轼：《东坡全集·卷八十六》，收于《文渊阁四库全书·第1108册》，台北：台湾“商务印书馆”，1986年版，第383页。

② 宋人彭耜在《道德真经集注杂说》卷上说：“尝窃论之，黄帝老子之道，本也；方士之言，末也。”收于《道藏·第13册》，北京：文物出版社，上海书店，天津古籍出版社，1988年版，第261页。

③ 周玄贞：《皇经集注》，收于《道藏·第34册》，北京：文物出版社，上海书店，天津古籍出版社，1988年版，第629页。

④ 《道藏·第24册》，北京：文物出版社，上海书店，天津古籍出版社，1988年版，第40页。

⑤ 宋蒋叔舆《无上黄箓大斋立成仪》卷十五《醮谢请献门》首列《圣祖位序说》称：“唐以李姓出于老子，故祖老子；本朝以赵姓出于黄帝，故祖黄帝。”收于《道藏·第9册》，北京：文物出版社，上海书店，天津古籍出版社，1988年版，第464页。

设教推向极致。明代道经《道法会元》卷二说："先天元后乃老子之母玄妙玉女，犹太宗以轩辕黄帝为始祖，故尊事黄帝为圣祖，先天太后即黄帝母也。"[①] 总之，黄帝信仰在宋代得到皇室的推崇，更进一步确立了其在道门的宗主地位。

东晋葛洪，南朝陈马枢，唐代李筌、张果，唐末五代杜光庭，北宋王松年、陈葆光、曾慥、张君房、李思聪、蹇昌辰、任照一，南宋俞琰、刘处玄，元代赵道一，元明间道士王玠，明代张宇初、朱权、周玄贞等，在其经论中都祖述黄帝，着力渲染黄帝的道教宗主地位。在道教宗师关于黄帝的神圣叙事中，黄帝既是自然体道帝王的典型，也是最早得道神仙的楷模。

2. 道教黄帝传记的神圣叙事

至西汉司马迁《史记》卷一《五帝本纪》宣称黄帝"有土德之瑞，故号黄帝"之后[②]，道教承袭了司马迁的黄帝叙事，并在魏晋道教神仙理论的建构中，对世俗的黄帝传说进行吸纳改造，开始了黄帝形象的神圣化塑造加工。魏晋道经《赤松子中诫经》开篇，就以"轩辕黄帝稽首问赤松子曰"而立论。[③] 道教经书在史籍黄帝传说基础上，开始对黄帝得道之说进行神仙化的建构。唐逄行珪《鬻子》卷下《数始五帝治天下第七》说颛顼："因修黄帝之道而行其政令，不改革也。"[④] 春秋战国列御寇《列子》卷六称："《黄帝之书》云，至人居若死，动若械，亦不知所以居，亦不知所以不居。"[⑤] 此所谓《黄帝之书》，与伏羲、神农合称为三坟，三坟被视为先秦时期的大道。总之，所谓《黄帝之书》至少是魏晋时期流行的典籍。[⑥]

---

① 《道藏·第 28 册》，北京：文物出版社，上海书店，天津古籍出版社，1988 年版，第 680 页。

② 司马迁：《史记》，北京：中华书局，1959 年版，第 6 页。

③ 《道藏·第 33 册》，北京：文物出版社，上海书店，天津古籍出版社，1988 年版，第 731 页。

④ 《道藏·第 27 册》，北京：文物出版社，上海书店，天津古籍出版社，1988 年版，第 164 页。

⑤ 《文渊阁四库全书·第 1105 册》，台北：台湾"商务书馆"，1986 年版，第 631 页。

⑥ 列子为战国前期思想家，为道家思想代表人物之一。而《列子》一书为东晋张湛辑录增补而成，大致反映魏晋时期之思想。

南朝陈道士马枢撰《道学传》，收录南朝陈以前一百多位神仙、道士的传记。《道学传》说：

黄帝，少典之子，姓公孙，号常鸿氏，一号归藏氏，又有缙云之瑞，亦号缙云氏。又有土德之瑞，故号曰黄帝。弱而能言，圣而预知，好道希妙，故为道家之宗也。①

《道学传》的神仙叙事以言简意赅为特点，其黄帝传记明确被称为道家之宗。在此后道教神仙传记的编撰中，更逐步丰富完善了黄帝得道、授道的神话传说。唐广明二年（881），王权撰《广黄帝本行记》三卷，该书原名《广轩辕本纪》三卷，述黄帝成长及治理天下之事的上、中二卷已佚，今仅存叙述黄帝修道成真之事的下卷。唐王权《广黄帝本行记》说："黄帝以天下既理，物用具备，乃寻真访隐，问道求仙，冀获长生久视，所谓先理代而登仙者也。"②亦渲染黄帝在治理国家成功之后，又致力于追求神仙之道的神话。

在宋代道教的神仙传记中，黄帝的传记已居于特殊地位，说明宋代是道教黄帝信仰建构的完成时期。南宋陈葆光《三洞群仙录》，其卷一开篇就为《盘古物祖，黄帝道宗》，此道宗有道教宗主、得道宗师之意，道经中称黄帝、庄子，都曾使用"道宗"一词，亦称太上老君为"玄玄道宗"。③《三洞群仙录》记载神仙故事1054则，而将黄帝列为首篇介绍，已确认黄帝在道教神仙中的特殊地位。宋代张君房《云笈七籤》卷一百《轩辕本纪》，元代赵道一《历世真仙体道通鉴》卷一《轩辕黄帝》，亦都尊黄帝为道教神仙第一，这与赵宋王朝尊黄帝为圣祖的社会历史背景相符合。总之，宋代道教明确宣称黄帝是道宗，且在秦汉史籍黄帝叙事的基础上，凸出黄帝神圣性的建构与描写，诸如黄帝的经书法术是天神传授，黄帝与七十二天神相会，黄帝在名山五岳封神等传说，道教都竭力赋予华夏英雄祖先黄帝无比的神性。其中，最典型的是天神传

---

① 陈葆光：《三洞群仙录·卷一·盘古物祖，黄帝道宗》，收于《道藏·第32册》，北京：文物出版社，上海书店，天津古籍出版社，1988年版，第235页。

② 《道藏·第5册》，北京：文物出版社，上海书店，天津古籍出版社，1988年版，第33页。

③ 唐吴筠《宗玄先生文集》卷下称南华真人"南华源道宗"。敦煌文书S. 4365号《唐玄宗御制道德真经疏释题》有"庄老道宗"之语，杜光庭《道德真经广圣义》卷三《释御疏序上》称太上老君为"玄玄道宗"。

授说的建构。宋代张君房《云笈七籤》卷一百《轩辕本纪》说："黄帝修德义，天下大理。乃召天老谓之曰：吾梦两龙挺白图，出于河，以授予，敢问于子。天老对曰：此《河图》《洛书》将出之状，天其授帝乎！"① 此天老授黄帝周易箓图的故事，本出于《周易》之《河图挺佐辅》篇，此神圣叙事暗示道教行用的周易八卦，亦是黄帝得天神之传授而行世。

3. **道教各派宗承黄帝**

道教黄帝信仰的建构始于早期道教创立时期，早期道教的天师道、灵宝派、上清派都推崇黄帝，可以说黄帝信仰是道门集体智慧的结果。西汉刘安《淮南鸿烈解》卷二十四《说林训》称："黄帝，古天神也。"② 早在东汉道教教团创立的五斗米道时期，托名张陵所撰的《老子想尔注》，就有"黄帝仁圣知后世意""道使黄帝为之"之说。③ 在早期天师道的二十四治中，新津老君山所在的稠稉治，相传为黄帝学道的名山。北周道经《无上秘要》卷二十三《正一炁治品》载："稠稉治，上应危宿，治去汶山江水九里，山高去平地一千七百丈，昔轩辕黄帝学道之处也。"④ 此传说可视为早期天师道黄帝崇拜的社会记忆。

东晋灵宝派道士葛洪建构道教神仙理论，最早宣称黄帝为得道之神仙。葛洪《抱朴子内篇·明本》说："黄帝既治世致太平，而又升仙，则未可谓之后于尧舜也。"⑤ 葛洪多处的黄帝叙事显示灵宝派对黄帝的尊崇。南北朝道经《元始上真众仙记》载太皞氏、颛顼氏、祝融氏、轩辕氏、金天氏分别治五

① 《道藏·第22册》，北京：文物出版社，上海书店，天津古籍出版社，1988年版，第676页。

② 《道藏·第28册》，北京：文物出版社，上海书店，天津古籍出版社，1988年版，第134页。

③ 饶宗颐：《老子想尔注校证》，上海：上海古籍出版社，1991年版，第8页、第14页。

④ 《道藏·第25册》，北京：文物出版社，上海书店，天津古籍出版社，1988年版，第64页。

⑤ 王明：《抱朴子内篇校释》，北京：中华书局，1986年版，第171页。

山，称“轩辕氏为黄帝，治嵩高山”①，更成为后世道教科仪五方五帝说的理论基础。六朝道经《太上无极大道自然真一五称符上经》卷下：

黄帝曰：“天老以小兆未知天气，故授兆《灵宝五称符经》。”②

《灵宝五称符经》是六朝古灵宝经，黄帝天老授经说代表灵宝派的观点。北周道经《无上秘要》卷三十《经文出所品》说：

《中央黄天真文赤书》，一名《宝劫洞清九天灵书》，一名《黄神大咒》，一名《黄帝威灵策文》。③

古灵宝经认为《黄帝威灵策文》刻书佩身，可免万灾，则东晋南朝的灵宝派确乎推崇黄帝。

南北朝上清派道经《上清太上开天龙蹻经》卷一《黄帝请问宁君诀第一》赞曰：“轩辕黄帝夙植仙津，上感神精，诞灵特秀，位承天帝，复道求真，清斋玄阙。”④ 黄帝夙植仙津说未见于世俗史籍，这是上清派对黄帝神性的想象创新。南北朝道经《上清元始变化宝真上经九灵太妙龟山玄箓》卷下载：“若行黄帝之道，当以季月服黄上八维生景玉门之符。”⑤ 此经书为早期上清派经典，则说明上清派亦倡行黄帝之道。

元代全真道士王志道《玄教大公案》卷下，有“黄帝大圣人”之称。⑥ 元代得净明、全真、清微诸派之传的赵宜真《原阳子法语》卷下《警学偈十六

---

① 《道藏·第3册》，北京：文物出版社，上海书店，天津古籍出版社，1988年版，第270页。关于道经的作者及编撰时代，本文依据《增注新修道藏目录》（丁培仁：《增注新修道藏目录》，成都：巴蜀书社，2008年版。）

② 《道藏·第11册》，北京：文物出版社，上海书店，天津古籍出版社，1988年版，第641页。

③ 《道藏·第25册》，北京：文物出版社，上海书店，天津古籍出版社，1988年版，第96页。

④ 《道藏·第33册》，北京：文物出版社，上海书店，天津古籍出版社，1988年版，第731页。

⑤ 《道藏·第34册》，北京：文物出版社，上海书店，天津古籍出版社，1988年版，第227页。

⑥ 《道藏·第23册》，北京：文物出版社，上海书店，天津古籍出版社，1988年版，第904页。

首》，有“黄帝曾师七十人，人人岂必尽仙真”之语。[①] 金元的全真宗师承袭南北朝道教正一派、灵宝派、上清派的传统，都致力于推崇黄帝之道，在经法理论中着意建构黄帝信仰。

我们知道先秦时期的祖先崇拜，已经形成相当成熟的祭祀理论。《国语·鲁语上》载春秋时鲁国大夫展禽说：“夫圣王之制祀也，法施于民则祀之，以死勤事则祀之，以劳定国则祀之，能御大灾则祀之，能捍大患则祀之。”[②] 这就是华夏先民祖先崇拜的祭祀五原则，此先秦宗法宗教的祭祀原则为道教所继承。黄帝以有功于民而享受道教的崇祀，成为道教法坛祖先神灵的典型代表。

二、道教神仙叙事中的黄帝

民国时期顾颉刚撰《黄帝故事的演变次序》，曾将早期黄帝形象的演变过程归纳为六个阶段。[③] 顾颉刚总结了以儒家为主体的黄帝叙事的演变，其黄帝形象演变说为学术界所承认。而在道教仙传的宗教叙事中，关于黄帝得道亦有各种神异传说。道教的黄帝叙事涉及道教学的诸多方面，我们至少可以从七个方面予以归纳，从这些侧面不难看出道教确乎崇信黄帝之道。

1. 道教神仙学说中的黄帝

在道教的神仙传记中，黄帝的传记居于特殊的地位。道教仙传中黄帝得道、鼎湖上升的传说，是道教仙话中脍炙人口的故事。道教历代宗师对此黄帝神话有新的诠释。东晋葛洪《抱朴子内篇·微旨》：“黄帝于荆山之下，鼎湖之上，飞九丹成，乃乘龙登天也。”[④] 明确宣称黄帝所得为金丹之道。唐代杜光庭《道门科范大全集》卷七十八《上清升化仙度迁神道场仪》的说文称：“臣闻混元函谷，控白鹿以西升；黄帝鼎湖，驾髯龙而高举。莫不以长生为本，却死为先。”[⑤] 则旨在宣扬黄帝所得为长生之道。宋代张君房《云笈七籤》卷

---

① 《道藏·第24册》，北京：文物出版社，上海书店，天津古籍出版社，1988年版，第86页。

② 左丘明：《国语·上册》，上海：上海古籍出版社，1978年版，第166页。

③ 顾颉刚：《顾颉刚全集》，北京：中华书局，2011年版，第431－432页。

④ 《道藏·第28册》，北京：文物出版社，上海书店，天津古籍出版社，1988年版，第195页。

⑤ 《道藏·第31册》，北京：文物出版社，上海书店，天津古籍出版社，1988年版，第943页。

三《道教本始部》之《天尊老君名号历劫经略》说："故黄帝以道治世一百二十年，于鼎湖山白日升天，上登太极宫，号曰中黄真人。"[①]"中黄真人"是道教赋予黄帝的道号之一，黄帝确乎是与道合真的得道之人。宋代王松年《仙苑编珠》卷上《伏羲八卦，轩后五篇》说黄帝"乃铸鼎荆山炼丹，丹成，有黄龙下迎，韦臣同升者七十二人"[②]。黄帝偕七十二人一同升仙，是道教仙话史上得道最多的范例。轩辕黄帝鼎湖飞升的仙话，在道经中有不同版本的诠释，旨在昭示黄帝是得道升仙之人。道教还有黄帝与帝喾、夏禹，"并遇神人，咸受道箓"之说。[③] 黄帝接受道教道箓的传说，则喻示已得道法的正式传授。

2. 道教神仙叙事中的黄帝

从先秦诸子的《庄子》《尸子》《列子》《管子》《尉缭子》《关尹子》《亢仓子》，到秦汉魏晋南北朝的《史记》《汉书》《后汉书》《文选》等史籍，在引经据典阐述哲理时，都已然形成"黄帝曰"的叙事风格。道教对黄帝信仰的塑造与建构，也承袭这一叙事传统以阐述道教经义。我们试举数例：

东晋道经《洞神八帝元变经·持神驭伏第十三》说：

> 黄帝曰："人性能通鬼神，而神与人道理有殊。"[④]

北周道经《无上秘要》卷六《帝王品》称：

> 黄帝曰："三皇者，则三洞之尊神，大有之祖气也。"[⑤]

宋代曾慥《道枢》卷三十《真一篇》说：

> 黄帝曰："宇宙在吾手，造化在吾身。"[⑥]

---

① 《道藏·第22册》，北京：文物出版社，上海书店，天津古籍出版社，1988年版，第18页。

② 《道藏·第11册》，北京：文物出版社，上海书店，天津古籍出版社，1988年版，第21页。

③ 魏征，令狐德棻：《隋书·第4册》，北京：中华书局，1973年版，第1093页。

④ 《道藏·第28册》，北京：文物出版社，上海书店，天津古籍出版社，1988年版，第403页。

⑤ 《道藏·第25册》，北京：文物出版社，上海书店，天津古籍出版社，1988年版，第19页。

⑥ 《道藏·第20册》，北京：文物出版社，上海书店，天津古籍出版社，1988年版，第760页。《道法会元》卷一《清微道法枢纽》载为："黄帝云：宇宙在乎手，万化生乎心。"

在道教的神仙叙事中，天界神仙的太上老君、天真皇人、广成子、宁先生，都与黄帝有道法的传授交流。道教的天地自然之道，道教祀神的斋醮科仪，道教的修仙飞行术，道教的内丹修炼之道，甚至治身治国之道，都得到仙真的传授。唐代道经《金锁流珠引》卷七载：

> 太上老君告黄帝曰："幽思转身，告命万神。合通天地，自得其真。"①

唐代道经《金锁流珠引》卷四《五等礼师引诀》说：

> 太上老君授黄帝礼师法，别有科仪，具用五等。②

宋代张君房《云笈七籤》卷二十九《禀生受命·禀受章》说：

> 昔天真皇人于峨眉山中告黄帝曰："一人之身，一国之象也。胸腹之位，犹宫室也；四肢之列，犹郊境也……能知治身，则知治国也。"③

宋代张君房《云笈七籤》卷一百二十《道教灵验记》之《青城丈人授黄帝龙蹻并降雨验》说：

> 青城山，黄帝诣龙蹻真人宁先生，受《龙蹻经》，得御飞云之道。④

元代陈致虚《上阳子金丹大要》卷七《朔望弦晦须知》说：

> 故广成子谓黄帝曰："目无所见，耳无所闻，心无所知，神将守形，形乃长生。一泄之后，即出一阳，而交一阴，是为离也。自此而往，情欲已萌，淳朴已散，精气日损。"⑤

上古时期黄帝问道于广成子，是道经中广为传颂的仙话。而广成子传授的是修

① 《道藏·第20册》，北京：文物出版社，上海书店，天津古籍出版社，1988年版，第391页。

② 《道藏·第20册》，北京：文物出版社，上海书店，天津古籍出版社，1988年版，第369页。

③ 《道藏·第22册》，北京：文物出版社，上海书店，天津古籍出版社，1988年版，第211页。

④ 《道藏·第22册》，北京：文物出版社，上海书店，天津古籍出版社，1988年版，第833页。

⑤ 《道藏·第24册》，北京：文物出版社，上海书店，天津古籍出版社，1988年版，第26页。

身养性，才能得长生不老之道的要义。元代陈致虚《太上洞玄灵宝无量度人上品妙经注·序》说：

> 轩辕时，皇人与太清三仙王会峨眉山，黄帝再拜问道。皇人授以五牙三一之文并《度人经》上卷，黄帝修之上仙。①

天真皇人授给黄帝《度人经》上卷，为东晋南朝古灵宝经之一，《度人经》讲述道教济世度人之道。元代道士陈致虚为《度人经》的撰作传授，建构出一个颇具神学色彩的授经谱系。称元始天尊撰《度人经》授玉晨道君，玉晨道君授玄一真人，玄一真人授天真皇人。黄帝得天真皇人、太清三仙王传授《度人经》，则象征黄帝获得神仙之道的真传，果然黄帝修炼此度人之道而成为上仙。

3.《道藏》中托名黄帝的经书

道教的经书中多有托名黄帝的道经，医学、占卜、外丹术、法术道符等经书以祖述黄帝为特点。《道藏》中诸如《黄帝内经》《黄帝龙首经》《黄帝金匮玉衡经》等十五种托名黄帝的经书，构成道教黄帝信仰的重要内容。据唐代道经《金锁流珠引》卷十四引录《黄帝集灵记》，此经有大禹编为四十九卷之说，此《黄帝集灵记》实为法术道符的汇编。道教的《黄帝阴符经》，主论道家哲学与修养之术，是托名黄帝著述中最有影响的名篇，在东晋南朝已问世。东晋南朝道经《洞真上清太微帝君步天纲飞地纪金简玉字上经》说：

> 而世传惟《阴符》一经，为黄帝书，其文质而雅，深而要，非有道者，其能是乎。②

北魏寇谦之在进行新道教改革之时，就以曾藏此经于嵩山石室而知名。明代张宇初《岘泉集》卷一《辨阴符经》：

> 史称黄老者，以黄老之道同也。而黄帝之言，未之见焉。若子列子之谓《黄帝书》曰者，大率与老同。③

---

① 《道藏·第2册》，北京：文物出版社，上海书店，天津古籍出版社，1988年版，第393页。

② 《道藏·第33册》，北京：文物出版社，上海书店，天津古籍出版社，1988年版，第444页。

③ 《道藏·第33册》，北京：文物出版社，上海书店，天津古籍出版社，1988年版，第201页。

第四十三代天师张宇初认为《黄帝书》与《老子》的学说，共同构成道教遵行的黄老之道。道教有黄帝悟道而撰写《阴符经》之说，以致历史上《黄帝阴符经》的注疏最多，今仅存于明代《正统道藏》的便有二十四种，反映出道门人士对此经的重视。

4. 道教饮食养生与黄帝

道教有着丰富的饮食养生思想，充满着中华民族先民的生活智慧，是历代高道大德探索总结的结果。道经中论说饮食养生的要义，其开篇也托黄帝之口而立论。《孙真人备急千金要方》卷七十九《食治》称：

> 黄帝曰："五味入于口也，各有所走，各有所病。"①

唐代范翛然《至言总》卷三《禁忌》称：

> 黄帝曰："一日之忌，夜莫饱食。一月之忌，暮莫大醉。"②

宋代张君房《云笈七籤》卷五十七引天台白云《诸家气法·服气精义论并序》说：

> 黄帝曰："食谷者知而夭，食气者神而寿，不食者不死。"③

道教论说饮食养生之要义，刻意引用黄帝之说以立论，托名黄帝的饮食养生的法门和禁忌，甚至比饮食养生更高的服气之法，都旨在彰显这些养生理论来自黄帝的智慧。

5. 道教丹道与黄帝

道教丹道旨在追求长生不老信仰，丹道修炼亦源自黄帝的养生思想。在道教经书的丹道叙事中，称黄帝是最早服食神丹者。宋代李昉《太平御览》卷六百七十八《道部二十传授上》说：

> 昔黄帝、老子奉事元君，元君以受要诀，况乎不逮彼二君者，安能自得仙度世者乎。按《荆山经》及《龙首记》皆云黄帝服神丹。④

---

① 《道藏·第26册》，北京：文物出版社，上海书店，天津古籍出版社，1988年版，第516页。

② 《道藏·第22册》，北京：文物出版社，上海书店，天津古籍出版社，1988年版，第859页。

③ 《道藏·第22册》，北京：文物出版社，上海书店，天津古籍出版社，1988年版，第392页。

④ 《文渊阁四库全书·第899册》，台北：台湾"商务印书馆"，1986年版，第161页。

东晋葛洪《抱朴子内篇·遐览》提及《荆山经》《龙首记》各一卷。明代《正统道藏》收录《黄帝龙首经》上下两卷。则东晋道教已有黄帝服神丹之说。东晋葛洪《神仙传》卷五《张道陵》，还有天师张道陵得黄帝九鼎丹经之说。托名黄帝的《黄帝九鼎神丹经》为西汉末东汉初的道经，该经说黄帝服食九鼎神丹而升仙。① 唐宋时道教盛行金丹之道，宣称黄帝修之而登云天，老君修之是为道祖。黄帝既是金丹之道的习得者，又是在道门传授金丹之道者，东汉道教祖师张道陵就曾得黄帝丹法的传授。《太平御览》卷六百六十四《道部六》引《集仙录》曰：

> 张天师道陵隐龙虎山，修三元默朝之道，得黄帝龙虎中丹之术。②

唐代杜光庭《墉城集仙录》卷六载：

> 孙夫人者，三天法师张道陵之妻也。……依太一元君所授黄帝之法，积年丹成，变形飞化无所不能。③

道教金丹道在唐宋时期盛行，成为道教修炼成仙的主流，在朝野和社会上很有影响，所谓黄帝金丹道就是这种社会氛围下的产物。唐代道教有一种黄帝内视法，是存想五脏五色的修炼方法，则此黄帝内视法又具有内丹术和存想法结合的特点。

6. 道教戒律与黄帝

道教经书在阐扬教理教义时，常托称神仙天尊之口以叙事，用“黄帝曰”“老君曰”“太上曰”“太极真人曰”“天尊曰”“道君曰”“太上老君曰”“道曰”“道言”“师曰”等的口吻宣讲经义，以此强调教理教义的神圣性。北周道经《无上秘要》卷四十六《洞神戒品》，在宣讲道教戒律的功能时，就托黄帝以宣教，其论洞神五戒说：

---

① 葛洪《抱朴子内篇·金丹》：“按《黄帝九鼎神丹经》曰，黄帝服之，遂以升仙。”（《道藏·第28册》，北京：文物出版社，上海书店，天津古籍出版社，1988年版，第183页。）《云笈七籤》卷六十七《金丹部》之《黄帝九鼎神丹序》亦称：“按《黄帝九鼎神丹经》曰：黄帝服之，遂以升仙。”（《道藏·第22册》，北京：文物出版社，上海书店，天津古籍出版社，1988年版，第466页。）

② 《文渊阁四库全书·第899册》，台北：台湾“商务印书馆”，1986年版，第70页。

③ 《道藏·第18册》，北京：文物出版社，上海书店，天津古籍出版社，1988年版，第195页。

> 黄帝曰："人不持戒，吏兵不附其身，所得无验，徒劳用心。"若不信至道承事师，若欲使吏兵防身护命，却死来生，禳疾延寿，为人消灾，救治厄患，存思求微，克期取验者，受五戒。①

北周道经《无上秘要》卷四十六《洞神戒品》宣讲"洞神八戒"，亦称：

> 黄帝曰："余尝闲居，太上垂降，见问经戒大小始终。余虽受持，多所不了，未测次序，具启太上。"太上答曰："凡诸戒律，通应共行。"其间缓急繁简高卑，各有意义，准拟玄源变化，生数皆渐相成，三五八九、十百千万，虽随缘所堪，亦不可越略，知因向正，法修长生不死，三五兼参，宜受八戒。②

魏晋南北朝道教有洞神三戒、洞神五戒、洞神八戒和想尔九戒，分别是早期道教灵宝派、天师道的戒律。《无上秘要》借黄帝之口宣讲洞神五戒、洞神八戒的要义，显示早期道教戒律亦依托黄帝以宣示的特点。

7. 道教法术中的黄帝神符

道教法术中的符箓具有驱邪的功能，在道门和社会上行用广泛。相传西王母曾传授黄帝神符。道经中所见黄帝符箓、真文，有黄帝真符、元始黄帝真符、黄帝御魔总真灵符、中央黄帝土功符、中央黄帝玉符、黄帝全角符、中央黄帝赤书玉篇真文、黄帝威灵策文等。道教斋醮法坛行用的符箓灵文、真文玉字，具有祈禳驱邪的无穷法力。宋代张君房《云笈七籤》卷一百《轩辕本纪》说：

> 玄女传《阴符经》三百言，帝观之十旬，讨伏蚩尤。授帝《灵宝五符真文》及《兵信符》，帝服佩之，灭蚩尤。③

此《灵宝五符真文》为东汉出世，为道教史上之古灵宝经，该经谈及的黄帝神符或许即灵宝符文。相传黄帝以金简书《灵宝五符真文》，一通藏于钟山，一通藏于宛委之山。黄帝所得的《灵宝五符真文》为道教常用符箓，可以安

---

① 《道藏·第25册》，北京：文物出版社，上海书店，天津古籍出版社，1988年版，第165页。

② 《道藏·第25册》，北京：文物出版社，上海书店，天津古籍出版社，1988年版，第165页。

③ 《道藏·第22册》，北京：文物出版社，上海书店，天津古籍出版社，1988年版，第679页。

镇天地，开度鬼神，具有强大的驱邪功能。宋元道经《灵宝无量度人上经大法》卷二十说东晋真人许逊，“曾亲受黄帝之书，用铁板书此五符，投于湘渚，斩馘妖毒”。[①] 东晋许逊所书铁板五符，即《灵宝五符真文》。

唐代道经《金锁流珠引》卷十一《说佩诸地隐讳》称：

> 昔黄帝得广成君教佩此九地真讳，经过之处，神灵俱见，拜送扶迎，不敢为患，受驱使。[②]

道教有佩天地之真讳的法术，认为身佩九州真讳、五岳名讳，则具有驱使鬼神的法力。黄帝得九地真讳隐术的传授，则是具有驱使神灵法力的仙真。

北周道经《无上秘要》卷二十五《三皇要用品》说：

> 黄帝得神图天文字，以知九天名山川灵之字。若能按文致诸神者，可以长生，可令召司命削死籍，必为人除之，然后修道求术，必得神仙矣。[③]

此黄帝得神图天文字的传说，喻示黄帝已掌握求取长生之道的方法。

综上所述，道教的神仙学说、修炼法门、经法制度都要远推至黄帝时期，宣称是由黄帝创造而产生，这是典型的黄帝崇拜思维的结果。而道教经书中不乏黄帝赴天下名山寻真访隐，终获长生久视的不死之道、真一之道的记载。诸如道教地理的《五岳真形图》，乃宣称是黄帝赴五岳临摹山势真形而撰成。在西汉司马迁《史记·五帝本纪》的黄帝叙事中，黄帝是一位有功于民的伟大之人，而历史上道教对黄帝进行了神仙化的改造提升，赋予黄帝华夏祖先神的品格。总之，黄帝由“人”到“神”的转化，道教黄帝信仰的建构与形成，显示道教塑模华夏祖先神的智慧和想象力，道教对黄帝神性和神格的塑造，在道教神仙信仰体系中具有典型性。道教宣称黄帝是帝皇得道之典型，经过道教神学理论精心塑造的黄帝形象，成为中华民族共同尊奉的祖先神，至今黄帝信仰在中国社会还有着持久的生命力。

---

① 《道藏·第 3 册》，北京：文物出版社，上海书店，天津古籍出版社，1988 年版，第 731 页。

② 《道藏·第 20 册》，北京：文物出版社，上海书店，天津古籍出版社，1988 年版，第 406 页。

③ 《道藏·第 25 册》，北京：文物出版社，上海书店，天津古籍出版社，1988 年版，第 72 页。

结论

道教以神仙信仰为鲜明特色，道教神仙体系中的祖先神，都是历史上有功于民之人，此亦显示道教奉中国之道的特点。黄帝作为华夏先民认同的英雄祖先、人文祖先，道教则着力建构其问道、得道的历史。道教宣称黄帝是自然体道者，这可谓是得道的最高境界。历代道门人士都致力于弘扬黄帝之至道，甚至直接称道教为黄帝之教。明代皇家道士朱权比较儒释道三教的特点说："校其佛氏之教，导之以慈爱；黄帝之教，导之以仁义；老氏之教，导之以道德，陈之以忠孝；孔氏之教，导之以礼乐，陈之以纲常。"① 朱权刻意在道教中分列黄帝之教与老氏之教，一定程度上反映出道教崇拜黄帝的历史真实。道教所塑造的黄帝伦理道德神仙形象，在当代社会仍有其教化功能和现实意义。总之，道教黄帝信仰的形成经历了长期的历史过程，在历代高道黄帝叙事的想象建构之下，最终奠定了黄帝为道教宗主的地位。黄帝是远古帝王被奉为祖先神的典型，道门对黄帝神格的精心塑造和圣化，彰显出道教作为中华本土宗教的自信。

---

① 朱权：《天皇至道太清玉册·卷六·宋理宗皇帝御制化胡辩》，收于《道藏·第36册》，北京：文物出版社，上海书店，天津古籍出版社，1988年版，第422－423页。

黄帝：儒家道统之源

王国良

（安徽大学哲学系教授）

习近平同志2015年2月在陕西视察时指出："黄帝陵是中华文明的精神标识"，同时他还强调，对中华历史文化要"溯到源，找到根，寻到魂"①。黄帝是中华民族的人文始祖，是中华文明的创建者，是中国道路的引路人，是中国国家治理模式的奠基人。同时，黄帝还是儒家道统之源，本文对此试加论证，以求教于方家学人。

一

韩愈在《原道》中首次系统提出儒家的道统："夫所谓先王之教者，何也？博爱之谓仁，行而宜之之谓义。由是而之焉之谓道。足乎己无待于外之谓德。……斯吾所谓道也，非向所谓老与佛之道也。尧以是传之舜，舜以是传之禹，禹以是传之汤，汤以是传之文、武、周公，文、武、周公传之孔子，孔子传之孟轲，轲之死，不得其传焉。荀与扬也，择焉而不精，语焉而不详。由周公而上，上而为君，故其事行。由周公而下，下而为臣，故其说长。"韩愈在《原道》中提出要恢复儒学的正统地位，建立儒家道统。儒家之道就是尧舜禹汤文武周公之道，就是仁义之道，就是人民生存生养之道。在佛老兴盛的历史条件下，韩愈努力重建儒家道统，对以后儒学的发展，中国思想文化的发展影响很大，对中华民族精神的确立与延续做出了重要贡献。韩愈突出儒家之道的核心内容是"仁义"，抓住了儒学的实质，重新彰显了儒学的光辉。"道莫大乎仁义，教莫正乎礼、乐、刑、政"（《送浮屠文畅师序》），"博爱之谓仁，行

---

① 姚引良：《黄帝陵是凝聚海内外中华儿女的精神纽带》，收于《黄帝陵是中华文明的精神标识》，西安：陕西人民出版社，2016年版，第1页。

而宜之之谓义，由是而之焉之谓道，足乎已无待於外之谓德。仁与义为定名，道与德为虚位”（《原道》）。他以“博爱”定仁义，上接孔子“仁者爱人”之说，继承扩展了仁的内涵，叙述了儒学的优秀传统。他认为仁、义有确定的内涵，为儒学核心价值，道与德则不具有确切内容，儒者有儒者之道，佛老有佛老之道，道不同，不相为谋，由此而造成个体内在修养的“德”也不同。儒家的道德与仁义一致，是正道、公道，佛老之道德是“清净寂灭”，是小道私德。韩愈希望自己能像孟子那样，扫除佛老，弘扬大道。

孟子曾经说过：“养生送死，王者之道也。”（《孟子·梁惠王上》）韩愈认为，儒家之道，也是人民“相生养之道”，即“寒，然后为之衣；饥，然后为之食。木处而颠，土处而病也，然后为之宫室”（《原道》）。韩愈重视人民的生存生养，生得其情，死得其常，养生送死。他自己一生也为民鼓呼，为民请命，体现了儒学最基本的人文关怀精神。韩愈反对佛老，也是因为他认为汉、唐之间的黄老、佛教违背人情、人伦，禁止人民“相生养”之道。

这就是儒家道统的基本内容。韩愈还引用《礼记》里的话语，说“先王之道”是“鳏寡孤独废疾者有养”。韩愈极其推崇孟子，以为功不在禹下，是纯乎醇者，这对宋儒启发很大。但他认为儒者之道孟子之后失传，失传的原因是秦统治者焚书杀士，汉不见全经，分离乖隔，虽有荀子、扬雄撑持于其间，但“择焉而不精，语焉而不详”。韩愈发宏愿欲承担重振千年失传之儒家道统绝学的重任，“使其道由愈而粗传，虽灭死万万无恨”（《与孟尚书书》）！

对于韩愈提出的“道统”说，宋儒都给予高度评价，也以继承道统为使命。北宋儒学复兴运动的领袖欧阳修与先锋石介等都是高举韩愈的旗帜，以继承韩愈的古文运动和儒学复兴事业为目标，提出尊韩愈、尊道统，把尊道统与尊韩愈联系在一起，“尧舜禹汤文武周公孔之道，万世长行，不可易之道也”。程颐曰：“韩愈亦近世豪杰之士，如《原道》中言语虽有病，然自孟子而后，能将许大见识寻求者，才见此人。至如断曰：荀与扬，择焉而不精，语焉而不详。若不是他见得，岂千余年后，便能断得如此分明也。”（《二程语录》卷一）朱熹批评韩愈喜欢饮酒赋诗，不免文士浮华浪习，但认为韩退之关于道统的议论规模阔大，纲领已正。

佛教在唐朝兴盛发展，登峰造极，各门各派都建立了自己的传法世系。作为“教外别传”的禅宗，其传法世系尤为典型。释迦牟尼祖师手拈黄花传给摩柯迦叶，依次相传，至第二十八祖菩提达摩东渡来华，为东土第一祖，再传给慧可、僧璨、道信、弘忍、慧能（神秀为北宗），慧能是禅宗六祖，对禅宗进行变革，标志着佛教中国化的完成。有人认为韩愈可能受到佛教传法世系的启发与影响，着手建立儒家道统。他说：“斯吾所谓道也”，“尧以是传之舜，舜以是传之禹，禹以是传之汤，汤以是传之文武周公，文武周公传之孔子，孔子传之孟轲，轲之死，不得其传焉。”（《原道》）

事实上，韩愈提出的道统说，根源还是来自孔子和孟子，孔子、孟子对尧舜禹、夏商周之间的传承关系，做出过明确表述。《论语》记载：“咨！尔舜！天之历数在尔躬，允执其中。四海困穷，天禄永终。”舜亦以命禹。曰：“予小子履，敢用玄牡，敢昭告于皇皇后帝：有罪不敢赦。帝臣不蔽，简在帝心。朕躬有罪，无以万方；万方有罪，罪在朕躬。”周有大赉，善人是富。“虽有周亲，不如仁人。百姓有过，在予一人。”“谨权量，审法度，修废官，四方之政行焉。兴灭国，继绝世，举逸民，天下之民归心焉。所重：民、食、丧、祭。宽则得众，信则民任焉。敏则有功，公则说。”（《论语·尧曰》）对于夏商周之间的传承关系，孔子说：“殷因于夏礼，所损益可知也；周因于殷礼，所损益可知也。其或继周者，虽百世，可知也。”（《论语·为政》）孔子认为，周代的体制继承了夏商两代人文礼乐的合理性，孔子愿意从周代人文制度出发，创建新的人文文化。“周监于二代，郁郁乎文哉，吾从周。”（《论语·八佾》）《礼记·中庸》篇说：仲尼“祖述尧舜，宪章文武。”孟子对尧舜禹、夏商周、文武周公孔子的传承也做过说明。他说：“由尧舜至于汤，五百有余岁，若禹、皋陶，则见而知之；若汤，则闻而知之。由汤至于文王，五百有余岁，若伊尹、莱朱则见而知之；若文王，则闻而知之。由文王至于孔子，五百有余岁，若太公望、散宜生，则见而知之；若孔子，则闻而知之。由孔子而来至于今，百有余岁，去圣人之世，若此其未远也；近圣人之居，若此其甚也，然而无有乎尔，则亦无有乎尔。”（《孟子·尽心下》）

孔子、孟子把中国古代人文化成的传统追溯到尧，还没有提到更早的黄帝。《周易·系辞传》则把中国人文肇造的始祖追溯到包牺氏、神农氏、黄帝：“古者包牺氏之王天下也，仰则观象于天，俯则观法于地，观鸟兽之文，与地之宜，近取诸身，远取诸物，于是始作八卦，以通神明之德，以类万物之情。做结绳而为网罟，以佃以渔，盖取诸《离》。包牺氏没，神农氏作，斫木

为耜，揉木为耒，耒耨之利，以教天下，盖取诸《益》。日中为市，致天下之民，聚天下之货，交易而退，各得其所，盖取诸《噬嗑》。神农氏没，黄帝、尧、舜氏作，通其变，使民不倦，神而化之，使民宜之。易穷则变，变则通，通则久。是以自天祐之，吉无不利。黄帝、尧、舜垂衣裳而天下治，盖取诸《乾》《坤》。刳木为舟，剡木为楫，舟楫之利，以济不通，致远以利天下，盖取诸《涣》。服牛乘马，引重致远，以利天下，盖取诸《随》。重门击柝，以待暴客，盖取诸《豫》。断木为杵，掘地为臼，臼杵之利，万民以济，盖取诸《小过》。弦木为弧，剡木为矢，弧矢之利，以威天下，盖取诸《睽》。上古穴居而野处，后世圣人易之以宫室，上栋下宇，以待风雨，盖取诸《大壮》。古之葬者，厚衣之以薪，葬之中野，不封不树，丧期无数，后世圣人易之以棺椁，盖取诸《大过》。上古结绳而治，后世圣人易之以书契，百以治，万民以察，盖取诸《夬》。"在《周易·系辞》中虽然包牺氏、神农氏排在黄帝前面，但不难看出，黄帝时期是中华文明大规模发展时期，而且黄帝与尧舜有直接的继承关系，"黄帝、尧、舜氏作"，"黄帝、尧、舜垂衣裳而天下治"。

由于《周易·系辞》把中国文明创始追溯到包牺氏（也称伏羲氏），宋代石介在继承韩愈的道统说时，也把道统的源头追溯到伏羲氏，但认为在道统的传承过程中孔孟、韩愈的功劳很大："道始于伏羲氏，而成终于孔子。""伏羲氏、神农氏、黄帝氏、少皞氏、颛顼氏、高辛氏、唐尧氏、虞舜氏、禹、汤氏、文、武、周公、孔子者十有四圣人，孔子为圣人之至。……吏部（韩愈）为贤人而卓。"[①] 虽然石介推崇伏羲神农以来的文明发展，但仍然认为黄帝时期文明达到兴盛阶段，"夫道之盛，莫盛于黄帝"[②]。但石介并没有明确论证儒家道统发源于黄帝。本文认为，儒家道统的源头应该从黄帝开始。

二

司马迁著《史记》，以《五帝本纪第一》开篇，五帝又以黄帝为第一，黄帝以前的历史以及历史人物难言之确实有内在的缘由，即中华文明发展到黄帝时期才开始出现有政治意义的组织模式、治理模式，才开始出现国家的雏形，

① 石介：《徂徕石先生文集》，北京：中华书局，2009 年版，第 79 页。
② 石介：《徂徕石先生文集》，北京：中华书局，2009 年版，第 153 页。

原始部落联盟或邦国联盟，“黄帝统一了黄河流域的大片土地，成为中原部落联盟的首领”①。司马迁说：“轩辕之时，神农氏世衰。诸侯相侵伐，暴虐百姓，而神农氏弗能征。”② 中华文明起源很早，远在黄帝之前已经有了极大发展，至少已经经历了伏羲氏、神农氏时代。但在黄帝之前的相当长时期内，中华文明的起源发展是自然状态的、散乱无序的，各部落呈无组织点状发展，各部落之间没有有机的联系，许多部落可能还处于母系氏族社会。这也就是道家思想所宣扬的原始无为的没有帝王没有国家没有组织的时代，最多只能说是道家思想的源头。本文认为，儒家思想的源头，或者说，儒家道统思想的源头必须以某种政治组织的出现才能得到说明，才能证明自身存在的价值。这也符合整个宇宙自然界人类社会从无序到有序、从无为到有为、从自然到人文的发展历程。所以，儒家的道统只能追溯到黄帝，而道家思想的源头却可以追溯到伏羲氏甚至更古老的原始文明。

神农、黄帝之交，是中国古代文明第一次发生重大变革时期。神农以前，中国社会处于自然的、松散的氏族部落状态，各部落之间如果有联系，至多也只是自然的、随机的联系，这是道家思想宣扬的理想社会状态，是“至德之世”“至治社会”。神农氏衰，社会陷入混乱，有黄帝氏奋起挥黄钺，平定混乱，首次建立氏族部落联盟，原始状态结束，中国社会从此进入有序状态，从自然的、无序的社会进入具有政治组织形态的国家雏形的可以进行人为管理的状态，这是儒家思想的源头，是儒家道统的源头。这在道家文献里也有相当的反映和表现。《庄子·胠箧》记载：“子独不知至德之世乎？昔者容成氏、大庭氏、伯皇氏、中央氏、栗陆氏、骊畜氏、赫胥氏、尊卢氏、祝融氏、伏羲氏、神农氏，当是时也，民结绳而用之。甘其食，美其服，乐其俗，安其居，邻国相望，鸡狗之音相闻，民至老死而不相往来。若此之时，则至治已。”庄子在这里把神农以前的无为而治的社会称为“至治”。《庄子·盗跖》中假借盗跖对孔子说“神农之世，卧则居居，起则于于。民知其母，不知其父，与麋鹿共处，耕而食，织而衣，无有相害之心。此至德之隆也。然而黄帝不能致

---

① 张岂之：《陕西省黄帝陵与中华文明》，收于《黄帝陵是中华文明的精神标识》，西安：陕西人民出版社，2016 年版，第 3 页。

② 司马迁：《史记·五帝本纪第一》，北京：中华书局，1982 年版，第 3 页。

德，与蚩尤战于涿鹿之野，流血百里。尧、舜作，立群臣，汤放其主，武王杀纣。自是以后，以强凌弱，以众暴寡。汤、武以来，皆乱人之徒也。今子修文、武之道，掌天下之辩，以教后世。”庄子在这里明确把神农和黄帝分为两个时期，神农时代是无为而治的时代，甚至是母系社会时代，黄帝时代陷入混乱，人类社会的自然状态被打破。但在儒家看来，黄帝制止了混乱，第一次人为地建立起稳定有序的社会。饶有趣味的是，庄子在这里把黄帝与孔子联系在一起，从“他者”的角度说明黄帝和孔子属于同一个系统，即来自同一个“传统”“道统”。在先秦其他文献里，神农与黄帝的分野也多有论述。《商君书·画策篇》说：“神农之世，男耕而食，妇织而衣；刑政不用而治，甲兵不起而王。神农既没，以强胜弱，以众暴寡，故黄帝作为君臣上下之义、父子兄弟之礼、夫妇妃匹之合，内行刀锯，外用甲兵。”神农之世是刑政不用的自然状态社会，随后社会陷入混乱，黄帝起来平定暴乱，重新稳定社会，并对社会进行有序管理，开辟了中国人文社会发展的新时代。

三

黄帝时代，中华文明的“发明创造呈爆炸状喷发出来”[①]，在政治制度建设层面，设官分职，设云官、史官、天官、星官，仓颉作文字，大挠作干支，握奇为战阵，岐伯作鼓吹，容城作历法，隶首定度衡，还有音乐、乐器的发明，等等。“黄帝、尧、舜垂衣裳而天下治，刳木为舟，剡木为楫，舟楫之利，以济不通，致远以利天下，服牛乘马，引重致远，以利天下，重门击柝，以待暴客，断木为杵，掘地为臼，臼杵之利，万民以济，弦木为弧，剡木为矢，弧矢之利，以威天下。”黄帝时期创造了先进的社会文明体系和社会生活方式，提高了劳动生产率，把广大人民的生活水平提升到新的水平。儒家道统的核心内容，就是仁义精神，就是民本思想，就是以人民为中心。黄帝的自然社会政治实践，就是以人民为中心，就是儒家民本思想的源头。“黄帝之初，养性爱民”（《万机论》）[②]，“万民欲令黄帝行天子事，黄帝仁义”（《龙鱼河图》）[③]，

---

① 吴小强：《孔子是黄帝精神的集大成者》，收于《黄帝陵是中华文明的精神标识》，西安：陕西人民出版社，2016 年版，第 207 页。

② 马骕：《绎史·一》，北京：中华书局，2002 年版，第 36 页。

③ 马骕：《绎史·一》，北京：中华书局，2002 年版，第 34 页。

“黄帝修德抚民，诸侯咸去神农而归之”（《帝王世纪》）①。“轩辕乃修德振兵，治五气，艺五种，抚万民，度四方”，“顺天地之纪，幽明之占，死生之说，存亡之难。时播百谷草木，淳化鸟兽虫蛾，旁罗日月星辰水波土石金玉，劳勤心力耳目，节用水火材物。有土德之瑞，故号黄帝”。②

黄帝与尧舜禹汤文武，都属于同一个族系，尧舜禹汤文武都是黄帝的后代：“黄帝居轩辕之丘，而娶于西陵之女，是为嫘祖。嫘祖为黄帝正妃，生二子，其后皆有天下：其一曰玄嚣，是为青阳，青阳降居江水；其二曰昌意，降居若水。昌意娶蜀山氏女，曰昌仆，生高阳，高阳有圣德焉。黄帝崩，葬桥山。其孙昌意之子高阳立，是为帝颛顼也。”③ “自黄帝至舜、禹，皆同姓而异其国号，以章明德。故黄帝为有熊、帝颛顼为高阳，帝喾为高辛，帝尧为陶唐，帝舜为有虞。帝禹为夏后而别氏，姓姒氏。契为商，姓子氏。弃为周，姓姬氏。”④

黄帝不仅与尧舜禹汤文武同属一个族系，而且黄帝殚精竭虑、栉风沐雨为民辛苦劳作办实事的作风也为后世树立榜样。从黄帝以来，洪水滔天，洪涝灾害一直困扰着先民。“天下有不顺者，黄帝从而征之，平者去之。披山通道，未尝宁居。东至于海，登丸山，及岱宗。西至于空桐，登鸡头。南至于江，登熊、湘。北逐荤粥，合符釜山，而邑于涿鹿之阿。迁徙往来无常处，以师兵为营卫。”⑤ 尧命鲧继续治水，舜命禹继续治水。“禹乃遂与益、后稷奉帝命，命诸侯百姓兴人徒以傅土，行山表木，定高山大川。禹伤先人父鲧功之不成受诛，乃劳身焦思，居外十三年，过家门不敢入。薄衣食，致孝于鬼神。卑宫室，致费于沟減。陆行乘车，水行乘船，泥行乘橇，山行乘檋。左准绳，右规矩，载四时，以开九州，通九道，陂九泽，度九山。令益予众庶稻，可种卑湿。命后稷予众庶难得之食。食少，调有余相给，以均诸侯。禹乃行相地宜所有以贡，及山川之便利。”⑥ 经过几代人的努力，到大禹的时候终于平定了水

① 马骕：《绎史 · 一》，北京：中华书局，2002 年版，第 32 页。
② 司马迁：《史记 · 五帝本纪第一》，北京：中华书局，1982 年版，第 3 页。
③ 司马迁：《史记 · 五帝本纪第一》，北京：中华书局，1982 版，第 10 页。
④ 司马迁：《史记 · 五帝本纪第一》，北京：中华书局，1982 年版，第 45 页。
⑤ 司马迁：《史记 · 五帝本纪第一》，北京：中华书局，1982 年版，第 3 页。
⑥ 司马迁：《史记 · 夏本纪第二》，北京：中华书局，1982 年版，第 51 页。

患，让人民过上了幸福安宁的生活。孔子对黄帝和大禹的功劳给予极高评价。在《论语》里，孔子说到尧舜禹夏商周之间的传承，没有直接评论黄帝以及黄帝对后世的影响，但在其他文献里记载了孔子对黄帝的评论。据《尸子》记载，子贡问于孔子曰："古者黄帝四面，信乎?"孔子曰："黄帝取合己者四人，使治四方，不谋而亲，不约而成，大有成功，此之谓四面也。"[①] 又据《大戴礼记·五帝德》记载："宰我问于孔子曰：昔者予闻诸荣伊言：黄帝三百年，请问黄帝者，人邪？抑非人邪？何以至于三百年乎？孔子曰：生而民得其利百年，死而民畏其神百年，亡而民用其教百年，故曰三百年。"对于以上文献记载，我们不能简单以"荒诞不经"论之，应该看到孔子对黄帝的历史功绩和精神的高度赞赏和评价，看到"孔子对传承黄帝精神的文化自觉"[②]。最后，黄帝量能授官、唯才是用，开启了儒家贤能政治传统的先河。

四

儒家的基本态度是反对战争，但坚决支持赞扬主张平定暴乱暴政和反侵略的正义战争。黄帝起兵平定暴乱，谋取和平，为天下后世通过平定暴乱谋取和平树立了典范，为历代儒家继承发扬。"轩辕之时，神农氏世衰。诸侯相侵伐，暴虐百姓，而神农氏弗能征。于是轩辕乃习用干戈，以征不享，诸侯咸来宾从。而蚩尤最为暴，莫能伐。炎帝欲侵陵诸侯，诸侯咸归轩辕。轩辕乃修德振兵，治五气，艺五种，抚万民，度四方，教熊罴貔貅虎，以与炎帝战于阪泉之野。三战，然后得其志。蚩尤作乱，不用帝命。于是黄帝乃征师诸侯，与蚩尤战于涿鹿之野，遂禽杀蚩尤。而诸侯咸尊轩辕为天子，代神农氏，是为黄帝。"[③] 神农、黄帝之交，社会的原始自然秩序趋于解体，天下纷扰，诸侯混战，其中蚩尤、炎帝最为横暴和强盛，欺凌百姓，弱肉强食。面对蚩尤、炎帝的挑战，黄帝坚决起而应战，联合其他部落打败蚩尤、炎帝，取得和平，建立

---

① 《绎史·一》，北京：中华书局，2002 年版，第 38 页。

② 吴小强：《孔子是黄帝精神的集大成者》，收于《黄帝陵是中华文明的精神标识》，西安：陕西人民出版社，2016 年版，第 209 页。

③ 司马迁：《史记·五帝本纪第一》，北京，中华书局，1982 年版，第 3 页。

邦国联盟，为中华民族开国之战，第一次取得伟大胜利，对后世产生深远影响。[①] 春秋战国时期，齐威王提出“远效黄帝，近师桓公”，把齐桓公、管仲联合华夏诸侯打败夷狄入侵的功业与黄帝的功业联系起来，至少表明管仲的事业与黄帝的功业有前后一致的继承性。春秋初期，夷狄交侵，华夏大地不绝如缕。管仲举起“尊王攘夷”的大旗，团结华夏各国共御外辱，在中华民族历史上第一次打退了外族对华夏民族的入侵，有功于中华民族。孔子对此做过很高评价：“管仲相桓公，霸诸侯，一匡天下，民到于今受其赐。微管仲，吾其被发左衽矣。岂若匹夫匹妇之为谅也，自经于沟渎而莫之知也。”（《论语·宪问》）“桓公九合诸侯，不以兵车，管仲之力也。如其仁，如其仁。”（《论语·宪问》）在孔子看来，如果不是管仲的功业，华夏部族就要处于夷狄的奴役之下，连衣服都要改换成少数民族的服装了。孔子将“仁”看成是很高的境界，未尝轻易许人，但对于管仲的作为却连称“如其仁！如其仁！”可见管仲的事业符合孔子的理想。孔子对管仲的赞许未尝不可看成孔子对黄帝的颂扬。

孟子一生提倡王道，提倡和平，反对霸道，反对攻城略地的不义战争。他对于推翻暴政、解民倒悬的正义战争，对于平定内乱，恢复和平秩序的吊民伐罪的战争表示赞同，并认为“仁者无敌”，表现出可贵的理想主义精神。孟子继承孔子的精神，极力支持反对侵略平定暴政的正义战争。正义战争，就是“以至仁伐至不仁”（《尽心下》），“至仁”是正义战争的主体，“至不仁”是正义战争的对象。所谓“至仁”，就是实行王道的国家，以仁义治国的国家。所谓“至不仁”，有两种情况，一是实行暴政，残害百姓，滥杀无辜，王道国

---

① 1937 年 3 月，毛泽东同志起草《祭黄帝陵文》，明确声明中国的抗日战争要继承黄帝精神。祭文全文如下：中华民国二十六年四月五日，苏维埃政府主席毛泽东、人民抗日红军总司令朱德敬派代表林祖涵，以鲜花时果之仪致祭于我中华民族始祖轩辕黄帝之陵。而致词曰：赫赫始祖，吾华肇造；胄衍祀绵，岳峨河浩。聪明睿智，光被遐荒；建此伟业，雄立东方。世变沧桑，中更蹉跌；越数千年，强邻蔑德。琉台不守，三韩为墟；辽海燕冀，汉奸何多！以地事敌，敌欲岂足；人执笞绳，我为奴辱。懿维我祖，命世之英；涿鹿奋战，区宇以宁。岂其苗裔，不武如斯；泱泱大国，让其沦胥。东等不才，剑屦俱奋；万里崎岖，为国效命。频年苦斗，备历险夷；匈奴未灭，何以家为。各党各界，团结坚固；不论军民，不分贫富。民族阵线，救国良方；四万万众，坚决抵抗。民主共和，改革内政；亿兆一心，战则必胜。还我河山，卫我国权；此物此志，永矢勿谖。经武整军，昭告列祖；实鉴临之，皇天后土。尚飨。

家兴仁义之师，吊民伐罪，百姓欢欣鼓舞，急切盼望；二是国内动乱，民不聊生，王师出动，解民倒悬，恢复和平安定秩序，百姓箪食壶浆，以迎王师。孟子认为，针对这两种“至不仁”情况而出兵讨伐，就是值得赞扬和支持的正义战争，当然，一切反侵略战争都是正义战争。一个国家对另一个国家发动战争，违背另一个国家人民的意愿，遭到被侵略国家人民的坚决反抗，就是侵略战争，就是非正义战争，即使被侵略国家的统治者腐败无能，但人民不同意外国干涉，就不能借“仁义”之名发动侵略战争，横行霸道。“黄帝修德抚民，以仁易暴，汤武之事，足以征矣”。孟子认为，汤武革命就是正义战争的典型范例。汤讨伐桀从征讨葛开始，葛杀戮百姓，甚至连儿童也惨遭杀戮，于是汤起兵讨伐。四海之内皆举首而望之，欲以为君。

> 汤居亳，与葛为邻。葛伯放而不祀。汤使人问之曰：“何为不祀?”曰：“无以供牺牲也。”汤使遗之牛羊。葛伯食之，又不以祀。汤又使人问之曰：“何为不祀?”曰：“无以供粢盛也。”汤使亳众往为之耕，老弱馈食。葛伯率其民，要其有酒食黍稻者夺之，不授者杀之。有童子以黍肉饷，杀而夺之。《书》曰：“葛伯仇饷。”此之谓也。为其杀是童子而征之，四海之内皆曰：“非富天下也，为匹夫匹妇复雠也。”“汤始征，自葛载。”十一征而无敌于天下。东面而征，西夷怨；南面而征，北狄怨，曰：“奚为后我?”民之望之，若大旱之望雨也。归市者弗止，芸者不变，诛其君，吊其民，如时雨降，民大悦。(《滕文公下》)

武王伐纣也是如此，都是兴仁义之师，吊民伐罪，百姓欢欣鼓舞，急切盼望，如果说百姓有埋怨，那是埋怨王师为何不先来解放他们。孟子构筑了尧舜禹汤文武到孔子的传统，其中尧舜禹是禅让，而汤和文武则是通过正义战争取得政权，俗称“汤武革命”，孔孟儒家对这两种方式都加以认可，都是“顺乎天而应乎人”的合理方式。汤武革命后来为历代儒家所认同、颂扬，本身也成为儒家道统的重要内容。唐朝的韩愈，面对中唐以后藩镇割据的局面，坚决拥护中央政府平定藩镇叛乱的决策，并亲自参加了平定淮西的战争，取得重大胜利。

黄帝建立中华民族历史上第一个“部落联盟”或“邦国联盟”，奠定了国家雏形，开启了中华民族治国理政的基本模式。“置左右大监，监于万国。万国和。”[①] 这就是说，黄帝治理邦国联盟的最初方式是向各邦国派驻代表“大监”，监督考察协调各部落的政治经济社会文化活动，统一政令岁历生产生活准则规则，万国之间得以统一协调发展，人力物力智力得以集中运用，民族精神向心力得以凝聚，中华民族得到蒸蒸日上的飞跃式发展。周代的封建制，向各个地区派遣功臣勋戚，“封邦建国”，是黄帝“监于万国”模式的扩张。春秋战国时期，中国社会从封建制向郡县制过渡转化。郡县制，主要就是根据具体情况把国家划分成若干区域，由中央政府派出官员到各地进行管理。郡县制实际上是“监于万国”制度的具体化、彻底化。从某种意义上说，黄帝确立的“监于万国”的管理模式对中国影响深远，表现出在中国国家肇造时黄帝就展现出来的高度政治智慧。

黄帝，作为儒家道统之源，将在儒家文化的传承发展中不断展示更加丰富光辉的内涵和永恒价值。

---

① 司马迁：《史记·五帝本纪第一》，北京：中华书局，1982 年版，第 5 页。

墓志上的轩辕黄帝

高　强

（宝鸡文理学院历史文化与旅游系教授）

墓志是将墓主姓名、卒葬年月、生平事迹等内容刻于砖、石、木、瓷等物体之上而埋于墓中者，又称墓志铭。周代就有了类似墓志功能的“明旌”，二字急读为“铭”。《礼记·檀弓》曰：“铭，明旌也，以死者为不可别已，故以其旗识之。”明旌在出丧时作为幡信高举于棺前，入葬时盖于棺上。真正的墓志起源于秦汉时期刑徒墓葬中的砖瓦标记，这在考古发掘中屡有发现。《南齐书·礼志》曰：“墓铭不出礼典，近宋元嘉中，颜延之作《王球石志》，素族无碑策，故以纪德。自尔以来，王公以下，咸共尊用。”综合文献记载与考古发现可知，墓志原非王公贵族纪德所用，“咸共尊用”是在南北朝时期了。

一

墓志开始流行于魏晋南北朝，原因有三：碑禁，动乱，好名①。东汉后期厚葬成风，贵族竞相树碑立传，劳民伤财。魏晋南北朝时期的许多帝王都曾下过“薄葬诏”，严禁立碑，王公贵族们只得把墓碑做小，置于墓室之内，用墓志来替代墓碑。东汉以降，战乱频仍，中原士族大量南迁，游牧民族也纷纷南移，人口的大迁徙、大流动使得墓志成为一种需要，以便日后迁葬故地。此外，一些墓志上的“刊石纪终，俾示来世”，“陵谷贸迁，以示来昆”，“山飞海涸，陵迁谷徙，不勒不刊，何以存于万代”② 之类的话，反映出墓主及家人“好为后世名”的意图。

① 华人德：《谈墓志》，《书谱》，1983 年第 5 期。

② 《北周若干云墓志》，收于罗新，叶炜：《新出魏晋南北朝墓志疏证》，北京：中华书局，2005 年版，第 289 页。

目前发现的魏晋南北朝墓志多数被收入赵万里的《汉魏南北朝墓志集释》、赵超的《汉魏南北朝墓志汇编》和罗新、叶炜的《新出魏晋南北朝墓志疏证》中，其中内容不乏祖述轩辕黄帝者。《北魏故侍中太傅领司徒公录尚书事北海王（元祥）墓志铭》曰："纂乾席圣，启源轩皇，婵联万祀，缅邈百王。"[①]《魏故宁陵公主墓志铭》曰："遥源远系，肇自轩皇。"[②]《魏故持节后将军肆州刺史和（邃）君墓志铭》曰："其先轩黄之苗裔。"[③]《大魏车骑秘书郎侯（愔）君墓志铭》曰："其先盖黄帝之苗裔。"[④]《王（真保）司徒墓志铭》曰："实轩辕之裔，后稷之胄。"[⑤]《大齐魏（懿）翊军墓志铭》曰："盖轩辕黄帝之苗裔。"[⑥]《齐故持使持节都督北徐州诸军事北徐刺州史薛公墓志铭》曰："昔黄轩廿五子，得姓十有二人，散惠叶以蕻疏，树灵根而不绝。"[⑦]《安伽墓志》曰："其先黄帝之苗裔，分族因居命氏。"[⑧]《元洪敬墓志》曰："帝系传绪，轩辕启基，衣裳以治，兵甲兴师。"[⑨]《黄法氍墓志》虽残，模糊难辨，但"本轩辕"[⑩]三字却十分清晰。上面所列仅为祖述轩辕黄帝的魏晋南北朝墓志中的一部分，至于虽然没有自称黄帝子孙，但却间接表明自己是黄帝苗裔的，如自称"肇基颛顼""系本高阳""帝喾之苗裔""源于帝尧""夏启之胤""诞自周胄""与嬴分流""楚庄王之苗裔"等，更是不胜枚举。

分析魏晋南北朝时期祖述轩辕黄帝的墓志，我们可以发现以下几个特点：其一，世人普遍认为黄帝是华夏始祖，是姓氏之祖，以黄帝后裔自居、为荣。其二，祖述轩辕黄帝的墓志北朝多于南朝，北方多于南方。这当然与目前所发

---

① 赵超：《汉魏南北朝墓志汇编》，天津：天津古籍出版社，1992年版，第54页。

② 赵超：《汉魏南北朝墓志汇编》，天津：天津古籍出版社，1992年版，第57页。

③ 赵超：《汉魏南北朝墓志汇编》，天津：天津古籍出版社，1992年版，第207页。

④ 赵超：《汉魏南北朝墓志汇编》，天津：天津古籍出版社，1992年版，第210页。

⑤ 《甘肃张家川发现（大赵神平二年）墓》，《文物》，1975年第3期。

⑥ 赵超：《汉魏南北朝墓志汇编》，天津：天津古籍出版社，1992年版，第467页。

⑦ 罗新，叶炜：《新出魏晋南北朝墓志疏证》，北京：中华书局，2005年版，第189页。

⑧ 《西周发现的北周安伽墓》，《文物》，2001年第1期。

⑨ 罗新，叶炜：《新出魏晋南北朝墓志疏证》，北京：中华书局，2005年版，第176页。

⑩ 罗新，叶炜：《新出魏晋南北朝墓志疏证》，北京：中华书局，2005年版，第45页。

现的北朝墓志多于南朝有关，但可能与北朝贵族更需要攀附圣祖的关系更大。其三，祖述轩辕黄帝的墓志游牧民族多于汉族。鲜卑、匈奴、氐、羌等游牧民族入主中原后，纷纷学习华夏文化，汉化程度越来越高，甚至大量融入汉族。游牧民族贵族墓志中对黄帝的祖述，同北魏等游牧民族政权统治者对黄帝的祖先认同是一致的。这种对以黄帝为中心的民族先祖谱系的认同，表示出人们已归入了以黄帝为核心的祖先谱系的民族文化团体之中①，成为自秦汉以来形成的北方游牧民族共同体和中原华夏民族共同体融汇的重要标志。其四，祖述黄帝者几乎都是王公贵族。魏晋南北朝时期平民百姓的墓志比较少见，就目前所见来看，志文极其简短且未有祖述黄帝者。如《东晋王康之墓志》曰："永和十二年十月十七日，晋故男子琅耶临沂王康之，字承叔，年廿二，卒。其年十一月十日，葬于百石。故刻砖为识。"②《北魏刘荣先妻马罗英墓志》曰："河阴县人刘荣先妻马罗英神龟二年七月五日。"③《西魏谢婆仁墓志》曰："大统十六年七月九日谢婆仁铭住在谢营中。"④《东魏范思彦墓志》曰："瀛洲河涧郡中水县民范思彦铭上记。"⑤ 可见当时有资格与轩辕黄帝攀扯血缘关系的是贵族。

二

唐代是墓志最为流行、现存墓志最多的时代。周绍良、赵超主编的《唐代墓志汇编》共收录了 5164 件唐代墓志，下面列举其中部分祖述轩辕黄帝的墓志。

《大唐故左骁卫将军上柱国安山县侯罗君副墓志铭》曰："升龙之族，有熊之胤。"⑥《大唐故李府君墓志铭》曰："肇称帝胄，启自轩皇。"⑦《隋故平

① 田兆元：《神话与中国社会》，上海：上海人民出版社，1998 年版，第 352 页。

② 南京市博物馆：《南京象山 11 号墓清理简报》，《文物》，2002 年第 7 期。

③ 罗新，叶炜：《新出魏晋南北朝墓志疏证》，北京：中华书局，2005 年版，第 91 页。

④ 刘卫鹏：《咸阳西魏谢婆仁墓清理简报》，《考古与文物》，2003 年第 1 期。

⑤ 赵超：《汉魏南北朝墓志汇编》，天津：天津古籍出版社，1992 年版，第 339 页。

⑥ 周绍良，赵超：《唐代墓志汇编·上》，上海：上海古籍出版社，1992 年版，第 46 页。

⑦ 周绍良，赵超：《唐代墓志汇编·上》，上海：上海古籍出版社，1992 年版，第 66 页。

州录事参军张君墓志》曰："肇承黄帝，枝流远祖。"[①]《唐故游击将军信义府右果毅都尉韩公墓志铭》曰："盖韩氏之先，起自轩辕黄帝。"[②]《骁骑尉苗明君墓志铭》曰："轩黄之苗裔。"[③]《郭君墓志铭》曰："帝轩辕之苗裔。"[④]《唐故万夫人墓志铭》曰："即黄帝之苗裔也。"[⑤]《大唐故中散大夫行茂州都督府司马上柱国张府君墓志铭》曰："寻源讨氏，系自轩皇，孕珠含德，手印弓长。"[⑥]《唐故朝散大夫益州大都督府郫县□张君墓志铭》曰："其先轩辕帝之后，即汉赵王耳之裔。"[⑦]《大周故张处士墓志铭》曰："汉相张良之后，轩辕黄帝之苗裔。"[⑧]《大唐故太仆寺典牧署令袁府君墓志铭》曰："其先出自汝南郡，轩辕黄帝之后。"[⑨]《大唐故梓州长史河间刘公墓志》曰："其先黄帝之元孙，生而有文，以昭我刘氏。"[⑩]《唐故正议大夫行武州刺史上柱国公孙府君墓志》曰："有熊氏之华胄。"[⑪]《大唐故杭州司士参军赵府君故夫人张氏墓志铭》

---

① 周绍良，赵超：《唐代墓志汇编·上》，上海：上海古籍出版社，1992年版，第99页。

② 周绍良，赵超：《唐代墓志汇编·上》，上海：上海古籍出版社，1992年版，第192页。

③ 周绍良，赵超：《唐代墓志汇编·上》，上海：上海古籍出版社，1992年版，第315页。

④ 周绍良，赵超：《唐代墓志汇编·上》，上海：上海古籍出版社，1992年版，第325页。

⑤ 周绍良，赵超：《唐代墓志汇编·上》，上海：上海古籍出版社，1992年版，第326页。

⑥ 周绍良，赵超：《唐代墓志汇编·上》，上海：上海古籍出版社，1992年版，第855页。

⑦ 周绍良，赵超：《唐代墓志汇编·上》，上海：上海古籍出版社，1992年版，第915页。

⑧ 周绍良，赵超：《唐代墓志汇编·上》，上海：上海古籍出版社，1992年版，第1007页。

⑨ 周绍良，赵超：《唐代墓志汇编·上》，上海：上海古籍出版社，1992年版，第1181页。

⑩ 周绍良，赵超：《唐代墓志汇编·上》，上海：上海古籍出版社，1992年版，第1192页。

⑪ 周绍良，赵超：《唐代墓志汇编·上》，上海：上海古籍出版社，1992年版，第1222页。

曰：“其先轩辕之后，食邑于张，因而著姓。”[①]《大唐故冀州参军张府君墓志》曰：“盖黄帝之后。”[②]《唐故郧郡司仓参军张公墓志铭》：“地之张也，黄帝少子所封。”[③]《大唐京兆府美原县丞元府君墓志铭》曰：“其先黄帝之孙，至魏高祖始迁于洛邑，以元命氏。”[④]《唐河阳军节度故左马军虞侯秦府君夫人太原王氏墓志铭》曰：“其先风姓之后，黄帝之裔也。”[⑤]《唐故将仕郎试泾州参军杨府墓志铭》曰：“厥自黄帝得姓，迄于盛唐，偕世茂族，君即其余派也。”[⑥]《唐故朝散大夫巴州刺史张府君墓志铭》曰：“张氏自轩辕已降，其族繁昌，其源广大，岐流濬昌，枝派互分，官婚氏籍，时称盛族。”[⑦]《唐故乡贡进士达奚公墓志铭》曰：“其先轩辕氏之垂裔。”[⑧]《唐故宣节校尉范府君墓志铭》曰：“出自黄帝之后。”[⑨]《郭府君墓志铭》曰：“轩辕氏之苗裔。”[⑩]《程君墓志铭》曰：“帝轩辕之苗裔，因封于程，遂以为氏。”[⑪]《唐圣善寺故证禅师玄堂铭》

---

① 周绍良，赵超：《唐代墓志汇编·下》，上海：上海古籍出版社，1992 年版，第 1347 页。

② 周绍良，赵超：《唐代墓志汇编·上》，上海：上海古籍出版社，1992 年版，第 1531 页。

③ 周绍良，赵超：《唐代墓志汇编·下》，上海：上海古籍出版社，1992 年版，第 1649 页。

④ 周绍良，赵超：《唐代墓志汇编·下》，上海：上海古籍出版社，1992 年版，第 1756 页。

⑤ 周绍良，赵超：《唐代墓志汇编·下》，上海：上海古籍出版社，1992 年版，第 1991 页。

⑥ 周绍良，赵超：《唐代墓志汇编·下》，上海：上海古籍出版社，1992 年版，第 2089 页。

⑦ 周绍良，赵超：《唐代墓志汇编·下》，上海：上海古籍出版社，1992 年版，第 2282 页。

⑧ 周绍良，赵超：《唐代墓志汇编·下》，上海：上海古籍出版社，1992 年版，第 2427 页。

⑨ 周绍良，赵超：《唐代墓志汇编·下》，上海：上海古籍出版社，1992 年版，第 2507 页。

⑩ 周绍良，赵超：《唐代墓志汇编·续集》，上海：上海古籍出版社，2001 年版，第 62 页。

⑪ 周绍良，赵超：《唐代墓志汇编·续集》，上海：上海古籍出版社，2001 年版，第 671 页。

曰："玄堂者……族轩辕氏。"①《唐王公故弘夫人墓志铭》曰："轩辕之后，遂即东迁，枝叶分散江左。"②《唐故幽州节度衙前讨击副使温公合祔墓志》曰："其先轩辕氏之胤裔。"③《大唐故广平郡程公墓志》曰："□古系自轩辕皇帝之后，姓氏而兴。"④《大唐故右武卫大将军赠兵部尚书李思摩妻统毗伽可贺敦延陀墓志》曰："肇系绪于轩皇。"⑤ 以上为直接祖述轩辕黄帝的墓志。

《郑故大将军舒懿公之墓志铭》曰："帝高阳之苗裔也。"⑥《和氏墓志铭》曰："其先出帝颛顼，即尧四岳和氏之后。"⑦《唐故杨氏马夫人墓志铭》曰："颛顼之苗胄。"⑧《唐故右翊卫队正甘君墓志铭》曰："轩辕之孙，昌意之子，因地为姓，因名为氏，弈叶冠盖，纵横世士。"⑨《唐右骁卫朔坡府故折衡都尉段公墓志铭》曰："其先颛顼之苗裔。"⑩《孟贞墓志》曰："帝颛顼之苗裔，周文王之胤绪。"⑪《唐故白州龙豪县令呼延府君墓志铭》曰："呼延氏，其先

---

① 周绍良，赵超：《唐代墓志汇编·续集》，上海：上海古籍出版社，2001 年版，第 762 页。

② 周绍良，赵超：《唐代墓志汇编·续集》，上海：上海古籍出版社，2001 年版，第 962 页。

③ 周绍良，赵超：《唐代墓志汇编·续集》，上海：上海古籍出版社，2001 年版，第 1114 页。

④ 周绍良，赵超：《唐代墓志汇编·续集》，上海：上海古籍出版社，2001 年版，第 1138 页。

⑤ 胡元超：《昭陵墓志通释》，西安：三秦出版社，2010 年版，第 85 页。

⑥ 周绍良，赵超：《唐代墓志汇编·上》，上海：上海古籍出版社，1992 年版，第 6 页。

⑦ 周绍良，赵超：《唐代墓志汇编·上》，上海：上海古籍出版社，1992 年版，第 151 页。

⑧ 周绍良，赵超：《唐代墓志汇编·上》，上海：上海古籍出版社，1992 年版，第 155 页。

⑨ 周绍良，赵超：《唐代墓志汇编·上》，上海：上海古籍出版社，1992 年版，第 183 页。

⑩ 周绍良，赵超：《唐代墓志汇编·上》，上海：上海古籍出版社，1992 年版，第 191 页。

⑪ 周绍良，赵超：《唐代墓志汇编·上》，上海：上海古籍出版社，1992 年版，第 623 页。

出自帝颛顼，有裔孙封于鲜卑山。”[①]《大唐故陪戎副尉赵府君墓志》曰：“颛项之后，晋大夫之胄，冬日可爱，夏日可畏。”[②]《大唐故王府君夫人故赞皇郡太君赵郡李氏墓志铭并序》：“黄帝元孙高阳氏之苗裔。”[③]《大唐故银青光禄大夫湖州刺史朱公墓志铭》曰：“颛项灵苗，姬王锡土。”[④]《唐故尚舍直长薛府君夫人裴氏墓志铭》曰：“高阳肇裔，非子受封。”[⑤]《大唐故庆王府典军江府君墓志》曰：“其先出自颛顼，伯益之后，遂封于江，盖周之诸侯也。”[⑥]《唐故安定郡夫人梁氏墓志铭》曰：“自娲皇作孕，而颛顼裔焉。”[⑦]《唐丰齐县令程府君墓志铭》曰：“帝颛项之后，始祖重黎。”[⑧]《唐故银青光禄大夫尚书兵部侍郎寿春郡开国公黎公墓志铭》曰：“其先出自颛顼，厥后弥大。”[⑨]《唐故府别将秦府君夫人太原王氏墓志之铭》曰：“颛项之胤绪，穆公之苗裔。”[⑩]《大唐故白府君墓志铭》曰：“颛项帝之后。”[⑪] 以上为祖述黄帝孙颛项高阳的

---

① 周绍良，赵超：《唐代墓志汇编·上》，上海：上海古籍出版社，1992 年版，第 913 页。

② 周绍良，赵超：《唐代墓志汇编·上》，上海：上海古籍出版社，1992 年版，第 1197 页。

③ 周绍良，赵超：《唐代墓志汇编·上》，上海：上海古籍出版社，1992 年版，第 1279 页。

④ 周绍良，赵超：《唐代墓志汇编·下》，上海：上海古籍出版社，1992 年版，第 1308 页。

⑤ 周绍良，赵超：《唐代墓志汇编·下》，上海：上海古籍出版社，1992 年版，第 1313 页。

⑥ 周绍良，赵超：《唐代墓志汇编·下》，上海：上海古籍出版社，1992 年版，第 1428 页。

⑦ 周绍良，赵超：《唐代墓志汇编·下》，上海：上海古籍出版社，1992 年版，第 1714 页。

⑧ 周绍良，赵超：《唐代墓志汇编·下》，上海：上海古籍出版社，1992 年版，第 1859 页。

⑨ 周绍良，赵超：《唐代墓志汇编·下》，上海：上海古籍出版社，1992 年版，第 1861 页。

⑩ 周绍良，赵超：《唐代墓志汇编·下》，上海：上海古籍出版社，1992 年版，第 2025 页。

⑪ 周绍良，赵超：《唐代墓志汇编·续集》，上海：上海古籍出版社，2001 年版，第 1139 页。

墓志。

《故刘夫人墓志》曰："曾孙帝喾之胤，唐尧之苗裔。"[①]《王君墓志》曰："仰承帝喾之华胄，禀后稷之神苗。"[②]《贾隐墓志铭》曰："源出于高辛氏，派别于周文王。"[③]《大唐故通直郎王君墓志铭》曰："帝高辛之远裔，周大王之鸿绪。"[④]《大尉秦王刀人高墓志铭》曰："其先高辛氏之胤也。"[⑤]《隋故朔州长史徐君墓志铭》曰："其先帝喾之苗裔，有周之自出也。"[⑥]《故幽州功曹魏君墓志铭》曰："帝高辛之苗裔。"[⑦]《大唐故开府仪同三司特进户部尚书上柱国莒国公唐君墓志铭》曰："其先出自帝喾。"[⑧] 以上为祖述黄帝曾孙帝喾高辛的墓志。

唐代墓志中自称尧、舜、夏后、姬周、嬴政之后，间接祖述黄帝的不胜枚举。柳宗元在《故叔父殿中侍御史府君墓版文》中说："柳氏之先，自黄帝历周鲁。其著者无骇，以字为展氏，禽氏以食菜为柳姓。厥后昌大，世家河东。"[⑨] 在此处他将自己的姓氏追溯至黄帝。2013 年 9 月，曾在唐代政坛红极一时的才女上官婉儿墓被发现，其墓志铭曰："婕妤姓上官，陇西上邽人也。其先高阳氏之后。"[⑩] 上官婉儿为高阳氏之后，也就是黄帝之后。

---

① 周绍良，赵超：《唐代墓志汇编·上》，上海：上海古籍出版社，1992 年版，第 61 页。

② 周绍良，赵超：《唐代墓志汇编·上》，上海：上海古籍出版社，1992 年版，第 165 页。

③ 周绍良，赵超：《唐代墓志汇编·上》，上海：上海古籍出版社，1992 年版，第 839 页。

④ 周绍良，赵超：《唐代墓志汇编·上》，上海：上海古籍出版社，1992 年版，第 1098 页。

⑤ 周绍良，赵超：《唐代墓志汇编·续集》，上海：上海古籍出版社，2001 年版，第 4 页。

⑥ 周绍良，赵超：《唐代墓志汇编·续集》，上海：上海古籍出版社，2001 年版，第 14 页。

⑦ 周绍良，赵超：《唐代墓志汇编·续集》，上海：上海古籍出版社，2001 年版，第 16 页。

⑧ 胡元超：《昭陵墓志通释》，西安：三秦出版社，2010 年版，第 155 页。

⑨ 《柳河东集·上》，上海：上海古籍出版社，2008 年版，第 197 页。

⑩ 《考古与文物》，2013 年第 6 期。

唐代墓志中少数民族祖述轩辕黄帝的亦不乏其人。粟特来自中亚，是擅长经商的神秘民族，在唐代逐渐融入汉族。粟特人李元谅（安元光）墓志铭曰："其先安息之王胄也，轩辕氏廿五子在四裔者，此其一也。"此外还有斛斯人自称是黄帝之后[①]，焉耆人自称是少皞之后。各族各姓争相将自己的起源追溯至轩辕黄帝，虽不完全符合历史事实，但却有文化上的真实性，是文化认同的产物。这从一个侧面反映出黄帝文化具有强大的向心力，中华民族具有强大的凝聚力。正是这种强大的向心力和凝聚力，推动着中华民族不断发展壮大。

隋唐是胡汉杂糅、多民族联合执政的王朝。隋朝开国皇帝杨坚的皇后是西魏八柱国之一独孤信的七女儿，唐朝开国皇帝李渊的母亲是独孤信的四女儿，唐太宗李世民的母亲窦氏、皇后长孙氏，皆为鲜卑人。《朱子语类》云："唐源流出于夷狄。"隋炀帝杨广、唐太宗李世民、唐高宗李治等都是汉族与鲜卑族的混血儿。这是魏晋南北朝时期民族大融合的产物，也是中华民族多元一体格局的缩影。曾经叱咤风云、雄霸北方的鲜卑族，到了唐代销声匿迹，其大部分融入汉族，小部分融入其他民族。鲜卑族建立的北魏王朝与继之而起的东魏、西魏、北齐、北周，开游牧民族长期入主中原、掌控中国之先河。鲜卑的汇入，对于华夏族到汉族的演进来说，是一次最强劲的推动；对于汉族这栋大厦来说，是最后一根支柱的树立。此后虽不断有少数民族融入汉族，但对汉族而言，是形成以后的发展壮大；对于少数民族而言，以后再也没有这样大规模的完全融入了。[②]"魏之先出自黄帝轩辕氏"（《北史·魏本纪》）；"太祖文皇帝姓宇文氏，讳泰，字黑獭，代武川人也。其先出自炎帝神农氏，为黄帝所灭，子孙遁居朔野"（《周书·文帝纪》）。鲜卑人自称是炎黄之后，最终融入华夏，成为中华民族的重要组成部分。

除皇室外，隋唐时期许多王公大臣也有游牧民族血统，官至宰相者多达36人。"自隋以后，名扬于时者，代北之子孙十居六七。"（《资治通鉴·晋记》）或许正是因为唐朝统治者有着汉胡混杂的血统，使其能够执行比较开明、平等的民族政策。唐太宗说："自古皆贵中华，贱夷狄，朕独爱之如一，

---

① 周绍良，赵超：《唐代墓志汇编·上》，上海：上海古籍出版社，1992年版，第343页。

② 伍雄武：《中华民族的形成与凝聚新论》，昆明：云南人民出版社，2000年版，第80页。

故其种落皆依朕如父母。”（《资治通鉴·太宗记》）公元630年，西域、北疆各族君长共尊唐太宗为“天可汗”。唐人这种包容精神和博大胸怀，造就了辉煌的大唐盛世，为中华民族的发展壮大做出了重要贡献。

唐朝以降，墓志渐衰，墓碑重兴。1916年，民国元勋黄兴病逝后葬于长沙岳麓山，章太炎亲撰《黄兴墓志铭》，盛赞其“死为鬼雄，以承炎黄”①。当然，这个墓志铭不在黄兴墓中，而是在黄兴墓塔形碑柱上。

墓志是追溯先祖、彰显家世、记述生平的重要载体，可谓地下之族谱。墓志与碑铭、族谱、文献等资料相互印证，于民族史、文化史研究大有裨益。墓志与族谱虽然难脱攀附之嫌，但却折射出中国人自古以来对以黄帝为代表的先祖先圣的认同心理。这种认同心理是中华民族瓜瓞绵绵、生生不息的黏合剂，是中华文明永续不绝、未曾中断的催化剂，至今仍然发挥着促进文化认同和民族认同及增强中华民族凝聚力的作用。

① 《章太炎全集·太炎文录初编》，上海：上海人民出版社，2014年版，第528页。

黄陵、新郑、缙云黄帝祭拜大典刍论

李桂民
（聊城大学历史文化与旅游学院教授）

近年来，随着祭祀热的兴起，加入黄帝公祭的地方也日渐增多。河南新郑黄帝故里、陕西黄陵县黄帝陵和浙江缙云黄帝祠所在地举办的公祭活动都有一定的影响力。但目前在全国多地出现黄帝故里和黄帝陵墓，如果都是由政府出面祭祀，显然不是一种正常的现象。黄帝是传说人物，其传说和古迹分布甚广，太史公有言，“余尝西至空桐，北过涿鹿，东渐于海，南浮江淮矣，至长老皆各往往称黄帝、尧、舜之处”，① 因此，规范有关祭祀活动无疑是很有必要的。讨论黄帝公祭问题，主要涉及祭祀的依据和仪式。就祭礼而言，整个祭拜大典涉及面颇广，包括程序、音乐、舞蹈、服装、礼器诸多方面。本文无意对各地的黄帝祭祀活动抑此扬彼，主要是从客观的立场，谈谈自己对陕西、河南和浙江等地黄帝祭拜大典的看法。不当之处，敬请批评指正。

一

陕西黄陵、河南新郑和浙江缙云的黄帝祭祀活动都历时多年，其中陕西黄陵的黄帝祭祀活动更是历史悠久。陕西、河南、浙江三地每年公祭时互相派代表参加对方祭祀活动，到陕西黄帝陵拜祖，导游的解说词中说黄帝生于河南、葬于陕西，可见多地祭拜活动并非不可共存。不过，需要看到的是，陕西和河南都有把黄帝拜祭大典上升到国家级的愿望和要求。2015 年 9 月 7 日的《光明日报》发表了许嘉璐、李学勤、李伯谦和刘庆柱的文章，提出要把河南新郑

① 《史记·五帝本纪》，收于司马迁：《史记》，北京：中华书局，1982 年版，第 46 页。

的黄帝故里的祭祖大典上升为国祭。[①] 稍后，《光明日报》又刊发了许嘉璐在第九届黄帝文化国际论坛上的主旨发言，重申了在新郑进行国祭的观点。[②]《光明日报》国学版刊发的系列论文，引起了强烈反响和质疑。陕西许多学者通过网络迅速发声，反对“拜庙不拜陵”的主张，陕西方面也组织了相关研讨会，陕西省公祭黄帝陵工作委员会办公室还把有关文章汇编成《对黄帝的国家公祭应该在哪里?》，在2016年清明节“黄帝陵是中华文明的精神标识”学术交流会上发给参会学者。笔者没有参与这场争论，不过在关注这场争论后曾谈及自己的看法，提出庙祭始终没能完全取代陵祭，把庙建在陵园附近就是为了方便祭祀，庙祭并不是祭祀的最优选择。[③] 具体从陕西和河南的争论来看，用庙祭和陵祭概括并不完全准确，因为近年陕西黄陵的黄帝公祭亦属于庙祭，只不过黄陵的轩辕庙建在黄帝陵不远之处。

在河南新郑进行国祭的倡议之所以引起那么大的反响，就在于陕西黄帝陵的地位和长期以来所形成的影响。从明代以来，陕西黄帝陵经官方考定并得到认可，形成了官方定期祭祀黄帝陵的制度。新中国建立以后，陕西也是最早对黄帝进行祭祀的省份。在相当长的时期内，盛行的是陵祭，一直在陕西黄陵县祭拜黄帝。1955 年，黄陵县专门成立黄陵保管所，负责黄帝陵的保护。同年的第一次全国文物普查，黄陵县文化馆把黄帝陵作为古墓葬报告到中央。1961 年国务院公布黄帝陵为全国重点文物保护单位，编号为古墓葬第一号，陕西黄帝陵再次得到认可。多位党和国家领导人曾为黄帝陵题词，习近平同志在陕西视察时也指出，“黄帝陵是中华文明的精神标识”，并强调“轩辕黄帝陵文化积淀十分深厚。对于历史文化，要注意发掘和利用，溯到源，找到根，寻到魂。找到历史和现实的结合点，深入挖掘历史文化中的价值观念、道德规范、治国智慧，做到以文化人，以史资政”。从 1999 年开始，陕西公祭黄帝大典改在轩辕庙举行，祭祀大殿建成后又改为在祭祀大殿前举行。陕西的黄帝公祭由

---

① 许嘉璐:《把拜祭黄帝上升为国家级拜祭》,《光明日报》, 2015 年 9 月 7 日第 16 版；李学勤:《黄帝故里拜祖大典的特点》,《光明日报》, 2015 年 9 月 7 日第 16 版；李伯谦:《拜祭黄帝要达成共识》,《光明日报》, 2015 年 9 月 7 日第 16 版；刘庆柱:《国祭也是祭国》,《光明日报》, 2015 年 9 月 7 日第 16 版。

② 许嘉璐:《国家拜祭的力量》,《光明日报》, 2015 年 11 月 9 日第 16 版。

③ 李桂民:《“古不墓祭”再思考》,《光明日报》, 2016 年 7 月 11 日第 16 版。

陵祭到庙祭的变更，主要是因为黄帝陵周围场地面积有限和更好地体现拜祖的肃穆、庄严、宏伟的需要。尽管陵祭是祭祀的最优选择，但就近建庙亦有历史依据。陕西黄帝祭祀的优势之一，是黄陵不仅有轩辕庙，还有黄帝陵，现在的公祭活动是由历史上对于黄帝的陵祭发展而来。尽管以后舍陵而祭庙，但由于庙陵距离较近，方便民众在参加完黄帝祭祀大典后，再去拜谒黄帝陵。虽然黄陵、新郑和缙云三地的黄帝祭祀都属于祠庙祭祀，但黄陵县同时拥有黄帝陵、庙，祭祀由来已久，无疑有着先天优势。

其次，在陕西黄陵县祭祀黄帝，更符合国人缅怀祖先的风俗习惯。清明祭祖，是今天仍盛行的风俗，陕西黄陵的黄帝公祭活动定在清明节举行，意义正在于此。从三地公祭的时间选择看，黄陵祭祀选在清明，新郑拜祭黄帝大典时间定在每年的农历三月初三，浙江缙云的公祭时间则选在每年的重阳节，新郑、缙云两地的公祭活动自觉避开清明节拜祖，显然有陵祭更符合当代祭祀习惯方面的考虑。三月初三是上巳节，本不是祭祀黄帝的日子，“上巳节是民间禁忌与古老的‘祓’祭仪式相结合的产物。它是民间习俗的重要组成部分，在以后的流传过程中，上巳节又不断发展变化。到魏晋南北朝时期，上巳节已由祓除不祥的巫术仪式演变为曲水流觞、走马步射、欢会游春的民俗节日。节日内涵也由宗教娱神向娱人和自娱转变。至唐代，民间节俗上升为官方礼仪，成为雅俗共赏的盛大节日。宋以后，上巳节渐趋衰落，逐步退出人们的生活，只在西南一些少数民族地区尚有部分留存”①。黄帝诞日有不同说法，不过缺乏信实史料依据。缙云从 1998 年起，对黄帝进行春秋两祭，这一点和陕西黄陵县相同，只不过缙云清明节祭祀属于民祭，每年农历九月初九的重阳节祭祀则属于公祭。清明节是传统的祭祖和扫墓的日子，墓祭也是当下流行的一种对祖先的怀念方式，如果都定在清明显然不如陕西的祭祀更有优势，这也是三地祭祀不在同一时间的重要原因。不过，当前三家祭祀，特别是陕西和和河南在祭祀时间上依然太近。

再次，陕西的黄帝公祭不仅起步早，而且优势明显。历史上的黄帝陵墓并非一处，黄帝祠庙也分布于各地，桥山黄帝陵在唐代就已经得到皇家认可，明代又进一步得到确认，正如赵世超先生所说：“历代王朝用规范礼制的办法确

① 贾艳红：《上巳节考论》，《齐鲁学刊》，2015 年第 1 期。

定下来的陵庙祭祀地点却具有约定俗成的意义，因而也具有唯一性。”[①] 1949年后，陕西在1955年就恢复了黄帝公祭。为了更好地筹备祭典，1996年陕西省设立陕西省清明公祭轩辕黄帝陵典礼筹备工作委员会及其办公室，负责清明公祭轩辕黄帝的策划组织工作。为进一步加强公祭轩辕黄帝活动的组织力量，2008年1月，陕西省人民政府将陕西省清明公祭轩辕黄帝典礼筹备工作委员会更名为陕西省公祭黄帝陵工作委员会，主任由陕西省委常委、副省长兼任，陕西省公祭黄帝陵工作委员会办公室为省政府办公厅直属机构，主持黄帝祭祀大典。河南新郑的黄帝祭祀经历了两次升格，即由新郑市举办到郑州市再到河南省政协举办。浙江缙云的黄帝公祭最初由缙云当地举办，2013年改由丽水市组织，祭祀规格都不如陕西省高。2006年黄帝陵祭典进入第一批国家非物质文化遗产名录，2008年新郑黄帝祭典进入第二批国家非物质文化遗产扩展项目，2011年5月，“缙云轩辕祭典”被国务院公布为“第三批国家非物质文化遗产扩展名录”。目前，缙云仙都黄帝飞升地已与陕西黄陵黄帝墓葬地、河南新郑黄帝出生地形成了三家影响较大的黄帝祭祀地，但通过梳理上述因素，三地黄帝祭拜大典的地位无须赘述。

二

黄陵、新郑和缙云三地的公祭黄帝大典在仪式上既有相同点，又各具特色。从三地祭拜黄帝情况来看，陕西和河南两地影响超过浙江，只是由于浙江缙云是南方祭拜黄帝的中心，才形成三地祭祀黄帝的格局，这三地也是全国清理和规范庆典研讨会论坛活动工作领导小组批准的祭祀活动。公祭不同于民祭，在增强港澳台同胞及其海外华人凝聚力方面有着重要意义。从三地祭拜黄帝的仪式看，祭典仪式都在一定程度上融入现代文明因素，并能够借鉴共享一些做法。

从祭祀典礼开始时间看，三地都定在上午9：50开始，以取“九五之尊”之意。当然这种时间安排也有其合理性，如陕西黄帝陵的祭祀活动，由于祭祀主办者、演员、参祭代表要在清明节当天从西安赶到黄陵，需要一定的时间。

① 赵世超：《黄帝陵所在地之我见》，《长安大学学报》（社会科学版），2013年第2期。

尽管有的地方没有这种考虑，但取义“九五之尊”来祭祀黄帝，做法则是一致的。

从具体祭祀程序看，三地的祭祀程序已经固定化，陕西主要有七项程序，即全体肃立、击鼓鸣钟、敬献花篮、恭读祭文、向黄帝像行三鞠躬礼、乐舞告祭、瞻仰祭祀大殿并拜谒黄帝陵。祭祀仪式由公祭大典筹委会主任、陕西省副省长主持，由省长恭读祭文。河南新郑的黄帝拜祭大典起源于1992年开始的“炎黄文化旅游节”，拜祖大典作为河南新郑“炎黄文化旅游节”的重要内容最初由新郑市政府主办，2005年改由郑州市主办，2006年又开始由河南省政协主办，按照“党政主导、政协主办、郑州承办、部门承办”的原则举办。2006年以后，黄帝故里拜祖大典的程序固定为九项，分别是：盛世礼炮（21响）、敬献花篮、净手上香、行施拜礼（主持人带领全体嘉宾一起行施拜礼）、恭读拜文、高唱颂歌、乐舞敬拜、祈福中华、天地人和，恭读祭文者并未固定由某一身份的人担任。浙江缙云的黄帝祭祀始于1998年，重阳节公祭程序包括击鼓撞钟、敬上高香、敬献花篮、主祭就位、敬献供品、敬献美酒、恭读祭文、行鞠躬礼、乐舞告祭等九项。从三地的祭祀程序看，都采用了现代祭拜方式，用鞠躬替代了古代的跪拜礼，都有敬献花篮、恭读祭文、行三鞠躬礼等环节。不过，三地公祭仪式亦有不同，如2005年陕西用击鼓鸣钟取代了原来的礼炮，击鼓34咚，象征全国34个省、直辖市、自治区和特别行政区；浙江缙云重阳公祭亦有击鼓鸣钟环节，击鼓34咚寓意全国34个省、自治区、直辖市和特别行政区，这和陕西公祭相同，鸣钟上和陕西稍有不同，缙云鸣钟15响，代表全世界15亿中华儿女，有别于陕西取义《周易》之九至高无上之意。

在陕西黄陵祭祀黄帝放弃礼炮后，河南新郑依然采用礼炮21响。礼炮21响为国际礼节，起源于英国，我国从1984年恢复鸣放礼炮的迎宾礼仪，用于外国元首和政府首脑的欢迎仪式，21响为最高礼仪，用于国家元首，其次19响，用于政府首脑。在祭品方面，陕西黄陵公祭的祭品一般事先摆放在轩辕殿内，在祭祀环节只是敬献花篮，没有传统祭祀中的上香、奠酒礼等，而河南新郑、浙江缙云的敬献礼稍微复杂，除了敬献花篮外，河南新郑的祭拜礼还有净手上香仪程，敬献花篮数为9个，敬献高香9炷，陕西黄陵祭祀花篮数则没有固定。黄帝公祭祭拜礼仪中颇受人关注的是乐舞献祭，从乐舞献祭的时间看，陕西黄陵公祭近年压缩了时间，从原来的半个小时减少到10分钟，河南的乐舞献祭分为两个仪程，也就是吟唱颂歌和乐舞敬拜，两项仪程亦不超过10分钟。浙江缙云公祭，祭典舞蹈采用时尚诗乐舞形式，乐舞献祭也是整个祭祀活动的高潮，尽管时间不长，但随着金龙腾飞给参祭者带来强烈的视觉震撼，驭龙飞升也贴合了缙云为黄帝飞升地的观念，飞龙制造方为西安的公司，在陕西黄陵的祭典上亦有这一重要环节。从仪程设计看，河南新郑的祭祀还融入了一些新元素，也就是结合年代特点，关注社会热点。如2008年奥运会在北京举办，当年的河南新郑拜祭黄帝大典仪程的第九项为祈福奥运，邀请了29位奥运金牌获得者把祈福牌拴在祈福树上。

恭读祭文是三地都有的一项重要仪程。从当前的主办方来看，浙江缙云是丽水市主办，由市政府领导恭读祭文；陕西黄陵公祭是陕西省政府主办，由省长恭读祭文；河南省新郑拜祭典礼的主办方多次变更，由原来的新郑市主办，升格为郑州市主办，再升格为河南省政协主办。从主办方来看，只有浙江缙云的祭祀大典主办方为地级市政府，在规格上和河南新郑、陕西黄陵祭祀相比明显逊色。虽然三地的黄帝公祭都有全国政协领导等国家级领导参加，但至今依然属于地方公祭。随着对黄帝国祭的呼声渐高，陕西黄陵铸造了高规格的古代祭器九鼎八簋，但祭器的高等级并不意味着祭典的升格，陕西和其他地方的黄帝祭祀至今依然还是由各级政府分别主办。

三

陕西黄陵、河南新郑和浙江缙云三地的黄帝拜祭大典，从仪式上看，都属于古今、礼乐相结合的产物。除了陕西黄陵公祭外，其他两地的拜祭活动开始较晚。尽管在中国古代史上，长期存在着朝廷遣官定期致祭黄帝陵的传统，但祭祀黄帝陵的仪式却是与时俱进的，并没有长期延续的固定祭祀礼仪，即便在1949年以后，陕西省也曾对祭祀礼仪多次进行修改完善。对于公祭黄帝而言，必须符合时代特点，不能照搬古礼。在祭祀热初起之时，由于对古礼不甚熟悉，有的地方的公祭活动并不严谨，至今有地方的公祭活动依然存在值得商榷之处，由于和黄帝公祭无关，此不详论。陕西、河南和浙江三地的黄帝公祭已经沿袭多年，公祭活动能较好地体现传统与当代以及礼与乐的结合，祭典相对成熟。不过，黄帝祭拜大典整体设计依然还有进一步修改完善的空间。

首先，有的地方在典礼策划上，对于参礼者的观感考虑不够。在祭祀中，要高度重视组织工作，对观礼人数要适当控制，对人数如果不加限制，虽然可以烘托祭祀氛围，但从实际效果看，由于队伍杂乱，反而在一定程度上影响了祭祀的现场效果。由于受到场地等条件限制，有的地方的祭祀观礼效果不好，就是说后面的人无法直接看到祭祀现场，尽管有的地方两边有大屏幕显示屏，但看显示屏和直接看现场还是有区别的。要解决这种困扰，最好的办法是对场地进行改造，要有阶梯性以保证好的观礼效果。祭祀场所设计要考虑多方面因素，建筑和塑像等也要具有视角冲击、震撼效果，才能有效营造肃穆、庄严的气氛。在公祭时考虑观礼者感受，这一点并非无关紧要，现场的拥挤、无序、随意走动，会直接影响到公众对祭礼的观感。

其次，为保证祭祀效果，充分发挥音乐的作用，要根据祭祀仪程每一步骤合理设计音乐。三地的黄帝祭拜大典都有祭祀用乐，音乐的水平参差不齐，陕西省在这方面下的力气较大，采取数百人演奏录制后播放的方式。每一次祭祀典礼准备时间较长，光乐舞献祭有的地方就准备数月之久。在祭祀过程中，不能忽视乐的作用，古人用乐很有讲究，祭祀用乐不仅是一种祭祀背景音乐，还是献祭中的重要组成部分，是最能打动人心的东西。因此，如何把乐的作用发挥好，达到“感人深”“使人之心庄”① 的目的，是需要考虑的一个问题。张岂之先生曾指出：“我们在举行黄帝祭祀礼仪时，‘形祭’大于‘心祭’，甚至‘形祭’代替了一切，缺少在祭祀中令人感动的‘心祭’。”② 有的地方的祭祀现场，乐舞献祭时观礼的人纷纷拿出手机拍照，可见祭典并没有能让现场的人进入“心祭”。普通人进入寺庙就会不自觉严肃，在祭祀现场如果做不到这一点，可以说，这种祭礼效果是差强人意的。

再次，尽管当代人有着较强的恋古情结，但乐舞献祭的仪仗、服装设计等应体现时代性。礼是因时而变的，即便是在中国古代史上，不同朝代礼仪也不会完全相同。夏商周时期礼仪尚有损益，后代变化更大。一个新王朝建立以后，面临的一个重要任务就是要制礼作乐。在先秦时期，儒家所倡导的礼，并

① 《荀子·乐论》，收于王先谦：《荀子集解》，北京：中华书局，1988 年版，第 381 页。

② 张岂之：《心祭重于形祭》，《华夏文化》，2005 年第 1 期。

不是完美无缺的，尽管考虑了不同社会阶层应有之礼，但难以满足社会的多样需求。在黄帝祭祀上，也要有因时制礼的意识，由于公祭的性质，注定了不能完全照搬古礼，因此，制定与时代相符的祭祀礼仪就显得尤为重要。陕西黄陵、河南新郑、浙江缙云的黄帝祭祀大典，都采用了现代和古代、礼和乐的有机结合，发挥了积极的社会作用，不过，在每次祭典之后，都有专家通过书面或口头提出改进意见。

可以看到，不同地方的公祭活动乐舞献祭者的着装并不一致，并大多倾向于着古代样式服装。曲阜公祭孔子一度着清代服装，后改为明代服装，也就是所谓的汉服，陕西黄帝公祭则包含较多的汉唐元素。只不过，笔者并不赞同把这种包含古代服装元素的祭祀服装称为古装或汉服。事实上，当代公祭沿袭古礼的地方并不多，主要表现在乐舞献祭这一环节。不可否认，中国古代的曲裾深衣、齐胸襦裙、宽袖衫裙、褙子等服装作为古代服装的代表，具有很高的审美价值，但当今乐舞献祭者的服装严格说并不是古装，仅仅是融入现代元素的仿古服装，或者说是一种经过现代设计的新服装。之所以强调乐舞献祭者所穿服装是一种当代设计的、融合古今的新服装，就是为了有效避免对服装所属朝代的指责，这种新服装，既可吸收传统服饰文化的精华，也可把许多现代技术和元素融入其中。由于中华各民族的服装争奇斗艳，具有颇高的艺术和鉴赏价值，不少民族服饰已经被列入国家非物质文化遗产名录，因此，在服装设计上，吸收古今中华服饰文化精华，甚或突破不同民族服装藩篱，大胆对古代服装进行改良就显得尤为必要。早在春秋时期，吴国就已经把苏绣用于服饰，不同时代服饰文化所具有的特点，反映了古人在服饰文化上的创新性，当代的祭祀服装理应更好地展现时代的发展和变迁。传说中的黄帝生活在史前时代，尽管有黄帝垂衣裳而天下治的记载，但对于黄帝时代的服装并没有足够资料可以参考。由于当代黄帝祭拜大典并不是古礼的传承，因此，乐舞献祭者的服装以及仪仗等不建议使用古装、汉服的提法，而是采用专门的乐舞献祭服装。这种服装是借鉴了古今服装精华的新服装，而不是真正意义上的古服，旌旗幢幡同样可以用标识参祭人员组成单位的不同旗帜代替，从而更好地体现祭祀的时代特点。

另外，还需要注意的是，祭文对黄帝的定位要科学，祭文要朗朗上口而又不故作高深。在黄帝问题上，我们要反对两种极端，一种是相信纬书之说，把

黄帝及其在位年数说得太具体，另一种则是把黄帝说成是神话人物和历史无涉。[①] 毋庸讳言，中国上古史上的早期谱系是存在问题的，但不能因此就说这种谱系所反映的全是无稽之谈。虽然黄帝谱系不完全可信，这仅仅是从血缘关系上的考量，但是如果从文化、国家认同来看，这是一种历史的真实。笔者曾经指出："在古史体系的认识上，不能简单拘泥于血缘关系的可能与否，而忽视对古史系统价值层面的分析，进而无视这种历史上自然形成的民族认同"[②]，先秦以后，这种文化认同更加广泛，即便中原在少数民族统治时期，依然保持了对黄帝的祭祀，甚或有一些少数民族亦奉黄帝为始祖，其原因值得我们深思。对黄帝的祭祀，不仅仅是对始祖的祭祀，更应该是对文化和国家的认同。时代愈后，国家认同的意味愈强。明代开始所建立的历代帝王庙，反映的就是对治统的认同。因此，在祭祀过程中，尤其是祭文中对黄帝的定位一定要准确，不能局限于血缘上的祖先，我们祭祀黄帝，更多的是缅怀黄帝对于文明肇基的贡献。祭祀不是迷信活动，表达的是怀念之情，不过有的地方公祭，不能与时俱进，宗教意味稍浓，完全照搬古礼中的请神、送神等环节，是不太合适的。比较起来，在三地的黄帝拜祭中，仪式的设计较好，淡化了祭祀的宗教色彩，突出了祭祀的社会意义，是值得大力推广的。各地的祭文每年都要找专人撰写，甚至在全国评选优秀祭文，不可谓不下功夫，但有些祭文的撰写，还有需要改进之处。值得肯定的是，许多祭文的撰写运用简短句式和精炼语言进行表达，读起来朗朗上口，篇幅短小精悍，寓意深远，较好体现了祭文的作用。但是需要指出的是，有的祭文过于讲究辞藻，影响了祭祀效果。祭文写作要考虑对象，要让观礼者能够听得懂，听后不知所云的祭文不利于文化的传播与普及。因此，有必要改变文风，说明白话，是祭文写作的基本要求，亦是今后祭文撰写者需要考虑的问题。

总之，黄帝作为中华民族象征性的祖先，是历史上自然形成的，昭示了

---

① 对于黄帝，学术界认识至今尚未取得共识，但经过长期的争论后，把黄帝看作是与历史无涉的神话人物的观点已为绝大多数学者所摒弃，即便坚持黄帝为神话人物的学者，也倾向于承认黄帝与具体族群的对应关系。笔者对此有过多年的研究，见李桂民：《黄帝史实与崇拜研究》，北京：中国社会科学出版社，2014 年版。

② 李桂民：《黄帝史实与崇拜研究》，北京：中国社会科学出版社，2014 年版，第 224 页。

“万物本乎天，人本乎祖”的根的认同。[①] 当代的黄帝公祭活动，不仅表现了“志意思慕之情也”[②]，而且还有着重要的社会政治意义，对黄帝的认同不只是一种血缘上的认同，而且是一种家国情怀，体现了对于民族共同体的认同。在黄帝祭祀上既要尊重历史文化传统，还要考虑体现时代特点。只有这样，才能真正发挥祭拜大典的作用，从而产生良好的社会效果。

---

① 《礼记·郊特牲》，收于杨天宇：《礼记译注》，上海：上海古籍出版社，1997 年版，第 429 页。

② 《荀子·礼论》，收于王先谦：《荀子集解》，北京：中华书局，1988 年版，第 375 页。

黄帝陵文化景区开发应注意山水人文格局的保护

曾文芳

（中共陕西省委党校副教授）

黄陵县位于陕西省中部，在西汉为翟道县，东汉为楢县地，东晋为中部县，隋改内部县，唐复置中部县并设坊州，元代废州仍称中部县，1944 年改设黄陵县至今。全县总面积 2292 平方公里，生态环境优美，森林覆盖率达 75% 以上。距离县城 1 公里处的桥山上有黄帝陵，号称“天下第一陵”，人文景观独特，1961 年国务院公布为第一批全国重点文物保护单位，也是首批确定的 5A 级旅游景区。黄帝陵景区以独特的山水格局与古柏奇观而著称，在地理上有着天然的龙凤呈祥和阴阳学说地貌，加上历代的人文造设亦多注重气脉与神威，今天是全球华人的祭祖圣地，富有浓厚的庄重、肃穆与神秘色彩。2016 年 2 月，黄陵县被国家旅游局纳入首批“全域旅游示范区”创建名单，该县遂以“中华民族精神家园、炎黄子孙朝圣地”为定位，加快实施“一核心四区域”文化旅游集群项目，努力建设以黄帝陵为核心的国内一流生态文化旅游区。2017 年 2 月 3 日，陕西省委书记娄勤俭专题调研黄帝陵文化景区的规划建设，大规模的景区建设与升级改造已提上日程。

一、黄帝陵文化园区独特的山水人文景观

中华民族历来注重“天圆地方、万物和谐、天人合一、人文至上”等思想观念，形成了独有的东方文化传统。黄帝陵文化景区就充分体现了这一文化特征，并在自然与历史发展的过程中逐渐形成了别具魅力的山水人文格局。

从宏观自然地理角度，黄帝陵景区内的桥山与沮水形成了极为特殊的地貌环境。它们相伴相随、蜿蜒流淌，自西北往东南直奔黄河。但由于桥山特殊的地质构造，西来的沮水流到其西侧时遇山受阻，便沿着南北向节理或断层线折而向南，后遇阻又折向东，再遇阻又折向北，当流到恰与西来河道成一直线的

地方时，又遇阻再折向东，后人形容其为“山河永固，桥沮相连”。“沮”字在甲骨文和金文中含意为“祖先之河”，古章中与“姬”字读音近而通之，因此亦称姬水[①]。《通鉴外记》说，黄帝“长于水，改姓姬”。更为奇特的是，桥山沮水所转折之处，都近似直角，形成了典型的“凹”字形河曲形态，空中俯视像一条形象生动的巨龙，被誉为“中国龙”。

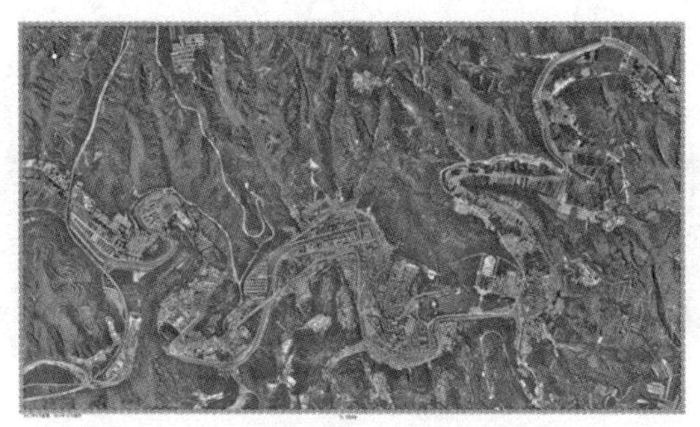

桥山沮水流域正射影像图

以中国文化元素来分析黄帝陵为核心的周边环境，更是令人称奇！按照中国古代的“风水”理论，所谓好“风水”必须具备三个条件：一有众山拱卫（即陵在中间，周围有山），二有水流环绕，三有四方之神守卫（即前朱雀、后玄武、左青龙、右白虎），在形态上更要“玄武垂头，朱雀翔舞，青龙蜿蜒不断，白虎驯服安详”。陕西学者何炳武、李延军等人经实地勘察后认为，黄帝陵的地形地势完全符合这一理论：桥山处于马山、南山、孟家塬的“拱卫”之中，正是“左有龙山低头（青龙），右有虎山静卧（白虎），前有桥岭如凤（南朱雀），后有盘岗仰首（北玄武）”。又按照古代对落葬墓穴之处土壤的要求，最理想的应该坚细微润，不干不湿，如“裁肪切玉，备具五色”，而黄帝陵寝的土质完全符合。加上沮水屈曲环流，阴阳和韵，恰如明代刘基的描述：“中龙尊贵孰堪论？水绕山环四海均”[②]，显然是古人精心选择的“宝地吉壤”。更有网友认为，黄帝陵景区四灵齐备，28 宿及 12 属相环绕一周；桥山负阴抱

---

① 方令子：《再说黄帝崩葬桥山》，收于“公祭轩辕黄帝网”之“黄帝文化”栏目，编辑梁君，见网址：http：//www. 360doc. com/content/17/0117/09/36544540_ 622979599. shtml.

② 张勇，何炳武，李祖坤：《黄帝陵申报“世遗”当快行》，《中华建筑报》，2002 年 4 月 6 日第 4 版。

阳，山环水绕，形同仙岛；山川合抱之势，酷似太极，其人文造设充分体现了华夏远祖“天人合一”“天人感应”的哲学思想。

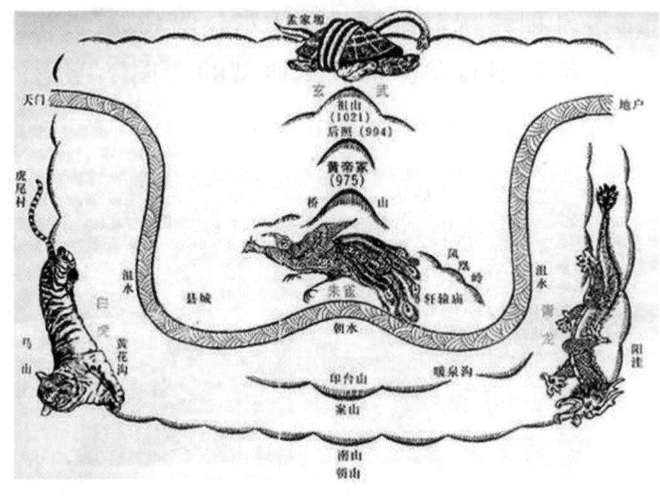

何炳武提供的黄帝陵地貌图

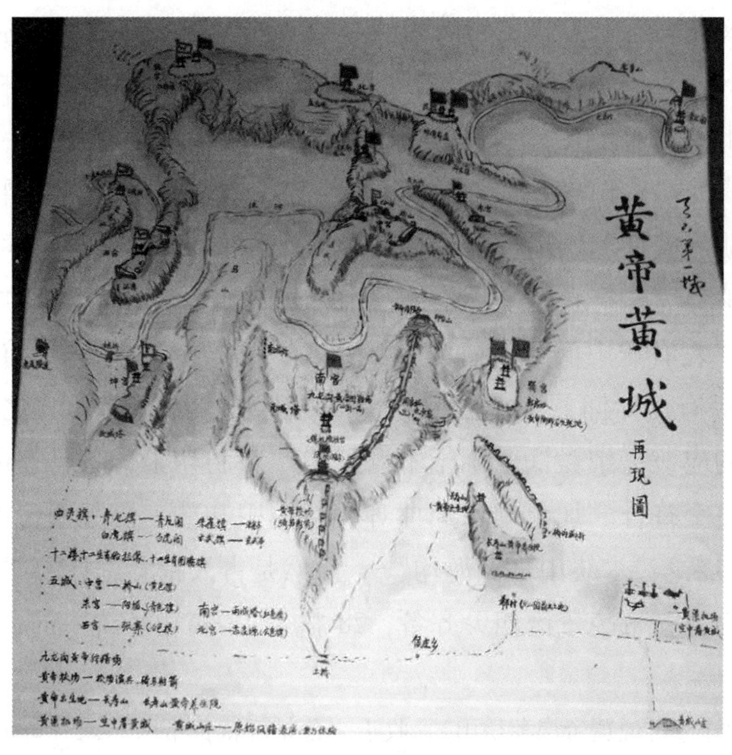

李延军提供的黄帝陵地貌图

从考古资源角度，经全国三次文物普查，黄帝陵景区周边广阔区域内存在着一个体系庞大的仰韶、龙山文化与古城遗址群，辐射到数十、数百公里之外，截至目前已发现41处新石器遗址。尤其是桥山周围，“可发现黄陵县境内沿洛河及洛河的几条支流分布有大量早期遗存，其中尤以沮水为甚”[①]，距今约5000年的黄帝时代的陶器残片随手可拾。仰韶文化遗址亦堪丰富，距陵封土堆仅500余米处的遗址面积就约有10万平方米，拥有众多远古时代仰韶、龙山文化的陶片、灰坑、屋基以及堑壕、夯土台、城墙、神道、庙址等历史遗存，在西山遗址、木瓜寨遗址中彩陶片则俯拾皆是。此外，整个黄陵县有721处文物点，包含古遗址247处、古墓葬46处、古建筑31处、石窟寺29处、石刻166处、近现代重要史迹13处、近现代代表建筑38处、其他151处[②]，是一个可以形成相互支撑的巨大资源宝库。

从植被分布角度，桥山上有柏林地86.67公顷，植被面积1300多亩，有古柏83000余株，树龄在千年以上有3万余株，树种有侧柏、雀柏、亚柏和麻花柏等，形态各异、四季常青。最为人称道的“黄帝手植柏”，高19.3米，下围11米，已有近5000年树龄，是人类文明进步的“活化石”，被誉为“中华第一树”。1982年，英国林学专家罗皮尔在考察了世界27个国家后来到中国，盛赞其为“世界柏树之父”。1998年被国家林业局等部门遴选为“中华名树”[③]。今天，桥山上满目苍翠，是我国人工栽植最早、面积最大、保存最完好的古柏群，既是中华锦绣河山的优美点缀和绿色礼赞，更是华夏民族古老文明的象征和历史见证，也是黄帝陵景区不可分割、不可复制的珍贵宝藏。

总之，黄帝陵文化景区得天独厚的自然条件，加上2000年沧桑变化、人文造设，形成了如今以桥山为中轴、东庙西城“三位一体”的自然人文景观，并集中了陵墓、庙宇、古城等众多文化遗存，具有我国帝王陵墓中极为罕见、极富地域特色和极具内涵的山水人文格局。

---

① 陕西省考古研究院：《陕西黄陵县黄帝陵扩建工程发掘简报》，《考古与文物》，2011年第6期，第52页。

② 数据资料来源于黄陵县旅游局2016年工作总结材料。

③ 缪士毅：《黄帝陵赏古柏》，《国土绿化》，2015年第9期，第47页。

二、历史上对黄帝陵人文景观的保护

中国文化历来注重历史的继承性。黄帝陵景区今天之所以能够呈现出巨大的魅力，桥山绵亘雄伟、沮水泱泱环绕、古松柏四季常青、紫气辉映，这是因为2000多年来，它一直受到了历朝政府的特别珍爱和保护。

（一）对陵庙建筑的修建和缮护

黄帝陵居于桥山山顶，而桥山远古时代为有蟜氏居地，称作蟜山；黄帝时代称为“轩辕之丘”或“轩辕之台”，黄帝因此得名“轩辕”，后演变成桥山。汉、唐、宋、明、清各代均在这里设有祠、园、庙。汉时初建轩辕庙，《史记·五帝本纪》载西汉元封元年（前110）冬10月，汉武帝“北巡朔方，勒兵十余万，还，祭黄帝冢桥山”，做汉武仙台，从此香火不断。宋代一度移迁，现存主要建筑为明制，距陵500米，坐北朝南，占地约4.25公顷。《黄陵县志》载，这里曾有一座八面楼，若印置盒中，显示八面威风，意谓“龙脉凤居，固若金汤”①，然年久遭毁，迄今只余城墙环筑、殿宇层建的夯土层垒。

黄帝陵庙的祭祀活动经久年远、绵延未绝，文献中记载对陵庙的修葺也一直未曾中断：南朝宋孝武帝刘骏大明四年（460）降旨整修陵庙；唐代宗大历五年（770），鄜坊节度使臧希让奉旨重修并扩建轩辕庙，至大历七年（772）方竣工；宋太祖开宝五年（972），赵匡胤降旨整修轩辕庙；元至正元年（1341），元惠宗降旨重修保生宫；元顺帝至元乙巳（1365）再次修葺；明洪武三年（1370），太祖朱元璋降旨修缮轩辕庙，并设五品护陵官2人，后由县令兼任，县令兼护陵官自此成为制度；洪武七年（1374），在轩辕庙大殿内塑造轩辕黄帝坐像一尊；嘉靖四十二年（1564），皇帝朱厚熜降旨拨银400两修葺轩辕庙；天启元年（1621），熹宗朱由校遣臣整修黄帝陵庙；崇祯九年（1636），中部县知事万云路上奏议修黄帝陵庙获准；清顺治三年（1646），世祖命使进行了清代第1次维修，此后，康熙年间3次维修，雍正2次，乾隆1次1嘉庆2次，道光2次；民国二十三年（1934），重修并通车；民国二十八年（1939），陕西省政府设黄帝陵庙管理所维修黄帝陵庙；民国三十一年

① 张勇，何炳武，李祖坤：《黄帝陵离“世界遗产”有多远?》，《西部大开发》，2002年第8期，第62页。

(1942)，制订修建黄陵计划草案，编纂《黄帝陵志》等；民国三十二年(1943)，成立黄帝陵修建委员会，向社会募捐，修葺陵墓，建成享殿，扩建黄帝庙大殿①。

1949年以后，对黄帝陵景区的保护修缮工作一直受到了中央领导的高度重视。1956年3月，爱国华侨陈嘉庚上书毛泽东、周恩来后，黄帝陵祭祀亭得到整修，面貌焕然一新，并获得郭沫若手书"黄帝陵"三个大字做刻碑。1959年至1961年，陕西省人民政府拨款15.5万元，整修黄帝庙大殿，共修建宫式大殿7间，厅房7间，碑室5间。1962年再次较大规模整修。1976年，陕西省革命委员会文化局拨款修缮山顶祭厅、黄帝庙大殿和围墙。1978至1988年，陕西省将黄帝陵列为重点维护整修单位。1990年以后，在时任中共中央政治局常委李瑞环的重视下，全国政协、陕西省政府、国家文物局、建设部、省发改委、陕西省文物局、黄帝陵基金会，多次召开专家论证会讨论、完善规划、设计方案，决定要将黄帝陵建设成全球华人寻根祭祖圣地。1994年，经陕西省人民政府、国家建设部、国家文物局联合审定批准《整修黄帝陵规划大纲》，1992—1998年实施了黄帝陵一期整修工程，2002—2006年实施了二期整修工程，累计投入近3.5亿元，相继建成入口广场、印池、轩辕桥、龙尾道、轩辕庙门、祭祀大院（殿）、神道陵道、龙驭阁、古柏防火等25个项目，进行了周边绿化综合治理②，黄帝陵景区环境和面貌有了很大改观。2009年11月23日，省政府第28次常务会议审议通过了《陕西省黄帝陵保护管理办法》，这是我省出台的首部关于黄帝陵保护的地方性规章制度，为黄帝陵的保护管理、规划建设、旅游开发等方面提供了强有力的保障。

（二）对桥山古柏林的长期种植与保护

今天郁郁葱葱的8万株桥山古柏林实际上经历了近千年的延续营造而成，并得到了历朝历代政府的重视和保护。今天，我们在轩辕庙东侧碑廊可见宋嘉祐六年（1061）奉旨栽植松柏的记事碑、元泰定二年（1325）所立关于禁伐黄帝陵树木圣旨碑等，由于古人精心地护树爱树，古柏群方能留存壮大至今。

---

① 霍彦儒：《陕西黄帝陵"国祭"地位的形成》，《长安大学学报》，2016年第3期，第10－11页。

② 张锦秋：《整修黄帝陵，耕耘民族精神家园》，《中国文物报》，2013年6月7日第3版。

据现存碑记，早在汉唐时期，官府就令百姓在桥山上种植松柏，但因管理不善，年年种植却不见林。为了确保栽种成功，最早的碑刻记载北宋嘉祐六年（1061）刻立《栽种松柏圣旨碑》，诏令坊州官员以拾贯银钱买庶民幼柏1415株，并雇用寇守文、王文政、杨迈3户百姓人家入春于桥山栽植管护，免除差役粮税。元泰定二年（1325），桥山黄帝庙保生宫发生火灾，庙宇周围柏树尽毁，也松铁木儿皇帝亲拟圣旨一道，令以蒙汉双语刻成碑文《禁伐黄陵树木圣旨碑》竖于庙院，专项保护轩辕庙建筑，禁伐桥陵树木，并免除宫观、寺院所属地税、商税，对破坏桥陵的人加重处罚等，其中有云："如有违犯之人，许诸人捉拿到官，痛行断罪。施行须议出给者右榜省谕各令通知榜示"，这是我国第一份保护黄帝陵（庙）、树木的法令。民国二十七年（1938），国民政府拨国币3000元，调动一个民团，将桥山古柏划地为段，编列号次，命令士兵每人按树贴号，历时19天普查，计出桥山共有古柏61186株，此数载入《黄陵县志》。

为了让古柏群得到延续，除了栽植，更要防虫、防火、防病、防盗多措并举。近年来，黄陵县委、县政府制定出台了《黄陵县古树名木保护办法》《黄陵县大树移植管理办法》等系列规范性文件，多次开展古树名木普查，以桥山古柏群为核心开展多种形式的保护工作，多次邀请国家森防总站、中国林科院、北京林业科技大学、北京园林绿化局、陕西省林业厅、西北农林科技大学等科研院所林业专家来调研，从生长环境、土壤、病虫害、古树保护等方面综合分析，确定《古柏保护方案》。此外，国家林业局、中国林科院、陕西省林业厅等部门还组织专家，启动了"黄帝手植柏"扩繁保护工程，对其进行"克隆"再生。这种通过植物组织培养方式获得的黄帝手植柏苗，从遗传学上讲，与黄帝手植柏完全一样，既保护了黄帝手植柏特色遗传资源，也有望在将来于世界各地可以广泛栽植具有5000年基因的"黄帝手植柏"，此研究工作目前仍在实验阶段[①]。

黄帝陵景区珍贵的地理资源、悠久的祭祀历史和特殊的人文价值，完全具备了申报世界文化遗产的条件。2014年，陕西省政府向国家递交了"黄帝陵祭典"申报世界非物质文化遗产的申请，并已列入国家申报计划。

① 许梦婷：《黄陵古柏如何保护》，《陕西日报》，2016年4月1日第11版。

三、黄帝陵文化景区开发应持有的人文理念

今天，人类文明迎来了第三次浪潮——生态文明时代，全人类正共同面对一个新的时代课题：如何更好地尊重自然、顺应自然和保护自然。尤其是在文化产业开发过程中，严谨审慎的文化态度、高瞻远瞩的文化视野显得更加弥足珍贵。

轩辕黄帝是中华民族的人文始祖，他的陵寝——黄帝陵自古就是华夏各族景仰的圣地，并在2000多年的漫长岁月之中，逐渐成为海内外华人公认的共有精神家园，成为中华文明的精神标识。我们继续做好黄帝陵景区的建设和保护，对弘扬中华文化、激励爱国热情、增加民族凝聚力，具有重要的现实意义和深远的历史意义。为了要在2021年把景区建设成为一个“雄伟、庄严、肃穆、古朴”的现代祭祖圣地和世界建筑艺术宝库中的珍品，陕西省政府正不断加快建设步伐。

2011年，《黄帝文化园区总体规划（2011—2030）》（陕政发〔2011〕41号）通过，规划总面积24平方公里，总投资现已扩至41亿元，由“一轴、一河、一环、八区”组成，计划分区分期逐步建设黄帝文化园区与轩辕殿、轩辕庙以及黄帝陵构成黄帝陵景区的地景文化。2014年，《黄帝文化园区修建性详细规划》和《黄帝文化中心建筑设计方案》审议通过，其中黄帝文化中心建筑设计方案由中国工程院院士张锦秋大师亲自设计，投资3.91亿元，建筑结构似玉龙形，建筑顶板设2米以上覆土，密植成林，与桥山81.9公顷的古柏森林浑然一体，凸显黄帝陵“圣地感”，预计2018年4月可全面建成投用。为了使黄帝文化园区呈现全新的面貌，黄陵县政府下令拆除了桥山沮水地带大面积的老旧建筑，纳入规划区。2017年春，黄帝文化园区项目上升为国家文化公园项目。

我们有理由相信，在当前的发展趋势下，黄帝陵景区必将很快旧貌换新颜，焕发出具有时代感的青春气息来。但由于近年来，我国先后多地发生开发过程中对原有文化资源造成严重破坏的恶性案例，所以我们也以学者的深切情怀，呼吁参与建设的各方要善于总结经验，特别重视对黄帝陵景区已有的、珍贵的山水人文格局加以特别的保护。因为，只有保护与开发相辅相成，才能相得益彰，正如马克思所言：“人们自己创造自己的历史，但是他们并不是随心

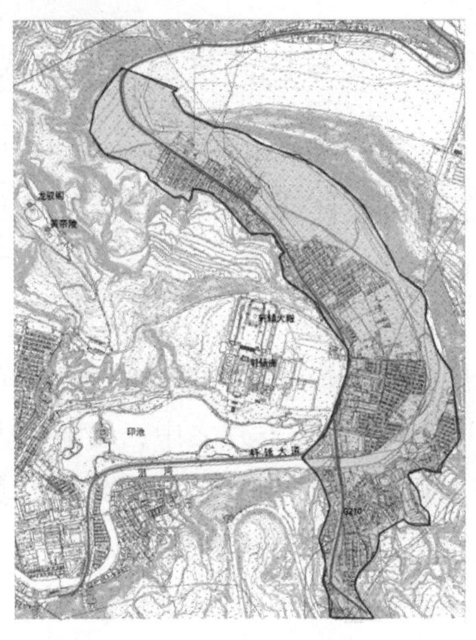

圈内为纳入规划的拆迁老旧建筑区域

所欲地创造，并不是在他们自己选定的条件下创造，而是在直接碰到的、既定的、从过去承继下来的条件下创造。”

诚然，黄帝陵文化景区的打造也只有在继承历史遗产的基础上，充分彰显中华文化内涵：既要体现出中华民族归根问祖的文化自信，也要体现出中华民族对祖先文化的尊重和殷爱；既要充分展示当代的文明程度与技术水平，也不遗忘中华文化自古以来天人合一、祥和圆润的永恒追求，只有这样才能真正继往开来、再创辉煌。正如娄勤俭同志所要求的那样：“要站在‘秦岭之巅’看陕西，放眼全球和全国审视我省的文化优势，既突出传统符号，又用好现代元素，做到历史与现代交相辉映、传统与时尚完美融合。要突出文化传承，拓宽思路和视野，用新的理念、新的模式保护历史遗产、讲好‘陕西故事’，让人们在潜移默化中触摸历史记忆、延续文化根脉。要坚持系统化思维，把项目建设与城市设计结合起来，强化规划刚性约束，完善功能配套，严把建设质量，创新运营管理模式，努力打造无愧于祖先、无愧于时代的精品工程。”

文化传承与学术创新

衣冠之治与华夏文化

刘志琴

（中国社会科学院近代史研究所研究员）

“华夏”是汉族的古称，这是一个光辉灿烂的称谓，“华”在古代与“花”同义，古诗有“皇皇者华”“灼灼叶中华”的嘉言美语；“夏”是高大巍峨的仪态风貌，因此《左传》记述：“中国有礼仪之大故称夏，有服章之美谓之华。”

“衣冠文物之邦”是中华民族的荣耀，“衣裳”更不寻常。众所周知，在中国人的心目中，“民以食为天”这一古训，把人人都要吃饭这一寻常事推崇为天理，进入至高无上的信念，然而这“以食为天”的观念，若与服装排座次，仍然屈居其后。殊不见，“衣食住行”以“衣”为首的排列，就充分显示服装优先的地位。

这一观念还深入民族心理，自古以来中国就有“佛要金装，人要衣装”的大俗话。进入21世纪，中国已从前现代社会走向现代文明，看重衣装的习惯依然不减当年。2007年5月18日《小康》杂志刊文说，总部设在瑞典的国际研究机构 Kairos Future 于2006年年底对中日欧美等十多个国家和地区16—29岁的年轻人进行调查，内容涉及对生活、未来成功要素及全球化的看法，收回答卷2万多份。结果显示，中国内地青年非常重视外表，75%的受访者认为外表好看是成功的要素之一，占调查的第一位，第二位是中国台湾占63%，双双高于欧美。分处不同社会制度的大陆和台湾，在这一调查中同居首列，民族性的趋同远远超越制度的差异。

为什么，中国人对服装的重视高居世界第一位，怎样认识这一现象？

一、最古老也是最时尚的话题

制作服装必须穿针引线，中国发现最早的缝纫工具——骨针，制作于4.5万

年前，相当于新石器时期，这是传说中的黄帝时代。古籍记载从黄帝伊始，人们才有了衣服、房屋、耕作、熟食、医药和舟车等生活必需品，《后汉书·舆服志下》说："上古穴居而野处，衣毛而冒皮，未有制度。后世圣人易之以丝麻，观翚翟之文，荣华之色，乃染帛以效之，始作五采，成以为服。"传说中的黄帝作旃冕，伯余作衣裳，胡曹作冕，於则作扉履，嫘祖教民养蚕、抽丝做衣服，这些衣帽鞋袜的创始人被奉为圣人，虽然这是半虚半实的传说，但符合人类生活方式进化的历程。中国人习惯把衣食住行的发明，归结于某个祖先的伟大发明，这是人类处于幼年时期的思维方式，也是中华民族崇祖法古的文化特色。骨针的发现，证实黄帝时代确实已有人工缝制衣服的出现，与诸多传说相印证。这充分说明黄帝不仅是中华民族的祖先、民族生命的源头，也是生活方式的缔造者。

人来到这个世界首先是因为人能创造生活条件，有自己的衣食住行，在中国人的心目中，这第一个历史活动的缔造者不是上帝和僧侣，而是生活在人间的黄帝。与西方不同的是，希腊的上古传说《荷马史诗》，渲染的是半神半人，表现的是英雄主义。而中国有关黄帝的传说，突出的是关注民生的务实精神。所以从上古伊始，中西文明的象征并不一样，在西方往往是金字塔、神庙为代表的巨大建筑物，在中国不是建筑的实体，而是鲜活的人，是中华民族的始祖——黄帝！

人们尊崇黄帝为中华民族的人文初祖，以养我、育我的生命之基作为中华文化的象征，使祖先与生命同在，文化与生活共存，这是突出以人为本精神的体现。

中国人的衣食住行从一开始就有独创性，在甲骨文中"衣"的象形字是交领的形状，矩形领直角相交，是中华服装延续数千年的传统，这也是当今流行的汉服样式；吃饭用的筷子，在3000年前的商朝就有明确记载，起初称为"箸"，只不过因为"箸"与"住"同音，有停止意，方改为"筷"与"快"谐音，图个吉利。

虽然这是遥远的历史，但又在现实中复兴。21世纪初在中国发生汉族有没有民族服装的争论，由此而兴起汉服运动。一些专家学者、政协委员，不断地发出以深衣作为汉服的呼声。在2008年的奥运会上，中国代表身着深衣排列方阵出场，引起强烈的反响。高校风行以深衣作礼服，举行成人仪式和毕业典礼，同时期北大学位服装参赛作品亮相，入围的设计多数为长袍、宽袖、交领、束带的上古衣冠。这说明古老的中国服装，也是当前最时髦的风尚。

美好的着装是人生的享受，模特表演经久不息，百货商店都把时装放在最显要的位置以吸引顾客，这说明服装是最令人关注的轻松、愉悦的话题。

然而，中国乃是政治意识非常浓厚的国家，它不仅以顽强延续的社会制度享有4000年的文明史，还以名家辈出的政治人物彪炳于世。这是中国人的幸事，因为它足以有运筹帷幄的人才治国理政，使王朝绵延恒久；也是中国人的不幸，主要表现为国家意识形态以最强势的力量渗透进社会生活的方方面面，使广大民众潜移默化地接受政治教化，形成生活方式意识形态化的传统。

现代西方学者认为服饰是人体的第二张皮肤，这是从自然性着眼，对衣服的认识重在保暖、舒适和美观，中国的传统是突出社会价值即身份地位。

穿衣着装是衣食住行之首，它最显著、最充分地表现人们的身份，封建制度的等级性首先在衣冠服饰方面有强烈的体现。《管子·君臣》说："衣服所以表贵贱也。"班固在《白虎通义》中提出圣人制作衣服是为了"表德劝善，别尊卑也"。对衣服的定义，重在区分尊卑贵贱。如果说这人人不可须臾分离的衣服，在各个国家、各种文化形态中都有等级之别的话，但在中国却与礼制相结合，这礼制是中国历朝历代治国治民的通则，具有法律的效应。皇亲贵戚、官员士大夫、农民工商，从穿靴戴帽，怎样着装，穿什么、不穿什么，都有明文规定和限制。冒犯的人被认为越礼逾制，要受到法律制裁，因穿衣服不当而获罪的，不绝史书。历代王朝都有《车服志》《舆服志》《章服品第》等各种法令规章，规范各阶层的穿衣戴帽，从衣服的质料、色彩、款式、花纹和装饰的细部，都有烦琐的规定，以做到"贵贱之别，望而知之"。违令者以僭礼逾制论罪。森严的等级管制深入到生活的细部，形成衣冠之治的传统，在世界服装史上也属罕见。

二、意识形态化的服装理念

穿衣戴帽成为国家礼制的重要内容，说明礼制既是观念形态又是物质分配准则和社会制度。同一理念兼有物质的、精神的、制度的三重价值，这在世界上也属独一无二，因此翻译家们很难将这一个"礼"字译成外文，这是最具中国特色的观念。

这礼制形成了一种世界罕有的社会现象，那就是服装被抬高到无以复加的高度。改朝换代都要改正朔，易服色，其色彩的变更按照五行说，金木水火土，相生相克，一代胜一代。如夏尚黑，商尚白，周尚赤，秦尚黑。一代流行色竟然与国运兴亡有关，承载色彩的服装更不寻常。春秋战国时期，衣裳一度成为国家的代称；说我中国是“我衣裳”；国际会议称为“衣裳之会”；改朝换代，必定要变更服色。诸多章法，不仅是国家行为，也是民间风俗，这从习惯话语中可见端倪，例如士大夫称为“衣冠”；没有功名的学子称“布衣”；绅士的“绅”源自衣带；潜心受教名为继承“衣钵”；当官的理想是“衣锦荣归”；清官的嘉誉是“两袖清风”；首脑人物称作“领袖”。以衣冠服饰表现民族气节更是不绝史书：季路垂死不忘结缨，临终也要把帽子戴正；苏武流亡匈奴 19 年不改汉服以坚守民族气节；明朝遗民宁可留发不留头，表示不忘故国，种种爱国佳话，往往都用衣冠来体现，这说明服装在中国不仅有遮体、保暖、观瞻的功能，还提升为国家权力的象征，文化精英的称号，民族荣辱的标志。

世界上没有哪个民族的服饰承载着这样沉重的政治包袱，这是服装的意识形态化的后果，也是前现代中华服饰文化重要的特色。

明朝在中国历史上是颇为特殊的王朝，它取代了元朝，又被清朝所取代，是夹在两个少数民族王朝之间的汉族政权，这一特殊的历史背景，使得明朝的兴亡盛衰都具有特殊性，这在服饰衣着上有强烈的表现。朱元璋认为，元朝的衰弱是由于立国无方，贵贱无等，因此明朝一建立就宣告恢复汉唐衣冠，效法汉唐服制的贵贱之别，以强化等级序列，巩固统治秩序。虽谓恢复，实际上是有选择地继承，对唐代袒胸露背的服饰特点并未沿袭。它重视的是汉唐的衣冠之治及其严格的等级区分，进一步制定士、农、工、商，衣冠有别的细则，例如《明史·舆服三》记载，洪武三年（1370）对庶人冠服有这样的规定：“庶人帽，不能用顶，帽珠止许水晶、香木。十四年（1381）令农紬、纱、绢、布，商贾止衣绢、布。农家有一人为商贾者，亦不得衣紬、纱。”凡有一人经商的家庭，家人穿衣服都不能与农家相同。士庶妻女的首饰用银镀金，耳环用金珠，钏环只能用银。平民的腰带不准镶金玉，只能用牛皮制的“韦”，“布衣韦带”也就成为百姓的代称。对艺人更为苛刻：“乐妓，明角冠，皂褙子，不许与民妻同……教坊司伶人，常服绿色巾，以别士庶之服。”并严令汉人不准穿胡服，凡是辫衣、胡髻、胡语，一概禁止，通行百年的元代服装就此灭迹。种种规定和限制的目的是做到“异其衣岷冠，使四民不收之人，无容其身”①。

一身衣衫不外乎面料、款式、颜色、花样，这四方面无一没有等级的限定。

首先，面料的使用是：贵官用锦绣；士农用绸、素纱；商人只许绢、布，不准用绸纱。

其次，服装的款式虽然是长袍大袖，一如古风。但长短却有限制，官服的长袍离地1寸，袖长过手，袖口宽9寸；平民袍长稍短，离地5寸，袖长过手，袖口宽5寸；武职官员衣长离地5寸，袖口出拳。士兵衣长离地7寸。

再次，色彩：中国自古有色彩崇拜的传统，五行学说表现在色彩上为五色，即红黄蓝白黑，这是“正色”；由正色混合而成的浅淡色彩为“间色”。绿色，这大地上覆盖最广泛的色彩为什么被排除在正色之外？就是因为绿色乃是黄与蓝的混合色，属于中间色。这中间色是谓“色不正”，又称“奸色”，正色被推崇，那浅红、浅绿、浅青的中间色就受到歧视，《论语·阳货》说：“红紫不以为亵服”，像红紫这样高贵的色彩不能用作内衣。

色彩本是自然存在，正与不正是社会属性，将正与奸的道德观念引入色彩，使色彩意识形态化，最典型的例证是黄与红，《诗经·小雅》：“朱芾斯黄，室家君王”，“天子纯朱，诸侯黄朱”。红黄本是自然色，在中国却成为高贵的色彩。红为太阳色，黄为土地色，这红与黄来自天地崇拜，炎黄二帝的命名是对红（炎）太阳和黄土地崇拜的心理反映。

唐代以来，黄色就成为帝王的专用色。百姓只能穿青白、浅红、柳绿，黑白色贵贱都可通用，百姓在办喜事时也可穿着大红色的衣裳，但这是特例而非常例。红黄是富贵的象征深入到民族心理，遇有节日喜庆民间都喜用红、黄等浓烈的色彩作装饰，很少用中间色。茶褐色、墨绿色等被认为是胡服的色彩，当在禁忌之内，色彩的好恶影响到民族心理。现代流行的那种“自来旧”色，属中间色，在乡土中国鲜有市场。

朱元璋姓朱，出生时邻家失火，红光照耀，传说是：“朱衣人作主人公”，

---

① 解缙：《献太平十策》，收于陈子龙《明经世文编·卷11》，北京：中华书局，1986年版。

这更加深了红色的神秘性，所以讨元的红巾军，其旗帜、战帽、袄裙均为赤色，明朝号称“以火德王，色尚赤”①。朱是明朝的国姓，赐姓朱是无比的荣耀。有尊荣就有轻贱，奴仆称苍头，是戴黑头巾的；艺人戴绿帻，腰系红褡膊，足穿猪皮鞋。这绿帽子在唐代是犯罪官吏的标志，到明代是从艺者的服饰，由于对艺人的歧视，绿帽子遂成为一句骂人话。有的优伶在帽子两旁插有两支白翅，不摇自动，被嘲弄为“风流帽”。这苍头、绿帻都是卑微身份的服饰标志，具有这种身份的人与士农工商同罪不同罚，不受法律保护，与贱民无异。古有“刑不上士大夫”的明训，若有士大夫犯法又该如何处治？只需当堂脱下犯事人的衣服，就可不受此种约束，任意上刑，衣服俨然成为士大夫的“保护色”。

在贵贱有别、职业有分的制度下，士、农、工、商任其熙来攘往，一望而知，非农、非工、非士、非商的游民很容易暴露于众。衣冠之治即是通过服装穿戴进行社会管理，这是中国古代社会特有的维护封建等级秩序的统治方略。

三、承载道德教化的功能

古人的衣冠还承载着道德教化的功能，以皇帝冕服为例，有十二章花纹：日月星龙、山华虫宗彝藻、火粉米黼黻。各有不同的寓意，日月星表现三光照耀，一片光明；山是比喻王者威重四方，为众人所仰望；华虫（雉）取其文采，象征文德；彝为宗庙礼器，雕虎猿花纹，表示威猛、智慧和孝行；水藻喻以水清玉洁，品行高尚；火给人带来光亮和温暖；米是主食，寓以济养众人；斧则表现果断干练的作风；黻是为黑青相背的“亚”形，表现向善背恶的用意。

这一身衣衫最重要的是冠帽。皇冠前的十二束垂旒，称为“蔽明”，表示目不视非，有所不见；冠的左右两侧有充耳，称为“塞明”，表示耳不闻邪，有所不听。这是非礼勿视、非礼勿听的古训在帽子上的具体形象，日常用的冲天冠，两侧有向上翘的展角，因像“善”字又称“翼善冠”。皇帝以身作则，一身穿戴都要处处表现信奉的伦理教化。

---

① 黄瑜：《双槐岁钞·卷1》，收于《圣端火德》，北京：中华书局，1999年版，第1页。

以帽子表达职业的理念和道德崇尚，在明代是官民士庶穿戴的一大特色。

官员最典型的服饰，是头顶束发，上戴乌纱帽，身着盘领右衽袍，腰束带，黑皮靴。乌纱帽是用漆纱做成的圆顶帽，两边有展角各长40厘米。盘领袍，两侧有插摆，衣袖宽大，按级别的高低在袍服上饰有不同的花样，缝制在前胸后背，称为补子。其官阶主要表现在色彩和补服花样的不同，文武官员各有服色歌：

《文官服色歌》："一二仙鹤与锦鸡，三四孔雀云雁飞，五品白鹇惟一样，六七鹭鸶（鸂）（鶒）宜，八九品官并杂职，鹌鹑练雀与黄鹂。"

《武官服色歌》："云侯驸马伯，麒麟白泽裘。一二绣狮子，三四虎豹优。五品熊罴俊。六七定为彪。八九是海马，花样有犀牛。"①

这文武官服上的飞禽走兽，有严格的等级序列。一品、二品大员高贵如仙鹤、麒麟，八、九品的下级官员只能是麻雀，是文是武，官职高低，一目了然。

文官的帽子两侧常用蝉翼，古人认为蝉是饮露水生存的，用蝉翼就象征清廉如水；武官的帽子用貂毛作冠饰，貂属兽类，但不像猛兽那样张牙舞爪，既有兽类的勇武，又兼有温顺良善的一面，这是理想的武官人品。文武官员戴上这种特制的帽子，犹如把当官的座右铭顶在头上。"衣冠禽兽"这句成语在明代并非骂人话，而是官员服装的真实写照。

还有一种忠静冠，乌纱平顶，三道梁，后列两山。戴上这帽子的官员，需"进思尽忠，退思补过"。由朝廷颁发图样，如式制造。只有七品以上的京官，都督以上的武官，以及州县正堂、儒学教官，才能有此冠帽，其余一概不许滥用。

执法的官员要戴獬豸帽，獬豸是头上长角的神兽，这是与龙、麒麟一样在现实中并不存在的生物，在民间传说中都有莫大的神力。獬豸性格忠直，是非分明，是执法严明的象征。在西方也有类似的装饰，如英国法官戴假发，如果说这在西方是显示威严的话，那中国的獬豸帽，却表示公正不阿的道德操守。

崇奉理学的士大夫们，喜欢戴的是心性冠，其造型是圆顶象征天，由八片布拼接表示八卦，大圆帽檐象征太极，俨然是天干地支的太极图。这种方巾、

---

① 褚人获：《坚瓠秘集·卷3·补服》上海：进步书局，出版时间不详。

峨冠，象征天圆地方的冠帽自然与小民无缘。

有的士大夫喜欢别出心裁，自己制作冠帽的，也都不脱政治伦理的内涵。如陈献章自制的“玉台巾”，按玉台山的山势，做成平顶四直的形状。晚明时兴戴高帽，你帽子高，我比你还要高，如此愈来愈高，以致被人嘲笑头顶一个书橱。湛若水自创自然裳，表现他对自然的崇尚，可惜没有留下具体的形象描述，只给后人留下了想象。

文武官员的服装之别虽然严格，但在皇帝恩准之下，也可越级穿戴。洪武年间，罗复仁并非一品大员被赐予玉带。景泰年间衍圣公是二品，被允许穿蟒袍系玉带，此后作为惯例。麒麟本是公侯的服饰，弘治以后大学士也穿上麒麟服；仙鹤本是一品文官的服饰花纹，嘉靖年间武将成国公朱希忠、都督陆炳都用此纹饰。五品的翰林严纳、李春芳也经过特批穿上仙鹤装，后来仙鹤服成为道教玄坛的专用服，尚书反而不敢穿用。在奉行礼制的时代，只有皇帝才能超越礼制，以赐服厚赏官员，表示特别的恩宠，这是特例而非常例。

一般平民身着青布棉袄，蓝布裤裙，白布袜，蓝布鞋，皂布巾。还有一种无领无袖的，对襟长上衣，称比甲、坎肩、背心，老少皆宜。与官员士大夫的峨冠博带相比，平民着装有三紧，即头紧、腰紧、脚紧。所以古代常用“峨冠博带”形容官员缙绅，劳动大众则称为“短衣帮”。在江湖上还流行一种服装的隐语：“袍帐”，是指缙绅的宽袍大袖。秀才的长衫称“海青”，裤子称“汉子”，裙子是“围竿子”，鞋子称“擲上”，袜子为“擲同”，这都是形象化的平民用语。

平民的帽子也同样具有浓厚的道德教化色彩，帽子在明代称为“巾”，这“巾”本是男子束发于头的布帕，因为与“谨”谐音，寓意有自谨之明，成为帽子的又一名称。网巾是明代贵贱通用的帽子，它以丝织网，由一绳收紧，用以束发，称作“一统山河”或“一统天和”，明末去掉网带，又称“懒收网”。清代笔记《握示轩随笔》中记载说：“明太祖微行至神乐观，见一道士于窗下结网巾，问曰：‘此何物?’对曰：‘此网巾也，用以裹头上，则万发皆齐。’上明日召道士，命为道官，取所结网巾十三顶，颁示十三省布政司，使人无贵贱，皆首裹网巾，遂为定制。”还有一种瓜皮帽，由六块布片拼接，不能多一片，也不能少一片，只能是六片，这“六”含有前、后、左、右、上、下六个向度，这是中国人的空间概念，所以这瓜皮帽，称为“六合一统”。令人玩味的是明代的“四方平定头巾”，帽形四方平顶，寓意四方平定，象征国泰民安。据说明太祖在这帽上用手按了按，成一“民”字形，这就是戏剧舞台上常见的庶民的黑色礼帽，戴这帽子需要把头发束在帽子中，又称“法（发的谐音）束中原，四方平定”。

这些制作都源于一种理念，这就是明代理学家吕柟所说：“古人制物，无不寓一个道理。如制冠，则有冠的道理；制衣服，则有衣服的道理；制鞋履，则有鞋履的道理。人服此而思其理，则邪僻之心无自而入。”[①]

服此服而思其理，是古人服装制作的法则。这一法则使得一身衣衫从质料、色彩、款式、花纹无不受“礼制”的规范，赋以天道、伦理和身份地位、品行情操诸多含义，成为封建伦理政治的图解和符号。

服装虽然受意识形态的主导，形成衣冠之治的传统，也有自身的进化。服装是生活用品，随经济条件和个人喜好而变化，这是非权力所能干预的选择，例如妇女的上衣和下裳本要求上下一色以象征“妇人尚一德，无所兼”。实际上做不到。明末一些才子都喜欢奇装异服表现风流，甚至阴阳倒置，男穿女装。在明代笔记中有大量记载，如无锡文人邹公履“头戴红纱巾，身着纸衣，齿高跟屐，佯狂沉缅。”[②]“二十年来，东南郡邑，凡生员读书人家有力者，尽为妇人红紫之服，外披内衣。”[③] 江南公子“大类女妆，巾式诡异。”[④] 苏州唐伯虎有时穿着女装接待客人，与和尚下棋。一时间文人穿着大红大紫，甚至内衣外穿，蔚然成风。

四、中山装、旗袍和深衣的兴衰

21 世纪初在中国兴起的汉服运动中，古代的深衣又重新被提倡，这深衣究竟是何种服装？

“深衣”是上古流行的长袍，“深”者意为有深刻的含义，如其形制：长袍，有上衣下裳相连，象征二极；上衣象天为玄色，裳在下为黄色，天地玄黄

---

① 吕柟：《泾野子内篇・卷 13・鹫峰东所语》，北京：中华书局，1992 年版，第 121 页。

② 余怀：《板桥杂记・卷下・轶事》，北京：中华书局，1992 年版。

③ 李乐：《续见闻杂记・卷 1》，北京：中华书局，1992 年版。

④ 李乐：《见闻杂记・卷 2》，北京：中华书局，1992 年版，155 页。

取之乾坤；上装用4幅布，喻为四季，下裳有12幅是12个月，这是“法天”；领口是交领，直角相交表示“地道方正”；背有中缝，象征“人道正直”；袖长而广，伸展如圆规，是为“天道融和”；腰系大带，以作权衡；整个造型上宽下收，因为上是阳下是阴。穿着深衣要有五项规则：即规、矩、绳、权、衡。这种幅巾缙带，宽袖大袍穿在身上，举步行走，要求进退有仪，稳重迟缓，以顺应天时地利人和。

这种先秦服饰，自唐宋已不流行，在宋代、明代、民国初年都曾有人提倡深衣。北宋宰相司马光，早朝时必穿深衣上朝，但是上朝是要骑马代步的，这长袍宽袖哪能方便骑马。老先生只得随身带着衣包，进宫换上，出宫再换下，如此换上换下，不厌其烦，这是为了以身示范，向同僚推广深衣。明人笔记《謇斋琐缀录》记载说，有一天，司马光“问邵康节先生曰：‘何不服此?’康节对曰：‘某为今世之人，当服今人之衣。’温公叹服。”这邵康节就是邵雍，真不愧为著名思想家，言简意赅。“某为今世之人，当服今人之衣”，一句话就说服了司马光，司马光也因为从善如流而得到“贤者”的称誉，此事被后人传为美谈。

明代泰州学派的创始人王艮，是中国早期启蒙思想家的重要代表人物。《王心斋先生遗集·年谱》记述他也是一个深衣的痴迷者，有时他身穿深衣，头带五常冠，举步规圆矩方，招摇过市，引得“观者环绕市道”。虽然他学问显赫，门徒众多，登高一呼，能掀起思想的“旋风”，但他提倡深衣一事，却被人视为行为怪异。

有趣的是，在新文化运动中首先提出打倒桐城谬种，表示“共和与孔经绝对不能并存”的钱玄同，1913年他在浙江就职教育厅长时居然身穿孔子时代的深衣玄冠到军政府报到，并发表《深衣冠服考》向全社会推广，一时传为笑谈。

司马光、王艮、钱玄同，这三人分别以宰相之威望、学者之隆誉、教育厅长之权位，推广深衣，都不能如愿以偿！为什么？还是邵雍的一句话说得透彻，这就是“今世之人当服今时之衣”。

虽然深衣不可行，但是面对全球化和生活方式趋同化的局面，怎样保留民族特点，却是时代性的课题。清末民初的服装改革就为我们提供了有益的借鉴。

早在戊戌维新期间，康有为上书《请断发易服改元折》，认为辫发长垂，不利于机器生产；宽衣博带，长裙雅步，不便于万国竞争的时代，请求放足、断发、易服以便“与欧美同俗”。他又说：“非易其衣服不能易人心、成风俗，新政亦不能行。”这虽然有些夸大其词，但把变衣冠作为学习现代文明，革除社会陋习的一项重要内容，具有启发民智的意义。

民国前后，洋装一度风行中国，这有利于突破中外风俗差异所形成的壁垒，也有利于文化的交流和创新。但是愈来愈多的人感到，西服与中国人生活习惯不相适应。领带卡脖子，戴手套不方便行动，等等，怎样使西服本土化，尊重中国人的穿着习惯，是推进服装改革的关键。这种交流的结果不是洋装代替中装，而是创生了具有中国特色的新型服装：旗袍和中山装。

旗袍，并非以旗为名的就是旗人的服装。现代旗袍实际上有四个来源，那就是蒙古的袍服，明代汉人的长马甲和满族的旗装，宽大，直腰，凝重、端庄。从西服洋装传入中国以后，轻盈利落，紧身贴体的西式连衣裙吸引了中国女性，促进了旗袍的改良。依照西方流行的人体曲线美对袍服重新剪裁，收拢腰身，衬起高高的胸部，宽大的衣衫一变而为苗条的长袍，逐渐演变成今日的旗袍。这是中西合璧，择优而取的成功之作。

中山装是由孙中山创制而得名。它以西服为模本，改大翻领为立翻领，上下左右4明袋，喻为礼义廉耻，国之四维；袋口为倒笔架形，以示对知识分子的尊重；5个扣，象征五族共和。这一式样与西服不同，突出表现在关闭式的立领，纽扣直线排列均匀，背有缝，腰节略加收拢，穿起来收腰挺胸，凝重干练。裤子则把传统的连裆裤改为前后两片组合，腰围有折裥，侧面和臀部有口袋，裤脚带卷口，这就是中山装的原始样式。对四袋、五扣的伦理解释，富有中国古人衣着的情调，但与古代服装有实质性的不同，服装不再有等级之分，戴什么帽子，穿什么款式，用什么色彩，不论尊卑贵贱，听凭自选，国人从此走上自由着装的时代，这在中国服饰史上是新的里程碑。

可贵的是，孙中山在创制中山装时还提出服装现代化的理念，他在给中华国货维持会函件中提出的民国服式的制作原则是：“此等衣式，其要点在适于卫生，便于动作，宜于经济，壮于观瞻。”这服装四原则，真正结束了衣冠之治的观念。由于这一服装样式结构合理，自然舒服，受到民众的欢迎，长盛不衰，延续至今。

当今人们提倡深衣的一大理由，是中国没有国服，因此要以深衣作为国服登场，殊不知早在民国初年国民政府颁布的《民国服制条例》中就已确定中山装为礼服，1949 年毛主席和周总理都穿着中山装出席国家大典。所以中山装和旗袍都是吸收西服的审美价值，结合中国人穿着的习惯，对传统服装加以改造而创制的新服式，在国际上已被视为具有中国气派的民族服装，约定俗成地成为中国的国服。此种记忆并未消失，而在汉服运动中竟有人无视中山装和旗袍创制和演进的历史，将旗袍视为满人的服装，中山装是洋人的服装，进行排除或视而不见，再从先秦的老古董中发掘出深衣，作为中国的国服来宣扬，姑且不论将满族排除在中华民族之外已有狭隘民族主义之嫌，从服装演变来看，也是误解或无知。

在文化发展史中，取之国外，而在中国发扬光大的事例不胜枚举。远的如民族器乐胡琴、笛子、琵琶来自西域，先秦的古乐大多已失传；近的如乒乓球，从 20 世纪起中国人几乎垄断世界乒乓球坛，成为中国人引为骄傲的“国球”，可乒乓球却源自 19 世纪的英国，并非中国土生土长的。而在中国土生土长的某些传统，不合时宜的，只能请进博物馆，供后人观摩它昔日的辉煌。

值此，且不妨说一声：俱往矣，深衣！穿衣着装还看今朝！

君子文化在传统文化中的地位和影响

钱念孙

（安徽省社会科学院研究员）

“君子”一词，在中国现存最早古籍如《尚书》《周易》中已被频繁使用，虽历经数千年沧海桑田之变、朝代更迭之乱，仍奇迹般地活跃在今天的书籍报刊和百姓日常用语之中。有关君子和君子文化的思考论述及形象描绘，不仅在汪洋浩瀚的历代典籍中星罗棋布，而且在传统家训家教、戏曲说唱、风俗礼仪及日常生活器物中随处可见。那么，以君子人格为核心的君子文化在中国传统文化中究竟居于何种地位？产生过怎样的影响？对当今社会的思想道德建设和公民素质提升有何种意义？因尚未见相关专题探讨，试以“制高点、融汇点、落脚点”为题，略陈己见以就教方家。

一、君子文化是传统文化的制高点

中国传统文化源远流长，博大精深，流派众多，成分复杂。西汉刘歆《七略·诸子略》就把先秦和汉初的诸子思想，分为儒家、道家、法家、名家、墨家、阴阳家、纵横家、杂家、农家等流派。然而，学派林立，枝繁叶茂，到西汉武帝时却“罢黜百家，独尊儒术”，整个中华传统文化在此后2000余年的演进历程中，主要呈现出以儒学（儒家思想）为正统和主干的局面。

什么是儒学？不同学者从不同角度考察和归纳，无疑会有不同的回答。其中一种观点说得很干脆：儒学就是君子之学。如海外著名学者余英时在《儒家“君子”的理想》一文中开宗明义即说：“儒学具有修己和治人的两个方面，而这两方面又是无法截然分开的。但无论是修己还是治人，儒学都以‘君子的理想’为其枢纽的观念：修己即所以成为‘君子’；治人则必须先成为‘君

子'。从这一角度说，儒学事实上便是'君子之学'。"① 国内学者孔德立也指出："孔子作为伟大的思想家与教育家，开创了以文化教养引领社会风尚的文明之路。""孔子认为，社会秩序的好坏取决于人们的文化教养程度。文化教养的表现就是内心之德与外在之行的统一，具有这种文化教养的人即为'文质彬彬'的君子。从这个意义上说，儒学是君子之学。儒学的社会价值就是先培育尽可能多的君子，再通过君子的言行与修为引领社会风尚。"② 20 世纪初，担任北京大学教授的辜鸿铭还断言："孔子的全部哲学体系和道德教诲可以归纳为一句话，即'君子之道'。"③

这种观点之所以值得重视，就在于它并非简单地仅从语言逻辑归类上定义儒学，而是从儒学的目标追求和功能作用上说明儒学的特质。一般《辞典》《辞海》和《百科全书》都从语言逻辑归类上解释儒学，多说儒学是尊崇孔子思想的一个重要学派，或说儒学是相对于道家、法家、墨家、阴阳家的一种学说，等等。这样的解读和定义自然非常正确，对社会大众了解和认识儒学也一直产生着良好的效果，但对儒学的内在特点缺少开掘和展露。与此不同，说儒学是君子之学，是一种研究型和探讨型的定义把握，是对儒学内在精神和目标追寻的一种揭示和认识，对于我们如何理解儒学乃至整个中华传统文化的性质，如何在今天继承和弘扬以儒学为主干的中华传统文化，都具有不可忽视的积极意义。

"君子"一词早在西周时期已经流行，主要是执政者和贵族的专称。《说文》曰："君"，尊也。这是一个会意字，在字形上，从尹从口，"尹"表示治事，"口"表示发布命令。"君"本指发号施令，"君子"则是对统治者和贵族男子的通称。《尚书》卷十二："君子勤道，不作无益害有益，功及成"；《国语·鲁语上》："君子务治，小人务力"；《诗经·大雅·桑柔》："君子实维，秉心无竞"；等等，如郑玄所笺注："君子，谓诸侯及卿大夫也。"

春秋末期，孔子在构思和传布儒家学说时，做出一个重大调整和贡献，就是把"君子"从古代专指"有位者"的旧义中解脱出来，而赋予其"有德者"

---

① 余英时：《儒家"君子"的理想》，收于《现代儒学的回顾与展望》，北京：生活·读书·新知三联书店，2004 年版，第 271 页。

② 孔德立：《儒学是君子之学》，载《光明日报》，2015－02－02。

③ 辜鸿铭：《中国人的精神》，海口：海南出版社，1996 年版，第 50 页。

的新义。尽管《论语》中所谈论的“君子”，在有些语境下仍然专指“有位者”，但总体倾向却是对“有德者”内涵和外延的界定与描述。“君子”一词在《论语》中共出现107次，是使用频率相当高的一个核心概念。翻开《论语》，从开篇《学而》里的“君子务本，本立而道生。孝悌也者，其为仁之本与”，到末篇《尧曰》里的“君子惠而不费，劳而不怨，欲而不贪，泰而不骄，威而不猛”，《论语》从头至尾20篇，每一篇章都以若干段落从不同方面对君子形象不断刻画、反复雕塑。冯友兰曾说，孔子一辈子思考的问题很广泛，其中最根本最突出的就是对如何“做人”的反思，就是为人的生存寻求精神上的“安身立命之地”。[①] 如果说，孔子思想的核心是探求如何立身处世即如何“做人”的道理，那么他苦苦求索的结果，或者说最终给出的答案，就是做人要做君子。

为了让世人认识和理解自己悉心设计的“君子”，孔子睿智地在《论语》里采取比较排除法，同时论述了比君子高大的“圣人”和比君子矮小的“小人”。关于圣人，他对弟子把他奉为“圣人”的做法，表示反对说：“若圣与仁，则吾岂敢”；他还明确说：“圣人，吾不得而见之矣，得见君子者，斯可矣”。(《述而》) 关于小人，他在与君子一系列对举和比照中予以贬责和否定，如“君子喻于义，小人喻于利”（《里仁》）；“君子坦荡荡，小人长戚戚”(《述而》)；“君子泰而不骄，小人骄而不泰”(《子路》)；“君子求诸己，小人求诸人”（《卫灵公》)；“君子和而不同，小人同而不和”（《子路》)；“君子成人之美，不成人之恶。小人反是”（《颜渊》)；等等。这就告诉我们，君子既不是难以见到、难以企及、仰之弥高，乃至高不可攀的圣人，也与目光短浅、心胸狭隘、见利忘义、斤斤计较的小人判然有别。君子作为孔子心目中的崇德向善之人格，理想而现实、尊贵而亲切、高尚而平凡，是可见、可感、可学、可做，并应学、应做的人格范式。

文化的重要功能是文以化人，其最深层的积淀和影响是对人格的培养。以儒学为主干的中国传统文化，在数千年漫长发展中不断塑造和培育的正面人格，或者说集体人格，就是被历代中华儿女广泛接受并尊崇的君子人格。李泽厚在探讨儒学对中华民族和中华文化的深刻影响时说：儒学是一种融化在中国

---

① 冯友兰：《中国哲学史新编》，北京：人民出版社，1981年版，第124－172页。

人行为、生活、思想、感情中的某种定势、模式，是一种“民族文化心理结构”。[①] 如果说，这种“民族文化心理结构”是深层的、内在的，那么其外在表现或者说典型形态，就是最能代表中华民族集体人格的君子人格。

儒家学说乃至整个中华传统文化，其中很重要的内容是阐扬仁、义、礼、智、信，以及忠、孝、廉、悌等众多为人处世的伦理和规范。这些伦理规范或者说美好品德，最终都聚集、沉淀、融入和升华到一个理想人格即“君子”身上。作为中华民族千锤百炼的人格基因，君子是数千年中华优秀传统文化塑造和推崇的人格模式，最能体现和代表中华民族深层精神追求和独特精神标识。正是在这个意义上，可以说君子文化是中华传统文化的一个制高点。所谓制高点，本是一个军事术语，指能够俯视和控制周围地区的高地或建筑物等。这里借用它来描述君子文化在传统文化中地位，是指君子文化不仅吸收、汇聚、容纳和概括了中华优秀传统文化的核心理念和精要部分，能够把传统文化的精华提纲挈领地拎起来；而且从这个点、这个视角去观察和把握儒学及整个传统文化，仿佛孔子当年“登东山而小鲁，登泰山而小天下”（《孟子·尽心上》），站在君子文化的峰峦之上俯瞰悠悠千年的传统文化，自然更易领悟和掌握其目标追寻和精神实质。

二、君子文化是传统文化的融汇点

君子文化不仅是传统文化的一个重要制高点，还是一个关键融汇点。

孔子塑造的君子人格，伴随着《论语》的问世而流传四方，逐渐为人们所认识、理解并欣赏。儒家学派的后继者如孟子、荀子等，对君子人格竭力张扬申说，可谓不遗余力。“君子”一词，在《孟子》里出现82次。其中“君子莫大乎与人为善”（《孟子·公孙丑上》），“君子志于道也，不成章不达”（《孟子·尽心上》），“君子所以异于人者，以其存心也。君子以仁存心，以礼存心，仁者爱人，礼者敬人，爱人者人恒爱之，敬人者人恒敬之”（《孟子·离娄下》）等，都是人们耳熟能详的名言。在《荀子》中，“君子”一词多达

---

① 李泽厚：《为儒学的未来把脉》，载马来西亚《南洋商报》，1996－01－28；又见李泽厚：《初拟儒学深沉结构说》，收于《世纪新梦》，合肥：安徽文艺出版社，1998年版，第112－127页。

304处，如“君子居必择乡，游必就士，所以防邪僻而近中正也”（《荀子·劝学篇》），“法不能独立，类不能自行，得其人则存，失其人则亡。法者，治之端也，君子者，法之原也”（《荀子·君道篇》）等，也向来被人们所推崇。在孟子、荀子看来，一个崇尚德治和礼法的社会，如果缺少君子这样品行端正的人来参与和维护，将会失去构建德治和礼法社会的基本前提。

与儒家学派颇多论争的墨家学派和法家学派，虽然在某些方面不满儒家学说，但对君子人格却津津乐道。如墨子说：“君子之道也，贫则见廉，富则见义，生则见爱，死则见哀。四行者，不可虚假，反之身者也”（《墨子·修身》）；“君子不镜于水，而镜于人。镜于水，见面之容；镜于人，则知吉与凶”（《墨子·非攻》）。韩非子说：“君子不蔽人之美，不言人之恶”（《韩非子·内储说上》）；“礼为情貌者也，文为质饰者也。夫君子取情而去貌，好质而恶饰”（《韩非子·解老》）。如此等等，无不表明他们对君子人格的高度肯定。

影响深远的道家学派，虽然诸多思想观念与儒家学派迥然相异，但在如何看待君子人格这一点上，两者却颇为一致。老子说：“兵者不祥之器，非君子之器，不得已而用之，恬淡为上，胜而不美。而美之者，是乐杀人。夫乐杀人者，则不可以得志于天下矣”（《道德经》三十一章）；庄子说：“君子之交淡如水，小人之交甘若醴，君子淡以亲，小人甘以绝”（《庄子·山木》）；他还说：“以仁为恩，以义为理，以礼为行，以乐为和，熏然慈仁，谓之君子”（《庄子·天下》）。凡此种种，也表明道家学派对君子人格同样颇为认同和称许。

不过，我们说君子文化是中华传统文化的融会点，并非只是以上所述道家、墨家、法家等这些与儒家思想颇多抵牾的流派，都曾在肯定的意义上使用过“君子”概念，论述过君子人格的内涵，尽管这些确实也是非常过硬的证据和理由。君子文化作为中华传统文化的融会点，还有另一突出表现，这就是儒家设计的君子人格在传播、推广、扩散的过程中，以其自身魅力和包容性所产生的巨大磁场效应，吸收和容纳了其他流派的思想成果，从而形成了以儒家为主，儒道互补，兼容墨家、法家、佛家的独特景观。譬如，汉武帝采纳董仲舒之说独尊儒术，但汉初道家的黄老思想也颇受推许，随后佛教也从印度传入中国，至三国魏晋时期，君子文化已较为明显地呈现出在儒家基础上融汇诸家的特色。诸葛亮有一句箴言在中国家喻户晓：“夫君子之行，静以修身，俭以养德，非澹泊无以明志，非宁静无以致远。”（《诫子书》）这里一方面强调君

子之行要“明志”“致远”，明显表现出积极有为的愿望和追求，儒家热心济世的倾向也明确地表示出来；另一方面又强调要“澹泊”明志、“宁静”致远，这显然是道家思想的体现；至于“静以修身，俭以养德”，则多少有些佛家甚至墨家的色彩。

值得注意的是，这种君子人格及君子文化由孔孟原典儒学侧重个人—社会道德，经过以阴阳五行为框架的汉魏儒学，尤其是以心性本体为框架的宋明理学，逐步呈现出以个体人生境界为核心的儒道互补及儒道佛合流的倾向。如果说，在原典儒学里最能体现君子人格特质的是《易经》中的两句话：“天行健，君子以自强不息”（乾卦），“地势坤，君子以厚德载物”（坤卦）；那么经历隋唐佛学、宋明理学及一些民间宗教信仰的渗透与改造，君子人格到唐宋以后已较多融入道家和佛家的因素。这固然与儒家原典中的君子本身内蕴较为丰厚、较有弹性有关，虽渴望积极救世，却也讲“用之则行，舍之则藏”（《论语·述而》），“穷则独善其身，达则兼济天下”（《孟子·尽心上》），等等；更与孔孟所阐扬的君子文化伴随时代变迁确实接受和掺杂了其他多种思想学术，尤其是道家和佛家的思想密切联系。君子人格和君子文化在衍变发展中，既有保持刚健有为、热心济世的主脉，也有偏向申述道家及佛家清净自守思想颇有影响的支流。后一点，《菜根谭》中有关君子的评述便是典型反映。

作为一部讲述为人处世之道的简明读本，《菜根谭》初次刊刻于明代万历年间，历代不断翻刻重印，至今畅销不衰。该书共16000多字，“君子”一词出现41次。其所谈论的君子可谓别有风貌：“澹泊之士，必为浓艳者所疑；检饬之人，多为放肆者所忌。君子处此，固不可少变其操履，亦不可露其锋芒。”“标节义者，必以节义受谤；榜道学者，常因道学招尤。故君子不近恶事，亦不立善名，只浑然和气，才是居身之珍。”如此立身处世，虽然保持了君子洁身自好、束身自修的品格，却消磨了自强不息、勇于担当的家国情怀，明显过于明哲保身、韬光养晦，过于世故和消极了。然而，这确为君子人格流变过程中的一种现象。朱光潜先生谈《菜根谭》，说它是“融会儒释道三家的哲学而成的处世法。”[①] 其实，《菜根谭》中的君子形象，与孔孟塑造的君子形象已是

① 朱光潜：《一九三四年我所爱读的书》，见《朱光潜全集·第8卷》，合肥：安徽教育出版社，1993年版，第358页。

名同实异的两回事了。这也表明君子人格作为中华民族的集体人格，与现实人生一样具有丰富性和复杂性，虽然同为值得接纳和包容的正面人格，却有的偏向儒家、有的偏向道家、有的偏向佛家，或亦儒亦道、亦儒亦佛、亦儒亦法、甚至亦儒亦墨等，各有不同的侧重和气象。不过，这正表明君子文化（包括君子人格）是中华传统文化不同学派和流派的一个重要融汇之点。

三、君子文化是传统文化的落脚点

儒家学说乃至整个中国经学史和哲学史，更多的是一种面向现实人生的伦理哲学。有学者说："儒学不仅是形而上之学，而且是形而下之学，两者融突和合，相得益彰，但儒学最重要的、影响最大的是其形而下日用之学，儒学的发展在于日用，它的生命也在于日用。"① 儒学及中国传统哲学的这一特点，与西方哲学明显大相径庭。西方哲学家，不论是苏格拉底、柏拉图、亚里士多德，还是康德、黑格尔、海德格尔等，都热衷于构造一个能够解释思维与存在、精神与物质关系的严密理论系统，热衷于探寻抽象性、反思性、普遍性的规律，即认识论、方法论、辩证法问题等。中国哲学家，从孔孟、老庄、墨荀，到程朱、陆王、颜李等，其学说虽然也包括对认识论、方法论和辩证法的思考，却并不抽丝剥茧，层层追问"是什么、为什么"，而只是直截了当地告诉你"做什么、怎么做"，并且其所探寻的问题多半集中在社会人生方面，主要包括生活方式、人生态度、价值取向，以及个人与群体、与社会（国家）的关系等。因此，西方哲学家可以躲进小楼成一统，与实际生活拉开较大距离，纯理论本身就有价值和意义。但中国哲学家却基本都反对这种为学态度，而是十分注重学以致用、知行合一，所谓"礼者，履也"②，就是强调儒家礼义道德，重在躬行实践。

儒家这种不仅讲究"学"，更看重"用"；不仅讲究"知"，更看重"行"的理念，在有关君子及君子文化的论述中尤为突出、显著。"君子食无求饱，居无求安，敏于事而慎于言，就有道而正焉，可谓好学也已"（《论语·学

---

① 张立文：《日用儒学与国民精神》，载《光明日报》，2016－07－21；又见《新华文摘》，2016 年第 20 期。

② "礼者履也"，是东汉许慎在《说文解字》里对"礼"解释，强调礼不是用来思的，也不是用来说的，而是用来付诸行动的。

而》)；“子贡问君子。子曰：‘先行其言，而后从之’”(《论语·为政》)；“君子欲讷于言而敏于行”(《论语·里仁》)；“君子耻其言而过其行”(《论语·宪问》)；“君子以行言，小人以舌言”(《孔子家语·颜回篇》)；等等都鲜明体现出儒家乃至整个中华传统文化洋溢的“实用理性”精神。这种重行动、轻言辞，重实践、轻思辨的观念，使历代士大夫知识分子（包括儒家及其他学派、包括绝大多数朝代的统治者）都不是把仁、义、礼、智、信及忠、孝、廉、悌等仅仅作为一种理论或学术来讨论，而是作为一种值得遵循并应该遵循的伦理规范推向社会、推向大众。其结果，就是要在社会各阶层中大兴君子文化、大倡君子之风、大行君子之道，培育和塑造君子人格。我们之所以说君子文化也是中华传统文化的落脚点，就因为以儒学为主干的中华传统文化，作为一种面向现实人生的伦理哲学，其最终落地的成果就是让尽可能多的人“做人做君子”。

我曾撰文说：“君子是中华民族千锤百炼的人格基因。”之所以这样断言，是因为自汉至清2000余年中，历代王朝都把儒家经典作为做官求仕的入门或必修课程，甚至作为开蒙识字的蒙学教材和私塾读本。由此，儒家学说及传统伦理不仅成为统治阶级的思想，而且成为士大夫知识分子思想言行的根基。更重要的是，通过不同朝代各层次士大夫知识分子以身垂范的影响，以及他们编纂、注释和阐发的各类著述，如“四书五经”、《孝经》《急就篇》，一直到《三字经》《千字文》《菜根谭》《弟子规》《围炉夜话》《增广贤文》及各种自记善恶的“功过格”等等，还有发挥很大作用的各种“家训”“族规”“乡约”“里范”等训诫条文及规矩律令，使儒家思想及传统伦理的基本观念在一代又一代的灌输和解读下，逐渐成为整个社会思想意识、政教体制、公私生活、民情风俗的导向和规范。不论是居庙堂之高还是处江湖之远，不论是帝王将相还是平民百姓，不管是识字或不识字，不管是自觉或不自觉，大凡中国人都在骨子里深受儒家思想及传统伦理的浸润和熏染。这种浸润和熏染的结果，就是君子文化成为中华民族代代相传的文化基因，绵延数千年地传承下来，而且历朝历代都传得众所周知、传得深入人心。

正是如此，即便我们近百年来经历了多次排山倒海般反传统狂涛巨澜的冲击，如新文化运动打倒“孔家店”、打倒旧文化，如“文化大革命”横扫“四旧”、横扫“牛鬼蛇神”等，但君子文化及传统文化所主张、所传布、所激扬的那些做人做事的“规矩”“道理”“准则”，或如老百姓所说的“良心”等，仍然如冻土下的暖流、岩石边的野草，默默而顽强地延伸着、生长着。最显豁、最生动的例子，就是几乎涉及人们做人做事（或者说世道人心）方方面面的君子格言和俗语，即便在传统文化遭受严重冲击、备受冷遇的艰难岁月，也一直活在人们心中、挂在人们口头。

“君子一言，驷马难追”；“君子爱财，取之有道”；“君子成人之美”；“君子不夺人所好”；“君子动口不动手”；“先小人，后君子”；“防得了君子，防不了小人”；“行行出君子，处处有能人”；“以小人之心，度君子之腹”；“量小非君子，德高乃丈夫”；“明人不做暗事，君子不说假话”；“有恩不报非君子，忘恩负义是小人”；“君子之交淡如水，小人之交甘如醴”；“有事但逢君子说，是非休听小人言”；“宁愿得罪君子，不能得罪小人”；“君子报仇十年不晚，小人报仇从早到晚”① ……这些嵌入历代中国人的心灵，活在当今中国人口头的君子格言和俗语，已不同程度地成为中华儿女立身处世的人生信条乃至处世习惯。每一个中华儿女身上都传承着君子人格的干细胞，它以一种习用而不察、日用而不觉的方式，规范和调整着我们观察事物、思考问题、行为处世的视野、心态、作风与格调，影响着人们做人做事的价值判断和行为准则。

君子人格作为凸显中华文化“精气神”的典范人格模式，彰显着中华民族深沉精神追求和独特精神标识。君子文化作为中国优秀传统文化的精髓，以水滴石穿、润物无声的方式，在每个中华儿女身上都植入了文化的基因，或者说在每个中华儿女心底都埋有一颗君子的种子。习近平同志反复强调：培育和践行社会主义核心价值观必须立足中华优秀传统文化，必须从中吸取丰富营养。通过挖掘和弘扬君子文化，在全社会大兴君子之风、大行君子之道、铸造君子人格，必将使君子文化这株传统文化浩瀚森林中最为郁郁葱葱的老树，在新时代抽出新的枝条，长出繁茂绿叶；同时也使培育和践行社会主义核心价值观因获得君子文化庞大根系扎根传统的丰厚滋养，在当代社会树起一面具有深厚传统底蕴和时代精神的文化旗帜，取得传承创新的丰硕成果。

---

① 此类君子格言俗语多达近百条，钱念孙，等：《君子格言选释》，黄山：黄山书社，2016 年版，第 351 –355 页。

依然存在

——《左传·襄公二十四年》“三不朽”的关联及其属性探究

董金裕

（台湾政治大学中文系名誉教授）

一、前言

《礼记·曲礼》历述人生的历程，从“人生十年曰幼”开始，直到“八十九十曰耄”“百年曰期”① 而止，可见人生在世，最长难以超过百岁光阴。现代人拜生活条件较以往优裕、医疗保健较以往先进之所赐，享年超过百岁者日益增多。尽管年寿已较前延长许多，但终究还是免不了死亡腐朽，因此自古至今便有各种想要追求不朽的说法出现：或以为人死之后，只要处置得宜则可以复活；或以为肉体虽死，但灵魂可以长存；或以为依赖服食丹药，则可以长生不老；或以为借助信仰，可以永生于另一世界……说法虽多，但有的已经证明并不可信（如复活、长生不老等），有的则难以证明是否可以成立（如灵魂长存、永生于另一世界等）。

有别于上述诸多追求不朽的说法，还有一种可以验证，为众所信从者，此即春秋时代穆叔（叔孙豹）所提出的“三不朽”说。据载，鲁襄公二十四年（前549，当时孔子年仅三岁）春，鲁国上卿穆叔出使晋国，前来迎接的晋国执政大臣范宣子（士匄）问他说，古人所言死而不朽所指为何？穆叔还未回答，范宣子即趁机夸耀他的家世显赫，从唐尧以来一直到春秋时代，皆位居要职，掌握权势，认为这就是死而不朽。穆叔回答道，这乃是世禄而非不朽，并说以其所闻，“大上有立德，其次有立功，其次有立言，虽久不废”，才是真正的不朽，其事见于《左传·襄公二十四年》：

① 郑玄注，孔颖达疏：《礼记正义·曲礼上》，台北：艺文印书馆影印嘉庆二十年江西南昌府学开雕本，1959 年版，第 16－17 页。

> 二十四年春，穆叔如晋，范宣子逆之，问焉，曰："古人有言曰：'死而不朽'，何谓也？"穆叔未对。宣子曰："昔匄之祖，自虞以上为陶唐氏，在夏为御龙氏，在商为豕韦氏，在周为唐杜氏，晋主夏盟为范氏，其是之谓乎？"穆叔曰："以豹所闻，此之谓世禄，非不朽也。鲁有先大夫曰臧文仲，既没，其言立，其是之谓乎！豹闻之，'大上有立德，其次有立功，其次有立言'。虽久不废，此之谓不朽。若夫保姓受氏，以守宗祊，世不绝祀，无国无之。禄之大者，不可谓不朽。"①

《国语·晋语八》也有类似的记载②，所谓"三不朽"之说即据此而来。

依《左传》《国语》所载，叔孙豹提出"不朽"之说时，只举鲁国臧文仲为例，并未对此做进一步的解说。从表面上看来，立德、立功、立言，各有其注重之处，意涵似乎并无问题。但若加深究，就会发现很难对三者做严谨的界定，因而造成理解的分歧。③ 后来《左传》的主要注家，虽曾对三者分别举例以助理解，所说却仍嫌笼统，甚至还相互矛盾。究竟"三不朽"彼此之间的关联为何？还有"三不朽"的属性又是如何？凡此皆为本文所欲探讨者。

二、《左传》注家所举"三不朽"之例及"三不朽"之间的关联

（一）"三不朽"的例子

关于"三不朽"，《左传》的主要注家服虔、杜预、孔颖达皆曾列举立德、立功、立言的例子，以助读者理解。然其所举之例是否皆恰当？是否能有裨读者理解？似尚有斟酌的余地。兹先就三人所举表列如下：

---

① 左丘明传，杜预注，孔颖达疏：《春秋左传正义·襄公二十四年》，台北：艺文印书馆影印嘉庆二十年江西南昌府学开雕本，1959 年版，第 608－609 页。

② 见旧题左丘明撰，鲍思陶点校：《国语·晋语八》，济南：齐鲁书社，2005 年版，第 222 页。但《国语·晋语八》只说"死而不朽"，并未提及立德、立功、立言之说。

③ 胡适撰《胡适文存第一集·不朽——我的宗教》即对此批评道："那'三不朽说'还有三层缺点，不可不知。……第三，这种不朽论所说的'德，功，言'三件，范围都很含糊。究竟怎样的人格才可算是'德'呢？怎样的事业方才可算是'功'呢？怎样的著作方才可算是'言'呢……可见'三不朽'的界限含糊不清了。"台北：远东图书公司，1968 年版，第 696－697 页。

主要注家 \ 三不朽之例	立德	立功	立言
服虔	伏羲、神农	禹、稷	史逸、周任、臧文仲
杜预	黄帝、尧、舜	禹、稷	史逸、周任、臧文仲
孔颖达	伏羲、神农、黄帝、尧、舜、禹、汤、周文王、周武王周公、孔子	禹、稷	史逸、周任、臧文仲、老、庄、荀、孟、管、晏、杨、墨、孙、吴之徒制作子书；屈原、宋玉、贾逵、扬雄、司马迁、班固以后，撰集史传及制作文章，使后世学习。

＊据左丘明传，杜预注，孔颖达疏《春秋左传正义·襄公二十四年》所载绘制而成。

从上表看来，服虔注、杜预注在立功、立言两方面所举人物完全相同，但立德则有差异，此差异难免会造成大家的困惑，因伏羲、神农既属传说人物，且相传伏羲画八卦以类万物，神农教民耕作以足民食，似较近于立功，其德究竟为何？并不容易明白指言。[①] 到了孔颖达疏，除认同服虔、杜预所举以外，在立德、立言两方面又增列了不少例子，但也因而造成困扰。如禹原来已被列于立功，现又将之列于立德；又如在立言方面，既将孟子列入，竟然将孟子极力抨击，对将普遍认为乃是异端的杨朱、墨翟列入。[②] 究竟所持的标准为何？皆颇令人困惑而难以完全信服。

（二）“三不朽”之间的关联

从叔孙豹所说“大上有立德，其次有立功，其次有立言”的语气推断，实难以判定“三不朽”只是论述的先后，还是有高下或主从的分别。再就其所举“鲁有先大夫曰臧文仲，既没，其言立”的例子看来，显然是就立言而发，如“三不朽”有高下或主从的分别，则为何叔孙豹所举之例反而是居于下位或附从的例子？是故两汉时期的《左传》主要注家服虔、杜预皆不对

① 博施济众，有功于民，其实也是一种德，可见功与德的界线本就十分模糊，故世俗常以“功德”连言。其他如言与德、功与言的界线还是不易清楚辨别。胡适所说：“‘德，功，言’三件，范围都很含糊。”确实有其所见。

② 朱熹撰《孟子集注·滕文公下》：“孟子曰：‘……圣王不作，诸侯放恣，处士横议，杨朱、墨翟之言盈天下。天下之言，不归杨，则归墨。杨氏为我，是无君也；墨氏兼爱，是无父也。无父无君，是禽兽也。……杨、墨之道不息，孔子之道不着，是邪说诬民，充塞仁义也。仁义充塞，则率兽食人，人将相食。吾为此惧，闲先圣之道，距杨墨，放淫辞，邪说者不得作。’”《四书章句集注》，台北：大安出版社，2005年版，第379页。

“三不朽”下定义，也不对三者之间的关联表示意见。至于后人习称此三者为“三不朽”，就绝大部分的人而言，似乎也只有列举的意味，而无孰先孰后的区别。

然则到了唐朝，孔颖达疏则先就叔孙豹所说“大上”“其次”的语气，认为实有上次高下的分别，曰：

> 大上、其次，以人之才知浅深为上次也。大上谓人之最上者，上圣之人也。其次，次圣者，谓大贤之人也。其次，又次大贤者也。

此外，他又分别为立德、立功、立言三者下定义道：

> 立德谓创制垂法，博施济众，圣德立于上代，惠泽被于无穷。……立功谓拯厄除难，功济于时。……立言谓言得其要，理足可传。

虽然并没有明显的区分，但在语气上似乎已隐约有所不同。进而更引用《祭法》之说，对立德、立功加以辨别说：

> 《祭法》云：“圣王之制祭祀也，法施于民则祀之，以死勤事则祀之，以劳定国则祀之，能御大灾则祀之，能捍大患则祀之。”法施于民乃谓上圣，当是立德之人。其余勤民、定国、御灾、捍患，皆是立功者也。

显然认为立德高于立功，至于对立言的位次，虽未明言，但从他的整体言论判断，应可推知极可能是在立功之下。

清人魏源似乎有取孔颖达的这种看法，但又未必完全认同。他除了于“三不朽”之后另增“立节”，合称为“四不朽”以外，又将之区别道：

> 立德，立功，立言，立节，谓之四不朽。自夫杂霸为功，意气为节，文词为言，而三者始不皆出于道德，而崇道德者又或不尽兼功节言，大道遂为天下裂。君子之言，有德之言也；君子之功，有体之用也；君子之节，仁者之勇也。故无功、节、言之德，于世为不曜之星；无德之功、节、言，于身心为无原之雨，君子皆弗取焉。①

是否有必要于“三不朽”之外另增“立节”为第四个不朽？虽大有商榷余地，但其意以为无功、节、言之表现而空言道德，并不可取；然缺乏道德的功、节、言，也为君子所不取。细探其语意，似有德高于其他三者的意味在焉。

---

① 魏源：《魏源集·默觚上·学篇九》，北京：中华书局，2009年版，第22页。

钱穆先生虽未必认同魏源另增“立节”的见解，但也同意立德高于立功、立言。他说：

> 春秋时，鲁叔孙豹称人生有“三不朽”，立德为首，立功、立言次之。实则无德即无功无言可立。①

魏源、钱穆先生皆认为立德重于立功、立言，但对立功、立言则并未分别其高下，此与孔颖达之认为立德最高，立功次之，立言为最下的看法仍有不同。至于日本竹添光鸿《左传会笺》说：

> 此大上其次就德言。大上，上圣也；其次，大贤也；其次，次大贤也。②

杨伯峻《春秋左传注》说：

> 谓立德为最高，立功次之，立言又次之。《僖二十四年传》“大上以德抚民，其次亲亲以相及也”，《淮南子·泰族训》“治身太上养神，其次养形”，诸“大上”“其次”都同此义。③

则显然都是承袭孔颖达的说法。

综上所述，有关“三不朽”之间的关联，历来有三种说法：一为三者乃并列的关系，并无高下之分；二为三者有高下之分，立德最高，立功其次，立言最下，孔颖达、竹添光鸿、杨伯峻等主之；三为三者有某种程度的高下之分，立德较高，立功、立言则不分轩轾，魏源、钱穆先生等主之。

以上三种说法，究以何者为是？笔者认为站在儒家重德的立场，立德当属最高，立功、立言皆应接受德的制约，否则即不能称之为功、言。举例而言，所谓“一将功成万骨枯”，既然使得“万骨枯”，则一将之所为究竟是立功还是造孽？不难判明。又如提倡“厚黑”之学，鼓励人厚脸皮、黑心肠，其所倡导者虽然也有人信从，但因而使人心陷溺，败坏了社会的风气，实不能谓为立言。至于立功、立言，只要能遵循德的制约，在性质上实难以区分高下。综

---

① 钱穆：《晚学盲言·灵魂与德性》，台北：联经出版事业公司《钱宾四先生全集》，1998 年版，第 276 页。

② 竹添光鸿：《左传会笺·襄公二十四年》，台北：凤凰出版社，1977 年版，第 22 页。

③ 杨伯峻：《春秋左传注·襄公二十四年》，台北：源流出版社，1982 年版，第 1088 页。

而言之，魏源、钱穆先生等之说应属较为可从。此就叔孙豹于提出“三不朽”之说时，称“立德”使用“大上”之词，至于称“立功”“立言”，则皆使用“其次”之词，似乎也可以隐约推知其言下之意。

三、“三不朽”的属性

在各种追求不朽的说法中，有偏于肉体的（如复活、长生不老等），有偏于精神或信仰的（如灵魂长存、永生于另一世界等），属性未尽相同。叔孙豹所提出的“三不朽”说自有其特殊的属性，兹就个人所见，归纳为下列三点：

（一）入世的而非出世的

所谓立德、立功、立言必然是在一个人的生前完成，或许有人于身死之后，其德、功、言才受肯定而遗惠后人，但其所遗完全是由于在未死之前的各种努力所致，而且所遗之惠依然是在人间。由此可见“三不朽”所重的是现实的世界，所以钱穆先生说：“中国人的不朽，则在他死后依然留在这一个世界内……根据三不朽说，所谓立德、立功、立言，推其用意，只是人死之后，他的道德、事功、言论依然留在世上，便是不朽。”[①]

既然所重在现实的世界，而现实的世界是由人群所组成，所立的德、功、言也就是对这一人群有所助益而言，绝非离群索居，只求洁身自好，而对苍生的休戚漠然无动于衷者所能达致。孔子称：“夫仁者己欲立而立人，己欲达而达人。”[②] 于己立己达之外进而立人达人，则其所建树者才可以称为立德、立功、立言，才可以不朽。由此可见“三不朽”所重的是社会群体，亦即获得社会群体的肯定才能不朽。所以钱穆先生又说：“求三不朽现世生命者，必须求知人群的意旨。”

既然所重在现实社会与社会群体，当然其属性绝对是入世的而非出世的，钱穆先生说：

> 中国人的不朽，不在小我死后之灵魂，而在小我生前之立德、立功、立言，使我之德、功、言，在我死后，依然留存在此社会、在此

① 钱穆：《灵魂与心·灵魂与心》，收于《钱宾四先生全集》，台北：联经出版事业公司，1998 年版，第 11 页。

② 朱熹：《论语·雍也》，收于《四书章句集注》，台北：大安出版社，2005 年版，第 123 页。

人群之中，故重现世与人群。

重现世与人群，与其他各种追求不朽的说法，属性迥然有别，而与己立立人、己达达人的仁道密切相结合，充分显现出其特殊性。

（二）重质的而非重量的

所谓不朽，并非指在任何时空下皆能不朽，亦即不朽仍有时空的局限，这当然与其所立之德、功、言产生的影响多寡有密切的关联。影响愈大，则不朽的时间愈久，空间也愈广，反之亦然。举例而言，蒋梦麟曾分别以李冰与李宜之[①]为例说：

> 秦李冰筑都江堰，使成都平原二千数百年来，为全国最丰收之区，民至今祠之。这是不朽。……近人李宜之，以一生的精力，在陕西修筑泾渭渠。他死后老百姓修了李公祠纪念他。[②]

两人的遗惠为时不同，或已长达2000多年，或尚不及百年；地区也不同，或为成都平原，或为关中地区；但其所行所为皆出于造福人群的仁者之心。孔子说："仁远乎我？我欲仁，斯仁至矣！"说明仁道为我心所固有之理，只要有心求之，自能获得。孟子也说："仁义礼智，非由外铄我也，我固有之也，弗思耳矣。故曰：'求则得之，舍则失之。'"凡此皆可见仁爱恻隐之心，乃是我们不学而能、不虑而知，天生所具有的良知良能。只要能善加扩充，或许影响有深浅远近之分，然就其本质而言，则毫无轩轾。王阳明曾以黄金的成色与分量譬喻道：

> 圣人之所以为圣，只是其心纯乎天理，而无人欲之杂，犹精金之所以为精，但以其成色足而无铅铜之杂也。……然圣人之才力亦有大小不同，犹金之分量有轻重……所以为精金者，在足色而不在分量；所以为圣者，在纯乎天理而不在才力也。[③]

---

① 李仪祉（1882—1938），字宜之，陕西省蒲城县人，留学德国，为著名水利学家、教育家，曾任陕西省水利局局长、陕西省教育厅厅长、西北大学校长、陕西省建设厅厅长、黄河水利委员会委员长兼总工程师等职，主持建设陕西关中泾惠、渭惠、洛惠、梅惠等八大惠渠，嘉惠民生，灌溉甚大。

② 蒋梦麟：《孟邻文存·中国文化所孕育出来的不朽论》，台北：正中书局，1954年版，第42页。

③ 王守仁：《王阳明全集·传习录上》，上海：上海古籍出版社，1995年版，第27–28页。

成色乃就性质而言，分量则就数量而言，所谓“在足色而不在分两”，阐明其所重系在质而不在量，如此则可以鼓励众人在其才学能力可及的范围内尽心而为，以求不朽。

（三）正面的而非负面的

对于不朽的种种说法，胡适认为：“只有两种说法是真有区别的。一种是把‘不朽’解作灵魂不灭的意思。一种就是《春秋左传》上说的‘三不朽’。”进而比较此两种说法后，判定“那‘三不朽说’是比那‘神不灭说’好得多了。”然而在肯定之余，又认为“但是那‘三不朽说’还有三层缺点，不可不知。第一，照平常的解说看来，那些真能不朽的人只不过那极少数有道德，有功业，有著述的人。还有那无量平常人难道就没有不朽的希望吗……第二，这种不朽论单从积极一方面着想，但没有消极的裁制。那种灵魂的不朽论既说有天国的快乐，又说有地狱的苦楚，是积极消极两方面都显著的。如今单说立德可以不朽，不立德又怎样呢？立功可以不朽，有罪恶又怎样呢？第三，这种不朽论所说的‘德，功，言’三件，范围都很含糊。”为求补救，因而提出其“社会的不朽论”主张，认为“大我”是由无量数的“小我”组成，“小我”的一切作为都会留存在“大我”之中，与“大我”永远不朽，其说曰：

> 每一个“小我”的一切作为，一切功德罪恶，一切语言行事，无论大小，无论是非，无论善恶，一一都永远留存在那个“大我”之中。那个“大我”，便是古往今来一切“小我”的纪功碑，彰善祠，罪状判决书，孝子慈孙百世不能改的恶谥法。这个“大我”是永远不朽的，故一切“小我”的事业，人格，一举一动，一言一笑，一个念头，一场功劳，一桩罪过，也都永远不朽。这便是社会的不朽，“大我”的不朽。

进而认为其说把“三不朽说”的范围更加推广，如此则可以免除其所指摘的“三不朽说”的三层缺点，他说：

> 如今所说“社会的不朽”，其实只是把那“三不朽论”的范围更推广了。既然不论事业功德的大小，一切都可不朽，那第一第三两层短处都没有了。冠绝古今的道德功业固可以不朽，那极平常的“庸言庸行”，油盐柴米的琐屑，愚夫愚妇的细事，一言一笑的微细，也都

> 永远不朽。……至于那第二层缺点，也可免去。如今说立德不朽，行恶也不朽；立功不朽，犯罪也不朽："流芳百世"不朽，"遗臭万年"也不朽；功德盖世固是不朽的善因，吐一口痰也有不朽的恶果。我的朋友李守常先生说得好："稍一失脚，必致遗留层层罪恶种子于未来无量的人，——即未来无量的我；永不能消除，永不能忏悔。"这就是消极的裁制了。

所指第一层缺点"只限于少数的人"①，如能了解"三不朽""重质的而非重量的"属性，即可发现不朽其实是人人都有可能达成的，带有鼓励人人积极向上的正面意义，则此缺点其实根本就不存在。至于第三层缺点"所说'德、功、言'的范围太含糊了"，"三不朽"确实有此缺点，但从胡适的言论中，可以看出他其实并未就如何免除此缺点，提出任何说服人的理由。还有第二层缺点"没有消极的裁制"，其说虽指出善可不朽，恶也可不朽，但作恶者本身并没有得到恶报，而是把恶果加到后人身上，对作恶者而言，怎能算是裁制呢！

胡适除肯定正面的行为可以不朽，也强调负面的行为依然可以不朽，意在警戒世人不要为恶，以免贻害后人。用心固然可取，可是却与"三不朽"之注重鼓励人们向上，抱持正面的态度迥然有别。立意显然跟儒家之致力于教化人心不同，似乎较接近法家的信赏必罚，但又并未指出怎么罚法，其实并无裁制之道，反而还不如法家呢。

四、结　语

追求不朽为亘古以来人心的普遍倾向，为满足这种心理倾向，遂有各种不同追求不朽的说法出现。这些说法不论是偏于肉体的还是偏于精神的，几乎皆与宗教有关。既然与宗教有关，必然会从天或神的角度出发，人也就难免成为附属的角色而失去其自主性。

叔孙豹"三不朽"说的提出，可以看出人已由被动的地位变为主动的地位。盖不论德、功、言皆是由人所立，充分显现历经夏、商以至西周长时期的

① 胡适认为"三不朽说"有三层缺点，除上引之文句外，又将之简化道："上文我批评那'三不朽'的三层缺点：(1) 只限于少数的人，(2) 没有消极的裁制，(3) 所说'功，德，言'的范围太含糊了。"

孕育、萌芽、滋长，到春秋时期，人文精神已经建立，而为此后中国文化的发展提供了明确的方向，并形成其特质。

就“三不朽”之间的关联而言，立功、立言都必须服从于立德的指导，才可以算是真正的功与言。立德为最高，立功、立言次之，凸显了道德修养的重要性，成为国人立身处世的准绳，以及在政治、经济、教育等各方面的最高指导原则。就“三不朽”的属性而言，既注重现世与人群，尤以重质而不重量来肯定人人皆可企及，更强调不朽乃是就有益于社会群体而言的，因而成为历代仁人志士、英雄豪杰以及文学艺术创作者追求的目标。

自叔孙豹提出立德、立功、立言之“三不朽”说以后，不论是代表儒家的孔子、孟子、荀子，抑或是代表道家的老子、庄子，代表墨家的墨子，代表法家的韩非子等诸子百家，蠡起并作，纷纷提出其救世济时的主张，形成先秦时期百家争鸣、学术勃发的局面，影响及于以后的各个朝代。虽然其所主张不尽相同，但细究之，几乎完全合乎“三不朽”的属性，遵循其说所树立的人文精神路线。由是可见叔孙豹之见对于中国思想文化影响的深远。就此而论，叔孙豹所提“三不朽”即是一种弥足珍贵的不朽之说了！

儒、道两家思想在汉代哲学中的发展与转化

陈福滨

（台湾辅仁大学哲学系所教授）

前　言

汉初，承大乱之后，民生凋敝，君民俱欲休养生息，因此崇尚道家清静无为之治；《黄帝四经》与《伊尹》的出土，显示汉初黄老之学除了有道家清静无为的主张外，还讲究法家控驭臣下的技术，另外还杂以当时流行的阴阳学说。《淮南鸿烈》兼容先秦诸家之说，而以道家思想为主，亦显示出此一时期学术思想杂糅之梗概。而先秦儒家“仁义”的主张一直是两汉儒家政治思想的核心，虽然在“黄老之学”的强力笼罩下，汉初仍有陆贾、贾谊等人相继以仁义来提醒君王国家的长治久安之道；及至汉武帝，罢黜百家，独尊儒术，自此以后思想定儒家为一尊，儒学兴盛，但是法家思想已对帝王和儒学有了深沉的影响，而阴阳家之说则更与儒学密切地结合；一代儒者董仲舒在《贤良对策》中，以天人相应、阴阳灾异儆示武帝必须施仁义德政之后，天人感应，阴阳灾异、五德终始之说更加盛行，然其所著《春秋繁露》一书仍以“仁义德治”为归趋；西汉中后期各种禅让、符瑞之说并起，各种图谶纬书纷出，扬雄、桓谭、王充等思想家起而批判天人感应、阴阳灾异的思想，力主以“疾虚妄”之精神，破除当时荒诞不经的迷信；而继王充之后的其他东汉儒者思想大体承西汉之说，不外乎明天人、尚仁义，于谬论异说勇于批判，旨在砭救时政之弊；然时政日颓，挽救无方，儒学亦随之逐渐衰败而式微。

因着长期由东周以降至秦汉之际的战乱，民生凋敝，黄老无为的思想，正适合时代的需要，故汉初多用黄老治术，无为而治，希望凡事从民之欲，避免扰乱以与民休养生息；然而“群臣饮酒争功，醉或妄呼，拔剑击柱”（《史记·叔孙通传》），高祖出身低微，其功臣故旧亦皆不习礼节，每逢上朝时，君臣无秩序可守，高祖乃命故秦博士叔孙通制定朝仪，多沿袭秦之旧法，确立

天子之威严，因此统治者对社会所造成的压抑和秦朝实多相同。吾人可从汉元帝为太子时见宣帝用刑太过，而谏之以“重德轻刑”，可以看出汉代和秦代在机制的本质上是一样的①，在严刑峻法的压迫之下，两汉的知识分子几乎没有人不反对法家的，如：扬雄对申不害、韩非的批判，言其“险而无化”（《法言·五百篇》），说申、韩只知用法术统驭臣民而不知重教化，是不足为取的，在《法言》书中批判申、韩之语相当激烈。而《史记·平准书》亦记载，酷吏“张汤死而民不思”，可以看出当时知识分子对政治残酷的深恶痛绝，但正如徐复观所强调，必须透过两汉知识分子所感受到的压力感来掌握两汉思想的演变；两汉知识分子反秦、反法家，实际上就是反对汉代的专制政治②；这个前提，是研究孔子以后的儒家知识分子如何处理政权与百姓之间的紧张关系，所必须具备的。

一、黄老之学与道家思想

“黄老”之名称，汉以前未有，《韩非子》书中虽有《解老》《喻老》二篇，其学固涉于“老”者，然绝无所谓“黄”者。黄老之名联称，则起于汉初。《史记·外戚世家》曰：“帝及太子诸窦，不得不读《黄帝》《老子》。”《老庄申韩列传》曰：“韩非者……喜刑名法术之学，而其归本于黄老。”《孟子荀卿列传》曰：“慎到，赵人。田骈、接子，齐人。环渊，楚人。皆学黄老道德之术。”《乐毅列传》曰：“乐臣公善修黄帝、老子之言。”《田叔列传》曰：“叔喜剑，学黄老术于乐臣公。”《日者列传》褚先生曰：“夫司马季主者，楚贤大夫，游学长安，通《易经》；术《黄帝》《老子》。”黄老思想渊源甚广，有渊源自老庄之“自然无为”“清静简约”“守柔不争”“以慈以俭，不敢为天下先”的精神。有渊源自黄帝者，《论衡·自然篇》：“黄者，黄帝也。”

---

① 《汉书·元帝纪》云：“见宣帝所用多文法吏，以刑名绳下，大臣杨恽、盖宽饶等坐刺讥辞语为罪而诛，尝侍燕从容言：‘陛下持刑太深，宜用儒生。’宣帝作色曰：‘汉家自有制度，本以霸王道杂之，奈何纯任德教！用周政乎！且俗儒不达时宜，好是古非今，使人眩于名实，不知所守，何足委任！’乃叹曰：‘乱我家者，太子也！’……”在刑法的威势下，连曾位居丞相的周勃出狱之后亦言曰：“吾尝将百万军，安知狱吏之贵也!”（《汉书·周勃传》）。

② 徐复观：《两汉思想史·卷一·周秦汉政治社会结构之研究》，台北：台湾学生书局，1985 年版，第 281 – 283 页。

据《汉书·艺文志》载“道家类”有《黄帝四经》四篇、《黄帝铭》六篇、《黄帝君臣》十篇、《杂黄帝》五十八篇、《力牧》二十二篇，此皆托名黄帝，而实际则为发挥老庄道家之言论者。有渊源自齐学者，太公治齐以道术，思想主“无为”“虚静”；《史记·封禅书》云：“泰山、东莱，黄帝之所常游。”泰山、东莱皆齐地，黄帝生于鲁之寿丘，与齐比邻，故齐自古以来即为道术之所在。而太公生于东吕，亦为齐地，自必深受古之道术所影响；汉初治黄老之学者齐人特多，老子之十一代孙假，仕于汉文帝，汉文帝崇黄老，假之子解，为胶西王印太傅，因家于齐，齐学遂与黄老关系更形密切。亦有言其渊源自法家者，《管子》一书，《汉书·艺文志》列为道家；重势的慎到，《史记》谓：“慎到学黄老道术之术。”（《孟荀列传》）重术的申不害，《史记》谓：“本于黄老而主刑名。”（《老庄申韩列传》）而集法家思想之大成的韩非子，《史记》则谓：“喜刑名法术之学而归本于黄老。”可见法家与黄老关系甚为密切。黄老思想实即老庄“无为而治”之政治主张，亦即在顺乎民性，依乎自然，减少政治之干涉造作，而使民养生休息；同时黄老思想亦重个人德性之修养，老庄思想中之善柔、不争、谦逊、自隐、慈爱、俭约等美德，在《路史》中有关黄帝的篇章《巾几铭》中亦有所载；除此，它亦融合法家之治道，然此一思想太过，则或沦为酷吏者，或沦为阴谋论，此皆因尚法而失老庄熏然慈仁之旨也。黄老思想虽于武帝之后逐渐式微，然与黄老有关之另一势力，亦逐渐于汉际兴起；此一势力不但为帝王所喜爱，亦且广泛流传于民间，终至汉末大显异彩，影响中国社会数千年之久，此即所谓道教思想。

两汉学术思想之道家色彩，尤以《淮南鸿烈》[①] 最具特色；《淮南子》这部书“牢笼天地，博极古今”（《史通》），集众家之说而归之于道，是西汉道家思潮的最高理论结晶；汉初黄老道家之学颇为盛行，主张大道应兼综百家异说，即司马谈所谓“因阴阳之大顺，采儒墨之善，撮名法之要”，社会上学术思想比较自由开放。正是在此一较为宽松的环境里，淮南王刘安才得以凭借其

---

① 《淮南子》提出汉代道家的天人之学，其体系庞大而有系统，集哲学、史学、科学、政治学、伦理学、经济学、军事学等学科于一书，表现出汉人的宏阔气魄；《高诱叙目》称“学者不论《淮南》，则不知大道之深也”；总观全书，虽然各篇主题不同，思想倾向也因作者众多而有所差异，但大体上能做到彼此协调，而以道家思想为纪纲经纬，将全书连贯为一个整体；其中所蕴藏的巨大精神财富，是研究两汉道家思想的重要资料。

雄厚的人力、财力，广揽儒道及各家俊士，从容谈古说今，究天论地，洋洋洒洒，无拘无束地从事写作，遂使《淮南子》一书“流源千里，渊深百仞，致其高崇，成其广大”（《泰族训》）。《史记·儒林传》言：“及窦太后崩，武安侯田蚡为丞相，黜黄老刑名百家之言，延文学儒者数百人。”接着是董仲舒《举贤良对策》，汉武帝开始推行独崇儒学的文化专制主义政策，于是学术依附于政治，儒学成为官方经学，学者的自主与创造意识受到极大压抑，意识形态里生动活泼的气氛被官学统治所取代，学术争鸣遂告结束。由此而言，《淮南子》乃是西汉诸子百家之学的最后一次呐喊与结集，此后便是长达2000多年的儒学正宗时代，再也难以见到像《淮南子》那样综合性的学术著作了[①]。《淮南子》的作者们不是奉旨写作，而是在独立地对先秦百家之学做大规模地汇集、融合与反思，独立地对西汉前期思想文化进行概括总结，因此该书反映了那个时代一大批好学深思之士的宇宙观、人生观和社会理想，集中了秦汉道家的理论思维成果，这是十分难得的。

二、汉代学术与儒学开展

儒家经典，经秦廷一火，濒于灭绝。汉兴以后，除秦挟书之律，征求天下遗书，残简朽编，遂出于山崖屋壁之中。到汉武帝时，喟然慨叹书籍之残缺，于是广开献书之路，六艺之文与诸子传说，始并充于秘府。武帝于建元五年（前136），立五经博士，并设博士弟子员，儒术日盛。宣帝、元帝以后，朝廷又增设博士，凡能通一经之长者多能为吏，博士及弟子们形成家学。五经博士弟子，元帝时增至千人，成帝时增至三千人，这种庞大的经学势力遂成了国家官学，也成了文人获取功名利禄的捷径，《论衡·书解篇》云：“世儒位最尊者为博士，门徒聚众，招会千里。”为了保护名利，渐渐有了“家法”的产生，师法所承，分经分家，俨然成为私家之学。

---

① 刘安，等：《淮南子译注·序》，陈广忠，译注. 长春：吉林文史出版社，1990年版，第1-2页。

在《汉书·儒林传》中大致论述了传承的家派①；而西汉的经学，重师法，各以家法教授，门户之见立焉。而且因为当时经学教授不同，异说颇多，再加以阴阳五行、谶纬灾异之学混合诸经之中，多非常异义可怪之论。哀帝在位，刘歆力崇古文，与今文博士相抗，并建议立《左氏春秋》及《毛诗》《逸礼》《古文尚书》，列于学官，至王莽代汉，始设立博士。本来今古文最初只是由于文字上的差异而加以划分，但后来五经各家各有其传，私相授受，说经者日多，异说益见分歧，最后只是固守章句，而忽略经世致用了；在《汉书·艺文志》中说："古之学者耕且养，三年而通一艺，存其大体，玩经文而已。是故用日少而蓄德多，三十而五经立也。后世经传既已乖离，博学者又不思多闻阙疑之义，而务辟义逃难，便辞巧说，破坏形体。说五字之文，至于二三万言，后进弥以驰逐。故幼童而守一艺，白首而后能言。安其所习，毁所不见，终以自蔽，此学者之大患也。"而"王莽之时，省五经章句，皆为二十万，博

① 《汉书·儒林传》中大致叙述了传承的家派；今文经学派：一、《诗》：鲁（申公培）、齐（辕固）、韩（韩婴）三家。三家诗皆用今文所撰，鲁申培和燕韩婴于文帝时立博士，齐辕固则在景帝时立博士；今仅存《韩诗外传》。二、《书》：伏（胜）、欧阳（生）、大夏侯（胜）、小夏侯（建）。文帝时，使掌故晁错至伏生家受《尚书》，共得二十九篇；武帝时立欧阳生为《尚书》博士，宣帝时立夏侯胜、夏侯建二位传《尚书》的专门学者为博士。三、《礼》：高堂（生）、大戴（德）、小戴（圣）、庆（普）。《礼》在经部里有三种：《周礼》《仪礼》《礼记》；汉初高堂生传《士礼》十七篇，《士礼》就是今天流传的《仪礼》，传至景帝时后苍，再传戴德，戴圣、庆普，武帝时皆立博士；今存《仪礼》《小戴礼记》《大戴礼记》。四、《易》：田（何）、施（雠）、孟（喜）、梁丘（贺）、京（房）。田何传《易》为今文，武帝时立《易》博士，宣帝时分立施雠、孟喜、梁丘贺三家为《易》博士，元帝时又立京房为《易》博士。五、《春秋》：公羊传有严（彭祖）、颜（安乐），同出于胡母生（子都）、董仲舒，谷梁传同。汉景帝时有胡母生为博士，董仲舒与胡母生同业，皆传《公羊》之学，武帝时立《春秋公羊》博士，严彭祖、颜安乐二家同出于胡母生、董仲舒，宣帝时分立《公羊》博士，汉初瑕丘江公授《谷梁春秋》传至孙为博士；《公羊》《谷梁》二家皆为今文，于今亦传行于世。古文经学派：一、《诗》：毛亨所撰，为河间献王博士毛公所传。二、《书》：孔子裔孙孔安国发其壁藏所献。孔安国《古文尚书》，刘歆、班固云：鲁恭王坏孔子室所得，归孔安国，以考廿九篇多十六篇，安国献之，遭巫蛊事，未列于学官；略与《史记》有异。三、《礼》：则有《逸礼》三十九篇，为鲁恭王坏孔子宅得自鲁壁中。又《周官》经为河间献王所得，又刘歆校书发现。四、《易》：费直及高相所传，费直（以彖、象、系辞、文言、说经）。五、《春秋》：则有《左氏传》，谓张苍曾以教授，张苍、贾谊、贯公及刘歆治《左氏传》。

士弟子郭路，夜定旧说，死于烛下。”（《论衡·效力篇》）可见其时五经诸家走入章句之途，而章句之繁，使人皓首穷经而不得，学而不能致用，徒骛饰说，专为训诂而已。

扬雄于是针对此一博士系统提出了严格的批判，他认为为学应该先博而后约，并且要有所创见；博士系统的人，对五经尚不能核通，且墨守师说，故步自封而无所创见；另则他是要在孔子、五经中去求得人生立足之地，而博士系统的人，只是为了功名利禄；《法言·学行篇》云：“书与经同，而世不尚，治之可乎？曰：可。或人哑尔笑曰：须以发策决科[①]？曰：大人之学也为道，小人之学也为利。子为道乎？为利乎？或曰：耕不获，猎不飨，耕猎乎？曰：耕道而得道，猎德而得德，是获飨已。”当时学者以五经博士为师，即以五经为发策决科的标准，于是五经以外的诸子之学，就少有人研究，这也就是当时博士系统所产生的自限性。同时因为五经博士的画地自限，愈使知识狭隘而无创造性，《法言·寡见篇》云：“或问，司马子长有言曰：五经不如《老子》之约也，当年不能极其变，终身不能究其业。曰：若是，则周公惑，孔子贼。古者之学，耕且养，三年通一。今之学也，非独为之华藻也，又从而绣其鞶帨，恶在老不老也。或曰：学者之说可约耶？曰：可约，解科。”大体而言，他是在尊孔崇经以外又希冀能将五经从固陋贪鄙的博士系统中解救出来。

继之而起的王充，因为没有沾上博士系统的边，同时在学问上主要以追求知识为主，自然也就走上贵博贵通而轻视专经师法的一条路；王充《论衡》中之所谓儒生，范围颇广，“法律之家，亦为儒生”（《谢短篇》），然若仅就学术问题而言，则多指博士系统下的儒生而言[②]。他认为：“儒者说五经多失其实……苟名一师之学，趋为师教授，及时早仕，汲汲竞进，不暇留精用心，考实根核。”（《正说篇》）根本上忽略了“核道实义，证定是非”（《问孔篇》）的目的，只是在“随旧述故，滑习辞语”（《正说篇》）上下工夫，失去了传圣业之知的使命。因而王充批评当时学风说：“才能之士，好谈论者，增益实事，为美盛之语，用笔墨者，造生空文，为虚妄之传。听者以为真然，说而不舍。

① 汉廷试士，将题目书之于策，此即所谓“策问”，被试者取策应答，此即所谓“发策”。科是甲乙的等第，“决科”是指由应答的情形以决定其等第之谓也。

② 徐复观：《两汉思想史·卷二》，台北：台湾学生书局，1985 年版，第 587 页。

览者以为实事，传而不绝。不绝则文载竹帛之上；不舍则误入贤者之耳。至或南面称师，赋奸伪之说，典域佩紫，读虚妄之书。明辨然否，疾心伤之，安能不论？”（《对作篇》），故王充所标榜的学风是不拘家法，不泥习俗，而力求“核道实义，证定是非”。以避“实事没而不见，五经并失其实”的流弊了。

关于汉代经学立为学官与相传，及反博士的学术系统所提出的批判，以上均已述及；然而“一经说至百余万言”，且“大师众至千余人”（《汉书·儒林传》），在此种情况下，遂出现了有关经学之同异问题，因为这一问题的存在，汉代有过两次的经学会议，反映了两汉的学术思想发展。这两次经学会议，一次是在西汉宣帝甘露三年（前51）所召开的“石渠阁”经学会议；一次是在东汉章帝建初四年（79）所召开的“白虎观”经学会议。[①] 这两次会议都是在讨论“五经同异”的问题，且两次会议都“帝亲称制临决”，同时就白虎观会议而言，所参与的儒士官吏人数众多，显示出儒家的“五经”是汉代最重视之学术宏典。“白虎观”会议历时数月，最后由史臣班固总其成，名曰《白虎通义》。《后汉书·儒林传》云：“建初中大会诸儒于白虎观，考详同异，连月乃罢。肃宗亲临称制，如石渠故事。顾命史臣，著为通书。”又《后汉书·班固传》云：“令固撰集其事。”自《白虎通义》成书之过程言，至少反映了两个重点，一是因着天子“亲称制临决”而有着“法典”的意义；一是《白虎通义》虽然是诸儒议奏之总汇，但因着天子的裁定，而有着完整的思想体系。另就思想内容而言，《白虎通义》是与《春秋繁露》《春秋公羊传解诂》及至若干谶纬之说，深相联结的一部撰著，是研究汉代经学不可或缺的典籍。如果

① 《汉书·宣帝纪》云：“诏诸儒讲五经同异，太子太傅萧望之等平奏其议，上亲称制临决焉，乃立梁丘《易》，大小夏侯《尚书》，谷梁《春秋》博士。”《后汉书·肃宗孝章帝纪》云：“十一月壬戌，诏曰：‘盖三代导人，教学为本。汉承暴秦，褒显儒术，建立五经，为置博士。’其后学者精进，虽曰承师，亦别名家。孝宣皇帝以为去圣久远，学不厌博，故遂立大小夏侯《尚书》，后又立京氏《易》。至建武中，复置颜氏、严氏《春秋》，大小戴《礼》博士。此皆所以扶进微学，尊广道艺也。中元元年诏书，五经章句烦多，议欲减省。至永平元年，长水校尉儵奏言，先帝大业，当以时施行。欲使诸儒共正经义，颇令学者得以自助。孔子曰：‘学之不讲，是吾忧也。’又曰：‘博学而笃志，切问而近思，仁在其中矣。’於戏，其勉之哉！于是下太常，将、大夫、博士、议郎、郎官及诸生、诸儒会白虎观，讲议五经同异，使五官中郎将魏应承制问，侍中淳于恭奏，帝亲称制临决，如孝宣甘露石渠故事，作《白虎议奏》。”

说：董仲舒的《春秋繁露》展开了儒学在西汉的方向，无疑《白虎通义》对董仲舒儒学思想有着新的继承与发展，它不仅影响了东汉中晚期的思想，尤其是它“具有强烈的道德理想的要求，充满了‘天人合德’的使命感，虽然有相当多的政治动机的政策倾向，但是依然力求道德价值的具体实现，具有道德教育的政治理想。它的‘三纲六纪’或‘三纲五常’的伦理价值观，支配了中国人的伦理生活近2000年，为民族文化的凝聚力，提供了很大的助益，但对民族文化的创造力则有所牵掣与羁绊。”①

汉代自武帝立五经博士，并设博士弟子员始，儒术日盛；宣帝、元帝以后，朝廷又增设博士，凡能通一经之长者多能为吏，博士及弟子们形成家学；因为五经博士弟子不断地增加，这种庞大的经学势力遂成了国家官学，也成了文人获取功名利禄的捷径。东汉末年汉代经学趋于衰亡，代之而起的是魏晋玄学；从思想本身的发展来看，经学的衰亡有其内在的根源，除了汉代经学有今文、古文之争外，汉代经学，尤其是今文经学有两个重大的弱点：一是严守师法、家法窒息了思想发展的生机，一是天人感应、谶纬迷信带来了思想上的困境。此两项弱点终致汉代经学由兴盛而趋于衰亡。《论衡·书解篇》云：“世儒位最尊者为博士，门徒聚众，招会千里。”为了保护名利，渐渐有了“家法”的产生，师法所承，分经分家，俨然成为私家之学，门户之见立焉。且因当时经学教授不同，异说颇多，再加上阴阳五行、谶纬灾异之学混合诸经之中，多非常异议可怪之论；学者因各有所传，私相授受，说经者日多，异说益见分歧，最后只有固守章句，而忽略经世致用了。② 经学衰亡的另一个原因，

① 张永俊：《〈白虎通德论〉之思想体系及其伦理价值观》，收于《汉代文学与思想学术研讨会论文集》，台北：文史哲出版社，1991 年版，第 85 页。

② 思想家扬雄、王充等人曾对此做严厉之批判。扬雄认为博士系统的人，对五经尚不能核通，且墨守师说，故步自封而无所创见，同时也认为他们读经的目的只是为了功名利禄，不能从五经中求得人生立足之地；王充在学问上主要以追求知识为主，自然走上贵博贵通而轻视专经师法的路子，他认为“儒生不览古今，何（所）知不过守信经文，滑习章句，解剥互错，分明乖异”，“儒生不能都晓古今，欲各别说其经；经事义类，乃以不知为贵也？事不晓，不以为短”。（《论衡·谢短篇》）此乃当时经学博士的病根所在；他们的呼声并没有改变当时的现状。而由于两汉经学强调严守家法，致使“幼童而守一艺，白首而始能言。”（《汉书·艺文志》），思想僵化的结果，经学自然就走向了“通人恶烦，羞学章句”（《文心雕龙·论说》）的历史尽头。

是天人感应、谶纬迷信所带来的思想困境；董仲舒将阴阳灾异附会到《春秋》上，宣扬五行的生克原理；夏侯氏讲《洪范五行传》，用阴阳五行灾异来解说《尚书》；孟喜、京房言卦与四季、二十四节气的配合，宣扬灾祥迷信；翼奉用阴阳灾异来比附《诗经》；《礼记·月令》载有天子施政祭享的明堂制度，按时令行事，按木、火、土、金、水五行的运行去做“天人相应”的事；刘向《洪范五行传论》更是集阴阳灾异说之大成，言阴阳祥异象征国之安危。以上所言之天人感应、阴阳灾异说，毕竟是荒诞不经的，后来因着天文学、自然科学的发展，灾异说不能符合自然科学的验证，于是带来了思想上的困境。当此问题产生后，今文学家又转而着重宣扬谶纬迷信，然而谶纬迷信主要还是用阴阳五行、灾异祥瑞来说事，致使神秘倾向更加严重；但是，由于谶纬随时可以编造，对统治者而言亦具相当的副作用，汉桓帝时，出现汉朝气数已尽，“黄家当兴”的预言，于是就被张角利用发动黄巾起义；这样“谶纬”就从光武帝时“刘秀发兵捕不道，卯金修德为天子”统治者的主观面，走向了人人皆可引用谶纬来作为自身之行为借口的反面；如此，谶纬也就逐渐为统治者禁绝而走向衰亡。在这“天人感应”“谶纬迷信”的时代里，扬雄与王充等学者亦曾企图摆脱此一感应思想而做了相当的努力，也由于两者在建立与天人感应思想相反的命题时，都曾援用道家的学说，加之东汉中叶以降，政治社会紊乱，客观环境较适合道家思想的发展，因此，道家思想遂成为玄学源流中一个重要的线索；而思想家在抽离了“感应论”的同时，魏晋玄学在思想体系与方法上走出了一条自己的路子，进而取代了汉代的经学。

三、阴阳五行与天人感应

“阴阳”作为对偶范畴，是中国哲学范畴系统中既古老又重要的范畴；从中国早期的文献看来，“阴阳”最先是作为自然观念的表述而出现；就文字学而言，“阴”是“闇”的意思，而阳是“高明”的意思[①]。许慎《说文解字》云：“黔，云覆日也，从云，今声。侌，古文黔省。”[②] 又云：“昜，开也。从

① 段玉裁：《说文解字注》，台北：汉京文化事业有限公司，1980年版，第738页。
② 段玉裁：《说文解字注》，台北：汉京文化事业有限公司，1980年版，第580页。

日一勿。一曰飞扬，一曰长也，一曰强者众貌。”[①] 依许氏《说文》，“侌”就是“黔”的简体字，是“云覆日”的意思；至于“昜”就是“开”的意思，段玉裁注谓：“此阴阳正字也，阴阳行而侌昜废矣，辟户谓之干，故曰开也。”[②] 由此可知，阴阳之原始意义即为“云覆日”“云开日见”；“侌、昜”两字，与“日”有密切的关系。在《诗经》里，论及“阴、阳”之处甚多；大抵《诗经》之论阴阳，多保持《说文》所指之初始义。在《尚书》里，论及“阴、阳”有六处。不论是《诗经》或《尚书》中所论述的“阴”“阳”之观念皆未具抽象之哲学概念；虽然《诗经·公刘》篇中将“阴阳”两字连用，但仅是指“寒暖之气候”来说的，亦未具抽象的哲学观念；因此，梁启超先生认为：“商周以前所谓阴阳者，不过是自然界中一种粗浅微末之现象，绝不含有何等深邃之意义。”[③] 及至《左传》《国语》，“阴阳”观念有了较深入的发展。《左传》里阴阳两字的运用，代表宇宙间的两种气，《左传·昭公元年》：“天有六气，降生五味，发为五色，征为五声，淫生六疾，六气曰：阴、阳、风、雨、晦、明也。分为四时，序为五节，过则为灾。”《国语》里以阴阳为天地之气，阴阳二气有其自然之秩序，《周语上》云：“幽王二年，西周三川皆震。伯阳父曰：周将亡矣！夫天地之气，不失其序；若过其序，民之乱也。阳伏而不能出，阴迫而不能烝，于是有地震。今三川实震，是阳失其所而镇阴也。阳失而在阴，川源必塞，源塞，国必亡。夫水土演而民用也，水土无所演，民乏则用，不亡何待？”此阴阳观念已组入了天道与人生之关系的意义。

在《易经》一书中论及“阴阳”，仅见《中孚·九二》之爻辞曰：“鸣鹤在阴，其子和之。”此处的“阴”字，只不过是“背日”的原始意义，其意指的是“鹤鸣于其子所不及见之处，而其子能和之。”完全没有阴阳思想之哲学含义；然而于《易传》里“阴阳”二字，却有着丰富的哲学意蕴，《易传》是以阴阳为理论基础而推衍宇宙万物的一切变化的；就天地之气而言，阴阳是气，是由太极而生的两仪，“潜龙勿用，阳气潜藏”（《乾卦·象辞》）；“履

① 段玉裁：《说文解字注》，台北：汉京文化事业有限公司，1980年版，第458页。

② 段玉裁：《说文解字注》，台北：汉京文化事业有限公司，1980年版，第458页。

③ 梁启超：《阴阳五行之来历》，《古史辨·第5册》，台北：蓝灯文化公司，1987年版，第348页。

霜，坚冰至，阴始凝也”（《坤卦·象辞》）。就阴阳为道生成万物之作用言，“一阴一阳之谓道。继之者，善也；成之者，性也。仁者见之，谓之仁；知者见之，谓之知。百姓日用而不知，故君子之道鲜矣。显诸仁，藏诸用，鼓万物而不与圣人同忧，盛德大业至矣哉！富有之谓大业，日新之谓盛德。生生之谓易，成象之谓乾，效法之谓坤。极数知来之谓占，通变之谓事，阴阳不测之谓神。”（《系辞上传》）阴阳变化，神妙难测，彼此相感、交替、配合，其表现为天地生化万物的作用①，故云：“天地之大德曰生。”《易传》以阴阳学说为理论基础，揭示了天地万物之生成及其运动发展的规律问题，“一阴一阳之谓道”，阴阳作为总的道理、原则，不仅具有形而上的意义，同时亦包括了对待统一、变化的规律性，从而构筑了自身的哲学逻辑结构。

秦汉之时，阴阳不仅与形而上的本体相结合，而且与天文、历算、医学、农学等具体科学相结合；同时，阴阳学说在邹衍与五行学说相结合的基础上，使本来的两种学说进一步紧密地结合起来，成为阴阳五行学说。何谓五行?《尚书·洪范》云：“箕子乃言曰：我闻在昔，鲧陻洪水，汨陈其五行；帝乃震怒，不畀洪范九畴，彝伦攸斁……初一曰五行……五行……一曰水，二曰火，三曰木，四曰金，五曰土。水曰润下，火曰炎上，木曰曲直，金曰从革，土爰稼穑。润下作咸，炎上作苦，曲直作酸，从革作辛，稼穑作甘。”《洪范》之五行，不含哲学之意义，而是物质的五种性质；金木水火土，乃日用之材质，各有其性质与功用。从现有的文献看来，使五行思想成为系统的人，应为邹衍，邹衍倡“五德终始”说，《史记·封禅书》云：“邹衍以阴阳主运，显于诸侯。”又《孟荀列传》载邹衍“乃深观阴阳消息，而作怪迂之变。”而五行思想正式发表，则为《吕氏春秋》，书中有《十二纪》，与《礼记》之《月令》相同，列举十二月的气、音、味等以配合五行，结成一个系统，使五行成为宇宙之梁架，进而为人事之规律，皇帝之政令亦皆顺气运而行。董仲舒以阴阳五行揉合于孔孟之仁义礼智，《春秋繁露》有九篇以《五行》为篇名，五行为气，各有特性，连接成一系统，相生相克，同时五行和一年四季、天地四方相互配合，君主施政，随顺四时之气运。而汉之《易》学又有卦气说，孟喜以四正卦配四季，以十二消息卦配十二月，以四正卦的二十四爻配二十四节

① 戴琏璋：《易传之形成及其思想》，台北：文津出版社，1988年版，第65页。

气，以十二消息卦的七十二候，再以除去四正卦的六十卦的三百六十爻配一年三百六十五日，每一卦得配六日七分；将一年画成一圆周形，将四正卦安置在东西南北四方，又配上春夏秋冬，然后配上五行，土居中央，震居东方，配春，配木；离居南方，配夏，配火；兑居西方，配秋，配金；坎居北方，配冬，配水；万物万事俱由气而成，气周流不息，凡是物，凡是事，一切皆有五行，五行贯通一切。东汉章帝于"白虎观"召开的经学会议，由班固记录所作的《白虎通义》，书中充满五行的思想，五行为天所行之五气，有相生相胜的次序，配合五味、五方与人事，再配合五常：仁义礼智信；汉代可以说是无不笼罩在阴阳五行与天人感应的思想中。

而两汉的经学，深受阴阳学的影响，如汉代经学家好言五行之说，谓地上圣人受命，皆符应于天上某帝之德。及至董仲舒倡阴阳五行与天人感应之说；以阴阳五行之说为本，议祀典，论灾异，迎合武帝之意旨；而天人感应之目的在使君王除了要注意民命外，尚且还需重视天威，其理论根据乃《公羊春秋》里的"道之大原出于天"，天下一切文物制度，无不与上天相应；宇宙万物之变化，人事之吉凶祸福，又莫不与五行之相生相克有关；其论旨目的不外有三：一则在警惕帝王不可以帝王为子孙万世之业，五德运行，运终则退；再则在警告野心政权之人，帝位乃是神器，德运未至，不可妄生非分之想；三则天子受天命而长万民，天命不可恃，能常守君德，始能保其帝位，反之则君德不常，天命不常，而九州之人心失，天命去矣！武帝以后历昭、宣、元、成以至哀、平之际，经学家竞言灾异、祥瑞、符命之说，像京房、翼奉、刘向等，都善言阴阳灾异。他们认为天降祥瑞或灾异，全受人事的影响，与人君的贤愚勤怠尤息息相关，人君须遇灾异而惧。三公之职，除治政事之外，尚须调和阴阳，以致汉廷竟有以灾异策免三公的制度，如：薛宣、徐防皆以灾异策免。也有不待免而自劾者，如：元帝永光三年（前41），春霜、夏寒、日青无光，丞相于定国自劾归侯印，乞骸骨。明帝永平十三年（70），日食，三公免冠自劾。负政治责任的三公，尚需负自然界中事物变化的责任，在今天诚为奇谈，而在汉代则一般人皆视为当然，由是可知汉代灾异之说，在当时支配力量之大及其盛行的程度。扬雄生当斯世，极力地批评阴阳家的五德终始，"象龙之致雨"的迷信以及神怪迷信的思想；在当时若遇到天旱之际，向龙求雨，乃天人感应之下所深信流行的迷信，大儒董仲舒也曾有以土龙致雨的事，扬雄深表怀

疑，《法言·先知篇》云："象龙之致雨也，难矣哉！曰：龙乎龙乎！"同时他也批评邹衍的五德终始说推源于黄帝，不过是一种假托，并非事实；后儒王充盖亦深受其影响。

西汉虽有文景之治世，武帝之政绩；然至元帝以降社会由沉滞而渐趋麻木腐烂，政道日衰；成帝以后，汉室政治权力的核心握在妇人的手上，外戚当权，君主懦弱，《读通鉴论》卷五云："成、哀之世，汉岂复有君臣哉，妇人而已矣。"自刘向起，大家穷尽力气以争得失的，无所谓国家大政，仅是一些妇人之见而已。再则依"天下为公"由学术而来的风俗，影响到王莽取汉而代之，此乃"天下官则让贤""求索贤人，禅以帝位"，长久以来这种思想的影响所造成；同时"经术之变，溢为五行灾祥之说"，将天下为公的理想加入阴阳消息、五行生克的庞大构造中，将理想化为由天道运行而来的命定论，更以灾祥符瑞为此定命论的验证，于是王莽取汉而代之，遂成天命所使然。除了政权更迭外，在哲学的思想上，谶纬取代了修身的道德文化；"本来，在西汉哲学开始时，有陆贾倡仁义，有贾谊用德教来复古安民，有淮南子的融通儒、道，有董仲舒的天人相应，有司马迁的历史哲学证言，有扬雄的破谶纬神仙，而立以'道德为本，生计为方'的理论体系。但是，这些哲学大师都无法个别地挑起护卫文化的大梁，而且，彼此间亦没有建立起合作无间的精神和努力，以致没有催生集大成的思想家，来挽救其危亡的厄运。"诚斯言也。

然而面对汉代谶纬灾异、天人感应做一反省与深刻之批判者，莫过于后汉的王充与王符等学者的努力。王充主张天道自然，天人之间是不相感应的，《论衡·初禀篇》云："自然无为，天之道也。"《谴告篇》云："夫天道，自然也，无为。如谴告人，是有为，非自然也。"以自然无为的天道，与能"应政事""谴告人"的有为的天对立，以达到转换天的性质之目的。他认为天是客观的存在物，天体的运行、天象的变化，亦有其客观的规律，人的意志无从干预。事物的发展与变化乃"气"之作用，《自然篇》云："天动不欲以生物，而物自生，此则自然也。施气不欲为物，而物自为，此则无为也。谓天自然无为者何？气也。天地合气，万物自生；犹夫妇合气，子自生矣！"天道自然无为，唯"气"之作用，则"天人感应"是不可置信的，是故王充于《自然篇》又云："夫天无为，故不言，灾变时至，气自为之。"《明雩篇》亦云："夫人不能以行感天，天亦不随行而应人。"王符也认为"天"是自然的客观实体，其形成、发展变化，乃至于天地万物的生成衰败，都是出于自然，能发动此一作用者，唯“气”而已，《潜夫论·本训篇》云：“道者之根也，气所变也，神气之所动也。”同时，王符也反对将灾异现象归诸天意，他认为天之动，地之静，日之光，月之明，四时五行的运作，亦“莫不气之所为”（《潜夫论·德化篇》）。这些思想都是对以董仲舒为代表的儒学所做的反省与批判。

虽然这些思想家能给汉代儒学带来点新的生机，但是由于未能真正地与“天人感应”“阴阳灾异”的理论划清界限，而有了思想反省上的局限性。王充于《论衡》一书中，有时将天视为“有意志”的来看待，且书中亦多言“符瑞”，并引“五德终始”论证之；王符也肯定“天题厥象，人实奉成”（《潜夫论·叙录篇》）的关系；仲长统虽言“人事为本，天道为末”，但此天道并非指《易经》所言之天道，而是指图谶一类的阴阳家之言，同时他虽以人事为本，然在朝代的转移上，相信有天数，天数乃为实现循环的天道而有的；这些思想不但和他们反对“天人感应”有所冲突，而且他们也没有放弃祥瑞等信仰，终致陷于思想的困境中。正因为后汉思想家们并未能针对“阴阳灾异”“谶纬符命”等思想做一有力之反思；所以，在具体的社会生活中，终汉之世，图谶、灾异之说仍盛行于世；因为此种反省的失落，从天人相应到天人不应反思律动的过程中自有其局限性。

四、心性论问题及其困境

儒学起于对生活秩序之要求；观孔子崇周文而言礼，即可知之；但孔子立说，自“礼”而返溯至“仁”与“义”。于是“仁、义、礼”三观念会为一系；外在生活秩序源于内在德性自觉；故其基本方向为一“心性论中心之哲学”。及孟子言“性善”，言扩充“四端”；于是点破德性自觉为人之“本质”，驳告子“自然之性”之观念。入汉，说经诸儒生，受阴阳家之影响；董仲舒所倡天人相应之说，实此一普遍风气之特殊表现；天人相应之说既兴，价值根源遂归于“天”；德性标准不在于自觉内部，而寄于天道；以人合天，乃为有德。于是，儒学被改塑为一“宇宙论中心之哲学”。[①]

战国时期周人世硕主张人性“有善有恶”论，他的思想对汉代的思想家

① 劳思光：《中国哲学史·卷二》，香港：崇基书局，1971 年版，第 8 页。

有着重要的影响。王充于《论衡》一书中曾对他的思想有这样的叙述："周人世硕，以为人性有善有恶，举人之善性，养而致之则善长；恶性，养而致之则恶长。如此，则情性各有阴阳，善恶在所养焉。故世子作《养性书》一篇。密子贱、漆雕开、公孙尼子之徒，亦论情性，与世子相出入，皆言性有善有恶。""自孟子以下，至刘子政，鸿儒博生，闻见多矣；然而论情性竟无定是。唯世硕、公孙尼子之徒，颇得其正。"（《论衡·本性篇》）有善有恶论注重"修养"的观念，主张化恶迁善的可能，它可以"以礼防情""以义制欲""以乐为节"来防制和疏导人之情欲，如此恶性也就变善了。

董仲舒论人性，主张"性有贪仁""性善情恶""以性统情"之论。其云："今世暗于性，言之者不同。胡不试反性之名？性之名，非生与？如其生之自然之资，谓之性。性者，质也。诘性之质于善之名，能中之与？既不能中矣，而尚谓之质善何哉？"（《春秋繁露·深察名号篇》）这是以人生而有之的、自然的质为性，就此而言，和告子的说法接近。但是，这种自然的质是上天给的，"天生民，性有善质，而未能善"（《深察名号篇》）。"人受命于天，有善善恶恶之性。"（《玉杯篇》）"今善善恶恶，好荣憎辱，非人能自生，此天施之在人者也。"（《竹林篇》）上天赋予人以善质和恶质，而不是完全的善恶。董仲舒沟通天人，提出他自己的人性形成说：上天通过阴阳两气，而使人有贪仁两性，或者说有性和情两方面，其云："人之诚有贪有仁，仁贪之气两在于身；身之名取诸天，天两有阴阳之施，身亦两有贪仁之性。"（《深察名号篇》）"天地之所生，谓之性情。……情亦性也，谓性已善，奈其情何？……身之有性情也，若天之有阴阳也，言人之质而无其情，犹言天之阳而无其阴也。"（《深察名号篇》）天有阴阳两气，施之于人而有贪仁两性；贪性，亦即情，情是性中的一部分；董仲舒的性有广、狭两义，狭义的专指与情相对的性，即善性；广义的则包括情，兼有善恶。广义的人性不仅只包含天所命的善质，而且还含有不善的情。因此，董仲舒不同意孟子的性善论，其言曰："吾质之命性者异孟子，孟子下质于禽兽之所为，故曰性已善；吾上质于圣人之所善，故谓性未善。"（《深察名号篇》）董仲舒和孟子对于善的立论看法也不同。因此对于人性的看法也不同；董仲舒所谓的"贪"与"仁"，即表价值意义之"正"与"反"，他是直接以宇宙论意义之规律作为价值标准的，至于孟子的自觉心之本性，他是无从了解的。董仲舒将孔子的"唯上智与下愚不移"（《论语·阳货篇》）的思想和“中人以上，可以语上也；中人以下，不可以语上也”（《论语·雍也篇》）的思想，解释为“性三品”之论；把社会上不同的人的人性分为三品，即上、中、下三等；上品即“圣人之性”，中品即“中民之性”，下品即“斗筲之性”，其言曰：“中民之性，如茧如卵，卵待覆二十日而后能为雏，茧待缫以绾汤而后能丝，性待渐于教训而后能为善。善，教训之所然也，非质朴之所能至也。”（《实性篇》）圣人之性是天生的善，是“不教而善”；斗筲之性是天生的恶，是“教也不能为善”；圣人“不待教”，斗筲之民“不可教”，可教者唯“中民之性”而已。劳思光先生以为：“董氏之意，不过谓：人之成德须有一工夫过程；此何待辩？真正重要问题，实在于为善之可能基础何在；即德性根源何在之问题……孟子苦心点明德性源于主体之自觉一义……而董仲舒以儒者自居，对于此种大关目竟懵懵然不解其意义！”[①]

刘向以“性”为“生而然者”，主张“无善无恶”之论，刘向人性之说，王充《论衡》及荀悦《申鉴》，皆有评述，虽资料不全，亦可见其大端。荀悦列举诸家论人性之说，独以刘向所论为善，其言曰：“孟子称性善；荀卿称性恶；公孙子曰，性无善恶；扬雄曰，人之性善恶混；刘向曰，性情相应，性不独善，情不独恶，曰，问其理，曰，性善则无四凶，性恶则无三仁人，无善恶，文王之教一也。则无周公管蔡，性善情恶，是桀纣无性，尧舜无情也。性善恶皆混，是上智怀惠，而下愚挟善也，理也，未究也，惟向言为然。”

扬雄论人性主张“人之性也，善恶混”（《法言·修身篇》）。善恶混，指善恶同在，性中既有善又有恶，其说盖综合孟子性善，荀子性恶之论，直承董仲舒“人之诚，有贪有仁；仁贪之气，两在于身。天有阴阳之施，身亦有贪仁之性，与天道一也”的思想。王充论人性，认为人性是“有善有恶”的，以为人性是由气所构成，所以其云：“用气为性，性成、命定。”（《论衡·无形篇》）又云：“人生性、命，当富贵者，初禀自然之气。”（《初禀篇》）此不仅可以表示人之性是由气所构成，即人之命亦是由气所构成；所以人性是一种“气性”，而“气”的观念对于王充的人性论，自然是极其重要的；王充以气言性，颇受汉儒的影响，而不遵孔孟之义；其不仅以气为性之根源，认为性有善恶之分，而且其所谓善，非定然之善，而只是气质之善的倾向，若无道德性

① 劳思光：《中国哲学史·卷二》，香港：崇基书局，1971年版，第30页。

本身之性的定然之善去提炼它，则善无定准，恶亦无从转而为善了。

另外在人性方面，王符颇采“性相近，习相远”之说，唯其所谓“相近”，乃谓人性皆具善与不善之体，其后因习俗教化所染，致有君子小人之异，故云：“性相近而习相远，是故贤愚在心，不在贵贱，信欺在性，不在亲疏。”（《潜夫论·本政篇》）而有关“才性”问题，王符言之甚明，王符反对“以族举德，以位命贤”，认为“人之善恶，不必世族；性之贤鄙，不必世俗”（《论荣篇》）。既然如此，该用何种标准来鉴别人才？王符言：“天地之所贵者人也，圣人之所尚者义也，德义之所成者智也。”（《赞学篇》）是见，德性乃人之所以为人的依据；但是德性必须待才智而成，“人之情性，未能相百，而其明智有相万也”。荀悦论人性则云：“有三品焉。上下不移，其中则人事存焉尔。命相近也，事相远也，则吉凶殊也。故曰：穷理尽性以至于命。”（《申鉴·杂言下》）人性有三品，上品与下品都不会改变，中品就由人事在起决定作用，此乃强调人之后天的努力，据此，荀悦亦针对王符所论，提出“或问：圣人所以为贵者，才乎？曰：合而用之，以才为贵；分而行之，以行为贵。舜禹之才，而不为邪，甚于（缺一字）矣，舜禹之仁，虽亡其才，不失为良人哉!”（同上）的看法，所谓“合而用之”指的是德才兼备，才的大小会起决定性的作用，所以“以才为贵”，如果就有德而无才或有才而无德的情况言，则操行的好坏成为决定性的作用，故“以行为贵”。

孟子言性善，言扩充四端，突显了德性自觉为人之本质，并驳斥了告子“自然之性”的观念，荀子亦从自然之性出发，而不解自觉之性，于是有了“性恶”之论。汉儒对孟子“善源于人之自觉性”的本义不能充分的了解，于是董仲舒以“性”为“自然之资”，主张“性善情恶”“以性统情”之说；刘向以“性”为“生而然者”，主张“无善无恶”之论；扬雄以为“人之性也善恶混”，因着善恶混，故可以“修善修恶”；王充则将“性”分为“上、中、下”，主张“有善有恶”之论。总而言之，汉代论人性的几位重要思想家，皆就告子、荀子一系所持之“自然之性”而立说；对孟子将价值德性之源，安立于主体之自觉上的思想实无充分了解。也正因为如此，所以就把孔孟儒学之“心性”论的思想，推向了“才性”的路径上了。

五、道教的创立及其发展

道教之“道”与道家之“道”，本质上不同。道家之“道”，系指自然本体之道，哲学意味较浓；道教之“道”，实由神道思想而来，宗教性质较多。《易经·系辞传》曰：“圣人以神道设教。”《中庸》引孔子言曰：“鬼神之为德，其盛矣乎！视之而弗见，听之而弗闻，体物而不可遗。使天下之人，斋明盛服，以承祭祀。洋洋乎如在其上，如在其左右。”是神道思想亦有其社会意义；道教以神道为其主要内容。

汉代道教之产生，可渊源于上古传统之宗教信仰，并受道家之黄帝、老子、庄子、列子影响甚深；而真正为道教催生者，则为秦汉间之方士与道士，渠辈承三代以来巫祝之地位，扮演起神人之间的媒介，加以秦汉帝王皆喜长生不老神仙之说，因此颇能投其所好；道教在君王之保护下逐渐发展，同时民间对鬼神信仰之风气，相当普遍，终致促成此一本土宗教之产生。道教之发展，方士和道士之功甚伟。早期之方士，如徐福、李少君等，皆成为道教所崇祀之神仙；道教于汉际，经茅蒙、于吉、张陵、张衡、张鲁之阐扬，遂打下了道教之基础。

茅蒙一家数代，皆以方术见长。《史记·始皇本纪》曰：“三十一年十二月，更名腊曰嘉平。”《集解》引太原真人《茅盈内纪》曰：“始皇三十一年九月庚子，盈曾祖父濛，乃于华山之中，乘云驾龙，白日升天。先是其邑谣歌曰：‘神仙得者茅初成，驾龙上升入泰清，时下玄洲戏赤城，继世而往在我盈，帝若学之腊嘉平。’始皇闻谣歌而问其故，父老俱对此仙人之歌谣，劝帝求长生之术。于是始皇欣然，乃有寻仙之志，因改腊曰嘉平。”又《道藏·茅山志》曰：“《三茅君碑文》云：茅偃事秦昭王为将军。偃子蒙见周室已衰，乃师事北郭鬼谷先生，受长生之术，仙去。蒙曾孙三人：盈字初成，固字季伟，衷字恩和，皆汉景帝时人，先后入茅山修道，皆成仙而去，此即所谓三茅君。”

西汉成帝时，有齐人甘忠可造《天官历包元太平经》十二卷，讲论汉朝盛衰及灾异之事，谓：“天帝使真人赤精子下，教我此道。”此方士造经典之始，道教之经出自神授者颇多。而于吉，《后汉书·襄楷传》曰：“顺帝时，琅琊宫崇诣阙，上其师于吉于曲阳泉水上所得神书百七十卷，号《太平清领书》，其言以阴阳五行为宗，而多巫觋杂语，有司奏：‘崇所上妖妄而不经。’

乃收藏之，后张角颇有其书焉。”《三国志·孙策传》注引《江表传》曰：“时有道士琅琊于吉，先寓居东方，往来吴会，立精舍烧香，读道书，制作符水以治病，吴会人多事之。”葛洪《神仙传》云：“宫嵩者，琅琊人也，有文才，著书百余卷，师事仙人于吉。”吉为元帝时人，后为孙策所杀。《道藏·三洞珠囊》卷九谓：“老子、尹喜，至西国化胡，归中国作《太平经》。于吉所传之神书，即《太平经》，又名《太平清领书》。”道士尊老子为教主，称为老君，故于吉之《太平经》为神授；其书之内容言顺天之道，慈善忠孝，可以致太平；天运循环，帝王乘此运气，奉天意，行善政，故天下太平。又有劝善戒恶之文，及养性辟谷，诵咒除灾，尸解成仙之说。桓帝时，襄楷上书，盛称其书有“兴国之术”。

《三国志·张鲁传》云：“鲁字公祺，沛国丰人也。祖父陵，客蜀，学道鹄鸣山中，造作道书以惑百姓。从受道者出五斗米，故世称米贼。陵死，子衡继其道。衡死，鲁复行之。益州牧刘焉以鲁为督义司马……鲁据汉中，以鬼道教民，自号‘师君’。其来学者，初皆名‘鬼卒’，受本道已信，号‘祭酒’。各领部众，多者为治头大祭酒，皆教以诚信不欺诈，有病自首其过……诸祭酒皆作义舍，行路者量腹取足；若过多，鬼道辄病之。犯法者，三原，然后乃行刑。不置长吏，皆以祭酒为治。民夷便乐之，雄踞巴汉垂三十年。”张鲁以鬼道治民，皆能以宽厚仁慈为本，并依月令春夏禁酒禁杀，其本人又正直不受货宝，信之者益众；朝廷畏其权势，只能以笼络手段行之，命为镇民中郎将，领汉宁太守，建安二十年（215），曹操击之，鲁入蜀，操又遣人慰谕之，拜镇南将军，封阆中侯。征诸正史，皆谓天师道在当时，民乐信服。盖当时天下大乱民生涂炭，天师道据险自治，保民安生，故能得民众之信仰。

张道陵为子房八代孙，子房佐汉高成帝业，“功成、名遂、身退”，真能实行老子之道者也，弃万户侯，而愿从赤松子游，既为方外之士，而祠黄石公，学导引辟谷之术，又为方术之士，子房真为有道之士矣，真乃道士之典范矣。道陵虽以神道设教，得信徒广泛支持与信仰，然最主要在其寓道德于宗教之中，故能收化俗导善之功，晋葛洪《神仙传》有美辞焉。其子张衡，其孙张鲁，皆能善述父志，使宗教配合道德教化并行，道教在此三师之阐扬下，逐渐奠定基础。至张鲁之子张盛，世代居龙虎山，以一剑、一印、一功录代代相传，即为后世道教之张天师。继张道陵而后，道教杰出人物，如西晋葛洪，以平乱有功，为伏波将军，封关内侯，知天下将大乱，乃隐于罗浮山，自称抱朴子，炼丹养生。所著《抱朴子》内篇讲成仙之道及金丹仙药种种方术；外篇纯为儒家之言，深得儒门之旨。南朝陶弘景，博学好道术，明阴阳五行、地理医药之术，齐高帝时为殿中将军，后隐于茅山，号华阳真人，梁武帝屡聘不仕，朝廷大事辄就咨询，时人称为山中宰相。著述甚多，《真诰》《稽神枢》等书，为道教之要典。北魏寇谦之亦崇信道教，对道教发展贡献良多。道教经此发扬，理论愈加充实，信仰愈加广大；隋唐以后，道教在帝王之提倡下，益复兴盛，卒至成为绵亘千年，影响中国社会甚大之宗教。

道教始用老庄之名，以为其神道立说之根本；后世之道士亦皆习读老庄书籍，且历代帝王常因读《老子》书，因而崇祀道教。故老庄与道教之旨虽有不同，然对道教影响，不可谓不深。劳思光先生认为：汉代道家分为三支：一支与方士合流，而有神仙长生之说，日后终演成汉末之道教；一支通过韩非，成为黄老刑名之术；另一支则由玄理之欣赏，转入玄谈，遂成为日后魏晋之放诞生活。[①] 是知道家在政治上则形成黄老思想，在宗教上则促使道教之形成，在学术上更影响魏晋玄学名理之兴盛。而道教将老庄之“道”予以神格化，将老庄之“摄生修养”大加发挥，于哲学思想上更具新意。

结　语

两汉时代，阴阳五行思想盛行。淮南王刘安召集学者宾客所著《淮南鸿烈》，其学说虽然以道家为主，实已掺杂阴阳思想。汉武帝罢黜百家，独尊儒术，自此以后思想以儒家为主；然而汉儒讲经，皆喜附会阴阳五行。董仲舒世称西汉之儒者，所著《春秋繁露》，充满了阴阳灾异的思想。其后，更流行谶纬之说，假托经义以推究灾异祥瑞，天人感应，充满了迷信的色彩。西汉末年，扬雄主张“无验而言之谓妄”，效法荀子重视经验之学，力求能从天人感应的信仰中挣脱出来，其“疾虚妄”的思想，带给了东汉学者批评精神的导引。

东汉学者富怀疑与批评的精神。桓谭不信谶纬，不信神仙方术。王充著《论衡》一书，对于当时流行的阴阳灾异，以及种种虚妄迷信之说，痛予抨

① 劳思光：《中国哲学史·卷二》，香港：崇基书局，1971 年版，第 18－23 页。

击。王符所著《潜夫论》，仲长统所著《昌言》，皆对当时政治、社会提出许多批评，这一时期的思想家普遍认为：他们所生活的时代是衰世、乱世，强烈的危机意识构成了他们言论的基调。然而在东汉外戚与宦官长期的权力斗争中，早已使朝政日乱，纲纪废弛，再加上民间的乱事，弄得全国分崩离析，致使四方卅牧，各拥强兵，据地称雄，注定了汉室告终的命运。

“安”可否作为儒家伦理实践的判准？
——从“女安则为之”谈起

潘小慧

（台湾辅仁大学哲学系教授）

一、问题源起

儒家伦理是中国优秀传统文化的重要一环，对儒家伦理的合理诠释是当代中华儿女的使命之一。继 2014 年在此会发表《儒家如何进行伦理思考？——以〈孟子〉几个与生命相关的例子为据的讨论》、2015 年发表《如何诠释儒家伦理学？——从儒家如何谈论个人与社会说起》之后，2017 年再度针对儒家伦理实践的判准进行辨析。学界关于《论语·阳货》“三年之丧”的研究，多着墨于丧礼的探究，例如其来源是否是殷代旧制、是否为古礼，还是只是儒者之礼等。本文则以《论语》“三年之丧”的文本为据，关注“安”是否可以作为儒家伦理实践判准的讨论。

二、文本解析

《论语·阳货》的记载如下，笔者按文意区分为三段：

宰我问：“三年之丧，期①已久矣。君子三年不为礼，礼必坏；三年不为乐，乐必崩。旧谷既没②，新谷既升③，钻燧改火，期可已矣。”

---

① 综合各种说法，“期”字至少有两种读音、两种意思。第一种读期限之期，亦实时间的段落，像此处之期，三年为期已久；第二种读“基”，同“朞”，周年义，下文“期可已矣”之期是矣，意即守丧一年就可以了。

② 没，尽义。

③ 升，登义。

> 子曰："食夫稻，衣夫锦，于女（汝）[1] 安乎？"曰："安。""女（汝）安则为之！夫君子之居丧，食旨不甘，闻乐不乐，居处不安，故不为也。今女（汝）安，则为之！"宰我出。子曰："予之不仁也！子生三年，然后免于父母之怀。夫三年之丧，天下之通丧也。予也，有三年之爱于其父母乎？"

宰我[2]是孔子弟子，为孔门十哲之一，以言语著称[3]，擅长言辞辩论。在此文中，宰我反对传统的三年之丧（三年守孝期）[4]，跟孔子有一段关于此议题之对话。第一段记载宰我的论述，分为三个部分。首先，他开门见山地指出三年之丧为期太久了；这第一部分可说是对现状的批评。接着，客观地分析三年之丧所可能导致的问题或后果，大致有两个面向：其一是"君子三年不为礼，礼必坏；三年不为乐，乐必崩"，其二是"旧谷既没，新谷既升，钻燧改火，期可已矣"。这第二部分可说是理据的提出。因此，总结出自己一年之丧（期可已矣）的主张。这第三部分可说是取代现状的主张或结论命题。关于两点理据，第一点提及"君子三年不为礼……三年不为乐……"，主词是"君子"，

---

① "女"即"汝"。

② 宰予（前522－前458），宰姓，名予，字子我，又名予我、宰我，春秋时代鲁国人。

③ 《论语·先进》："德行：颜渊、闵子骞、冉伯牛、仲弓；言语：宰我、子贡；政事：冉有、季路；文学：子游、子夏。"

④ 关于"三年之丧"的起源，以及是否是殷代旧制（清初毛奇龄之主张）？到底是否为古礼？还是只是儒者之礼？学界说法不一。方述鑫以为："三年之丧"之记载最早见于春秋时期，但是当时并未真正实行过，殷代和西周也未实行过，春秋战国时代各国普遍实行的是一种"既葬除丧"的短丧。孔子等人结合殷代的周祭，将当时通行的社会习俗加以规范理想化的改造，就演变成了后世儒家尊奉的"三年之丧"这种丧服制度中的最高礼仪。参见方述鑫：《"三年之丧"起源新论》，《四川大学学报·哲学社会科学版》，2002年第2期。钱穆以为"时此礼久不行，宰我之问，盖讨论制作，与其存虚名，不若务实行。他日或制新礼，改定此制。非宰我自欲短丧也。"参见钱穆：《论语新解》下册，台北：三民书局，1973年版，第612页。胡适则主张"三年之丧"只是儒者之礼，对于古礼之说以为都是"儒家托古改制的惯技，不足凭信"。可参见胡适：《中国哲学史大纲卷上》，台北：里仁书局，1982年版，第132－133页。由于此一考古问题并非本文要旨，也非笔者能力所及，故不细究。

加上“不为礼……不为乐”的说法[①]，明显指涉这是君主或在上位者的行礼，也是关涉国家政策层级的制度问题；礼坏乐崩是当时社会普遍的文化困境，礼乐也是孔子心中念兹在兹的人文关怀，这点理由应该颇能触及孔子的内心深处。问题在于：“君子三年不为礼，礼必坏；三年不为乐，乐必崩”是否如实？笔者比较怀疑的是，“三年之丧”不也是个礼吗？一个君子持守三年之丧，不也是在积极地“为礼”吗？不也是在防止礼坏吗？若不是宰我本身思维有矛盾，就是宰我的“为礼”内容并不包括“三年之丧”。第二点“旧谷既没，新谷既升，钻燧改火，期可已矣”，从自然世界的角度观察，从万物生长的周期来看，直接关涉实际民生，显然是务实效益的考量，比较类于墨家效益主义的思维模式。墨家主张节葬短丧，即着眼于其一贯之“求兴天下之利”[②]。平心而论，宰我的论述不无其理，乍听也没有明显不妥之处。

第二段记载孔子和宰我的对话。对于弟子理性的提问与论述，为师的孔子反问了一个关键句：“食夫稻，衣夫锦，于女安乎?”白话的意思是“三年内[③]吃香饭，穿锦衣，你心安吗?”宰我竟然回答：“安。”孔子接着回应宰我：“女安则为之！夫君子之居丧，食旨不甘，闻乐不乐，居处不安，故不为也。今女安，则为之!”白话的意思是，“你心安你就做吧！君子守孝期间，吃肉吃鱼不觉其香，听音乐不感其乐，住宅不能安，所以不做。现在你心安，那么你就做吧!”整段回应中，孔子除了要表达一个有为有守的“君子”人的正常反应与表现外；“女安则为之!”一句头尾共出现两次，代表它的重要性？还是表达出孔子真心认为“女安则为之”？笔者以为都不是。按《四书章句集注·论语集注》，朱熹认为第一次的“女安则为之”是“绝之之辞”，比较是一种劝诫意味；第二次的“女安则为之”则是“以深责之”,[④] 就是严厉的责备之意。

---

① 伍至学认为：“为礼”在《论语》中仅出现两次，另一处为《八佾》之“子曰：居上不宽，为礼不敬，临丧不哀，吾何以观之哉。”由此观之，为礼与“执礼”（《述而》）“复礼”（《颜渊》）“尽礼”（《八佾》）等其他用法之差别在于乃特指在上位者之行礼，所谓之“上好礼，则民莫敢不敬”（《子路》）。参见伍至学：《论宰我问三年之丧》，《止善》第6期，朝阳科技大学通识教育中心，2009年，第153－166页。

② 《墨子》全书出现此语12次，类似语意的话语更多。

③ 对宰我而言，正确的说法应该是一年之丧之后、三年之内。

④ 朱熹：《四书章句集注》，台北：世界书局，1971年版，第124页。

第三段记载宰我走后，孔子对他的评论，说："宰我真是不仁啊！婴儿三岁后才能离开父母的怀抱。三年的丧期，是天下通行的丧期[①]。"至于"予也，有三年之爱于其父母乎"一句，历来有两种解释：一为"难道宰我没得到过父母三年的怀抱之爱吗?"[②] 一为"宰我是不是也有三年的爱心对他死后的父母呢?"[③] 朱熹也认为，孔子担心宰我真的误以为"女安则为之"，于是就这么放心去做，因此进一步探讨此议题之本源，希望借由君子居丧之食旨不甘、闻乐不乐、居处不安之言，使得宰我或许能反求诸己终得其本心。[④] 范祖禹(1041—1098)[⑤] 则注曰："丧虽止于三年，然丧者之情则无穷也，特以圣人为之中制而不敢过，故必俯而就之，非以三年之丧为足以报其亲也。所谓三年然后免于父母之怀，特以责宰我之无思欲其有以跂而及之尔。"[⑥]

三、"安"的伦理分析

"女安则为之"的"安"，简单来说，就是"良心的安不安"；"安"可否作为伦理行为的标准就是在问"良心"可否作为伦理行为的标准。"良心"基本上是伦理行为的标准，而且是内在标准、最近标准。当一个人面对伦理抉择时，若没有相关的客观信息时，他所能仰赖的就只剩下主体内在的良心了。所以当孔子问宰我"食夫稻，衣夫锦，于女安乎?"宰我毅然决然回答"安"时，孔子虽无奈，但也只能说"女安则为之"。问题是，"良心"的"安"是否是"最终"判准或"唯一"判准？明显不是。对儒家、对孔子而言，都不是。如果在同一件事情上，我的良心和你的良心呈现不同的抉择方向，那该如何？是要依循我的良心还是你的良心？可见良心有其主观性以及客观限制。也

---

① 严格推究，那应该是古代贵族遵行的礼仪。

② 《诸子百家中国哲学书电子化计划》《论语》http：//ctext. org/analects/yang－huo/zh

③ 钱穆：《论语新解·下册》，台北：三民书局，1973 年版，第 614 页。

④ 朱熹注为："宰我既出，夫子惧其真以为可安而遂行之，故深探其本而斥之言，由其不仁故爱亲之薄如此也。怀，抱也。又言君子所以不忍于亲而丧必三年之故，使之闻之或能反求而终得其本心也。"参见朱熹：《四书章句集注》，台北：世界书局，1971 年版，第 125 页。

⑤ 范祖禹，北宋史学家、文学家、官员。

⑥ 朱熹：《四书章句集注》，台北：世界书局，1971 年版，第 125 页。

就是说，即使每个人都按自己的良心做事，仍然有可能天下大乱。何故？因为我们的良心有可能会犯错。会犯错的良心称为“错误良心”，就是良心所判断的行为价值与其客观价值不相符合。[①]

以三年之丧的讨论为例，孔子以为“女安则为之”的原则没有错，有问题之处在于为何宰我竟然可以心安？可是“夫君子之居丧”却不然，君子“食旨不甘，闻乐不乐，居处不安”，显示君子和宰我对三年免于父母之怀的感受和理解都不同，宰我的心安正是孔子最不以为然之处，也正是宰我被评为“不仁”的关键原因。从儒家伦理学的角度看，三年之丧的讨论重点不该仅落于一年或三年的争辩，或者仅是制度面或“礼（制）”的观点，反而“礼”的制定应以“情”作为考量基础[②]，孔子说过：“人而不仁，如礼何?”、孟子也说过：“大孝终身慕父母”，对于父母之丧，为人子女首重从内心自然生发的深沉哀戚，久久无法散去，以致“食旨不甘，闻乐不乐，居处不安”，因此该恻隐、该忧戚、该感通之时若无所反应，与麻木不仁何异？孔子着重的点在此。因此，伦理道德教育的重点之一，在于能恰当地感受喜、怒、哀、乐、爱、恶、欲等情感，并正确表达；另一重点是设法让我们的良心尽可能不犯错，而为“正确良心”，也就是良心所判断的行为价值能与其客观价值相符合[③]，或者说，判断善恶与事理相符合[④]。

按照西方哲学的分析，良心（conscientia）不是人的一个特殊官能，而是一种实践理智的实际应用或判断。良心不考虑纯理性的普遍问题，例如为何要孝敬父母？为何要友爱兄弟姊妹？而是判断此时此地的作为是否可以被称为孝敬父母？此时此地的作为是否可以被称为友爱兄弟姊妹呢？因此，良心的错误

---

① 王臣瑞：《伦理学》，台北：学生书局，1988 年版，第 324 页。王臣瑞将良心的种类分为：正确良心与错误良心；确定良心与怀疑良心；粗鲁良心、细腻良心、疑惧良心和困惑良心。

② 荀子对礼和三年之丧有深刻的讨论，荀子礼论还强调“礼之情”与“礼之文”两个部分，对于三年之丧也有“称情而立文”之主张。可参见潘小慧：《礼义、礼情及礼文——荀子礼论哲学的特点》，《哲学与文化月刊》，2008 年第 35 卷第 10 期，第 45 -63 页。

③ 王臣瑞：《伦理学》，台北：学生书局，1988 年版，第 324 页。

④ 白礼达：《实践伦理学》，香港：圣神修院神哲学院，2001 年版，第 15 页。白礼达（Peter Brady）将良心的判断分为“正确良心”“错误良心”“确实良心”“疑虑良心”四种。

判断不在大前提，而在小前提；大前提通常是伦理的普遍原则（例如："凡人应该要孝敬父母"），不容易误解，小前提攸关的是此时此地要做的行为（例如："选择我喜爱的对象交往，而不选择父母喜爱的对象交往，是否对父母不孝敬"），涉及面较广也较细，容易误解。所谓良心，其实包含有三个因素：个人内心的感受、对伦理道德的认知以及具体的判断。[①] 以三年之丧的讨论为例，孔子和宰我就有不同的推理与思考。现以简易的三段推理表述，孔子的思维方式可分析成两个部分，如下：

【1A】

子生三年，然后免于父母之怀。【前提 1A】

所以，孔子主张三年之丧。【结论 1A】

【2A】

君子居丧之时，食旨不甘，闻乐不乐，居处不安。【大前提 2A】

君子三年之内，食旨不甘，闻乐不乐，居处不安。【小前提 2A】

所以，孔子主张三年之丧。【结论 2A】

宰我的思维方式可分析成三个部分，如下：

【1B】

礼坏、乐崩是不好的。【隐含/省略的大前提 1B】

若君子执守三年之丧，将导致礼坏、乐崩的后果。【小前提 1B】

（君子三年不为礼，礼必坏；三年不为乐，乐必崩）

所以，三年之丧是不好的。【结论 1B】

【2B】

符合大自然的时序，是好的。【隐含/省略的大前提 2B】

一年之后，旧谷既没，新谷既升，钻燧改火。【小前提 2B】

（一年是符合大自然的时序的。）

（一年之丧是好的。）

所以，宰我主张一年之丧。【结论 2B】

【3B】

① 白礼达：《实践伦理学》，香港：圣神修院神哲学院，2001 年版，第 12 页。

符合心理的调适，是好的。【隐含/省略的大前提 3B】

一年之后，食稻、衣锦，于心安。【小前提 3B】

（一年是符合心理的调适的。）

（一年之丧是好的。）

所以，宰我主张一年之丧。【结论 3B】

基本上，我们预设孔子和宰我在思考上都有良善的动机与目的[①]，虽然两人对行为的目的看法有异。问题仅在于【小前提 1B】是否为真？也就是若君子执守三年之丧，一定会导致礼坏、乐崩的后果吗？这点孔子似乎并不关心，也并未回应；宰我也无法证明自己的判断是否一定正确。这涉及良心是否正确无误的问题（正确良心）以及是否确实无误的问题（确定或确实良心）。另一个问题在于【小前提 3B】是否为真？一年之后，食稻、衣锦于心是否安？宰我说"安"就姑且相信他说的，这个良心判断是属于宰我个人内心的感受，笔者或第三者都无法证实其真假，但这就让孔子坐实宰我"不仁"的骂名了。

四、"安"之外的伦理考虑

不可否认，良心在第一义上，的确是主观上的道德标准，但在客观上，受到时空环境的影响，有时难免会发生偏差，此即是前文所说良心也会犯错之意。邬昆如（1932—2015）说：

> 良心是主观伦理所支持的基础；一个人照着良心做事，依着良心去行善避恶，在主观上他就是好人，就是善人。当然，良心因了环境的知性误差，有时会错懂了善恶的分际，因而，为了客观上的是非善恶判准，伦理学中还是要把"良知"提出来讨论，务使这本来是主观的官能，尽量达到客观的标准。[②]

邬昆如以为良知对道德总纲之"行善避恶"，有其普遍价值。然而，在道德细目之"何者为善""何者为恶"的问题，可就并没有普遍性和必然性，甚至有

---

① 没有任何积极的理据指出孔子和宰我有不良善的动机或目的。

② 邬昆如：《伦理学》，台北：五南图书出版公司，1993 年版，第 321－322 页。邬昆如在此书并未严格区分"良知"与"良心"，按照士林哲学集大成者多玛斯，"良知"（Synderesis）即"伦理秩序的第一原理的习惯之知"，简称"自然道德律的习惯"，基本上是不会犯错的，会犯错的是"良心"。

人言人殊的情形。“三年之丧”即为一例。在孔子心目中，良心也不是唯一的道德标准，那么什么才是孔子和儒家心目中的客观标准呢？笔者以为大致可以归结为“义”。孔子说过：“君子之于天下也，无适也，无莫也，义之于比。”这指出君子人立身处世/事的根本在于“义”，没有什么一定非得如此，也没有什么一定绝对不可，就看是否合乎“义”。孔子也说过：“君子义以为质”“君子义以为上”，这指出君子人的本质或实质在于“义”，“义”作为君子人的条件和基础。孔子又说：“言必信，行必果，硁硁然小人哉!”指出言必信、行必果只不过是最低的士的德行的要求。孟子也有的类似说法：“大人者，言不必信，行不必果，惟义所在”。可以说是发明孔子之意。何为“义”？主要有两种解释，一是“宜”，见《中庸》20条：“子曰……义者，宜也，尊贤为大。”朱熹集注曰：“宜者，分别事理，各有所宜也。”韩愈《原道》言：“行而宜之之谓义。”这些都说明历来“宜”或“适宜”作为“义”的主要意涵。另一是“道义”，见《诸子百家中国哲学书电子化计划》之注解。由于本文重点不在讨论“义”，仅简单指出儒家对于良心安不安的主观判准外，亦有其他客观的伦理道德考虑。

五、结　语

所有的伦理实践都关乎两个原理，一为客观道德，一为主观道德。客观道德通常就是律法，有所谓的自然道德律/天理，和人为法两类；主观道德谈的是良知良心。儒家哲学亦然，在做伦理实践时，考虑两个面向，一是客观层面的天理或义之所在，一是主观层面的良知良心。孟子说：“人之所不学而能者，其良能也；所不虑而知者，其良知也。孩提之童，无不知爱其亲者；及其长也，无不知敬其兄也。”良知既为不虑而知者，当然具有普遍性，正反映了天理的内容，也定是不会错的。会错误的部分在于个别的实践理智判断，也就是良心的部分，前文所谓小前提判断的部分。因此，除了“求其放心”、良心的涵养、以“仁”为核心的道德情感作为良心判断的基础外，如何让天理在于人心，如何让良心反映出天理，使得主观道德与客观道德符合一致，就成为儒家伦理学和伦理教育的重点。《论语·阳货》“三年之丧”的当代讨论之意义在此，对于“安”是否可以作为儒家伦理实践判准的问题，笔者以为可以也必须，否则我们要依凭什么来抉择与实践？但是在依凭良心之“安”时，我们要确定并确认那真是“安”，无可怀疑。另者，为免除错误或降低错误率，不可仅依赖良心的安不安来行事，因为主体本身不是道德价值的最后基础，意志的正直性是在于尽力合乎客观标准（努力培养“正确良心”），更要时时砥砺促进伦理认知，去思索自然道德律/天理与个别情境的关系，力求在伦理议题上做出正确的抉择，成为良善的君子。

宋明理学理治内涵简析

徐公喜

（上饶师范学院朱子学研究所教授）

一、一般意义之“理治”

“理治”原始之义为“得到治理；治理”。《礼记·昏义》：“外内和顺，国家理治。”《文子·微明》：“修之身，然后可以治民；居家理治，然后可移于官长。”梁启超称也曾经将传统社会治理一种方式笼统称为“理治主义”，这一概念是和“人治主义”“德治主义”等并列与等同意义。对“理治”，学界主要有以下一些不同的定义：

第一，最传统普遍意义上的“理治”定义就是以人类共同认同的价值观和真理观即公理深入人心进行治理。其内涵一般是取追求公平合理、理性治国之意。例如白海军《2049相信中国·人类文明如何演化?》①：所谓理治社会，就是以理性来作为社会存在的标准原则——法制社会中法律是制度中心，同时附以道德。理治社会则是将法律与道德统一，以人性中的理性来解决社会中的矛盾。法律并不能完全做到真正的公平合理，而公平合理是自由、平等、博爱等各种其他理想的最基本原则。

第二，郭士全《中医科学论》②（网络版）：“东西方文化的第八个区别就是西方为法治文化，东方为理治文化。法治文化就是主张以法治国，治理国家和处理国家的一切事情都以法律和法规为准绳。理治文化就是主张以理治国，治理国家和处理国家的一切事情都以伦理和道德为准绳。理包括天理（也称道

① 白海军：《2049相信中国·人类文明如何演化?》，北京：中国档案出版社，2006年版。

② http：//doctorjia. blog. sohu. com/84136976. html。

理）、人理（也称伦理或人伦）、情理等。理是道、德、情运行的规律，理是一种由自然形成又经过人为提倡的人性的行为准则和规范。法重在规范人的行为。理重在规范人的思想和观念。理是一个人性规则，它不是一种制裁措施，而是一种教化，只是给人灌输遵守公德光荣、违犯公德可耻的观念。”

第三，张连国《大道哲学：后现代主义的健康导向》① 提出“后现代理治社会”概念，指出：建立一个兼顾人道“真情”与客观“实理”，且有情理圆融中道智慧的社会管理机制，这就是后现代的“理治”社会。认为：“从人类社会秩序治理的轴心原理来看，无非是‘道德原则’与‘治理原则’的不同组合状况，随着物质和精神文明状况的变化而与时推移，从总趋势上大体呈现德治、宗治、法治、理治、道治五个阶段的‘S’螺旋式的发展态势。”认为：德治—原始社会阶段，宗治—血缘宗法社会，法治—资本市场社会（资本法治社会），“理治社会”是“宗治社会”与“法治社会”的阶段性合题。人类最终会进入大道公行、天人合一、人和自然高度和谐的“道治”大同社会。②

第四，黄勇提出“建立理治、德治、法治相结合的社会整合模式。理，在先秦哲学中通常指规律或原理。它有两层含义，一是指客观规律、法则；二是指反映客观规律的科学、原则。本文所说的理治，是指尊重规律，崇尚科学，按规律和科学的要求治国”③。

第五，赵剑华从领导理论出发，认为人类社会将会告别幼年时期的“人治”（情感政治）和成年时期的“法治”（理性政治），跨入不惑之年的“理治”（科学政治）时代。理治论就是人类群体进入这一鼎盛时期所追求的一种全新的政治理念和科学的领导方法。④

---

① 张连国：《大道哲学：后现代主义的健康导向》，《社会科学辑刊》，2001 年第 2 期。

② 张连国的德治、宗治、法治、理治、道治五个阶段和五个社会的划分，无疑是从从人类社会秩序治理、整个世界文明发展轨迹依据现代西方理论来考量，并不是从中国传统社会文化的轨迹进行解读的，其“法治”之意义与韩非法家“法治”意义大相径庭，是一纯粹西方语境下的“法治”。故而“‘理治社会’是‘宗治社会’与‘法治社会’的阶段性合题”的命题也就缘于是。

③ 黄勇：《邓小平社会运行理论的基本点：激励与整合发展》，《前沿》，2002 年第 12 期。

④ 赵剑华：《从“人治”到“ 理治”》，《新东方》，2004 年第 11 期。

第六，徐勇《乡村治理与中国政治》认为，1949 年到“文化大革命”期间的乡村治理方式概括为“理治”，尤其在人民公社时期则是“理治”，即依靠社会理想、依靠论证这一理想合理性的理论进行治理。指出：这一时期的乡村治理依据的是“理”，这个理指的是“社会理想”和革命领袖的政治口号。“理治”是国家借助一次次的政治运动不断向乡村社会渗透的过程，它依据的是革命领袖的政治口号。① 在徐勇的理论基础上，另有学者也认为，“中国乡村社会治理的整体性结构变迁是基于治理理念的变化与发展的。数千年来，中国乡村社会治理理念，经历着礼治—理治—法治的历史变迁”②。

二、宋明理学“理治”的提出

从以上“理治”概念的定义与内涵可以看到，学界的“理治”有的是就整个传统社会治理方略而言的，有的是从中国现代社会治理或乡村社会治理模式做出的解释。本课题则是以宋明理学为正统社会意识的宋元明清阶段社会治理模式进行讨论。从现有研究看，已有学者将宋明理学这一阶段的治理模式以“理治”进行了概括，郭明道提出：“到了宋代，理学家们在治经的过程中，不重章句训诂，而以阐述义理为主，创建了理学思想体系。他们认为理不仅是自然界的最高原则，同时也是人类社会的最高原则。认为封建制度及其与之相适应的伦理纲常就是天理，谁违背了封建制度与纲常，谁就违背了天理。他们以理学来解释儒家之道，提出了‘存天理，灭人欲’的道德修养论。实质上是以‘理治’来代替‘礼治’。”③ 成积春也指出：康熙以“理”治国思想的内容主要体现于两个方面：一是将厚风俗、正人心视作国家长治久安和实现“敦庞之治”的根本途径：二是树立了“端本清源，源清流洁”的吏治与法治观念。④ 特别值得一提的是束景南先生的“理治”观，对我们的研究无疑具有

① 徐勇：《乡村治理与中国政治》，北京：中国社会科学出版社，2003 年版，第 204 页。

② 包先康，李卫华，辛秋水：《国家政权建构与乡村治理变迁》，《人文杂志》，2007 年第 6 期。

③ 郭明道：《综述扬州学派的人文精神及其现代意义》，《 扬州大学学报》，2009 年第 1 期。

④ 成积春：《论康熙以“理”治国的理论与实践》，《齐鲁学刊》，2006 年第 2 期。

很多的启迪。束景南在《朱熹研究》引论“理治：法的伦理化与伦理的法化”一节中，认为“朱熹提出了‘理治’的思想”，“政治即道德，道德即政治，成为朱熹社会政治思想与理想的出发点”。在他看来，“朱熹的‘理治’思想，实际是以理为法，以伦理为法……在古代中国，不仅道德的义务本身就是法律的规定，而且道德即表现并发挥在法的领域里，二者之间具有双向交流转化的功能：道德可以转化为法律，法律也可以转化为道德。朱熹的‘理治’思想是对东方这种封建政治统治的理想建构，在他那里，伦理即法，法即伦理，他的‘理’就是伦理与法律的二重性和二重功能，理治、德治、法治具有同一意义，法具有了‘天理’的神圣性。”① 他从“治法先治人”“正君限权”“重义轻利”“仁政爱民”四个方面阐述其“理治”思想的表现。然而，束景南先生的“理治”观尚未区别理治、德治、法治特性，法的伦理化与伦理的法化的理治。这与我们所阐发的朱熹理治思想乃至宋明理学理治思想还是有很明显的区别的。

如前所论述，唐宋作为社会一个重要的转型时期。在政治体制上由世族政治向士大夫平民政治的转型，由地方分权向中央集权转变。在经济形态上由自给自足经济向商品市场经济的转型，土地占有形式由国家土地所有制向地主所有制转变，农业生产关系中租佃式占重要的地位，整个社会观念由贱商抑商向士农工商皆本观念转变。在社会结构上由人身依附向身份平等的转型，人身权利法律关系趋向契约化与平等化，基层统治乡党宗法伦理社会向家族宗法伦理社会转变。在教育学术上由上层封闭教育文化向平民开放世俗文化转型，由儒释道各自争先向儒释道诸教合一转型。法律文化上，由伦理法向义理法转型，法律道德化向道德法律化转型。从法律文化发展历程看，宋以前，法律向道德靠拢，法律吸收道德价值，而从宋到清末，则是道德寻求法律强制力的支持，在新的社会条件之下，强化他律。宋明整个社会变化与春秋战国之际的社会变更程度不分上下，无疑都可以说是一个社会剧变时期，这种社会变革不能不影响到统治者与士大夫学者在政治、法律、思想文化与教育等各方面的治国策略思想与实践措施的巨大调整。

宋明理学，是融合先秦以来儒释道法等诸子百家思想精华而形成起来的一

① 束景南：《朱熹研究》，北京：人民出版社，2008 年版，第 17 – 19 页。

种新的思想理论体系。从北宋理学形成到南宋末期将理学立为正统意识形态后的中国社会，显然不能够仍然依照或孔孟的礼治、或西周德治、或法家法治、或道家政治进行国家治理，必然运用一种新的治理模式。在此形势下，宋代理学家们创建了理学思想体系，他们以理学来解释儒家之道，提出了“存天理，灭人欲”的道德修养论。而且，宋代理学家们扭转了《礼记》中所体现出的礼、理关系的架构，实现了由礼向理的转化。以“理治”来代替“礼治”，天理成为宋以后治国之道的内核。因此可以说，以朱熹为代表的理学正宗，顺着儒、释、道三教合流的历史趋势，以儒家礼法、伦理思想为核心，创立了儒家学说的“道统”体系，以“天下平”为理治社会理想境界，并在此基础上建构起独具理论特色和现实价值的理治社会论。此后，中国社会已经转向“以理治国”为核心治国之道的“理治”社会时期。“理学并不是纯粹的学术，而是一种指导实践的理论，本身就代表着一种社会理想。简单地讲，理学要求重建合理的社会秩序。”这种“理治”是一个特定历史时期国家治理模式的概念，是特指 11 世纪至 19 世纪中叶的宋、元、明、清宋明理学作为正统意识统治时期的国家治理模式，属于历史阶段性的治理方式的一个概念。这一概念与传统普遍意义上所述“理治”概念有本质差别，也与唐宋之前中国历史所出现过的“德治”、礼治、法治、政治、孝治、礼法（德法、德刑）合治等都是不同的概念，其在内涵、性质、理论基础、具体措施等方面都是全新的。“以理治国”为核心治国之道是以宋明理学思想为指导，以德礼政刑为路径，待人以理，化民以理，追求国家道德伦理化、道德化的统一、礼制与政治制度理性化、法律理学化，实现天下平的理想社会的治国之道。宋、元、明、清社会是“理治社会”，这种理治是通过其道统、政统、法统与学统进行一体化构建。故而，“理治社会”下的道统、政统、法统与学统将成为这一社会文化应当讨论的核心内容。当然，我们所指的“以理治国”只是说理治成为社会核心治理方略，并不是说理治成为当时社会唯一的方略。

三、宋明理学理治基本框架

第一，以天理为根据，以缜密天理思想体系维护社会道统的传承与广延。

客观上说，程朱理学的天理是直接继承和发展了先秦汉唐学说，从孔子的“天道”、董仲舒“天命”论而来，天道成了天理的本体，“天道者，天理自然

之本体，其实一理也”①。周敦颐、张载、二程、朱熹等打造了“一理二气五行心性”为核心内容的天理学说。所谓“天降生民，则既莫不与以仁义礼智之性矣”②。在心性、理气理论学说的基础上，宋明理学把天与人联系起来，承继了先儒天道与人道、自然与人为相通、相类和统一观，又吸取佛道思辨的营养，扭转了汉儒人附于天的天人合一模式，创立了突出人心性的新的天人合一论，以更为严密的论证，把人性分为天命之性和气质之性两层，既论证了人性可变、教化（德治、礼治）的可能，也强调了刑罚（法治）的必要，并从根本上论证了天理与人法的统一。

宋明理学是把天道说、人性论及物质节制说融为一体后更加广大发扬，以圣人继天立极解说天与人的沟通，首先把人性来源提上接及于天命，提出道德性命本身的终极来源所在于天。把哲理化的理论与社会现实生活加以对接，努力说明天之所以为天、人之所以为人者，以及法律与社会群体、社会文化的相互联系，以造就理论体系神秘严肃性与社会普遍性的统一。单就天命论方面说，朱熹“得之于天”的思想并不是董仲舒天人感应、君权神授天命论的翻版，而是理学大师在新的理论基础上的融合与阐释，其天实质是“理”或“天理”，这种天理论与董仲舒天命论有着明显的差别。朱熹所理解的天不仅是宇宙万物的源流，而且还具有人的社会意识属性，把它视为人的最高行为准则“无形体”“无情意”的精神本体。而董仲舒所理解的天则是有人格、有意志、至高无上的神的代名词，源于“天神”，继承了殷周以来宗教神学思想，经过王充、刘禹锡、王安石等的批判，更是失去了其生命力。理学家们只沿用了先人“天”的名词，利用天的概念深入人心之便，灌之以新义，更利于天理思想的传播。而且对于仁、义、德、礼、刑、政、乐诸端而言，理是本体、是根据，又是规范和准绳。

宋后期至清中期，宋明理学已经成为统治阶层上层的意志，成为治国的最根本的意识形态。《宋史·道学传》所谓“时君世主，欲复天德王道之治，必来此取法矣”。随着程朱理学、象山心学的传播，统治者也逐渐认识到了以

① 朱熹：《论语集注·卷三·公冶长》。

② 《朱文公文集·卷七十六·大学章句序》。《晦庵先生朱文公文集》，收于朱杰人，等：《朱子全书》第20－25册，上海：上海古籍出版社，合肥：安徽教育出版社，2002年版。后直称《朱文公文集》。

“四书”学为理论基础的理学对维护统治所起的作用。南宋理宗在宝庆三年（1227）与十四年（1238）两次下诏说：“惟孔子之道，至我朝周敦颐、张载、程颢、程颐，真见实践，深探圣域，千载绝学。中兴以来，又有朱熹，精思明辨，折中融会，使《大学》《论》《孟》《中庸》之旨贲门洞彻，孔子之道，益以大明于世。”[①] 元朝恢复科举，以“四书”作为科举考试的命题与解说依据。朱元璋在建国后的第二年就下诏，命天下立学，以朱子《四书集注》命题试士。这个制度从元朝开始算起至清末结束，持续了近600年。从国家取士制度上，将宋明理学上升到统治意识形态。明神宗在给丘浚《大学衍义补》所作序中说：“是以孝庙嘉其考据精详，论述赅博，有补政治，特命刊而播之……朕爰命儒臣日以进讲，更数寒暑，至于终篇然，欲因体究用。而此书尤补《衍义》（指真德秀《大学衍义》）之阙，朕将细绎玩味，上逆祖宗圣学之渊源，且欲俾天下家喻户晓，用臻治平，昭示朕明德。新民图治之意。”[②] 康熙皇帝对于朱子之学极为推崇，认为朱熹“文章言谈之中，全是天地之正气，宇宙之大畴。朕读其书，察其理，非此不能知天人相与之奥，非此不能内外一家”[③]，康熙不仅自我约束崇尚朱学，而且极力广为天下议论，康熙五十一年（1712）康熙帝谕大学士讲道：“朕自冲龄，笃好图书，诸书无不览通……惟宋儒朱子注释群经，阐发道理，凡所著作及编纂之书，皆明白精确，归于大中至正，经今五百余年，学者毫无疵议。朕以为孔孟之后，有禅斯文者，朱子之功，最惟弘巨，尔等详议具奏。”[④] 以义理为核心的宋明理学思想体系对于宋以后基层宗法社会产生了巨大影响，成为了社会世俗礼仪、经济规范观念及行为上的规范性理念。洪武三十年，大明律诰完成，朱元璋曾御午门，宣谕群臣曰：“朕仿古为治，明礼以导民，定律以绳顽。”[⑤] 朱熹积极倡导君臣父子之天分，明君臣父子夫妇之伦，序钦疏贵贱之仪，有力地强化了宗族观念。清初休宁赵吉士所言：“新安各姓聚族而居，绝无一杂姓搀入者，其风最为近古，出入辞让，姓各有宗祠统之，岁时伏腊，一姓中千丁皆集，祭用朱文公家礼，彬

① 《宋史·卷四十二·理宗纪》。

② 《皇朝经世文编》，光绪十二年（1886）思补楼重校本。

③ 康熙：《清御制文集·第1集卷十九·御纂朱子全书·序言》。

④ 《清圣祖实录·卷二百四十九》，康熙五十一年二月丁巳。

⑤ 《明史·卷九十三·御制大明律序》，北京：中华书局，1983年版。

彬合度。父老尝谓新安有数种风俗胜于他邑，千年之冢，不动一抔，千丁之组，未尝散处，千载谱系，丝毫不紊。”“主仆之严，数千年不改，而宵小不敢肆焉。”[①] 广大徽商无不以朱子理学“诚信”接人待物，经营从商。

宋明理学也成为后世思想学术的正宗，道统与学统延续不断。宋明理学家树立了由尧舜至孔孟、由孔孟至程朱，由程朱至阳明，乃至理学后续的道统、学统的承续谱系，表达了其正宗的思想、学术地位。清初理学大师陆陇其由此提出：“及考有明一代盛衰之故，其盛也，学术一而风俗淳，则尊程朱效也。其衰也，学术歧而风俗坏，则诋毁程朱之效也。每论（天）启、（崇）祯丧乱之事而追原祸始，未尝不叹息痛恨姚江。故断然以为今之学非尊程朱而黜阳明不可。”[②] 此时的学者甚至认为“救弊之法无他，亦惟有力尊考亭耳”[③]。提出，“今之学道者，须自梁溪登考亭，自考亭登尼山（孔尼）”，“欲为儒宗者，宗朱而言矣；宗朱所以宗孔也，锐意宗孔而不宗朱，非真能宗孔者也”[④]。清程逢仪《四书朱子大全序》述称：“朱子之书，广大悉备，其学无所不通。”江永《考订朱子世家》：“婺源有朱子，吴文正公所谓‘景星庆云，泰山乔岳’者也。”江永一生笃信朱学，赞颂朱子之学是“为天地立心，为生民立道，为去圣继绝学，为万世开太平，其功伟矣！”[⑤]

总之，宋明理学以天理为宗的理治思想，旨在加强君主专制，强化宗族观念，极大地影响了专制集权。由此，在宋后期至清中期，宋明理治思想已经成为统治上层阶层的意志，成为治国最根本的意识形态。

第二，合传统治理之道，以“德礼政刑”为主要治理路径的多维度社会理治模式。

在不同社会形态和文化传统的国家，社会控制的具体方式和所采用的手段则又表现出不同的特点。实现社会控制的手段有诸如道德信仰、法律、社会宗

① 赵吉士：《寄园寄所寄·卷十一·故老杂纪》，四库全书本。

② 陆陇其：《三鱼堂文集·卷八·周云虬先生血书集义序》，上海：上海古籍出版社，2003 年版。

③ 陆陇其：《三鱼堂文集·卷五·嘉善李子乔书》。

④ 刁包：《潜室札记·卷上》，丛书集成初编本。

⑤ 江永：《近思录集注·自序》，收于程瞳辑：《新安学系录》卷十四，王国良，张健，点校，黄山：黄山书社，2006 年版。

教、礼仪、社会舆论、社会价值观和伦理法则等等，尤其是道德与法律两个最主要路径，而这些社会控制手段一般可以分为内在控制与外在控制。内在控制主要是通过对个人或群体内化作用将社会规范改造成自我观念，从对自己的行为实施控制，例如道德信仰、法律、社会宗教、社会舆论等。外在控制则是利用社会外部力量主要社会规范对社会成员实施社会控制，使被控制者消极地接受控制与外部约束，诸如法律、礼仪等。中国古代社会的社会控制总体上说是各种手段综合运用的过程。宋明理学倡导理治，形成了多维度的社会治理模式。既具有形而上之特征完整的理论体系，又突出社会实效化，更具有经世致用的社会性。内圣外王，由外王回归内圣，以天人一体、“理一分殊”为理念的中庸和谐模式。“和而不同”的理论认知走向更为积极的、现实的“和而解”。宋明理学的治国之道在发展过程中形成了具有丰富内容的综合性层次性模式：宋明理学从心灵修养上，强调正君心，格君子之非，胜过治民心，特别重视发挥君王功能，将格君子之非心，实现政统与道统的统一作为治人的首要目标，走出了一条由君王到上层士大夫、再到普通官吏、最后正民心的自上而下的心治之路；而从空间的治理上，则现实性地以理欲论为核心，结合“四书”学，构成了修、齐、治、平自下而上的控制层，由心灵道德到现实实践，从内向外扩展，由修身个性——齐家家族性——治国社会性——平天下的终极性发展。平天下为治国实践的目标，修、齐、治、平运用于社会政治的不同阶段。宋明理学依然坚持国家集体本位，把国家一统及社会整体利益放在首位，探索出由个体修身到齐家、再治国、最后平天下的自小而大的治理理路。宋明理学的国家治理与社会控制不仅是理论性的，更是社会实践性的，宋明理学将德、礼、政、刑视为其最主要的外在路径。宋明理学倡导理治，对传统儒家学说改造与演进，试图通过综合社会控制方法，参以达到实现“天下平”的社会控制目标，进而达到国家的长治久安，走过了一条由“礼乐刑政”向“德礼政刑”综合治理的转化发展道路。

宋明理学社会治理以道德伦理控制为主导，伦理道德、礼俗制度、政治体制、法度律令与经济调控有机结合，从来也不缺将政治、经济、道德与文化等统一起来的综合治理思想。它努力将经济结构、政治结构、社会结构、意识形态与文化结构成为有机的一体，土地经界、封建制、家族制、宗法制、科举制等都是其关注的重要内容，可以说其社会控制是一个综合治理的过程。

第三，宋明理学法律属于义理法律文化。

传统理论对中国社会传统法律文化属性作了诸如“自然法儒家化”“伦理法”“礼法文化”“宗法——伦理法”等此类整体性概括，将中国传统法律文化发展进程划分为法律道德化与道德法律化两个过程。就中国传统文化法律基本属性而言，先秦到汉唐属于伦理法律文化时期，宋元明清则是以宋明理学为核心的义理法律文化时期。宋明理学崇尚“道理最大”，将义理视为最高的意识形态指导，也理所当然成为法的本体。宋明理学法律义理化是以“义理之所当否”视为辨别案件是非的根本准则，朱熹认为“合于义理者为是，不合于义理者为非”①，则是宋明理学义理法律以理学义理作为裁判的依据，推衍其义理以断斯狱。宋明理学以为“法者，因天理”②，“国法”是源于与承袭“天理”；同时也是顺应与维护“天理”，甚至说“法字、礼字，实理字”③。揭示了宋明理学法的渊源、法的属性、法的正当性问题。总体而言，宋明理学“以理统法”，促进法律的理性化完善。国法因“天理”而产生，以“天理”为指导，维护纲常之“天理”更是国法之重任。宋明理学义理法律伦理化程度远远浓厚于汉唐法律，乃至达到了一个顶峰，体现了尊卑上下、长幼亲疏伦理之意义。宋明理学在立法、法律适用与执法等法律规范上更强调“原父子之亲，立君臣之义”，具有尊卑上下长幼亲疏之等分权利与义务的对应性、双重性。同时，理性主义是宋明理学思想体系的重要特性，无疑也是其法律思想特性之所在，将追求法律事实的客观实在作为重要内容，实现着由人伦理性向人伦理性与科学理性、知识理性并举转变，强调法律文化科学理性层面，体现理学文化“慎刑”思想，努力追求法律因“势”顺“理”，视义理而为权，将法律规定性、统一性与科学灵活性相结合，“论其罪则不须论其功”④，“随其罪之轻重而异其法”⑤。宋明理学在不同历史时期以不同学派、潮流影响着统治者的

① 《朱子语类·卷八十三》。收于朱杰人，等:《朱子全书》第 14 – 17 册，上海：上海古籍出版社，安徽教育出版社，2002 年版。

② 陈宏谋：《从政遗规》，收于《中国传统道德》，北京：中国人民大学出版社，1995 年版，第 6 页。

③ 《朱文公文集·卷四十八·答吕子约》。

④ 《朱子语类·卷四十四·论语》。

⑤ 《朱文公文集·卷六十五·舜典》。

政治意识形态。寓政治、道德与法律为一体，使理治社会形成了“非朱子之传义不敢言，非朱子之家礼不敢行”[①] 的政治化法律文化。在理治社会环境下，宋明理学已经将先秦儒家“无讼”的传统理念转化为“息讼”目标，以教之共成仁厚之俗，以调之有效化解社会矛盾，以养之爱养民力解决民生。以刑去刑，以辟止辟，实现明慎用刑而不留狱。

第四，理治社会追求“平天下”的理想境界。

宋明理学倡导具有创新与时代性至理至公至正的“平天下”理想社会。包含着“明明德天下”“天下为公”“一统天下”“生态天下”等境界，是一个在理所规定下天下平的理想境界。

综合看来，宋明理学理治社会论是以天理为宗，以德礼政刑为路径，追求国家道德伦理化、法律化的统一，追求礼制与政治制度理性化、法律理学化，实现天下平的理想社会的治国之道。宋明理学理治思想是“汇纳群流，扩其范围”的结果，兼具包容性、多样性的特点。朱熹理治思想既将道家“道”本体之心兼容张载“气”的学说，理气结合，使理气观更加丰富多彩，又极力吸取并改造法家思想中有利于维护君主专制的思想，使思想更具有合理性、灵活性与可操作性。理治思想是“明得前人本意，与发挥自己新意”[②] 的结果，是承续性与创新性的结合。一方面，宋明理学对前人的思想学说倍加理会，以呈现鲜明的承续性特色。另一方面能够依据原有的思想学术加以发挥，从旧思想中发展出新体系。程朱以“四书”义理之学为基石，以道统为线索，建立起完整的理治思想体系，挖掘出“四书”所蕴含的丰富而重要的政治意蕴，对宋以后中国传统治国之道产生了极其重要的作用。理治思想还具有强烈的科学理性色彩。理治思想坚持和发展了“天人合一”的思想观，创新了“天人一体”理念。朱熹以“理”的范畴阐发天人一体，“理”既表现了“天人一体”的宇宙观，又体现了人与自然、社会与自然达到合一，有着很高的思辨哲理性及社会实用性。同时，在阐述天人关系及“平之生态天下”思想时，能够较多地以丰富的自然科学知识使其思想更加具有科学理性精神。

---

① 朱彝尊：《曝书亭全集·传道录序》，王利民，校，长春：吉林文史出版社，2009年版。

② 钱穆：《朱子学提纲》，北京：生活·读书·新知三联书店，2002 年版，第 32 页。

理治社会论因其“体用皆备”“特重政事治道”①，兼具经世致用性和社会实效性。理治思想把治国之理的政治哲学作为理治社会论的核心，关注治道，同时没有将政刑排斥在治国方略之外，而是将在义理指导下的政刑纳入其平天下王道之中，极大地满足了“人君治天下”的政治要求，并成为引导中国社会几百年政治活动的思想规范。同时，理治思想无论是其理论内涵还是语言都十分直白、简易，因此，以天理为核心的理治体系对于宋以后的基层社会也产生了巨大影响。

① 钱穆：《朱子学提纲》，北京：生活·读书·新知三联书店，2002 年版，第 18 页。

论张载的价值观：地位、类型、特色

林乐昌

（陕西师范大学哲学系教授）

一、张载价值观的体系定位和类型划分

关于北宋理学创始人、关学宗师张载（1020—1077，字子厚，学者称横渠先生）的价值观，学术界素乏专题研究。任何价值观都是人的动机和行动的准则，同时也代表人的基本信念。它既有导向规范作用，又有激励支配作用。张载的价值观亦然。本文是从地位、类型、特色三个不同角度研究张载价值观的尝试。

本文大标题中所谓“地位”，本节标题中所谓“体系定位”，都是指如何在张载理学体系中为其价值观确定恰当的位置。近年，有些学者在研究宋代理学时，将作为价值观的“仁学”定位于形而上的“本体论”。[①] 这就提出了一个值得深思的问题：能不能把儒学价值观或理学价值观，例如“仁学”，直接定位于形而上的本体论层面？澄清学术界在这一问题上的模糊认识，有助于我们加深对张载理学价值观的根源、特性和作用的认识。

张载理学的体系特征相当突出。海内外学者大多肯定张载理学有其完整的理论体系。[②] 台湾著名学者韦政通在比较周敦颐、邵雍、张载三人之后说：“三人中对儒学真能登堂入室并发展出一个新系统的，就是张载。”[③] 这里所谓“新系统”，也就是新体系的意思。美国学者葛艾儒认为：“张载的著作散佚很

① 李祥俊：《道通于一：北宋哲学思潮研究》，北京：北京师范大学出版社，2006 年版，第 395 – 408 页。

② 程宜山：《张载哲学的系统分析》，上海：学林出版社，1989 年版；陈来：《宋明理学》，沈阳：辽宁教育出版社，1991 年版，第 58 页。

③ 韦政通：《中国思想史·下册》，上海：上海书店出版社，2003 年版，第 749 页。

多，不过，留存至今的还是足以让我们勾勒出一个完整的哲学体系。”[①] 张载在言及自己的学说时说：“某唱此绝学，亦辄欲成一次第。”（《张子语录·语录下》）[②] 这里所谓“次第”，指其思想结构的内在层次顺序安排，相当于今天所说的“体系”。

本文从哲学诠释学的角度提出，张载的理学体系是由三个层面构成的：处于上层的是，以“天”或“太虚”为本体、以天道论和心性论为主要内容的“形而上”的学说；处于下层的是，通过思考自然、社会和人生而形成的古代自然知识（包括天文学）、政治思想、教育思想和修养功夫论等“形而下”的学说；处于中层的则是，人的价值观乃至境界观，这可以视作张载理学体系“形而中”的学说。

台湾著名学者徐复观、大陆著名学者庞朴，二人先后从不同角度使用过“形而中”这一说法。徐复观在解释《易传·系辞》所谓“形而上者谓之道，形而下者谓之器”这两句话时，认为，“这是以人为中心所分的上下”。他指出，“假如按照原来的意思把话说完全，便应添一句‘形而中者谓之心’。所以，心的文化、心的哲学，只能称为‘形而中学’，而不应讲成形而上学”。[③] 徐复观“以人为中心”划分形而上与形而下，并以人心为“形而中”，这与《周易》经传注疏的解读偏离甚远。[④] 冯友兰认为，中国古代的“天”有五种意义，即“物质之天”（天空）、“主宰之天”（天神）、“命运之天”（天命）、“自然之天”（天性）、“义理之天”（天理）。[⑤] 庞朴把这五种意义压缩为三种：

---

① 葛艾儒（Ira E. Kasoff）：《张载的思想（1020—1077）》，罗立刚，译，上海：上海古籍出版社，2010年版。

② 张载：《张子语录·语录下》，收于《张载集》，章锡琛，点校，北京：中华书局，1978年版，第39页。以下凡引《张载集》，均只标明著作名和篇名。

③ 徐复观：《中国思想史论集》，上海：上海书店出版社，2004年版，第212页。

④ 《易传·系辞上》曰：“形乃谓之器。”孔颖达疏对“形而上”与“形而下”之分，也是以“形质”“器用”为标准的，而不是以“人”为标准的。他说：“先道而后形，是道在形之上，形在道之下。故自形外已上者谓之道也，自形内而下者谓之器也。”“既有形质，可为器用，故云‘形而下者谓之器也’。”参见王弼，韩康伯注，孔颖达疏：《周易正义·卷七》，李申，卢光明，整理，北京：北京大学出版社，1999年版，第288、292页。

⑤ 冯友兰：《中国哲学史新编（第一册）》，收入《三松堂全集·第8卷》，郑州：河南人民出版社，2001年版，第90－91页。

"物质的天（天空、大自然）、精神的天（主宰、至上神）以及本然的天（本然意义上的物质，如牛马四足天性；被当成本然意义上的精神，如天理；以及本然意义上的气质，如天真）。"庞朴还认为，这三种意义的"天""分别为形而下的、形而上的和形而中的"。[①] 在他看来，形而上、形而下和形而中所说的都是"天"，而"形而中"指的则是"本然的天"。庞朴所谓"形而中"，只涉及"天"这一概念的特定理解角度，并不涉及如何对特定思想体系进行层次分析，与本文所讨论的问题无关。徐复观所谓"形而中"，虽然关乎思想体系的分层，在认可以"道"为"形而上"和以"器"为"形而下"的同时，强调以"心"为"形而中"。这与本文全面审视特定理学体系的分层，从而为理学家的价值论定位这一意图有别。徐复观的意图是强调，不能把"心学"定位于形而上学。本文则认为，对于张载的理学体系而言，"形而中"应当指其体系中的价值观乃至境界观层次。这一认识，主要是就张载价值观的体系定位而言的，至于是否适用于其他理学家价值观的体系定位，则需要具体分析。值得注意的是，台湾著名学者方东美在论及中国古代哲学体系时认为，居于上层的"天"与下层的"物质世界""中间"的是"生命流行的境界"，人的生命可以充分利用物质条件，"生命可以发展它本身的创造性"。在"生命创造性里面"，人可以"从知识上作充分的发展，从价值上作充分的努力"。[②] 虽然方东美并未直接使用"形而中"的说法，但他对处于形而上的"天"与形而下的"物质世界""中间"这一说法的阐发，与本文对"形而中"内涵的规定大体是一致的。这有助于我们加深对"形而中"的理解。

张载指出："知崇，天也，形而上也。"（《正蒙·至当篇》）"'形而上'，是无形体者也，故形以上者谓之道也；'形而下'，是有形体者，故形以下者谓之器。"（《横渠易说·系辞上》）又指出："运于无形之谓道，形而下者不足以言之。"（《正蒙·天道篇第三》）值得注意的是，在这里张载只论及"形而上"与"形而下"，并未涉及在"形而上"与"形而下"之间是否还有"形而中"。把张载的价值观定位于其理学体系的"形而中"层面，是我们依据其

① 庞朴：《庞朴文集·第1卷》，济南：山东大学出版社，2005年版，第354页。

② 方东美：《新儒家哲学十八讲》，台北：黎明文化事业公司，1993年版，第298页。

价值观的根源、特性和作用所做的现代诠释，是我们对张载理学体系加以重构的结果。我们这样做，主要基于以下理由。首先，张载的价值观与形而上的本体论有性质之别。虽然张载所建构的以“仁”“孝”“礼”为核心的人文价值也是无形的，但价值观毕竟与形而上学有别。形而上学尤其是其中能称之为本体的存在，是具有至上性、根源性、“至一”性等特性的，（《张子语录·语录中》）而人文价值却并不具有这些性质。在宋代理学各学派中，对本体的称呼各不相同，而且各自所认定的本体又是独一无二的。例如，张载关学以“天”（“太虚”是其别称）为本体，程朱理学则以“天理”为本体，但这两个学派在价值论上又是多元的，无不认同“仁”“义”“礼”“智”等多样化的价值观。其次，在张载的价值观之上有其根源。张载所建构的以“仁”“孝”“礼”为核心的人文价值，毕竟要以作为宇宙本体的“天”以及作为宇宙生成力量的“天道”和“性”为根源。[①]（详见本文第二节之二关于德论的内容）因此，把“仁”“孝”“礼”这一价值系统直接视作张载理学体系的“形而上”层面，显然是不相应的。最后，张载的价值观又与形而下的现实世界有别。虽然“仁”“孝”“礼”等人文价值对于现实的生活世界具有直接的引领作用，但价值观毕竟是抽象的存在，而不是有形的实体，价值观毕竟与现实生活世界是有区别的。因此，不能把“仁”“孝”“礼”等人文价值系统与张载理学体系的“形而下”层面等量齐观，将二者置于理学体系的同一层次。

由于张载理学体系的“形而上”层面，很难直接作用于“形而下”的现实生活世界，因而张载的价值观就处在“形而上”与“形而下”中间，“形而上”的存在下贯于“形而下”的世界，必须通过“形而中”的价值观才能够起作用。就是说，作为张载理学体系“形而中”层面的价值观，具有“通天贯地”的特点：“通天”，指“仁”“孝”“礼”等人文价值都有其宇宙本体论根源和宇宙生成论根源；“贯地”，指“仁”“孝”“礼”等人文价值能够贯通于现实世界，能够对现实世界发挥直接的引领作用。

把张载理学视作由形而上、形而中和形而下三个层面构成的完整体系，把张载的价值观定位于其理学体系的“形而中”层面，这对理学价值观定位问

① 方东美：《新儒家哲学十八讲》，台北：黎明文化事业公司，1993 年版，第 298－299 页。

题的再认识应当是一个有效的观察视角，因而具有一定的普遍意义。

与张载价值观的体系定位问题相比，其价值观的类型划分问题的复杂程度要低于前一问题。由于学术界对张载价值观的类型划分问题较少关注，故笔者不揣浅陋，对此问题尝试加以探讨。通过对张载价值观丰富内容的梳理之后发现，其价值观是有类型上的区别的。我们可以把张载的价值观划分为两种类型：第一种类型是作为道德伦理的价值观，主要以“仁”“孝”“礼”为准则；第二种类型是作为精神品质的价值观，主要表现为“学则须疑”的怀疑精神和“多求新意”的创新精神。当然，这种划分只是相对的。一方面，道德伦理也属于广义的精神品质；另一方面，精神品质作为人的心理素质、思维和行为方式所显示的特征要比道德伦理更具有普遍性。而且，从时代的分野看，道德伦理类型的价值观在更大程度上属于传统的价值观，而体现为怀疑精神和创新精神的精神品质类型的价值观则是具有近代乃至现代色彩的价值观。在以下的两节中，我们将分述这两类价值观的主要内容及其特色。

二、道德伦理类型的价值观及其特色

《宋史》张载本传以“尊礼贵德”[①] 评价张载之学。这可以看作张载以道德价值规范人间秩序的努力，也是对其价值观主题的概括。据此可以认为，礼论和德论是构成张载价值观的重要方面。礼论和德论所涉及的价值观，都属于道德伦理类型。

（一）关于礼论

礼论，属于“规范伦理”或“规范价值”的理论范围。张载的礼论，既是个人的规范机制，也是社群的调节机制和治国理政机制。[②] 张载特别强调“尊礼”。对于个体修养，他主张“知礼成性”“以礼成德”；对于教育内容，他主张“以礼为教”；对于社会风气，他主张“用礼成俗”。在张载看来，“礼”是实现“仁”这一德性价值的途径：“若要居仁宅，先须入礼门。”[③] 由

---

① 脱脱，等：《宋史·卷四二七·道学一·张载》，北京：中华书局，1985 年版，第 36 册，第 12724 页。

② 林乐昌：《张载理学与文献探研》，北京：人民出版社，2016 年版，第 99 – 103 页。

③ 张载诗句，转见于吕本中：《童蒙训·卷上》，《文渊阁四库全书》本。

于“礼”具有实现道德价值的功能，从而它本身也蕴含了道德价值意义。可见，礼与德是相互为用的。

《大戴礼记·盛德篇》指出：“凡德盛者治也，德不盛者乱也；德盛者得之也，德不盛者失之也。是故君子考德，而天下之治乱得失可坐庙堂之上而知也。”① 张载认同“德”之盛衰将直接影响社会秩序的治乱得失，认为当时社会的弊端在于“治所以忽，德所以乱”。（《正蒙·乾称篇》）对于导致这一弊端的原因，张载认为是由于“上无礼以防其伪，下无学以稽其弊”。（同上）就是说，统治集团以“礼”防范伪善欺诈和恣意妄为的意识松懈，而民间社会则未能很好地推行“学”以整治社会秩序败乱的弊病。因此，对于社会治乱的解决之道，张载等理学家与政治家所提供的方案是不同的，他们主要是从与“学”相关的教育着眼的。当然，张载所说的“学”及教育的内容，首先就包括“学礼”。例如，作为熙宁变法领导者的王安石与作为理学主要派别洛学的领导者二程，对于政治变法与兴教运动二者关系的看法便很不相同：王安石重变法甚于教育，而二程重教育则甚于变法。程颢曾说：“治天下不患法度之不立，而患人才之不成。人才之不成，虽有良法美意，孰与行之?”钱穆认为，“此乃洛学与安石根本相异处”。对于政治与教育关系的看法，不惟洛学如此，关学亦然。钱穆准确地看出：“范仲淹、王安石诸人，政治意味重于教育”，而“二程、横渠以来，教育意味重过政治”。② 张载说：“今欲功及天下，故必多栽培学者，则道可传矣。”（《经学理窟·义理》）可见，张载把讲学传道、培养学者视作“功及天下”的头等大事。在他那里，从事讲学和教育活动也是向学者传递和推行人文价值观的主要途径。由于张载不完全认同王安石的变法主张，因而他只好把眼光下移，放到对基层社会秩序的关注上面。与早期社会“礼不下庶人”有所不同，宋代儒者主张把“礼”的实施加以普遍化，作为民间社会基本秩序的调节机制。当时最著名的例子就是张载门下的吕大钧兄弟在故里蓝田试行的《吕氏乡约》。

---

① 方向东：《大戴礼记汇校集解·卷八·盛德第六十六》，北京：中华书局，2008 年版，第 828 页。

② 以上引文，均见于或转见于钱穆：《国史大纲》（修订本），北京：商务印书馆，1994 年版，第 591、796 页。

（二）关于德论

德论，属于“德性价值”的理论范围。张载既教人以“礼”，又“教人以德”。[①] 郭沫若提出：“在卜辞和殷人的彝铭中没有德字，而在周代的彝铭中如成王时的班簋和康王时的大盂鼎都明白地有德字表现着。”[②] 陈来认为，从西周到春秋的用法来看，“德”的含义主要指“具有道德意义的行为、心意”。[③] 可见，张载所谓“德”源自西周尚德的传统，[④] 并继承了《易传·系辞上》“崇德而广业”、《孟子·公孙丑上》“贵德而尊士”、《礼记·曲礼上》“太上贵德”、《礼记·中庸》“尊德性”等思想。张载强调“德主天下之善”，（《正蒙·有德篇》）认为“德”能够主导天下之“善”。经过选择和提炼，张载把“仁”“孝”“礼”这三条道德原则确定为其理学的核心价值，以规范人的行为，进而为社会秩序奠定文化基础。“礼”的价值意义已如上述，而“仁”“孝”的价值意义则在张载著名的短论《西铭》中表现得最为充分。[⑤] 这与《正蒙·诚明篇》有关“仁人孝子”的意旨完全一致。

孔子早就提出“仁”“孝”观念。与早期儒家有所不同，《西铭》是基于“乾父坤母”这一宇宙根源说“仁”“孝”，其新意表现在三个方面。一是扩大了“仁”的实践范围。《西铭》提出“民胞物与”的理念，意味着从限于人类说仁爱转变为不限于人类说仁爱。二是扩大了“孝”的实践范围。《西铭》在肯定孝敬生身父母的同时，还把孝行扩大为人类对天地父母的尊崇和敬畏，从而使“孝”成为信仰的一个重要维度。三是突破了早期儒家强调差等的仁爱观。张载强调“乾父坤母”，将其视作仁爱的宇宙论根据。在此基础上提出“民胞物与”的口号，与他在《正蒙·诚明篇》中提出的“爱必兼爱”的大胆主张，从根本上看是一致的。这两个口号是对儒家传统仁爱观的突破。张岱年

---

① 吕大临：《横渠先生行状》，见《张载集》，北京：中华书局，2012 年版，第 382 页。

② 郭沫若：《青铜时代》，北京：人民出版社，1954 年版，第 21 页。

③ 陈来：《古代宗教与伦理——儒家思想的根源》，北京：生活·读书·新知三联书店，1996 年版，第 291 页。

④ 饶宗颐：《饶宗颐二十世纪学术文集·卷四·经术、礼乐》，北京：中国人民大学出版社，2009 年版，第 263 页。

⑤ 林乐昌：《张载理学与文献探研》，北京：人民出版社，2016 年版，第 179 – 188 页。

指出，张载的仁爱观“综合了孔子的仁与墨子的兼爱”。[①] 张岱年在论及“兼爱”时说：“兼的原则是爱人如己。”[②] 张载关于“以爱己之心爱人则尽仁”（《正蒙·中正篇》）的说法正符合这一原则。张岱年把张载的这种仁爱观称作“泛爱”思想，认为它是有一定进步意义的。[③] 张载试图通过“民胞物与”和“爱必兼爱”，以谋求平等之爱。他把宇宙视为一个大家庭，一切人或物都是这个大家庭的平等成员。

孔子自信“天生德于予”。[④]《易传·文言》宣称“夫大人者与天地合其德”。《中庸》则提出“诚者，天之道；诚之者，人之道”。孔子与这些早期儒家经典的言论，意味着德性价值出于天或天道的规定，是有其宇宙根源的。张载据此提出：“天所以长久不已之道，乃所谓诚。仁人孝子所以事天诚身，不过不已于仁孝而已。故君子诚之为贵。”（《正蒙·诚明篇》）在张载看来，“不已于仁孝”，是以“天所以长久不已之道”亦即“诚”为宇宙根据的。“仁人孝子”，是人在宇宙间所应当扮演的角色；而“事天诚身”，则是人所应当尊奉的神圣信仰和所应当履行的道德责任。“仁人孝子”观念，源于《礼记》。《礼记·哀公问》指出：“仁人之事亲也如事天，事天如事亲。是故孝子成身。”在《西铭》中，张载使这种观念得到了空前的加强。[⑤] 张载不仅认为“仁”“孝”价值原则有其宇宙根源，而且还认为，作为规范价值原则的“礼”也有其宇宙自然根源。他说：“或者专以礼出于人，而不知礼本天之自然。”[⑥] 张载对“仁”“孝”“礼”等价值原则的宇宙根源的揭示，极大地增强了这些人文价值的权威性。

总之，张载有关道德伦理类型价值观的特色主要体现在：一是对孔子和子

---

① 张岱年：《中国哲学大纲·序论》，北京：中国社会科学出版社，1982 年版，第 21 页。

② 张岱年：《中国古典哲学概念范畴要论》，北京：中国社会科学出版社，1987 年版，第 171 页。

③ 张岱年：《中国哲学发微》，太原：山西人民出版社，1981 年版，第 114 页。

④ 何晏注，邢昺疏：《论语注疏·卷七·述而第七》，收于阮元校刻：《十三经注疏》，北京：中华书局，1987 年版，第 2481 页。

⑤ 林乐昌：《张载理学与文献探研》，北京：人民出版社，2016 年版，第 188 页。

⑥ 张载：《张子全书·卷十四·补遗一·礼记说·礼运第九》，西安：西北大学出版社，2015 年版，第 342 页。

思儒学价值观的传承，二是从多方面对早期儒学价值观做了新的阐发，三是更加强调理学价值观的宇宙论或天道论根源。

三、精神品质类型的价值观及其特色

上述道德伦理类型的价值观，作为张载理学所坚持的价值观主张，其实是儒学价值观一直延续于北宋以后各个历史时期的重要传统。在张载的价值系统中，除了道德伦理类型的传统价值观之外，还有另一类价值观，即精神品质类型的价值观。在张载的价值观系统中，精神品质类型的价值观主要表现为“学则须疑”的怀疑精神和“多求新意”的创新精神。这种精神品质类型的价值观，是中国时代变迁的结果，因而与历史分期有关。日本著名历史学家内藤湖南曾经为中国历史的时代划分提出了一个影响很大的概念，即“近世”。“近世”的基本含义，是“与我们相近的时代”的意思。内藤湖南认为，在中国历史的演变过程中，处于“近世”之前的时代是“上古”和“中世”。内藤湖南强调，中国从宋代开始进入了一个完全异质的时代，即所谓“近世”。[①] 令人惊奇的是，内藤湖南所提出的“近世”论在半个多世纪之后，西方史学界以另一种视域予以呼应。本世纪初期，美国著名历史学家大卫·克里斯蒂安在其名著《时间地图：大历史导论》中，提出了一个研究历史的全新框架，即所谓“大历史”的视野。他把距今1000年的时间跨度视作“现代的尺度”，而这一“现代的尺度”恰恰开始于“中国宋朝”。在《时间地图：大历史导论》一书中，大卫·克里斯蒂安还从农业、工业、商业、技术等多方面揭示了宋朝的“创新”规模、速度和影响。[②] 这些，很有可能是张载精神品质类型价值观形成的时代背景。

（一）“学则须疑”的怀疑精神

在理学家中，张载对怀疑精神的提倡是很突出的。当然，张载提倡怀疑精神并不是主张怀疑一切。张载既主张“有疑”，也主张“无疑”。“无疑”，亦即“信”。在他看来，“有疑”与“无疑”的适用范围是不同的。他认为，对

① 傅佛果：《内藤湖南：政治与汉学（1866—1934）》，陶德民，何英莺，译，南京：江苏人民出版社，2016年版，第237－240页。

② 大卫·克里斯蒂安：《时间地图：大历史导论》，晏可佳，段炼，等，译，上海：上海社会科学院出版社，2007年版，第366、411－414页。

于公认的儒家经典，对于儒家的基本原理和道德信念，应当抱“不疑”或者说“勿疑”的态度。例如，对于《论语》《孟子》等儒家经典，他评价说：“学者信书，且须信《论语》《孟子》。《诗》《书》无舛杂。《礼》虽杂出诸儒，亦若无害义处，如《中庸》、《大学》出于圣门，无可疑者。”（《经学理窟·义理》）又如，对于圣人及其“中道”原理，他指出：“孔子、文王、尧、舜，皆则是在此立志。此中道也，更勿疑圣人于此上别有心。”（《经学理窟·气质》）

另一方面，张载又倡导“学则须疑”的怀疑精神。他对怀疑精神的强调，主要关乎“为学”的思考和探索。张载所谓怀疑精神，主要有如下几个特征。

其一，主张在学行实践中培育怀疑精神。张载提出：“可疑而不疑者不曾学，学则须疑。譬之行道者，将之南山，须问道路之自出，若安坐则何尝有疑？”（《经学理窟·学大原下》）就是说，张载不但反对在为学过程中有可疑之处而不加怀疑，而且还主张在为学实践中培育“有疑”精神。

其二，主张为学必须“实疑”。张载指出：“学行之，乃见至其疑处，始是实疑，于是有学。”（《横渠易说·佚文》）什么是“实疑”？在他看来，在学行过程中，能够形成学者自己的见解固然不错，但这些见解只有在真正抓住问题的可疑之处时，才是真实的疑或实质的疑，而不是表面的疑。

其三，主张学者在读书过程中要善于发现疑点所在。张载说：“所以观书者，释己之疑，明己之未达。每见每知所益，则学进矣。于不疑处有疑，方是进矣。”（《经学理窟·义理》）读书善于发现疑点，而且还必须“于不疑处有疑”。可以认为，张载所倡导的是一种大胆而彻底的怀疑精神。这种精神与近代和现代以来的科学精神是息息相通的。

（二）“多求新意”的创新精神

张载在提倡怀疑精神的同时，还主张“多求新意，以开昏蒙”（《张子语录·语录中》）的创新精神。张载把怀疑精神看成是创新的起点，并强调要在去除“旧见”中形成“新意”，在学习过程中一定要多加思考以扫除学思的障碍。他指出：“义理有疑，则濯去旧见以来新意。心中苟有所开，即便札记，不思则还塞之矣。”（《经学理窟·学大原下》）

张载“多求新意”的创新精神，主要表现为道德的创新、哲学义理的创新、自然知识的创新等三个方面。

其一，道德的创新。张载继承《易说·系辞》的“日新盛德”之意，在《芭蕉》诗中提出“愿学新心养新德”。(《杂诗·芭蕉》)“新德”，指学者经由不懈努力使自己的德性提升到新的高度，并最终达到“天德”亦即道德的最高境界。张载指出：“‘刚健笃实’，‘日新其德’，乃天德也。”(《横渠易说·上经·大畜》)在张载看来，“日新其德”的要求不仅适用于学者，而且对于君主帝王也同样需要依据“帝王之道”以提高其“治德”。他在答弟子范育的书信中说：

> 巽之（范育，字巽之）为朝廷言，人不足与适，政不足与闻，能使吾君爱天下之人如赤子，则治德必日新，人之进者必良士，帝王之道不必改途而成，学与政不殊心而得矣。(《答范巽之书》)

牟宗三非常重视“道德的创造”，认为“整个宇宙即是一道德的创造。这道德的创造与见之于个人自己处之道德的创造为同一模型，同一意蕴”。[①] 牟宗三基于宇宙与个人的同一性强调道德的创造，除受《易传·系辞》的影响之外，也有可能受张载的启发。

其二，哲学义理的创新。张载“四为句”的第三句是“为往圣继绝学”，这集中体现了他的学术抱负。可以说，张载经过近40年的努力，这一抱负是实现了的。[②] 当然，这一抱负的实现，离不开张载对哲学义理的创新。这种创新精神，贯穿于张载数十年读书思考的学术生涯之中。他把读书必须“每见每知新意”，作为“学进”亦即学术提升的原则，指出：“学者观书，每见每知新意，则学进矣。”(《张子语录·语录中》)钱穆曾指出：“古今学人著作，论其浩富，朱子当首屈一指，但无一书自抒其创见。”“是则，即就朱子一人，可证中国学术史之一特征，贵能上同古人，不贵能自创新说矣。”[③] 但与朱熹有所不同，张载为学却勇于创新说。张载义理创新的成就，首先表现为他一生

---

① 牟宗三：《心体与性体·第1册》，台北：正中书局，1996年版，第427页。

② 林乐昌：《“为天地立心”：张载“四为句”新释》，《哲学研究》(北京) 2009年第6期，第62页。

③ 钱穆：《宋代理学三书随劄》，北京：生活·读书·新知三联书店，2002年版，第209页。按，钱穆在其所著的《朱子新学案》中，则推许朱子有“大创见”。另，陈荣捷曾经撰写专文，论述朱子的十项“创新”。参见陈荣捷：《新儒学论集》，台北：“中研院文哲所”，1995年版，第139－153页。

“勇于造道”，创建了在北宋理学家群体中罕见的理论体系。同时，还表现在他对儒学做了“六经之所未载，圣人之所不言”（《正蒙》范育序）的理论创新。这在张载理学的天道论、人性论、知识论、伦理学等学说中都有所表现，并产生了巨大的历史影响。①

其三，自然知识的创新。除了义理的创新，在古代自然知识领域张载也有所创新，为中国古代科学思想的发展做出了重要贡献。张载的自然知识贡献，主要体现在古代天文学领域。以下仅举两例加以说明。

第一例，张载在其《正蒙·参两篇第二》第四章指出：

> 凡圜转之物，动必有机。既谓之机，则动非自外也。古今谓天左旋，此直至粗之论尔，不考日月出没、恒星昏晓之变。愚谓在天而运者，惟七曜而已。恒星所以为昼夜者，直以地气乘机左旋于中，故使恒星、河汉因北为南，日月因天隐见。太虚无体，则无以验其迁动于外也。

在张载明确提出“左旋”说以前，“右旋”说在中国一直占有主导地位。由于张载和朱熹的提倡，“左旋”说曾风行于宋、元、明。② 对于这一段论述，英国著名的中国科技史专家李约瑟进行了深入地分析：

> 他（指张载）借粘滞制动器的原理说明恒星和日、月、五星的反方向运动：他（仍指张载）认为，天体距地很近，因而地气阻碍它们向前运动。地气为某种内力所驱，不断向左旋转（地气乘机左旋于中），但旋转较慢（由于地静止不动），结果，太阳系各天体的运动便相对地（虽然不是绝对地）和恒星的运动方向相反。③

李约瑟进一步评价说：

> 这是十一世纪关于感应原理的非常明确有力的叙述，我们不能忽视它的意义。此外，天体运行速度减慢的程度，取决于它们本身的组

---

① 林乐昌：《张载理学与文献探研》，北京：人民出版社，2016 年版，第 33 页。

② 陈美东：《中国古代天文学思想》，北京：中国科学技术出版社，2007 年版，第 336－337 页。

③ 李约瑟：《中国科学技术史·第四卷·天文学》，《中国科学技术史》翻译小组，译，香港：香港“中华书局”，1978 年版，第 123－124 页；另，参考林乐昌：《正蒙合校集释》上册，北京：中华书局，2012 年版，第 117 页。

成：月和地同属阴，因而受影响最大；日属阳，受影响最小；五星所受到的影响则居中等程度（注：五星各由五行之一组成，因而它们各为阴和阳的一种特殊的混合物）。①

第二例，张载在其《正蒙·参两篇第二》第七章提出：

> 地有升降，日有修短。地虽凝聚不散之物，然二气升降其间，相从而不已也。阳日上，地日降而下者，虚也；阳日降，地日进而上者，盈也。此一岁寒暑之候也。至于一昼夜之盈虚、升降，则以海水潮汐验之为信。然闲有小大之差，则系日月朔望，其精相感。

对此，李约瑟给予很高评价：

> 不过在我们看来，有趣之处主要在于：极端人类中心论的那种关于地居中央而不动的说法，在欧洲曾那样束缚人们的思想，而中国天文学思想中却不曾留下痕迹。
>
> 宋代学者张载、朱熹、储泳等都曾经提到它，明代的王可大和章潢在这方面也曾发过议论。张载以及其他理学家把地的周期性升降同地中阴阳两力的盛衰结合起来，以解释季节性的寒暑变化。另外，他们还把它同潮汐现象联系起来。②

张载的以上论述，涉及古代天文学的专业知识，外行很难予以评价。但我们从李约瑟的论析和评价中应能获知，张载对古代天文学理论确实是有所创新的，确实是做出了至今仍具有重要影响的卓越贡献的。

总之，张载有关精神品质类型价值观的特色主要体现在：一是与北宋的“近世”（内藤湖南）乃至“现代”（大卫·克里斯蒂安）的时代特征高度契合，给传统儒学价值观注入了新的元素；二是与宋代理学家多“不贵能自创新说”有别，张载的理论创新精神特别突出；三是张载所倡导的怀疑精神和创新精神，无论对于儒学而言，还是对于今天的中国而言，无疑都是更具有普遍性的价值观要求的。

---

① 李约瑟：《中国科学技术史·第四卷·天文学》，《中国科学技术史》翻译小组，译，香港：香港“中华书局”，1978 年版，第 123 – 124 页；另，参考林乐昌：《正蒙合校集释》上册，北京：中华书局，2012 年版，第 117 页。

② 李约瑟：《中国科学技术史·第四卷·天文学》，香港：中华书局，第 126 – 127 页；另，参考林乐昌：《正蒙合校集释·上册》，北京：中华书局，第 125 页。

从"心统性情"到"克己复礼"：

朱熹《四书章句集注》言"仁"之义理脉络

陈逢源

（台湾政治大学中文系特聘教授）

提　要

朱熹接续"道南"学脉，汇整"湖湘"学术，历经漫长的义理辨析，在"已发""未发"之际的思考，"中和"旧说、新说的转折当中，确立"心统性情"的义理架构，而最终回归于孔子言"仁"的分析。朱熹与张栻反省学风、检讨方法，共同推动学术整合工作，逐步获得共识。以"爱"解"仁"固然不妥，但离"爱"言"仁"的结果，让人迷离恍惚，无法捉摸；"仁"体虚空存在的结果，儒学反而失落核心精神，所以"仁"不能以"爱"解，却也不能离"爱"而解，旁处追索，离道弥远，因此唯有回归于"克己复礼"的诉求，才能彰显"仁"之意义所在。孔子罕言仁，正是在于行事与体察之间，并无别出之物，摆脱私欲，去蔽则明，爱归于理，全心之德，方可称"仁"。朱熹论证如此复杂，检核反省，大有助益于了解学术为公，儒家即本体即工夫之究竟所在，对于掌握四书义理体系，极具参考作用。

一、前　言

孔曰成仁，孟曰取义，仁义对举，无疑是儒学最为重要的主张，也是传统思想当中最可贵的成分。"仁"作为文化的核心，来自孔子的建构，思考见于《论语》，影响及于后世。以思想发展而言，孔子（前551—前479）化礼归仁，人文化成有了根源，人伦思想有了统摄内涵，于此确立基础，乃是至为重要的思想进程，斯为孔子成就所在，更是文化灿美之所在，此乃毋庸置疑之事。后世儒者笃守而不失，推究入密，却也言之分歧，人云云殊，从训诂文

字、道德实践、文理脉络，乃至于义理内涵、形上境界等，分析精微，反复致辨，不同层面，不同角度，对于核心要义，生发无限思考。《论语》当中言“仁”59笔，109次，频率不可谓不高，但《论语·子罕篇》却载“子罕言利与命与仁。”[①] 孔子一方面说“仁远乎哉？我欲仁，斯仁至矣。”[②] 但另一方面又自谦“若圣与仁，则吾岂敢？”[③] “仁”是一种人人可成，又难究其境的范畴。再者，孔子言“苟志于仁矣，无恶也”[④]，仁与恶相斥，然而却又有“观过，斯知仁矣”的说法[⑤]，仁者亦有过。至于孔子回答门人问仁，或者由于弟子材质有异，或许因为进程不同，说法各有不同。凡此言语同出于孔子，却有不同的指涉内涵，是否境界悠远，言之为难，或者语境有异，定义相歧，历来儒者之争议，固然是各有诠释，各有所见，但根源之所在，应是《论语》本身留下许多言论有待厘清。近人陈大齐先生尝试以系统分析方式，归纳《论语》当中主要的德目，“道”“德”“仁”“义”“礼”五个主要观点为孔子最重视的概念，也就是《论语》一书最重要、最具涵盖面的中心思想，道是应由的途径、德是应备性能、仁是爱、义是宜、礼是履，所指既不相同。孔子也常分别使用，阐释之余，用意所在，内涵其实是相互关联，“道”“德”必须是以“仁”来补充其内涵，以“礼”“义”来节制指导其行谊，所以孔子所真正称许的是五个中心概念的整体，而非仅指一端。作为期勉个人精进的目标，陈大齐认为“孔子所说的仁，自其核心意义言之，即是爱，自其构成分子言之，则为众德的集合体”[⑥]，“仁”指涉范围有宽与狭的不同，兼有“一”与

---

① 朱熹：《论语集注·卷五·子罕篇》，收于《四书章句集注》，台北：长安出版社，1991年版，第109页。

② 朱熹：《论语集注·卷四·述而篇》，收于《四书章句集注》，台北：长安出版社，1991年版，第100页。

③ 朱熹：《论语集注·卷四·述而篇》，收于《四书章句集注》，台北：长安出版社，1991年版，第101页。

④ 朱熹：《论语集注·卷二·里仁篇》，收于《四书章句集注》，台北：长安出版社，1991年版，第70页。

⑤ 朱熹：《论语集注·卷二·里仁篇》，收于《四书章句集注》，台北：长安出版社，1991年版，第71页。

⑥ 陈大齐：《孔子学说》，台北：政治大学出版委员会、正中书局，1997年版，第124页。

“全”既分属又包容的属性，于此可以解释为何后人注解会有见一未见其二的问题，言之成理，却又难以穷究旨趣的诠释困境。然而真正难解恐怕还是其中实感的体会，千古之下，更难言传，牟宗三先生直言“仁”之内涵，云：

> 仁是全德，是真实生命，以感通为性，以润物为用；它超越乎礼乐（典章制度、全部人文世界）而又内在于礼乐；在仁之通润中，一一皆实。体现仁之最高境界是“钦思、文明、安安”，是天人不隔，是圆融无碍。孔子讲仁是敞开了每一人光明其自己之门，是使每一人精进其德性生命为可能，是决定了人之精神生命之基本方向，是开辟了理想、价值之源。是谓理想之“直、方、大”。①

“仁”为道德存在之根源，诚乃理想之最高境界，言之深具感性，极富启发，于此可以证明心体价值，以及体证反省的成果。后人学思所及，关注所在，深浅随人，于仁体之中，皆可得其启示，后人诠释精彩，“仁”之内涵深广与厚实，于此可见，只是前人有关的讨论多矣，实难一一细论，牵涉不同时代的思考，无法逐一检讨。然而以学术影响而言，朱熹（1130—1200）于四书体系之下，以“仁者，爱之理，心之德也”重新确认“仁”说内容②，为孔子思想提供补充说明，无疑是儒学最具意义的发展，也是自孔子之后影响最深的说法。笔者梳理朱熹四书学成果，得见统合“道南”与“湖湘”学脉的内容，朱熹“中和”之辨，在“已发”“未发”之间，融“静”于“敬”，确立“心统性情”的义理架构③，义理与经典诠释相互交融。朱熹一方面确定二程学术究竟，对于儒学思想精微更具自信，此乃理学系统建立的关键，也是四书义理体系的重要基础。事实上，朱熹于“性论”之后，与张栻（1133—1180）续有“仁说”的讨论，乾道八年（1172）八月编订《中和旧说》《论性答稿》，十一月与张栻讨论《洙泗言仁录》，作《仁说》《巧言令色说》④，时间相近，由

① 牟宗三：《心体与性体》，台北：正中书局，1968 年版，第 246 页。

② 朱熹：《论语集注·卷一·学而篇》，收于《四书章句集注》，台北：长安出版社，1991 年版，第 48 页。

③ 陈逢源：《“道南”与“湖湘”——朱熹义理进程之检讨》，《“融铸”与“进程”：朱熹〈四书章句集注〉之历史思维》，台北：政大出版社，2013 年版，第 207－218 页。

④ 束景南：《朱熹年谱长编》，上海：华东师范大学出版社，2001 年版，第 464、475 页。

“性”而及“仁”无疑是朱熹旁接湖湘学术，又综合整理湖湘学术的成果。为求清晰，笔者完成《从“中和”到“仁说”——朱熹〈四书章句集注〉“爱之理，心之德”之义理进程考察》一文①，得见朱熹于心体建构过程，以及汇聚“道南”与“湖湘”的思考成果，“爱之理，心之德”有复杂的形成过程，最终于《四书章句集注》当中得其确解。撮举渊源，仍有未慊，必须更深入于细节，了解朱熹反复推究之所在，以及后续之发展，期许有更进一步的观察。

二、心体之辨

朱熹从学李侗（1093—1163），获致“道南”之传，之后旁及“湖湘”学术，乃是理学史极具意义事件②，然而溯其渊源，朱熹对于湖湘学术并不陌生，自述少时为学情况，云：

> 某少时为学，十六岁便好理学，十七岁便有如今学者见识。后得谢显道《论语》，甚喜，乃熟读。先将朱笔抹出语意好处；又熟读得趣，觉见朱抹太烦，再用墨抹出；又熟读得趣，别用青笔抹出；又熟读得要领，乃用黄笔抹出。至此，自见所得处甚约，只是一两句上。却日夜就此一两句上用意玩味，胸中自是洒落。③

谢良佐（1050—1103）为“湖湘”学术根源之所在，朱熹深究其中，反复咀嚼，一字一句，毫不松懈。束景南怀疑上蔡《论语解》来自于胡寅（1098—1156）所予④，“洒落”成为朱熹追寻心体了解的关键，为求深入，朱

① 陈逢源：《从“中和”到“仁说”——朱熹〈四书章句集注〉“爱之理，心之德”之义理进程考察》，《东吴中文学报》，2015 年 5 月第 29 期，第 15－34 页。

② 陈逢源：《“道南”与“湖湘”——朱熹义理进程之检讨》，《“融铸”与“进程”：朱熹〈四书章句集注〉之历史思维》，台北：政大出版社，2013 年版，第 183－206 页。

③ 黎靖德：《朱子语类》，台北：文津出版社，1986 年版，第 2783 页。

④ 束景南：《朱熹年谱长编》于绍兴十九年（1149）“得上蔡谢良佐《论语解》，刻苦研读”下注云：“二程洛学，一脉由杨时至罗从彦、李侗，发展而为东南闽学，以《中庸》为入道之要；一脉由谢良佐至胡安国父子，发展而为湖湘学，以《论语》为入道之要。……亦可知胡寅于绍兴十九年来崇安省觐本生母，当与其来哭祭刘勉之同时，朱熹必能见到胡寅。疑朱熹之有上蔡《论语解》即其时胡寅所予，并面告其‘看谢氏《论语》，以文字上多有发越处’，朱熹遂苦读上蔡《论语解》也。”

熹往求张栻（1133—1180），张栻为“湖湘”学术代表人物，朱熹于隆兴元年（1163）与其初次相见，隔年张浚（1097—1164）病逝，朱熹前往吊唁[①]。乾道三年（1167）又再度往访，停留两个月时间，开启全面性的学术交流，包括：“主敬”“仁说”“中庸”等，对于“湖湘”学禅气，以及各自经学、史学著作广泛交换意见[②]。《张浚行状》当中训诸子门人“学以礼为本，礼以敬为先”，标举“学者当清明其心，默存圣贤气象”[③]，重视“敬”的工夫，以“默”来体现心体清明。对于一代名将，朱熹与张栻借由谢良佐所传湖湘一脉“主敬”法门，以及杨时（1044—1130）所传“道南”一脉“主静”心法，绾合融通，深致咏叹，期以呈现张浚人格周全圆满的样态。[④] 可见朱熹从张栻获致“湖湘”心法；另一方面，张栻也借由朱熹思考“道南”学术价值，两人汇通两大学脉精神，于此已见其端倪。李侗过世之后，朱熹得到张栻帮忙，于迷惘当中得到方向，欣赏当中更有相互扶持、志同道合的愉悦，此乃南宋学术于分歧当中得以化异存同的关键，更是两人廓然大公于学术无私的表现。张栻《诗送朱元晦尊兄》云：“君侯起南服，豪气盖九州。……尽收湖海气，仰希洙泗游。”[⑤] 直指朱熹学术的豪情与气魄，朱熹《二诗奉酬敬夫赠言并以为别》之二云：“昔我抱冰炭，从君识乾坤。……万化自此流，千圣同滋源。”[⑥] 交代自己的心情与体会，两人真情爽朗，以圣贤相期，既是儒者雅事，也是南宋学术一段佳话。朱熹于乾道八年（1172），作《敬斋箴》，于序言“读张敬

---

① 刘述先：《朱子哲学思想的发展与完成》，台北：学生书局，1995 年版，第 79 页，认为此时场合不对，不可能有深度的学术讨论。然而束景南：《朱熹年谱长编》，上海：华东师范大学出版社，2001 年版，第 330 页，于隆兴二年（1164）载“九月，赴豫章哭祭张浚，与张栻面论湖湘学中和之说，得胡宏《知言》，结识胡宏弟子吴翌。”似乎更能反映朱熹于李侗过世之后，求学若渴，急于求解的心情。

② 束景南：《朱熹年谱长编》，上海：华东师范大学出版社，2001 年版，第 373 - 375 页。

③ 朱熹：《朱子文集》，台北：德富文教基金会，2000 年版，第 9 册，第 95 卷下，第 4672 - 4673 页《少师保信军节度使魏国公致仕赠太保张公行状・下》云：“每训诸子及门人曰：‘学以礼为本，礼以敬为先。’又曰：‘学者当清明其心，默存圣贤气象，久久自有见处。’”

④ 束景南：《朱熹年谱长编》，上海：华东师范大学出版社，2001 年版，页 374。

⑤ 张栻：《张栻集》，长沙：岳麓书社，2010 年版，第 449 页。

⑥ 朱熹：《朱子文集・册 1・卷 5》，台北：德富文教基金会，2000 年版，第 172 页。

夫《主一箴》，掇其遗意，作《敬斋箴》，书斋壁以自警云”①，更可见两人于学脉心法，相互切磋，心得分享情形。《朱子文集》当中《与张钦夫三》《与张钦夫四》《答张敬夫三》《答张敬夫四》②，乃是朱熹斟酌儒学义理之所在，以及试行湖湘学术的结果，《答张敬夫四》云：

> 比遣书后，累日潜玩，其于实体，似益精明，因复取凡圣贤之书，以及近世诸老先生之遗语，读而验之，则又无一不合。盖平日所疑而未白者，今皆不待安排，往往自见洒落处。始窃自信以为天下之理，其果在是，而致知格物、居敬精义之功，自是其有所施之矣，圣贤方策，岂欺我哉！盖通天下只是一个天机活物，流行发用，无间容息。据其已发者而指其未发者，则已发者人心，而凡未发者皆其性也，亦无一物而不备矣。夫岂别有一物拘于一时、限于一处而名之哉？即夫日用之间，浑然全体，如川流之不息，天运之不穷耳。此所以体用精粗、动静本末，洞然无一毫之间，而鸢飞鱼跃，触处朗然也。存者，存此而已；养者，养此而已。必有事焉而勿正，心勿忘，勿助长也，从前是做多少安排，没顿着处，今觉得如水到船浮，解维正柂，而沿洄上下，惟意所适矣，岂不易哉？始信明道所谓未尝致纤毫之力者，真不浪语。而此一段事，程门先达惟上蔡谢公所见透彻无隔碍处，自余虽不敢妄有指议，然味其言亦可见矣。③

“洒落”原是李侗指引的境界，竟然于“湖湘”一系心法中得见，明道的“未尝致纤毫之力”，朱熹依从张栻引导、操持的结果，日用之间得见“洒落”。他认为天地之间，流行发用，浑然一体，并不是于一时、一处之地用力，而是体用粗精，动静本末无丝毫间隙，触处朗然，所以性是未发，心为已发，据已发而见其未发，入手可以掌握，格物致知有施用的地方。朱熹觉得工夫到处，

---

① 朱熹：《朱子文集·册8·卷85，台北：德富文教基金会，2000年版，第4202页。

② 朱熹：《朱子文集·册3·卷30》，台北：德富文教基金会，2000年版。此四书即论中和旧说四札，束景南：《朱熹年谱长编》系于乾道二年（1166），第355–358页。陈来：《朱熹哲学研究》，北京：中国社会科学出版社，1993年版，考其语脉顺序，应是第一书、第四书、第二书、第三书。页103–104。

③ 朱熹：《朱子文集·册3·卷32》，台北：德富文教基金会，2000年版，第1243页。

如同“水到船浮”，可以“沿洄上下”。朱熹依循湖湘学术进路，言之有验，让他对于谢良佐深致推崇，认定辨察于已发之际、居敬于日用之间的“湖湘”心法乃是儒学正传。张栻为朱熹解开纠结的学术难题，令其无比欣喜，衷心称赏。《答何叔京十一》云：“钦夫之学，所以超脱自在，见得分明，不为言句所桎梏，只为合下入处亲切。今日说话虽未能绝无渗漏，终是本领是当，非吾辈所及，但详观所论，自可见矣。”① 人生于世，应对进退之间，皆为已发，于是先察识，后操存，强调“持敬主一”，辨察操存于已发之际，居敬应用于日用之间，以“敬”取代“静”。朱熹于此获致儒学体验，欣慕向往，赞叹不已，试之有验，成为朱熹非常重要的学术进程，相对日后思想之超越，称为“中和旧说”，此一思想转折，称为“丙戌之悟”。② 朱熹从“道南”走入“湖湘”，获得实感的体验，然而留意一方风土，了解“湖湘”之教的成果，却也隐隐觉得有些不妥，书信当中，透露一些观察，朱熹《与曹晋叔书》云：

> 熹此月八日抵长沙，今半月矣。荷敬夫爱予甚笃，相与讲明其所未闻，日有问学之益，至幸！至幸！敬夫学问愈高，所见卓然，议论出人意表。近读其《语》说，不觉胸中洒然。诚可叹服。岳麓学者渐多，其间亦有气质醇粹、志趣确实者，只是未知方向，往往骋空言而远实理，告语之责，敬夫不可辞也。长沙使君豪爽俊迈，今之奇士，但喜于立异，不肯入于道德，可惜！……③

此书距离与会仅半个月时间，切近当时的心情。所谓“未闻”指湖湘学术精彩之处，朱熹于此获致成就，对于张栻学术的称赏，人品的推崇，言语之中，

---

① 朱熹：《朱子文集·册4·卷40》，台北：德富文教基金会，2000年版，第1722页。

② 陈来：《朱熹哲学研究》（台北：文津出版社，1990年）。按：刘述先《朱子哲学思想的发展与完成》（台北：台湾学生书局，1995年版）认为丙戌年朱熹还在追求的过程中，应是到过潭州访问张栻之后，才有思索的成果，所以中和旧说四函应系于戊子，乾道四年（1168）朱熹39岁时。然依束景南《朱熹年谱长编》核以何镐来访，讨论中和之说，中和旧说四札应系于乾道二年（1166），朱熹37岁。朱熹与张栻讨论已发未发，与湖湘交流时间可以推更之前，配合朱熹以源头活水诗，咏其“主敬”思想，朱熹已有思想的转折。

③ 朱熹：《朱子文集·册3·卷24》，台北：德富文教基金会，2000年版，第910页。

充满佩服。不过对于湖湘一地的学人，朱熹显然尚有期待，所谓“骋空言而远实理”“喜于立异，不肯入于道德”，喜于蹈空立异的结果，方向已有偏失。此一观察于日后更为明显，朱熹《答石子重书五》云：

> 熹自去秋之中走长沙，阅月而后至，留两月而后归……钦夫见处，卓然不可及，从游之久，反复开益为多。但其天姿明敏，从初不历阶级而得之，故今日语人，亦多失之太高。湘中学子从之游者，遂一例学为虚谈，其流弊亦将有害。比来颇觉此病矣，别后当有以救之。然从游之士，亦自绝难得朴实头理会者，可见此道之难明也。胡氏子弟及他门人，亦有语此者，然皆无实得，拈槌竖拂，几如说禅矣。与文定合下门庭，大段相反，更无商量处。惟钦夫见得表里通彻，旧来习见微有所偏，今此相见，尽觉释去，尽好之商量也。①

朱熹对于张栻推崇依旧，但对于湖湘学者蹈虚入禅，缺乏笃实为学的情况，观察日深，不免心生疑虑。胡氏门人违失其教，几近于禅，其他更不待言，甚至认为张栻言语也有“不历阶级”，“失之太高”的缺失，气氛濡染，于学大不利，可惜众人守之甚固，无法沟通，所幸两人情谊深厚，沟通无碍。朱熹验之于己，与察之于人，明显存在落差，体认既深，已启进一步的思考。乾道五年（1169）春与蔡元定（1135—1198）讲论，忽悟中和之旨，从“道南”旁接“湖湘”，追寻二程的结果，终于确立一生学问宗旨，对于心体有更清楚的了解，“已发”“未发”只是状态不同，不应视为本体与日用之别，截然两分的结果，高而入虚，过犹不及，形上与实践之间成为无可跨越的鸿沟，于此分判，称为“己丑之悟”，即是所谓的“中和新说”。朱熹将此体会写成《已发未发说》一文②，并将心得寄给张栻与“湖湘”学者，强调“未发之前，不可寻觅，已觉之后，不容安排，但平日庄敬涵养之功至，而无人欲之私以乱之，则其未发也镜明水止，而其发也无不中节矣，此是日用本领工夫，至于随事省

① 朱熹：《朱子文集·册4·卷42》，台北：德富文教基金会，2000年版，第1835页。

② 朱熹：《朱子文集·册8·卷67》，台北：德富文教基金会，2000年版，第3375－3378页。

察，即物推明，亦必以是为本”[①]。“未发”是指思虑未萌、事物未至，心体寂然不动之时；“已发”是思虑已萌，感而遂通的阶段，而“心”具众理，贯通其中，兼有“已发”“未发”，体言其“中”，用求其“和”。所以所谓“已发”“未发”并不是“心”“性”之别，而是“情”“性”之分。“湖湘”学者主张“先察识后涵养”，强调于已发时下工夫，但临事之际，无可掌握，不免“胸中扰扰”“急迫浮露”，工夫尚未到位的情形下，缺乏雍容深厚气度，自然不是儒学修养之效。朱熹深化修养进程，更臻于密，乃是数年之间反省湖湘学术的结果。湖湘学者固守樊篱，无法接受朱熹的观点，但往复之间，朱熹与张栻意见渐趋一致，逐步取得共识。从旧说到新说，“道南”与“湖湘”学脉因而汇流，此乃南宋伊洛学术的一大进展，也是朱熹与张栻共同的学术成就。[②]

三、心统性情

洒落如何具体言诠，于经典如何清楚阐释，唯有心体既明，二程学术方能传而不失，朱熹与张栻态度公而无私，最为关键，然而牟宗三先生对于张栻未能延续“湖湘”学脉，守住师法，却是深致批评，云：

> 张南轩师事胡五峰，然“受教之日浅”，固不能发其师之精蕴。又其天资明敏，心思活泼，看似通达柔和，而实禀性清弱，故其与朱子往复辩难，率多以朱子为主动，顺从朱子之格局，其所言说大都尾随其后而弥缝之。……此见其力弱才短，故软塌而被吞没也。其学无传，亦非偶然。朱子乐与之谈，而又深致赞佩之辞，亦只喜其明敏而随和耳。[③]

---

① 朱熹：《朱子文集·册8·卷64》，台北：德富文教基金会，2000年版，第3229－3230页。

② 朱熹：《朱子文集·册3·卷32》云：“来教又谓熹言以静为本，不若遂言以敬为本，此固然也。然‘敬’字工夫，通贯动静，而必以静为本，故熹向来辄有是语，今若遂易为敬，虽若完全，然却不见敬之所施有先有后，则亦未得为谛当也。”参见拙撰：《从“理一分殊”到“格物穷理”：朱熹〈四书章句集注〉之义理思维》，《朱熹与四书章句集注》，台北：里仁书局，2006年版，第331－409页。

③ 牟宗三：《心体与性体·册2》，台北：正中书局，1968年版，第432页。

牟先生有其学术宗主判定，说法背后有其理路[①]。只是张栻将门之子，名门之后，言其“禀性清弱”“力弱才短”“软塌”，似乎有些奇怪，“其学无传，亦非偶然”是否可以归为张栻的责任，也有待深入考察。至于所谓“不能发其师之精蕴”，悖反抑或发展，显然有朱熹与张栻尝试突破，却不被理解之处。凡此种种，必须更深入其中，朱熹于《已发未发说》申明主张，云：

> 故程子于此，每以“敬而无失”为言。又云：“入道莫如敬，未有能致知而不在敬者。”又曰：“涵养须是敬，进学则在致知。”以事言之，则有动有静；以心言之，则周流贯彻，其工夫初无间断也，但以静为本尔。向来讲论思索，直以心为已发，而所论致知格物，亦以察识端倪为初下手处，以故缺却平日涵养一段功夫，其日用意趣，常偏于动，无复深潜纯一之味，而其发之言语事为之间，亦常躁迫浮露，无古圣贤气象，由所见之偏而然尔。[②]

朱熹以操持心得成为分判的依据，观察湖湘学者成为思考的方向，言动而不言静，固然容易入手，但日用之间流于急迫，于此偏失不免躁迫浮。关键之所在，唯有确认心体流行，寂然不动之处，天命之性体段具足，修养工夫才有施用的根源，由察识而入涵养。性无所偏便是“中”，情若中节便是“和”，朱熹从“中和旧说”到“中和新说”，厘清“已发”“未发”，一方面完成儒学道德体系，另一方面也确认伊洛学术的内涵，建立心统性情的义理架构。[③] 朱熹于乾道七年（1171）撰《记谢上蔡论语疑义》，屡屡言及“如上蔡之说，非不奇伟，然多过中，少余味矣”，“大抵上蔡气象宏阔，所见高明，微有不屑卑近之意，故其说必至此然后已，亦一病也”，“亦不必须一概说到圣人地位

---

① 牟宗三先生分宋明儒为三系，一是五峰、蕺山系；二是象山、阳明系；三是伊川、朱子系，一二可以会通而为一大系，称为“纵贯系统”；而伊川、朱子为“横摄系统”，属于别出。见牟宗三：《心体与性体·册1》，台北：正中书局，1968年版，第49－51页。

② 朱熹：《朱子文集·册8·卷67》，台北：德富文教基金会，2000年版，第3377页。

③ 藤井伦明：《朱熹思想结构探索——以“理”为考察中心》，台北：“台湾大学”出版中心，2011年版，第163页。

也”，“似亦太高矣”，“此语欲有所矫，而不知其过于正”等[①]，对于谢良佐“过”而未能“中”，已是从湖湘学术超越而出的观察。相同之处，张栻《答朱元晦》书九“《知言》疑义开发尤多，亦有数处当更往复，及后来旋看出者，并俟后便。此论诚不可示它人，然吾曹却得此反复寻究，甚有益，不是指摘前辈也。上蔡《语解》偏处甚多，大有害事处，益知求道之难也。”[②] 谢良佐《论语说》以及胡宏（1105—1161）的《知言》皆是湖湘学术的重要文献，然而经过中和之辨后，朱熹与张栻识见已有不同，所谓“随看抄出”“旋看出者”，正是两人工夫进程之所在。针对湖湘一系的核心要义提出检讨，朱熹强调“深自警”，张栻所言“甚有益”，显然并非门户的攻讦。与立场的申明，而是一种自我检讨、自我惕厉的思维。朱熹并且延续中和的体悟，征询吕祖谦（1137—1181）的意见，汇聚三人的见解，撰成《胡子知言疑义》，针对“心以成性”“性无善恶”“恶亦不可不谓之性”“心无死生”“先识仁体”“性体心用”诸说，交换意见[③]。心、性之间，朱熹、张栻、吕祖谦逐渐形成共识，朱熹从“湖湘”之学，显然又进一层，二程学术于此深化，南宋学术于此开展，朱熹与张栻化解分歧，厘清心性体用关系，进而及于求仁讨论，尝试掌握儒学核心要义，朱熹与张栻两人皆有《仁说》，观点相近甚至让人产生混淆[④]，

---

① 朱熹：《朱子文集·册7·卷70》，台北：德富文教基金会，2000年版，第3520－3523页。

② 张栻：《南轩集·卷24·答朱元晦》，第712－713页。

③ 朱熹：《朱子文集·册7·卷73》，台北：德富文教基金会，2000年版，第3696－3705页。

④ 例如陈淳撰《答陈伯澡》第五书“文公有〈仁说〉二篇，莫须已曾见否。一篇误在《南轩文集》；一篇近方得温陵卓丈传来。”《北溪大全集》（影印文渊阁《四库全书》第1168册，台北：台湾“商务印书馆”，1986年版）。甚至刊刻《朱子文集》误以张栻《仁说》为朱熹的《仁说》，参见朱熹撰陈俊民校编《朱子文集》第7册第67卷《校勘记》云：“浙本误以南轩先生《仁说》为先生《仁说》，而以先生《仁说》为《序仁说》。又注：‘此篇疑是《仁说序》姑附此’十字，今悉删正之。”两人说法相近，产生混淆，后人甚至提出质疑，认为朱熹以编辑《南轩文集》之便，将自己心得附入，对此说法，陈荣捷撰《朱子新探索》（台北：台湾学生书局，1988年版）列举四点回应，认为“自私用知”有违朱熹性格，说法并不可信。

相关讨论于“中和”之辨后即已展开，持续将近两年的时间。[①] 事实上，按核张栻《胡子知言序》云：“学者诚能因其言而精察于视听言动之间，卓然知夫心之以为妙，则性命之理盖可默识，而先生之意所以不异于古人者，亦可得而言矣。若乃不得其意而徒诵其言，不知求仁而坐谈性命，则几何其不流于异端之归乎!”[②] 由胡宏而及于二程，原就有深化“湖湘”学术义理的思考，张栻编成《洙泗言仁录》，也是循此之成果，今存其序，云：“某读程子之书，其间教门人取圣贤言仁处，类聚以观而体认之，因裒《鲁论》所载，疏程子之说于下，而推以己见，题曰《洙泗言仁》，与同志者共讲焉。”[③] 由“性”而达“仁”，既是对于二程义理的再确认，也是对于经典内涵的再思考，然而朱熹对此有些疑虑，《答张敬夫六》云：

> 类聚孔孟言“仁”处，以求夫仁之说，程子为人之意，可谓深切；然专一如此用功，却恐不免长欲速好径之心，滋入耳出口之弊，亦不可不察也。大抵二先生之前，学者全不知有“仁”字，凡圣贤说仁处，不过只作“爱”字看了。自二先生以来，学者始知理会“仁”字，不敢只作爱说。然其流复不免有弊者，盖专务说仁，而于操存涵泳之功不免有所忽略，故无复优柔厌饫之味，克己复礼之实，不但其蔽也愚而已，而又一向离了“爱”字，悬空揣摸，既无真实见处，故其为说恍惚惊怪，弊病百端，殆反不若全不知有“仁”字，而只作“爱”字看却之为愈也。……又如首章虽列二先生之说，而所解实用上蔡之意，正伊川说中，问者所谓“由孝弟可以至仁”，而先生非之者，恐当更详究之也。[④]

---

① 参见束景南撰《朱熹年谱长编》乾道九年（1173）“继续与张栻讨论《洙泗言仁录》与《仁说》，修改《仁说》”按语：“长达二年之《洙泗言仁录》与〈仁说〉论辩至此结束，二人仁说思想取得大体一致。”往返书信，前人讨论已多，可以参考赖尚清撰《朱子与张栻“〈仁说〉之辨”书信序次详考》，《厦门大学学报（哲学社会科学版）》，2014 年第 4 期，第 112－113 页。

② 张栻：《南轩集·卷 14·胡子知言序》，第 620 页。

③ 张栻：《南轩集·卷 14·洙泗言仁序》，第 616 页。

④ 朱熹：《朱子文集·第 3 册·卷 31》，台北：德富文教基金会，2000 年版，第 1180－1181 页。

此书陈来先生认为系于乾道七年（1171）[①] 所作，其中有诸多细节，颇堪玩味。对于类聚孔孟言“仁”处的方式，虽然可以观察二程思考的内容，有经旨与义理互证之效，但却不是探究要义的正确方向。圣人义理融贯，仁及万物，事事体见天理，只关注言“仁”之处，反而限制体证的范围。道理原本简单，但朱熹显然有更深一层的忧虑，唯恐学者长“欲速好径”之心，《答张敬夫九》云：“至谓类聚言仁，亦恐有病者，正为近日学者厌烦就简，避迂求捷，此风已盛，方且日趋于险薄，若又更为此以导之，恐益长其计获欲速之心，方寸愈见促迫纷扰，而反陷于不仁耳”[②]，言之更明。人心好易厌难，喜求捷径，圣人之道，触事而显，须就其气象揣摩，了解精神之所在。如果纯就章句考察，专就文字参详，不免于道德体会不深，易生浇薄之心，无法有心体澄朗之效。其次，以“爱”解“仁”固然不妥，但离“爱”言“仁”的结果，反而让人迷离恍惚，无法捉摸，“仁”体虚空存在的结果，儒学反而失落核心精神。“仁”不能以“爱”解，却也不能离“爱”而解。二程提醒“仁”不能单纯以“爱”来了解，点出其中层次不同，然而后人不察，旁出追索的结果，离道弥远，“仁”更为空泛缥缈。朱熹反复指出“操存涵泳”“优柔厌饫”“克己复礼”的诉求，正是检讨湖湘学术之后思考的重点，也是与张栻形成的共识。对于“用上蔡之意”的说法，也深有警惕，必须加以分别。检视两人有关“仁”说的讨论，往复之间，乃是思考从“湖湘”心法当中超拔而出，在心体架构当中，定位“仁”之所在，朱熹《答张钦夫（论仁说）十二》云：

> 熹按程子曰：“仁，性也；爱，情也。岂可便以爱为仁？”此正谓不可认情为性耳，非谓仁之性不发于爱之情，而爱之情不本于仁之性也。熹前说之“爱之发”对“爱之理”而言，正分别性、情之异处，其意最为精密。而来言谕每“以爱命仁”见病，下章又云：“若专以爱命仁，乃是指其用而遗其体，言其情而略其性。”则其察之亦不审矣。盖所谓“爱之理”者，是乃指其体性而言，且见性情体用

---

① 陈来：《朱子书信编年考证》，北京：生活·读书·新知三联书店，2011 年版，第 84 页。

② 朱熹：《朱子文集·第 3 册》卷 31，台北：德富文教基金会，2000 年版，第 1185 页。

各有所主而不相离之妙，与所谓“遗体而略性”者，正相南北，请更详之。①

性、情有别，仁既不可直言为爱，但也不能离爱言仁。回应二程的看法，其中诠释为难之处，朱熹以情着性，以“爱之理”言“仁”，兼顾性情体用，最为周备，其中思考见《又论仁说十三》云：

今不深考其本末指意之所在，但见其分别性情之异，便谓爱之与仁了无干涉；见其以公为近仁，便谓直指仁体，最为深切。殊不知仁乃性之德，而爱之本，因其性之有仁，是以其情能爱。但或蔽于有我之私，则不能尽其体用之妙，惟“克己复礼”“廓然大公”，然后此体浑全，此用昭著，动静本末，血脉贯通尔。程子之言意盖如此，非谓爱之与仁了无干涉也。由汉以来，以爱言仁之弊，正为不察性情之辨，而遂以情为性尔。今欲矫其弊，反使“仁”字泛然无所归宿，而性、情遂至次不相管，可谓“矫枉过直，是亦枉而已矣”。其弊将使学者终日言仁，而实未尝识其名义，且又并与天地之心、性情之德而昧焉。②

自汉以来言“仁”的说法，混淆性、情，诠释并不正确。二程质疑有其道理，但以“公”言“仁”，固然得见仁之形上价值，人人皆具，但“公”并非“仁”，于此诠释，仅得形迹，未及于根本，而且离爱言仁的结果，仁既远于性，情也失其本，性、情乖离，其失弥远，《又论仁说十五》云：

来教云：“夫其所以与天地万物一体者，以夫天地之心之所有，是乃生生之蕴，人与物所公共，所谓爱之理也。”熹详此数句，似颇未安。盖仁只是爱之理，人皆有之，然人或不公，则于其所当爱者，反有所不爱；惟公，则视天地万物皆为一体，而无所不爱矣。若爱之理，则是自然本有之理，不必为天地万物同体而后有也。③

---

① 朱熹：《朱子文集·册3·卷32》，台北：德富文教基金会，2000年版，第1262－1263页。

② 朱熹：《朱子文集·册3·卷32》，台北：德富文教基金会，2000年版，第1264－1265页。

③ 朱熹：《朱子文集·册3·卷32》，台北：德富文教基金会，2000年版，第1267页。

就湖湘学术的闳阔而言，“仁”的立场仍在，不免于诠释细节尚有分歧，但朱熹与张栻对于“仁”为“爱之理”逐渐取得共识。[①] 除此之外，“湖湘”学术以“觉”言“仁”，同样未得确解，《又论仁说十四》云：

> 仁，本吾心之德，又将谁使知之而觉之耶？……上蔡所谓“知觉”，正谓知寒暖饱饥之类尔，推而至于酬酢佑神，亦只是此。知觉无别物也，但所谓有小大尔。然此亦只是智之发用处，但惟仁者，为能兼之。故谓“仁者心有知觉”则可，谓“心有知觉谓之仁”则不可。……至于伯逢又谓：“上蔡之意自有精神，得其精神，则天地之用皆我之用矣。”此说甚高妙，然既未尝识其名义，又不论其实下功处，而欲骤语其精神，此所以立意愈高，为说愈妙，而反之于身，愈无根本可据之地也。[②]

以“觉”言“仁”为“察识”工夫的基础，只是“察”毕竟属“知”，与“仁”内涵不同，而且因觉而得仁，诉求高远神妙，缺乏确实可以掌握的内涵，于道德本体反而隔了一层。朱熹与张栻已从承继而至超越，从二程弟子而及于二程，进而在二程思考中思索儒学究竟。由性而论情，才能在“仁”与“爱”间，梳理其中脉络，导回合理的诠释。朱熹以“爱之理”言“仁”之体用，以“心之德”言“仁”出处，根源所在，心统性情，未发为性，已发为情；“仁”为性，“爱”为情，“爱”固然不能直接等同于“仁”，但离“爱”无法见“仁”，必须从“爱”寻其道理，方能得见“仁”的真实存在，“仁”也必归于之心，言之于德，“仁”乃能获得掌握，才有操持的根据，此乃是至真至切的道理，朱熹推论逻辑于此全然揭露。朱熹揭示“爱之理”的诠释内容，由“情”而“性”，在性情体用之间，寻求“仁”的正确描述，检核两人论仁，张栻《仁说》云：

> 是以为仁莫要乎克己，己私既克，则廓然大公，而其爱之理素具于性者无所蔽矣。爱之理无所蔽，则与天地万物血脉贯通，而其用亦无不周矣。故指爱以名仁则迷其体，程子所谓爱是情，仁是性，谓

---

① 张栻：《南轩集·卷20·答朱元晦祕书》书十三云：“来书披玩再四，所以开益甚多。所谓爱之理发明甚有力，前书亦略及之矣。”

② 朱熹：《朱子文集·册3·卷32》，台北：德富文教基金会，2000年版，第1265－1266页。

> 此。而爱之理则仁也；指公以为仁则失其真，程子所谓仁道难名，惟公近之，不可便指公为仁，谓此。而公者人之所以能仁也。夫静而仁、义、礼、智之体具，动而恻隐、羞恶、辞让、是非之端达，其名义位置固不容相夺也。①

动、静之间的观察，乃是融合“道南”与“湖湘”的结果，“爱”不足以言“仁”，指“公”为仁也失其真，两者并非“仁”之确诂。与此见解相同，朱熹《仁说》云：

> 盖仁之为道，乃天地生物之心，即物而在。情之未发，而此体已具；情之既发，而其用不穷。诚乃体而存之，则众善之源，百行之本，莫不在是。此孔门之教所以必使学者汲汲于求仁也。其言有曰：“克己复礼为仁”，言能克去己私，复乎天理，则此心之体无不在，而此心之用无不行也。……程子之所诃，以爱之发而名“仁”者也；吾之所论，以爱之理而名“仁”者也。盖所谓“情性”者，虽其分域之不同，然其脉络之通，各有攸属者，则曷尝判然离绝而不相管哉！吾方病夫学者诵程子之言而不求其意，遂至于判然离爱而言“仁”，故特论此以发明其遗意，而子顾以为异乎程子之说，不亦误哉！或曰：“程氏之徒，言仁多矣。盖有谓爱非仁而以‘万物与我为一’为仁之体者矣；亦有谓爱非仁而以‘心有知觉’释仁之名者矣。今子之言若是，然则彼皆非欤?”曰：彼谓“物我为一”者，可以见仁之无不爱矣，而非仁之所以为体之真也；彼谓“心有知觉”者，可以见仁之包乎智乎，而非仁之所以得名之实也。观孔子答子贡“博施济众”之问，与程子所谓“觉不可以训仁”者，则可见矣。子尚安得复以此而论仁哉？抑泛言“同体”者，使人含胡昏缓，而无警切之功，其弊或至于认物为己者有之矣；专言“知觉”者，使人张皇迫躁，而无沉潜之味，其弊或至于认欲为理者有之矣。一忘一助，二者盖胥失之。②

---

① 张栻：《南轩集·卷18·仁说》，第655页。

② 朱熹：《朱子文集·册7·卷67》，台北：德富文教基金会，2000年版，第3391－3392页。

克己是思考的起点，不仅要扬弃离爱言仁的路径，也必须廓除言公、言觉之偏。不论是“含胡昏缓”，或是“张皇迫躁”，皆是偏离中道的结果，心体既失，其失弥远，甚至认欲为理，乖违性情，偏离圣人之教，有违儒学精神。“性”“情”既分，必须于初始处下工夫，于合宜处体察，两人立场归于一致，完成“仁”体的观察。《朱子语类》载其思考，云：

> 旧看五峰说，只将心对性说，一个情字都无下落。后来看横渠“心统性情”之说，乃知此话有大功，始寻得个“情”字着落，与孟子说一般。孟子言：“恻隐之心，仁之端也。”仁，性也；恻隐，情也，此是情上见得心。又曰：“仁义礼智根于心”，此是性上见得心。盖心便是包得那性情，性是体，情是用。“心”字只一个字母，故“性”“情”字皆从“心”。①

心统性情，于情着性，成为朱熹思考的方向，心体未明，不免情、性混杂。朱熹与张栻汇整“道南”与“湖湘”心法，层层而进，从中和之辩，确立情性之分架构，检讨流弊，遂能于分歧之中确定方向，从追究伊洛学术，最终回归于经典义理的思考，在学术局限当中，开启新局。以“爱之理”“心之德”言“仁”，成为两人共识，也成为朱熹《四书章句集注》言“仁”的论述依据。

四、克己复礼

朱熹撰成《仁说》，而言明旨趣于《巧言令色说》，用意在于申明仁乃为己之学，以矫谢良佐过深之论②，而心得所在，撰成《克斋记》，申明儒学的修养方向，云：

> 性情之德无所不备，而一言足以尽其妙，曰“仁”而已；所以求仁者盖亦多术，而一言足以举其要，曰“克己复礼”而已。盖仁

① 黎靖德：《朱子语类》，台北：文津出版社，1986年版，第91页。

② 朱熹：《朱子文集·册7·卷67》云：“至于小人讦以为直，色厉内荏，则虽与巧言令色者不同，然考其矫情饰伪之心，实巧言令色之尤者，故圣人恶之。上蔡引上数条，而不肯明言其所以然者，将使学者深求而自得之也。然令学者反求之于冥漠不可知之中，失之愈远。《言仁录》中所解，亦少曲折，故详论之，使学者无淫思力索之苦，而有以审夫用力之几焉。”《仁说》与《巧言令色说》皆是从“湖湘”学术而出，对于过高过深的说法，深有反省，期许于心性体用之间，建立“仁”说正确的了解。

> 也者，天地所以生物之心，而人物之所得以为心者也。惟其得夫天地生物之心以为心，是以未发之前，四德具焉，曰仁、义、礼、智，而仁无不统；已发之际，四端着焉，曰恻隐、羞恶、辞让、是非，而恻隐之心无所不通。此仁之体用，所以涵育浑全，周流贯彻，专一心之妙，而为众善之长也。然人有是身，则有耳、目、鼻、口、四肢之欲，而或不能无害夫仁，人既不仁，则其所以灭天理而穷人欲者，将益无所不至。此君子之学，所以汲汲于求仁，而求仁之要，亦曰“去其所以害仁者”而已。盖非礼而视，人欲之害仁也；非礼而听，人欲之害仁也；非礼而言且动焉，人欲之害仁也。知人欲之所以害仁者在是，于是乎有以拔其本，塞其源，克之克之，而又克之，以至于一旦豁然欲尽而理纯，则其胸中之所存者，岂不粹然天地生物之心，而蔼然其若春阳之温哉！默而成之，固无一理之不具，而无一物之不该也；感而通焉，则无事之不得于理，而无物之不被其爱矣。呜呼！此仁之为德，所以一言而可以尽性情之妙，而其所以求之之要，则夫子之所以告颜渊者，亦可谓一言而举也与！……予惟“克”“复”之云，虽若各为一事，其实天理人欲，相为消长，故“克己”者乃所以“复礼”，而非“克己”之外，别有“复礼”之功也。①

性、情既分，仁体明朗，人得天地生物之心为心，未发之前，已具其性，已发之际，四端存焉，心体之妙，通贯天人，涵育浑融，周流贯彻。“仁”之为性，统有四德，因此由仁可以见天地之德，而仁着于心，儒学价值于此具现。然而朱熹特别留意人有是身，则难免有欲，欲之既盛，则有碍于仁体的彰显，所以修养在求仁，方式则是去其不仁，如何去其不仁，则是对治既盛之欲，克己复礼，一旦欲尽理纯，则粹然天地生物之心，得以全体朗现。“欲”与“仁”相对存在，“天理”“人欲”互为消长，所以存天理与去人欲，人欲消则天理盛，乃是一体之功；相反情形，人欲盛则天理消，最终有违于道，因此儒学工夫在于“克”之一字。中和之辨，“中”之为性，“和”言其情②，朱熹

---

① 朱熹：《朱子文集·册8·卷77》，台北：德富文教基金会，2000年版，第3867–3868页。

② 陈逢源：《从体证到建构：朱熹四书章句集注的撰作历程》，《朱熹与四书章句集注》，台北：里仁书局，2006年版，第80页。

在情得其和的思考下，进一步在天理与人欲当中，思索修养进程，“克己复礼”成为建构“仁体”了解的关键，《朱子语类》保留其中思考，云：

问：“程门以知觉言仁，《克斋记》乃不取，何也？”曰：“仁离爱不得。上蔡诸公不把爱做仁，他见得伊川言：‘博爱非仁也，仁是性，爱是情。’伊川也不是道爱不是仁。若当初有人会问，必说道‘爱是仁之情，仁是爱之性’，如此方分晓。惜门人只领会那意，便专以知觉言之，于爱之说，若将浼焉，遂蹉过仁地位去说，将仁更无安顿处。‘见孺子匍匐将入井，皆有怵惕恻隐之心’，这处见得亲切。圣贤言仁，皆从这处说。”又问：“知觉亦有生意。”曰：“固是。将知觉说来冷了。觉在知上却多，只些小搭在仁边。仁是和底意。然添一句，又成一重。须自看得，便都理会得。”①

朱熹重申离爱言仁，终不真切，诠释愈多，愈加支离，门人黄榦（1152—1221）所录，尤可见其思考，云：

某尝说“仁主乎爱”，仁须用“爱”字说，被诸友四面攻道不是。吕伯恭亦云：“说得来太易了。”爱与恻隐，本是仁底事。仁本不难见，缘诸儒说得来浅近了，故二先生便说道，仁不是如此说。后人又却说得来高远没理会了。……谢氏说曰：“若不知仁，则只知‘克己复礼’而已。”岂有知“克己复礼”而不知仁者！谢氏这话都不甚稳。问：“知觉是仁否？”曰：“仁然后有知觉。”问：“知觉可以求仁否？”曰：“不可。”问：“谢氏曰：‘试察吾事亲从兄之时，此心如之何，知此心则知仁’，何也？”曰：“便是这些话心烦人，二先生却不如此说。”……如病风人一肢不仁，两肢不仁，为其不省悟也。似此等语，被上蔡说，便似忒过了。他专把省察做事。省察固是好，如“三省吾身”，只是自省，看这事合恁地，不合恁地，却不似上蔡诸公说道去那上面察探。……“仁”字最难言，故孔子空言仁。仁自在那里，夫子却不曾说，只是教人非礼勿视听言动与“居处恭，执事敬，与人忠”，便是说得仁前面话；“仁者其言也讱”“仁者先难而后获”“仁者乐山”之类，便是说得仁后面话。只是这中间便着理会

① 黎靖德：《朱子语类·卷6》，台北：文津出版社，1986年版，第119页。

仁之体。……如湖南五峰多说"人要识心"。心自是个识底，却又把甚底去识此心！且如人眼自是见物，却如何见得眼！故学者只要去其物欲之蔽，此心便明。如人用药以治眼，然后眼明。[①]

"仁"须以"爱"而言，从朱熹与门人讲论，已成定见，相关讨论于《朱子语类》屡屡可见，无法一一举列。谢良佐、胡宏离"爱"言"仁"的结果，言"觉"、言"识"，"察识"有省察意义，但张遑奇怪，于心体强作工夫，别有一物为"仁"，强加把抓，反而使得儒学支离而怪异。刻意造作的结果，反而心体空虚，流入禅学。朱熹检讨二程以来言仁之弊，回归于儒家要义的了解。朱熹从"中和"新解之后，由"已发"而"未发"，融"静"于"静"，"仁体"既明，"湖湘""察识"工夫过偏的问题，也就更为明朗。孔子罕言仁，正是在于行事与体察之间，并无别出之物，摆脱私欲障蔽，去蔽则明，所以朱熹特别强调"仁"之为本，标举"克己复礼"，前者确立其本体，后者强调其工夫。《论语·学而篇》"孝弟也者，其为仁之本与"一章，朱注"仁者，爱之理，心之德也。"于后引二程之言：

"……德有本，本立则其道充大。孝弟行于家，而后仁爱及于物，所谓亲亲而仁民也。故为仁以孝弟为本。论性，则以仁为孝弟之本。"或问："孝弟为仁之本，此是孝弟可以至仁否？"曰："非也。谓行仁自孝弟始，孝弟是仁之一事。谓之行仁之本则可，谓是仁之本则不可。盖仁是性也，孝弟是用也，性中只有个仁、义、礼、智四者而已，曷尝有孝弟来。然仁主于爱，爱莫大于爱亲，故曰孝弟也者，其为仁之本与！"[②]

或问之后，其实也是二程之言[③]，所申明即是"仁"之为性，所以"孝弟"是行仁之本，而非"仁"之本，"仁"是体，"孝弟"是用，"为仁"乃是"行仁"。厘清逻辑先后，"仁"与"孝弟"何者为本的问题，也就清楚明白了，朱熹于《四书或问》言其细节，云：

谢氏则正与程子说中或人所问由孝弟可以至仁者相似，而反乎程

---

① 黎靖德：《朱子语类·卷20》，台北：文津出版社，1986年版，第476－477页。
② 朱熹：《论语集注·卷1·学而篇》，《四书章句集注》，第48页。
③ 朱熹：《二程全书》，京都：中文出版社，1979年版，第141页。

子之说者也。但其意不主乎为仁而主乎知仁，比之或说，其失益远耳。盖其平日论仁，尝以活者为仁，死者为不仁，但能识此活物乃为知仁，而后可以加操存践履之功；不能识此，则虽能躬行力践，极于纯熟，而终未足以为仁也。……必如其说，则是方其事亲从兄之际，又以一心察此一心，而求识夫活物，其所重者乃在乎活物，而不在乎父兄，其所以事而从之，特以求夫活物，而初非以为吾事之当然也。此盖源于佛学之余习，而非圣门之本意。①

以“仁”著性，由天而及人，“仁”乃道德根源，简洁明白，刻意凸显“仁”，强调“仁”于心识当中呈现，必须察识而后能“仁”，反而变得支离扭曲。“仁”可以于“察识”中得见，但“察识”不是“仁”成立的要件，混淆“仁”与“知”，行仁变得不自然，不仅违反二程之意，也有失儒学精神。“仁”存之于心，于情当理而得见，所以要有于情见理的工夫，避免情之偏差，朱熹标举《论语·颜渊篇》“克己复礼为仁”，云：

仁者，本心之全德。克，胜也。己，谓身之私欲也。复，反也。礼者，天理之节文也。为仁者，所以全其心之德也。盖心之全德，莫非天理，而亦不能不坏于人欲。故为仁者必胜私欲而复于礼，则事皆天理，而本心之德复全于我矣。归，犹与也。又言一日克己复礼，则天下之人皆能与其仁，极言其效之甚速而至大也。又言为仁由己而非他人所能预，又见其机之在我而无难也。日日克之，不以为难，则私欲净尽，天理流行，而仁不可胜用矣。……是人心之所以为主，而胜私复礼之机也。私胜，则动容周旋无不中礼，而日用之间，莫非天理之流行矣。②

心要有去蔽的工夫，私欲既去，情得其和，性从而得见，所以此处之“己”既有人欲之私，也有天理流行之德。端看其中“克”“复”的情形而有层次的不同，后人或许认为前后之间，语意已有不同，诠释有误③，但以朱熹义理建

① 朱熹：《朱子全书》本，上海：上海古籍出版社，安徽教育出版社，2002 年版，第 614 – 615 页。

② 朱熹：《论语集注·卷 6·颜渊篇》，《四书章句集注》，第 131 – 132 页。

③ 张崑将：《朱子对〈论语·颜渊〉“克己复礼”章的诠释及其争议》，《台大历史学报》，2001 年 6 月 27 期，第 87 页。

构而言，以“己”言“心”，其实并无违戾，朱熹并引二程四箴，以著工夫之所在，云：

其视箴：“心兮本虚，应物无迹。操之有要，视为之则。蔽交于前，其中则迁。制之于外，以安其内。克己复礼，久而诚焉。”其听箴曰：“人有秉彝，本乎天性。知诱物化，遂亡其正。卓彼先觉，知止有定。闲邪存诚，非礼勿听。”其言箴曰：“人心之动，因言以宣。发禁躁妄，内斯静专。矧是枢机，兴戎出好，吉凶荣辱，惟其所召。伤易则诞，伤烦则支。己肆物忤，出悖来违。非法不道，钦哉训辞！”其动箴曰：“哲人知几，诚之于思；志士励行，守之于为。顺理则裕，从欲惟危；造次克念，战兢自持。习与性成，圣贤同归。”[①]

“非礼勿视，非礼勿听，非礼勿言，非礼勿动”乃是“制之于外，以安其内”工夫之所在，视、听、言、动为心之已发，以应乎于外。二程特标“由乎中而应乎外，制于外所以养其中也”，“勿”是制于外，“克”“复”是养其中，内外交养，成为圣门心法之所在[②]，也成为朱熹重构孔门之传的依据之所在。[③]与此相近之章句，《论语·颜渊篇》“仲弓问仁”章，朱熹注云：“敬以持己，恕以及物，则私意无所容而心德全矣。内外无怨，亦以其效言之，使以自考也。”[④] 同样以去私全德来解释“仁”体的存在，“克”“复”与“敬”“恕”同属孔子指引心法，在“动”之中回归于“静”，由“外”而及“内”，朱熹于此言两者乃是“乾道”与“坤道”之别。《朱子语类》言之更为明白，“‘克己复礼’，如拨乱反正；主敬行恕，如持盈守成”[⑤]，前者开展，后者持守，方式有异，方向相同，同属照应心体的工夫，朱熹以理言性，以性著仁，“克己复礼”成为确立孔门心法的关键。《论语·宪问篇》“可以为难矣”章，朱熹引二程曰：

---

① 朱熹：《论语集注·卷6·颜渊篇》，《四书章句集注》，第131－132页。

② 黎靖德：《朱子语类·卷42》云：“《论语》切要处在言仁。言仁处多，某未识门路。日用至亲切处，觉在告颜子一章。”

③ 陈逢源：《“颖悟”与“笃实”——朱熹论孔门弟子》，《“融铸”与“进程”：朱熹〈四书章句集注〉之历史思维》，第39－47页。

④ 朱熹：《论语集注·卷6·颜渊篇》，《四书章句集注》，第133页。

⑤ 黎靖：《朱子语类·卷24》，第1073页。

程子曰："人而无克、伐、怨、欲，惟仁者能之。有之而能制其情使不行，斯亦难能也。谓之仁则未也。此圣人开示之深，惜乎宪之不能再问也。"或曰："四者不行，固不得为仁矣。然亦岂非所谓克己之事，求仁之乎？"曰："克去己私以复其礼，则私欲不留，而天理之本然者得矣。若但制而不行，则是未有拔去病根之愚，而容其潜藏隐伏于胸中也。岂克己求仁之谓哉？学者察于二者之间，则其所以求仁之功，益亲切而无渗漏矣。"①

朱熹于此申明，"克己复礼"之为功，也只是进程而非究竟，制情复性，私欲尽去，天理澄朗，才是"仁"体之最终成就。仁既是私欲剔除的过程，也是性、情调和的状态，更是持续而进的进程，朱熹以《论语》"克己复礼为仁"章、"仲弓问仁"章，以及"可以为难矣"章，建构"克己复礼"工夫理论的架构。人之有身，私欲乘之，修养与坚持乃是一生以之的事业，朱熹于《论语·卫灵公篇》"知及之，仁不能守之"章，按语云：

愚谓学至于仁，则善有诸己而大本立矣。莅之不庄，动之不以礼，乃其气禀学问之小疵，然亦非尽善之道也。故夫子言之，使知德愈全而责愈备，不可以为小节而忽之也。②

于此得见儒者永恒的追寻与事业，"仁"之根于天，而具于心，而必须在"克""复"／"敬""恕"当中内外交养，持守无失。朱熹于注解当中，屡屡再现孔门心法传授氛围，孔子因材施教，有不同的指引，但仁体明朗，有相同的意蕴，征引当中，二程之论取代湖湘察识工夫，朱熹再现二程精义，得见圣人奥义。"克己复礼"乃是出于古语，《左传·昭公十二年》载"仲尼曰：'古也有志，克己复礼，仁也。'"③"克己复礼"成为孔子申明由礼及仁的说法，朱熹注"克，胜也。己，谓身之私欲也。"④乃是取用杜注所引刘炫："克训胜也。己谓身也，有嗜欲当以礼义齐之，嗜欲与礼义交战，使礼义胜其嗜

---

① 朱熹：《论语集注·卷7·宪问篇》，《四书章句集注》，第149页。

② 朱熹：《论语集注·卷8·卫灵公篇》，《四书章句集注》，第168页。

③ 杜预注，孔颖达疏：《春秋左传注疏》收于《十三经注疏》，台北：艺文印书馆，1985年版，第795页。

④ 朱熹：《论语集注·卷6·颜渊篇》，《四书章句集注》，第131页。

欲，身得归复于礼，如是乃为仁也。”[①] 朱熹的说法并非无依据，在天理与人欲的消长之中，确立儒学工夫样态，援取汉唐旧解，阐明二程义理，融铸义理与训诂，已是经注形式上的一种新尝试。[②] 工夫既明，仁体之解，剔除湖湘学术而回归于二程，成为朱熹诠释经典的方向，“仁”非虚空存在，而是在心性操持中的具现，心德、爱理成为诠释“仁”的依据。《论语·学而篇》“巧言令色”章，朱注云：“好其言，善其色，致饰于外，务以悦人，则人欲肆而本心之德亡矣。”[③]《论语·八佾篇》“人而不仁”章，朱注引游酢云：“人而不仁，则人心亡矣”，引程子曰：“仁者天下之正理。”[④]《论语·里仁篇》“唯仁者能好人”章，朱注云：“盖无私心，然后好恶当于理，程子所谓‘得其公正’是也。”[⑤]《论语·公冶长篇》“令尹子文”章，朱注：“愚闻之师曰：‘当理而无私心，则仁矣。’”[⑥]《论语·雍也篇》“其心三月不违仁”章，朱注云：“仁者，心之德。心不违仁者，无私欲而有其德也。”[⑦]《论语·雍也篇》“仁者先难而后获”章，朱注引程子曰：“先难，克己也。”[⑧]《论语·雍也篇》“能近取譬”章，朱注云：“于此勉焉，则有以胜其人欲之私，而全其天理之公矣。”[⑨]《论语·述而篇》“依于仁”章，朱注云：“仁，则私欲尽去而心德之全也。”[⑩]《论语·述而篇》“仁远乎哉”章，朱注云：“仁者，心之德，非在外也。”[⑪]《论语·述而篇》“若圣与仁”章，朱注云：“仁，则心德之全而人道之备也。”[⑫]《论语·子罕篇》“仁者不忧”章，朱注云：“理足以胜私，故

---

① 杜预注，孔颖达疏：《春秋左传注疏·卷45》，第795页。

② 陈逢源：《集注与章句：朱熹四书诠释的体例与方向》，《朱熹与四书章句集注》，台北：里仁书局，2006年版，第193页。

③ 朱熹：《论语集注·卷1·学而篇》，《四书章句集注》，第48页。

④ 朱熹：《论语集注·卷2·八佾篇》，《四书章句集注》，第61－62页。

⑤ 朱熹：《论语集注·卷2·里仁篇》，《四书章句集注》，第69页。

⑥ 朱熹：《论语集注·卷3·公冶长篇》，《四书章句集注》，第80页。

⑦ 朱熹：《论语集注·卷3·雍也篇》，《四书章句集注》，第86页。

⑧ 朱熹：《论语集注·卷3·雍也篇》，《四书章句集注》，第90页。

⑨ 朱熹：《论语集注·卷3·雍也篇》，《四书章句集注》，第92页。

⑩ 朱熹：《论语集注·卷4·述而篇》，《四书章句集注》，第页94。

⑪ 朱熹：《论语集注·卷4·述而篇》，《四书章句集注》，第100页。

⑫ 朱熹：《论语集注·卷4·述而篇》，《四书章句集注》，第101页。

不忧。"[①]《论语·子路篇》"刚毅、木讷，近仁"章，朱注引杨时云："刚毅则不屈于物欲，木讷则不至于止驰，故近仁。"[②]《论语·宪问篇》"仁者必有勇"章，朱注云："仁者，心无私累，见义必为。"[③]《论语·卫灵公篇》"志士仁人"章，朱注云："仁人，则成德之人也。理当死而求生，则于其心有不安矣，是害其心之德也。"[④]《论语·卫灵公篇》"民之于仁也"章，朱注云："无水火，不过害人之身，而不仁则失其心。"[⑤]《论语·阳货篇》"子张问仁于孔子"，朱注云："行是五者，则心存而理得矣。"[⑥]《论语·微子篇》"微子去之"章，朱注云："三人之行不同，而同出于至诚恻怛之意，故不咈乎爱之理，而有以全其心之德也。"[⑦]《论语·子张篇》"博学而笃志"章，朱注云："四者皆学问思辨之事耳，未及乎力行而为仁也。然从事于此，则心不外驰，而所存自熟，故曰仁在其中矣。"[⑧]于此可见心德、爱理的说法，成为朱熹固定的诠释模式，大抵言其根本，则称心德，言其形态，则称爱理，甚至用以彰显《论语·先进篇》"吾与点也"章中曾点的情趣[⑨]，朱注云：

> 曾点之学，盖有以见夫人欲尽处，天理流行，随处充满，无少欠阙。故其动静之际，从容如此。而其言志，则又不过即其所居之位，乐其日用之常，初无舍己为人之意。而其胸次悠然，直与天地万物上下同流，各得其所之妙，隐然自见于言外。[⑩]

于人欲尽处，见天理流行，正是朱熹掌握"仁"体的样态，成为儒学成德境界的最佳说明。动静之际，日用之间，心体清明澄澈，全然大化流行，于"视、听、言、动"，见其工夫；"浴乎沂，风乎舞雩"，得其境界，孔子言仁，

---

① 朱熹：《论语集注·卷5·子罕篇》，《四书章句集注》，第116页。

② 朱熹：《论语集注·卷7·子路篇》，《四书章句集注》，第148页。

③ 朱熹：《论语集注·卷7·宪问篇》，《四书章句集注》，第149页。

④ 朱熹：《论语集注·卷8·卫灵公篇》，《四书章句集注》，第163页。

⑤ 朱熹：《论语集注·卷8·卫灵公篇》，《四书章句集注》，第168页。

⑥ 朱熹：《论语集注·卷9·阳货篇》，《四书章句集注》，第177页。

⑦ 朱熹：《论语集注·卷9·微子篇》，《四书章句集注》，第183页。

⑧ 朱熹：《论语集注·卷10·子张篇》，《四书章句集注》，第189页。

⑨ 此处用杨儒宾：《孔颜乐处与曾点情趣——〈论语〉的人格世界》，《从〈五经〉到〈新五经〉》，台北：国立台湾大学出版中心，2013年版，105-106页。

⑩ 朱熹：《论语集注·卷6·先进篇》，《四书章句集注》，第130页。

原不易说明，然而于天理彰显处，心体明朗，儒学要义遂有理解的方向，征引之中，以二程为主调，成为朱熹印证“仁体”了解的基本材料。《论语·颜渊篇》“颜渊问仁”章，朱注引程子之后，又引谢良仁云：“克己须从性偏难克处克将去。”[①]《论语·里仁篇》“不仁者不可以久处约”章，朱注引谢良佐云：“仁者心无内外远近精粗之间，非有所存而自不亡，非有所理而自不乱，如目视而耳听，手持而足行也。……安仁者非颜、闵以上，去圣人为不远，不知此味也。”[②]《论语·宪问篇》“君子而不仁者有矣夫”章，朱注引谢良佐云：“君子志于仁矣，然毫忽之间，心不在焉，则未免为不仁也。”[③] 湖湘学术显然仍为朱熹言“仁”之依据，检核《四书或问》，朱熹于《论语·里仁篇》“不仁者不可以久处约”一则云：“谢氏之说则善矣，然初不见利字之意，而于所以安仁者，亦未见亲切。”[④]《论语·颜渊篇》“颜渊问仁”章，朱熹云：“谢氏以礼为摄心之规矩，善矣。然必以理易礼，而又有循理而天。小注：以我视听，以斯视听。自然合理之说焉，亦未免失之过高，而无可持循之实。”[⑤]《论语·宪问篇》“君子而不仁者有矣夫”章，朱熹云：“谢氏之说善矣，然其曰：‘心不在焉，不仁也’，则直以心字训夫仁者，恐亦未安。若曰‘心不在焉，则不仁矣’，其庶几乎。其曰‘未害为君子’者，则亦有以启学者自恕之弊，尤不可以不察。”[⑥] 比较两者，朱熹删略偏差之处，调整文字，却仍保留其中精彩，他融合心体与工夫，唯恐过高之失，于此可见朱熹思考，以及针砭“湖湘”学术细腻的安排。

朱熹从“湖湘”学而得心体的观察，又从“克己复礼”确立工夫与本体融通的了解，爱归于理，全心之德，方可称“仁”，从心体见其理之所在成为四书义理的核心。朱熹于《大学章句》“在止于至善”云：“盖必其有以尽夫天理之极，而无一毫人欲之私也。”[⑦]“身有所忿懥”章，朱注引程子曰：“身

① 朱熹：《论语集注·卷6·颜渊篇》，《四书章句集注》，第132页。

② 朱熹：《论语集注·卷2·里仁篇》，《四书章句集注》，第69页。

③ 朱熹：《论语集注·卷7·宪问篇》，《四书章句集注》，第150页。

④ 朱熹：《四书或问》，第676页。

⑤ 朱熹：《四书或问》，第801页。

⑥ 朱熹：《四书或问》，第825页。“不仁也”朱熹于《论语集注》作“则未免为不仁也。”《四书章句集注》，第150页。语意更为和缓。

⑦ 朱熹：《大学章句》，《四书章句集注》，第3页。

有之身当作心”，并云：“盖是四者，皆心之用，而人所不能无者。然一有之而不能察，则欲动情胜，而其用之所行，或不能不失其正矣。”① 于《中庸章句》第二十章“修道以仁”，朱注云：“仁者，天地生物之心，而人得以生者，所谓元者之长也。”② 二十七章“故君子尊德性而道问学”，朱注云：“尊德性，所以存心而极乎道体之大也。道问学，所致知而尽乎道体之细也。二者修德凝道之大端也。不以一毫私意自蔽，不以一毫私欲自累，涵泳乎其所已知，敦笃乎其所已能，此皆存心之属。”③《孟子·梁惠王上》“亦有仁义而已矣”章，朱注云：“仁者，心之德，爱之理。义者，心之制，事之宜也。”④《孟子·梁惠王下》“人皆谓我毁明堂”章，朱注云：“然天理人欲，同行异情。循理而公于天下者，圣贤之所以尽其性也；纵欲而私于一己者，众人之所以灭其天也。二者之间，不能以发，而其是非得失之归，相去远矣。故孟子因时君之问，而剖析于几微之际，皆所以遏人欲而存天理。其法似疏而实密，其事似易而实难。学者以身体之，则有以识其是非曲学阿世之言，而知所以克己复礼之端矣。”⑤ 朱熹仁体之见，通贯四书义理当中，由工夫以见本体，在克己复礼当中，克制私欲，情得其和，工夫与本体相互证成，遂能得见儒学心体澄朗，天理莹然的境界。胡广（1369—1418）《四书大全》引诸葛泰说明朱熹用意，云：

> 泥爱字，则不知仁之体；舍爱字，则不知仁之用。故即理以明体，于以见理具于爱之所未发，即爱以明用，于以见爱本于仁之所发见。无体何以发，无仁何以能爱，因爱心之形，而指其在中之理，故曰：“爱之理。”《集注》于《孟子》首章，又倒置其语曰：“仁者，心之德，爱之理”何也？《论语》言为仁，是以偏言者言之，故以“爱之理”在先；《孟子》兼言仁义，则以专言者言之，故以“心之

① 朱熹：《大学章句》，《四书章句集注》，第8页。

② 朱熹：《中庸章句》，《四书章句集注》，第28页。

③ 朱熹：《中庸章句》，《四书章句集注》，第35－36页。

④ 朱熹撰：《孟子集注·卷1·梁惠王上》，《四书章句集注》，第201页。

⑤ 朱熹：《孟子集注·卷2·梁惠王下》，《四书章句集注》，第219－220页。

德”在先，然亦互相发明，而非有二也。①

“爱之理，心之德”成为诠释“仁”的周全样态，体用之间，已发、未发之际，充分周备，说法通贯四书。《论语》内容言及日用之间，以“爱之理”为先，得其线索；《孟子》仁义并举，以养其气，以“心之德”为前，得其大体。前者亲切，后者深厚，细节之间，《论语》《孟子》顺序不同，乃是各有偏重。朱熹用意之所在，唯求妥帖，诠释之细腻，于此可见。

五、结　论

朱熹接续“道南”学脉，汇整“湖湘”学术，历经漫长的义理辩证，融铸淬炼，体会与感动，涓滴汇集②，在“已发”“未发”之际的思考，“中和”旧说、新说转折当中，回归于仁体的掌握，寻求洒落真实的感动。朱熹与张栻反省学风、检讨方法，共同推动学术整合工作，逐步获得共识，最终朱熹于经典诠释当中，完成对儒学“仁体”义理的了解，既深切，又具意义。二程说法成为朱熹建立仁说诠释的依据，“湖湘”学术退为辅佐的说明，朱熹《四书章句集注》对此并未全然剔除，甚至在删略调整当中，留其精彩。可见学术有其发展，在不同思潮当中，如何取长略短，甚至回归于经典当中，进行确认，无疑是非常重要的工作，朱熹与张栻化异为同的做法，饶有指标作用。淳熙七年（1180）张栻过世，家人请托朱熹整理文稿，云：“先兄不幸早逝，而其同志之友亦少存者。今欲次其文以行于世，非子之属而谁可?”③深受信赖，托以后事，两人的情谊，无毋置疑，朱熹撰《祭张敬夫殿撰文》云：

> 我昔求道，未获其友，蔽莫予开，吝莫予剖。盖自从公，而观于大业之规模，察彼群言之纷纠，于是相与切磋以究之，而又相厉以死守也。④

朱熹言其过往，言之无隐，既切磋相砺，又期勉相守，前者为心体“已发”

---

① 胡广，等：《论语集注大全·卷一·学而篇》，《四书大全》，济南：山东友谊书社，1989年版，第795–796页。

② 陈逢源：《从体证到建构：朱熹四书章句集注的撰作历程》，《朱熹与四书章句集注》，第80页。

③ 朱熹：《南轩文集序》，张栻：《张栻集·第2册》，第436页。

④ 朱熹：《朱子文集·册9·卷87》，第4293页。

"未发"之见，后者为"仁体"的掌握，情怀令人感动。南宋"道南"与"湖湘"两系各走一端，于儒学各自经营，绝非美事，在同中有异，异中有同之中，两人获得共识，无嫌隙，无褊狭，以圣学为究竟，持平而公的态度，终于整合歧异，成就一代学术，建立学术为公的典范。事实上，《朱子语类》载有朱熹对于谢良佐学术的评论，得见学术变化之机，云：

> 或疑上蔡"孝弟非仁也"一句。先生曰："孝弟满体是仁。内自一念之微，以至万物各得其所，皆仁也。孝弟是其和合做底事。若说孝弟非仁，不知何从得来？上蔡之意，盖谓别有一物是仁。如此，则是性外有物也。"或曰："'知此心，则知仁矣。'此语好。"曰："圣门只说为仁，不说知仁。"（或录云："上蔡说仁，只从知觉上说，不就为仁处说。圣人分明说'克己复礼为仁'，不曾说知觉底意。上蔡一转"云云。盖卿录云："孔门只说为仁，上蔡却说知仁。只要见得此心，便以为仁。上蔡一转"云云。）上蔡一变而为张子韶。上蔡所不敢冲突者，张子韶出来，尽冲突了。（盖卿录："子韶一转而为陆子静。"）近年陆子静又冲突出张子韶之上。（盖卿录云："子韶所不敢冲突者，子静尽冲突。"）①

朱熹对于张九成（1092—1159）深有疑虑，撰有《杂学辨·张无垢中庸解》云："凡张氏所论著，皆阳儒而阴释，其离合出入之际，务在愚一世之耳目，而使之恬不觉悟以入乎释氏之门。"② 至于朱、陆之异同，更是理学史公案，其间是非并非本文所能讨论，然而以朱熹观察，学术踵益增华，后人取代前人，虚而不实的结果，违而弥远，渐离其本，学脉发展可以如是观。《朱子语类》也载有朱熹对于"湖湘"学术的观察，云：

> 萧定夫说："胡致堂云：'学者何？仁也。'"曰："'学'字本是无定底字，若止云仁，则渐入无形体去了。所谓'学'者，每事皆当学，便实。如上蔡所谓'坐如尸'，坐时习也；'立如齐'，立时习也，以此推之，方是学。某到此，见学者都无南轩乡来所说一字，几乎断绝了！盖缘学者都好高，说空，说悟。"定夫又云："南轩云：

---

① 黎靖德：《朱子语类·卷20》，第478页。

② 朱熹：《朱子文集·册7·卷72》，第3608页。

> ‘致堂之说未的确。’”曰：“便是南轩主胡五峰而抑致堂。某以为不必如此，致堂亦自有好处。凡事，好中有不好，不好中又有好。沙中有金，玉中有石，要自家辨得始得。”①

“湖湘”学者当中，原就有不同立场，以及纠葛关系。张栻贬抑胡寅（1098—1156），而推崇胡宏，但对旁观者而言，殊无所谓，甚至好有不好，不好有好，是非之间，必须回归于道理当中，学脉必须能入能出，而非固守樊篱，不知变通。凡此可见朱熹之思考。有意思的是“湖湘”学术之不传，于张栻之后，已是如此。学者但求高、空、悟的结果，渐离而失，势之所趋，难以遏抑，未可归责于张栻。朱熹学术融铸而进，细节之中，有助于了解学术者多矣，撮举观察如下：

第一，朱熹统合“道南”与“湖湘”的学脉内容，在“已发”“未发”之间，融“静”于“敬”，确立“心统性情”的义理架构。然而留意一方风土，了解“湖湘”之教的成果，却也隐隐觉得有些不妥，验之于己，察之于人，明显存在落差，遂启“性”论之后，“仁”说的思考。

第二，朱熹与张栻从承继而至超越，从二程弟子而及于二程，进而在二程思考中思索儒学究竟。以“爱”解“仁”固然不妥，但离“爱”言“仁”的结果，让人迷离恍惚，无法捉摸。“仁”体虚空，儒学反而失落核心精神，所以“仁”不能以“爱”解，却也不能离“爱”而解，旁出追索，离道弥远，言“觉”、言“公”，皆非正确的诠解方式。

第三，以“爱之理”言“仁”之体用，以“心之德”言“仁”出处。然而人有是身，难免有欲，欲之既盛，则有碍于仁体的彰显，所以修养在求仁，方式则是去其不仁，对治既盛之欲，克己复礼，一旦欲尽理纯，则粹然天地生物之心，得以全体朗现。“天理”“人欲”互为消长，所以存天理在于去人欲，人欲消则天理盛，乃是一体之功。

第四，“仁”之根于天，而具于心，必须在“克”“复”/“敬”“恕”工夫当中，持守无失。仁既是私欲剔除的过程，也是性、情调和的状态，更是持续而进的进程。朱熹于注解当中，屡屡再现孔门心法传授氛围，孔子因材施教，有不同的指引，但仁体明朗，有相同的意蕴，征引当中，二程之论取代

---

① 黎靖德：《朱子语类·卷20》，第457－458页。

“湖湘”察识工夫，朱熹再现二程精义，也得见圣人奥义。

第五，朱熹与张栻反省学风、检讨方法，共同推动学术整合，逐步获得共识，而最终朱熹完成了对儒学“仁体”义理的诠释工作，而二程说法成为建立仁说诠释的依据，“湖湘”学术则退为辅佐的说明，删略调整当中，留其精彩。朱熹与张栻化异为同，在不同的思潮当中，取长略短，回归于经典当中，进行确认，饶有指标意义。

朱熹以“爱之理，心之德”言仁，有复杂的辩证与思考，既是弥合“道南”与“湖湘”学术歧出，也是与张栻追求儒学核心形成的共识，更是回归于经典诠释思考的结果。朱熹论证如此复杂，检核反省，大有助益于了解学术为公，儒家即本体即工夫究竟之所在，唯求其实，才是可长可久之道，对于掌握四书义理体系，极具参考意义。只是相对于历来言“仁”之诠释，对于朱熹说法的批评，篇幅所限，无法一一核考，尚祈博雅君子有以谅焉。

"杏坛"传说考辨[①]

——兼谈"杏坛"之"杏"决非银杏

肖永明　李久学

（湖南大学岳麓书院教授）

一、国学热中的"杏坛"误读

"杏坛"是传说中孔子聚徒讲学的地方，随着孔子影响的扩大，它逐渐成为教育圣地的代名词，杏坛建筑随之建立。"杏坛讲学"因而成为了孔子伟大事业的重要标志。也正因为如此，"杏坛"之"杏"究为何"杏"自然受到了细节性的考问。

早在1995年彭林教授就在《中国史研究》上发表了《杏坛考》一文，正确指出"杏坛"之"杏"不是银杏树，而是水果杏树。遗憾的是，文学界、文艺界人士完全不理会这一学术考证成果，凭着"高大上"的理念来对之作出判断，将之认定为"银杏"树，并通过文学、戏剧、绘画、音乐，甚至所谓"科普"等形式，对之进行了铺天盖地的宣传，积非成是，几成定论。十分遗憾的是，大量与孔子有关的传记类、国学类作品，为了抢占畅销书的市场，失去了学术应有的严谨性。这些书很多直接采纳了《孔子传》[②]中的杏坛命名传说，差别仅在于，有的著作在遣词造句上作了一些更动，有的则是全文

① 本文系国家社科基金重大项目《中国"四书"学史》（13&ZD060）系列成果之一。

② 曹尧德，杨佐仁：《孔子传》，石家庄：花山文艺出版社，1988年版，第65－66页，中"银杏"说影响较大。作者讲述"杏坛"来历，明确谈到孔子等垒土筑坛，在讲坛栽种银杏，因此取名杏坛。此说影响甚大，1989年公演的话剧《布衣孔子》，就吸收了《孔子传》中的内容作为人物对白。曲阜为丰富旅游产业而打造的大型乐舞《杏坛圣梦》，其舞台场景布置，也曾以两棵银杏树作背景。《曲阜市地名志》（孔佾主编，曲阜市地名志编纂委员会编，山东友谊出版社，1998年版，第539页）也称："在高大的银杏树下，孔子设教杏坛。"可见，在很多人的心目中，杏坛之杏已被定位为"银杏"。

照录①。

而我国有关银杏综合研究的重要科学论著之一《中国银杏志》也在第一章概述中，对银杏的文化价值作了如下介绍："在一些著作中，银杏树常被看作儒家的象征。据说孔子很喜欢在银杏树下阅读和教授弟子，后人将他教诲弟子的地方称为'杏坛'"②。

在世界各地的孔庙中，不仅中国孔庙内植有银杏，韩国成均馆大学及地方学校孔庙内也是如此。成均馆大学内大成殿明伦堂前有两棵近千年的银杏树，是成均馆悠久历史的见证以及儒家思想的象征，成均馆大学的校徽标志也是一枚银杏叶，可见银杏对该校的意义。1998 年，成均馆大学建校六百周年，韩国发行了一枚纪念邮票，银杏也列席其中。有人对此做了如下介绍："邮票背景为金黄的银杏树，体现了孔子杏坛讲学的意境。"③ 韩国一直被视为传统文化保持得比较完好的国度，它对银杏的重视，也为我们国内理解杏坛问题，带来了一些具有偏差性的暗示。

伴随着传统文化振兴步伐的加快，有关孔子生平思想的方方面面开始被重新加以挖掘与阐释，"杏坛"一词也以高频率姿态出现。尤为值得注意的是，与杏坛相关的知识乃至图片也进入中小学教材之中，老师传授的和学生所接受的，都是"银杏"信息。

---

① 陈卫平，胡振华：《孔子与中国文化》，贵阳：贵州人民出版社，2000 年版，第 11 页；臧宏，朱仁夫，等：《东方圣经的故事》，合肥：安徽出版社，2000 年版，第 84 页；李传玺：《孔子的故事》，北京：京华出版社，2007 年版，第 180 - 181 页；王云峰：《走进名门世家阙里孔氏家族》，北京：远方出版社，2007 年版，第 21 页；曹胜高，张甲子：《图说儒家文化》，长春：吉林人民出版社，2009 年版，第 16 页；史世海：《走近孔子感悟人生》，北京：北京工业大学出版社，2011 年版，第 315 页；李元秀：《孔子 最伟大的思想家教育家》，北京：同心出版社，2011 年版，第 44 页；郑晨：《中华经典藏书·史记（上）》，北京：中国华侨出版社，2012 年版，第 252 页；唐澜波：《万世师表·孔子》，武汉：武汉大学出版社，2012 年版，第 20 页；阿卡狄亚：《小学生国学启蒙系列·游学琼林》，合肥：安徽教育出版社，2012 年版，第 72 页；薛家柱，卞茵：《东方文化园》，杭州：杭州出版社，2013 年版，第 173 页；建一、大海：《国学的智慧大全集》，北京：中国华侨出版社，2013 年版，第 139 页；思履：《国学知识大全》，中国华侨出版社，2014 年版，第 360 页。

② 曹福亮：《中国银杏志》，北京：中国林业出版社，2007 年版，第 238 页。

③ 吕传彬：《外国邮票里的孔子和孔庙》，《华人时刊》，2014 年第 4 期，第 54 页。

职此之故，本文将围绕“杏坛”继续做一些考辨工作，权作彭先生的续貂之议。

二、庄子“杏坛”寓言与宋代孔庙“杏坛”的建立

(一)“杏坛”出自《庄子》寓言，汉唐学者不传其说

先秦儒家文献，如《论语》《孟子》《荀子》《礼记》等从未见提到“杏坛”一词，道家文献《庄子》中有《渔父》一篇，开篇说：“孔子游乎缁帷之林，休坐乎杏坛之上。……有渔父者，下船而来，须眉交白”云云。由此而有“杏坛”一词。但《庄子》之书多为“寓言”性质，不可尽信。正如清儒顾炎武《日知录》卷三十一所说：

> 今夫子庙庭中有坛，石刻曰“杏坛”。《阙里志》：“杏坛在殿前，夫子旧居。”非也。“杏坛”之名出自《庄子》。……司马彪云：“缁帷，黑林名也。杏坛，泽中高处也。”庄子书凡述孔子，皆是寓言。渔父不必有其人，杏坛不必有其地。即有之，亦在水上苇间，依陂旁渚之地，不在鲁国之中也明矣。今之“杏坛”，乃宋乾兴间四十五代孙道辅增修祖庙，移大殿于后，因以讲堂旧基甃石为坛，环植以杏，取“杏坛”之名名之耳。

依顾炎武的意见，所谓“杏坛”应是庄子的虚构，并非实有其地。顾炎武是清代以治学严谨著称的考据学大家，所论自有根据。

其实，汉唐学者最多只是把“杏坛”当作一个文献典故，并没有人把它当作历史事实。《史记》中有《孔子世家》，又有《仲尼弟子列传》，绝口不言曾有“杏林”之事。汉人可称得上尊儒重道，《汉书》《后汉书》中也不曾言及有此名胜古迹。特别是《后汉书·明帝纪》曾记载：汉明帝十五年“幸孔子宅，祠仲尼及七十二弟子，亲御讲堂，命皇太子诸王说经。”这是唐以前史书所记皇帝亲临孔子讲堂之事，也绝不涉及“杏坛”二字。

随着后世吟诗作文用典习惯的兴起，自南朝开始，“杏坛”一词渐渐作为文章典故征引。如谢灵运《山居赋》中的“杏坛、柰园”，徐陵《广州刺史欧阳頠德政碑》中的“得性于橘洲之间，披书于杏坛之上”[①] 等。唐宋以后，用

---

① 徐陵撰，吴兆宜注：《徐孝穆集笺注·卷四·广州刺史欧阳頠德政碑》，《文渊阁四库全书》本。

典对偶之风更盛，“杏坛”也屡屡出现于学林诗文中。[①] 文豪们往往喜欢将“杏坛”与“槐市”作对，或将“杏坛”与“桃源”作对，如黄滔《谢试官》中的“槐市三千、杏坛七十”[②]，欧阳修《早赴府学释奠》中的“雾中槐市暗，日出杏坛明”[③] 等。中国现存最早的类书之一《北堂书钞》及随后的《白孔六贴》，都纷纷将“杏坛弟子读书”“杏坛鼓琴”“杏坛讲论”[④] 等掌故列入事类中，成为文人墨客作文的典故用语。

然而直到宋初，学者只是把“杏坛”当作文章典故，并不认为曾有“杏林”胜迹，如宋代无名氏所著《群书会元截江网》说：“嗟夫！木铎音微，杏坛迹灭，圣人吾不得而见矣，犹幸其有孔氏之六经乎?”所谓“杏坛迹灭”，不过是作为一个典故引用，并非原有其胜迹，此时湮灭了。

（二）“杏坛”始建于宋代，于金章宗承安二年正式定名

稽考历史，杏坛初修于北宋真宗年间。孔道辅（985—1039）主其事。《宋史·孔道辅传》称：“孔道辅，字原鲁，初名延鲁。孔子四十五代孙也。……上言庙制卑陋，请加修崇，诏可。”孔道辅二十五岁进士及第，为宁州军事推官。后迁大理寺丞，知仙源县。仙源是曲阜在宋代的县称。孔道辅上奏宋真宗，称孔庙卑陋，应改建使之宏伟壮观。真宗允准，并命孔道辅主其事。孔道辅乃大扩孔庙，增广殿庭廊庑三百六十间。“移大殿于后。讲堂旧基不欲毁折，因甃为坛，环植以杏”。这显然是取《庄子·渔父》的“杏坛”之意。不过当时也并未明确叫“杏坛”。到南宋时，曲阜为金朝占据，金朝学士党怀英于金章宗承安二年（1197）立“杏坛”二字碑于亭内。至明穆宗隆庆三年（1569）工部请修孔庙，兖州府通判许际可以杏坛狭小，廓而新之。

---

① 其例如：“更怜童子宜春服，花里寻师指杏坛”（钱起：《钱仲文集·卷九·幽居春暮书怀》）；“杏坛住僻虽宜病，芸阁官微不救贫”（白居易：《白氏长庆集·卷十三·春中与卢四周鲸华阳观同居》）；“不见伤春爱回首，杏坛恩重马迟迟”（吴融：《唐英歌诗·卷下·赴职西川过便桥书怀寄同年》）；“酒家不办当垆费，乞与先生种杏坛”（陈师道：《后山集·卷八·和江秀才献花三首》）；“杏坛俨雅犹难考，莲社荒唐孰肯知”（周必大：《文忠集·卷六·走笔答程泰之以简问莲社事》）。

② 黄滔：《黄御史集·卷七·谢试官》，《文渊阁四库全书》本。

③ 欧阳修：《文忠集·卷五十六·早赴府学释奠》，《文渊阁四库全书》本。

④ 虞世南撰，陈禹谟补注：《北堂书钞·卷九十八》；白居易原本，孔传续撰：《白孔六帖·卷八十八》。

所谓“杏坛”，于宋金之时所确立，其修之始，犹我们今日所说的“假古董”，传承至今八百余年，人们不仅当作真古董，甚至以为是孔子之时就有的，实则大谬。

三、宋以前北方不种银杏，孔庙“杏坛”所种并非银杏

（一）宋初“杏坛”所植之杏非银杏

孔道辅之时，虽有银杏之树，尚无银杏之名（详见后论）。而且银杏树原为南方树种，此时尚未被移植于北方曲阜之地。孔道辅于孔庙中所种植乃为水果杏树无疑。这可以从下面的材料中得到有力证明。

自孔道辅改建孔庙，增设“杏坛”之后，无论是孔氏家族人，还是慕名前来瞻仰的学者名人，他们笔下的杏坛风光，全部是杏花飘香之状。如明代学者，孔承庆《题杏坛》云：“独有杏坛春意早，年年花发旧时红。”孔公璜《祖庭述事》云：“遗迹尚留坛杏在，春深红雨落花浓。”李杰《庙陵诗》云：“文庙地灵松柏古，讲坛春暖杏花香。”罗玉《谒孔庙》云：“杏坛春雨花犹媚，洙泗源头仍有声。”杨时秀《谒孔庙》云：“桧根万古开元化，坛杏数株依旧芳。”郑大同《恭谒圣庙》云“空坛想见杏花色，古壁如闻丝竹声。”后来的清代乾隆皇帝莅临曲阜孔庙，也留下了御笔《杏坛》诗：“重来又值灿开时，几树东风簇绛枝。岂是人间凡卉比，文明终古共春熙。”[①] 我们知道，银杏树生长较慢，寿命极长。在自然条件下，银杏从栽种到结果要二十多年，四十年后才能大量结果，因此又有人把它称作“公孙树”，有“公种而孙得食”之义。银杏树最大的看点是叶，其花不显，如文献所称“二月开花，成簇，青白色，二更开，旋即卸落，人罕见之。”（《钦定授时通考》卷六十四《银杏》）而水果杏树最大的看点才是花。除此之外，从传世的几幅孔子杏坛礼乐图上，也可以看到杏坛之上盛开的杏花。

由上述可见，曲阜孔庙中的“杏坛”，其杏为水果杏树。这个问题，在清朝乃至民国以前，本无任何争议。

（二）宋初始有“银杏”之名

宋代以前，并无“银杏”树之名。银杏树古称“檘”，《史记·司马相如

① 孔祥林，郭平：《阙里诗选》，收入孔子文化大全编辑部：《孔子文化大全》，济南：山东友谊书社，1989 年版，第 106 页、127 页、133 页、212 页、241 页、251 页。

列传》载司马相如《上林赋》有“华枫枰栌”之语，其中“枰”即指银杏树。“枰”字音“平”，故又写作“枰”。故《汉书·司马相如列传》转录《上林赋》时写为“华枫枰栌”。“枰”或“枰”可能由于其读音的缘故，又称“平仲木”。裴骃《史记索引》：“枰，平仲木也。亦云火槖木。一云玉精，食其子，得为神仙也。”晋左思《吴都赋》有“平仲桾櫏”之句，注引刘成曰：“平仲之木，实白如银。”初唐沈佺期《夜宿七盘岭》诗云：“芳春平仲绿，清夜子规啼。”所称之“平仲”即是银杏树。

由于银杏树叶形状像鸭蹼，所以宋以前人们把银杏树称为“鸭脚子”。入宋以后，此称仍很普遍。如宋彭汝砺（1041—1095）《鄱阳集》卷九：“鸭脚东林畔，慈亲手自栽。”张商英（1043—1121）诗“鸭脚半熟色犹青，纱囊驰寄江陵城。”（载宋陈景沂《全芳备祖后集》卷七）晁补之（1053—1110）《鸡肋集》卷二十宋“龙兴寺里青云干，后土祠中白雪葩，五百年间城郭改，空留鸭脚伴琼花。”

鸭脚树改称银杏树，大约是在北宋仁宗朝时。李时珍《本草纲目》说：“北人称为白果，南人称为灵眼。宋初始入贡，改名‘银杏’。”之所以改称“银杏”，一是因为其树果核似杏仁而白；二是因为它作为皇宫贡品，需要有一个高雅而祥瑞的名字。有文献可考的是，它大概出现于欧阳修的时代或略早。在那个时代的文人诗作唱和中，已经可以看到，“银杏”与“鸭脚”同时出现了。如欧阳修（1007—1072）《文忠集》卷七《和圣俞李侯家鸭脚子》：“鸭脚生江南，名实未相浮。绛囊因入贡，银杏贵中州。”同书卷五《梅圣俞寄银杏》：“鹅毛赠千里，所重以其人。鸭脚虽百个，得之诚可珍。”诗篇名亦见“银杏”之称。梅尧臣（1002—1060）所和诗《依韵酬永叔示余银杏诗》：“去年我何有，鸭脚赠远人，人将比鹅毛，贵多不贵珍。”诗篇名亦用“银杏”之称。稍晚一点的张舜民，生卒年不详，他是陈师道（1053—1101）之姐夫，宋英宗治平二年（1065）进士，他有诗句说：“何人栽银杏，青条数尺间。”（载宋陈景沂《全芳备祖后集》卷七）杨万里（1127—1206）《诚斋集》卷十四《银杏》诗：“深灰浅火略相遭，小苦微甘韵最高。未必鸡头如鸭脚，不妨银杏伴金桃。”这时“银杏”之名开始慢慢普及了。

（三）宋初银杏树始由南方移植北方

银杏果核（白果）在宋初比较名贵，北方贵族人家把它当作佐茶上品。宋

黄庭坚《山谷外集》卷四《寄题安福李令先春阁》诗称："安得携手嬉，烹茶煨鸭脚。"直到明代，南方的白果仍很名贵，王鏊有诗称："江南鸭脚少登盘，价贵殊方为到难。终与木奴风味别，点茶聊称腐儒酸。"（《震泽集》卷四）

银杏树为南方树种，北方原无此树。大约在北宋仁宗之时，银杏开始尝试由南方向北方移植。《诗话总龟》称："京师旧无鸭脚，驸马都尉李文和自南方来，移植于私第，因而著子。自后稍稍蕃多，不复以南方为贵。""文和"二字应是"和文"。"和文"是驸马都尉李遵勗的谥号。李遵勗，生年不详。其夫人为宋太宗第八女卫国大长公主（978—1051），宋真宗最小的妹妹，大中祥符年间（1008—1016）出嫁，真宗赐宅第。《宋史·李遵勗传》称李遵勗"所居第，园池冠京城。嗜奇石，募人载送，有自千里至者。构堂引水，环以佳木。"银杏树是其移植树种之一。李遵勗卒于宋仁宗景祐三年（1036），这也就是说，银杏树移植于其宅第，乃在1008年至1036年之间。欧阳修《文忠集》卷七《和圣俞李侯家鸭脚子》自注云："京师无鸭脚树，驸马都尉李和文自南方移植其地。"黄震《黄氏日抄》卷六十一也说：欧阳修"自注云：'京师无鸭脚，李驸马自南方移植。'盖银杏名鸭脚，中原所无也。"直到明代徐维起《徐氏笔精》卷五《鸭脚子》还强调："鸭脚子，即银杏也。……此果北地不能种。今人又呼为'白果'，其叶颇似鸭脚。"

在李遵勗之后，移植银杏树也只是先从皇帝苑囿开始的。宋何薳《春渚纪闻》卷一《杂记木果异事》称："元丰间（1078—1085），禁中有果名鸭脚子者，四大树皆合抱。其三在翠芳亭之北，岁收实至数斛，而托地阴翳，无可临玩之所。其一在太清楼之东，得地显旷，可以就赏而未尝着一实。裕陵（宋神宗）尝指而加叹，以谓事有不能适人意者如此，戒圃者善视之而已。明年，一木遂花而得实数斛。裕陵大悦，命宴太清以赏之。"这里所记便是银杏树移植在皇帝苑囿的事情。

有了上述考证，我们便可知道，至少在宋仁宗之前，中国北方包括曲阜之地，尚无银杏树种。而上文所言孔子四十五代孙孔道辅（985—1039）在孔庙所种之杏决非银杏，可知也。

李沆治国理念与宋初“循资格”政治范型

范立舟

（杭州师范大学人文学院教授）

一、李沆其人与宋代士大夫政治

李沆（947—1004），字太初，宋洺州肥乡县（今河北省邯郸市肥乡县）人。“少好学，器度宏远。”① 其父李炳“尝语人曰：‘此儿异日必至公辅。’”② 太平兴国五年（980），举进士甲科，为将作监丞、通判潭州（治今湖南省长沙市），迁右赞善大夫，转著作郎。雍熙三年（986）“太宗谓宰相曰：‘李沆、宋湜，皆嘉士也。”③ 受到天子的当面嘉奖，除右补阙、知制诰。雍熙四年（987），与翰林学士宋白同知贡举，迁职方员外郎，翰林学士。淳化二年（991），判吏部铨。“尝侍曲宴，太宗目送之曰：‘李沆风度端凝，真贵人也。’”④ 次年九月，拜给事中、参知政事。由此，李沆步入了宋廷最高政治权力决策圈。“真宗升储，迁礼部侍郎兼太子宾客，诏东宫待以师傅礼。真宗即位，迁户部侍郎、参知政事。咸平初，以本官平章事，监修国史，改中书侍郎。”⑤ 淳化五年（994）八月，太宗正式册立赵元侃为皇太子，这是自唐末以来近百年间正式册立的第一位皇太子，将皇位继承者用法典的形式确定下来了，也符合皇朝的惯例和民众的接受心理，因而，受到了朝野上下普遍的拥戴。由此，真宗确立了良好的政治基础，李沆作为储君的师傅，也由此与真宗订立了非同寻常的政治同盟关系。所以真宗甫即位，李沆就被推上宰相的

① 脱脱：《宋史・卷二百八十二・李沆传》，北京：中华书局，1977 年版，第 9537 页。

② 脱脱：《宋史・卷二百八十二・李沆传》，北京：中华书局，1977 年版，第 9537 页。

③ 脱脱：《宋史・卷二百八十二・李沆传》，北京：中华书局，1977 年版，第 9537 页。

④ 脱脱：《宋史・卷二百八十二・李沆传》，北京：中华书局，1977 年版，第 9538 页。

⑤ 脱脱：《宋史・卷二百八十二・李沆传》，北京：中华书局，1977 年版，第 9538 页。

位置。

李沆素有风骨，胆识非凡，梗正气刚，据义而行。真宗“一夕，遣使持手诏欲以刘氏为贵妃，沆对使者引烛焚诏，附奏曰：‘但道臣沆以为不可。’其议遂寝。驸马都尉石保吉求为使相，复问沆，沆曰：‘赏典之行，须有所自保。吉因缘戚里，无攻战之劳，台席之拜，恐腾物议。’他日再三问之，执议如初，遂止。帝以沆无密奏，谓之曰：‘人皆有密启，卿独无，何也?’对曰：‘臣待罪宰相，公事则公言之，何用密启？夫人臣有密启者，非谗即佞，臣常恶之，岂可效尤。”[①] 咸平二年（999)，契丹犯边，真宗北上巡幸，命李沆为东京留守，京师肃然。事后，加中书侍郎。咸平四年（1001)，转门下侍郎。总体上看，李沆从淳化二年（991）九月出任参知政事，咸平元年（998）十月登上相位，至景德元年七月逝世，连续执政时间长达 13 年，这在北宋政治史上是比较罕见的，说明他深得宋真宗的信任，也比较被各种不同利益诉求和价值观念上有差异的士大夫政治集团所接受。《宋史》对他的评价“李沆为相，正大光明”,[②] 确非虚誉。

宋代的士大夫政治，拓展了政治体制所赖以依托的基础，提升了皇权的认同程度，即便是在传统时代，良治也是一个内涵极其丰富的动态概念，它不仅具有质的规定性，还应该有量的规定性，即政权参与的深度和广度问题。士大夫对宋朝的拥戴，参与度是一个重要的评价体系。所谓的参与度，指的是社会精英成员自愿通过各种形式和途径，直接或间接参与国家政治生活的程度。在古代社会，一个社会精英成员的参与程度，直接涉及社会精英成员意愿的体现程度、决策的正确程度和行政监督的力度，以及社会精英主体意识和政治责任感的强弱。与此同时，作为执政者，他们是秉持怎样的政治标准，以权力主体自居的士大夫政治价值与政治意愿的代表——宰执，是以怎样的要求选拔政治人才的呢？就此而言，儒家人才选拔的终极标准来自礼制秩序所建构的人性依据。

---

① 脱脱：《宋史·卷二百八十二·李沆传》，北京：中华书局，1977 年版，第 9538–9539 页。

② 脱脱：《宋史·卷二百八十二·李沆传》，北京：中华书局，1977 年版，第 9557 页。

二、李沆与宋初“循资格”政治范型

在儒家政治哲学里，人性论及其所表达的基本人性信念——“善”，与政治世界的价值和意义密切相关。在他们政治哲学的视阈中，政治与人性问题有着内在的逻辑相关性，讨论人性问题的思想旨趣在于如何处理执政者的自觉意识与民众意愿的关系，进而建立和谐的、有活力的社会政治秩序，尽管“孔子既认定仁乃内在于每一个人的生命之内，则孔子虽未明说仁即是人性……他实际是认为性是善的；在孔子，善的究极便是仁，则亦必实际上认定仁是对于人之所以为人的最根本的规定，亦即认为仁是作为生命根源的人性。”[①] 因而，选拔的政治人才必须首先符合道德的善，就是一项最基本的要求。就礼制秩序创立的主体而言，从人之内在精神品质所作出的逻辑层次的判断而论，“圣人”当然位于人的精神品质逻辑区划的第一层阶，因为“圣人”与“道”贯通而臻于至善圆融之境域；接下来是“君子”，他是朝向善的方位努力奋进，并且达到了一定的人性之精神高度的人，“君子而不仁者有矣，夫未有小人而仁者也。”[②] 而“小人”则被锁定在人性逻辑链条的底端。“子曰：‘人有五仪：有庸人、有士人、有君子、有贤人、有圣人。审此五者，则治道毕矣。’”[③] 在“圣人”难求的情况下，选拔“君子”与“贤人”是关乎国计的首要事务。“所谓君子者，言必忠信而心不怨，仁义在身而色不伐，思虑通明而辞不专。笃行信道，自强不息，油然若将可越而终不可及者，此则君子也。”“所谓贤人者，德不逾闲，行中规绳，言足以法于天下而不伤于身，道足化于百姓而不伤于本。富则天下无宛财，施则天下不病贫。此则贤人也。”[④] 北宋真宗时的“圣相”李沆，其政治思想的关注点也比较分散，但是就人才选拔与国家治理的关系论，李沆思虑甚深。首先，李沆将人才选拔的原则归纳为“循资格”。南宋时，叶适反思北宋政治得失，称许道：“艺祖、太宗所用，犹未有定式，

---

① 徐复观：《中国人性论史（先秦篇）》，上海：上海三联书店，2001 年版，第 87 页。

② 何晏集解，邢昺疏：《论语注疏・卷十四・宪问第十四》，收入阮元校刻：《十三经注疏》，北京：中华书局，1980 年版，第 2510 页。

③ 王肃注：《孔子家语・卷一・五仪解》，《四部丛刊》影印明黄鲁曾覆宋本。

④ 王肃注：《孔子家语・卷一・五仪解》，《四部丛刊》影印明黄鲁曾覆宋本。

惟上所拔，间得魁磊之士。至咸平、景德初，资格始稍严一。寇准欲出意取天下士，而上下群攻之矣。故李沆、王旦，在真宗时谨守资格；王曾、吕夷简、富弼、韩琦，在仁宗、英宗时谨守资格；司马光、吕公著在哲宗时谨守资格。此其人皆以谨守资格为贤，名重当世。惟王安石破资格以用人，一时所谓名士，力争而不胜；其后章惇、蔡京、王黼、秦桧相踵效之，然而进小人而乱天下者，此五人也。”[①] 叶适接着分析了“循资格”的优长之处，“李沆十数人者，以守资格得名，而其时亦以称治，何也？盖能别其流品，以分君子小人之涂，以定清浊高下之序；彼其号为德度智略，足以居大位者，亦已素许之矣，特欲其履历以实之而已。”[②] 在坚守道德标准选拔人才的原则基础上，也要考察所用者的施政才干，德行与才干是一个统一的综合体，“为政之要，惟在得人，用非其才，必难致治。今所任用，必须以德行、学识为本”[③]。唐太宗非常明白内中的道理，“王者须为官择人，不可造次即用。朕今行一事，则为天下所观；出一言，则为天下所听。用得正人，为善者皆劝；误用恶人，不善者竞进。赏当其劳，无功者自退；罚当其罪，为恶者戒惧。故知赏罚不可轻行，用人弥须慎择。”[④] 所用之人必须从入职开始，逐步任用，长期考察，才能获得此人的真实德行和才干等情况，才能谈得上委以重任。“真宗问治道所宜先，沆曰：‘不用浮薄新进喜事之人，此最为先。’问其人，曰：‘如梅询、曾致尧等是矣。’后致尧副温仲舒安抚陕西，于合门疏言仲舒不足与共事。轻锐之党无不称快，沆不喜也。因用他人副仲舒，罢致尧。帝尝语及唐人树党难制，遂使王室微弱，盖奸邪难辨尔。沆对曰：‘佞言似忠，奸言似信，至如卢杞蒙蔽

① 叶适：《水心别集·卷十二·资格》，收于《叶适集》，刘公纯，王孝鱼，李哲夫，点校，北京：中华书局，1963年版，第792页。

② 叶适：《水心别集·卷十二·资格》，收于《叶适集》，刘公纯，王孝鱼，李哲夫，点校，北京：中华书局，1963年版，第792页。

③ 吴兢：《贞观政要·卷七·崇儒学第二十七》，上海师范大学古籍整理组，校点，上海：上海古籍出版社，1978年版，第219页。

④ 吴兢：《贞观政要·卷三·择官第七》，上海师范大学古籍整理组，校点，上海：上海古籍出版社，1978年版，第90页。

德宗，李勉以为真奸邪，是也。”① 咸平四年（1001），真宗又有重用梅询为知制诰的意愿，“宰相李沆素不喜询，言于上曰：‘梅询险薄，用之恐不协群

---

① 脱脱：《宋史·卷二百八十二·李沆传》，北京：中华书局，1977年版，第9538页。笔者按：梅询（964—1041），字昌言，宋宣州宣城县（今安徽省宣城市）人。太宗端拱二年（989）进士，为利丰监判官。真宗咸平三年（1000）直集贤院。因事降为通判杭州，历知苏、濠、鄂、楚、寿、陕诸州，为两浙、湖北、陕西转运使。仁宗天圣六年（1028）直昭文馆，知荆南。明道元年（1032）以枢密直学士知并州，入为翰林侍读学士，拜给事中，知审官院。宝元二年（1039）知许州。《宋史》卷三百零一《梅询传》载：“帝欲命知制诰，李沆力言其险薄望轻，不可用。”然而观欧阳修为其所撰墓志铭，称其“好学有文，尤喜为诗，为人严毅修洁，而材辩敏明，少能慷慨，见奇真宗，自初召试，感激言事，自以为君臣之遇，已而失职，逾二十年，始复直于集贤。”（载欧阳修：《居士集·卷二十七·翰林侍读学士给事中梅公墓志铭》，北京：中华书局，1986年排印本，第189－190页）可能就是“材辩敏明，少能慷慨，见奇真宗”的做派和真宗对他的欣赏惹怒了李沆，这样的做派与李沆沉默渊静的施政风格大相径庭，而事实上，梅询“卞急好进，而侈于奉养，至老不衰。然数为朝廷言兵。”（《宋史》卷三百零一《梅询传》，第9985页）这就不可能不激起李沆的反弹而加以抑制。苏轼感叹道：“真宗时，或荐梅询可用者，上曰：‘李沆尝言其非君子。’时沆之没，盖二十余年矣。欧阳文忠公尝问苏子容曰：‘宰相没二十年，能使人主追信其言，以何道？’子容言：‘独以无心故耳。’”（苏轼：《东坡志林·卷四·真宗仁宗之信任》，王松龄，点校，北京：中华书局，1981年版，第85页）由此，李沆不喜梅询做派和施政风格这一价值判断，一转而为梅询非君子这一事实认定，至南宋理宗时，牟子才上书言：“欲进有德，则深自晦默之吕公著不可不召也；欲退险薄，则他日后悔之丁谓何不黜乎？欲奖平实，则尽心民事之向敏中不可不召也；欲惩浮薄，则新进喜事之梅询何不却乎？”（黄淮，杨士奇：《历代名臣奏议·卷六十二·治道》，上海：上海古籍出版社，1989年影印本，第861页下）总之，李沆对梅询的“偏见”，充分反映了李沆政治理念的特色，那就是静默处事，以静制动。而梅询也未尝是喜激急进的小人，仁宗时，“御迩英阁，读真宗皇帝所撰《正说养民篇》，见历代户口登耗之数，顾谓侍臣曰：‘今天下民籍几何？’翰林侍读学士梅询对曰：‘先帝所作，盖述前代帝王恭俭有节，则户口充羡；赋敛无艺，则版图衰减。炳然在目，作监后王。自五代之季，生齿雕耗，大祖受命，而太宗、真宗继圣承祧，休养百姓，今天下户口之数，盖倍于前矣。’”（李焘：《续资治通鉴长编·卷一百二十三》，北京：中华书局，1985年版，第2898页）梅询所赞许的“恭俭有节”和“修养百姓”与宋初黄老之治以及李沆等人宣讲的政治理念实际上是一致的。即便是生活价值理念，梅询也有着非常超脱的一面，“梅询为翰林学士，一日书诏颇多，属思甚苦，操觚循阶而行，忽见一老卒卧于日中，欠伸甚适，梅忽叹曰：‘畅哉！’徐问之曰：‘汝识字乎？’曰：‘不识字。’梅曰：‘更快活也。’”（沈括：《梦溪笔谈·卷二十三·讥谑》，侯真平，校点，长沙：岳麓书社，1998年版，第190页）

议。'上曰：'如此则何人可？'沆曰：'杨亿有盛名。'上乃惊喜曰：'几忘此人。'仍以亿望实素着，但召（薛）映、（梁）鼎就试，翌日，与亿并命。"①李沆在用人的思路上不喜欢梅询这种类型的人，而有着符合自己政治理念的选拔对象。他欣赏并荐举过张咏（946—1015），早在太宗太平兴国年间，张咏知浚仪县（治今安徽省亳州市东南城父集）时，"会李沆、宋湜、寇准连荐其才，以为荆湖北路转运使"②。而张咏在太宗、真宗年间在各地数度担任地方行政长官，政绩卓著，堪称能臣。这就表明，李沆的渊默无为是相对而言的，无为并非不作为，而是不妄为。李沆还曾推荐过晁迥（948—1031）③，史称晁迥"善吐纳养生之术，通释老书，以经传傅致，为一家之说。性乐易宽简，服道履正，虽贵势无所屈，历官临事，未尝挟情害物。真宗数称其好学长者。杨亿尝谓迥所作书命无过褒，得代言之体。喜质正经史疑义，标括字类。有以术命语迥，迥曰：'自然之分，天命也。乐天不忧，知命也。推理安常，委命也。何必逆计未然乎？，"④"晁迥端庄植性，冲澹自居，历任三朝，垂五十载；徊翔两制，逾二十年。"⑤这样的生活态度和价值观念就容易得到李沆的赏识，也折射出李沆本人的相关情感倾向。相反，李沆对丁谓的态度就比较冷淡，"寇准与丁谓善，屡以谓才荐于沆，不用。准问之，沆曰：'顾其为人，可使之在人上乎？'准曰：'如谓者，相公终能抑之使在人下乎？'沆笑曰：'他日后悔，当思吾言也。'准后为谓所倾，始伏沆言"⑥。寇准为相，"用人不以次"，自称"宰相所以进贤退不肖也，若用例，一吏职尔"⑦。李沆用人坚持"循资格"，寇准却"不以次"，两种用人方式，反映出两人政治思想的根本差

---

① 李焘：《续资治通鉴长编·卷四十八》，北京：中华书局，1979年版，第1054页。

② 脱脱：《宋史·卷二百九十三·张咏传》，北京：中华书局，1977年版，第9800－9801页。

③ 脱脱：《宋史·卷三百零五·晁迥传》，北京：中华书局，1977年版，第10085页。

④ 脱脱：《宋史·卷三百零五·晁迥传》，北京：中华书局，1977年版，第10086－10087页。

⑤ 黄淮，杨士奇：《历代名臣奏议·卷二百八十五·礼臣》，上海：上海古籍出版社，1989年影印本，第3719页上。

⑥ 脱脱：《宋史·卷二百八十二·李沆传》，北京：中华书局，1977年版，第9539－9540页。

⑦ 脱脱：《宋史·卷二百八十一·寇准传》，北京：中华书局，1977年版，第9531页。

异。丁谓自少即才华横溢，“少与孙何友善，同袖文谒王禹偁，禹偁大惊重之，以为自唐韩愈、柳宗元后，二百年始有此作，世谓之‘孙、丁’。”[①] “谓机敏有智谋，憸狡过人，文字累数千百言，一览辄诵。在三司，案牍繁委，吏久难解者，一言判之，众皆释然。善谈笑，尤喜为诗，至于图画、博奕、音律，无不洞晓。每休沐会宾客，尽陈之，听人人自便，而谓从容应接于其间，莫能出其意者。”[②] 难怪连文豪王禹偁都会受他的蒙蔽，但李沆目光如炬，洞察秋毫，察微知着，预见性极强。

对于西北边境党项族李继迁部的崛起，李沆也有过自己的判断，总体而言，就是要坚守灵州，压抑李继迁部势力的膨胀，“时李继迁久叛，兵众日盛，有图取朔方之意。朝廷困于飞挽，中外咸以为灵州乃必争之地，苟失之，则缘边诸郡皆不可保。帝颇惑之，因访于沆，沆曰：‘继迁不死，灵州非朝廷有也。莫若遣使密召州将，使部分军民空垒而归，如此，则关右之民息肩矣。’方众议各异，未即从沆言，未几而灵州陷。”[③] 李沆从灵州部分撤兵的建议，并非要放弃灵州，而是撤出非战斗人员，更好地保证后勤供应，以期达到长期坚守灵州、削弱李继迁部实力的目的。而群臣关注的则是如果从灵州部分撤军，就会招致致命的政治影响，要保护不受政治声誉上的损失，就不能进行从灵州部分撤军的行动，否则就会招致误解。因而，李沆的想法是损失舆论，保证实力，朝廷的想法和做法则恰好相反。此事充分表现出李沆踏地务实的政治理念和重厚质实的工作作风。

三、“循资格”政治范型之特质及优长

欧阳修追述道：“李文靖公沆为相，沉正厚重，有大臣体。尝曰：‘吾为相无他能，唯不改朝廷法制，用此以报国。’士大夫初闻此言，以为不切于事。及其后，当国者或不思事体，或收恩取誉，屡更祖宗旧制，遂至官兵冗滥，不可胜纪，而用度无节，财用匮乏，公私困弊。推迹其事，皆因执政不能遵守旧

---

① 脱脱：《宋史 · 卷二百八十三 · 丁谓传》，北京：中华书局，1977 年版，第 9566 页。

② 脱脱：《宋史 · 卷二百八十三 · 丁谓传》，北京：中华书局，1977 年版，第 9570 页。

③ 脱脱：《宋史 · 卷二百八十二 · 李沆传》，北京：中华书局，1977 年版，第 9539 页。

规，妄有更改所致。至此始知公言简而得其要，由是服其识虑之精。”① 历经荆公新政、元祐更化、绍述之政、大中靖国和崇宁党禁，至南宋时，罗大经还是肯定地说：“赵韩王（普）为相，置二大瓮于坐屏后。凡有人投利害文字，皆置其中，满即焚之于通衢。李文靖公曰：‘沆居重位，实无补万分，唯中外所陈利害，一切报罢之，惟此少以报国尔。朝廷防制，纤悉备具，或狥所陈请，施行一事，即所伤多矣。’”② 北宋士大夫把太祖、太宗时期所施行的法度及其精神加以总结概括，将其称之为“祖宗之法”，并且奉之为治国理事之圭臬，即始之于真宗时期。在李沆这里，遵循“朝廷防制”或“祖宗之法”并非单纯的守成，一无作为，它与担当大任，临事决断不相冲突。在真宗时期，朝廷规范性的章程已经相当完备，政治治理的最大问题已不再是无章可循，而是有章不循，帝王兴趣和注意力的迅速游移，也是对国家利益和官员利益相对平衡的一种破坏。“沆为相，接宾客，常寡言。马亮与沆同年生，又与其弟维善，语维曰：‘外议以大兄为无口匏。’维乘间达亮语，沆曰：‘吾非不知也。然今之朝士得升殿言事，上封论奏，了无壅蔽，多下有司，皆见之矣。若邦国大事，北有契丹，西有夏人，日旰条议所以备御之策，非不详究。’”③ 下情上达的通道畅通无阻，就不需要宰相在其中作为媒介接引勾连，加之“朝廷防制，纤悉备具，或徇所陈请，施行一事，即所伤多矣。”④ 今之论者以为，“真宗朝是北宋许多制度的定型期。此前，君主个人的影响明显突出，同时也经历着走向制度化的过程；此后，士大夫的作用愈益显现出来，各项制度陆续成型。在真宗朝，援引祖宗故事处断事务的原则逐渐确立起来。”⑤ 而立之年得以继位的真宗，是有宋立国以来生长于承平之时的第一代帝王（如前所述，还是晚唐以来第一位具有完整法律地位的太子，第一位合法继承大宝的储君），他既缺乏如太祖、太宗的政治威望和把握大局的能力，又急切地期望在短时间

① 欧阳修：《归田录·卷一》，李伟国，点校，北京：中华书局，1981 年版，第 7 页。

② 罗大经：《鹤林玉露·乙编卷五·戒更革》，王瑞来，点校，北京：中华书局，1983 年版，第 201－202 页。

③ 脱脱：《宋史·卷二百八十二·李沆传》，北京：中华书局，1977 年版，第 9540 页。

④ 脱脱：《宋史·卷二百八十二·李沆传》，北京：中华书局，1977 年版，第 9540 页。

⑤ 邓小南：《祖宗之法：北宋前期政治述略》，北京：生活·读书·新知三联书店，2006 年版，第 281－282 页。

内树立个人权威和刷新统治形象。这就难免真宗在可能的形势下制造“事端”，博得政治声誉和威望，故而，李沆等人借此提出循祖宗旧典、遵“祖宗之法”，在于强调太祖、太宗的统治方略传承的意义，也是统治阶级上层一些黾勉求治的决策人物（宰执）用以说服乃至“慑服”君主、协调统治步调的合理方式。11 世纪初期，正值北宋王朝自开创向守成之际，如何使帝王保持兢兢业业的戒惧心态，保证国家的长治久安，作为士大夫价值与利益代表的宰执群体深切感到了沉重的压力。李沆之所以被称之为“圣相”，正是由于他在这方面有“先识之远”：

> 沆为相，王旦参政事，以西北用兵，或至旰食。旦叹曰：“我辈安能坐致太平，得优游无事耶?”沆曰：“少有忧勤，足为警戒。他日四方宁谧，朝廷未必无事。”后契丹和亲，旦问何如，沆曰：“善则善矣，然边患既息，恐人主渐生侈心耳。”旦未以为然。沆又日取四方水旱盗贼奏之，旦以为细事不足烦上听。沆曰：“人主少年，当使知四方艰难。不然，血气方刚，不留意声色犬马，则土木、甲兵、祷祠之事作矣。吾老，不及见此，此参政他日之忧也。”沆没后，真宗以契丹既和，西夏纳款，遂封岱、祠汾，大营宫观，搜讲坠典，靡有暇日。旦亲见王钦若、丁谓等所为，欲谏则业已同之，欲去则上遇之厚，乃以沆先识之远，叹曰：“李文靖真圣人也。”当时遂谓之“圣相”。①

李沆奠定了恪守祖宗法度的原则，以恪守“祖宗之法”为借口，对抗宋真宗、王钦若、丁谓等溢出正常轨道的的政治行为，以达到抑制帝王偏离政治治理常规的目的。今人以为，宋初政治理念尚有明显的黄老之学的特点。黄老政治思想方法论的核心是君道无为的原则，它要求君主效法天地之自然，体认天道，按照自然的法则治理国家，维护社会的和谐。黄老之学的这些原则体现了道家思想的主导色彩。“道”是道家对全部实在的总称，它既是超越的，又是内在的；既是过程，又是本体；它要作为一个无限的和无差别的存在之总体而理解。这样，道家就特别强调人与自然保持一致性的立场，“它要求人们以自然界为‘自然’行为（无为）的模式，并在消除‘非自然’行为时遵从自然界

---

① 脱脱：《宋史·卷二百八十二·李沆传》，北京：中华书局，1977 年版，第 9539 页。

的规律。”[①] 在道家的传统中，“至人”通过达至天人合一，对宇宙的谐和之道作出诠释。“知天之所为，知人之所为者，至矣。知天之所为者，天而生也。知人之所为者，以其知之所知，以养其知之所不知，终其天年而不中道夭者，是知之盛也。”[②] 道家主张效法天之道，认为对人类而言完美的境界是人达至同“道”齐一的状态，“道常无为而无不为，侯王若能守之，万物将自化。化而欲作，吾将镇之以无名之朴。无名之朴，夫亦将无欲，不欲以静，天下将自定。”[③] 道既然如此，则君王就应该效法，“不尚贤，使民不争。不贵难得之货，使民不为盗。不见可欲，使心不乱。是以圣人之治，虚其心，实其腹，弱其志，强其骨，常使民无知无欲，使夫知者不敢为也。为无为，则无不治。”[④] 因此，“《老子》的政治思想是一种颇具特色的道家无政府主义，‘无为’则是其推行的主要方法：当权者不干涉个人的发展并为之创造一个最有益的环境。如儒家的政治理论一样，君主及其社会地位被看作是自然形成的。虽然他的职责是使社会的运行秩序化从而使之得以维持下去，但是他与百姓的关系与其说是专制的，不如说是权威的。”[⑤] 统治者应该而且必须效仿“道”和“自然”的存在方式，“形恒自定，是我愈静。事恒自施，是我无为。静翳不动，来自至，去自往。”“万物群至，我无不能应。我不藏故，不挟陈。向者已去，至者乃新。新故不翏，我有所周。”[⑥] 如果说，庄子将“无为”推广到人生时，着重强调的是个人的心态，而非基于“无为”态度的社会政治结果，而在老子和《黄帝四经》那里，已经是将“无为”和良政之间用逻辑链条串联在一

① 安乐哲：《主术：中国古代政治艺术之研究》，滕复，译，北京：北京大学出版社，1995年版，第40页。

② 庄周著，王先谦集解：《庄子集解·卷二·大宗师第六》，收于《诸子集成（第3册）》，上海：上海书店，1986年版，第37页。

③ 李耳著，王弼注：《老子道德经·三十七章》，收于《诸子集成（第3册）》，上海：上海书店，1986年版，第21页。

④ 李耳著，王弼注：《老子道德经》，《诸子集成（第3册）》，上海：上海书店，1986年版，第2页。

⑤ 安乐哲：《主术：中国古代政治艺术之研究》，滕复，译，北京：北京大学出版社，1995年版，第40页。

⑥ 佚名：《黄帝四经·十六经》，收于余明光：《黄帝四经与黄老思想》，哈尔滨：黑龙江人民出版社，1989年版，第320页。

起了。“故王天下者之道，有天焉，有地焉，有人焉。三者参用之，□□而有天下矣。”[①] 人的作为应当参之于天地（自然），像天地那样，覆载万物而无私，养育人类而无为。道家的无为政治理论，在儒家思想中也得到了相关的呼应。孔子曾说：“无为而治者，其舜也与。夫何为哉？恭己正南面而已矣。”[②] 这种想法，代表着孔子对政治简单明白的意见，那就是树立一种积极的榜样，并通过统治者所发射的道德光芒去引导和陶冶民众，共同追求道德之善，且共同臻于至治之境域。因而统治者本身要起到道德楷模的作用，“政者正也，子帅以正，孰敢不正。”[③] 儒家确认这样一种信念，统治者就应该是以身作则的人物，他们的活动可以给人民带来感化的力量，最后达到“为政以德，譬如北辰，居其所而众星共之”[④] 的目的。所以，儒家的无为，在于君主“通过其个人的修养与民众产生相互的影响，而不需要以专制的方法统辖其臣民。他同其臣民的关系具有完全的非强迫性之特点。而其臣民由于共同参与了道德秩序之创建，因而他们的个性的实现亦能够与统治者保持一致。应当注意的是，道家的‘无为’观念同儒家的有一基本的差异，道家是无意以人类的道德范畴去解释宇宙之运动的；儒家则坚持人类之道德完善同宇宙之和谐相一致的观点。”[⑤] 儒家思想在关于天道运行的思考中，包涵着各类的原则，这与其治国方案中的原则是密切相关联的。在儒家看来，坚持“无为”原则的政治领导人，以其至德影响着民众，鼓励着大家修养心性，这样，虽然看上去“无所为”，然而却可以给国家与社会带来和谐与持续的繁荣。李沆参与提炼和维系的“祖宗之法”，体现着“用人”与“任法”互补与折中的原则。着眼点和落脚处固然是规矩法度，但同时又凸显出人治象征的“祖宗”之精神导向和制

---

① 佚名：《黄帝四经·经法》，收于余明光：《黄帝四经与黄老思想》，哈尔滨：黑龙江人民出版社，1989 年版，第 254 页。

② 何晏集解，邢昺疏：《论语注疏·卷十五·卫灵公第十五》收于阮元校刻：《十三经注疏》，北京：中华书局，1980 年版，第 2517 页。

③ 何晏集解，邢昺疏：《论语注疏·卷十二·颜渊第十二》，收于阮元校刻：《十三经注疏》，北京：中华书局，1980 年版，第 2504 页。

④ 何晏集解，邢昺疏：《论语注疏》卷二《为政第二》，收于阮元校刻：《十三经注疏》，北京：中华书局，1980 年版，第 2461 页。

⑤ 安乐哲：《主术：中国古代政治艺术之研究》，滕复，译，北京：北京大学出版社，1995 年版，第 32 – 33 页。

约作用，所以，作为根本性治国原则的“祖宗之法”，既是对于“人治”的限制与规范，又是“人治”的延伸，是蕴涵理性色彩的“人治”。朱熹申论云：“或言：‘太祖受命，尽除五代弊法，用能易乱为治。’曰：‘不然。只是去其甚者，其他法令条目多仍其旧。大凡做事底人，多是先其大纲，其他节目可因则因，此方是英雄手段。如王介甫大纲都不曾理会，却纤悉于细微之间，所以弊也。”[①] 显然，李沆就是这么一位善于理会“大纲”的政治家，他们对“祖宗之法”的建构以及“不断诠释过程，寄寓着士大夫们建树统治规范、实现长治久安的深切期望，体现着一代代人对其时代责任特有的理解，也折射出一种整体性的社会理想。”[②] 到北宋中后期，随着中央政府各项改革措施的推进，批评的声浪也随之而起，在这些批评的声浪中，也夹杂着对宋初政治的怀念，李沆的形象和声望也日益完备，刘安世就曾说过：“本朝名相固多矣，然最得大臣体者，惟李沆丞相。”“李丞相每谓人曰：‘但诸处有人上利害，一切不行耳。’此大似失言，然有深意，且祖宗之时，经变多矣，故所立法度，极是稳便，正如老医看病极多，故用药不至孟浪杀人。且其法度不无小害，但其利多耳。后人不知，遂欲轻改，此其害纷纷也。”[③] 这是鉴于荆公新法后，新旧两党纷争所发出的无奈声音，是对“折腾政治”侧面的抗议。旧党中的刘挚也说：“国朝承五代之弊，太祖、太宗肇基帝业。时则有若赵普，文武兼资，识时知变，辅相两朝，成太平之基。真宗时海内无事，时则有若李沆、王旦，沉机先物，伟识宏度，左右承弼。”[④] 如果说，当时王旦称誉李沆为“圣相”，有先见之明，时人还有不首肯者，到刘挚时代，李沆已经与赵普齐名，成为奠定治世之基业的楷模型的政治家了。

---

① 黎靖德：《朱子语类·卷一百二十七·太祖朝》，王星贤，点校，北京：中华书局，1994 年版，第 3042 页。

② 邓小南：《创新与因循：“祖宗之法”与宋代的政治变革》，《河北学刊》，2008 年第 5 期。

③ 马永卿编，王崇庆解：《元城语录解·卷中》，清《畿辅丛书》本。

④ 李焘：《续资治通鉴长编·卷三百七十二》，北京：中华书局，1990 年，第 9021 页。

论宋代老学的思想价值[①]

刘固盛

（华中师范大学历史文化学院教授）

宋代是中国历史上继春秋战国之后又一个思想创造的高峰时期，陈寅恪、王国维、邓广铭等前辈学者对此都有论述[②]，张广保教授更称之为中国思想史上的“第二个轴心时代”，认为该时期的思想文化领域再度呈现出学派林立、思想多元、自由议论、经世致用、怀疑传统等特点，与春秋战国时期的情况有相似之处[③]。与此相关，众多学者和思想家都注解《老子》，由此出现了老学繁荣的景象。如陈抟学派的老学上承唐代重玄余绪，下启北宋学术新风，并使宋代道教思想学术焕发出新的活力；王安石学派、司马光学派、苏氏蜀学派都有《老子注》传世，他们用儒家学说诠释《老子》，儒道融通，并阐发出新的哲学思想；朱熹、林希逸等著名理学家的以“理”解《老》，为老子研究提供了新的思路。宋元时期是道教发展的重要转折期，不仅教义发生了重大变化，还出现了许多新道派，如全真道、南宗，于是道教老学也呈现出全新的面貌。总之，研究者身份的多样化和突出的思想创造性是宋代老学发展的重要特点。本文从学术史与思想史相结合的角度，试对宋代老学的思想价值进行整体性论述。

---

① 本文为国家社科基金重大项目《中国老学通史》（项目批准号：14ZDB004）的阶段性成果。

② 陈寅恪：《邓广铭〈宋史职官志考证〉序》，见《金明馆丛稿二编》，上海：上海古籍出版社，1980 年版，第 245 页；王国维：《宋代之金石学》，收入《王国维文集·第四卷》，北京：中国文史出版社，1997 年版，第 120 页；邓广铭：《谈谈有关宋史研究的几个问题》，《社会科学战线》，1985 年第 2 期。

③ 张广保：《道家、道教哲学与北宋儒学的复兴》，《道家文化研究·第 26 辑》，北京：生活·读书·新知三联书店，2012 年版。

一、文本新释

宋代注《老》者众多，流传至今的注本也不少，《老子集成》收录有35种。从文本诠释的角度来看，宋代老学的一个突出现象是注重义理和思想的发挥。例如老子第1章“常无欲以观其妙，常有欲以观其徼”一句，汉唐时期的《老子》注疏，都是“无欲、有欲”断句，而王安石、司马光、苏辙等人则共同提出了“无、有”断句的新见。王安石说：

> 道之本出于无，故常无所以自观其妙；道之用常归于有，故常有得以自观其徼。……盖不能常无也，无以观其妙；不能常有也，无以观其徼。能观其妙，又观其徼，则知乎有无者同出于玄矣。……盖有无者，若东西之相反而不可以相无。故非有则无以见无，而无则无以出有。有无之变，更出迭入，而未离乎道，此则圣人之所谓神者矣。[①]

在老学史上，王安石是第一个提出以无、有断句的研究者，他的解释强调了道含有无以及有无相生，不可分离。此后司马光以及王安石的儿子王雱、门人王无咎、陆佃、刘概等注《老子》，都采纳了王安石的观点，如司马光注：

> 万物既有，则彼无者宜若无所用矣。然圣人常存无不去，欲以穷神化之微妙也。无既可贵，则彼有者宜若无所用矣。然圣人常存有不去，欲以立万事之边际也。苟专用无而弃有，则荡然流散，无复边际，所谓有之以为利，无之以为用也。[②]

司马光既注意有、无断句与第一章语意的贯通，还以《老子》第11章论有无关系的文句作为佐证，以申己意。比王安石、司马光稍晚，苏辙作《老子解》[③]，也采纳了无、有断句，并解释说：“圣人体道以为天下用，入于众有而常无，将以观其妙也。体其至无而常有，将以观其徼也。若夫行于其徼而不知

---

① 熊铁基：《老子集成·第二卷》，北京：宗教文化出版社，2011年版，第559页。

② 《老子集成·第二卷》，第540页。

③ 严灵峰：《周秦汉魏诸子知见书目》据焦竑《老子翼》引，苏辙《老子解》题元符庚辰（1100）造，认为《老子解》成书于元符三年（1100），实误。据《老子解》苏辙于大观二年（1108）的自题，他于42岁即1081年贬于筠州时开始解《老》，《老子解》便是完成于谪居筠州期间（1081—1086）。

其妙，则粗而不神矣。留于其妙而不知其徼，则精而不遍矣。”[①] 由于王安石、司马光、苏辙在当时都是大名鼎鼎的人物，在学术界具有很大的号召力和影响力，故他们对《老子》首章“无欲”“有欲”句的新解，很快得以风行，并产生持续的影响，自宋元明清直至现当代，从者众多。无、有断句新解的出现，既与《老子》书的诠释具有广阔的思想空间有关，也与北宋的学术精神有关，体现了宋代思想家敢于打破陈说的创新精神[②]。

重视义理及诠释的思想性是宋人解《老》的普遍追求，因此，与前面各时期老学相比，宋代的解释往往显得更加别出心裁。例如当时的研究者已注意到老子的立言方式与儒家不同，是一种反向思维方式。如北宋葛次仲云：

> 孔子曰我学不厌，老氏则绝学。孔子曰必也圣乎，老氏则绝圣。孔子贵仁义，老氏弃仁义。孔子举贤才，老氏不尚贤。孔子曰智者不惑，老氏曰以智治国，国之贼。其立言大率相反。[③]

孔老关系或儒道关系是老学中的一个重要问题。他们的思想，从表面上看确实有许多矛盾之处，这些矛盾的出现，葛次仲认为是由孔老思维和立论方式的不同所造成的，即文中提到的“其立言大率相反”，这就是说，老子习惯于从儒家的反面去立言。葛氏接着说：

> 盖孔子立道之常以经世变，老子明道之本以救时弊，其势不得不然也。绝学则使己任其性命之情，而造坐忘日损之妙；绝圣则使人安其性命之情，而无惊愚明污之态；弃仁义，则无蹩躠踶跂之私，使天下不独亲其亲，子其子，而同归于孝慈；不尚贤，则无儒墨毕起之争，使天下无夸跂相轧之心；以智治国，国之贼，言浇伪多而智愈困，孰若政闷闷而民淳淳哉。其所以立言不同者……是必有名异而实同者。[④]

实际上，老子“立言相反”，意在去掉时势之弊，与孔子思想“名异而实同”，也就是说，虽然老子从与孔子相反的角度来立言，但殊途而同归，恰如老子自

---

① 《老子集成·第三卷》，第 2 页。

② 具体论述可参刘固盛：《〈老子〉首章无欲有欲问题辨析》，《中国哲学史》，2015 年第 4 期。

③ 陈景元：《道德真经藏室纂微篇》，附葛次仲：《老子论》。

④ 陈景元：《道德真经藏室纂微篇》，附葛次仲：《老子论》。

己所云："正言若反。"

南宋道士赵实庵也注意到，老子与孔子同时，孔子曾过周问礼，老子对他谆谆告诫，行事要以谦信为主。当时孔子大力宣讲仁义，但并不能拯救时弊，所以老子遂反其道而行之："幽厉之后，周室浸微，至老子时天下荡荡无纲纪文章，圣人不作，处士横议，诸侯恣纵，暴兵螫毒，民以糜烂。老子闵周室凌迟，人失性情，欲使之还淳返朴，归之太古，故作《经》，惟厚忠信，尚敦朴，薄礼义，绝圣弃智，使后世之人复见天地之纯，全古人之大体。"[①] 因此，《老子》书中的一些内容虽然看起来与儒家有矛盾之处，然而是在周衰道微、人失性情的时代背景之下做出的一种选择，也是为了恢复太古的纯朴，载畅玄风，以激其流俗，救天下后世之失，其与儒家圣人之道，似相反而实相成："盖非过直无以矫枉，仲尼所以钦服，既见则叹其犹龙。惟圣知圣，始云其然也。"[②] 类似的观点，在宋代老学著作中十分普遍。宋代人士所指出的老子此种从反面立论的方法，也就是道家的反向思维或否定思维，而儒家的思维则是正面思维或肯定思维了。朱伯崑先生曾指出："老子看问题，从不循规蹈矩，像孔子那样以'雅言'为据，以'异端'为非，而且专讲同常识和常规相反的话。老子的这种从反面看问题和追求负面价值的方式，可以称之为否定意识，构成了道家学说的主要特征。"[③] 宋代的老学研究者也看到了孔老之间思维方式的不同，显示出他们的见解确有超越前人之处。

对《老子》文本的诠释，宋代有别于前代的另一个特点是以内丹解老。到了宋代，道教修炼由外转内已成为一种不可逆转的必然趋势，与此相关，一些高道便借《老子》阐发丹道之理，代表性的著作有张伯端的《悟真篇》和吕知常的《道德经讲义》等。《悟真篇》虽然不是对《老子》的直接注解，但其中阐发的内丹理论是建立在《老子》思想的基础上的。张伯端说："《阴符》宝字愈三百，《道德》灵文满五千，古今上仙无限数，尽于此处达真诠。"[④] 意谓修道的奥妙全寓于《阴符》《道德》二经之中，人们如果尽心钻研领悟，便

---

① 刘惟永：《道德真经集义大旨·卷中》。

② 李霖：《道德真经取善集》。

③ 朱伯崑：《道家的思维方式与中国形上学传统》，《道家文化研究·第2辑》，上海：上海古籍出版社，1992年版。

④ 王沐：《悟真篇浅解》，北京：中华书局，1990年版，第123页。

可从中求得上仙之法。对此，陈致虚在《悟真篇四注》中进一步解释云："《阴符》《道德》，丹经之祖书，上仙皆藉之为筌蹄，修之成道。然其旨意玄远，世薄人浇，不能达此，故仙师作此《悟真篇》，使后学者一见了然，易于领悟而行之尔。是知《阴符》《道德》《悟真篇》三书，同一事也。"认为《阴符》《道德经》为丹经之祖，但旨意过于深奥，世人不能理解所蕴玄机，难以从中得道，而通过《悟真篇》的发挥以后，后学者可一见了然，易于领悟。道教把《道德经》视为丹经之祖，实际上是把老子的哲理运用于内丹实践，这样，内丹修炼便不仅仅是一种方术，而是有道蕴涵其中的。把老子思想引入内丹修炼，提高了道教修持的终极境界。卢国龙教授曾指出："以内修还丹之'理'解读《老子》的风习，在晚唐五代时是由重玄学入于内丹的一种转化，宋以后大盛，可以说代表了宋以后道教《老》学的主流。"[①] 这里指出了道教老学发展的一条重要线索。如果说《悟真篇》还是间接和巧妙地运用了《道德经》，那么南宋道士吕知常的《道德经讲义》便是直接用内丹之理解《老子》。该书在阐发老子道论的基础上，强调身国同治，具有鲜明的道教特色。试看第三章注文：

前言不贵难得之货，不见可欲，即是虚其心；不尚贤，即是弱其志。若曰止是虚其心，则恐泥于顽空。若曰止是弱其志，则恐不能自立。故复言自圣人之治身也，须虚其心，更须实其腹，既弱其志，更须强其骨。虚者实之对，弱者强之敌。灵台明彻，虚室生白，湛若太空，不受一尘，是虚其心也。心既虚矣，不能吐纳太和，咀嚼沆瀣，饮玄英之炁母，食大梵之天粮，以实其腹，徒守性空，安能形神俱妙，与道合真，脱胎神化，白日升天者哉。由是观之，则虚心实腹，不可偏废也，明矣。以谦自下，以卑自牧，众人好高，而我居其卑，众人好荣，而我处其辱，是弱其志也。志既弱矣，然闻道则不能锐于力行，见义而不能勇于必为，偏事委靡，无所卓立，安得如《易》所谓天行健，君子以自强不息也？内炼之士，或提缩膀胱以透尾闾，或胁勒阳关以通夹脊，或点头彻锁以达玉京，皆搬运真炁，斡旋泝

① 卢国龙：《道教哲学》，北京：华夏出版社，1997年版，第550页。

> 流，上通三关而补脑，脑满则骨强矣。弱志强骨，不可偏废也，亦明矣。①

显然，虚心指的是修性，实腹指的是修命；弱志指的是修性，强骨指的是修命，虚心实腹，弱志强骨不可偏废，如果修炼者只是虚其心、弱其志，那将堕入顽空而无法自立。吕知常指出，内炼之士需要虚心弱志，但更应该实腹强骨，也就是说，修性固然重要，但修命更加重要。因此，吕知常治身思想的特点是坚持性命并重，而以命为先。可见，吕知常的内修理念与张伯端的思想是一致的，并且是受到了张伯端的影响。

继张伯端、吕知常以后，以内丹之道解《老》成为道教老学的重要内容，如邓锜《道德真经三解》、陆西星《老子玄览》、程以宁《太上道德宝章翼》、李西月《道德经注释》、成上道《老子心印》、黄裳《道德经讲义》等，都是在这方面有独特见解的著作。

二、心性之学的阐扬

笔者曾在拙著《宋元老学研究》中指出，在老学发展史上，不同时代对老子哲学思想的阐释曾先后出现过三次大的变化：王弼注释《老子》阐发玄学宗旨，建立了宇宙本体论的新哲学体系，这是对《老子》哲学思想解释的第一次重要发展；唐代成玄英、李荣等人借《老子》以阐明重玄之学，可以看作是对《老子》哲学思想解释的第二次重要突破；而从唐代的重玄学到宋元时期心性理论的探讨，则可视为对《老子》哲学思想解释的第三次重要转变②。宋代的老学正是在心性论上大做文章，以心性解《老》，借《老子》而谈性命之学，是该时期老学发展的重要特点。苏辙、陈景元、邵若愚、范应元、白玉蟾等学者都注意用心性论诠释《老子》。

在宋代思想界，儒、道、释三家都重视心性之学的阐发，具体到《老子》的诠释，儒家注重阐发道德性命之学，道教注重发挥内丹心性理论，佛教则重在明心见性。从儒家解《老》的情况来看，王安石学派多人及苏辙、司马光等都注《老子》，都注意在注文中阐发性命之理，例如王安石之子王雱注《老

① 《老子集成·第四卷》，北京：宗教文化出版社，2011 年版，第 227 – 228 页。

② 刘固盛：《宋代老学研究》，成都：巴蜀书社，2001 年版，第 53 页。

子》第16章云："有生曰性，性禀于命，命者在生之先，道之全体也。《易曰》：'穷理尽性以至于命。'观复，穷理也。归根，尽性也。复命，至于命也。至于命，极矣，而不离于性也。"① 明确把儒家的"穷理尽性以至于命"作为注《老》的一个宗旨，并认为推原老子道德之意就是会于性命之极，这种观点是王安石学派老学思想的一个重要内容。同样，苏辙也是以儒家性命之学解释《老子》的代表。这一点，南宋道士范应元早已指出。他在其《老子道德经古本集注》第16章下注云：

> 愚伏读老氏此经，惟言心，未尝言性。而子由注此经，屡言性，何也？《易·系》曰："一阴一阳之谓道，继之者善也，成之者性也。"《语》曰："性相近也，习相远也。"《中庸》曰："天命之谓性。"自是而下，言性者纷纷，故诸儒因孟轲性善之说，有复性之论。

范应元指出，言性并非《老子》的特点而是儒家的传统，复性之论与孟子性善说有关。这实际上是说，苏辙以复性之论解《老》，乃出于儒家的实际需要，这是相当有见地的认识。所以，苏辙在新的时代条件下以性解《老》，也是对老子思想的一种改造与发展。

范应元是南宋淳祐戊申（1248）间道士，字善甫，蜀之顺庆人，褚伯秀之师，在当时颇负盛名。所著《老子道德经古本集注》版本珍贵，具有很高的文献价值，从思想上看，则体现了道教由精气至性命，最后归结为修心的解《老》思路，与张伯端的内丹理论颇为契合。如他在注《老子》第72章云：

> 心者，神之所居，身者，气之所生，神气同出于道。今夫人之运用，非神气则不能矣，神气不可须臾离也。神清则气爽，气浊则神昏，故常当虚静以存神，谦柔以养气，循自然之理以应物。倘不能虚其心，弱其志而使情欲得以窃入伤害，则是戏玩其所居之神，厌弃其所生之气也。

修神即修性，修气即修命，神气不可须臾离，也即性命必须互相兼顾，两者是缺一不可的。他又说："庄子有圣人贵精养神之语，孟子有夜气旦气之论，修身应物，一理而已。然则人也，徒以见性……不复循理以修身应物，可乎？"②

---

① 《老子集成·第二卷》，北京：宗教文化出版社，2011年版，第702页。

② 《老子道德经古本集注·卷下》。

意谓仅仅修性是不够的，还必须重视修命。但是，无论是修性还是修命，最终都要落实到修心上。范应元在注第55章借引朱桃椎真人的话云："道者，气也。道体者，虚无也。虚无者，自然也。自然者，无为也。无为者，心不动也。内心不动则外境不入，内外安静则神定气和，神定气和则元气自正……如此修养，则真道成矣。"从中可以看出，修心乃修道的关键和本质之所在。只有做到内心虚静，寂然不动，才能抵制住芸芸万物之诱惑，从而神清气和，元气自正，五脏流通，三田自盛，最终返老还元。这一观点与张伯端的内丹心性理论也是一脉相承的。不过，范应元在继承张伯端理论的基础上，以"本心"这一范畴为重点，对《老子》进行了进一步的阐述与发挥。在范应元看来，老子之道为"自然之理"，在人身上体现为本心或者初心，具有虚静、至善的性质。既然人的本心反映了自然之理，与天道相合，那么，求道即复归于初心，"人不可外此心而求天道于高远。"① 他又说："老子应运垂教……首曰'道可道，非常道'，意欲使人知常久自然之道不在言辞，当反求诸己，而自得之于吾心之初也。"② 这实际是说，修道主要不在于吐纳导引、服药烧炼，而在于修心。而修心往往需要"自悟"。范应元注《老子》第27章云：

> 大道之妙，归于自得。倘徒贵其师，而不反求于吾身之中，徒爱其资，而不使反求其中，皆外学也。苟于中而自得真道，则师自然无爱资之心，资自然无贵师之心。若师尚有爱资之心，资尚有贵师之心，则是未与道合通也。故善人之道，如阳和陶物，公而无私，薰然融怡，使人自得之也。一旦洞悟，则默契玄同之真，了无贵爱之迹，此自古至今，不传之传也。

如果求道者把希望全部寄托在师父的指引以及其他外部条件上，而偏离了自己内心的反省，那是不能够与道"合通"的，大道之妙，在于自得，在于内心的豁然洞悟。这就是"寂寂虚通，荡荡无迹。譬如无病而忘药，达岸而舍舟矣。若夫学道之士，因言以明道，悟道则忘言。若复执着有无，岂解玄妙。"③ 悟道而忘言，恰如病愈而忘药，登岸而舍舟，心与道合而为一，不知道之为

---

① 《老子道德经古本集注·卷下》。

② 《老子道德经古本集注·卷上》。

③ 《老子道德经古本集注·卷下》。

我，我之为道，如此，才深得大道之玄机，洞明本心之要妙。可以看出，范应元以心解《老》，并融理合禅，在张伯端老学思想的基础上又前进了一步。

到白玉蟾创建南宗，其《道德宝章》更是融合禅宗之旨，将老子思想解释成了一套系统的道教心性超越理论。首先，从注解形式上来看，《道德宝章》明显具有禅宗作品的特色。白玉蟾注意用极其简约的语言，往往只有一两个字，来表达丰富的思想内容，并强调“不可说破，欲其自得”[①]。其次，从注释的内容，也可看出禅宗的影响。白玉蟾把心与道等同起来，认为“即心是道，一灵妙有，法界圆通”[②]，“见物便见心，见心便见道”[③]，“以心契心，以道合道，心无一尘，是谓之道”[④]，这些都是禅味很浓的注文。白玉蟾不仅明确称“诸佛法身入我性，我性同共如来合”[⑤]，而且还在注解里用上了许多类似佛教偈语的话：“月到天心处，风来水面时。”[⑥] “触来忽与竟，事过心清凉。”[⑦] 如此之类，确实是“大类禅旨”的。对心性理论的深入阐发，既是宋代儒、道、释三教思想的一致追求，也充分反映了宋代老学发展的时代特色。

三、儒道释思想深度融合

魏晋以后，儒道释关系是每个时代老学具有普遍性的重要问题，但由于儒道释自身的发展在不同时期都有不同的特点，因此以儒解《老》、以佛解《老》和以道教理论解《老》也不是千篇一律的，而是丰富多彩，共同构成了中国老学史和中国思想史上的精彩篇章。

以宋代老学为例，在三教融合这种大的思想背景之下，儒、道、释各家学说都得以与《老子》沟通。就孔老或儒道关系而言，大都认为孔老思想并非矛盾，孔老之间从本质上是相互融通的，林东《老子注》序中的一段话颇有代表性：“夫子与老氏垂教，盖亦互相发明。夫子以仁义礼乐为治天下之具，

① 《道德宝章·恩始》。
② 《道德宝章·象元》。
③ 《道德宝章·巧用》。
④ 《道德宝章·归元》。
⑤ 《道德宝章·任成》。
⑥ 《道德宝章·运夷》。
⑦ 《道德宝章·偃武》。

老子以虚无恬淡明大道之所从生，要之仁义礼乐，非出于大道而何？而虚无恬淡乃大道之本旨也。特后世之不善用老氏者，或纯尚清虚恬淡而至于废务，有以累夫老氏也。且以道心惟微，无为而治，吾儒未尝不用老子。如所谓我有三宝，一曰慈，二曰俭，三曰不敢为天下先；以道佐人主者，不以兵强天下，老子未尝不用吾儒也。以是而推，则大道之与道一而已矣，特不无本末先后尔。盖所以互相发明，俱为忧世而作也。”孔老之道可以互相发明，孔老之著作均为救世之书，这是宋代学者解《老》的一个共识。

儒家人物王安石、吕惠卿、司马光、林希逸等都从不同的角度主张孔老相通，许多道教人士也同样阐发儒道一致的道理，例如张伯端、陈景元、范应元、董思靖等。以南宋道士董思靖《道德真经集解》为例，该著虽是纂集众人之注，但也有作者本人的解释。董思靖之解《老》，其宗旨固然是出于道家的传统，但在阐发自己的见解时，常将理学家常用的一些范畴与老子之道揉合在一起，以相互发明。由于理学具有很高的理论水平，所以董思靖在解《老》时适当借鉴理学的思维成果，能够收到意想不到的效果，使《老子》中一些抽象难懂之处变得豁然明朗。如他注《老子》首章云：

> 章首既以无名有名别道与气，次又以无欲有欲分体与用，则章末固当合而结之也。夫道气体用固不可无别，然初非相离而各为一物。惟无是道则气无以立，无是气则道无以寓；非是体则用无以行，非是用则体无以显。道宰乎无而有囿乎气，用著乎体而实源乎体，道即体也，气即用也，体用一源，理物无间。

此注反映了董思靖以道气体用之说解释《老子》的基本思路。由于理具有和道同样的性质与地位，所以以理释道是恰当的，道气即理气，而“体用一源，理物无间”的概括，也很好地阐述出了老子之道的特点。对于《老子》首章“常无欲以观其妙，常有欲以观其徼”两句，董思靖发表了自己的看法：

> 或问：常无欲常有欲者，前辈多以常无、常有为绝句，今亦不然，则所谓无欲故可，而谓之有欲可乎？曰：圣人之心何尝有欲，今所谓有欲，乃即其起处而言耳。当其静而无为之时，乃无欲也。及其应物而动，虽未尝离乎静，然在于事事物物，则已有边徼涯涘之可见，故对无欲而言有欲也。欲犹从心所欲不逾矩之欲耳。朱文公答沈庄仲之问，亦云。徼是边徼，如边界相似，是说那应接处。向来人皆

> 作常无、常有点，不若只作常无欲、常有欲看。今若必欲以常无、常有为绝句，则是常无未免沦于断灭之顽空，而常有乃堕于执滞之常情，岂足以观妙道之体用哉。

对于《老子》的这两句经文，王安石、苏辙、司马光等都从无、有处断句，董思靖则结合他的“道气体用”思想提出了自己的不同看法。他认为应该以无欲、有欲为读，这里的“欲”，并非指人的世俗欲望，而是从圣人体道的角度来说的。当圣人的内心处于寂然不动、虚静无为的状态时，即“无欲”；及其内心意念发动，感受到外面事事物物之边徼涯涘，则为“有欲”。董思靖借用理学思想，很好地解决了“有欲”在释义上可能遇到的困惑。由此可见，无欲、有欲断句，并无解释的障碍，更与《老子》的原貌接近。当然，无、有为读的意义也不应像董思靖那样加以否定，这一读法将无、有作为哲学范畴凸显出来，无疑有助于阐明老子思想的精神特质，反映出诠释者对老子哲学的深入探寻以及对道家思想的不断开拓，其价值主要体现在思想层面。

由于理学是一种富于思辨的哲学，所以道教学者以“理”解《老》，不仅有助于学者的解释更加切近老子思想的原意，而且可以增加道教老学的理论活力。

佛老关系是宋代老学中的又一个重要问题。佛教到宋代已和中国文化完全交融在一起，儒、道学者无不深受影响。所以不唯佛门中人以禅解《老》，儒、道学者也同样效法，如苏辙既坚持孔老相通，又主张佛老不二；白玉蟾解《老》更是“大类禅旨”。南宗祖师张伯端所著《悟真篇》，借《老子》而谈内丹心性之学，对禅宗也是持肯定态度的，他说：

> 因念世之学仙者十有八九，而达真要者，未闻一二。仆既遇真筌，安敢隐默，罄所得成律诗九九八十一首，号曰《悟真篇》。……及乎编集既成之后，又觉其中惟谈养命固形之术，而于本源真觉之性有所未究。遂玩佛书及《传灯录》，至于祖师有击竹而悟者，乃形于歌颂、诗曲、杂言三十二首，今附之卷末，庶几达本明性之道，尽于此矣。①

张伯端主张性命双修，而在修性的层面，明确声称吸收了释氏的“真觉之

---

① 《悟真篇·自序》。

性”。可以看出，张伯端的心性理论在很大程度上是援佛入道的结果。

此外，南宋邵若愚的《道德真经直解》，亦是一部典型的以佛解《老》之作。他阐述其注《老》宗旨曰：“今所为注，凡言德者，事涉孔氏之门；言其大道虚寂，理准佛乘之旨。以儒释二教为证，撮道德合为一家。”邵若愚认为《老子》一书的主旨在于“无欲”，学者追求至高妙道，无须去学黄白法术，而是要在内心修炼，去掉心中的欲望。他说：

> 无欲二字，其义极深，故老子首篇先言无欲；恐其学人执无，再言有欲；又恐殢有，又言以有无两者同谓之玄；又恐执殢于玄，故将又玄。以拂迹此四法者，乃入道之门。今者学人往往各执一法而反为病。一者学人见说无欲，便于心上断念以求无欲，不思断除便是欲也，此著无病；二者将心求法，将谓心有法，不知即心是法，法即是心，在意识在心，便是欲也，此著有病；三者令心凝然依住，如木人相似，澄定不动，此著于玄，名亦有亦无病；四者拂除玄迹，作不依住，解存能所之心，此著又玄，名非有非无病。已上皆心有趣向，并是污染，所以为病人。能心上无此四病，方是无欲。今学道人注书者，尚自不能离言，以玄为道，以又玄为众妙之门，斯为谬矣。①

此段文字是邵若愚运用佛教中观之道解《老》的典型例子。要理解无欲的真正含义，不能执于有，也不能执于无，还不能执于亦有亦无，此即老子之玄，乃与佛教之“中道”相通。所以邵若愚强调：“不可将心求心为有欲，不过将心灭心为无欲，此有无两者，同摄为一，缘出言为教而分有无之异名，有无混同谓之玄。释氏谓之不二法门，又谓之中道。”邵若愚根据“中道”的原则，指出修道者要达到心上无欲的境界，就必须去掉著无病、著有病、亦有亦无病、非有非无病。只有在心中去掉了此四病，才算破除了所有的执著，才称得上是“无欲”，此时，“学人但无纤毫系念，心如朗日，常处空中，无有纤埃，光明遍照，然后随方应事，如天起云，忽有还无，不留踪迹，无所住心”②，生命获得彻底的超越与解脱，处世也能够做到无为而无不为了。

儒、道、释三家一起注解同一部道家经典——《老子》，这是中国经典解

① 《道德真经直解·纪末》。

② 《道德真经直解·纪末》。

释史上以及中国思想史上十分独特的现象。从宋代老学的情况看，它一方面反映了儒、道、释思想的互相包容与深度融合，同时也可看出当时的思想界在不同思想之间彼此激发所呈现出来的蓬勃创造力。

四、道家与宋代思想

宋代老学作为宋代道家的主要学术形态，不仅在当时的学术史上占有一席之地，在思想史上的影响也是不可忽视的，而宋代老学对理学的影响以及于道教义理建构上的贡献则是其中两个突出的方面。

《宋史》专设《道学传》，道学指理学，这并非是后来史家随意称之，而是张载、二程、朱熹等理学家在他们所处的时代即自称其学为道学。宋代以前，道学本指道家之学，宋代理学家却以之自指而并不觉得有道家的嫌疑，姜广辉教授认为“完全是从另一思路得来，至于与道家曾使用的‘道学’名称相同，只是巧合”[①]。道学之名当然反映出理学形成时与道家有别的“另一思路”，其中也确实可能存在巧合的成分，但仍然可以看出当时道家之学应该是十分盛行的，同时还反映出理学家对道家的认同以及理学与道家的深刻关联，正如侯外庐等先生所指出的，二程所讲的“道”范畴“通向老庄以至道教”[②]。

宋代老学对理学形成所起的重要作用，可以追溯到唐代的重玄学。重玄学是唐代老学的核心内容，其中所阐发的“虚通妙理”“众生正性”“孔老之术不为二”等思想，都可视为理学的思想资源。到宋代，陈抟学派的老学思想对理学的形成具有的特殊意义。陈抟学派是唐宋学术传承转换的关键环节，该学派的老学继承了唐代重玄之旨，特别是陈抟再传弟子陈景元的老学思想对二程理学的形成具有直接的影响。陈景元“以重玄为宗”诠释《老子》，并对“理”“天理”概念进行了哲学提升，使之成为了可以与道等同的哲学范畴；把气论引入到人性论的领域，以禀气之清浊来解释人性的善恶；提出“性分不越则天理自全”的命题等等，这些思想成为了二程理学之天理论、人性论、道

---

① 姜广辉：《宋代道学定名缘起》，载《中国哲学·第15辑》，长沙：岳麓书社，1992年版，第241页。

② 《中国思想通史·第四卷上》，北京：人民出版社，1959年版，第576页。

德论的重要理论来源[①]。

前面还提到，新学、蜀学、朔学三派的代表人物对《老子》都有深入的研究，都有《老子注》传世。尽管三派学者政治主张存在分歧，但学术上却有很大的相通之处，即共同关注儒家性命之学的重建，这一点也在他们各自的老学思想中得以体现。如司马光所论之“诚”，王安石所论之“理”，苏辙所论之“复性”，反映出他们在儒学复兴过程中所进行的理论探索。他们的这些思考，既是时代精神在老学发展中的真实呈现，也为二程理学的建构提供了可以借鉴的思想资源。

从道教的角度来看，宋代道教老学具有重道轻术的思想倾向，这一特点的形成，一方面是受当时重义理学风的影响，另一方面则与道教人士自身对《老子》的认识有关。道教人物解释《老子》，与一般人士不同，往往包含学理与宗教信仰或者说道与术的双重层面，这一点，宋代道教老学同样不例外。但是，比较而言，宋代的道教人物解《老》，其理论水平普遍较高，在诠释的过程中，往往更多注意其学理，注意对“道”的阐发，而对传统“术”的层面持轻视的态度，例如陈景元、邵若愚、寇才质、范应元、董思靖、白玉蟾、彭耜等道士诠解《老子》时，都表现出了同样的倾向。如白玉蟾弟子彭耜治《老》多年，深感历代关于《老子》的注释烦琐而矛盾迭兴，门户各异，使人无所适从。为了改变这一情况，他搜罗宋代有代表性的各家《老子》注，加以纂集整理，成《道德真经集注》，使之具有一个比较统一的主旨：“此经以自然为体，无为为用，治世出世之法，皆在焉。如我无为而民自化，我无欲而民自朴，此治世之法也。如生之徒十有三，死而不亡者寿，此出世之法也。若夫秦汉方术之士，所谓丹灶奇技、符箓小数，尽举而归之道家，此道之绪余土苴者耳。”[②] 这样的解《老》宗旨，有助于习《老》者从术数中解脱出来，更好地去思考老子之道所蕴含的哲理与智慧。又如董思靖所撰《道德真经集解》，也反对把《老子》视为丹术小数之书。董氏认为以往那些从外丹炼养角度注解《老子》者，都偏离了老子思想之本真，故他作集注时，凡是丹鼎神

① 关于这一问题，刘固盛：《陈景元老庄学思想对二程理学的影响》，载《道家文化研究·第26辑》，三联书店，北京：生活·读书·新知，2012年版；《二程人性论的道家思想渊源》，《华中师范大学学报》，2005年第2期）有较为详细的论述。

② 《道德真经集注·序》。

仙之术，一概不用，他说："或谓微言隐诀，多寓其间。故以首章有无为在二丹，则神气水火也；虚心实腹，则炼铅之旨；用兵善战，则采铅之方；冲字从水从中，乃喻气中真一之水；三十辐共一毂，为取五藏各有六气之象，及准一月火符之数。如斯等义，今皆略之。何则？性由自悟，术假师傅。使其果寓微旨，亦必已成之士口授纤悉，然后无惑。区区纸上，乌足明哉。况是经标道德之宗，畅无为之旨，高超象外，妙入环中，遽容以他说小数杂之乎？白乐天云：'玄元皇帝五千言，不言药，不言仙，不言白日升青天。'亦确论也。"①董思靖指出，尽管外丹家的"道法经术"各有指归，但用来解释《老子》则为牵强之说，不足效法。

至于王重阳所创建的全真道，从教义教理上看，其显著特色是充分吸收了老庄思想的基本精神，如陈垣先生所言："全真不尚符箓烧炼，而以忍耻含垢、苦己利人为宗，此遗民态度也，谓其合于老庄，殆循而之老庄耳。"② 陈教友更明确指出："重阳之学，奉老子为依归者也。"③ 而王重阳本人也明确肯定《老子》是他传道创教的思想源泉："理透《阴符》三百字，搜通《道德》五千言，害风一任害风虔。"④ 又说："遵隆太上五千言，大道无名妙不传。"⑤ 由于王重阳的提倡与重视，《老子》这部道教的最高经典真正发挥了它应有的作用。熊铁基先生认为，"全真"之义，至少包括"全三教之真""全老庄之真""全心性之真"三个方面。王重阳从《老》《庄》书中寻求真理、真义，抓住老子思想的要点"无为"和"清静"、庄子思想的要点"逍遥""心斋"等等，革新了道教的教义与思想，"这对道教的振兴具有重大意义"⑥。可以看出，"全老庄之真"的本意就是道教的发展从教义上必须回到老庄思想上面来，其宗教追求从根本上符合老庄思想的精神实质。全真道不仅从宗教上开用老之新风，同时从"全真七子"之一的刘处玄开始为《老子》作注，由此形成了全真道老学。全真道老学反映出全真道的立教宗旨以及教义教理的特点，

---

① 《道德真经集解·序》。

② 陈垣：《南宋初河北新道教考》，石家庄：河北教育出版社，2000 年版，第 577 页。

③ 《长春道教源流·卷三》。

④ 《重阳全真集·卷十三》。

⑤ 《重阳全真集·卷一》。

⑥ 熊铁基：《试论王重阳的"全真"思想》，《世界宗教研究》，2008 年第 2 期。

就回归老庄精神这一点来看，全真道与传统道教实际上具有一致之处。因此，提倡道教的发展必须回归老庄的基本精神，是宋代整个道教的共同倾向。

由上可以看出，与宋代思想界所呈现出来的蓬勃活力一样，宋代老学也富含鲜明的时代特点，具有多元性和创造性，体现出道家的宏大品格和深邃内涵。

吴宓与刘古愚

武占江　晋晶娜

（河北经贸大学教授）

吴宓与刘古愚都是近代关中声名显赫的人物。刘古愚是陕西学界泰斗，大教育家，对西北地区的思想、教育有着深远的影响，是陕西走出中世纪的领路人，当时陕甘地区教育界无出其右者。吴宓在中国当代学界、思想界的影响为世人所知，他是陕西第一批考取庚子赔款的公费留学生，对西洋文化有精深造诣，有“中国比较文学之父”之誉，与陈寅恪、汤用彤并称“哈佛三杰”。而且吴宓的旧学造诣以及对传统文化的守持等方面也可以与陈、汤二人并列，可以说得上是一位国学大师。吴宓是清华大学和清华国学院的创始人之一，清华大学国学院四大导师（梁启超、王国维、陈寅恪、赵元任）都是吴宓推荐并聘请的。吴宓以及吴氏家族与教育家刘古愚有着极其密切而深刻的联系，这一点学界关注甚少。吴氏家族累世富厚，对陕西教育事业给予很大支持，而刘古愚本人及其弟子群又对吴氏家族及吴宓本人的成长影响甚深。本文就此略做梳理，以揭示百年来这两个家族的因缘际会，由此亦可见传统对人的塑造、成长的深刻作用。

一、吴宓家族对关中教育事业的支持

吴宓是泾阳县西北乡安吴堡人，吴氏家族主营商业。吴宓祖上在明代就以贩运食盐而起家，一直绵延到清朝末年，到吴宓的父辈，依然声势煊赫。吴氏商业的总号设在扬州，分号遍于四川、汉口直至上海的长江各埠，陕西的三原、泾阳县城及西安省城均有吴氏的产业。著名的“安吴寡妇”就是吴宓的堂伯母，慈禧太后西逃的时候，“安吴寡妇”曾捐赠巨资，“安吴寡妇”因此声名鹊起。吴氏家族有乐善好施的传统，对教育事业的资助尤其不遗余力。

同治年间，陕西经历了太平军、捻军入陕，回民起事，社会长期处于战乱

动荡之中，直到1874年，战乱才基本平定。战乱使百姓流离失所，各府县书院多处于荒废状态。当时陕西和甘肃属于一个学政管辖，招收两省士子的省级书院如关中、宏道等书院也一派萧条，积弊甚深。陕甘学政许振祎[①]决心大力整顿教育，拟创建一个以教授“实学”为主的大型书院。许振祎同治十年（1871）六月二十一日接篆，当年即开始谋划建设书院事宜。当时官府经费支绌，许振祎通过民间集资在泾阳建设了一座新书院，取名“味经书院”。书院的土地主要是吴氏家族捐助的。吴宓族叔吴建勋于同治十一年（1872）、十三年（1874）两次共捐地十亩六分，光绪十九年（1893），吴宓嗣父吴建常又捐地一亩七分。吴氏的三次捐地构成了味经书院主体。光绪十六年（1890），味经书院自己出钱，将西南角“微缺”部分买入。[②] 书院的建设经费得自民间捐助的两万两白银，具体营建事务由吴宓叔祖吴乙东[③]、怡立方、张极、杨彝珍、谢鸿猷、牛兴宗等负责。吴氏家族对味经书院的建设起到关键作用，作为回报，凡吴氏子弟在味经书院读书者，即作为斋长。

味经书院的营建经费来自民间，继许振祎之后的吴大澂征得陕西督抚同意，拨藩库款一万两作为味经书院的运营经费。其运营方式也与官办的关中书院、宏道书院有很大不同。山长原则上由民间推举，包括学政在内的官员不能随便撤换，基本性质属于民营。许振祎将书院运行制度上奏朝廷，并得到批准。这就使书院保持了很大的自主性，凭借朝廷的圣旨，山长甚至有与学政分庭抗礼的可能。[④] 书院首任山长史兆熊（字梦轩，城固人，道光甲午举人，候铨同知，曾任平利训导）很好地贯彻了许振祎的办学宗旨，中间经过柏景伟（字子俊，长安人，乙卯举人，同知衔分省试用知县）的努力，书院形成了相对固定的特色，到刘古愚时期达到极盛，成为当时陕甘地区水平最高、最具影

---

① 许振祎，江西奉新人，字仙屏，拔贡出生，曾入曾国藩幕府，为曾氏襄赞军事，处理文稿，深得信任。1871年任陕甘学政，1876年任史馆纂修，武英殿纂修等职，官至广东巡抚、河道总督。

② 刘光蕡：《陕甘味经书院志》《营建》第三，武占江点校《刘光蕡集》，西安：西北大学出版社，2015年版，第742－744页。

③ 吴乙东是吴宓祖父吴家俊之兄。周斯亿：《泾阳县志》卷十四，《义行》宣统三年铅印本，台北：成文出版社1969年影印版，第722页。

④ 后任学政柯逢时更动书院章程时，山长刘古愚即以辞职相抗衡，最后柯逢时不得不妥协。武占江：《刘光蕡评传》，西安：西北大学出版社，2015年版。

响力的教育机构。

“实学”是一个含义非常宽泛的词，其基本精神就是学以致用，也就是教育要与当时的实际需要相适应。纯为科举应试的八股之外的学问都可以被称为“实学”，经史也自然包括在内，而当时救亡图存所急需的自然科学、西学在逻辑上也自然包括在实学范围之内。刘古愚就是把“实学”拓展到西学及自然科学范围之内的一位伟大教育家。

1885 年，当时味经书院山长柏景伟与刘古愚一起在书院创设“求友斋”，“以经、史、道学、政事、天文、舆地、掌故、算法与士子相讲习。”[①]“求友斋”是一个刊书与教学相结合的教育机构，其成员为来自味经书院的高材生 40 人，首批入选人员中姓名可考的有：李岳瑞、陈涛、胡坊、蒋善训、王典章、贺景贤、郭毓章、薛宝辰、马承基、毛凤枝、毛昌杰、杨蕙、孙澂海、张元勋、张遇乙、王凤文等[②]。学生既为刊书校勘者，又接受经史、数学以及西方自然科学教育，是一个摆脱以科举为唯一目的的教育“实验班”，这也是陕西教育界大规模传播数学及近代自然科学的开始。这 40 人大多成为后来改变陕甘文化、教育风气的骨干。“求友斋”的原初经费是三原富商胡子周（砺廉）捐助的一千两白银，后来吴聘之妻吴周氏又捐助两千两，使求友斋得以初步运行。后来，在柯逢时、黄彭年等人的支持下，规模日益扩大，其刊书职能发展为著名的“味经书院刊书处”。可见，味经书院的创设、发展，吴氏家族起到了关键的作用。

二、刘古愚弟子与吴宓的关系

我们通过刘古愚[③]及味经书院介绍了吴宓家族对陕甘文化事业的支持与贡献，刘古愚以及陕西著名的教育机构味经书院以及在此基础上发展起来的求友

---

① 刘光蕡：《同知衔升用知县柏子俊先生墓志铭》，武占江点校《刘光蕡集》，西安：西北大学出版社，2015 年版。

② 张鹏一：《刘古愚年谱》，陕西旅游出版社，1989 年版，第 50 页。

③ 刘光蕡（1843—1903），字焕唐，号古愚，陕西咸阳人，后以号行，为晚清关中大儒，精通史学、理学，1875 年中光绪己亥恩科举人，次年入京会试不第，即决意不再参加科举，终身以教育为业，在教授传统学问的同时，致力于西学及自然科学方面的研习与传播。先以设馆授徒为生，后历任陕西泾阳泾干、味经、崇实书院山长，1903 年应邀主讲甘肃兰州大学堂，同年，殁于任上。

斋、味经书院刊书处、味经书院时务斋、崇实书院又对陕甘文化的发展起到很大推动作用，吴宓的父辈以及吴宓自己深受其惠。可以说吴宓的少年、青年时期都直接处在刘古愚及其弟子的哺育、影响之下。

刘古愚去世于1903年，吴宓生于1894年，刘古愚去世的时候，吴宓虚龄10岁，已经是能记事的年龄。吴宓曾经直接拜谒过刘古愚，二人虽然谈不上学业方面的直接交往，但是刘古愚与吴宓家族的密切关系以及刘古愚在西北地区的巨大影响给吴宓以极大的、持续的精神哺育。吴宓在其《自编年谱》中，凡所涉及刘古愚弟子的一定明确指出，可见刘古愚在吴宓心中有极深印象。吴宓曾经直接谈到他对刘古愚的印象："咸阳刘古愚太夫子（光蕡），为关中近世大儒。其学在李二曲、颜习斋之间，雄深笃健，能以至诚感人。近数十年中，吾陕知名之士，无不出其门下。吾生父芷敬公（建寅）、嗣父仲旗公（建常）及陈伯澜姑丈（讳涛，三原）、王幼农姨丈（名典章，三原）、李孟符世丈（讳岳瑞，咸阳）、邢瑞生世丈（讳廷荚，礼泉）、张扶万世丈（名鹏一，富平）等，皆相从受业。张季鸾君（炽章，榆林）亦晚岁之门弟子。宓儿时曾获拜谒，今不复能省记。……追溯师承渊源，则于古愚太夫子不敢不首致其诚敬。"[①] 吴宓这段话除了对刘古愚表示深深的敬意外，吴宓所列举的刘古愚弟子也是对自己影响极深的人物，他们也是刘古愚弟子中的核心人物。吴宓的生父、嗣父也是刘古愚的重要弟子，吴建寅、吴建常与上述人物都有着极深的交谊，有的是累世通家之好。下面我们从不同层面揭示这种关系。

（一）姻亲关系圈

与吴宓父辈既有同门之谊又有姻亲关系的有三原胡家、王家及陈家。胡氏家族与刘古愚及吴宓家族有着极深的渊源。胡砺锋、胡砺廉（子周）兄弟是刘古愚的挚友，光绪七年（1881）到光绪十二年（1886）的6年时间，刘古愚在胡氏家塾"古月斋"教授胡家子弟读书，与胡家子弟一起在古月斋向刘问学的还有陈涛、李岳瑞。刘古愚的女儿嫁给胡砺锋儿子胡均，刘古愚与胡氏又是姻亲。胡氏是堪与吴氏比肩的关中富商，"其家中一部分人恒居京师，或

---

① 吴宓著，吴学昭整理：《吴宓诗话》，北京商务印书馆，2007年版，第184页。文中标点引用时有所调整。

宦游各省。”“内外食指五六十人，贾四方者又数百人”。[①] 胡氏亦官亦商，而且急公好义，每遇重大灾荒与战乱，胡氏捐助动辄十余万。胡砺锋任西宁知府时，薪水微薄，却从家中调集大量资金用于西宁府战后的建设，深得百姓爱戴。[②] 胡氏家族既富厚，又有文化底蕴，是以其家族福泽绵长。民国后，吴氏逐渐衰落，而胡氏依然实力雄厚。胡氏与吴氏累世姻亲，胡子周正室为“议叙主事泾阳吴公讳汝楫女”[③]，也就是吴宓的祖姑，与吴宓的祖父吴家俊是同辈人。[④] 胡子周侧室所生胡祥英嫁给吴建常，为吴宓嗣母。胡子周之孙（胡垣之子）胡文豹娶吴氏中院吴次云（吴宓之族伯）之女吴焕玉。胡文豹“能文，工诗”，与吴宓“唱和独多”。[⑤] 胡砺锋（胡子周之兄）长子胡墀[⑥]之女胡鸾珠又嫁给了吴氏家族中院的吴玉陵，吴宓称之为七兄。吴宓生母李氏在生吴宓第二年后亡故，祖母怜惜吴宓无人照顾，即将吴宓过继给吴建常，由吴建常的新婚夫人胡祥英照顾。因这层关系，吴宓视胡家为外祖父家，成为胡氏家族的常客，而且与胡祥英子侄、外甥、外甥女辈过从甚密。这种相互姻亲的关系堪比《红楼梦》中的四大家族，而且仅吴氏、胡氏两大家族人丁众多，吴宓与两家兄弟姊妹过从唱酬，吴宓自己也把胡家当做自己的“荣国府”“大观园”。吴宓又是一个极富真性情的人，个性及家族环境在很大程度上塑造了他类似贾宝玉的性格。

对吴宓有较大影响的里另外一个大家族就是三原王氏。王氏与刘古愚也是世交。刘古愚于同治六年（1866）在王益农家设馆，教授王益农长子王宪章

---

① 《议叙道胡君子周墓志铭》，《烟霞草堂文集·卷四》。

② 《西宁知府胡公丽生墓志铭》，《烟霞草堂文集·卷四》。

③ 《议叙道胡君子周墓志铭》，《烟霞草堂文集·卷四》。

④ 胡文豹写给亡妻吴焕玉的《悼亡诗》注中云：“先祖妣吴太恭人，为君之祖姑”。《吴宓自编年谱》。

⑤ 吴宓著，吴学昭整理：《吴宓自编年谱》，北京：生活·读书·新知三联书店，1995年版，第33页。

⑥ 《吴宓自编年谱》34页“墀”字残，依刘古愚《烟霞草堂文集》补。另外，《吴宓自编年谱》称“胡子周”为“胡三太爷”“胡砺锋”为“胡五太爷”，但据刘古愚所撰胡子周、胡砺锋墓志铭，胡子周出生于道光二十三年（1843），胡砺锋出生于道光二十二年（1842），胡砺锋居长。刘古愚是与胡氏兄弟同时代的人，而且撰写墓志铭都有胡家子弟的底稿，年龄、长幼不会弄错，应是吴宓记述有误。

读书，当时刘古愚24岁，尚在关中书院学习。王益农待刘古愚甚厚，刘古愚在王益农身上对商业开始有新的认识。后王宪章弟弟王典章也长期从学于刘古愚，师徒二人甚为相得，刘古愚专门为王典章的书斋“思过斋”作《铭》。刘古愚去世后，其遗著都是王典章搜集、刊刻的，这就是流传至今的《烟霞草堂文集》《烟霞草堂遗书》及《烟霞草堂遗书续刻》。笔者对刘古愚的遗著进行了点校整理，于2015年在西北大学出版。王氏家族与胡氏、吴氏皆为姻戚。王典章长女王巽昭为胡子周之孙（胡垣之子）胡文麟发妻，王典章与吴建寅分娶雷氏姊妹雷清芳、雷清芬为妻，雷清芬为长，吴宓称王典章为姨父。雷清芳虽为王典章继室，而且嫁给王典章的第四年后就去世了，但是雷清芳入王家之后即执掌家务。王典章家族与雷氏也是累世婚姻。吴宓称王氏“先世与雷氏有戚谊（乡俗曰‘老亲’）”，王典章祖母姓雷[①]，则王典章祖母与典章妻为同族，雷清芬嫁给吴建寅就是由王典章介绍的。雷清芬嫁入吴家的时候，吴宓虚龄4岁，刚开始记事，所以雷清芬名义上是吴宓的继母，实际上是吴宓的重要哺养者，吴宓对雷氏也有甚厚的感情。由于这多重关系，吴宓与王典章关系很密切，吴宓还修订了王典章的年谱，王典章对吴宓的影响也是很大的。

除了生父、嗣父之外，亲人之中对吴宓影响最大的就是姑父陈涛。陈涛是刘古愚门下最得意的弟子，刘古愚在戊戌维新时期的一些重要事业皆由陈涛辅佐或执行，陈涛与刘古愚也是通家之好。陈涛父亲陈小苑有干才，亦儒亦医，为刘古愚挚友。陈涛在胡氏“古月斋”即追随刘古愚，后又到味经书院学习，直到1898年戊戌政变。1896年以来，陈涛、孙澂海等受刘古愚的委派，到湖北、上海等地考察纺织机器事宜。由此陈涛与康有为、梁启超建立了密切的关系，使味经书院与康梁维新事业的桴鼓相应，为关中打通了与东南地区的联系，对陕西社会、文化的进步厥功甚伟。吴宓祖父吴家俊继室许氏之女吴仪孟（1870—1951）嫁与陈涛为妻，因吴仪孟在家族中行五，故即吴宓呼陈涛为五姑丈。陈涛举人出身，陕西乡试第一名，吴氏家族对陈涛信任而倚重，家中事务及吴宓的教育多由陈涛办理，吴宓初名吴陀曼就是陈涛所取。

（二）“党人”关系圈

如上文所述，吴建寅、吴建常非刘古愚的一般弟子，一是因为吴氏是味经

---

① 刘古愚：《王翁益农墓志铭》，《烟霞草堂文集·卷四》。

书院的重要赞助者；二是吴氏兄弟学业优良，与刘古愚本人关系密切，其关系经历了生死考验，因此刘古愚的重要弟子皆与吴氏兄弟交厚。张秉枢、成安（西安八旗驻防子弟）、王含初、张遇乙、张元勋、邢廷荚是刘古愚弟子中对数学及自然科学颇有兴趣和造诣的人，吴建寅在这方面表现也不错。当时刘古愚在味经书院求友斋、时务斋推广数学及自然科学教育，学生畏难，响应者不多，张秉枢等人积极响应，而且还帮助刘古愚进行教学。光绪十六年（1892），成安、张遇乙仿造照相机三脚架制成利用三角函数原理测量数据的“经纬仪”，刘古愚命吴建寅用浅显的文字写了“经纬仪”用法的说明，以资推广。[①] 1898 年戊戌政变，刘古愚面临被逮捕的危险，传闻县衙已经备好差役，单等一声令下，就到书院拿人。书院弟子星散，在危险的时刻在身边陪伴刘古愚的有北京罢官回籍的李岳瑞以及张鹏一、邢廷荚、成安寥寥几人。在陕甘总督陶模的保护下，刘古愚得以幸免于难。但刘古愚在味经书院已经无法待下去了，他辞去一切职务，隐居礼泉县烟霞草堂，创办私塾，继续其教育事业。此时刘古愚是戴罪的维新党人身份，从学无多，于右任、张季鸾就在此时从学于刘古愚，张季鸾尤其受刘古愚赏识。在刘古愚离开泾阳味经书院去礼泉烟霞草堂之前，吴建寅特邀刘古愚到安吴堡为老师践行，陪同刘古愚到安吴堡的有成安、王典章、恩特亨、张星藩、景霁光（名耀月）、孙晴帆（名澂海）、梁峻山、王含初等。

李岳瑞、于右任、张季鸾被称为刘古愚门下的“关中三杰”，这一半是由于他们在近代名声显赫，同时也与刘古愚的教导直接相关。于右任在刘古愚门下只有三个月时间，但是于右任的好友毛昌杰是刘古愚的入室弟子，于右任走上革命道路的引路人朱佛光是刘古愚崇实书院[②]的同事、下属，朱佛光当时任崇实书院斋长，也是刘古愚吸纳进来的。所以陕西的辛亥革命人士也多受刘古愚影响，而且关中地区维新派与革命派相互融通，并没有像东南地区那样水火不容，这也与刘古愚直接相关。

刘古愚青年时期有两位知己，即柏景伟和李寅，刘古愚家境贫寒，他得以

---

① 刘古愚：《味经书院通儒台经纬仪用法跋》，《烟霞草堂文集·卷三》。

② 崇实书院由当时陕西学政赵惟熙奏准朝成立，是维新运动时期的重要教育机构。其发凡起例及日常运营皆由刘古愚主持，刘古愚同时任崇实书院山长。

走上学术研究道路并饱览各种书籍大多得自柏景伟、李寅的支持。同治十一年（1872），李寅邀请刘古愚到其家中设馆，一是为了教育儿子李岳瑞，二是为了解决刘古愚的生计问题。李岳瑞是刘古愚教的第一个学生，直到光绪九年（1883）李岳瑞中进士入翰林院，李岳瑞在刘古愚门下达十二年之久，而且都是私塾式的个别传授。刘古愚与李岳瑞两代交谊，情同父子，而且刘古愚得以知世有康有为其人，也是得自李岳瑞的介绍。1895 年底，李岳瑞将《强学会序》等康有为的变法文件寄到味经书院，刘古愚这才了解到还有康有为这样的人在努力进行变法，受到极大鼓舞。通过李岳瑞的中间牵线，刘古愚得以与康有为、梁启超取得联系。

后来邢廷荚、张鹏一、陈涛等人同时拜入康有为门下，并大力支持了康有为的保国会事业。张季鸾是辛亥革命运动中的著名新闻记者，协助于右任在上海创办报刊《民立报》，并在 1926 年接办新记《大公报》后，全国知名。张季鸾的思想也是因刘古愚而打下了深厚的爱国主义底色。[①] 邢廷荚也是刘古愚的得意弟子，刘古愚在陕西的维新事业多由邢廷荚直接主持。1901 年，邢廷荚因小病误服攻下之药，不幸病卒，刘古愚曾亲作祭文痛悼[②]。1909 年，陈涛之子娶邢廷荚之女为妻，两氏结为姻亲。

与吴宓有关的另一位刘古愚的特殊弟子是恩特亨。刘古愚门下有三位满族旗人弟子，即成安、恩特亨、阿勒精阿，恩特亨是阿勒精阿的叔叔。成安在求

---

① 李侠文在《我所认识的张季鸾、胡政之两先生》中说："季鸾先生为文与他为学为人是分不开的。大家都知道，他少年时受学于关中经学家刘古愚。刘氏治《通鉴》《通考》，又曾刻欧阳修《新五代史》，他得以师承观览，打好了国学的根基，不但以后为文绵密警策，且深受经学家讲究砥节砺行的影响。"中国人民政治协商会议全国委员会文史资料研究委员会：《文史资料选辑·第 14 辑》，北京：中国文史出版社，1989 年版，106 页。王芸生、曹谷冰在《1926 年至 1949 年的旧大公报》中说："1902 年秋又资送到咸阳刘光蕡讲学的'烟霞草堂'读书。刘光蕡，字古愚，是陕西的一位关学大师，教学注重史地。张季鸾从学，读《明鉴》《文献通考》，并抄读《通考序》和《方舆纪要序》。刘光蕡说：'读史，应先近代；阅通考，则知历代典章之得失；方舆纪要为沿革形势所必读，其书浩瀚，读序可也。'此外再涉猎他书。这使张季鸾打下了关于中国史地知识的根基。"见中国人民政治协商会议全国委员会文史资料研究委员会：《文史资料选辑·第 7 卷·第 25 辑》，北京：中国文史出版社，1989 年版，第 21 页。

② 李岳瑞：《邢瑞生家传》，转引自张鹏一：《刘古愚年谱》，西安：陕西旅游出版社，1989 年版，第 187 页。

友斋时候就从学于刘古愚，而恩特亨叔侄是西安八旗驻防子弟。清制度规定，驻防子弟除了士子除岁科试、乡试外不得擅自离开防城，而且驻防子弟不得从事农业、工商业等生产性事业，不少驻防旗人贫愚不堪。刘古愚深感于回民起事过程中民族间的误解与隔阂，认为对各民族应该一视同仁，尤其是各民族子弟应该同样接受良好的教育。他向当时陕西学政柯逢时（1888—1891 年任陕西学政）建议，让有志学业的恩特亨、阿勒精阿离开防城，得到允准，恩特亨叔侄得以到味经书院学习。在刘古愚的影响下，他们力赞维新，受到旗人排挤。后来革命思潮兴起，叔侄二人又受到汉人的歧视。早醒者往往是时代的悲剧人物，在这种环境下，恩特亨生活悲苦，王典章邀请其到家塾中教授本族子弟，以解一时之困。后恩特亨 1907 年病殁，阿勒精阿在辛亥革命期间死于乱兵之中。

李岳瑞、邢廷荚、张鹏一、张秉枢、孙澂海、张季鸾等刘门弟子除了与吴建寅、吴建常兄弟有一般的同门之谊之外，还有基于相同的政治抱负以及共患难的同志、“党人”关系，既为挚友，又为生死之交。

表一：刘古愚弟子与吴宓关系表

姓名	与吴宓的关系	基本情况
吴建寅	吴宓生父	
吴建常	吴宓嗣父	
陈涛	吴宓姑父	对吴宓一生影响甚为深远，吴宓对陈涛的诗歌尤其赞赏
范克立	吴宓祖母邻居	笃于新旧学，能诗文。泾阳县高等小学堂校长、宏道高等学堂预科历史教习，讲解《世界史讲义》使吴宓获益良多
王典章	吴宓姨父 雷清芳（吴宓继母雷清芬之妹）嫁于王典章为继室	王典章父亲王益农与刘古愚为挚友，刘古愚在王益农家私塾教授王典章的长兄王宪章。王典章从开蒙时即从学于刘古愚，后编辑刘古愚遗著，成《刘古愚先生全书》，并资助吴宓创办《学衡》杂志。吴宓常随继母雷孺人到王典章家参加宴会
胡坊	吴宓舅父，与吴建常妻胡祥英同父异母兄妹	胡氏与刘古愚也是世交，刘古愚曾在胡家教习其子弟。胡坊兄弟胡坊兄弟皆为刘古愚弟子
胡均	吴宓舅父，刘古愚女婿	宏道高等学堂监督（校长），吴宓对之甚为敬佩
恩特亨	吴宓正式上学的第一个老师	驻防旗人
张秉枢	吴宓在他主办的敬业学塾上学	敬业学塾校长，精通数学，自费留学日本，游京、沪，能读日文，喜爱自然科学

续表

姓名	与吴宓的关系	基本情况
王绍庭	吴宓宏道书院的老师	宏道之教务长兼数学教授，文史湛深
冯光裕	吴宓国文教师	宏道书院教师
张鹏一	吴宓父辈挚友，吴宓与之过从甚密	著名文史学者
李岳瑞	吴宓父辈挚友，对营救吴宓嗣父出力甚多	戊戌维新时期著名人物。其子李伯虞为《新闻报》主笔，对吴宓帮助甚多
张季鸾	吴宓父辈挚友，吴宓曾经任《大公报》文艺副刊编辑	著名报人，新记《大公报》主笔
于右任	吴宓生父、嗣父到上海皆依靠在《民立报》馆的于右任	同盟会要角，国民党元老，长期担任国民政府监察院院长

三、刘古愚对吴宓学业、成长的影响

凡成为大师级的人物，多具有不凡的天资，而且这种天资有优良的环境做保障，不受戕害，并且得到良好师友的指点，时代因缘际会，这三个条件吴宓都具备了。第一个出自天生，吴宓从小深得祖母杨氏溺爱，如众星捧月，这使吴宓的天性得以自由生长。而吴宓思想、学业为刘古愚弟子所成就，也可以最终归功于刘古愚。

1900年冬到1901年8月，吴宓正式开始习字，由其嗣父吴建常亲自讲授。吴建常的讲授方法非常适合儿童心理，用歌谣、图画的形式，使吴宓非常喜欢。10个月之中吴宓就认识3000多字，能读报刊及戏文。[①] 而刘古愚特别重视儿童教育，提倡用歌谣等教导幼童，反对死记硬背，反对责打儿童，吴建常深得乃师教法三昧。第二年，吴宓开始阅读叶澜、叶瀚所编印之《蒙学报》《地球韵言》，这些也是刘古愚特别提倡的教育材料，刘古愚曾经在味经书院刊刻、推广这两种读物。1900年，吴宓举家赴沪，投靠在上海避难的李岳瑞、宋伯鲁。次年吴宓随祖母返回陕西，吴建常留在上海，吴宓的教育主要由在陕西的吴建寅负责。吴建常不断地把当时还是禁书的《新民丛报》《民报》《新

① 吴宓著，吴学昭整理：《吴宓自编年谱》，北京：生活·读书·新知三联书店，1995年版，第44－47页。

小说》以及各种上海、日本所出的新式杂志等寄往家中，使吴宓童年时期就得以与当时最先进的思潮同步，梁启超是吴宓少年时期最钦佩的人，吴宓对文学、戏曲的兴趣也多得自这些新式报刊的启迪。

1903 年，吴宓入西安陈家巷王典章所创办的私人学校学习，这是吴宓正式进入学校学习的开始，吴宓自称为“出就外傅”。学校学生多由王典章私谊而来，二十至三十岁居多，当中还有取得秀才功名的人，像吴宓这样刚刚虚岁十岁的孩子极少。学校教师就是恩特亨。因恩特亨感觉到反清革命肯定会成功，满汉矛盾会加剧，他想融入汉人社会以避祸，王典章即请其在学校教书。恩特亨受刘古愚教导，通数学，吴宓在此学习《笔算数学》。恩特亨一家的满族风情给吴宓留下了很深印象，恩特亨的儿子虎哥与吴宓成为好朋友。吴宓随恩特亨读完《四书》《春秋》《左传》以及王世贞批点的《资治通鉴》（名曰《凤洲志》）。1900 年以来，吴宓家庭开始衰败，而胡氏、王氏仍然富裕。王典章 1903 年在三原创立善堂，善堂先由刘古愚弟子牟谨（字子怀）经营。1905 年，牟谨去世，吴建寅继任善堂董事。应吴建寅之召，吴宓到三原学习，先入李效功与南文华合办的家塾，翌年，入“敬业学塾”学习。1906 年冬，由“敬业学塾”考入“三原宏道学堂”。“敬业学塾”由张秉枢创办，张自任校长，张秉枢所讲主要是数学、物理、化学。三原的两个私人学校都能够根据学生的个性制订教学计划，使吴宓收获很大。尤其是三原宏道学堂使吴宓大开眼界，打下了他学业的基础。

三原宏道学堂可以说是刘古愚打下的基础，刘古愚的弟子传承其事业，是当时陕西水平最高的学府。1902 年，陕西学政沈卫把味经书院及崇实书院合并迁往三原，在此基础上创立宏道高等学堂。1904 年，味经书院刊书处改为官书局，也迁至三原。味经书院刊书处是近代西北地区著名的出版机构，是在刘古愚一手经营下发展起来的。它不仅出版了当时在陕西奇缺的经史书籍，还大量刊刻新式书籍，严复《天演论》的第一个刻本就诞生在这里。沈卫及后任学政朱益藩能够尊重刘古愚的事业①，尊重并任用刘古愚的弟子，将官书局

---

① 沈卫于光绪二十六年即庚子年（1900）闰八月任陕西学政，朱益藩于光绪二十九年（1903）任陕西学政。吴宓说庚子后陕西学政先为朱益藩，次为沈卫，不确。见《吴宓自编年谱》，第 85 页。

木板印刷改为铅印。委派熟悉铅印事业的孟永寿到上海采买全套铅印机器，并任孟永寿为该局局长。孟永寿为吴宓祖父继室侄孙，吴宓称其为“孟二表兄”。后来官书局迁往西安，改为陕西省图书馆，孟永寿为首任馆长。刘古愚的弟子多集中在这个新式教学机构。胡均为宏道学堂校长（1908 年去职），教务长兼数学教授为礼泉王绍庭（世德），斋务长兼理化教授临潼张秉枢，国文教授兴平冯光裕，中国及世界历史教授范卓甫（克立），这些都是刘古愚的弟子。另外，地理教授临潼孙仁玉为张秉枢妹夫，国画教授韩国钧为张秉枢亲戚。无论是教学还是行政，刘古愚的弟子都是骨干，这使宏道高等学堂保持了开放的态度，依然站在陕西教育事业的前列，当时还聘请了四名日本教授，除了教授自然科学外，还教授体育及兵操，日籍教授中的池知春晓就是曾经参加过日俄战争的中下级军官。

吴宓在这里受到良好的教育，张秉枢的自然科学造诣及孜孜不倦的探索精神给吴宓留下了深刻印象，吴宓对此有生动的回忆。“张公……其人面甚麻，然通敏坚强，谙习世故，极能办事。曾自费游京、沪，留学日本一二年，能读日文（时称曰东文。）书籍，惟性近于自然科学，喜研物理、化学，而不能诗文。”① “然公之所专任者，为‘理化’一门课（当时通曰‘试验’），其化学实验，屡起爆炸事故。某次，瓶及管震破，玻璃碎片飞入张公左目中，出血，多日始愈。宓按：当时所谓‘新学家’，一知半解，互相传授。然其孜孜勤勤，自己力研苦索，又急望彼此助长增益之心与事，则诚可敬佩者矣。”②

王绍庭、范克立、冯光裕也给吴宓留下了良好印象，对吴宓启迪良多。教务长王绍庭教算数、代数、几何、三角。“中国及世界历史教授范卓甫（克立）先生，为一极好之教师，疏通知远，多有启发。读其所编讲义（铅印本），使宓不但多得确切之历史知识，且中文之辞亦多所长进。”国文教授冯光裕喜欢桐城派古文，对吴宓很赏识，评其作文曰：“意绪清，语言妙；果然

① 吴宓著，吴学昭整理：《吴宓自编年谱》，北京：生活·读书·新知三联书店，1995 年版，第 62 页。

② 吴宓著，吴学昭整理：《吴宓自编年谱》，北京：生活·读书·新知三联书店，1995 年版，第 63 页。

系自出机杼，的是未易之才，嗣后书法，宜稍展开。”①

更为重要的是，在课堂教学之外，吴宓还经常参加味经官书局的讨论，这对开发智力及思想不亚于课堂教学。味经官书局董事孟永寿的办公室是宏道教授、学者及当地名贤“新学家”聚集、谈论之场所。星期日及晚间尤多。每天都有“六七及至十余人按时聚会”。② 吴宓当时还在敬业学塾学习时就参加了这个聚会，那时他刚刚十一岁。耳濡目染于各种新学问、新思想。曾经游学日本的胡均、张秉枢还在这里讲解日文。但是吴宓对日文兴趣不大，对英文却产生了浓厚的兴趣，学习了《帝国英文读本》《英华字典》，打下了良好的英文基础。官书局中各种在上海、日本出版的“书籍、报章、杂志、小说，颇丰备，亦资报饱读。”“商务印书馆《说部丛书》第一部第一集至第十集（每集十种）共100部，宓已全读。”③ 吴宓的主要兴趣在文学方面，这与他少年时期的阅读习惯有着直接的关系。1909年吴宓与胡文豹及南嵩云、牟琛等编撰并出版《陕西杂志》一期，这是吴宓初涉新闻出版事业的开始。同盟会的机关刊物《民报》等也进入吴宓的阅读范围，通过《民报》吴宓接触到了马克思的学说。吴宓的学业也由此大为长进，1910年，吴宓在宏道学堂毕业的时候考试为名列第三，九月份在西安由提学使主持的丁班毕业复试的时候被提学使余堃特拔为第一名。同年，北京外务部游美学务处通令各省提学使招考“游美第二格学生”，陕西有六个名额。但当局“陕西省无英文程度高、能考取之人”，④ 并未向外宣传。得知消息后，吴宓请求补试，得到允准后，与胡氏诸兄弟及牟琛、张继祖（刘古愚学生张遇乙之子）等同学赴省考试，后来吴宓与张继祖被录取。随即入北京清华学校学习英语，准备到美国参加庚子赔款资助的留学。考取庚款学生是吴宓人生的一大转折点。

这里特别要提到陈涛对吴宓学业的影响。长辈之中吴宓最敬重、爱戴的是

① 吴宓著，吴学昭整理：《吴宓自编年谱》，北京：生活·读书·新知三联书店，1995年版，第77页。

② 吴宓著，吴学昭整理：《吴宓自编年谱》，北京：生活·读书·新知三联书店，1995年版，第64页。

③ 吴宓著，吴学昭整理：《吴宓自编年谱》，北京：生活·读书·新知三联书店，1995年版，第78页。

④ 吴宓著，吴学昭整理：《吴宓自编年谱》，北京：生活·读书·新知三联书店，1995年版，第78页。

他的嗣父吴建常，吴建常之外就是陈涛。对于吴宓来说，陈涛既是长辈又是老师和朋友，陈涛也把吴宓当做自己的亲生儿子看待①。吴宓的生活及学业受到陈涛极大帮助。吴宓少年时期陈涛对他的学业多所指导，吴宓的诗文多由陈涛批改。1911 年辛亥革命爆发，清华大学学生四散，吴宓到上海投奔生父吴建寅（当时吴建寅在于右任所主持的《民立报》任校对），陈涛资助吴宓进入圣约翰大学学习。此时吴宓在上海得以饱读陈涛藏书。1914 年，陈涛到北京政府财政部任职，此时吴宓又回到复课的清华学校。吴宓嗣父吴建常在甘肃被羁押，在北京帮助吴宓奔走相救的主要是陈涛，其中李岳瑞、宋伯鲁等都给予援手。吴宓在清华期间的诗文也多受陈涛指引。吴宓自己编辑的《诗集》当中就录有许多陈涛对其诗作的批语。1914 至 1915 年，正是袁世凯专制独裁、日本加紧对中国进行侵略的黑暗时代，吴宓时时感到有亡国之悲。此时在思想上给予吴宓重要指导的也是陈涛。吴宓对传统文化抱有特殊的感情，这与其少年时期的成长环境及吴宓自身的个性有关，与陈涛的教诲也分不开。陈涛受刘古愚教诲，对理学等传统文化的精华多有坚持②。

四、结　语

对吴宓的评价还有不同看法，也在进一步积淀中，但无论如何，吴宓对传统价值的持守无疑是最值得肯定和敬佩的方面。吴宓的学术成就或有争论的余地，但是吴宓在教育方面的成就则是有目共睹的。任何文化的发展，都不是也不可能对传统一概否定就能够实现的，吴宓的思想和精神在今天尤其有其价值。吴宓思想的形成受到了哈佛大学白壁德的直接影响，但是吴宓青年时期所打下的思想底色正是他接受白壁德思想的基础。传播学中“选择性接受”的理论认为，一个人接受什么是有选择的，而如何选择来自他下决定之前的思想状

① 陈涛曾经对吴宓说：“须知吾视汝与硕儿，初无差别。”吴宓也说“账固极爱余，余依丈居，诸事解赖之。”见吴学昭：《吴宓日记》，北京：生活·读书·新知三联书店，1998 年版，第 456 页。

② 庚子事变之后，对传统文化的否定思潮一时兴起，刘古愚告诫陈涛不能一味否定传统：“宋儒守身之学，汝不可不讲。守身与经世是一贯事，非两对事。不守身不能经世，能经世方为守身。此理《孝经》备言之。近日人多痛诋宋儒，此人心世道之忧，汝不可效也。”见《烟霞草堂文集·卷六·与门人陈伯澜书》。

况。吴宓的这种选择无疑是受到刘古愚及其弟子的直接影响，这种影响是通过家族、师友的不断灌输、浸润而实现的，由吴宓这个个案可以看到家族在一个人成长过程中的强大力量。同时也可以窥见晚清关中大儒刘古愚精神感召力之巨大，他像梁启超等人一样，影响了不止一代人。而刘古愚的思想和事业目前尚少为人知，学界对此应该有更多的关注。

孟荀“明人伦”与“善教化”思想之比较

江心力

（聊城大学历史文化与旅游学院教授）

孟子总结三代教育，认为：“学则三代共之，皆所以明人伦也。”① 逐步建构起以“明人伦”为特色的思想体系。荀子关注圣王尧舜，指出：“尧舜，至天下之善教化者也，南面而听天下，生民之属莫不振动从服以化顺之。”② “善教化”由此成为他的理想追求。厘清两人思想的渊源，对于理解儒家的“人伦”“教化”观念具有一定的学术价值。

一、“人心”的分析与“人生”的讨论

傅斯年曾在《性命古训辩证》中指出：“古者以为人生而异，族类不同而异，等差不同而异，是为特别论之人性说。后世之孟子以为人心有其同然，圣人先得人心之同然者也，是为普遍论之人性说，孔子则介乎二者之间。”③ 就是说孟子发现了人心相同，从而建立起普遍的人性观，为“明人伦”的思想奠定了基础。

“心”字早已有之，但孟子将其论成道德的根据，据杨泽波统计，《孟子》“心”字凡121见，他认为“如果说心是孟子整个思想大厦的基石，那是一点也不过分的。”④ 尤其是把“仁”解释为“人心”，更可以称之为新的分析。

---

① 孟子：《滕文公上》，收入杨伯峻：《孟子译注》本，北京：中华书局，2006年版，第118页。

② 荀子：《正论篇第十八》，收入王先谦：《荀子集解》本，北京：中华书局，1988年版，第336－337页。

③ 傅斯年：《性命古训辩证》，《傅斯年全集·第二卷》，长沙：湖南教育出版社，2003年版，第617页。

④ 杨泽波：《孟子评传》，南京：南京大学出版社，2007年版，第307页。

《孟子》一书中，“人心”共出现5次，其中最重要的观点就是孟子认为：“仁，人心也；义，人路也。舍其路而弗由，放其心而不知求，哀哉！人有鸡犬放则知求之，有放心而不知求，学问之道，无他，求其放心而已矣。”[①] 也就是说，学问之道就是找回人类丧失的善良之心，而这种寻找也正是人类寻学问道文化自觉的前提。

在孟子看来，“人心”是可寻找回来的，因为它是自我固有的。他说：“恻隐之心，人皆有之；羞恶之心，人皆有之；恭敬之心，人皆有之；是非之心，人皆有之。恻隐之心，仁也；羞恶之心，义也；恭敬之心，礼也；是非之心，智也。仁义礼智，非由外铄我也，我固有之也，弗思耳矣。”[②] 也就是说，仁义礼智不是外人强加给我的，是我本来就具有的，只是人类没有对此进行思考而已。

通过进一步的思考，孟子强调：“由是观之，无恻隐之心，非人也；无羞恶之心，非人也；无辞让之心，非人也；无是非之心，非人也。恻隐之心，仁之端也；羞恶之心，义之端也；辞让之心，礼之端也；是非之心，智之端也。”[③] 也就是说对人的同情心是“仁”的萌芽。他举例说看见一个小孩掉入井中，无论是谁都想去营救他。人的羞耻心和憎人为恶之心是“义”的萌芽，强调人应当依羞恶之心，不去做不当做的事。人的恭敬之心是“礼”的萌芽，礼貌和礼仪根源于人的恭敬之心，人与人之间应当彬彬有礼。人的明辨善恶曲直之心是“智”的萌芽。他认为是非之心作为一种判别善恶的道德能力，可以帮助人们选择“做”还是“不做”，进行恰当的目标价值定向。

孟子认为“君子所性，仁义礼智根于心”[④] 也就是说在他看来君子所称的“性”根植于心，只要扩充本心，存养善性，就可知天。他还提出“不动心”“求放心”“养吾浩然之气”等一套修养方法。强调要把仁、义、礼、智之心

---

① 孟子：《告子上》，收入伯峻：《孟子译注》本，北京：中华书局，2006年版，第267页。

② 孟子：《告子上》，收入杨伯峻：《孟子译注》本，北京：中华书局，2006年版，第25页。

③ 孟子：《公孙丑上》，收入杨伯峻：《孟子译注》本，北京：中华书局，2006年，第80页。

④ 孟子：《尽心上》，收入杨伯峻：《孟子译注》本，北京：中华书局，2006年版，第309页。

保存好，如果丢失了，就要积极去寻找，最好的途径就是培养顶天立地的大丈夫气。

与孟子将“人心”界定为“仁”有所不同，荀子看到了“人心”和“礼”的内在联系。他说：“礼以顺人心为本，故亡于《礼经》而顺人心者，皆礼也。”① 认为凡属《礼经》中有的，都要遵从；《礼经》所无的，则要顺人心而行，顺乎人心则为礼。同时，他还指出：“且乐也者，和之不可变者也；礼也者，理之不可易者也。乐合同，礼别异。礼乐之统，管乎人心矣。”② 也就是说，礼乐是“人心”的总管，既能区别等级，治理社会，也能使人们同心同德，和谐与共。

荀子还把“人心”提升到人类认识的高度，肯定了其“定是非，决嫌疑”的基本功能。他说：“故《道经》曰：‘人心之危，道心之微。’危微之几，惟明君子而后能知之。故人心譬如槃水，正错而勿动，则湛浊在下，而清明在上，则足以见须眉而察理矣。微风过之，湛浊动乎下，清明乱于上，则不可以得大形之正也。心亦如是矣。故导之以理，养之以清，物莫之倾，则足以定是非，决嫌疑矣。”③ 也就是说，他认为人心如盘水，需要导之以理，养之以清，这样才能使是非有定，嫌疑可决。

傅斯年认为：“在人论上，遵孔子之道路演进者，是荀卿而非孟子。……孔子以为人之生也不齐，必学而后至于道。荀子以为人之生也恶，必学而后据于德。……后人以尊德性道问学分朱陆，其实此分辨颇适用于孟子、荀卿，若孔子，与其谓为尊德性，勿宁谓之道问学耳。”④ 也就是说，孟子倾向于尊德性，荀子关注于道问学。

荀子对道问学的关注，一方面源于“人之生也恶”的认识，另一方面也在于人生而有知的基本立场。《荀子》一书中，“人生”共出现6次，认为人

---

① 荀子：《大略篇第二十七》，收入王先谦：《荀子集解》本，北京：中华书局，1988年版，第490页。

② 荀子：《乐论篇第二十》，收入王先谦：《荀子集解》本，北京：中华书局，1988年版，第382页。

③ 荀子：《解蔽篇第二十一》，收入王先谦：《荀子集解》本，北京：中华书局，1988年版，第400－401页。

④ 傅斯年：《性命古训辩证》，收入《傅斯年全集·第二卷》，长沙：湖南教育出版社，2003年版，第618－619页。

生有知、有情、有欲，不能无群，从而得出“人最为天下贵”的结论。

荀子指出：“人生而有知，知而有志。志也者，臧也，然而有所谓虚，不以所已臧害所将受谓之虚。心生而有知，知而有异，异也者，同时兼知之。两也，然而有所谓一，不以夫一害此一谓之壹。心卧则梦，偷且自行，使之则谋。故心未尝不动也，然而有所谓静，不以梦剧乱知谓之静。未得道而求道者，谓之虚壹而静。”① 在孔繁先生看来，荀子的“虚、壹、静，不只是认识方法，而且是认识和修养所要达到的高的境界。”②

荀子认为人生而有意识，进而拥有知识和思想，不让已拥有的思想妨碍接受新的思想就是“虚”。人能同时兼知两个以上的事物，但是不使两种事物互相妨碍以影响人的认识，便是“壹”。心不会绝对停止活动，人睡眠时做梦，思想不集中时会乱想，在正当发挥思想作用时能够谋事等。然而有所谓静，即不以混乱不清的错觉如梦幻等扰乱心之思维活动，就是“静”。而这种虚心、专一而冷静地观察事物正是“人生而有知”的根本体现。

在荀子看来，人生不仅有知，还有情，他说：“吉凶忧愉之情……人生固有端焉。若夫断之继之，博之浅之，益之损之，类之尽之，盛之美之，使本末终始莫不顺比，足以为万世则，则是礼也。”③ 也就是说吉利与不幸给人们带来的愉快与忧愁之情，是人生所固有之情。它们断断续续，或深或浅，增增减减，既规矩又充分，既旺盛又美好，贯穿人的一生，足以成为千秋万代的法则，这就是我们应该遵循的礼。

人不仅有情，还有欲。荀子在探讨礼的起源时说：“礼起于何也，曰：人生而有欲，欲而不得，则不能无求；求而无度量分界，则不能不争；争则乱，乱则穷。先王恶其乱也，故制礼义以分之，以养人之欲，给人之求，使欲必不穷乎物，物必不屈于欲，两者相持而长，是礼之所起也。”④ 他认为人生来就

---

① 荀子：《解蔽篇第二十一》，收入王先谦：《荀子集解》本，北京：中华书局，1988 年版，第 395 - 396 页。

② 孔繁：《荀子评传》，南京：南京大学出版社，2006 年版，第 157 页。

③ 荀子：《荀子·礼论篇第十九》，收入先谦：《荀子集解》本，北京：中华书局，1988 年版，第 365 - 366 页。

④ 荀子：《荀子礼论篇第十九》，收入王先谦：《荀子集解》本，北京：中华书局，1988 年版，第 346 页。

有欲望，于是就有追求、争夺和祸乱，使人类陷于困境。为避免此类困境，圣王制定礼义，确定名分，涵养人的欲望，供给人的需求，使人的欲望和需求与物质的供应协调发展。

荀子认为人生有情有欲，就需要战胜万物，为我所用，而实现这一目标，就不能“无群”。他说：“水火有气而无生，草木有生而无知，禽兽有知而无义，人有气、有生、有知，亦且有义，故最为天下贵也。力不若牛，走不若马，而牛马为用，何也？曰：人能群，彼不能群也。人何以能群？曰：分。分何以能行？曰：义。故义以分则和，和则一，一则多力，多力则强，强则胜物，故宫室可得而居也。故序四时，裁万物，兼利天下，无它故焉，得之分义也。故人生不能无群，群而无分则争，争则乱，乱则离，离则弱，弱则不能胜物，故宫室不可得而居也，不可少顷舍礼义之谓也。”[①] 也就是说群居和一是战胜万物，牛马为用的根本，也是“人最为天下贵”的前提。

二、“法先王”与“法后王”的不同取向

“先王”与“后王”是先秦儒家的两个重要术语，也是当时古今之争或古今之辩的重要体现。孔子自称“信而好古”，主张“祖述尧舜，宪章文武”。孟子将其上升为“先王之道”，强调“法先王”。荀子虽然也颂扬先王，但是认为应将先王之道和当前时代相融合，明确提出“法后王”的主张。这两种取向有异的历史观，为“明人伦”和“善教化”的思想提供了重要的社会基础。

“先王”一词在《论语》中出现两次，即《论语·学而》：“礼之用，和为贵。先王之道，斯为美，小大由之。”就是说礼仪的作用，以和谐为贵。先王所守之道，以此最为美好，无论大事小情都要遵循这一点。《论语·季氏》：“夫颛臾，昔者先王以为东蒙主，且在邦域之中矣，是社稷之臣也。何以伐为？”这里的先王也是泛指过去的君王，没有特别的意涵。

对于“先王”，孔子既赞扬尧、舜、禹，又推崇西周的文武周公。他在《论语·泰伯》中说：“大哉！尧之为君也。巍巍乎！唯天为大，唯尧则之。

① 荀子：《荀子·王制篇第九》，收入王先谦：《荀子集解》本，北京：中华书局，1988 年版，第 164 – 165 页。

荡荡乎！民无能名焉。巍乎其有成功，焕乎其有文章。”又说：“巍巍乎，舜禹之有天下也，而不与焉。”在他看来，古代的圣人尧、舜和禹都是治理天下应当效仿的典范。《论语·子张》中记载，弟子子贡评论孔子生平所学时说：“文武之道，未坠于地，在人。贤者识其大者，不贤者识其小者，莫不有文武之道焉。夫子焉不学？而亦何常师之有？”从此可以看出，孔子以继承和弘扬文武之道为己任，对西周的文武之道推崇备至。

孟子“言必称尧舜”（《孟子·滕文公上》），“非尧舜之道，不敢陈于王前”（《孟子·公孙丑下》），从而提出“法先王”的历史文化主张。

孟子说：“离娄之明、公输子之巧，不以规矩，不能成方圆；师旷之聪，不以六律，不能正五音；尧舜之道，不以仁政，不能平治天下。今有仁心仁闻而民不被其泽，不可法于后世者，不行先王之道也。故曰：徒善不足以为政，徒法不能以自行。《诗》云，‘不愆不忘，率由旧章’遵先王之法而过者，未之有也。……为政不因先王之道，可谓智乎？……言则非先王之道者，犹沓沓也。”[①] 他把“尧舜之道”抬升为“先王之道”“先王之法”。强调“法先王”就是依据尧舜等先王的法则和经验治国理政，也就是以“仁政”治理天下。

在孟子看来，以“仁政”治理天下，首要需要心忧天下。他在《滕文公上》篇中说：“当尧之时，天下犹未平，洪水横流，泛滥于天下”，“尧独忧之”，尧推荐舜，舜使“益列山泽而焚之”，“使禹疏九河”。其次是为天下选拔人才。他在《滕文公上》篇中说：“以天下与人易，为天下得人难”，因此“尧以不得舜为己忧，舜以不得人为己忧。”最后把孝悌作为教化的根本。《告子下》篇中说：“曹交问曰：人皆可以为尧舜，有诸？孟子曰：然！……尧舜之道，孝悌而已矣。”也就是说，孟子认为，人们只要坚持孝悌，就可以成为尧舜，进而实现以“仁政”治理天下的理想。

《论语》和《孟子》中尚未出现“后王”一词，到了荀子虽然仍然称颂先王，但是明确提出了“后王”的概念，并进而强调“法后王”。他在《正名》篇中说：“圣王有百，吾孰法焉？故曰：文久而息，节族久而绝，守法数之有司极而褫。故曰欲观圣王之迹，则于其粲然者矣，后王是也。彼后王者，天下

---

① 孟子：《离娄上》，收入《孟子译注》，北京：中华书局，2006 年版，第 162 – 163 页。

之君也。舍后王而道上古，譬之是犹舍己之君而事人之君也。故曰：欲观千岁，则数今日；欲知亿万，则审一二；欲知上世，则审周道；欲知周道，则审其人所贵君子。故曰：以近知远，以一知万，以微知明，此之谓也。”[①] 这里的“周道”与“上世”并列，而“周道”即文武之道，可以效法的“后王”可能是与孟子所论“先王”尧舜相对的文武等人。

在荀子看来，“法后王”是成为天下之君的根本保证。首先需要会通天下的规章制度。荀子在《正名》篇中说：“后王之成名：刑名从商，爵名从周，文名从礼，散名之加于万物者，则从诸夏之成俗曲期，远方异俗之乡则因之而为通。”[②] 也就是说后王成名的标志就是遵从夏、商、周的各项具体制度。

其次需要坚守后王的礼仪法则。荀子在《王制》篇中说：“王者之制：道不过三代，法不贰后王。道过三代谓之荡，法贰后王谓之不雅。衣服有制，宫室有度，人徒有数；丧祭械用，皆有等宜。声，则凡非雅声者举废；色，则凡非旧文者举息；械用，则凡非旧器者举毁，夫是之谓复古，是王者之制也。”[③] 也就是说“王者之制”就是要把后王的各种礼仪法则作为唯一的标准，建立起良好的社会秩序。

最后强调继承文武的事业。他在《儒效》篇中说：周公“教诲开导成王，使谕于道，而能掩迹于文武。……因天下之和，遂文武之业。”[④] 也就是说，成王在周公的教导下，继承文武的事业，胸怀天下。并且在《成相》篇中强调“文武之道”就是“法后王”的典型，是治理国家的根本原则，其中说：“文武之道同伏羲。由之者治，不由者乱，何疑为？凡成相，辨法方，至治之极复后王。”[⑤]

---

① 荀子：《非相篇第五》，收入王先谦：《荀子集解》本，北京：中华书局，1988 年版，第 79 - 81 页。

② 荀子：《正名篇第二十二》，收入王先谦：《荀子集解》本，北京：中华书局，1988 年版，第 411 - 412 页。

③ 荀子：《王制篇第九》，收入王先谦：《荀子集解》本，北京：中华书局，1988 年版，第 158 - 159 页。

④ 荀子：《儒效篇第八》，收入王先谦：《荀子集解》本，北京：中华书局，1988 年版，第 115 - 116 页。

⑤ 荀子：《成相篇第二十五》，收入王先谦：《荀子集解》本，北京：中华书局，1988 年版，第 460 页。

荀子依凭可据、可察、可感、可知的“后王”来“观圣王之迹”，那才是“粲然者”，从方法上颠覆了孟子“略法先王而不知其统”的“案往旧造说”的主张。但同时对“先王”仍然给予了积极的肯定。

荀子说：“今以夫先王之道，仁义之统，以相群居，以相持养，以相藩饰，以相安固邪。”[①] 认为“仁义”就是先王之道，也是儒家道德修养和国家治理的重要原则。同时也是“群居和一”之道。他说：“故先王案为之制礼义以分之，使有贵贱之等，长幼之差，知愚能不能之分，皆使人载其事，而各得其宜。然后使谷禄多少厚薄之称，是夫群居和一之道也。”[②]

三、从“明人伦”到“善教化”的观念转变

孟子认为尧舜不仅是先王的典范，而且还是人伦的楷模。他说：“规矩，方圆之至也；圣人，人伦之至也。欲为君，尽君道；欲为臣，尽臣道。二者皆法尧舜而已矣。不以舜之所以事尧事君，不敬其君者也；不以尧舜所以治民，贼其民者也。”[③] 也就是说，规矩是方圆的最高标准；圣人是人伦的最佳楷模。人伦的代表就是君臣，尧舜就是君臣效法的榜样，因此成为人伦的楷模。

作为人伦的楷模，首先要察于人伦，明于人禽之辨。孟子说：“人之所以异于禽兽者几希，庶民去之，君子存之。舜明于庶物，察于人伦，由仁义行，非行仁义也。”[④] 也就是说，孟子认为人伦是人的特点，禽兽没有人伦弱肉强食，优胜劣汰。而这种弱肉强食是没有仁义造成的，有仁义即有人伦，没有仁义则没有人伦。自觉地践行仁义是舜“察于人伦”的结果。

其次要教以人伦，使人生走上正确的道路。孟子说：“人之有道也，饱食、暖衣、逸居而无教，则近于禽曾。圣人有忧之，使契为司徒，教以人伦——父

---

① 荀子：《荣辱篇第四》，收入王先谦：《荀子集解》本，北京：中华书局，1988 年版，第 65 页。

② 荀子：《荣辱篇第四》，收入王先谦：《荀子集解》本，北京：中华书局，1988 年版，第 70－71 页。

③ 孟子：《离娄下》，中国收入杨伯峻：《孟子译注》本，北京：中华书局，2006 年版，第 165 页。

④ 孟子：《离娄下》，收入杨伯峻：《孟子译注》本，北京：中华书局，2006 年版，第 191 页。

子有亲，君臣有义，夫妇有别，长幼有序，朋友有信。”① 也就是说孟子认为人如果不能接受教化，就会像禽兽一样走上追求吃饱、穿暖、住好的道路。而如果被教以人伦，则父子有亲情，君臣有礼义，夫妻有内外，长幼有尊卑，朋友有诚信，人生因此走上理想的道路。

最后要明人伦，掌握三代教育的真谛。孟子说：“设为庠序学校以教之。庠者，养也；校者，教也；序者，射也。夏曰校，殷曰序，周曰庠；学则三代共之，皆所以明人伦也。人伦明于上，小民亲于下。有王者起，必来取法，是为王者师也。”② 也就是说孟子认为设立庠、序、学校，用来教育民众。所谓庠，是教养的意思；所谓校，是教习的意思；所谓序，是陈述的意思。乡学的名称，夏代称校，殷代称序，周代称庠，大学三代都称学，都是用来阐明人伦的。上层的诸侯、卿大夫、士都明白人伦了，下层的民众自然会亲密团结，如有圣王出现，必定来学习仿效，这样便成为圣王的教师了。

与孟子关注人伦的特殊性有所不同，荀子更强调了人伦的普遍性。《荀子》一书提到人伦约有 3 处，《不苟》篇中说：“故曰：‘斩而齐，枉而顺，不同而一。’夫是之谓人伦。”③ 意思是说不齐才能齐，不直才能顺，不同才能一致，这就叫人伦。据此原则，荀子认为社会各阶层根据不同的分工，各尽其职，就是最大的公平，也是人类的普遍义务。《富国》篇中说：“人伦并处，同求而异道，同欲而异知，生也。”④ 就是说人类群居在一起，同样有追求但原则却不同，同样有欲望而智慧却不同，这是人的本性。在这里荀子讨论的“人伦”意指立足于共同人性的人类。《儒效》篇中说：“礼者，人主所以为群臣寸尺寻丈检式也，人伦尽矣。”⑤ 也就是说荀子把礼看作治国之根本，存亡

① 孟子：《滕文公上》，收入杨伯峻：《孟子译注》本，北京：中华书局，2006 年版，第 125 页。

② 孟子：《滕文公上》，收入杨伯峻：《孟子译注》本，北京：中华书局，2006 年版，第 118 页。

③ 荀子：《荣辱篇第四》，收入王先谦：《荀子集解》本，北京：中华书局，1988 年版，第 71 页。

④ 荀子：《富国篇第十》，收入王先谦：《荀子集解》本，北京：中华书局，1988 年版，第 175 页。

⑤ 荀子：《儒效篇第八》，收入王先谦：《荀子集解》本，北京：中华书局，1988 年版，第 145 – 146 页。

之大道，为民之准则，这里的“人伦”意含人类生活共同的准则，更具体地指出“礼”，有了教化的倾向。

孟子虽然强调“教以人伦”，但没有明确“教化”的概念，只是把“教”与“化”开始联系在一起进行讨论。他说：“君子之所以教者五：有如时雨化之者，有成德者，有达财者，有答问者，有私淑艾者。此五者，君子之所以教也。”[①] 他认为君子教育人的方法有五种，有像及时雨化育万物的，有成就德性的，有通达才能的，有解答疑问的，有风教所闻而私自取善修养的。这五种就是君子施行教育的方法。把“有如时雨化之”作为教育的根本方法，对中国教育思想产生了重要的影响。

与孟子有所不同，荀子开始明确讨论“教论”的问题，《荀子》一书共有8处提到，除《尧问》篇1处之外，其他几处都是荀子思想的反映。荀子把“教化”和“礼义”“政令”并列讨论，突出了其社会治理的基本内涵。荀子说：“礼义教化，是齐之也。”[②] 也就是说荀子认为用礼义道德之教才能服人之心，是齐一人心之术。又说：“政令教化，形下如影。”[③] 也就是说荀子强调政治和教化，须臾不可分离，是社会治理的两大根本手段。“教”“化”连用是从荀子开始的，在他看来“教”需要和“化”结合才能发挥理想的作用。

在荀子的讨论中，我们发现他认为“教化”有三个基本层次。首先是“劝教化，趋孝悌”的乡师职能。荀子说：“顺州里，定廛宅，养六畜，闲树艺，劝教化，趋孝悌，以时顺修，使百姓顺命，安乐处乡。”[④] 也就是说荀子认为“乡师”作为基层组织，既要搞好住宅规划、农业生产，更要做孝悌教化、安身立命。

其次是“广教化，美风俗”的辟公职责。荀子说：“论礼乐，正身行，广

---

① 孟子：《尽心章句上》，收入杨伯峻：《孟子译注》本，北京：中华书局，2006年版，第320页。

② 荀子：《议兵篇第十五》，收入王先谦：《荀子集解》本，北京：中华书局，1988年版，第275页。

③ 荀子：《臣道篇第十三》，收入王先谦：《荀子集解》本，北京：中华书局，1988年版，第248页。

④ 荀子：《王制篇第九》，收入王先谦：《荀子集解》本，北京：中华书局，1988年版，第168－169页。

教化，美风俗，兼覆而调一之，辟公之事也。”① 也就是说荀子认为重视礼乐，端正行为，推广教化，改善风俗，管理百姓使之协调一致，就是辟公（诸侯）应尽的职责。

最后是“善教化，南面而听”的尧舜理想。荀子说：“世俗之为说者曰：‘尧舜不能教化，是何也?’曰：‘朱象不化。’是不然也。尧、舜，至天下之善教化者也，南面而听天下，生民之属莫不振动从服以化顺之；然而朱、象独不化，是非尧、舜之过，朱、象之罪也。”② 也就是说在荀子看来，尧舜是最善于进行教育感化的人，他们称王治理天下，所有的人民无不震动心服并被感化而归顺他们，这是儒家教化的最高境界。至于丹朱（尧的儿子）、象（舜的弟弟）没被教化，这不是尧、舜的过错，而是丹朱、象顽劣的罪过。此后，荀子继续发议论说，哪个时代都有顽冥不化之人，这种不从教化的人，只能咎由自取。他既强调了圣人教化的非凡意义，又肯定了教化并非万能的主张。

① 荀子：《王制篇第九》，收入王先谦：《荀子集解》本，北京：中华书局，1988 年版，第 170－171 页。

② 荀子：《正论篇第十八》，收入王先谦：《荀子集解》本，北京：中华书局，1988 年版，第 336－337 页。

中国古代“家”哲学的四个面向

程秋君

（西安建筑科技大学人文学院副教授）

家是人存在的基本形式。要理解人性，首先要懂得家，懂得家所蕴含的塑造人性的无限丰富性。对家的形象的见解，再现一种文明精神世界的图画。一种不能从本质上回答什么是家的文明，引导人生在世的意义时会陷入迷茫。无处为家是人最大的困境和极端的不幸。而中华文明之个性，在其对家的独特见解尤显深刻。甚至可以毫不夸张地说，传统中国文化中，家的形象蕴含了中国人关于人生和宇宙意义的基本解释。梁漱溟先生曾指出，中国人的家“决定了中国社会经济的命运，乃至中国整个文化的命运。”（梁漱溟：《中国文化要义》，上海人民出版社，2011 年版，第 37 页）中国古代丰厚的“家”学之“家底”，其宝贵的经验和理论财富，为寻找安身立命之所，探寻终极幸福之源的人们，提供了可资借鉴的宝贵资源。本文拟立足四个面向，探讨中国古人的“家”哲学，以求起到抛砖引玉之效。

其一，“家”是实现自我超越的源始场所。与西方哲学中作为原子式的个体的自我，或者作为精神实体的自我不同，中国古代哲学中的自我，是以切己之身为出发点，在与他人共生共在的境遇中，不断超越“私我”，成长为完善的人。在古人看来，自我出生、成长、成人，有赖于家。家是自我栖身的宇宙，没有家的庇护，身、心、灵将会漂泊无依。中国古代思想从不讳言自我与家的原始关联，如孟子言：“天下之本在国，国之本在家，家之本在身。”（《孟子·离娄上》）亲子关系、夫妻关系、代际关系、今生与后世与前世的关系，以及家人与社会与自然的关系，是支持自我成长、成人的必然前提。自我“以修身为本”，经由孝慈、孝悌、仁爱、礼、敬、恕道等途径，以动态方式在自我与他人之间回互调节，不断拓展并深化自我的内在世界，从而超越狭小的自我中心，达到自我与他人、内在与外在的有机统一。这种有机统一，既是协调人际的最高境界，同时也是将人的自然延伸向自然界的最佳途径。古人将天地喻为父母，将阴阳喻为夫妇，将兄弟姐妹喻为手足，将血缘亲情推广到天地万物之情，便为明证。由此以实现人与自然、此在与永生、自由与必然的“大通”“大一”。

其二，家以沟通协调不同差异之间的关系为起始，以实现“和而不同”“亲密差异”为旨归。家的场所对自我中心主义的突破，源自中国古人关于人类终极处境思考的睿见卓识。毋庸讳言，家是保全生命，是延续族类生存的方式，汇合了一切可能的差异性，生成有机的生命共同体。这意味着，差异中的共通是家的一个显著特征。诸如性别差异、姓际差异、年龄差异、身份差异、资源差异、自然与文明差异等等，这些差异亦自然亦文化、亦个别亦整体地支持并维护着家的存在。与一种男性家长制的“以一驭多”，求得绝对同一性的父性文明相异，中国古人努力尝试通过沟通不同差异的对话主义出发，实现不同差异之间的合一为旨归，构建起“不同而一”“和而不同”的家本主义哲学。在对待“身份差异”的“正名”中，规定与“名”相符的责任和义务之“实”；在对待性别差异中，视两性之和乃人伦之始，所谓“君子之道，造端乎夫妇，及其至也，察乎天地”（《礼记·中庸》），以及“妻者齐也”的性别平等精神；在对待姓际差异上，视两姓之和乃“附远厚别”，乃“万世之始”；在对待年龄差异上，其“尚齿”的文化，其对人生各个年龄段仪式性的无上礼遇，其主张代与代之间的“父慈子孝”、同代人之间的“孝悌”的生命对话精神，这对“年纪崇拜”或“成年中心主义”的反驳，显示出成熟而高超的智慧。将家本主义的对话精神推广为一种宇宙精神，形成“民吾同胞”“民胞物与”的大同思想。这种对话精神，对今天处理不同种族、不同文明，以及文明与自然的关系，具有重大的现实指导意义。

其三，中国古代的“家”尚贵生敬死之道。诞生、人生在世和死亡是人形而上学的规定性。荀子言：“生，人之始也；死，人之终也；始终俱善，人道毕矣。”（《荀子·礼论》）这一敬始善终、始终如一的“人道”理想，在中国古代“家”的思想中得到充分诠释。《易经》言：“生生之谓大德”。作为“人之始”出生，来源于家庭中的父母之爱，正因为父母之爱的存在，而从无中生出生命，并开启了一个新世界的无限可能性；作为保全生命，养护生命，守护人生在世的意义的人之生活，来源于父母的慈爱；作为为个体与共同体的

共生共荣之“生生”，则在亲缘共同体“和而不同”的对话精神中，找到了最高的典范和表现形式。而对于死亡这一不可逆转的生命终点，中国古人不是祈求灵魂不死，或彼岸超越来获得安慰，而是通过族类之“生生”超越个体的有限性，生成一个充满生存意义的统一体，从而破除此岸与彼岸、有限与无限的僵硬对立。不仅如此，我们看到，儒家所崇尚的“天地氤氲，万物化醇，男女构精，万物化生”的“生生”之道，所极力推广的“父在观其志，父没观其行，三年无改于父道”“事死如事生”“慎终追远”，无不表明，家乃“始终俱善”之“人道”实现的自然场所。儒家的孝道中提出，“孝子之事亲也，有三道焉；生则养，没则丧，丧毕则祭。养则观其顺也，丧则观其哀也，及则观其敬而时也。尽此三道，孝子之行也。”（《礼记·祭统》）如此贵生敬死，以敬爱、护养、聚集于一体的方式，安置着同一屋檐下的老老少少，世世代代，生者与死者的历史叙事。劳伦斯·汤普森曾指出，“家是中国现实的宗教，将超越性和世俗性统一于一体”（汤一介主编：《中国宗教：过去和现在》，北京大学出版社，1992 年，第 3 页）。

其四，以身家一体为本，类推于天地自然和人类社会，构造出艺术化境域的亲缘情理。前述已见，中国古人所理解的家与作为经济单位的家庭，或者现代契约论下的小家庭，有着实质性的差异。对于中国古人而言，家既是人类性的，又是宇宙性的。这种人类性与宇宙性统一，体现在于身、家、天下异位同本，相互关联于一体，并由仁爱之情的精神内涵充实起来。首先，中国古代哲学中的身体，不是解剖学的身体，不是生物学意义上的身体，也不是以皮肤为界限的个体之身体，而是基于血缘亲情一体化的身体，所谓“父子一体也，夫妻一体也，昆弟一体也。故父子首足也，夫妻牉合也，昆弟四体也。”（《仪礼·丧服传》）故此有敬其身就是敬其亲，伤其亲即为伤身体的亲缘情理，所谓“妻也者，亲之主也，敢不敬与？子也者，亲之后也，敢不敬与？君子无不敬也，敬身为大。身也者，亲之枝也，敢不敬与？不能敬其身，是伤其亲；伤其亲，是伤其本；伤其本，枝从而亡。”（《礼记·哀公问》）其次，这种以身为本根生发的亲缘情理，由亲爱之情类比类推于人类社会与天地万物之间，同时将个人的使命感与历史担当推及人类社会和自然。所谓“爱其亲，不敢恶人；敬其亲，不敢慢人。爱敬尽于事亲，光耀加于百姓，究于四海”（《吕氏春秋·孝行览第二》），由此不难理解孟子的“孩提之童无不爱其亲者，及其长也，无不知敬其兄也。亲亲，仁也；敬长，义也。无他，达之天下也。”（《孟子·尽心上》）最后，这种以身家为本的情感和义理，不仅“亲亲而仁民”，而且“仁民而爱物”，不仅超越自我中心主义，而且超越于人类中心主义，以一种艺术化的境域，充塞天地之间。

从原本意义上讲，人不是摇晃于个人和社会两极之间的钟摆，而是栖身于亲缘共同体，并从中获得安定感和幸福感，唤起神圣使命感的居家之人。中国古代以身家一体为核心，将家的亲缘情理推及他人、社会和宇宙，既符合生命本身展开的轨迹，又符合人类历史展开的逻辑。天下犹一家，天地犹一身，乃历史与逻辑的高度统一。

墨子天下理念简论

陈荣庆

（宜春学院教授）

墨子的天下理念，以西周的天下结构为组织框架，以他理解的“夏政”标准为内容要求，构建了一个简约朴素、精英治理的理想模型。

一、墨子的天下秩序图景

墨子生于晚周，与当时大多数思想者一样，从其立足的现实开始思考。墨子从晚周的精神面貌出发，以西周的天下结构为蓝本，对理想的社会管理方式进行了建构。其纵向构成为天子—三公—诸侯—正长（乡长—里长）。理想状态中，里长、乡长与诸侯的施政理念一致，诸侯与三公一致，三公与天子一致，由此组成一个非常和谐的天下社会。

1. 天下的组织构架

《墨子》一书，对其所论述的理想天下架构高度一致，非常清晰。墨子提出，天下应该由天子、三公、诸侯、正长（即百官，包括乡长与里长）构成，正长、诸侯与天子皆高度认同一个“善”的思想行为标准。在天子的统一领导下，依据其由上到下的管理秩序，推行“善”的准则，由此来处理人们之间、利益团体之间的矛盾，达到上下一致，天下大同。否则，社会失序，世界混乱。

墨子认为，天下有乱，在于其政治管理上混乱，造成人们各是所是，各非所非，不能协调和守望相助。“天下之所以乱者，生于无政长。”[①]（《墨子·尚

---

① “古者民始生，未有刑政之时，盖其语，人异义。是以一人则一义，二人则二义，十人则十义，其人兹众，其所谓义者亦兹众。是以人是其义，以非人之义，故交相非也。是以内者父子兄弟作怨恶离散，不能相和合。天下之百姓，皆以水火毒药相亏害，至有余力不能以相劳，腐臭余财，不以相分，隐匿良道，不以相教，天下之乱，若禽兽然。”（《墨子·尚同上》）

同上》）要想天下有治，其方法很是简便：先选择天下之贤能者立为天子，由此天下就有了首领，就有了向心处，就有了核心，纲举而目能张；但天子只有一人，处理政务忙不过来，需要再选择三公进行襄助；然而天下博大，地域辽阔，人口众多，只有天子与三公也不能具体管理到天下的全部事务，必须对天下进行区划，设立万国，各国设立诸侯来帮助天子进行管理；在各诸侯国中，选立百官（“正长”）来进行具体的事务管理。① 由此，天下的管理模式建立，天子、三公、诸侯、百官这一管理系统人员到位，天下之治就是一件容易的事。天子发号施令，下面云集响应，天下自然有治。

墨子认为，天下治理，就是这么简单。②

2. 天下治理的策略抓手

在对天下治理框架设定后，墨子对天下治理的策略抓手是“专家治国”，也即“精英治国”③。

墨子从人们的现实生活出发，提出人们做衣服、屠宰、建筑都是请这方面最好的人来做或进行指导：“今王公大人，有一衣裳不能制也，必藉良工；有一牛羊不能杀也，必藉良宰。”（《墨子·尚贤中》）让那些专业高手来从事专业工作：“能筑者筑，能实壤者实壤，能欣者欣……能谈辩者谈辩，能说书者说书，能从事者从事。”（《墨子·耕柱》）那么，治理天下也应如此，也应该让最优秀的人来进行管理：“可使治国者使治国，可使长官者使长官，可使治邑者使治邑。”（《墨子·尚贤中》）选择最优秀的人才，按其最好的能力方向，担任相应的社会管理职责，“尊尚贤而任使能”，由此达至社会的和谐治理。

选择贤能者组织社会的生产与管理，这是人类进化史上的一种自然选择。自然界中，只有最优秀的品种才能生存下来。人类也是如此。人类也是从选择

---

① “是故选天下之贤可者，立以为天子。天子立，以其力为未足，又选择天下之贤可者，置立之以为三公。天子、三公既以立，以天下为博大，远国异土之民，是非利害之辩，不可一二而明知，故画分万国，立诸侯国君。诸侯国君既已立，以其力为未足，又选择其国之贤可者，置立之以为正长。”（《墨子·尚同上》）

② 这是非常理想、非常简单的假设。现代的人会想，治理天下，哪有这么简单的事？可墨子就是这样想，而且就是这样做。所以墨子是一个非常纯粹的理想主义者，真心为天下好。

③ 艾兰之：《世袭与禅让——中国古代的王朝更替传说》，北京：商务印书馆，2010年版，第102页。相较而言，儒家是“贤人治国论”。

最优者为首领开始了社会化之路。只是在社会有了较高程度的发展后，政权规模达到一定形式，权贵们的后代才可以不靠自身的优秀而凭祖先遗泽也能成为社会的管理者。这就有点变化了。

墨子明确提出精英治国、任贤使能，将人类古老的智慧高度概括，给后来者进行社会管理留下了非常宝贵的财富。

二、墨子天下治理的具体策略

墨子精要地概括了自己的天下治理策略，具体为“国家昏乱，则语之尚贤、尚同；国家贫，则语之节用、节葬；国家说音湛湎，则语之非乐、非命；国家淫僻无礼，则语之尊天、事鬼；国家务夺侵凌，即语之兼爱、非攻。”（《墨子·鲁问》）尚贤、尚同、节用、节葬、非乐、非命、兼爱、非攻、尊天和事鬼，这十大方略，从墨子的具体论述看，前八种是技术性的、具体操作层面的方法，后两种则是原则性的指导思想。

1. 通过尚贤选择天下优秀管理人才，通过尚同达到天下理念与行动的一致

墨子的尚贤，有两个方面的意思。一是要选择天下的贤能（精英）们来管理天下；二是要在整个天下造成一个推崇贤能的良好环境，进而人人任能而用，个个尽展所长。

贤能的标准是什么？墨子认为：“凡所使治国家、官府、邑里，此皆国之贤者也。”（《墨子·尚贤中》）凡是可以管理国家、治理官吏、规范乡里的人，皆为贤能①。这里只是一个事后判断，还是不太具体。墨子进而提出了贤能治理工作中表现出来的具体特征，用于衡定贤能者应该达到的境界：

> 贤者之治国也，蚤朝晏退，听狱治政，是以国家治而刑法正；贤者之长官也，夜寝夙兴，收敛关市、山林、泽梁之利，以实官府，是以官府实而财不散；贤者之治邑也，蚤出莫入，耕稼、树艺、聚菽

① 在许多场合，墨子也提出贤能者就是“仁者”。墨子认为理想天下的治理者必为“仁者”。这个“仁者”，包含狭义和广义两种层面，狭义仅指天子，广义指所有天下的治理者，包括天子、三公、诸侯与正长们。墨子在许多场合是用广义之意。“仁者”是墨子对贤能者的另一种称呼。墨子强调贤能，但很多时候也用“仁者”这个词。一是说明墨子接受了当时社会语境的影响（不仅仅是儒家讲仁），二是也说明墨子很多场合所说的“善”（治理天下要依善而行），就是“仁”的一种表达。

粟，是以菽粟多而民足乎食。(《墨子·尚贤中》)

贤能的标准制定了，那么就要进行选贤，也就是“尚贤”。

墨子“尚贤”，是无差别的、破除了一切限制的唯贤是举。[①] 墨子说，上古圣王们就是无任何限制地唯贤是举：“古者圣王之为政，列德而尚贤，虽在农与工肆之人，有能则举之，高予之爵，重予之禄，任之以事，断予之令……故当是时，以德就列，以官服事，以劳定赏，量功而分禄。故官无常贵，而民无终贱，有能则举之，无能则下之，举公义，辟私怨。”（《墨子·尚贤上》）“故古者圣王甚尊尚贤而任使能，不党父兄，不偏贵富，不嬖颜色，贤者举而上之，富而贵之，以为官长；不肖者抑而废之，贫而贱之以为徒役，是以民皆劝其赏，畏其罚，相率而为贤。是以贤者众，而不肖者寡，此谓进贤。然后圣人听其言，迹其行，察其所能，而慎予官，此谓事能。故可使治国者，使治国，可使长官者使长官，可使治邑者使治邑。”（《墨子·尚贤中》）

墨子举例说：“古者尧举舜于服泽之阳，授之政，天下平；禹举益于阴方之中，授之政，九州成；汤举伊尹于庖厨之中，授之政，其谋得；文王举闳夭、泰颠于罝罔之中，授之政，西土服。”（《墨子·尚贤上》）“尚贤”才能使得社会有着良好的秩序。

也正因为墨子强调普遍性的尚贤，强调破除一切限制的唯贤是举，所以顾颉刚认为春秋战国时期的禅让思潮首先是墨家发动的。顾颉刚在《禅让传说起于墨家考》中提出：“禅让说是墨家为了宣传他们的主义而造出来的。”[②] 顾颉刚从“在古金文里，只有世官制度，而不见有庶人擢任大官的”、春秋时的明贤主张是以“亲亲”“贵贵”为前提的、孔子是不彻底主张尚贤的、墨子的尚贤尚同说与尧舜禅让故事等方面论证是墨家由尚贤而引发了战国时期的禅让思潮。[③]

---

① 有分析者认为墨子是宋人而不是鲁人，而宋人为殷人之后，在周代常受压制和嘲笑（当时许多寓言就是以夏商之后的杞人、宋人为嘲笑对象，如“杞人忧天”、宋人“拔苗助长”、宋人“守株待兔”等），故而墨子特别主张要铲除阶级，贤能平等。或许这确也是一个原因？

② 顾颉刚：《古史辨·第七册（下）》，上海：上海古籍出版社，1982 年版，第 32－33 页。

③ 顾颉刚：《古史辨·第七册（下）》，上海：上海古籍出版社，1982 年版，第 30－107 页。

遍览现存《墨子》，只在《墨子·尚贤》篇讲“尚贤”时，有尧以舜贤而举之为天子的记载。《墨子·鲁问》有“让贤”之语，但其意不在讲举贤、让位，而是说要共同分享。[①]《墨子》的“举贤”，主要是指上位者寻找与任用贤能，也包括最后让贤能者接任天子君主之位，与郭店楚墓竹简《唐虞之道》（学界一般认定其为儒家文献）以“禅让”等同“尊贤”的主张相距甚远。上海博物馆藏战国楚竹书《容成氏》虽说为墨家作品，但从其内容分析，比《唐虞之道》更晚。从只说尧举舜而不讲舜举禹来看，《墨子·尚贤》与《唐虞之道》为同期作品，但《唐虞之道》系统论述“禅让”思想，《墨子·尚贤》只是侧重“举贤”的重要性。所以禅让思潮的始作俑者应该不是墨家，而是儒家。

墨家看重“尚贤”远甚于“禅让”。墨家是将“禅让”放在“尚贤”这一大的语境中来说的。儒家（《唐虞之道》）之“尊贤”直通“禅”，“禅”是“尊贤”的前提条件；墨家之“尚贤”包含“让”，“让位”是“尚贤”的副产品。儒墨两家之重贤，重点不一，意义不一。与儒家的尊贤与尊亲并举，缺一不可之不同，墨家只有尚贤，没有尊亲。这是儒墨两家“禅让”思想的最大差异。

墨子的尚用，也简单明了，就是天下一盘棋，天子站在高坡上，挥手指方向，天下所有民众按照天子的指引而前进，遵从天子颁布的规则而行事。

就着天子、三公、诸侯、百官的天下管理系统，天子发布天下唯一可行的“善”之规则，全天下人遵此为标准，层层对照，层层落实。里人对照里长，乡人对照乡长，国人对照诸侯，全都以天子之所是为是、天子之所非为非，学天子之善言，遵天子之善行，用一个标准来说话，用一个模式来做事，保持规则的高度统一和行动的高度一致，天下就得治了。

墨子还特地提出：“无从下之政上，必从上之政下。”（《墨子·天志

---

① 《墨子·鲁问》记载墨子说：“夫鬼神之所欲于人者多，欲人之处高爵禄则以让贤也，多财则以分贫也。夫鬼神岂唯擢季拑肺之为欲哉？今子处高爵禄而不以让贤，一不祥也；多财而不以分贫，二不祥也。”此处“让贤”，只是强调分享，与天下人一起享受富贵，而不是强调“举贤”，更不是说要天子让贤。

上》)[①]政令只能从天子出，下面不能自作主张。墨子举了三个例子来说明君王的模范作用与影响力无与伦比，按天子的政令而行，天下必定有治。

昔者晋文公好士之恶衣，故文公之臣皆牂羊之裘，韦以带剑，练帛之冠，入以见于君，出以践于朝。是其故何也？君说之，故臣为之也。昔者楚灵王好士细要，故灵王之臣皆以一饭为节，胁息然后带，扶墙然后起。比期年，朝有黧黑之色。是其故何也？君说之，故臣能之也。昔越王勾践好士之勇，教驯其臣，和合之，焚舟失火，试其士曰：'越国之宝尽在此！'越王亲自鼓其士而进之。其士闻鼓音，破碎乱行，蹈火而死者，左右百人有余。越王击金而退之。(《墨子·兼爱中》)

上之所爱，下之必倾。天下管理，由天子始，从上而下，顺流灌之。

2. 贤能者如何具体治理天下

墨子认为，天下治理必先以天下为立场、为本位，站在天下的角度来考虑贫富、治乱、人口的多寡等基本问题："亲贫则从事乎富之，人民寡则从事乎众之，众乱则从事乎治之。当其于此也，亦有力不足、财不赡、智不智，然后已矣。无敢舍余力，隐谋遗利，而不为亲为之者矣。若三务者，孝子之为亲度也，既若此矣。"(《墨子·节葬下》)

要解决上述三个方面的问题，基本策略就是节用与节葬。

(1) 节用

就社会的实用方面，墨子提出了简约思想。墨子认为一切无利于民众实用之物者，皆可去掉："去无用之费，圣王之道，天下之大利也。"为何节用是天下大利？因为去除无益于实用的物件，天下的利益就可增加一倍了。"为政天下，天下可倍也。其倍之非外取地也，因其国家去其无用之费，足以倍之。"(《墨子·节用上》)

人们缝制衣服、建筑房屋、制造武器、打造车船，都是为了生活的实用；而寻求珠玉、鸟兽、犬马，是多余的奢侈，有违背古之圣王的做法。古代圣王认为"凡足以奉给民用，则止"(《墨子·节用中》)，并制定了各个方面的具体细则，如饮食规定、制衣规定，丧葬规定等。如古代圣王的"饮食之法"

① 这种政治传递的思路是必须上面好，下面才能跟着好；仅仅下面好而上面坏了，那是不行的。下面坏是坏一点，上面坏是全坏。

是："足以充虚继气，强股肱，耳目聪明，则止。不极五味之调，芬香之和，不致远国珍怪异物。"为何是这个规则？墨子是怎么知道的？墨子是从事实推断出来的。墨子说："古者尧治天下，南抚交阯，北降幽都，东西至日所出入，莫不宾服。逮至其厚爱，黍稷不二，羹胾不重，饭于土塯，啜于土形，斗以酌。俛仰周旋威仪之礼，圣王弗为。"（《墨子·节用中》）

其他如制衣之法、舟车之定，也都是圣王为了百姓之利而制作出来，并不是为了让人们享乐的，如"冬服绀緅之衣，轻且暖，夏服絺绤之衣，轻且清，则止。诸加费不加于民利者，圣王弗为。"（《墨子·节用中》）如要治理天下，必依圣王为则，节用就是其中一个方面。

（2）节葬

节葬是墨子节用思想的一个体现。墨子提出，"故古圣王制为葬埋之法，曰：'棺三寸，足以朽体；衣衾三领，足以覆恶。以及其葬也，下毋及泉，上毋通臭，垄若参耕之亩，则止矣。死则既以葬矣，生者必无久丧，而疾而从事，人为其所能，以交相利也。'此圣王之法也。"（《墨子·节葬下》）

墨子按其"三表"法则，用上古先王事来举例说明："昔者尧北教乎八狄，道死，葬蛩山之阴。衣衾三领，榖木之棺，葛以缄之，既窆而后哭，满埳无封。已葬，而牛马乘之。舜西教乎七戎，道死，葬南己之市，衣衾三领，榖木之棺，葛以缄之。已葬，而市人乘之。禹东教乎九夷，道死，葬会稽之山。衣衾三领，桐棺三寸，葛以缄之，绞之不合，通之不埳。土地之深，下毋及泉，上毋通臭。既葬，收余壤其上，垄若参耕之亩，则止矣。"（《墨子·节葬下》）上古圣王尧、禹的丧事都是非常得节俭，我们为什么要违背圣王的教导呢？

3. 治理天下还要兼爱、非攻，非乐、非命

（1）兼爱

墨子认为，"圣人以治天下为事者也，必知乱之所自起，焉能治之，不知乱之所自起，则不能治。"（《墨子·兼爱上》）

当时天下乱相纷杂。从大处讲，有"大国之攻小国也，大家之乱小家也，强之劫弱，众之暴寡，诈之谋愚，贵之敖贱"；从小处讲，有"为人君者之不惠也，臣者之不忠也，父者之不慈也，子者之不孝也"；从细处看，有"今人之贱人，执其兵刃、毒药、水、火，以交相亏贼"（《墨子·兼爱下》）等等，这些都是天下治理的大害。

为何会有这众多的乱象？墨子认为源自人们互不相爱："子自爱不爱父，故亏父而自利；弟自爱不爱兄，故亏兄而自利；臣自爱不爱君，故亏君而自利"；"父自爱也不爱子，故亏子而自利；兄自爱也不爱弟，故亏弟而自利；君自爱也不爱臣，故亏臣而自利"；就连天下的盗贼也是源于这个理由，"盗爱其室不爱其异室，故窃异室以利其室；贼爱其身不爱人，故贼人以利其身"；大夫做乱，诸侯攻伐，更是由此，"大夫各爱其家，不爱异家，故乱异家以利其家；诸侯各爱其国，不爱异国，故攻异国以利其国"。[①]（《墨子·兼爱上》）人们互不相爱，天下就没有净土。

问题的根源找到了，治理的办法也就有了。既然人们以利益为重，互不相爱，那就通过实施互利互爱来解决，"以兼相爱交相利之法易之。"（《墨子·兼爱中》）让人们相亲相爱，守望相助，天下就会太平，就能井然有序。

为何可以用这个方法？因为天下还是有贤能，有君子，他们是希望天下有序的，"今天下之君子，忠实欲天下之富，而恶其贫；欲天下之治，而恶其乱，当兼相爱，交相利"，这是"圣王之法，天下之治道也，不可不务为也"。（《墨子·兼爱中》）

（2）非攻

"非攻"是墨子治理天下乱象的一个具体措施，也是兼爱的一个体现。兼爱必定要延伸到非攻。而且现实中天下有大欺小、强欺弱现象，战争时有发生。尤其吊诡的是，人们对普通的杀戮认定其为不义，"杀一人谓之不义，必有一死罪矣"，但对杀人成百上千的战争，还认为是正义的，甚至书之竹帛，留传后世："今至大为不义攻国，则弗知非，从而誉之，谓之义，情不知其不义也，故书其言以遗后世。"（《墨子·非攻上》）这是非常荒谬的事。人们没有见识，只考虑自己眼前的、个人的一些私利，对他人的爱意不够。

---

① 《墨子·兼爱中》的表述为："今诸侯独知爱其国，不爱人之国，是以不惮举其国以攻人之国；今家主独知爱其家，而不爱人之家，是以不惮举其家以篡人之家；今人独知爱其身，不爱人之身，是以不惮举其身以贼人之身。是故诸侯不相爱，则必野战；家主不相爱，则必相篡，人与人不相爱，则必相贼；君臣不相爱，则不惠忠，父子不相爱；则不慈孝，兄弟不相爱则不和调。天下之人皆不相爱，强必执弱，众必劫寡，富必侮贫，贵必敖贱，诈必欺愚。凡天下祸篡怨恨，其所以起者，以不相爱生也，是以仁者非之。"

墨子特别有感于春秋末年天下征战的乱象，详细论述了战争给人们、给社会带来的巨大灾难。墨子说，打仗一般不会在冬天与夏天，因为天气或寒冷、或酷热，不利于战争的发动与进行；但若放在春天与秋天，则将给农业生产带来非常大的影响："春则废民耕稼树艺，秋则废民获敛。今唯毋废一时，则百姓饥寒冻馁而死者，不可胜数。"（《墨子·非攻中》）

墨子进而对战争将带来的灾难进行了具体的统计："今尝计军上，竹箭、羽旄、幄幕、甲、盾、拨、劫，往而靡弊腑冷不反者，不可胜数；又与矛、戟、戈、剑、乘车，其往列碎折靡弊而不反者，不可胜数；与其牛马肥而往、瘠而反，往死亡而不反者，不可胜数；与其涂道之修远，粮食辍绝而不继，百姓死者，不可胜数也；与其居处之不安，食饮之不时，饥饱之不节，百姓之道疾病而死者，不可胜数；丧师多不可胜数，丧师尽不可胜计，则是鬼神之丧其主后，亦不可胜数。"（《墨子·非攻中》）战争不利天人也，是天下的大害："其为不利于人也，天下之害厚矣。"（《墨子·非攻下》）

要解决这个办法，总体思路是人们要交相利、兼相爱。具体到战争当中，就是要消灭战争，不让战争发生。一是大力宣传兼爱思想，让人们不要互相伤害；二是要让君主知道战争的危害（无论是战胜还是失败），不要为虚名、私利所累；三是坚持和平的人们要有实力、有能力，能够阻止和预防战争。如墨子自己就亲赴现场阻拦，墨家还专门研究各种战争防守器械。

（3）非乐

墨子的许多思想是在批判儒家思想中建立起来的，"非乐"就是其中之一。在儒家的学说系统中，认为历代圣王都是尚乐，且都有名作流传于后世："黄帝有《咸池》，尧有《大章》，舜有《大韶》，禹有《大夏》，汤有《大濩》，文王有辟雍之乐，武王、周公作《武》。"（《庄子·天下》）孔子闻《大韶》三月不知肉味，乐的作用被儒家高度神圣化。

墨子承认如音乐、美味、华厦等都非常美好，"非以大钟、鸣鼓、琴瑟、竽笙之声，以为不乐也；非以刻镂华文章之色以为不美也；非以犓豢、煎炙之味以为不甘也；非以高台厚榭邃野之居以为不安也。虽身知其安也，口知其甘也，目知其美也，耳知其乐也"，但"上考之不中圣王之事，下度之不中万民之利"（《墨子·非乐上》），还是要反对它，批判它。

墨子倡导向古代的圣王学习，一切以人们的生活为本，圣王贵族们应该简朴地生活，不能过分奢侈享受。行“乐”危害很多，社会不治，沉湎于“乐”是其重要原因：

一是行乐必劳民伤财：“今王公大人，虽无造为乐器，以为事乎国家，非直掊潦水、折壤坦而为之也，必将厚措敛乎万民，以为大钟、鸣鼓、琴瑟、竽笙之声。”（《墨子·非乐上》）行乐会促使王公大人搜刮民财用于制乐。

二是行乐无助于民之饱暖与休息：“民有三患：饥者不得食，寒者不得衣，劳者不得息，三者民之巨患也。然即当为之撞巨钟，击鸣鼓，弹琴瑟，吹竽笙而扬干戚，民衣食之财将安可得乎?”（《墨子·非乐上》）听乐不能使民温饱。

三是行乐无助于社会治理与安定：“今有大国即攻小国，有大家即伐小家，强劫弱，众暴寡，诈欺愚，贵傲贱，寇乱盗贼并兴，不可禁止也。然即当为之撞巨钟，击鸣鼓，弹琴瑟，吹竽笙而扬干戚，天下之乱也，将安可得而治与?”（《墨子·非乐上》）“乐”并不能完成这些任务。

四是行乐必然荒废政事：“今惟毋在乎王公大人说乐而听之，即必不能蚤朝晏退，听狱治政，是故国家乱而社稷危矣。今惟毋在乎士君子说乐而听之，即必不能竭股肱之力，亶其思虑之智，内治官府，外收敛关市、山林、泽梁之利，以实仓廪府库，是故仓廪府库不实。今惟毋在乎农夫说乐而听之，即必不能蚤出暮入，耕稼树艺，多聚叔粟，是故叔粟不足；今惟毋在乎妇人说乐而听之，即必不能夙兴夜寐，纺绩织纴，多治麻丝葛绪，捆布縿，是故布縿不兴。”（《墨子·非乐上》）无论是王公大人、士君子还是农夫妇人，“说乐而听”皆会荒废政事。

五是行乐于事无辑：“上考之不中圣王之事，下度之不中万民之利。”（《墨子·非乐上》）① 在墨子的古史系统中，乐没有价值，古代圣王不作乐，

---

① 墨子擅长于用古代有没有实行过、出现过的逻辑来证明他的观点，其“三表”法即主此事。墨子思维的潜意识中历史是可知的，书籍的记载是可信的，即便是后人根据前人流传而记载的，也是可信的。如：“夫兼相爱，交相利，此自先圣六王者亲行之。何以知先圣六王之亲行之也？子墨子曰：‘吾非与之并世同时，亲闻其声，见其色也。以其所书于竹帛，镂于金石，琢于盘盂，传遗后世子孙者知之。泰誓曰：文王若日若月乍照，光于四方，于西土。’即此言文王之兼爱天下之博大也，譬之日月兼照天下之无有私也。”（《墨子·兼爱下》）记载在竹帛、金石、盘盂上的事情是可信的，由此历史是可知的，并可通过种种方式存留下来。而孟子则认为尽信书，则不如无书，他对《武成》也只是取其二、三策而已。

“乐者，圣王之所非也，而儒者为之过也。”（《荀子·乐论》）所以墨子自己身体力行，“生不歌，死不服。”（《庄子·天下》）

墨子的非乐主张，在一定范围内有其积极意义，尤其是对统治者的克制而言，还是有相当意义的。但任何事物一旦超出其所应有的边界，真理也会变成谬误。墨子非乐放宽了限制，则会走向极端，成为错误的主张了。

先秦诸子中，对墨子的主张进行全面批评的，以荀子为最；批判得最为准确的，也非荀子莫属。[①] 荀子对墨子的非乐进行了批判，认为墨子只看到了音乐对社会、对人们的不利处，而没有看到音乐的好处，有失偏颇。

荀子认为，追求快乐是人的天性所在，而“乐”则是快乐的一种表达。“夫乐者，乐也，人情之所必不免也。”声能达言而乐能助情，人有高兴的事必行动于中而发言为声，歌之咏之，手之舞之，足之蹈之，“故人不能无乐，乐则必发于声音，形于动静。”（《荀子·乐论》）

“乐”是“人情之所必不免”的事情，“乐”在有制度、有人文的天下世界起着积极的作用：“故乐在宗庙之中，则群臣上下同听之，则莫不和敬；闺门之内，则父子兄弟同听之，莫不和亲；乡里族长之中，则长少同听之，莫不和顺。故乐者，审一以定和者也，比物以节节者也，节奏合以成文；足以率一道，足以治万变。”“听其雅颂之声，而志意得广焉；执其干戚，习其府俯屈申，而容貌得庄焉；行其缀兆，要其节奏，而行列得正焉，进退得齐焉。故乐者，出所以征诛也，入所以揖让也；征诛、揖让，其义一也。出所以征诛，则莫不听从；入所以揖让，则莫不从服。故乐者，天下之大齐也，中和之纪也。”（《荀子·乐论》）“礼”区分贵贱等级，使社会有分；“乐”使社会融和，消除矛盾。礼乐结合，则社会有分有合，天下才是一个包容差异而又有基本共识的世界。[②]

一个社会，不仅需要质朴、节俭，也需要用“文”来进行礼饰，加以表达，来体现人的自我意识与理性自觉。“文”是人类文明的标志。人之所以为

① 就尖刻而言，则是孟子。孟子认为墨子的主张是无父无君，可谓诛心之论。

② 荀子也主张对乐要加以节制，不能放纵而无归。“故人不能不乐，乐则不能无形，形而不为道，则不能无乱。”所以“先王恶其乱也，故制雅颂之声以道之，使其声足以乐而不流，使其文足以辨而不諰，使其曲直繁省廉肉节奏，足以感动人之善心，使夫邪污之气无由得接焉。”（《荀子·乐论》）

人，并不是因为其质朴的天生本能，而是因为其后天的自我改造与自我进化。如果说“质”是人的自然本性，那么“文”就是人的社会属性和后天所为，是人之为人的体现，“文质彬彬”才是人的理想状态。[①] 墨子过多地强调人的质的一面，而没有注意到恰巧是“文”才是历史发展的动力源泉。荀子认为“乐”就是人“文”的一种：“夫声乐之入人也深，其化人也速，故先王谨为之文。乐中平则民和而不流，乐肃庄则民齐而不乱。民和齐则兵劲城固，敌国不敢婴也。如是，则民莫不安其处，乐其乡，以至足其上矣。然后名声于是白，光晖于是大，四海之民莫不愿得以为师，是王者之始也。”所以荀子批评说：“墨子之于道也，犹瞽之于白黑也，犹聋之于清浊也，犹欲之楚而北求之也。”（《荀子·乐论》）“墨子蔽于用而不知文。……故由用谓之道，尽利矣。”（《荀子·解蔽》）

荀子认为上古圣王非常重视乐，乐是圣王进行社会教化的一种重要形式：“乐者，圣人之所乐也，而可以善民心，其感人深，其移风易俗。故先王导之以礼乐而民和睦。夫民有好恶之情，而无喜怒之应则乱。先王恶其乱也，故修其行，正其乐，而天下顺焉。”（《荀子·乐论》）

荀子总结说：“故乐者，治人之盛者也，而墨子非之。且乐也者，和之不可变者也；礼也者，理之不可易者也。乐合同，礼别异，礼乐之统，管乎人心矣。穷本极变，乐之情也；著诚去伪，礼之经也。墨子非之，几遇刑也。”（《荀子·乐论》）“礼”使人们遵守各种等级差别，而“乐”则促使社会成员和谐，礼乐结合，天下才是一个制度与人文相结合的世界。

（4）非命

墨子的“非命”也是针对儒家“死生有命，富贵在天”而来的，意在反对命运决定论。

从现有文献看，“死生有命”来自于子夏。《论语·颜渊》记载：“司马牛忧曰：‘人皆有兄弟，我独亡。’子夏曰：‘商闻之矣：死生有命，富贵在天。君子敬而无失，与人恭而有礼，四海之内，皆兄弟也。君子何患乎无兄

① 这里荀子继承了孔子精神。孔子说“巧笑倩兮，美目盼兮，素以为绚兮”讲的就是在质朴的基础上进行修饰，“绘事后素”，只有用“礼”对人类的文饰，人类社会才能“倩”“盼”，才能灿烂美丽。（见《论语·八佾》）

弟也？’”

子夏的这段话并不是说人的命运完全来自于上天的安排，而是劝导司马牛要知晓天命，不必刻意去追求富与贵。如果以仁爱为本、恭敬有礼，不贪念富贵，那么天下所有的君子都将是你的兄弟。这是劝导人们努力修身立德，任何情况下都不要放弃，天行健，君子自强不息。这里没有消极待命的意思。

但一种理论提出后，人们对之的理解则呈多样化。儒家本意高洁，希望人积极向上，但普通人对之的理解则不一定会是原意。普通人有自己的解读。

强调命定论者认为，人生一切，皆在于命，与人的努力无多大的关系："命富则富，命贫则贫，命众则众，命寡则寡，命治则治，命乱则乱，命寿则寿，命夭则夭"。由此为自己的种种不良言行找借口："昔上世之穷民，贪于饮食，惰于从事，是以衣食之财不足，而饥寒冻馁之忧至，不知曰‘我罢不肖，从事不疾’，必曰‘我命固且贫’；昔上世暴王不忍其耳目之淫，心涂之辟，不顺其亲戚，遂以亡失国家，倾覆社稷，不知曰‘我罢不肖，为政不善’，必曰‘吾命固失之’。"（《墨子·非命上》）一切皆命，并非由我，故不能罪我、斥我。

墨子考之上古圣王、百姓耳目、人民之利，认为命定论无本、无原、无用，是一种非常有害的主张："用执有命者之言，则上不听治，下不从事。上不听治，则刑政乱；下不从事，则财用不足，上无以供粢盛酒醴祭祀上帝鬼神，下无以降绥天下贤可之士，外无以应待诸侯之宾客，内无以食饥衣寒、将养老弱。故命上不利于天，中不利于鬼，下不利于人，而强执此者，此特凶言之所自生，而暴人之道也。"强调命定，非圣王之道，只是暴徒私心，有害于治理天下。治理天下，必得非命！

三、墨子天下治理的思想本源与逻辑结构

天下治理需要顶层设计，需要全体的措施与主张。这些设计和具体的主张，都需要合法性。尤其是顶层设计，来自何处？谁可为其背书？墨子的天下治理思想同样面临这个问题。是否合法？是否有存在根源？墨子必须找到这个，其理论才有生根处，才能被人们所接受。

墨子的许多主张，都是用上古圣王是否做过、百姓耳目是否闻见、日常生活是否有利这"三表"来证明。但对"三表"之本源，墨子没有采用"三表"

来自我论证与循环证明，而是采用一个简单的方法，借用人们对“天”“鬼”的原始信仰，以上天鬼神作为自己理论的本源，为其整体思想背书。[①] 如果说，先秦诸子中，很多人是托古改制，墨子则是借天说事。将自己的思想，说成为上天鬼神的主张。

商周时期，人们相信上天存在，而且认为“天”是一切事物的最后裁判。墨子也将自己天下治理思想的本源认定来自于“天”，来自于鬼神。[②]

墨子提出，治理天下一定要有法仪，要有标准。[③] 那么以什么为标准呢，墨子认为应该以“天”为标准。“天之行广而无私，其施厚而不德，其明久而不衰，故圣王法之。”（《墨子·法仪》）上古圣王也是以“天”为治理准则的。

墨子反复称述“天”高于圣王，圣王以“天”为准则：“天之爱人也，薄于圣人之爱人也；其利人也，厚于圣人之利人也。”（《墨子·大取》）上天爱人，比圣人爱人更广薄；上天利人，比圣人利人更深厚。有一次巫马子故意问难墨子，说：“鬼神与圣人哪个更明智？”墨子回答说：“鬼神之明智于圣人，犹聪耳明目之与聋瞽也。”（《墨子·耕柱》）鬼神与上天，比圣王更聪明、更贤能、更伟大。“天子有疾病祸祟，必斋戒沐浴，洁为酒醴粢盛，以祭祀天鬼，则天能除去之，然吾未知天之祈福于天子也。此吾所以知天之贵且知于天子者。不止此而已矣，又以先王之书驯天明不解之道也知之。曰：‘明哲维天，临君下土。’则此语天之贵且知于天子。不知亦有贵知夫天者乎？曰：‘天为贵，天为知而已矣。’然则义果自天出矣。”（《墨子·天志中》）“义”出于上天，上天是天子与圣人的法则。

---

① 周山认为，“墨子作为一个出身低微的学者，要想用自己的兼爱思想、非攻主张说服诸侯，说服那些有社会地位和影响力的人，最便捷的途径，自然是借助于‘天’的权威，借助于‘天意’的阐释”（见《中国学术思潮史·子学思潮》，上海：上海社会科学院出版社，2006年版，第222页）。我觉得，更合理的可能是，墨子如当时的人们一样，就是相信有天的存在，天就是最后的、最高的裁判与规则制定者。

② 在墨子思想中，“天”与“鬼神”是合一的，意义等同。

③ 子墨子曰：“天下从事者不可以无法仪，无法仪而其事能成者无有也。虽至士之为将相者，皆有法，虽至百工从事者，亦皆有法，百工为方以矩，为圆以规，直以绳，正以县。无巧工不巧工，皆以此五者为法。巧者能中之，不巧者虽不能中，放依以从事，犹逾己。故百工从事，皆有法所度。今大者治天下，其次治大国，而无法所度，此不若百工，辩也。然则奚以为治法而可？故曰莫若法天。”（《墨子·法仪》）

因此，墨子借助于“天”，将自己的理论与主张全部托放在天意之下。“天”规定着天子，由此而规定着三公、诸侯、士子、百姓，“天”是一切行动的最后依据。墨子说：“我有天志，譬若轮人之有规，匠人之有矩，轮匠执其规矩，以度天下之方圜，曰：‘中者是也，不中者非也。’今天下之士君子之书，不可胜载，言语不可尽计，上说诸侯，下说列士，其于仁义则大相远也。何以知之？曰我得天下之明法以度之。”（《墨子·天志上》）一切规则，皆来自于天。一切人的言行，皆以天来做最后裁定。①

墨子说“国家淫僻无礼，则语之尊天事鬼”（《墨子·鲁问》）。表面上看，好像尊天事鬼只是墨子规范社会淫侈无礼的一种方法，但“天”“鬼”为人们纠正错误的标准，实质上就是人类社会道德与规则的来源。

天意有哪些内容呢？墨子认为一切的善与义皆为天意：“天之意不欲大国之攻小国也，大家之乱小家也，强之暴寡，诈之谋愚，贵之傲贱，此天之所不欲也。不止此而已，欲人之有力相营，有道相教，有财相分也。又欲上之强听治也，下之强从事也。……故唯毋明乎顺天之意，奉而光施之天下，则刑政治，万民和，国家富，财用足，百姓皆得暖衣饱食，便宁无忧。”（《墨子·天志中》）墨子认为凡利民之事、仁义之本，皆是天意，也就是鬼神意。

“天”又如何体现、使百姓看见与闻知呢？墨子认为，上天鬼神掌握着对天下善与义的裁判权，通过赏罚来表现，来让天下知道：“天子为善，天能赏之；天子为暴，天能罚之。”（《墨子·天志中》）②

墨子自己惯常使用的“三表”，也是根源于天。在墨子的心目中，“三表”也只是天意的一种体现，一种对百姓的显示。因为上古圣王行事根源于天意，百姓通过天对赏罚来认识、来判断，天下之利更是天意的体现。

由此，我们可以把握墨子的思想框架：上天鬼神有善有义，上古圣王、仁者以天意（也就是墨子之意）为准则，努力治理天下。天意在天下治理中，体现为八个方面，分别是尚贤、尚同、兼爱、非攻、节用、节葬、非乐、非命。

---

① 要想消除战争，也得顺天意、敬鬼神。墨子对鲁国国君说，想要使齐国不来攻打鲁国，只有“上者尊天事鬼，下者爱利百姓，厚为皮币，卑辞令，亟遍礼四邻诸侯，驱国而以事齐，患可救也。”（《墨子·鲁问》）

② 当然，这个逻辑是非常有问题的。它是事后的强说，而不是正常的逻辑。

“道”视域下的二程理想人格观

郑 熊
（西北大学中国思想文化研究所副教授）

理想人格作为儒家的追求，伴随着时代的演进，是不断变化的。对儒家理想人格观的研究，除了考察儒学开创之初的，还应该考察在其演变过程中具有关键地位的。对宋初儒家理想人格观的考察，特别是对二程理想人格观的考察，就非常有必要。目前学界对此多有研究①，本文就从道的角度来考察二程理想人格观。

一、理想人格观的基础：道

二程的理想人格观是建立在道的基础上，之所以会这样，是因为道与人们的生活紧密联系在一起的。二程说：“君子所贵者，慎之于身，言动之间，皆有法则。”② 这就指出君子的言行举止都必须遵循法则。法则指的是什么呢？法则实际上指的就是道。二程在《论语说》中多次强调，道在现实生活中具

① 基金项目：国家社科基金西部项目“《中庸》学与儒家形而上学关系研究”（批准号：12XZS007）目前学界对二程理想人格观的研究，取得的成果非常多，如庞万里：《二程哲学体系》第十章第二节《论圣人及圣贤气象》，北京：北京航空航天大学出版社，1992 年版，第 281 – 296 页）、李煌明《理学智慧与人生之乐——“孔颜之乐”论的历史考察》第三章第一节《程颢与仁者之乐》（人民出版社，2010 年版，第 140 – 159 页）、殷明耀：《论孔颜乐处》，《孔子研究》，2006 年第 6 期，第 80 – 86 页）、洪梅等《寻“孔颜乐处”的生态价值取向——从周敦颐到程颢、程颐》（载于《齐鲁学刊》，2012 年第 4 期，第 17 – 21 页）等。不过，这些成果都是主要集中于对二程圣贤气象以及孔颜乐处的分析，并没有全面展现二程理想人格观相关内容。本文立足于道的视野，来观照二程理想人格观的各方面内容。

② 程颢、程颐著，王孝鱼点校：《河南程氏经说·卷六·论语说·泰伯》，载《二程集》，北京：中华书局，2004 年版，第 1148 页。

有重要的地位。二程为此说："'道不可须臾离，可离非道'，言道也。'造次颠沛必于是'，言守道也"[①]，"'朝闻道，夕死可矣。'人不可以不知道，苟得闻道，虽死可也。"[②] 人们离不开道，人们也不能不知道。人们应该以道为准则，二程就明确说："行不由径，动必从正道"，"道，不可离也。事必由其道，犹出入之必由户也"[③]。人们以道为准则，就是指人们的所作所为都应该以道为准则，这就好像人们出入必须经过大门一样。

理想人格作为人们生活的一部分、作为人们的向往，必然也以道为基础，这可以从理想人格与天理、道的整体关系上体现出来。二程说："圣人与理为一，故无过，无不及，中而已矣"[④]，"圣人无一事不顺天时，故'至日闭关'"[⑤]。这就从圣人与天理的合一、圣人任何事都要顺天时（注：天道），来说明圣人不能脱离天理或道，或者说要成为圣人，必然就要顺天理、顺天道。作为理想人格之一的君子，同样也脱离不了天理或道。《论语说》中有："君子之于天下，无必往也，无莫往也，惟义是亲。"[⑥] 二程又说："夫天之生物也，有长有短，有大有小。君子得其大矣（一作者），安可使小者亦大乎？天理如此，岂可逆哉？"[⑦]"惟义是亲"就是从道义上来说的，君子以道义为处世准绳。天所生之物有长有短、有大有小，这都是由天理所决定的，作为君子到底以何种面貌出现，也是由天理决定的。可见，作为理想人格的圣人与君子，都与天理与道之间存在紧密的关系。

天理与道之间是什么关系呢？作为二程理想人格观基础的道，是不同于先

---

① 程颢、程颐著，王孝鱼点校：《河南程氏经说·卷六·论语说·里仁》，载《二程集》，第1137页。

② 程颢、程颐著，王孝鱼点校：《河南程氏经说·卷六·论语说·里仁》，载《二程集》，第1138页。

③ 程颢、程颐著，王孝鱼点校：《河南程氏经说·卷六·论语说·雍也》，载《二程集》，第1142页。

④ 程颢、程颐著，王孝鱼点校：《河南程氏遗书·卷二十三》，载《二程集》，第307页。

⑤ 程颢、程颐著，王孝鱼点校：《河南程氏外书·卷三》，载《二程集》，第366页。

⑥ 程颢、程颐著，王孝鱼点校：《河南程氏经说·卷六·论语说·里仁》，载《二程集》，第1138页。

⑦ 程颢、程颐著，王孝鱼点校：《河南程氏遗书·卷十一》，载《二程集》，第125页。

秦汉唐儒者所论之道，这个“道”是从本体上来说的。纵观儒学发展史，可知宋明儒学实现了对汉唐儒学质的飞跃，这种飞跃主要表现在宋明儒学建构了本体论。对于二程本体论来说，他们是以天理为本体的。对天理本体，程颐就曾经说过：“吾学虽有所受，天理二字却是自家体贴出来。”① 二程又认为：“上天之载，无声无臭之可闻。其体则谓之易，其理则谓之道，其命在人则谓之性，其用无穷则谓之神，一而已矣。”② 天、性、道、神都是“一而已”，它们之间不存在质的差别，只是从不同的角度对天理本体进行反映。程颐还说：“圣人之道，更无精粗，从洒埽、应对至精义入神，通贯只一理。”③ 这就从具体圣人之道的众多表现来说明道是天理本体的表现形式之一。不过，二程一定程度上又把“道”提升到本体的高度，使道具有了本体色彩。

道具有本体色彩，可以从道的特点体现出来。二程引用《中庸》的话语来说明道贯穿万物，“‘大哉圣人之道！洋洋乎，发育万物，峻极于天。优优大哉！礼仪三百，威仪三千，待其人而后行。故曰：苟不至德，至道不凝焉。’皆是一贯。”④ 万物的发育来源于道，礼仪、威仪的运行同样来源于道，道贯穿了万物，道是唯一的。此外，二程又说：“须是合内外之道，一天人，齐上下，下学而上达，极高明而道中庸。”⑤ 这就把道看成是内外合一的、天人合一的、下学与上达合一的。就天人合一来说，二程说：“不知天，则于人之愚智贤否有所不能知，虽知之有所不尽，故‘思知人不可以不知天’。不知人，则所亲者或非其人，所由者或非其道，而辱身危亲者有之，故‘思事亲不可不知人’”⑥。这就是要把“知天”和“知人”结合起来，“知天”就是要知道“天道”，就是要认识道本体，而“知人”就是要知道性，特别是人性，“知

① 程颢、程颐著，王孝鱼点校：《河南程氏外书·卷十二》，载《二程集》，第424页。

② 程颢、程颐著，王孝鱼点校：《河南程氏粹言·卷一·论道篇》，载《二程集》，第1170页。

③ 程颢、程颐著，王孝鱼点校：《河南程氏遗书·卷十五》，载《二程集》，第152页。

④ 程颢、程颐著，王孝鱼点校：《河南程氏遗书·卷十四》，载《二程集》，第140页。

⑤ 程颢、程颐著，王孝鱼点校：《河南程氏遗书·卷三》，载《二程集》，第59页。

⑥ 程颢、程颐著，王孝鱼点校：《河南程氏遗书·卷四》，载《二程集》，第72页。

天”与“知人”的结合就是要认识到人性来源于道本体、道本体转变成具体人性。二程还说：“固是道无穷，然怎生一个无穷便了得他”①，“释氏说道，譬之以管窥天，只务直上去，惟见一偏，不见四旁，故皆不能处事。圣人之道，则如在平野之中，四方莫不见也”②。二程认为道是无穷的，同时又认为儒家之道与现实是紧密联系在一起的，它并不像释氏之道脱离现实那样。总之，二程把道提高到了本体地位，实现了对汉唐儒学之道的超越。二程理想人格观就是以道、以本体之道为基础来展开的。

二、道与理想人格的层次划分

二程理想人格观包含着众多内容，这些内容都与道有着密切的关系。二程对理想人格的层次划分，就是建立在本体之道的基础上。二程说：“子曰：‘老者安之，朋友信之，少者怀之。’此圣人之事也。颜子，大贤之事也。子路，有志者之事也。”③ 这里涉及的理想人格有“圣人”“贤人”。此外，二程还经常提到“君子”，如“君子之学必日新，日新者日进也。不日新者必日退，未有不进而不退者。唯圣人之道无所进退，以其所造者极也”④。二程延续了孔子的看法，也把理想人格划分为“圣人”“贤人”和“君子”。

“圣人”“君子”在二程那里有多层含义。就“圣人”来说，二程说：“无好学之志，则虽有圣人复出，亦无益矣。然圣人在上而民多善者，以涵泳其教化深且远也，习闻之久也”⑤。这里所说的“圣人”实际上就指的是君王。对于作为君王的“圣人”与道的关系，《书解》中有：“所谓大道，虽性与天道之说，固圣人所不可得而去也。如言阴阳四时七政五行之道，亦必至要之

---

① 程颢、程颐著，王孝鱼点校：《河南程氏遗书·卷十九》，载《二程集》，第251页。

② 程颢、程颐著，王孝鱼点校：《河南程氏遗书·卷十三》，载《二程集》，第138页。

③ 程颢、程颐著，王孝鱼点校：《河南程氏遗书·卷九》，载《二程集》，第107页。

④ 程颢、程颐著，王孝鱼点校：《河南程氏遗书·卷二十五》，载《二程集》，第325页。

⑤ 程颢、程颐著，王孝鱼点校：《河南程氏遗书·卷二十五》，载《二程集》，第323页。

语，非后代之繁衍末术也，固亦常道，圣人所不去也”[①]。二程认为“圣人”对讲求“性与天道”的“大道”由于不可得，所以不得不抛弃；而对于讲求“阴阳四时七政五行”的“常道”，则会大力宣扬。此外，二程还认为作为君王的圣人是拥有好的道德。《书解》说：“‘浚、哲、文、明、温、恭、允、塞’，八事。……八者以形容其圣德。凡称圣人，取其德美之焕发者而称之，系其人所取，不必同也。如称尧则曰‘钦明文思安安’，称仲尼则曰‘温良恭俭让’，要之皆圣人之德美，称之足以见其圣人耳。”[②] 这就以尧和孔子为例，说明圣人拥有的美德。对于“君子”来说，二程也认为其有君王的含义。《论语说》在对“君子怀德，小人怀土；君子怀刑，小人怀惠”解释时，就说过：“在上者志存于德，则民安其土；在上者志在严刑，则民思仁厚者而归之”[③]。二程也把“君子”与“民”对应起来说，“君子笃于亲，则民兴而乐仁；故旧不遗，则民化而笃厚”[④]。可见，“君子”就是“在上者”，就是与民相对的君王。

需要说明的是，二程把“圣人”“君子”作为理想人格，是从道的角度来界定的，认为二者对本体之道有深入的体悟。二程把“圣人”“君子”作为理想人格，首先继承了孔孟等人的看法，从道德角度来判断。二程说：“虽乐于及人，不见是而无闷，乃所谓君子”[⑤]，“曾子曰：‘可以托六尺之孤。’节操如是，可谓君子矣。”[⑥] 这就认为有道德之人才能成为君子，二程为此说：“去

---

① 程颢、程颐著，王孝鱼点校：《河南程氏经说·卷二·书解》，载《二程集》，第1032页。

② 程颢、程颐著，王孝鱼点校：《河南程氏经说·卷二·书解》，载《二程集》，第1040页。

③ 程颢、程颐著，王孝鱼点校：《河南程氏经说·卷六·论语说·里仁》，载《二程集》，第1138页。

④ 程颢、程颐著，王孝鱼点校：《河南程氏经说·卷六·论语说·泰伯》，载《二程集》，第1148页。

⑤ 程颢、程颐著，王孝鱼点校：《河南程氏经说·卷六·论语说·学而》，载《二程集》，第1133页。

⑥ 程颢、程颐著，王孝鱼点校：《河南程氏经说·卷六·论语说·泰伯》，载《二程集》，第1148页。

仁，则不得名君子矣”①。人要成为有道德的“君子”，就应该认识到“名数之学，君子学之而不以为本也。言语有序，君子知之而不以为始也”②。即人们应该知道“名数之学”和“言语之学”都不是根本，而应该以道德为本。对于圣人的道德，二程则说：“圣人之德，无所不盛。古之称圣人者，自其尤盛而言之”③，“圣人者，人伦之至，惟圣人为能尽仁道”④。这都是把圣人的道德看成是最高的，是人伦之至。这种道德，“巍巍崇高，其大与天同也。荡荡，其德之广大不可得而名言也”⑤。

从道的角度来界定理想人格，除了以上所讲的本体之道转化为具体的道德在圣人、君子上的表现外，还表现在理想人格对本体之道的体悟上。由于体悟的深浅不同，也就带来理想人格的层次不同。二程认为圣人是理想人格中的最高层次，他虽然也有喜怒哀乐，但是能够持中，“圣人未尝无喜也，‘象喜亦喜’；圣人未尝无怒也，‘一怒而安天下之民’；圣人未尝无哀也，‘哀此茕独’；圣人未尝无惧也，‘临事而惧’；圣人未尝无爱也，‘仁民而爱物’；圣人未尝无欲也，‘我欲仁，斯仁至矣’。但中其节，则谓之和”⑥。君子与圣人相比，层次就要低一些，二者之间有着明显差别。前面已经讲到君子之道是不进则退的，而圣人之道则是无所谓进退的，因为它是至善至美的。此外，二程又说：“圣人无过。汤、武反之也，其始未必无过。所谓如日月之食，乃君子之过”⑦、“圣人乐天，则不须言知命。知命者，知有命而信之者尔，‘不知命无

---

① 程颢、程颐著，王孝鱼点校：《河南程氏经说·卷六·论语说·里仁》，载《二程集》，第1137页。

② 程颢、程颐著，王孝鱼点校：《河南程氏遗书·卷二十五》，载《二程集》，第323页。

③ 程颢、程颐著，王孝鱼点校：《河南程氏粹言·卷二·人物篇》，载《二程集》，第1267页。

④ 程颢、程颐著，王孝鱼点校：《河南程氏经说·卷六·论语说·雍也》，载《二程集》，第1143页。

⑤ 程颢、程颐著，王孝鱼点校：《河南程氏经说·卷六·论语说·泰伯》，载《二程集》，第1149页。

⑥ 程颢、程颐著，王孝鱼点校：《河南程氏外书·卷十》，载《二程集》，第403页。

⑦ 程颢、程颐著，王孝鱼点校：《河南程氏外书·卷二》，载《二程集》，第364页。

以为君子'是矣"[①]，"君子有义有命。……至于圣人，则惟有义而无命"[②]。圣人是"无过"的、"乐天"的、"有义而无命"的，君子则是"有过"的、"知命"的、"有义有命"的。当然，圣人的"无过"并不是指圣人没有过过错，只是其善于及时改正，而君子之过则是暂时的。君子通过学习，最终也会变成圣人，"人皆可以至圣人，而君子之学必至于圣人而后已。不至于圣人而后已者，皆自弃也"[③]。

二程还阐述了圣人与贤人的差别，认为贤人也是比圣人层次低的理想人格。对于二者的差别，有学者研究指出："圣人是自然而然地能够达到与万物一体的自由，而贤人则是经过努力修养而后达到与万物一体的自由和快乐"，"圣人是自然地合乎道德，贤人只不过是循道而已，有勉而后中的人化之功，虽然有勉力之功，但最后依然能够获得快乐，因此是贤人"[④]。这实际上从表面上来区分圣人与贤人，并没有真正抓住二者差别的根本所在。二程明确指出："体道，少能体即贤，尽能体即圣。"[⑤]对道体悟的多少，才是圣人与贤人的差别所在。此外，二程又说："《乾》是圣人道理，《坤》是贤人道理"[⑥]，"圣人之言远如天，贤者小如地"[⑦]。圣人体现出的是天地境界，贤人体现出的是道德境界。"言有多端，有有德之言，有造道之言。有德之言说自己事，如圣人言圣人事也。造道之言则知足以知此，如贤人说圣人事也。"[⑧]"孟子言己志，有德之言也；论圣人之事，造道之言也。"[⑨] 这就认为圣人之言为"有德

① 程颢、程颐著，王孝鱼点校：《河南程氏遗书·卷十一》，载《二程集》，第125页。

② 程颢、程颐著，王孝鱼点校：《河南程氏外书·卷三》，载《二程集》，第367页。

③ 程颢、程颐著，王孝鱼点校：《河南程氏遗书·卷二十五》，载《二程集》，第318页。

④ 王鹏英：《二程论"圣贤气象"的不同》，《名作欣赏》，2010年2期，第44、45页。

⑤ 程颢、程颐著，王孝鱼点校：《河南程氏遗书·卷七》，载《二程集》，第96页。

⑥ 程颢、程颐著，王孝鱼点校：《河南程氏遗书·卷五》，载《二程集》，第79页。

⑦ 程颢、程颐著，王孝鱼点校：《河南程氏遗书·卷六》，载《二程集》，第91页。

⑧ 程颢、程颐著，王孝鱼点校：《河南程氏遗书·卷十八》，载《二程集》，第196页。

⑨ 程颢、程颐著，王孝鱼点校：《河南程氏粹言·卷二·圣贤篇》，载《二程集》，第1236页。

之言”，贤人之言为“造道之言”，“有德之言”在于圣人言说自己之事，“造道之言”在于孟子等贤人言说圣人之事。二程还说：“孟子常自尊其道而人不尊，孔子益自卑而人益尊之，圣贤固有间矣”[①]，“圣人愈自卑而道已高，贤人不高则道不尊，圣贤之分也”[②]。贤人想方设法通过后天努力去提高对道的认知，反而没有得到人们的认同；圣人顺其自然去符合道，没有刻意高扬自己，反而受到人们的认同。总之，圣人、贤人由于对道的体悟存在深度、境界以及方式上的差异，带来了层次上的差别。

道与理想人格层次划分的关系，还体现在以道为标准来评判人物以及凸显君子与小人之差别。二程说：“汉儒之中，吾必以杨子为贤。然于出处之际，不能无过也”[③]，“荀卿才高学陋，以礼为伪，以性为恶，不见圣贤，虽曰尊子弓，然而时相去甚远。圣人之道，至卿不传。扬子云仕莽贼，谓之‘旁烛无疆’可乎？隐可也，仕不可也”[④]。这就认为扬雄为贤人，不能称之为圣人，由于其入仕于王莽新朝，在道上有所欠缺；至于荀子则与圣贤无关，因为他与道相去甚远。二程在对邵雍、张载进行评价时，同样以道为标准，“世之信道笃而不惑异端者，洛之尧夫、秦之子厚而已”[⑤]。对于君子与小人的差别，二程说：“君子常过于厚，小人常过于薄。君子常过于爱，小人常过于忍”[⑥]。这是从道德上区分，延续了孔孟儒学的看法。不过，二程同时又说：“义理与客气常相胜，又看消长分数多少，为君子小人之别”[⑦]，“君子循理，故舒泰荡荡然。小人役于物，故多忧戚”[⑧]。这就把君子与小人的区别上升到对天理（即道）的遵循上，上升到“义理”与“客气”（即私欲）相胜关系上。二程还从“违道”以否上区分二者，他们说：“今语小人曰不违道，则曰不违道，然

---

① 程颢、程颐著，王孝鱼点校：《河南程氏遗书·卷九》，载《二程集》，第108页。

② 程颢、程颐著，王孝鱼点校：《河南程氏外书·卷三》，载《二程集》，第369页。

③ 程颢、程颐著，王孝鱼点校：《河南程氏遗书·卷四》，载《二程集》，第70页。

④ 程颢、程颐著，王孝鱼点校：《河南程氏外书·卷十》，载《二程集》，第403页。

⑤ 程颢、程颐著，王孝鱼点校：《河南程氏遗书·卷四》，载《二程集》，第70页。

⑥ 程颢、程颐著，王孝鱼点校：《河南程氏粹言·卷二·人物篇》，载《二程集》，第1267页。

⑦ 程颢、程颐著，王孝鱼点校：《河南程氏遗书·卷一》，载《二程集》，第4页。

⑧ 程颢、程颐著，王孝鱼点校：《河南程氏经说·卷六·论语说·述而》，载《二程集》，第1147页。

卒违道；语君子曰不违道，则曰不违道，终不肯违道”①。君子终身是不违道的，而小人虽说不违道，终究会违道，这体现出二者对道的恪守有差别。

三、道与理想人格的职责与修养等

二程理想人格观还体现在对理想人格的职责以及修养等方面的探讨，这也是在道的观照下来进行的。就理想人格的职责来说，归纳起来就是要识道、传道以及行道。识道，就是要理解道以及认识道是如何演变的等等。二程说："'君子而时中'，谓即时而中。如禹、稷当颜子之时，不为颜子所为，非中也。颜子亦然。"② 这要求理想人格对道的理解要适中。"仲尼圣人，其道大。当定、哀之时，人莫不尊之。后弟子各以其所学行，异端遂起。至孟子时，不得不辩也。"③ 二程归纳了道演变的情况，即在孔子之时道得以宣扬，后来孔门弟子在传道时出现了异端之学，到孟子之时只能通过辩论来传道了。传道，就是对圣人之道的传承。在二程看来，圣人之道是以经典为载体的。二程说："夫子删《诗》，赞《易》，叙《书》，皆是载圣人之道"④。孔子通过对删、赞、叙等方式来凸显《诗》《易》《书》当中的圣人之道，这意味着这些经典蕴含着圣人之道。二程还进一步指出："学者当以《论语》《孟子》为本。《论语》《孟子》既治，则《六经》可不治而明矣"⑤。这说明随着时代的变迁，作为圣人之道载体的经典也会改变的，就由前面的《诗》《易》《书》变成二程时的《论语》《孟子》等。

在认识清楚道之后，就要行道。二程认为理想人格的职责就是要把道付诸实践，为此说："今所以周游四方，为时无道故也。圣人不敢有忘天下之心，知其不可而犹为之，故其言如此"⑥。作为理想人格的圣人，应该要知其不可

① 程颢、程颐著，王孝鱼点校：《河南程氏遗书·卷二十三》，载《二程集》，第305页。

② 程颢、程颐著，王孝鱼点校：《河南程氏外书·卷七》，载《二程集》，第392页。

③ 程颢、程颐著，王孝鱼点校：《河南程氏外书·卷八》，载《二程集》，第399页。

④ 程颢、程颐著，王孝鱼点校：《河南程氏遗书·卷二十三》，载《二程集》，第305页。

⑤ 程颢、程颐著，王孝鱼点校：《河南程氏遗书·卷二十五》，载《二程集》，第322页。

⑥ 程颢、程颐著，王孝鱼点校：《河南程氏外书·卷三》，载《二程集》，第369页。

为而为之，勇于把道付诸实践。二程认为要行道，还应该有前期准备。比如，“圣贤千言万语，只是欲人将已放之心，约之使反，复入身来，自能寻向上去，下学而上达也”①，“君子以识为本，行次之。今有人焉，力能行之，而识不足以知之，则有异端者出，彼将流宕而不知反”②，“圣人责人缓而不迫，事正则已矣”③。在行道之前，应该实现道的下学与上达的合一，只有在认知了本体之道，才可能把其付诸实践；要行道，还须辟异端，辟异端就是为了更好的行道；要行道还应注意同他人的关系，批评人应该要“缓而不迫”、要适可而止。

理想人格到底如何来行道？要行道，必须按道来行事。《明道先生改正大学》中就有：“所谓平天下在治其国者：上老老而民兴孝，上长长而民兴弟，上恤孤而民不倍，是以君子有絜矩之道也。”④ 君子就应该按照絜矩之道来处理好人伦关系，才可能谈得上平天下。君子在行道中，要善争。二程说：“射者正己而已，非有争也。‘其争也君子’，言君子其争乎”⑤，“可使之往，不可陷以罔”⑥。君子也可以争，争是有目的的，这种争是为了提高自身素养，并非为了名利而争；君子在争时，要适可而止，不要使自己陷于罗网中。此外，理想人格在行道中还重在坚持，还要重行不重讲。二程以孔子为例来说明，他们说：“夫子告以为学由己，未有力不足者。所谓力不足者，乃中道而自废耳。今女自止，非力不足也”⑦，“如孔子之盛德，惟官名礼文有所未知，故问于郯子、老子，既知则遂行而已，更不须讲”⑧。理想人格在行道中，之所以半途

---

① 程颢、程颐著，王孝鱼点校：《河南程氏遗书·卷一》，载《二程集》，第5页。

② 程颢、程颐著，王孝鱼点校：《河南程氏遗书·卷二十五》，载《二程集》，第320页。

③ 程颢、程颐著，王孝鱼点校：《河南程氏粹言·卷二·人物篇》，载《二程集》，第1267页。

④ 程颢、程颐著，王孝鱼点校：《河南程氏经说·卷五》，载《二程集》，第1128页。

⑤ 程颢、程颐著，王孝鱼点校：《河南程氏经说·卷六·论语说·八佾》，载《二程集》，第1136页。

⑥ 程颢、程颐著，王孝鱼点校：《河南程氏遗书·卷八》，载《二程集》，第101页。

⑦ 程颢、程颐著，王孝鱼点校：《河南程氏经说·卷六·论语说·雍也》，载《二程集》，第1142页。

⑧ 程颢、程颐著，王孝鱼点校：《河南程氏遗书·卷二》，载《二程集》，第22页。

而废，在于自己没有持之以恒；在实现对道的认知后，就应该付诸实践，不能光讲不做。

二程还认为理想人格在行道过程中，应该要重学和重教。重学的对象是针对自身来说的，是希望提高自身对道的认识；重教的对象是针对他人来说的，是把理想人格对道的认识传播开去。二程说："圣人言己亦由学而至，所以勉进后人也。立，能自立于斯道也"①，"博奕小技也，不专心致志，犹不可得，况学圣人之道，悠悠焉，何能自得也？……夫圣人何为而迫切至于如是其极哉？善学者，当求其所以然之故，不当诵其文，过目而已也"②。圣人都是通过学习来提高自己的，也只有通过学才能立于道。如何来学？首先，要专心致志，特别对学圣人之道尤为重要；其次，在学习过程中要寻根究底，知道所以然，而不能局限于表面的诵读上。至于重教，二程认为这是理想人格的职责，同时针对现实也是非常有必要的。二程就说："圣人尽道，以其身所行率天下，是欲天下皆至于圣人"③，"知道者多即道明，知者少即道不明也。知者多少，亦由乎教也……盖是圣人既出，故有许多贤者"④。理想人格的职责就是要使天下之人都要成为圣人，而且现实情况也是"知道"者少，如何来改变这种现状，就必须通过教育来改变。如何来教人？二程提出一系列看法，如"君子之教人，或引之，或拒之，各因其所亏者，成之而已"⑤，"古之教人，莫非使之成己，自洒埽应对上，便可到圣人事"⑥，"自'幼子常视无诳'以上，便是教以圣人事"⑦ 等。教人就是要讲求方法，要因人制宜，并且教人应该从洒扫应对等小事入手、从小抓起。

① 程颢、程颐著，王孝鱼点校：《河南程氏经说·卷六·论语说·为政》，载《二程集》，第 1135 页。

② 程颢、程颐著，王孝鱼点校：《河南程氏粹言·卷一·论学篇》，载《二程集》，第 1194 页。

③ 程颢、程颐著，王孝鱼点校：《河南程氏遗书·卷十五》，载《二程集》，第 145 页。

④ 程颢、程颐著，王孝鱼点校：《河南程氏遗书·卷十七》，载《二程集》，第 175－176 页。

⑤ 程颢、程颐著，王孝鱼点校：《河南程氏遗书·卷四》，载《二程集》，第 70 页。

⑥ 程颢、程颐著，王孝鱼点校：《河南程氏遗书·卷五》，载《二程集》，第 78 页。

⑦ 程颢、程颐著，王孝鱼点校：《河南程氏遗书·卷六》，载《二程集》，第 82 页。

理想人格要传道、行道，本身就要有高的素养。这就涉及理想人格的修养论，修养论与道也是紧密联系在一起的。二程说："道即性也。若道外寻性，性外寻道，便不是。圣贤论天德，盖谓自家元是天然完全自足之物，若无所污坏，即当直而行之；若小有污坏，即敬以治之，使复如旧。所以能使如旧者，盖为自家本质元是完足之物。"① 圣贤之所以能够通过敬的修养方法使人的善性充分体现出来，就是因为圣贤之性本身原来就是完美的，而这种完美的圣贤之性来源于道、来源于道在人身上的转化。人们通过修养，最终达到的目的就是实现对道的回归。理想人格在修养的过程中，需要端正态度且用外在的礼乐来规范，"贫无谄，富无骄，能处其分也。乐与好礼，能自修也。切磋琢磨，自修各以其道也。"② 至于采用什么具体修养方法，从而实现对道的认知。在二程看来，理想人格的修养方法主要有慎独、诚、敬等，其中最为重要的则是敬。对于"诚"来说，指的是诚信不欺。诚在人们生活中具有重要地位，"学者不可以不诚，不诚无以为善，不诚无以为君子。修学不以诚，则学杂；为事不以诚，则事败；自谋不以诚，则是欺其心而自弃其忠；与人不以诚，则是丧其德而增人之怨"，因而"学者不可以不诚"③。对于"敬"，二程则说："圣人无优劣，有则非圣人也。主一者谓之敬。一者谓之诚"④。这把"敬"看成是一种心度、一种方式，"敬"就是"主一"，就是专心于一事，就是专心于诚。这也说明"敬"往往是与其他概念结合起来使用的，又如"敬只是涵养一事。必有事焉，须当集义。只知用敬，不知集义，却是都无事也"⑤。"敬"就是要涵养事，要用"义"来涵养。

---

① 程颢、程颐著，王孝鱼点校：《河南程氏遗书 · 卷一》，载《二程集》，第1页。

② 程颢、程颐著，王孝鱼点校：《河南程氏经说 · 卷六 · 论语说 · 学而》，载《二程集》，第1134页。

③ 程颢、程颐著，王孝鱼点校：《河南程氏遗书 · 卷二十五》，载《二程集》，第326页。

④ 程颢、程颐著，王孝鱼点校：《河南程氏遗书 · 卷二十四》，载《二程集》，第315页。

⑤ 程颢、程颐著，王孝鱼点校：《河南程氏遗书 · 卷十八》，载《二程集》，第206页。

四、道与理想人格气象

道视域下的理想人格观，还涉及道与理想人格气象的关系。气象是理想人格在行道以及通过修养论培养出来的，同时气象的不同也体现出理想人格的层次性。理想人格的气象是非常重要的。二程指出："学者不学圣人则已，欲学之，须是熟玩圣人气象，不可止于名上理会。如此，只是讲论文字。"[①] 人们向圣人学习，不能局限于外在的名，更应该关注的是圣人的气象。对于是否是圣人，一定程度上来源于对气象的考察。二程就以曾子为例来说明此问题，"曾子传圣人学，其德后来不可测，安知其不至圣人？如言'吾得正而毙'，且休理会文字，只看他气象极好，被他所见处大。后人虽有好言语，只被气象卑，终不类道"[②]。如果从语言上来看，曾子算不上圣人，但从气象上看则不尽然；反之，有些人虽然有好的语言，但气象卑微，与道不符，也不能称之为圣人。二程又说："'居处恭，执事敬，与人忠'，充此便睟面盎背，有诸中必形诸外，观其气象便见得"[③]。气象的作用还在于把人的内涵显现出来，人的内在品德与外在气象存在内外合一的关系。

理想人格的气象来源于哪里？如何考察？这都与道有着密切的关系。二程说："观天地生物气象"[④]"自孔子观吾辈，吾辈便隘。惟其与万物同流，便能与天地同流"[⑤]。这说明理想人格的气象来源于对天地生物气象的取法，来源于对天地万物绿意盎然生机等的取法，理想人格气象与万物气象是同流的。二者之所以是同流的，在于它们都是道的体现。对气象的考察，二程认为可以通过对理想人格话语的阅读来实现，这是因为"圣人之语，因人而变化；语虽有浅近处，即却无包含不尽处"[⑥]，即"圣人之语"虽然有浅近之分，但是都蕴含了圣人气象。需要说明的是，"圣人之语"的浅近实际上指的是其对道蕴含

---

① 程颢、程颐著，王孝鱼点校：《河南程氏外书·卷十》，载《二程集》，第404页。

② 程颢、程颐著，王孝鱼点校：《河南程氏遗书·卷十五》，载《二程集》，第145页。

③ 程颢、程颐著，王孝鱼点校：《河南程氏遗书·卷五》，载《二程集》，第77页。

④ 程颢、程颐著，王孝鱼点校：《河南程氏遗书·卷六》，载《二程集》，第83页。

⑤ 程颢、程颐著，王孝鱼点校：《河南程氏遗书·卷六》，载《二程集》，第86页。

⑥ 程颢、程颐著，王孝鱼点校：《河南程氏遗书·卷十七》，载《二程集》，第176页。

的深浅而已。二程说："凡看文字，非只是要理会语言，要识得圣贤气象。如孔子曰：'盍各言尔志。'而由曰：'愿车马，衣轻裘，与朋友共，敝之而无憾。'颜子曰：'愿无伐善，无施劳。'孔子曰：'老者安之，朋友信之，少者怀之。'观此数句，便见圣贤气象大段不同。若读此不得见圣贤气象，他处也难见。学者须要理会得圣贤气象。"① 这就通过对孔子、子路、颜回话语的分析，得出孔子与子路、颜回三人有不同的气象。此外，一定程度上可以通过对话语所体现出的气象的考察，来判断其归属。"《礼》，'我战则克，祭则受福'，盖得其道。此语至常浅，孔子固能如此，但观其气象，不似圣人之言。"② 二程认为《礼记》中"我战则克，祭则受福"这句话非常的浅薄，其所体现出的气象意味着它不是孔子所说的。

理想人格体现出什么气象呢？二程说："人有斗筲之量者，有钟鼎之量者，有江河之量者，有天地之量者。斗筲之量者，固不足算；若钟鼎江河者，亦已大矣，然满则溢也；唯天地之量者，无得而损益，苟非圣人，孰能当之！"③ 这就把圣人气象比喻为"天地之量"，认为圣人气象就像天地之量一样不仅大，而且满而不溢。至于比圣人层次低的君子，二程则说："'君子不重则不威。'不厚重则无威仪，所学不能安固"④，"富，人之所欲也，苟于义可求，虽屈己可也；如义不可求，宁贫贱以守其志也。非乐于贫贱，义不可去也"⑤。君子体现出严肃威严的气象，同时面对财富能够取之有道、坚持大义。二程还具体探讨了孔子和颜回的气象。二程说："俨然，即之温，言厉。佗人温则不厉，俨然则不温，惟孔子全之"⑥，"'仰之弥高'，见其高而未能至也。'钻之

---

① 程颢、程颐著，王孝鱼点校：《河南程氏遗书·卷二十二上》，载《二程集》，第284页。

② 程颢、程颐著，王孝鱼点校：《河南程氏遗书·卷十五》，载《二程集》，第159页。

③ 程颢、程颐著，王孝鱼点校：《河南程氏遗书·卷九》，载《二程集》，第108页。

④ 程颢、程颐著，王孝鱼点校：《河南程氏经说·卷六·论语说·学而》，载《二程集》，第1134页。

⑤ 程颢、程颐著，王孝鱼点校：《河南程氏经说·卷六·论语说·述而》，载《二程集》，第1144－1145页。

⑥ 程颢、程颐著，王孝鱼点校：《河南程氏遗书·卷六》，载《二程集》，第81页。

弥坚’，测其坚而未能达也”[①]。孔子显现出温和而庄重、“高山仰止，景行景止”的圣人气象。至于颜回的气象，二程说：“只学颜子不贰过”[②]。这就把颜回的气象，主要归纳为“不贰过”。对于“不贰过”，二程说：“颜子之怒在物而不在己，故‘不迁’；有不善未尝不知，知之未尝复行，‘不贰过’也”[③]。“不贰过”就是指不会犯相同的错误。

二程对理想人格气象的阐述，还表现在对孔子、颜回、孟子的气象进行比较上。这些比较也是建立在道的基础上的。二程说：“仲尼，元气也；颜子，春生也；孟子，并秋杀尽见。仲尼，无所不包；颜子示‘不违如愚’之学于后世，有自然之和气，不言而化者也；孟子则露其才，盖亦时然而已。仲尼，天地也；颜子，和风庆云也；孟子，泰山岩岩之气象也。观其言，皆可以见之矣。仲尼无迹，颜子微有迹，孟子其迹著。”[④] 这就从四个方面来比较孔、颜、孟的气象，认为孔子如“元气”、如天地、无迹且无所不包，颜回如“春生”、如“和风庆云”、有迹且不言而化，孟子如“秋杀”、如泰山北斗、迹著且“露其才”。此外，二程还说：“孔子尽是明快人，颜子尽岂弟，孟子尽雄辩”[⑤]。这是从三人的特点来凸显各自气象，比如孔子说话清楚明白且彻底，颜回和乐平易，孟子善于雄辩。此外，二程还说：“颜子合下完具只是小，要渐渐恢廓。孟子合下大，只是未粹，索学以充之”[⑥]，“颜子不动声气，孟子则动声气矣”[⑦]。颜子虽然给人以格局小的气象，但是可以不断扩大；孟子虽然给人以格局大的气象，但其是杂乱无章的，还需通过学习来扩充。

二程对孔子、颜回气象的阐述，还体现在对孔颜乐处的高扬，这本身也是二程的追求所在。此问题的提出，来源于二程的经历，“昔受学于周茂叔，每

---

① 程颢、程颐著，王孝鱼点校：《河南程氏遗书·卷六》，载《二程集》，第89页。

② 程颢、程颐著，王孝鱼点校：《河南程氏遗书·卷七》，载《二程集》，第97页。

③ 程颢、程颐著，王孝鱼点校：《河南程氏经说·卷六·论语说·公冶长》，载《二程集》，第1141页。

④ 程颢、程颐著，王孝鱼点校：《河南程氏遗书·卷五》，载《二程集》，第76页。

⑤ 程颢、程颐著，王孝鱼点校：《河南程氏遗书·卷五》，载《二程集》，第77页。

⑥ 程颢、程颐著，王孝鱼点校：《河南程氏遗书·卷三》，载《二程集》，第62页。

⑦ 程颢、程颐著，王孝鱼点校：《河南程氏遗书·卷十一》，载《二程集》，第126页。

令寻颜子、仲尼乐处，所乐何事”[①]。二程就在此基础上对孔颜乐处进行了详细阐述，涉及与道的关系。二程认为孔子、颜回之所以有所乐，就在于他们认识了道。二程明确说：“颜子默识，曾子笃信，得圣人之道者，二子也。”[②] 这就认为颜子继承了孔子之道，换句话说，孔子和颜回都是得道之人。正因为孔颜有所得，所以才会有所乐。对于孔颜乐处，二程讨论了其外在表现和内在本质。二程说：“贫贱而在陋巷者，处富贵则失乎本心。颜子在陋巷犹是，处富贵犹是”[③]，“颜子非乐箪瓢陋巷也，不以贫累其心而改其所乐也”[④]。前者指出颜回之乐不会被陋巷所影响，同样也不会被富贵所影响；后者指出颜回之乐也不会被贫窭累其心而改变。对于孔子和颜回到底所乐何事？二程说：“虽疏食饮水，不能改其乐，故云‘乐亦在其中矣’，非乐疏食饮水也。不义而富贵，视之轻如浮云也”，“发愤至于忘食，自乐能忘其忧，老将至而不知，好学之笃耳”[⑤]。孔子和颜回非乐于“疏食饮水”，乐在取之有道，乐在“忘其忧”，乐在好学。这些所乐都是表面的，二程认为乐还有更深层次的东西。他们说：“仁者在己，何忧之有？凡不在己，逐物在外，皆忧也。‘乐天知命故不忧’，此之谓也。若颜子箪瓢，在他人则忧，而颜子独乐者，仁而已。”[⑥] 这就明确指出颜回所乐在仁。二程又说：“颜子在陋巷，‘人不堪其忧，回也不改其乐’。箪瓢陋巷非可乐，盖自有其乐耳。‘其’字当玩味，自有深意。”[⑦] 仔细分析“其”字，可知二程认为“其”字指的就是道，仁就是道的具体表现。二程在此基础上又前行了一步，认为所乐是人达到与道为一的境界所自然享有

---

① 程颢、程颐著，王孝鱼点校：《河南程氏遗书·卷二》，载《二程集》，第16页。

② 程颢、程颐著，王孝鱼点校：《河南程氏遗书·卷十一》，载《二程集》，第119页。

③ 程颢、程颐著，王孝鱼点校：《河南程氏遗书·卷二十五》，载《二程集》，第320页。

④ 程颢、程颐著，王孝鱼点校：《河南程氏粹言·卷二·圣贤篇》，载《二程集》，第1233页。

⑤ 程颢、程颐著，王孝鱼点校：《河南程氏经说·卷六·论语说·述而》，载《二程集》，第1145页。

⑥ 程颢、程颐著，王孝鱼点校：《河南程氏外书·卷一》，载《二程集》，第352页。

⑦ 程颢、程颐著，王孝鱼点校：《河南程氏遗书·卷十二》，载《二程集》，第135页。

的精神和乐。这在程颐和鲜于侁的对话中体现的尤为明显，“鲜于侁问伊川曰：‘颜子何以能不改其乐？’正叔曰：‘颜子所乐者何事？’侁对曰：‘乐道而已。’伊川曰：‘使颜子而乐道，不为颜子矣。’侁未达，以告邹浩。浩曰：‘夫人所造如是之深，吾今日始识伊川面。’”① 程颐认为如果以道为颜回所乐的对象，那么就没有真正认识到孔颜乐处的实质所在，应该在乐道的基础上上升为人与道交融所形成的精神境界，这才是颜回真正所乐之处。

五、评价

综上所述，可知二程的理想人格观涉及理想人格的层次划分、理想人格的职责以及修养论、理想人格的气象等方面的内容，它们与道都有着密切的关系。这里所说的道指的是本体之道，它对孔孟之道实现了质的飞跃。二程以天理为本体，道是天理本体的表现形式之一，同时道又具有本体色彩。不过，需要指出的是，理学本体论的构建并不是最终目的，构建的本体最终还是要落脚在现实中活生生的人上，落脚在人的修养、人的追求等方面上。二程理想人格观与道的关系，正凸显出本体与人的关系。通过把理想人格划分为圣人、贤人、君子等，可以认识到人们对道的体悟是不尽相同的；对理想人格职责以及修养论的探讨，是为了对道得到更好的认识、显现以及传承；对理想人格气象的阐述，是为了凸显道与人精神境界之间的关系。总之，理想人格观在二程思想体系中具有重要地位，它是道本体在人身上的凸显，而且也是构建思想体系的目的之所在。

二程的理想人格观是儒家理想人格观发展史上非常重要的一环，它发展了孔子等人的理想人格观，也引导了理学理想人格观的走向。孔子以圣人、贤人、君子等为具体的理想人格，三者之间的划分在一定程度上是以道德境界的高低为标准的，而且这些理想人格与小人比较起来，最大的区别在于是追求道德还是追求私益。二程虽然也以圣人、贤人、君子等为具体的理想人格，但是三者之间的划分标准发生了变化，是以对道体悟的深浅为标准的；对于理想人格与小人之间的区别，也上升到对天理（即道）的遵循上，上升到“义理”与“客气”（即私欲）相胜的关系上。此外，二程对孔子理想人格相关的修养

---

① 程颢、程颐著，王孝鱼点校：《河南程氏外书·卷七》，载《二程集》，第395页。

论、境界论也有所发展。这些发展都是建立在儒学之道抽象化、形上化、本体化的基础上，是儒学在宋代发展的具体表现。二程之后，理学家的理想人格观延续了二程的观点，也都是从本体的角度来阐发理想人格观的，当然也存在一些变化。比如，二程将孔颜乐处理解成人与道交融所形成的精神境界，朱熹对孔颜乐处的理解则不同。有学者就研究指出："朱熹的目的不在于境界与气象，不在于内心的虚明与快活，而意在'做事'，意在循礼的实在工夫。换句话说，在朱熹看来，'孔颜乐处'的问题并不在于让人内心如何快活的问题，而是一个如何做工夫的问题。"① 也就是说对孔颜乐处的探讨，从境界论的角度变成了工夫论的角度。

二程的理想人格观与同时期周敦颐等人相比，体现出了鲜明的特点。首先是体系完整，内容充实。对于这一点，二程理想人格观包含了对理想人格的层次划分以及理想人格的职责、修养等方面的众多内容。与之相比，周敦颐的理想人格观实际上主要集中在对孔颜乐处的阐发上，而对理想人格的层次划分以及理想人格的职责等都讨论不多。例如，周敦颐虽然也涉及圣人、君子的理想人格，但是对二者之间的差别并没有进行详细阐述。二是分析深入。周敦颐的理想人格观是宋初理学初创时期形成的，此时理学的核心在构建本体论，周敦颐也致力于诚本体的构建，在诚本体与孔颜乐处等理想人格观的关系问题上探讨不够深入。与此相对，二程对理想人格观的探讨就是以道本体为基础，真正显现出了本体与理想人格观之间的内在联系。

---

① 李煌明：《理学智慧与人生之乐——"孔颜之乐的历史考察"》，北京：人民出版社，2010 年版，第 186 页。

章太炎《清儒》对《浙东学术》的继承与发展

李江辉
（西北大学中国思想文化研究所讲师）

经史之学是清代学术成就最高的领域，而从学术史的角度分析清代学术发生和发展当中二者的关系，并对近代以来系统研究清代学术史的派别产生重大影响的，首推章学诚和章太炎。《文史通义·浙东学术》和《訄书·清儒》则是二人相关理论观点阐述的核心文献，探讨二章的学术史理论和这两篇文献的关系，对于我们了解清代经史之学和学派具有重要的学术价值。

章学诚在《浙东学术》中提出，“顾氏宗朱，而黄氏宗陆”，“浙东、浙西，道并行而不悖”，“浙东贵专家，浙西尚博雅”，以浙东浙西、宗朱宗陆归纳清学的源流。周予同认为，浙西顾炎武一派，以文字训诂研究经学，校正宋明空疏的义理之学。浙东黄宗羲一派以史学充实理学，补救王学的空疏；而同时借史学以高倡民族主义，保存晚明文献，以寄其反清复汉的热望。① 二者其实皆是以经史之学为主要研究领域，只是在研究上一个侧重方法，一个侧重理论。章太炎的《清儒》篇，主要是从经学和史学两方面概括清代学术，因为“理学之言，竭而无余华”，文学仅桐城、阳湖。而他对经学的古文立场，渊源可追溯到对顾炎武的推崇，对史学的理解则可追溯到黄宗羲，特别是章学诚。

一、六经皆史

章学诚的《浙东学术》为其平生的最后一篇文章，既是对其晚年发现的浙东学术传统的总结，也是对自己在清代学术史上的自我定位。故而，他认为把“六经皆史”“究性命于史”的思想与浙东学术联系起来，以示浙东经史之

---

① 周予同：《五十年来中国之新史学》，收入朱维铮：《周予同经学史论著选集》（增订版），上海：上海人民出版社，1996 年版，第 515 页。

学所代表的学术精神和学术方法才是清代学术发展的正途。

他一生都在批判以戴震为代表的烦琐考据之学，认为其学源于浙西，不得大道（但他高度评价了《孟子字义疏证》）；姚鼐、袁枚为代表的桐城派文学，明标理学，实际对人心风俗危害巨大。因为“三代学术，知有史而不知有经，切人事也”，“古之所为经，乃三代盛时，典章法度见于政教行事之实”，所以“君子苟有志于学，则必求当代典章，以切于人伦日用；必求官司掌故，而通于经术精微。则学为实事而文非空言，所谓有体必有用也”（《文史通义·史释》）。

他针对乾嘉考据饾饤琐碎之弊，要求持正汉、宋之学，对学术进行修正的理论前提，就是首先要明确“六经皆史也，六经皆先王之政典”（《文史通义·易教上》），性命之学不可空谈，当“究性命于史”。他在《文史通义·原道下》中说：“夫道备于六经，义蕴之匿于前者，章句训诂足以发明之。事变之出于后者，六经不能言，固贵约六经之旨，而随时撰述以究大道也。”

章学诚“六经皆史”说即认为经史为道器关系，不可离器言道。“古人未尝离事而言理，《六经》皆先王之政典”（《文史通义·易教上》），“无经史之别，六艺皆掌之史官，不特《尚书》与《春秋》也”（《文史通义·论修史籍考要略》）；“古之所谓经，乃三代盛时典章法度，见于政教行事之实”，“《六经》之名起于孔门弟子”，“儒家者流乃尊《六艺》而奉以为经”（《文史通义·经解上》）；“盈天地间，凡涉著作之林，皆是史学，六经特圣人取此六种之史以垂训者耳。子集诸家，其源皆出于史，末流忘所自出，自生分别，故于天地之间，别为一种不可收拾、不可部次之物，不得不分四种门户矣。”（《文史通义·报孙渊如书》）

章太炎也认为经史密不可分，“言六经皆史者，贤于春秋制作之论。”（《国故论衡·原经》）这与章学诚的看法基本一致。诸祖耿《记本师章公自述治学之功夫及志向》转述章太炎语云：“余幼专治《左氏春秋》，谓章实斋‘六经皆史’之语为有见。”① 章太炎赞同章学诚“六经皆史”的看法，也自认受其影响，认为六经为上古三代之史。但必须指出的是，章太炎虽然在观念上

---

① 原载《制言半月刊》，1936 年 9 月第 25 期，陈平原，杜玲玲：《追忆章太炎》，北京：中国广播电视出版社，1997 年版，第 86 页

受章学诚的启发，其理论实质却与章学诚有差别。章太炎受西方社会学和宗教学理论影响，在重订《訄书》时新增的《清儒》中比较系统地阐发了其“六经皆史”理论，认为“上古以史为天官，其记录有近于神话”，“古史多出神官”，“古史皆经”。

刘巍具体分析了二章在“六经皆史”理论上的关系，指出章太炎从比较宗教学的角度得出的论断，这与“言六经皆史”的章学诚确有不同，“与其直接的思想渊源者章学诚那带有非常浓厚的权威主义色彩的‘六经皆先王之政典’的观念也有上下床之别。”①

二、学术的目的是持世救偏

章学诚始终认为学术的目的应当针对社会风尚和学术发展补偏救弊，“所贵君子之学术，为能持世而救偏”（《文史通义·原学下》）。《文史通义·说林》云：“风尚所趋，必有所弊，君子立言以救弊，归之中正而已矣。”他把学者比作医生，“学问之事，正如医家良剂，不特志古之道不宜中辍，亦正以其心力营于世法，不胜其疲，不可不有所藉，以为斯须活泼地也”（《文史通义·与史余村论学书》）。“六经皆史”，史为学术之核心，经史研究也应当对人世人心进行救治。

章学诚认为乾嘉时代的考据学、桐城派虽然号称为汉学、古文辞，是古学，实际上却是学古而未成。古学的实质是三代典章政教所存的史学和以史书纪传为代表的古文辞，古代学术的精髓是史学，因此他主张的文史之学不同于唐宋以来四部分立之后文、史之学。“丈夫生不为史臣，亦当从名公巨卿执笔充书记，而因得论列当世，以文章见用于时，如纂修史乘，亦其中之一事也。”（《文史通义·答甄秀才论修志第一书》）

六经皆史，则经（古文）即史也，即先王典章政教；经意即史意，天理性命出于经，故可以究性命于史。《浙东学术》：“天人性命之学，不可以空言讲也。……儒者欲尊德性，而空言义理以为功，此宋学之所以见讥于大雅也。

① 刘巍：《从援今文义说古文经到铸古文经学为史学——对章太炎早期经学思想发展轨迹的探讨》，《近代史研究》，2004年3期。关于章学诚“六经皆史”观念中的“权威主义”倾向，参见余英时：《论戴震与章学诚》，北京：生活·读书·新知三联书店，2000年版，第56页。

……故善言天人性命，未有不切于人事者。三代学术，知有史而不知有经，切人事也；后人贵经术，以其即三代之史耳。近儒谈经，似于人事之外，别有所谓义理矣。浙东之学，言性命者必究于史，此其所以卓也。”章学诚的这一思路力图平衡汉宋之争，使得经史之学融汇考据与义理，兼顾尊德性与道问学。

延至近代，章太炎则针对晚清以来的今古文经学之争，认为“百年以前学者惟患其琐碎，今则不然，正患曼衍，不患微言大义之不明也”（《太炎文录初编》，《别录》二《与人论国学书》）。学术风尚所趋已经变化，显露出的弊端也已不同。章太炎反对今文派以六经为孔子托古改制而作。“章学诚为文史、校雠诸《通义》，以复歆固之学，其卓约近《史通》”（《清儒》），就是通过章学诚的“六经皆史”说批评康梁的新学并非刘歆的新学。在《国粹学报》三周年发表的《祝辞》中，也批评所谓的康梁新学所论，实为清初三逸民（顾黄王）、三大儒（江永、颜元、戴震）已发，“新学”不知拣择，所论均为六人糟粕，并指出了六人值得发扬的几个学说。在汉宋关系上，章太炎晚年实际上也有了如章学诚一般的平衡汉宋的倾向。“世故有疏通知远，好为玄谈者；亦有文理迷察，实事求是者……亦各从其志尔。”（《菿汉微言》末条）

深受章太炎影响的侯外庐在《中国近代启蒙思想史》中指出，晚清康梁变法，今文学兴盛，声势席卷天下（详见于《中国近代启蒙思想史》一、二章），“在这时，古文家的最后一位重镇章太炎挺身而出，上下古今和康氏学派短兵相接，文锋对立，可谓古文家的光辉。他虽然有门户之见甚深，而他与公羊学派论难的方针，大体上是沿着理性主义，在时代意义上更为进步的思想。因此，我们应单独研究章氏的这部分成绩。”①

三、在学术史上的自我定位

狭义的浙东学派指今绍兴、宁波、台州一带学者所发展的学术，盛于明清，源头可追溯至两宋。因学人籍贯及活动范围多在宁绍（今宁波绍兴）地区，地处浙江之东部。清代浙东学派，就是以黄宗羲、万斯大、万斯同、全祖望、章学诚、邵晋涵等为代表研究经学兼史学的经史学派，因这些代表人物均系浙江东部故名。

---

① 侯外庐：《中国近代启蒙思想史》，北京：人民出版社，1993 年版，第 141 页。

古代以钱塘江为界，分为“浙西”“浙东”，今天的杭州、嘉兴、湖州等地区在古代属“浙西”，而宁波、绍兴、台州、温州等地则均属“浙东”地区。广义的浙东学派包括狭义浙东学派及浙江其他地区的学术派别，如宋浙中（浙江中部地区）以吕祖谦为代表的金华学派，陈亮为代表的永康学派，今浙南（浙江南部地区）叶适为代表的永嘉学派。

章学诚在《浙东学术》开篇，分析浙东学术源流，比较浙东、浙西的学术差异，接着从“天人性命之学”切入话题，以“不可以空言讲也”立论，得出“言性命者必究于史”，批评宋儒和门户之见，由此展开全篇议论。通过对清初学术源流的梳理和对乾嘉学风的批评，确立浙东学术的正宗地位，从而为自己的学术研究和学术理想在学术史上正名。《清儒》开篇讲三代以前六艺皆是史学，其道一以贯之，弗能专施于一术。又讲汉唐宋明学术变迁之流弊，清学之缺陷。以此为学术背景，辨章清儒学术，考镜清学源流，校雠经史之学得失。《清儒》对章太炎的意义，就像《浙东学术》对章学诚的意义，名为对清代学术的整理，实际是批判康梁的公羊学，为自己的古文学在清代学术史上定位。因此学界也一般认为章太炎为浙东后学，是晚清浙东学派的代表。整理来看清代浙东学派，在长于史学、相信《周礼》、重视晚明史等方面，章太炎均表现出与浙东学术一脉相承的特征。

四、从文化自觉到学术自觉

章学诚身处乾嘉时代，考据之风盛行，宋明天理性命之学后继乏力，如何协调考据之学与义理之学的紧张是他思考的核心。“究性命于史”就是他给出的治病良方，在学术史上通过对浙东学术传承的梳理和学术精神的提炼，力图为这一良方确立历史和理论的根基。而章太炎身处晚清近代古今、汉宋、中西之学和儒佛耶各教矛盾重重的背景下，力图会通众说，章太炎的学术思想不断变迁，对各种学说都有所吸收借鉴。面对世道衰微，社会变革，他贯彻的正是章学诚“史学所以经世”的主张，以学术为革命的学说，对社会和学术发展进行补偏救弊。钱穆说太炎论史大义可以概括为民族主义之史学、平民主义之史学、文化主义之史学（《余杭章氏别记》，《论丛八》）。

近年来关于文化自觉的理论日趋成熟，通过文化自觉思考和探索中国文化的发展趋势，对我们树立民族自尊和民族自信意义重大。文化的核心是思想文化，因此探讨文化自觉，首先应该从思想学术史的角度分析中国学术发展的自觉，学术史的梳理和学术精神的凝聚与传承就是要解决的首要问题。从《天下篇》《非十二子》《论六家要旨》《艺文志》到《明儒学案》体现的就是中国学术自觉意识的发生历程，从《浙东学术》到《清儒》、两部《中国近三百年学术史》，则反映出这一学术自觉的真正成熟。

性与势：从郭店简《性自命出》看“眚”善恶的可能性

李友广

（西北大学中国思想文化研究所副教授）

结合战国中前期盛行的“即生言性”思潮，我们可以发现郭店儒简当中所出现的“眚”[①] 多表征为一种内藏、静隐的生理反应与先天本能，其由内到外的显露尚需一定的条件性，而并非是自我主宰的独立实体。因而可以说，简文所彰显的主要是“性”的自然而然性。

当然，不可否认的是，竹简的内容虽然主要呈现为自然人性论，但已开始出现向道德人性论转向的显著变化了，而这正是竹简处于战国中前期儒学分化、过渡时期的反映。[②] 这种转向在《性自命出》简 4～5 中表现得非常明显：“好恶，眚（性）也。所好所恶，物也。善〔不善，眚（性）也〕，所善所不善，势也。”[③] 据此，好恶、善不善皆为“性”的潜能与属性，并不具有实然性，其由内到外的显发以及最终呈现于外的样态如何，皆取决于外物的刺激、牵引，心的辨知、取舍和外在的环境形势，此之谓“所好所恶，物也；所善所

① 从古文字字体的演变过程来看，眚字为金文，其出现与使用的时间当为春秋晚期与战国时期，所以，眚字是处于生、性之间的文字。由此看来，金文眚字既具有甲文生字状物、摹物之特点，又因其向性字的过渡而具有“心”“生”形体结合的某些特点。故而，对于郭店简中所出现的“眚”字，在本文引用时我们一律以“眚（性）”的样式来加以标注。

② 对此，梁涛亦认为，“竹简上篇主要是‘性可以为善，可以为不善’论，而下篇则为‘性善论’。这样，由竹简的上篇到下篇，实际呈现出由自然人性论向道德人性论的过渡。”参梁涛：《郭店竹简与思孟学派》，北京：中国人民大学出版社，2008 年版，第 148 页。

③ 本文所引郭店简文，主要依据刘钊：《郭店楚简校释》，福州：福建人民出版社，2003 年版，此后不再一一注明。

不善，势也。”换言之，人性具有可以为善、可以为不善的潜在属性与可能，只不过其所呈现出来的是善还是不善，主要看外在的环境形势如何罢了。

由此看来，性与势以及善恶的可能性之间的关系还是比较复杂的。所以，在本文我们主要以郭店儒简《性自命出》为文本基础来着力分析之。

一、动性与出性

郭店简《性自命出》有言：“动眚（性）者，物也”（简10～11）；“出眚（性）者，势也”（简11），点出了动性与出性、物与势之间的关系。因而，我们将以此简文为基础来展开接下来的行文。

“动眚（性）者，物也”，说明了性由隐而显的状态转变所需的条件性。当然，不止于此，性的显发还需要心与势的参与，“虽有眚（性），心弗取不出。”（同上，简6）关于“势”，本篇简文释曰：“物之势者之谓势”（简12～13）。因而，郭店简所言之“势”，实谓由外物、环境所构成的形势、情势。于是，关于性的“动”与“出”便涉及性、物、心、势四个要素，而在这四个要素当中，性、心指向了内在，物、势则为外在的重要组成部分，所以，它们的关系可化约为性、心与物、势之间的互动关系。

具体而言，物使性动，性因势出，而在性与物的互动过程当中，“心”始终起着非常重要的作用。因为，郭店简所言的“心”已经具备了相当的辨知能力与思维功能，能够对于外来的刺激、诱引作出一定的判断与取舍，而且这也是人之主体能动性的主要表现。不过，这里的“心”却并非是全然的独立自主与德性盈满的，它虽然拥有与生俱来的外在指向性，然而，此指向性的发生与完成尚需要一定的条件性，正所谓“心亡定志，待物而后作”（《性自命出》简1）、“其心之出，有物采之”（《庄子·天地》）也。可见，人之心、性功能与价值的完全实现是以与物的对应与互动为前提条件的；没有外在之物的存在，人的主体性无从显露与体现，除了形体特征，人类与一般动物亦难以区别开来。

那么，为什么动性者为物、出性者为势呢，这里面有没有特定的原因与理由？如《性自命出》所言，“凡见者之谓物”（简12），实际涵盖了外在的一切客观事物。事实上，外在之物除了有着一般意义上的运动规律以外，本身并不具有实际能动性，其所含摄的能动性其实是在与人的心、性相对应的条件下

取得的，实际上是人的心、性所赋予的。因而，人的主体能动性在影响、改变着客观事物的同时，也在影响、重塑着自己的内在世界。正因为物与性的关系如此密切，而且物本身所具有的潜在能动性从根本上而言还是人的心、性所赋予的，所以从其地位与作用上而言仅仅能使“性”发动起来，但还不足以使“性”完全显露出来。因而，竹简原作者又进一步认为，“出眚（性）者，势也”。于此，势与物显然不同。物，实为外在的客观事物；势，则是由物、环境等因素（甚至还含涉了人的主体性因素）所共同构成的情势、形势，而这种对于人眚（性）的显露、发展起到影响、制约作用的情势、形势就是“势”，在人眚（性）与“势”发生联系的过程中间便已与人的主体性因素有所关联了，从而使“势”成为了对于外在与内在两个世界开始发生联系时的趋势、取向之表征。① 因而，性由内到外的显露与呈现当然离不开势的作用。

另外，与其密切相关的话语还有“好恶，眚（性）也。所好所恶，物也。善〔不善，眚（性）也〕，所善所不善，势也。”（《性自命出》简4～5）于此，又有个问题产生了，那就是为何眚（性）之好恶与物相对应，而眚（性）之善不善则与势相对应呢，在这里面有没有原因可寻、有没有可供思考的东西？关于好恶，后来的《荀子·正名》曾有言“性之好、恶、喜、怒、哀、乐谓之情。”于此，荀子将“好恶”与“喜怒哀乐”联系在一起，实际上将两者视为同一层次、同类属之物，它们本为性的属性，后因由性所发、显现于外则为情。② 由此来看，情乃是性之好恶、喜怒、哀乐的显发，是性的外在表现形式，而性则为情的基础与依据，两者同处于一个生命体当中，而性、情之所以得以分别，只不过于存在层面上有所不同而已。换言之，好恶既为性的属性，又为情的内容与表现，因而，好恶实是性由内而外显发为情的产物，亦即为由性到情的过程与内容之表征。由此可见，好恶实为显现于外之情的内容与表现，而又因生发于性而与性密切相关。正因为好恶具有与情、性密切相关的

---

① 实际上，郭店儒简所言的“势”，乃是人的心、性与物之间所形成的势能、互动关系，从而在人的心、性与外物之间形成了相互对应的映射关系。

② 盖因为此，所以早于《荀子》的郭店简《性自命出》即言“喜怒哀悲之气，眚（性）也。及其见于外，则物取之也。”（简2～3）于此，同眚（性）之好恶一样，郭店简亦将眚（性）之喜怒哀悲与外物联系了起来。所不同的是，《荀子·正名》将原来的“喜怒哀悲”变成了“喜怒哀乐”，此当视为对于郭店简相应思想的继承与发展。

特性，而情又实乃由性而发，于是好恶便呈现为了由内而外的指向性。所以，如若以人的生命主体为着眼点来看的话，情实处于了性物交接、联通的中间地带，实为性、物发生联系之中介与枢纽。故而，眚（性）之好恶与物相对应则就不难理解了。在这里，好恶既由性生发，又为情的内容与表现，因而便具有了由内而外的指向性，所以“好恶，眚（性）也。所好所恶，物也。”①

不仅如此，由《性自命出》简文可知，善不善亦为眚（性）的属性，但善不善由内而外的显现似乎靠的并不是物而是势，这是为什么呢？实际上，联系到整个简文来看，其原因正在于物、势的差异性上。关于“势”，本篇简文释为“物之势者之谓势”（简 12～13）。物，本为静隐的客观存在体，其对于眚（性）的或“动”或“取”之能动性是在与人的心性之主体性相对应的条件下取得的，因而，盖因为其能动性的获得是以人的心性之主体性的存在为基础与前提的，从而隶属从属地位，所以物的能动性仅仅能够做到“动眚（性）”“取眚（性）”，但还不足以做到“出眚（性）”。事实上，出性与动性、取性并不相同。动性，所能做到的仅仅是使性发动、跃动起来，是由静隐向活跃状态的转进；取性，则为外物对于内在之性的牵引与疏导，是对性由内而外趋向、趋势的描摹与言说；出性，则为对性显露于外结果的描述，是性由内而外显发过程的一次完成。可见，出性与取性并不相同：取性仅仅是一种倾向与可能，取性并不代表性定出、性即出；出性则为结果与完成，取性仅仅是出性的可能性条件，而非其充要条件。于是，在考量了“物”以后，郭店简原作者便将“势”视为了出性的重要前提与充要条件，并以表示统括的副词“凡”来加以说明“动眚（性）”“出眚（性）”的外延是周延的，是谓：“凡动眚（性）者，物也；出眚（性）者，势也”（简 10～11）。以此察之，“势”的外

① 《乐记·乐本》亦有言：“人生而静，天之性也：感于物而动，性之欲也。物至知知，然后好恶形焉”。于此，好恶形焉亦是以物至为前提的。可见，同《性自命出》“好恶，眚（性）也。所好所恶，物也。”一样，《乐记·乐本》亦看到了好恶与物之间的关系。盖因为此，所以李学勤先生说，《乐记》所谓的“（人心）感于物”，亦即简文的“物取之（‘之’指代‘性’）”，很有道理。参李学勤：《郭店简与〈乐记〉》，《中国哲学的诠释和发展——张岱年先生 90 寿庆纪念文集》，北京：北京大学出版社，1999 年版，第 25 页。

延当要大于“物”，是由物、环境等因素所共同构成的情势、形势及趋势[①]，所以言为“物之势者”。

另外，再从好恶与善不善的区别来看。正如上文所说，好恶同喜怒哀悲一样，皆由性所生，实为人的自然情感，而善不善虽亦为人的天性，然而，与好恶相比较已是有所不同。如果细察郭店儒简，我们就会发现，其中的“善”已非纯为人的自然情感，实际上已经有着对于人性美好一面的指向性了，因而比好恶之类的情感自然要深了一层。盖因为如此之不同，所以郭店简原作者特以“势”别之，并称之曰：“善〔不善，眚（性）也〕，所善所不善，势也。”概言之，郭店儒简之所以将性之好恶与物相对应，而将性之善不善与势相对应，实是因为“物”与“势”，“好恶”与“善不善”皆不尽相同的缘故，此亦是郭店简原作者创造力的体现。

当然，从郭店简《性自命出》简文来看，性本身是自然而然的，并不具有必然的道德性，但是，在外物的刺激、诱引下，性便使其本身所具有的可善可不善的潜在属性开始活跃起来，而随着心对外来作用的判断与取舍，性便以或好或恶、或善或不善的形式与样态呈现了出来。于是，人们的行为随之便会对于外在世界产生实际影响，而产生这种行为的原初动机与实际影响就成了社会评判一个人德行与行为的依据与标准了。

那么，人们为什么会由自然而然的性最终会产生出或善或恶的行为来呢？这就是我们下面所要探讨的问题。

二、善不善与所善所不善

我们知道，虽然在简文中对于“性善”论没有明确地表述，但这并不能说明简文就没有导向性善论的可能。因而，诚如李锐所言，“我们应该从《性自命出》简文本身出发，看它在说什么，而不是从孟子出发，看《性自命出》

① 李零即认为，“势，是由外物构成的环境和环境具有的态势，可以曲扰人的本性。”其意实同。参李零：《郭店楚简校读记》（增订本），北京：北京大学出版社，2002年版，第117－119页。

是否合于孟子性善思想的形成。”① 所以，我们试着跳出孟子性善论的思想框架来就郭店简简文本身去看一看其中的“善”到底为何所指，又有着怎样的发展、变化及影响。

1. 性与势

郭店简当中的“善”虽然有着对于人性美好一面的指涉，但并非是对于人性的直接指陈。简文中虽出现过“性善”一词［“未教而民恒，眚（性）善者也”《性自命出》，简51～52］，但简文中的“性善”实指自然、本然而发生的“善”，而不是将“性善”作为复合词来界定、表达事物的特定性质。也就是说，简文当中的“善”乃是主要对于外在行为与事物的言说，并不如后世的“善”那样与心、性联系密切，有着指涉、含摄内在道德性的一面。不仅如此，与郭店简即便是不处于同一时代也相去不远的《易传》有“一阴一阳之谓道，继之者善也，成之者性也”一语。对于这句话，宋代理学家程颢解云：“生生之谓易，是天之所以为道也。天只是以生为道，继此生理者，只是善也。”（《明道语录》）程氏所解显然是性善论思想的产物，然而，此“善”当作何解，似乎还可作进一步讨论。首先，此“道”乃天道，强调的是天的自然运行之道，以及由此所引发的生生之德的客观效用。那么，这里的“善”是一种价值判断还是仅仅是对继之者的赞叹呢？从天在先秦时期多作为人类社会的形上根源与价值依据的根本地位来看，似乎后一种理解更为合理些。因为，用“善”这一伦理范畴来界定天，以人类的视角来推测、揣摩天，显然是在人们经历了由天及人的思维模式以后，而又由人重返天道思维模式影响下的产物，由之，此当是较为晚出的思想。另外，朱伯崑先生则解释为，“凡是能够继承阴阳法则的，便是完善的，此即‘继之者善也’；凡是具备一阴一阳的，就能完成其本性，此即‘成之者性也’。”② 显然，根据朱先生的说法，这

① 对此美国学者孟旦（Donald. J. Munro）亦曾指出：“我的次要的目的在于，使得读者意识到对于任何研究早期中国哲学的学者都会遇到的危险——即，将后期发展而来的思想注入对于古典文本的哲学术语的理解中。”以此知之，孟旦的见识是何其得精辟与深邃。孟旦（Donald. J. Munro）：《早期中国“人”的观念·前言》，北京：北京大学出版社，2009年版。李锐：《孔孟之间“性论”研究——以郭店、上博简为基础》（博士学位论文），北京：国家图书馆学位阅览室，第116页。

② 朱伯崑：《易学哲学史（第一卷）》，北京：昆仑出版社，2005年版，第79页。

段话中的“善”为完善，并无善恶之意，“性”也并不专指人性而言的。对此，杨庆中认为，此种解释平实可信，应该是最符合《易传》本意的。[①] 因而，从《易传》看来，天道乃日月星辰的运行、变化，象天而行，即为人的善举。故而，此处之“善”，即为人与外在（此处是天、天道）关系之表征，成于己心即为“性”。

另外，简文所言的“善”，与其中的“爱”“情”“慈”“义”等范畴只有内外之别，并无高下之判，其地位亦不如后来那么高，甚至达到了统摄、评判人之心性与外在行为的地步，从而成为了哲学史、思想史上一个非常重要的伦理范畴。当然，出现这种显著的变化，自是后来的事情，与郭店简并无直接的联系，所以，对此必须要有清醒地认识与区分，绝不能以后来的学术思想来混淆、干扰我们对于郭店简相关思想的研究与探讨。[②]

郭店简《性自命出》有言：“善不〔善，眚（性）也〕”（简4）。如前文所述，善不善并非性的实然性质，因为简文又紧接着说：“所善所不善，势也。”（简5）从整个简文来看，善不善实为性的潜在属性，[③] 其从性的可能性转化为实际行为的善与不善，尚需外在环境情势、形势的影响，而情势、形势甚至起到了左右外在行为的好坏与最终结果。不过，简文“善不〔善，眚（性）也〕，所善所不善，势也。”的确揭示了人性善恶的可能性，尽管这在郭店简当中并不明显，但依然可以从中看出个中端倪来。

2. 从性到势：善恶的可能性

现在，我们放眼整个郭店简文来看，其中确实没有明确的性善论说法，虽

① 杨庆中：《周易经传研究》，北京：商务印书馆，2005年版，第217页。

② 李锐亦认为，《性自命出》里面很可能没有性善性恶之分，即便是有，也只是谈到了“性善”，而这个“善”当如何解释，似乎也需要根据上下文而不是传世文献的相同字词来考虑。参李锐：《郭店简〈性自命出〉“实性”说》，收入丁四新：《楚地简帛思想研究（三）》（丁四新主编）武汉：湖北教育出版社，2007年版。

③ 赵建伟谓，“‘善’谓肯定，‘不善’谓否定。‘势’当训为‘事’。此言人之有肯定、否定之能力，乃出于本性；而肯定、否定之所指向，乃由事理决定。”可备为一说。赵建伟：《郭店竹简〈忠信之道〉、〈性自命出〉校释》，《中国哲学史》，1999年第2期。

然里面可能会含有向善、为善之倾向。① 因而，竹简虽一再出现天、命、眚（性）、青（情）等重要范畴，但皆无明显而确实的道德含义；分而言之，"天"虽然含有非人力所能测度与控制的神秘力量，但并无人格神的性格；"命""眚（性）""青（情）"，指涉的则是人的感性生命和实际存在。所以，"眚（性）自命出，命自天降"当中的"眚（性）"，主要为与物性相区别的自然人性，② 并无明确的人性善说法。③ 而且，简文所言的善、恶等具有一定评判功能的范畴并不是人性本身的内容，而是人性在社会层面上所表现出来的结果，因而符合社会规范的善行便势必不能由人性要求来展现，而是须透过社会规范的外在教化来促成。所以，后天的教育与学习便成了儒简伦理思想实践层面的核心。④ 概言之，"眚（性）"只是为人隐藏于其内的善、恶质素在社会层面上的呈现与完成提供了前提条件与可能，而人的后天行为则是在其心志的积极参与下将"眚（性）"中具有道德价值性的质素在现实层面显露、伸展开来，从而将可能性变成了现实结果与效应，将人的主体能动性在具体实践的过程中与一般动物区别了开来。

当然，人之隐而未发的"眚（性）"与实现于外的后天行为之间并不具有必然、直接的联系，其间还需要中间环节与过渡桥梁来使它们发生联系，从而使人的主体能动性能够得以顺利实现，这个中间环节与过渡桥梁便是心（心志）与势。因而，可以说，"眚（性）"虽有一定的能动性，但尚不具备判断、取舍能力，其与外物发生关系还需要心（心志）的参与，只有在心、心志对

---

① 对此，陈鼓应亦认为，"儒简的人性论立场是：就本能材质的人性内容来说，并无善恶可言，善恶是就人性表现在社会层面的结果来说的。"见陈鼓应：《郭店楚简所呈现的重要哲学问题——关于儒道竹简"改写古代哲学史"的另类观点》，收入《九州岛学林·创刊号》，上海：复旦大学出版社，2003 年版。

② 梁涛认为，"竹简所提出的'性自命出，命自天降'，并不是严格的道德形上学，它主要强调性有超越的根源，有自身的规定，真情的流露，表达需要服从这种根源与规定，故不妨称之为情感形上学。"梁涛：《郭店竹简与思孟学派》，北京：中国人民大学出版社，2008 年版，第 148 页。

③ 李泽厚：《初读郭店竹简印象记要》，收入《中国哲学（第二十一辑）》，沈阳：辽宁教育出版社，第 2－3 页；陈来亦有类似看法，参见陈来：《荆门竹简之〈性自命出〉篇初探》，《中国哲学（第二十一辑）》，第 293－314 页。

④ 陈鼓应：《郭店楚简所呈现的重要哲学问题——关于儒道竹简"改写古代哲学史"的另类观点》，收入《九州岛学林·创刊号》，上海：复旦大学出版社，2003 年版。

外物所产生的影响作出积极地辨知、思维的前提下，眚（性）才会在心、心志的支配下发动起来与外界发生切实的联系。不仅如此，眚（性）的发动与显露还需要“势”的牵引与疏导。如前文所言，“势”乃是由外物、环境等因素所共同构成的形势、情势与趋势。正是因为有了“势”的存在，才让人的心性与外物、环境形成了联系。因而，在心（心志）与势的作用下，让人源于眚（性）的行为在心、心志的支配、参与下，在势的牵引、疏导下顺利的由内而外显露出来，从而成为与社会和他人发生实际关系的重要纽带。所以说，从人性到社会，经由心（心志）与势的参与，使人的善恶由理论可能终于变为了一种实际行为后果。

三、余论

可以说，从哲学史、思想史的角度而言，郭店简所言的性论显然是沿承“即生言性”的传统而来，是对后者思想的进一步发展。[①] 如前所述，竹简将人性的善与不善归因于外在的“势”，而不是人的心性本身，因而显然不属于性善论。这种情况在传世文献上亦有所反映，《孟子·告子上》曾经记载了当时三种主要的人性论主张，其中便有与竹简性论非常相近的不知名氏的“性可以为善，可以为不善”说。对此，原文申论云：“文武兴，则民好善；幽厉兴，则民好暴。”于此，《孟子·告子上》认为这一性论的特点同样是强调外部因素对于人性的影响，认为百姓情性与行为的善与不善实际是由外部因素亦即“势”所造成的。因而，梁涛认为，这与竹简的人性论显然是一致的，是战国时期较为流行的三种人性论中的一种。[②]

实际上，人性本于生又不同于生的特性是有着极大的张力和包容性的。一方面，人与世间万物生命同质。我们知道，世间万物随着天地生生不息的运行而在其生命的生死流转、盛衰荣枯当中向外展现了生生不息与蓬勃朝气的信息，而人类亦是天地间万物当中的一员，理应让自己的生命与天地一样自强不

① 梁涛：《竹简〈性自命出〉的人性论问题》，《管子学刊》，2002 年第 1 期。

② 梁涛：《郭店竹简与思孟学派》北京：中国人民大学出版社，2008 年版，第 146 页。

息，与万物一样朝天怒放，以完全融入这个充满生机的世界。另一方面，人的心性又让人有着超越于一般生命体的要求与可能。因而，人的心性又从生命深处促使着人们为了“生生不息”而对人性提出更高的要求，从而使人性朝着善的方向转化。[①] 不过，由竹简强调外在实际行为之“善”到后来向界定、评判人的心性之“善”的转进需要一个过程，而这个转变过程主要是在孟子那里完成的。不过，需要说明的是，因为关于这方面的内容非本文框架所能容纳，故不予展开。

① 孔德立：《子思与思孟学派》济南：山东文艺出版社，2004 年版，第 76 页。

元代少数民族学者对理学认知的演变①

朱　军

（西北大学中国思想文化研究所讲师）

由少数民族建立的元朝，多民族融合，多元文化在开明的文化政策促使下空前繁荣。理学作为元代社会思潮之一也得到了少数民族学者的认可。因对理学理解程度的不同大致分为三类："初识儒学"、"倾心理学"以及"传承理学"。第一类的学者对儒学有一定的了解，研习儒学，倡导儒治，并为理学传播奠定了基础；第二类学者则倾心于理学，从学理学家，有传播理学之志；第三类学者则继承理学家的思想并探索义理内涵，同时传播理学的思想。这些少数民族士人对理学的认知和传播不仅体现了他们对学术的追求，也反映了元朝的民族认同、文化认同②。

一、初识儒学

元代少数民族学者对理学的认知最初是从传统儒学的角度开始的。元初忽必烈施行汉法，在政治上为儒家思想的发展提供了政治舞台。汉族理学家出仕

---

① 陕西省教育厅哲学社会科学重点基地项目："元杂剧中的理学伦理思想研究"（16JZ078）。

② 学界对于元代多元文化发展，尤其是少数民族汉化有一定的研究。如陈垣的《元西域人华化考》（上海世纪出版集团，2008年版）主要侧重元代西域人对中原汉文化的学习；萧启庆的《元代蒙古人的汉学》《论元代蒙古人之汉化》两文，（载《内北国而外中国：蒙元史研究》，中华书局，2007年版），对元代蒙古人研习和倡导儒学的学者进行考证；刘嘉伟《试析元代多族士人圈的文化认同》（《西北民族研究》，2015年第2期）从多民族学者间交往的角度，探析元代文化认同的新路径。此外李秋丽：《论保巴解〈易〉思想理路》（《周易研究》，2011年第6期）、陶金红：《李术鲁翀考论》（山西大学硕士学位论文，2013年）等文，分别就部分少数民族学者的思想进行论述。本文则侧重对少数民族学者对理学的认知与传播的深度和广度这一层面，论述元代少数民族学者文化认同的表现。

为官，使儒学以及理学思想在少数民族学者中得以传播，出现了阔里吉思等传播儒学的学者。

1. 阔里吉思

阔里吉思，汪古部人，系沙陀雁门之后。其父爱不花，娶忽必烈季女月烈公主，生阔里吉思。阔里吉思是元世祖忽必烈外孙，成宗时封高唐王，死后追封高唐忠献王。阔里吉思起初信奉基督教，这一点雷纳·格鲁塞已证实，在其《蒙古帝国史》中有记载："皇帝的女婿汪古亲王阔里吉斯（阔里吉思），他更以乔治亲王著称，因为这个原信聂思脱利教的突厥人转而信奉了天主教。"①

在中原文化的影响下，阔里吉思在对儒学的学习中学术思想发生转变，转而崇尚儒学，研究义理。元人闫复论述说："忠献王生长北方，金革之用，固其所长，而崇儒重道，出于天性，兴建庙学，裒集经史，筑万卷堂于私第，讲明义理，阴阳术数，靡不经意。"② 可见阔里吉思是在自身认识到儒学的优点情况下学习儒学的。《元史》根据闫复碑文更言，阔里吉思"日与诸儒讨论经史、性理、阴阳、术数，靡不该贯。"③

阔里吉思注重《易》学，他曾问学于永新人易学家吴鄹④。阔里吉思对吴鄹《周易注》大加赞赏，王恽为吴鄹著作作序曾言："驸马高唐郡王，天资英明，雅好经术，一览，伟其述作勤至，发题篇端，有正大纯雅，本乎仁义，与经旨不殊，其于世教大有补益，命藩府板行，赐观中外者，无虑数百余帙，用广发越，以表其志尚。"⑤

---

① 雷纳·格鲁塞（Rene Grousset）著《蒙古帝国史》：龚钺译，翁独健校，北京：商务印书馆，2009年版。聂思脱利教又称景教，是基督教的一个分支。

② 苏天爵：《元文类·卷二十三阎复·驸马高唐忠献王碑》，上海：商务印书馆，1936年版，第296页。

③ 宋濂：《元史·卷一一八·阔里吉思传》，北京：中华书局，1977年版，第2925页。

④ 李兴元修、欧阳主生等纂：顺治《吉安府志·卷二十五·儒行》，台北：成文出版社据顺治十七年刊本影印版，记载"吴鄹，永新人，宋末兵乱避仇转徙山西，改名张应珍，自号义山先生。示不忘其故土著用《易》，宗程朱而不为苟同。"

⑤ 王恽：《秋涧集·卷四十二·易解序》，收入文渊阁四库全书本，第1200册，台北：台湾"商务印书馆"，1983年版，第548页上；顺治《吉安府志·卷二十五·儒行》，第405页；柯劭忞：《新元史·卷二三五·吴鄹传》皆言"刻其书于平阳路"，第449页中。

阔里吉思重儒学，与儒士倡明义理、讨论经史，筑庙学，刊儒书，可谓西域王室中崇儒之典范。

2. 赡思丁

赛典赤·赡思丁（1211—1279），又名乌马儿，回回人，别庵伯尔之裔[①]。其国言赛典赤，犹华言贵族也。授丰、靖、云内三州都达鲁花赤，后改太原、平阳二路达鲁花赤，曾出任云南平章政事。大德元年，赠守仁佐运安远济美功臣、太师、开府仪同三司、上柱国、咸阳王，谥忠惠。

赡思丁的贡献在于他对儒学的发展及对少数民族教化的努力。他在任云南平章政事时期，主要侧重于文化教育事业，“以兴学育才为先”[②]。按照郭松年所作《创建中庆路大成庙碑记》，赡思丁入滇为官初期，就建立了云南历史上首座孔庙[③]。整个孔庙建筑结构精巧，气势恢宏，可谓“内外完美、无愧中州”，兼具孔庙与传授儒家理论的功能，是云南地区最早也是最大的庙学[④]。赡思丁对庙学非常重视，即便后来赡思丁去世，有僧侣欲夺而建寺，赡思丁子忽辛力夺维持原貌。

赡思丁建立庙学“讲习圣人之道，为国育材待用。”[⑤] 庙学生源不乏少数民族士子。就教学内容而言，赡思丁所选用的教材也是儒家经典的四书五经[⑥]。

---

① 白寿彝：《中国伊斯兰教史稿》，银川：宁夏人民出版社，1983 年版；《回族人物志·元代卷二》，银川：宁夏人民出版社，1985 年版；纳国昌：《赛典赤·赡思丁》，《中国穆斯林》，1983 年第 2 期，皆言赡思丁是伊斯兰教创始人穆罕默德后裔。李清升的《赛典赤·赡思丁评传》言其为“穆罕默德三十一世孙”。

② 范承勋纂修：康熙《云南通志》卷二十《咸阳王庙铭》（王臣），中国地方志集成，南京：凤凰出版社，2009 年版，第 374 页。

③ 方国瑜：《云南史料目录概说·卷八·元时期文物·创建中庆路大成庙碑记》“经始于至元甲戌之冬”即至元十一年（1274）。“按中庆路大成庙创建于至元十一年初立云南行省时，落成于十三年，为赛典赤（赡思丁）倡导，而张立道经理其事，为云南有孔子庙之始。”

④ 胡务：《元代庙学——无法割舍的儒学教育链》，成都：巴蜀书社，2005 年版。元代庙学在云南地区一共有十所，中庆路有三所，分别为中庆路学（即赡思丁所建）、嵩明州学、安宁州学，中庆路学是第一个，也是最大一个，后为云南府学。

⑤ 龙云、卢汉纂修：民国《新纂云南通志》卷九十四《重修中庆路庙学记》，中国地方志集成，南京：凤凰出版社，2009 年版，第 457 页。

⑥ 龙云、卢汉纂修：民国《新纂云南通志》卷九十三《中庆路学讲堂记》，第 422 页。

此外赡思丁还开办普及性的文化教育设施“社学”“乡师”，以明人伦，正风俗，达到普及教育与深化教育相结合的目的。

在赡思丁来到云南之前，云南没有成文的礼俗，男女自相婚配，子弟不知读书。赡思丁在云南建立庙学，将汉族文明传播至边缘地区，他“教之拜跪之节，婚姻行媒，死者为之棺椁奠祭……创建孔子庙、明伦堂，购经史，授学田，由是文风稍兴。”[①] 这些举措对于少数民族地区吸收与传播中原文化，提高各民族文化水平等有重要作用，更为儒学在该地区传播作了基础准备。

3. 赵世延

赵世延（1261—1336），字子敬。其先雍古歹人[②]。赵世延少喜读书，与儒生共论学术。世延师从并不明晰，历史未见记载。世延生于中统二年（1261），忽必烈朝采取以儒治国的方略，对其崇儒思想的形成有一定的影响。史称赵世延“天资秀发，喜读书，究心儒者体用之学。”[③]

世延崇儒，也表现在官任上多次举荐儒学人士，同恕便是其中之一。《宋元学案》卷九十五《萧同诸儒学案》称世延为“榘庵同调”。榘庵即同恕，世家业儒，“年十三以书经魁乡校”，“其学由程、朱溯孔、孟，务贯浃事理，以利于行”[④]。赵世延对同恕学问非常推崇，曾举荐其任“鲁斋书院”领教事。至元年间理学发展，中书省奏御史台褒扬理学名士有言：“西台侍御史赵世延请依他郡先贤过化之地为立书院。前齐哩克琨总管王某献地宅以成之，延请前国子司业某同主领，教生徒。乞降旨拨田养士，将王某量加旌劝。”[⑤] 后准奏赐额曰“鲁斋书院”。

---

① 宋濂：《元史·卷一百二十五·赛典赤·赡思丁》，第3065页。

② 赵世延与阔里吉思类似，都具有基督教的渊源，在儒学的吸引下对都向儒家。“雍古歹”即雍古部，元代色目人之一，见陶宗仪：《南村辍耕录·卷一·氏族》，北京：中华书局，1959年版，第13页。按《元史》记载，雍古部人多为基督教聂斯脱里派的教徒，按照张星烺先生《马可波罗游记译注》所言，赵世延一名达察尔，与其父等人皆用基督教徒名。

③ 宋濂：《元史》卷一百八十《赵世延传》，第4163页。

④ 黄宗羲原著、全祖望补修，陈金生、梁运华点校：《宋元学案·卷九十五·萧同诸儒学案》，北京：中华书局，1986年，第3143页。

⑤ 程钜夫：《雪楼集·卷一·谕立鲁斋书院》，文渊阁四库全书本，第1202册，台北：台湾“商务印书馆”，1983年版，第6页下。

赵世延著书也不忘褒扬理学。他在为陕西某地孔庙题跋时褒扬孔子“垂范百王”①。他还认为先王能礼聘许衡，便是“服圣人之教者，仰体振作之微，远洽周南之化，近溯关洛之流，以达乎洙泗之源。”②。在其《程氏读书分年日程》序中言：“四明程君敬叔，广朱、真二先生遗意，述读书肄业法以惠承学之士。程节盻分阶序层见，亦既详且备矣。使家有是书，笃信而践习如规，一旦功夫纯熟，上焉者至于尽性知天，下焉者可以决科取仕，无为功用，讵科涯邪。览者毋以易易然而忽之。”③ 赞誉程端礼的读书学习方法，上承朱、真（朱熹、真德秀）二人，对于明天理、尽人性有莫大帮助，足见他对程朱理学推崇备至。

4. 马祖常

马祖常（1279—1338），字伯庸，世为雍古部，居靖州天山。授应奉翰林文字，拜监察御史。曾预修《英宗实录》，翻译润饰过《皇图大训》《承华事略》，又编集《列后金鉴》《千秋记略》进读。有《石田文集》十五卷传世，另有《章疏》一卷④。

马祖常祖上为基督教世家。张星烺及陈垣二先生从马祖常的里籍、家族人士起名、马氏祖先来源等七个理由证明马祖常祖上为基督教世家⑤。至其祖马世昌家道中落，因以儒学为振兴之法；马润守光州，更加重视儒学，建立祠堂，传播儒学，在其《神道碑》中有载：“光久为用武地，司马丞相生于光，公岁率诸生以祠，民始知为儒学以自重。”⑥

马祖常受家学影响也崇尚儒学，年少好学，史称“七岁知学，得钱即以市

① 李修生：《全元文·第21册》，南京：江苏古籍出版社，第694页。

② 李修生：《全元文·第21册》，第694页。

③ 程端礼：《程氏家塾读书分年日程·卷首·程氏读书分年日程序》，北京：中华书局，1985年版。

④ 黄虞稷撰、瞿凤起等整理：《千顷堂书目》卷九、卷二十九、卷三十，上海：上海古籍出版社，2001年版，第247、722、751页。

⑤ 张星烺译注：《马可波罗游记》卷一，第五十九章附注，陈垣：《元西域人华化考·卷二》，第17－18页。

⑥ 袁桷：《清容居士集·卷二十六·漳州路同知朝列大夫赠汴梁路同知骑都尉开封郡伯马公神道碑铭》，北京：中华书局，1985年版，第458页；

书”[①]。延祐元年（1314）仁宗复行科举，祖常列乡贡第一，并在会试中位列一百三十五人之首，因科考规定蒙古人的优势，最终屈居第二居于右榜。但其文章学识也深为左榜中第的蒙古、色目人所叹服，所以名声振动京师。

马祖常崇尚华俗及儒学，在其《石田文集·饮酒（五）》中自比羌、氐[②]，但以归于中国而自豪，学习孔孟之道、《春秋》圣人之法为业，可见其对于旧俗的厌恶和对中原儒学的崇尚。祖常多与儒士交往研讨，并在为官任上建言儒学之优，深得文宗赏识，常谓：“中原硕儒唯祖常云”[③]。

马祖常曾跟随蜀中学者张䇓学习儒术，张䇓字达善，导江人。师从金华王柏于上蔡书院。自六经及周、程、张、朱之学，靡不潜心玩索，所学益宏深密，南北鲜能及者，中州士大夫欲淑子弟以朱子《四书》者，皆遣从张䇓游，或辟私塾迎之，人称“导江先生”[④]。马祖常师承张䇓，可以算是王柏再传弟子，其所受教育也应有程朱理学思想。

此外还有阔阔、拔不忽、赡思、丁鹤年等，虽然受制于文化水平的限制，他们仅算是儒学的研习者，也有像赵世延、马祖常此类稍涉理学的学者，但他们皆未能真正理解理学在义理层面的深刻内涵。这些少数民族学者的出现皆反映了儒学已经打破民族界限，为理学在少数民族间的传播打下了坚实基础。

二、倾心理学

随着汉文化的深入发展，民族融合的加深，元朝统治者在政策上的诱导，大量少数民族学者接触到了理学家及其思想，投身门下学习理学。因而出现了众多倾心理学的少数民族士人，诸如孛儿只斤·爱育黎拔力八达、不忽木、孛术鲁翀等。

1. 元仁宗孛儿只斤·爱育黎拔力八达

元仁宗，孛儿只斤·爱育黎拔力八达（1285—1320），他是元朝的第四任皇帝。仁宗久居汉地，自幼受到儒家文化的熏陶，早年跟随太长少卿李孟学习

---

① 宋濂：《元史·卷一四三·马祖常传》，第3409页。

② 马祖常：《石田文集·卷一·饮酒（五）》，收入《文渊阁四库全书本·第1206册》，台北：台湾“商务印书馆”，1983年版，第472页上。

③ 宋濂：《元史·卷一四三·马祖常传》，第3411页。

④ 宋濂：《元史·卷一百八十九·张䇓》，第4315页。

儒家思想。我们亦可以将其归为帝王中的学者。

元仁宗在位期间对理学发展做出重要贡献。首先，仁宗效法忽必烈礼贤下士，在崇尚儒学的仁宗身边一直围绕着一个儒士群体。其曾下诏“比岁设立科举，以取人才，尚虑高尚之士，晦迹丘园，无从可致。各处其有隐居行义、才德高迈、深明治道、不求闻达者，所在官司具姓名，牒报本道廉访司，覆奏察闻，以备录用。”[①] 而这其中就包含元代理学大家吴澄和关中名儒萧𣂏[②]。“一时贤能材艺之士，悉置左右”[③]。其次，提升理学家的地位。仁宗于皇庆二年下诏：“以宋儒周敦颐、程颢、程颐、张载、邵雍、司马光、朱熹、张栻、吕祖谦及故中书左丞许衡从祀孔子庙廷。”[④] 并追封理学开山周敦颐为道国公[⑤]。从此处可以看出仁宗的崇儒尚学之风实质上已经转向崇尚程朱理学，仁宗的这种态度也助长了理学发展的势头。再次，推广理学典籍。仁宗命有司整理《四书章句集注》《大学衍义》等理学相关典籍，并将其运用于教学，对理学的传播起到重要作用。

元仁宗除沿袭前代崇尚儒学、建学校、刊印书籍等做法外，其对元代理学的最大贡献莫过于恢复了废止三十年余年的科举，通过科考将理学推向官方哲学的地位。科举成为传播理学的主要载体。元仁宗设立的明经科并不是传统意义上的汉代经学内容，而是义理解经的宋代理学。故而科考书籍虽以四书为

---

① 宋濂：《元史·卷八十一·选举·学校》，第2035页；《元典章·卷之一典章二·举贤才》，第47页。

② “延祐三年，（吴澄）召拜集贤直学士，以疾不赴；至治三年，召拜翰林学士。武宗、仁宗累征萧𣂏，授集贤学士、国子司业，未赴，改集贤侍讲学士。又以太子右谕德征，始至京师，授集贤学士、国子祭酒，谕德如故。”《元史·卷十一·选举一》，第2035页。

③ 苏天爵撰，陈高华、孟繁清点校：《滋溪文稿·卷十·故集贤大学士光禄大夫李文简公神道碑》，北京：中华书局，1997年版，第153页。

④ 宋濂：《元史·卷二十四·仁宗本纪一》，第557页。

⑤ 宋濂：《元史·卷二十六·仁宗本纪三》、李心传《道命录·卷十·濂溪先生加封道国公制词》仁宗延祐六年（1319）十二月追封周敦颐为道国公。受此影响，元朝帝王对于宋代理学家的重视增加，相继于天历二年（1329）、至顺元年（1330）、至正二十二年（1362）颁布《江南行台请加封二程先生公爵状》《明道先生加封豫国公制词》《伊川先生加封洛国公制词》《晦庵先生改封齐国公制词》，对程朱进行敕封，彰显对理学家的崇敬。

主，而校本的选取皆以朱熹《四书章句集注》为准。“经义一道，各治一经，《诗》以朱氏为主，《尚书》以蔡氏为主，《周易》以程氏、朱氏为主，已上三经，兼用古注疏，《春秋》许用《三传》及胡氏《传》《礼记》用古注疏。”[①] 朱熹以及他所赞许的理学著作成为官方指定的科考书籍，正如苏天爵所言：“至于四书，专以周、程、朱子之说为主，定为国是，而曲学异说，悉罢黜之。”[②]

相较宋代，元仁宗将程朱理学定为科考的考试内容，大量儒士为了能走上仕途，程朱理学成为其必学的知识，以致“伊洛名公后，宋诸儒集解纂疏论之详矣。近年上而公卿大夫，下而一邑一郡之士，例皆讲读。”[③] 而在少数民族区域也出现“自科举之兴，诸部子弟，类多感励奋发，以读书稽古为事。”[④] 这也促进了少数民族学者认知和研习理学。

2. **泰不华**

泰不华（1304—1352），字兼善，蒙古伯牙吾台氏[⑤]，初名达普化，文宗赐以今名。泰不华家贫，但不忘其志，自幼有志于学，《元史》称其“好读书，能记问”[⑥]。泰不华十七岁便获得江浙乡试第一，于次年对策廷试，赐进士及第。泰不华历任秘书监著作郎、礼部尚书、台州路达鲁花赤等职。方国珍

---

① 宋濂：《元史·卷八十一·选举一》，第2019页。

② 苏天爵撰，陈高华、孟繁清点校：《滋溪文稿·卷五·伊洛渊源录序》，第74页。

③ 王恽：《秋涧集·卷四十三·义斋先生四书家训题辞》，收入《文渊阁四库全书本·第1200册》，第562页下。

④ 顾嗣立：《元诗选·初集卷四十九》，收入《文渊阁四库全书本·第1469册》，台北：台湾“商务印书馆”，1983年版，第290页上。

⑤ 伯牙吾台，蒙古人姓氏，陈垣先生认为伯牙吾台为色目人，日本学者桑原骘藏对此有不同看法，认为伯牙吾台族属蒙古族，不当为西域人。（见日本大正五年（1916）十二月《满鲜地理历史研究报告》第三所载箭内博士《元代社会之三阶级》，第420页）见《元西域人华化考》附录《读陈垣氏之〈元西域人华化考〉》，第152页。王叔磐、周良霄皆从元朝部族分类等证明泰不华是蒙古人，王叔磐更是从泰不华先祖世系、元代状元名次等详细论证泰不华为蒙古人。（参见王叔磐：《泰不华传略与族籍考正》，《内蒙古社会科学》，1991年第3期）但因泰不华世居“白野山”即今天山附近，按地域划分为西域人，可以算是西域的蒙古人。亦可参见萧启庆《元代蒙古人的汉学》（《内北国而外中国》，第608页）。

⑥ 宋濂：《元史·卷一百四十三·泰不华传》，第3421页。

之乱后“追赠江浙行省平章政事，封魏国公，谥忠介。”[①]

因泰不华忠勇事迹过于著名，致使《元史》《宋元学案》[②] 等重要文献并未记载其学术思想，现今只有苏天爵所作《答达兼善郎中书》可略见其学术思想的皮毛。此文中记载“某（泰不华）尝学于临川吴先生”，吴先生即指元代理学家吴澄，而《宋元学案·金华四先生学案》的师承脉络中亦可见泰不华从学于周仁荣。泰不华不止师从一人，而吴澄、周仁荣皆为理学传人，可见泰不华倾心理学。泰华通过吴澄了解邵雍，《答达兼善郎中书》通过阐述祝泌、张行成、齐履谦、李俊民等人对邵雍《皇极经世书》的解读，对《皇极经世书》的流传授受介绍颇为翔实。泰不华欲求祝泌之书，可知泰不华有志于邵子之学[③]。

时代变迁，泰不华的著作今世无存，仅有黄虞稷记载有“重类《复古编》十卷”[④]，此书只是考订文字正误，并未能体现泰不华在理学上的造诣，但是泰不华师承理学名士吴澄、周仁荣等，有志于邵雍之学，足见理学思想在其心中地位。

3. 不忽木

不忽木（1255—1300），字用臣，世为康里部大人。康里，即汉高车国[⑤]。不忽木资禀英特，深得世祖赏识，师承名士，《元史》记“（不忽木）师事太子赞善王恂。恂从北征，乃受学于国子祭酒许衡。”[⑥] 不忽木所师王恂、许衡二人皆为推崇程朱理学的汉族名士，尤其是许衡可谓元代理学发展传播的得力干将。不忽木天资聪颖，“日记数千言”[⑦]。元世祖非常赞许不忽木的才华，曾用太祖“国家之事，譬右手执之，复佐以左手，犹恐失之”之言，将自己比

---

① 黄宗羲原著、全祖望补修，陈金生、梁运华点校：《宋元学案·卷八十二·北山四先生学案》，第2799页。

② 黄宗羲原著、全祖望补修，陈金生、梁运华点校：《宋元学案》中记载有一位西域人，《卷九十五·萧同诸儒学案》的赵世延。

③ 陈垣：《元西域人华化考》，第13页。

④ 黄虞稷撰、瞿凤起等整理：《千顷堂书目·卷三》，第100页下。

⑤ 康里，康里是钦察别部，又称东部钦察，色目人。不忽木原为康里人，后被太祖所掳，故《元史·卷二十四·仁宗本纪》记载不忽木为蒙古人。

⑥ 宋濂：《元史·卷一三〇·不忽木传》，第3164页。

⑦ 宋濂：《元史·卷一三〇·不忽木传》，第3164页。

作右手，不忽木为其辅佐之左手。赵孟頫在《文贞康里公碑》中记载“上每与公极论治道古今成败之理，至忘寝食，或谓公曰：‘曩与许仲平论治，仲平不及汝远甚。先许仲平有隐于朕耶，抑汝之贤过于师耶？’”[①] 忽必烈认为不忽木在治道上则更胜一筹。

在许衡的影响下，不忽木主张兴汉学。至元十三年（1276）与同舍生坚童、太答、秃鲁等联名上书《兴举学校疏》，请求大力兴儒学“古之王者，建国君民，教学为先。”[②] 他建立学校以“使其教必本于人伦，明乎物理，为之讲解经传，授以修身、齐家、治国、平天下之道。”[③] 在学校中复立数科，如小学、律、书、算之类，并主张在建立国学的基础上在地方州府建立县学，普及儒家教育，以儒学及宋代理学中所包含的伦理纲常思想为内容，变革蒙古原有的落后制度。

不忽木的思想也影响到其子回回、巎巎，他们倾心理学，求学于理学家之门，钻研各类儒家经典，尤善《易》学[④]。不忽木一门三杰皆倾心理学，足见其理学家学渊源深厚。

4. 孛术鲁翀

孛术鲁翀（1268—1327），又名富珠哩翀[⑤]，字子翚，祖先是上京隆安（今吉林农安）人，女真贵族后裔[⑥]。他天赋异禀，《元史》记“生翀赣江舟

① 赵孟頫：《松雪斋集·卷七·故昭文馆大学士荣禄大夫平章军国事行御史中丞领侍仪司事赠纯诚佐理功臣太傅开府仪同三司上柱国追封鲁国公谥文贞喀喇（康里）公碑·第1196册》，台北：台湾“商务印书馆”，1983年版，第694上。

② 宋濂：《元史·卷一三〇·不忽木传》，第3164页；《元代奏议集录·卷上不忽木·兴举学校疏》，第122页。

③ 宋濂：《元史·卷一三〇·不忽木传》，第3165页。

④ 吴澄：《吴文正集·卷四十·时斋记》，收入《文渊阁四库全书本·第1197册》，台北：台湾“商务印书馆”，1983年版，第430页上下。

⑤ 孛术鲁氏，是唐末女真的“通用三十姓”之一，金代姓氏中“孛术鲁”多见，至元代以后，逐渐由于汉化更名为“鲁”或“富”等，而“富珠哩氏”则是“孛术鲁”音译不同所造成的，《万姓通谱》记载孛术鲁氏八旗姓氏，又称富珠哩，《皇朝通志·氏族略·满洲八旗姓》记载，“富珠哩”是满洲古老的姓氏之一，隶属正红旗，“孛术鲁”与“富珠哩”只因音译不同，实则为一。

⑥ 苏天爵记载：“公之先女真贵族，金泰和中，章宗命定氏族为百，孛术鲁氏其一，望着广平。”（《滋溪文稿·卷八·神道碑铭》，第122页。）

中，釜鸣者三，人以为异。”[①] 其后从学于萧克翁、萧㪺、姚燧等硕儒，为学严谨，“一本于性命道德，文章典雅，深合古法。”[②] 孛术鲁翀历任集贤直学士、国子祭酒、翰林国史院编修官等职，卒封南阳郡公，谥文靖，著有《菊潭集》[③]。

孛术鲁翀是女真人中具有理学倾向的代表，《宋元学案》中收录的唯一一个女真后裔。从黄宗羲《宋元学案》及《元史》等记载，孛术鲁翀多与汉族硕儒交往，他们的思想在孛术鲁翀心中留下深刻的烙印。按史传记载，孛术鲁翀并非师承一门，其中影响孛术鲁翀较大的较为有名的有萧克翁、萧㪺和姚燧。黄宗羲在《鲁斋学案》中将孛术鲁翀定为“牧庵门人（鲁斋再传）”[④]。苏天爵记载“复游汉上，从翰林姚文公学古人文”[⑤]，姚燧对孛术鲁翀的文采颇为赞赏，在与李友端的书信中称赞他“子翚谈论锋出，其践履一以仁义为准。文章不侍师传而能，后进无足伦比。”[⑥] 并建议李友端召翀为婿，可见姚燧认可孛术鲁翀之才。

在师友间的相互影响下，孛术鲁翀成为一名坚定的儒者。在捍卫儒学方面孛术鲁翀体现在与佛教的论争上，《元史》有一则记载，一日帝师来京，文宗命朝臣非一品皆于郊外迎接，大臣举杯献酒，孛术鲁翀则曰“帝师，释迦之

① 宋濂：《元史·卷一八三·孛术鲁翀传》，第4219页。

② 黄宗羲原著、全祖望补修，陈金生、梁运华点校：《宋元学案·卷九十五·萧同诸儒学案》，第3145页。

③ 孛术鲁翀的《菊潭集·六十卷不见·四库全书》著录，已亡佚，明成化年间刘昌编《中州明贤文表》，收《富珠哩文靖公文》二卷，据《元文类》及散见金石碑板辑得碑铭文十一篇，序两篇，诗颂两篇。其后光绪二十一年（1895）缪全孙在《中州明贤文表》的基础上又辑得遗文四篇、诗七篇重编而成，重印本《菊潭集》四卷。光绪二十二年至宣统二年刊入《藕香零拾》丛书。此外还有部分方志收录孛术鲁翀作碑铭，可参见陶金红：《孛术鲁翀考论》，山西大学硕士学位论文，2013年。

④ 黄宗羲原著、全祖望补修，陈金生、梁运华点校：《宋元学案·卷九十·鲁斋学案》，第3018页。

⑤ 苏天爵撰，陈高华、孟繁清点校：《滋溪文稿·卷八·孛术鲁公神道碑铭》，第123页。

⑥ 苏天爵撰，陈高华、孟繁清点校：《滋溪文稿·卷八·孛术鲁公神道碑铭》，第123页。

徒，天下僧人师也。余，孔子之徒，天下儒人师也。请各不为礼。"[①] 在元统治者重视佛教情况下，孛术鲁翀仍以儒者自居，要求与帝师地位相等，足见其对儒学的推崇[②]。

孛术鲁翀与耶律有尚一样重视教育，"公之为学务博而约，自六经诸史传注，下至天文、地理、声音、历律、水利、算数，皆考其说，听其言论，滚滚不穷，故声闻大振。"[③] 孛术鲁翀从任职襄阳县儒学教谕到南阳县儒学教谕，再到汴梁路儒学学正，从学者不断增加，在任职汴梁路儒学学正后"学士之从者日众。……教人不倦，发明经旨，援引训说，累数百言，极于至当而后已，学者恐不卒得闻，故经公指授者多知名。"[④] 而在教学内容上则受到萧𣂏影响，以性命道德为本。在传播儒学上孛术鲁翀贡献巨大，脱脱评价："天下学者，仰为表仪，居国学久论者，谓自许衡后，能以师道自任者，惟耶律有尚及翀而已"[⑤]。

孛术鲁翀在汉文化的强大感召下，倾心儒学，在师友间的探讨交流中坚定了对儒学的崇尚，致力教育，以传播儒学为己任。这对元代儒学甚至是理学的发展起到一定的作用，尤其是在少数民族中起到了表率作用。

随着理学家被统治者重视，理学家的思想及其著作逐渐进入少数民族学者的视野，部分有志于学的学者倾心理学。或因文化水平限制，或因文献失传，我们无法探寻这部分少数民族学者对理学的认知达到什么程度。但是从现存的传记史籍对其生平的记载，亦可以看出他们崇尚理学的态度。

---

① 宋濂撰：《元史・卷一百八十三・孛术鲁翀传》，"帝师"元朝为西蕃来朝的大僧侣所上的尊号，《元史・卷二百零二・释老传》记载"百年之见，朝廷所以敬礼而尊信之者，无所不用其至。"

② 张文澍：《〈全元文〉之辑佚与女真族古文家孛术鲁翀》，《民族文学研究》，2004年第2期。

③ 苏天爵撰，陈高华、孟繁清点校：《滋溪文稿・卷八・孛术鲁公神道碑铭》，第123页。

④ 苏天爵撰，陈高华、孟繁清点校：《滋溪文稿・卷八・孛术鲁公神道碑铭》，第123页。

⑤ 宋濂：《元史・卷一八三・孛术鲁翀传》，第4222页。

三、传承理学

理学思想丰富的内涵对于大部分少数民族学者来说晦涩难解。随着文化交往的深入，少数民族学者有了更多的机会与汉族理学家交往，也有更多途径去接触到理学，故而出现了许多对理学家教育思想和义理思想继承和传播的学者，诸如耶律有尚、保巴等。

1. 耶律有尚

耶律有尚（1235—1320），字伯强，东平（今山东东平）人，辽东丹王十世孙，契丹后裔，授业于鲁斋、许衡门下，史传称其为鲁斋“高第弟子”[①]。许衡辞归，耶律有尚继任国子监助教，其后历任国子司业、国子祭酒、秘书监丞、昭文馆大学士等职，延祐七年卒谥“文正”。

耶律有尚虽为少数民族，但是深受汉族理学思想的影响，具有较高的学术素养。在国子监从学于许衡[②]，使得他开始接触到性理之学，厌倦金末章句、辞赋之儒学[③]。在许衡的熏陶下耶律有尚精研理学，“其学邃于性理，而尤以诚为本，仪容辞令，动中规矩。识与不识，莫不服其为有道之君子。”[④]耶律有尚一生为学谨慎，传授知识，传承了许衡的理学思想，苏天爵在其《神道碑》中说“许文正公衡典教成均，以育贤才，以兴治平，规模宏远矣。一时及门之士，嗣其师传，久而弥尊，海内共推之者，惟公一人而已。”[⑤]

耶律有尚立志于学，许衡见耶律有尚“学苦而志笃，深器异之”[⑥]，便在

---

① 黄宗羲原著、全祖望补修，陈金生、梁运华点校：《宋元学案》卷九十《鲁斋学案》，第3009页。

② 苏天爵撰，陈高华、孟繁清点校：《右丞相耶律文正公神道碑铭》记“许文正公为京兆提学，以淑多士，公逾弱冠，艰关数千里，赢粮往从之游。”，第102页。

③ 苏天爵撰，陈高华、孟繁清点校：《滋溪文稿·卷七·右丞相耶律文正公神道碑铭》，第102页。“是时，齐鲁之士踵金辞赋余习，以饰章绘句相高，公厌薄之，专明经训，人或以为迂，公弗渝也。”

④ 宋濂：《元史·卷一百七十四·耶律有尚传》，第4064页。

⑤ 苏天爵撰，陈高华、孟繁清点校：《滋溪文稿·卷七·右丞相耶律文正公神道碑铭 并序》，第101页。

⑥ 苏天爵撰，陈高华、孟繁清点校：《滋溪文稿·卷七·右丞相耶律文正公神道碑铭》，第102页。

出任国子祭酒时将其举荐为伴读。[1] 虽然耶律有尚仅以伴读身份进入国子监，但是他“日与诸生共相讲学”，发展教育，传播理学，深得许衡教育思想的精髓。这不但在教学上对许衡的教育事业有帮助，有“匡救辅翼之功”[2]。同时对他本身理学思想的发展也有促进作用。所以在许衡辞归面对送行众弟子时，有言“他日能令师道尊严，惟耶律某能之，汝等当以事我之礼事之可也。”[3] 足见许衡对耶律有尚的器重。耶律有尚出知蓟县，“国学事颇废”，世人皆称“非有尚无足以继衡者”[4]。至元二十四年在耶律有尚的建议下，元朝大量建立学舍，增加学生数量，可谓“儒风为之丕振”[5]。

耶律有尚“五居国学”，他延续着许衡所崇尚的程朱理学。其言：“文正著述，惟《小学大义》《孟子标题》《读易私言》，而《中庸四箴》等说乃门人所记，他则不足征也。”[6] 虽然耶律有尚对部分存世文献有质疑，但是仍然可见他对许衡学术的认可。耶律有尚将许衡的思想作为“师法”以自省，“文正言行默而识之，其后考次年谱，笔之于书，凡日用纤悉，取以为师法焉”[7]，并推而广之。《元史》称：“其立教以义理为本，而省察必真切；以恭敬为先，而践履必端悫。凡文词之小技，缀缉雕刻，足以破裂圣人之大道者，皆屏黜之。”[8] 耶律有尚以理学思想为教学之本，使理学思想在国子学中进一步传播，教学数十年功绩卓著，“海内宗之”[9]。

---

① 宋濂：《元史・卷一五八・许衡传》，第3727页。“其弟子王梓、刘季伟、韩思永、耶律有尚、吕端善、姚燧、高凝、白栋、苏郁、姚燉、孙安、刘安中十二人为伴读。”

② 苏天爵撰，陈高华、孟繁清点校：《滋溪文稿・卷七・右丞相耶律文正公神道碑铭》，第102页。

③ 苏天爵撰，陈高华、孟繁清点校：《滋溪文稿・卷七・右丞相耶律文正公神道碑铭》，第103页。

④ 宋濂：《元史・卷一七四・耶律有尚传》，第4064页。

⑤ 宋濂：《元史・卷一七四・耶律有尚传》，第4064页。

⑥ 苏天爵撰，陈高华、孟繁清点校：《滋溪文稿・卷七・右丞相耶律文正公神道碑铭》，第104页。

⑦ 苏天爵撰，陈高华、孟繁清点校：《滋溪文稿・卷七・右丞相耶律文正公神道碑铭》，第104页。

⑧ 宋濂：《元史・卷一七四・耶律有尚传》，第4065页。

⑨ 黄宗羲原著、全祖望补修，陈金生、梁运华点校：《宋元学案》卷九十《鲁斋学案》，第3010页。

2. 保巴

保巴（？—1311），又作保八，字普庵，又字公孟，蒙古人[①]。保巴久居洛阳，深受中原文化影响，也就在此时接触到程朱理学，并对其有深入研究。史称保巴“少好学”，尤其是对《易》学有深入研究，仁宗在东宫时，保巴就曾进言《易》学之妙。他还曾著《易源奥义》一卷、《周易原旨》六卷、《系辞》两卷，统一称为《易体用》。[②] 另据朱彝尊《经义考》记载，保巴还有《周易尚占》三卷亡佚。

现存的《易源奥义》《周易原旨》是保巴在总结王弼、周敦颐、二程、张载、朱熹等人的《易学》思想后，进行改造发挥的《易》学著作。秦志勇认为“《周易原旨》其实并不意味着探讨《周易》之原旨，而是通过注释，集中发挥儒家的哲学和伦理政治思想。”[③]

保巴较之耶律有尚、孛术鲁翀的贡献更多是在其哲学思想层面，是对宋代理学的传承和发展。在本体论上，保巴继承了周敦颐的“太极”说和程朱的“理一分殊”思想。保巴在此做了总结，他认为“太极，理也。无外，故曰形而上者谓之道。”[④] 在他看来，“太极”“理”“道”在本质上是同一层面的，都是形而上的，绝对的精神存在，也就是宇宙的本原。而在宇宙生成论方面，保巴则赞同周敦颐的“太极动静”理论，也说“太极动而生阳生阴”[⑤]，太极动静而生阴阳二气，阴阳二气再化生具体“器”。正如其所说“质成而可执，阴阳囿于器矣，故曰形乃谓之器。”[⑥] 阴阳二气处在形而下的“器”之中，只

① 保巴：《周易原旨》提要言保巴“色目人”，色目人并非族称，《新元史》卷二三五《保八传》记：“保八，字公孟，蒙古人”。“保”姓来源，可有蒙古族一支，陈少彤考证现今蒙古卫拉特四部、和硕特部、额鲁特部仍有以保巴为名，这是其为蒙古人的证据之一，但并非确证，今暂取《新元史》本传所记，为蒙古人。

② 据《易源奥义·周易原旨》提要记载，四库馆臣在编修《四库全书》时将《系辞》并入《周易原旨》，现今《四库全书》收录“《易源奥义》一卷、《周易原旨》六卷。”

③ 秦志勇：《中国元代思想史》，北京：人民出版社，1992 年版。

④ 保巴：《周易原旨》卷七《系辞上》，文渊阁四库全书本，第 22 册，台北：台湾“商务印书馆”，1983 年版，第 840 页上。

⑤ 保巴：《周易原旨》卷八《系辞下》，文渊阁四库全书本，第 22 册，第 843 页下。

⑥ 保巴：《周易原旨》卷七《系辞上》，文渊阁四库全书本，第 22 册，第 836 页上。

有形而上的气质变为形而下的器，才算是太极化生万物，完成了气到器的质变过程，这是对程朱理学中气化理论的延伸。因此形成了保巴的宇宙生成系统“太极→阴阳二气→可执之器→太极”。

保巴在吸收程朱理学的同时也提出了自己的见解，他在本体论上将太极与心有条件的相连，指出“心即太极”，“心即易矣，易即心矣，神矣哉”①。将“心”“易”“太极”皆等同于形而上的存在，也就指出心即宇宙本源②。正因如此保巴思想中的认识论内容就非程朱理学的格物致知，而是强调本心之悟。他提出了“感应心法”，即用心去领悟义理，然后才能够认识天理。正如保巴所言：“义理无穷，言语有限。书不能尽言也，言不能尽意也。然则圣之意其终不可见乎？……书不尽言求之卦，言不尽意求之象，卦象不尽求之变，变又不尽求之心，以心会心，余皆筌蹄耳。”③ 他认为义理是无穷的，但靠人去“书”“言”是无法达到认识天理的地步的，如何去认识天理？那就需要“以心会心”，“寂则能感，定则能应”④，从心中去体认，这样就能够达到认识天道的地步。

保巴在理学思想传播中的作用较之耶律有尚等人更加突出，他不但推崇理学思想，而且在义理层面又有了自己的阐释，这表现出了少数民族士人在对理学思想的认知中达到了更高的层面。

耶律有尚、保巴以及孛怜吉觧、合剌不花等人，他们已经不仅是倾心、向往理学了。他们从学或私淑于理学家，在传承理学家的教育思想、哲学思想时对理学的内涵传播方面做出了巨大贡献，使理学在少数民族群体中的发展更加深入了。

元朝少数民族入主中原，民族间交往的意义更加凸显。虽然少数民族成为统治者，但相对宽容的文化政策使多民族的交往更加频繁。汉文化在少数民族群体的传播并未受到阻碍，文化隔绝的状态也未成为主流。正如魏复古所言：“征服的状态既不能隔绝民族间的交流，亦无法阻止少数民族受到汉文化广泛

---

① 保巴：《周易原旨》卷七《系辞上》，文渊阁四库全书本，第22册，第835页上。

② 秦志勇：《中国元代思想史》，北京：人民出版社，1992年版。

③ 保巴：《周易原旨》卷七《系辞上》，文渊阁四库全书本，第22册，第839页下。

④ 保巴：《周易原旨》卷八《系辞下》，文渊阁四库全书本，第22册，第848页下。

而深远的影响。”① 但我们不能单向地去思考少数民族被理学所同化，而应从多民族文化交往的角度去观照彼此间的文化认同。理学作为宋元思想的主流，在民族交往中深入少数民族士人群体，这其中既有初识儒学的阔里吉思、赡思丁等，亦有倾心理学的元仁宗、不忽木、泰不华等，更有精研理学的保巴、耶律有尚之辈。由于朝代更迭所造成的文献亡佚，我们不能全面地了解每位学者的思想内涵，但是理学在少数民族中的传播已成为必然趋势。他们的出现不是偶然的，而是体现了理学作为文化的代表打破了民族的界限，作为交往的纽带，沟通各民族，实现文化认同，进而达到民族认同的这种倾向。

① 萧启庆：《内北国而外中国：蒙元史研究（代序部分）》，北京：中华书局，2007年版，第14页。

文化自信与民族复兴

“尚新”观念：民族文化自信的突出标志

赵馥洁

（西北政法大学资深教授、陕西省社科联名誉主席）

中华民族是富有创新精神的民族，是充满创新自信的民族。崇尚革新、创新、立新，是中华文化的优良传统，也是中华民族文化自信的突出表现和重大标志。远在先秦时期，中华民族就有对创新、立新的高度自觉。先秦哲学中的“尚新”意识、“尚新”思想，内容丰富，含义深邃，几乎各派哲学，都对“尚新”有所言说。其中蕴涵的比较重要而又影响深远的“尚新”价值观，约有四端。

一、“新命”价值观

《诗经·大雅》首篇《文王》一诗，相传为西周初年周公所作，诗的主旨是歌颂周文王的崇高品德和创建周王朝的功绩，其诗第一章云：“文王在上，于昭于天。周虽旧邦，其命维新。”意谓：文王之神灵在高天之上，在天上光明显耀；周虽是一古老的邦国，但其命却是新的。关于此章诗中“周虽旧邦，其命维新”两句的含义，历代学者的解释甚多。《毛诗序》说，其诗颂“文王受命作周也。”《郑笺》说，其意为赞文王“受天命而王天下，制立周邦。”唐代孔颖达注疏曰：“周虽是旧国，其得天命，维为新国矣。”可见，“周虽旧邦，其命维新”的本义是说文王建立新王朝是天帝意旨，是得天命而兴国。然而，按照周人“天命无常”“唯德是从”的政治逻辑，文王之所以能承受新的天命，是因为文王具有敬德保民的高尚品德和治国安民的卓越才能。正是这种贤德之人承担了崇高使命，使旧邦焕发出新的气象，具有了新的生机。郑玄曰：“文王初为西伯，有功于民，其德著见于天，故天命之以为王，使君天下也。”就是说，因为文王的其功在民，其德著天，才使得当时的周邦不断强盛，旧邦焕发了新生命；正由于贤德的执政者使旧邦有了新生命，所以才受到天命

的护佑。于是，“天命”之“新”和执政者的“使命”之“新”、国家的“生命”之“新”就在诗中融为一体了。正因为如此，“周虽旧邦，其命维新”的诗句，就可以解释为：一个历史悠久国家的生命力，完全在于革新、创新，革新、创新乃是一个政权的生命力之所在。后代的思想家、政治家也多是在这种“崇尚革新”的价值意义上引用这一诗句的。如孟子对滕文公说：“《诗》云：‘周虽旧邦，其命维新。’文王之谓也。子力行之，亦以新子之国。”意谓：如果遵循周文王的治国路线，努力实践，就可以使你的国家呈现新气象。荀子也说：“故国者，世所以新者也。”（《王霸》）意谓：一个国家应该随历史发展不断革新。连诗人杜甫也在他的诗中呼吁：“异才复间出，周道日维新。”（《别蔡十四著作》），希望唐朝能够出现雄才大略之人，弘扬西周的维新精神，重耀大唐的国辉。他们都把“维新”视为宝贵的政治价值，希望一个国家能通过革新而繁荣富强，昌盛久远。

历代的改革家更是着力于继承和弘扬“旧邦新命”的“维新”精神。近代的康有为及其支持者之所以把戊戌变法称之为“维新”，除了借助日本明治维新的影响之外，更希望利用《诗经》“其命维新”的经典含义，来维护和推行其改革方案。因为，“维新”一词不仅比“变法”更能确切地表达彻底变革之意，而且可以借助其“经典”性之价值为革新提供正当理由。康有为在《恭谢天恩，并陈编纂群书，以助变法，请及时发愤，速筹全局，以免胁制而图保存折》中说：“诗曰：‘周虽旧邦，其命维新。’……孔子《春秋》明新王之改制，必徙居处，改正朔，易服色，异器械，殊徽号。何为纷纷不惮烦哉？以为不如是，不能易天下人之心思，移天下人之耳目也。既以诸国并立之势治天下，则当全去旧日一统之规模；既以开创维新之势治天下，则当全去旧时守成之面目。百度庶政，一切更始，于大东中开一新国，于二千年成一新世。”这实在是对“周虽旧邦，其命维新”价值意蕴的充分阐发。

二、“新知”价值观

先秦哲人不但崇尚“新命”，赞颂政治革新，而且还倡导“新知”，追求认识和知识更新。孔子曾说过他自己“信而好古”“述而不作”，今人或误以为孔夫子是一位因循守旧、不求新知的人，这其实是很大的误解。孔子十分重视认识的更新和对新知的学习。他不但有“学而不厌，诲人不倦”这种永不厌倦的学习精神，有“入太庙，每事问”的谦虚态度，而且还明确指出了追求新知的重要性。他说：“温故而知新，可以为师矣。”（《论语·为政》）意思是说，能不断温习旧知识，又能不断学习知新，就可以为人师表了。《十三经注疏·论语注疏》对“温故而知新”的解释是：“温，寻也。言旧所学得者，温寻使不忘，是温故也；素所未知，学使知之，是新知也。”朱熹在《论语集注》中也解释说：“温，寻绎也；故者，旧所闻；新者，今所得。言学能时习旧闻，而每有新得”。他们都认为，“温故知新”体现了孔子对新知的崇尚。

在温习已有知识的基础上，获取新知识，从温习旧知识中，悟出新道理，是符合学习规律和认识规律的学习技巧和教学技巧。前苏联著名教育家苏霍姆林斯基曾说：“教给学生能借助已有的知识去获得新的知识，这是最高的教学技巧之所在。”（《给教师的建议》）所以，孔夫子既重旧知又求新知的价值观，受到后世学者的广泛赞同，对认识论、教育学产生了极为深远的影响。如：

作为“四书”之一的《中庸》云：“君子尊德性而道问学，致广大而尽精微，极高明而道中庸，温故而知新，敦厚以崇礼。”——以“温故知新”为君子的素养；

《汉书·史丹传》云：“凡所谓材者，敏而好学，温故知新。”——以“温故知新”为才士的品质；

《汉书·成帝纪》云：“儒林之官，四海渊源，宜皆明于古今，温故知新，通达国体，故谓之博士。”——以“温故知新”为博士的条件；

由此可见，“新知”价值乃是传统“尚新”说的重要内涵。

三、“新民”价值观

崇尚“新民”的人格价值是《大学》一书重点阐明的观念。《大学》一开头就说：“大学之道，在明明德，在亲（新）民，在止于至善。”（“亲民”，朱熹认为应是“新民”）。明确把“新民”作为大学的三大纲领之一。而且为了突出强调人格更新，《大学》又引经据典，说明“新民”的重要价值。它说：“汤之《盘铭》曰：‘苟日新，日日新，又日新。’《康诰》曰：‘作新民’《诗》曰：‘周虽旧邦，其命维新’，是故君子无所不用其极。”就是说：商汤时期，《盘铭》上刻着“苟日新，日日新，又日新”，《尚书·康浩》要人们“作新民”，《诗经》上说：“周虽旧邦，其命维新。”所以，君子应该尽一切努

力，持续不断的求新，使自己人格达到完善境界。

《大学》的首段之所以在讲“明明德”后提出“新民”，朱熹解释说，是因为“‘亲，当作新’。新者，革其旧之谓也，言既自明其明德，又当推己及人，使之亦有以去其旧染之污也。”在朱熹看来，人的本性虽然是全善的，是“明德”，但现实中存在的人，则“为气禀所拘”和“为人欲所蔽”，使本性之善“有时而昏”，暗而不明。这就需要通过教化去完成德性的复归，复其本性的“明德”状态。这就是由“旧”转“新”的过程。可见在朱熹看来，“新民”是大学教育的重要目标。

“新民”价值观到了近代更被主张改革的人士们所竭力提倡和大力弘扬。梁启超办《新民报》、讲“新民说”，赋予传统“新民”观念以新的含义。第一，他指出“新民”的目的是为了推行改革，振兴中国：“本报（指《新民丛报》）取《大学》‘新民’之义，以为欲维新吾国，当先维新吾民。”（《饮冰室合集·集外文》，北京大学出版社，2005 年，第 75 页）第二，他提出“新民”的内容是树公德、开智慧：“中国所以不振，由于国民公德缺乏，智慧不开。故本报专对此病而药治之，务采合中西道德，以为德育之方针；广罗政学理论，以为智育之本原。”（同上）第三，他强调“新”的含义是改旧增新：“新之义有二：一曰淬厉其所本有而新之，二曰采补其所本无而新之。”（《新民说》，中州古籍出版社，1998 年，第 54 页）可见，梁启超“新民说”的核心是主张通过学习西方的道德和知识以塑造新人格，实现“维新”理想。梁启超之“新民说”对近现代文化有广泛影响，体现了人们新的文化关怀。例如陶曾佑就曾以“新民”来阐释文学功能：“俯视千春，横眺六极，无文学不足以立国，无文学不足以新民，此吾敢断言者也。”（《论文学之势力及其关系》）

总之，“日新”精神很早就融入于理想人格的实现过程之中，《大学》对“新民”价值的追求，表达了中华文化对于人格提升和人格更新的高度自觉。

四、“新德”价值观

如果说“新命”“新知”“新民”是具体领域的“新”之价值的话，那么《周易·系辞》则超越了具体领域，从形而上学的高度，阐明了哲学层次的尚新观。这就是“日新之谓盛德”的价值观。

《周易·系辞上》云："一阴一阳之谓道。继之者善也，成之者性也。仁者见之谓之仁，知者见之谓之知，百姓日用而不知，故君子之道鲜矣。显诸仁，藏诸用，鼓万物而不与圣人同忧，盛德大业至矣哉！富有之谓大业，日新之谓盛德，生生之谓易。"为了便于阐明其哲理，先将这段文字的大意解释如下：一阴一阳的相反相生，运转不息，这就是道。继承阴阳之道的就是善，成就阴阳之道的就是性。有仁德的人看见阴阳之道运行不息，即认为是仁，有智慧的人看见阴阳之道相反相生，就认为是智。百姓在日常生活中虽遵循运用此阴阳之道，而并不能深入地认识它，所以君子之道是很少的。阴阳之道显现于仁德，蕴藏于致用，能鼓动万物的生机，而不与圣人同忧戚。它盛明的德性和伟大的事业，真是达到完美的境界了！富有，就是它建立的伟大事业；日新，就是它具有的盛明德性，生生不息，就是它变易的本质。

由此不难看出，《系辞》所谓的"新德"，具有以下特征：

1. "日新之德"的主体，并不局限于人，而是包括人在内的宇宙大道及天地万物。"日新"不仅是人的道德，也是天地万物所具有的盛大德性。

2. "日新之德"的根源，是"一阴一阳之谓道"，即阴阳矛盾的相反相生、互依互化这一普遍性宇宙规律。天地万物的"日新"乃是继承阴阳之道的"善"，也是实现阴阳大道的"性"。

3. "日新之德"的内涵，是阴阳大道所创建的包罗万象、丰富多彩、无所不包、无处不在的宏伟业绩。

4. "日新之德"的意义，是旧事物死去和新事物生成的环节，是天地万物创生不止、生生不息的变化过程。所谓"生生之谓易"，张岱年解释"生生之谓易"说："世界是富有而日新的，万物生生不息。'生'即创造，'生生'即不断出现新事物。新的不断代替旧的，新旧交替，继续不已，这就是生生，这就是易"。

可见，《易传》的"新德"观充分体现了天道与人道的合一、本体与价值的贯通、必然与应然的融会。于是，"新"就具有了形而上的意义，成为天地德性和宇宙价值了。

"新命"是政治价值观，"新知"是知识价值观，"新民"是人格价值观，"新德"是德性价值观。四大价值观共同构成中国传统的"尚新"观念和"尚新"精神。这种"尚新"观念和精神，是中华民族文化自信的突出表现，也是文化自信的重要标志，至今仍有重要的现实意义。

第一，它是鼓舞我们实现民族复兴的精神动力。哲学家冯友兰曾引用“周虽旧邦，其命维新”来表达他的学术志向，他说，“阐旧邦以辅新命，余平生志事盖在斯矣。”并以为“旧邦新命”“这四个字，中国历史发展的新阶段足以当之。”（《康有为“公车上书”书后》）1980年冯先生在《中国哲学史新编》第一册自序里说：“在解放之后，我时常想：在世界上中国是文明古国之一，其他古国，现在大部分都衰微了，中国还继续存在，不但继续存在，而且还进入了社会主义社会。中国是古而又新的国家。《诗经》上有句诗说：‘周虽旧邦，其命维新’。旧邦新命，是现代中国的特点。”显然，他认为现代中国正处在实现中华民族伟大复兴的历史时期，“周虽旧邦，其命维新”的“尚新”观念是我们实现中华民族伟大复兴的精神动力。

第二，它是启发我们思想解放的智慧源泉。2008年3月18日上午，十一届全国人大一次会议闭幕后，时任总理的温家宝在人民大会堂会见中外记者并回答记者提问时说：“我想集中回答一下关于解放思想这个问题。一般的道理大家都知道。我想从中国的文化、传统和历史上讲一点自己的看法。我一直很重视两句话：一句话来自《诗经》，一句话来自《诗品》，就是‘周虽旧邦，其命维新’，‘如将不尽，与古为新’。”他认为中国传统的“尚新”思想可以启发我们不断解放思想。

第三，它是激励中华民族不断创新、不断前进的思想资源。2014年6月9日，习近平总书记在中国科学院第十七次院士大会、中国工程院第十二次院士大会上的讲话中说：“中华民族是富有创新精神的民族。我们的先人们早就提出：‘周虽旧邦，其命维新。’‘天行健，君子以自强不息。’‘苟日新，日日新，又日新。’可以说，创新精神是中华民族最鲜明的禀赋。”深入阐述了创新精神在国家民族发展中的重要意义，提出要弘扬中华传统文化中尚新思想资源，以创新驱动社会发展。

何炳棣先生与先秦思想史上一个关键性问题

赵世超

（陕西省社会科学联合会主席、陕西师范大学原校长）

1998 年，何炳棣先生来陕西参加黄陵祭祖大典和“黄帝与中国传统文化”学术讨论会，从而得以拜识尊颜，并亲聆教诲。2003 年，他又请石兴邦老先生惠赐《有关〈孙子〉、〈老子〉的三篇考证》一书。我素来钦佩何先生的人品学问，即捧读再三，爱不释手。深感先生所言，实为先秦思想史上一个关键性问题，故不揣谫陋，写出一点心得，以与学术界诸友分享。

何先生祖籍浙江金华，1917 年生于天津。1938 年毕业于清华大学历史系，1939 年抵昆明，在西南联大任助教。1944 年考取清华第六届留美公费生，1945 年入美国哥伦比亚大学，研读英国史及西欧史，1952 年获博士学位。先后在加拿大英属哥伦比亚大学及美国芝加哥大学任教。1987 年自芝加哥大学荣休后又受聘于加州大学鄂宛分校。1966、1979、1997 年，连续获选台湾“中央研究院”院士。1975—1976 年，当选为美国亚洲学会首位亚裔会长（迄今仍为唯一的华裔当选者）。1979 年，当选为美国艺文及科学院院士。1997 年，被聘为中国社会科学院名誉高级研究员，英文证书写作名誉院士，是一位享誉海内外的历史学家。他的研究领域十分广泛，除英国经济史外，国史研究的主要著作有：《明清社会史论》《扬州盐商：18 世纪中国商业资本的研究》《美洲作物的引进、传播及其对中国粮食生产的影响》《黄土与中国农业的起源》《东方的摇篮》等等。1990 年第二次荣休之后，何先生以老骥伏枥的精神，又将注意力转移到思想史方面，解决了《孙子兵法》与《老子》的时代先后问题，提出了先秦诸子皆与兵家“行为主义”有渊源关系的新观点。

孙武是古代著名军事家，齐国乐安（今山东惠民）人，系陈国公子完的后裔。陈公子完因内乱出奔齐国，在齐有功，以所封食邑改称田氏。孙武的祖

父田书“伐莒有功，景公赐姓孙氏，食采于乐安”。[①] 齐景公十六年，齐国发生“四姓之乱”，孙武出奔吴国。适逢吴王阖庐在位，行将伐楚，伍子胥将孙武推荐给阖庐，遂献兵法十三篇，“每陈一篇，王不自知口之称善，其意大悦”[②]，被任为将军，与伍子胥共辅阖庐，整顿武备，屡建奇功，声名大振。

这些史实，在《史记》《吴越春秋》《新唐书·宰相世系表》中均有记载。而且，司马迁明确地说孙武“以《兵法》见于吴王阖庐”，吴王召见后，曰：“子之十三篇，吾尽观之矣！可以小试勒兵乎？”[③] 何先生据以认定，十三篇是孙武在等待召见时撰就的，献上的时间是在吴王阖庐三年，即公元前512年。这一年孔子刚40岁，《论语》的成书更在其后，应与《孙子兵法》成书的时间至少相差半个世纪[④]。更不待说孔子之后的战国诸子了。

过去，《孙子兵法》的时代受到怀疑，一个主要理由就是书中所涉及的军事活动是否具有春秋属性。何先生根据《左传》《国语》和考古资料仔细复原，勾勒出春秋战争的发展与演变脉络，证明了《孙子兵法》所谓“出师十万”、“出征千里”在春秋后期不仅可能，而且已很常见。他还正确地指出，银雀山兵家残简中的《吴问》篇也是阖庐召见孙武时，君臣答问的真实记录[⑤]，并认为当时作为政治精英的军事家，都有预测诸侯世卿吉凶成败的习惯和眼光，不能因为其中已言及范、中行氏先亡、赵氏如不失德“可以免”之类的史实，而将《吴问》说成是三家分晋后的作品。《吴问》是对君臣答问记录的整理，应写定于召见后，十三篇是等候召见时预作的准备，应成于召见前。差别仅在于此。

孔子的《论语》及其他诸子书皆在《孙子兵法》及《吴问》之后，已如上述。但仍有一个问题没有解决，那就是老子其人及《老子》一书的时代问题。对此，曾经有过激烈的争论，至今也未统一。大致有两种意见，即“老在

---

① 欧阳修，宋祁：《新唐书》，北京：中华书局，1975年版，第2945页。

② 周生春：《吴越春秋辑校汇考》，上海：上海古籍出版社，1997年版，第51页。

③ 司马迁：《史记》，北京：中华书局，1982年版，第2161页。

④ 何炳棣：《有关〈孙子〉、〈老子〉的三篇考证》，台北：“中央研究院”近代史研究所，2002年版，第33页。

⑤ 何炳棣：《有关〈孙子〉、〈老子〉的三篇考证》，台北：“中央研究院”近代史研究所，2002年版，第69页。

孔前”和“老在孔后”。就近现代而言，主张老在孔前的主要是胡适的《中国哲学史大纲》。1922 年，梁启超先生作《评胡适之〈中国哲学史大纲〉》，大倡“老在孔后”说，得到顾颉刚、冯友兰、钱穆、罗根泽诸人的响应，而唐兰、高亨、徐复观等却仍撰文为胡适先生的观点辩护。这就使何先生感到：老子年代问题“如不解决，一切都发生障碍”，这已成了一个“最顽强难攻的堡垒”。

为了攻克这一堡垒，何先生写下《司马谈、迁与老子年代》的长文。他所使用的材料，仍是《史记·老子韩非列传》中为人熟知的一段话，即：“老子者，楚苦县厉乡曲仁里人也。姓李氏，名耳，字聃，周守藏室之史也。……老子之子名宗，宗为魏将，封于段干。宗子注，注子宫，宫玄孙假，假仕于汉孝文帝。而假之子解为胶西王印太傅，因家于齐焉。”

但何先生的眼光却与众有所不同。就如何理解传文，他主要指出了以下几点：

第一，《史记》除皇帝的《本纪》外，唯有此篇详记传主乡里籍贯，并将后裔的传承一一列举到八代，对其八世孙，还列举了具体所任的官职。这样的叙述，必有十分可靠的材料来源。

第二，为了说明材料来源的极端独特性，何先生详考了李解、司马谈及司马迁的生平。他认为胶西国于公元前 165 年始从齐国分立出来，于公元前 154 年吴楚七国之乱被平定后国除，李解担任胶西王印太傅，只可能在公元前 165 年至公元前 154 年这 11 年之中。司马谈约生于汉文帝即位之年，即公元前 180 年前后，公元前 165 年至公元前 154 年，他正值青少年时期，即 15 岁到 26 岁。据《史记·太史公自序》和《儒林列传》，司马谈青年时代曾学《易》于杨何，习“道论”于黄子。杨何虽于公元前 134 年曾被征到了长安，但此前却一直在其家乡菑川收徒讲学；黄子乡里不详，但《史记》说他是齐人则是明确的。菑川、胶西皆为由齐国分出来的诸侯国，同临菑水，都城相距不过五六十公里，此一小区域为汉初儒学复兴后的学术重镇，司马谈在齐地追随杨何、黄子学习的时间起码应有三四年，以世宦之裔的身份晋谒胶西王太傅李解，并从李解处详知老子家族的谱系，应是顺理成章之事。

第三，既然《史记》所记老子世系是可靠、详细而具体的，那么，老子生活的年代也便不难考知。《史记》记载了老子八代后裔的世系，加上老子本

人，共为九代，何先生以每两代之间相隔30年估算，推定老子约生于公元前440年左右。较孔子之生晚111年，较墨子之生约晚40年，当然更在孙武拜见阖庐的公元前512年之后了。

第四，根据《史记》所记老子后裔的世系推定老子出生的大致年代似乎并不难，其他人为什么不这样做呢？原因有多种。一是《史记·老子韩非列传》不仅在“正说”之外，还记有“或说”，即：“或曰：老莱子亦楚人”，“与孔子同时云”，“或曰（周太史）儋即老子，或曰非也，世莫知其然否”，等等，而且又录有“孔子适周，将问礼于老子”的故事；二是司马迁虽详记了老子的乡里籍贯与世系，并以此为正说，但却始终未曾说明此项材料的来源，这就难免会使原本清楚的事情变得模糊起来。何先生可以把司马迁记“或说”看作纯粹是为了增广异闻，而别人却可以用或说和旧闻故事为证，宣传自己的观点。如，徐复观等就借助王引之《经义述闻》中的一条，将《史记·老子韩非列传》中的“玄孙”解释为“远孙”。远孙究竟是几代孙，就由他随便说了。于是，如此一推，就又把老子的年辈推到了孔子的前边，老子和孙武哪个更早，当然也无法再弄清楚。不过，任何取巧的办法都经不起推敲和检验。何先生敏锐地指出，企图通过将玄孙解为远孙来拉长老子的世系，有一道无法逾越的障碍，那就是《史记》明确记录：“老子之子名宗，宗为魏将”。而魏是三家分晋后才逐步立国、公元前403年始列为诸侯的，所以，其子担任过魏将的老子，生年应与这个年份接近，不能无休止地向前推。这下子何先生就把“老在孔前说”的路彻底堵死了。

第五，孔子问礼于老子之说，儒家向来不信。近世诸子学专家如罗根泽等早就指出，这种故事应是战国百家争鸣中道家为“抬高本宗”而编出来的①，被司马迁作为异闻采入了《史记》，因而得以流传。后世为了排佛，道家也曾造《老子化胡经》，把释迦牟尼说成老子的弟子，所用手法，如出一辙，可谓惯技。至于《史记》作者既详知老子后裔的世系、又不肯道出材料来路的原因，何先生作了十分精彩的推论，令人不能不心服口服。公元前154年，即汉景帝三年，爆发了西汉历史上的一件大事——吴楚七国之乱。叛乱的主谋是吴王刘濞，胶西王刘卬实居第二领袖的地位。二月间，吴王兵既破，败走，被追

① 罗根泽：《罗根泽说诸子》，上海：上海古籍出版社，2001年版，第192页。

斩于丹徒。参与叛乱的“胶西王印、楚王戊、赵王遂、济南王辟光、菑川王贤、胶东王雄渠皆自杀”。天子制诏将军曰：“今印等又重逆无道，烧宗庙、卤御物，朕甚痛之。朕素服避正殿，将军其劝士大夫击反虏。击反虏者，深入多杀为功，斩首捕虏比三百石以上者皆杀之，无有所置。敢有议诏及不如诏者皆腰斩”[①]。可以想见，在这道诏书的督催下，平叛必然演变成一场最为严酷、株连甚广的屠杀。覆巢之下，无有完卵，负有教导胶西王印重责的李解于此时被族诛，应是毋庸置疑的事实。由于叛乱的罪名实在太大，凡与李解生前有过交往的人，都对这段经历讳莫如深，即不难想象。所以，司马谈可以将其所知传于儿子，司马迁却已不便向世人开示其出处了。何先生还将探究的目光投射到唐代。到了中古时期，崇道的皇帝们，如唐高宗、唐玄宗等都曾下工夫寻求老子后裔，甚而亲至亳州、幸老君庙，却不可得，只好以道士、女冠为“宗人”，使隶宗正寺，班在诸王之次。这不啻向我们表明：老子之泽，九世而斩，自李解遭灭族，早已后继无人。结论如此残酷，不免会使老子飘然出关的神话蒙上浓重的阴影。但历史的主色调原本就是苦难，任何故作轻松的谈说都找不到基本的事实依据。

老在孔后，当然更在孙武之后。于是，何炳棣先生最后做结论说：所谓《老子》一书的辩证法思想，如对阴阳、有无、刚柔、强弱、大小、高下、前后、美丑、难易、损益、生死、吉凶、祸福、荣辱、贵贱、智愚、巧拙、胜败、攻守、进退、轻重、静噪、曲直、雌雄、奇正、天地、夷纇、盈窪、辨讷、弊新、明昧、翕张、开阖、兴废、取与、寒热、厚薄、长短、善妖、德怨、文朴、有余不足等相互关系的分析讨论，皆袭自孙武，都能在《孙子兵法》中找到近乎一致的对应词组和相似看法。所不同者，一是孙武只将矛盾对立双方的依存和转化应用在军事上，而《老子》却将其扩展到治国，推衍到政治及人生哲学的范畴；二是《孙子兵法》系为将言兵，故话语坦率无隐，而《老子》却用清净、无为、玄德等清高的哲学词汇加以表达，“将欲取之，必固与之”的冰冷无情本质被掩盖起来。

---

① 司马迁：《史记》，北京：中华书局，1982 年版，第 2834 页。

何先生认为，《孙子兵法》来自军事实践，是典型的“行为主义”的产物[①]。“行为主义”是心理学上的术语，其核心是刺激与反应。战国乃大争之世，“争城以战，杀人盈城，争地以战，杀人盈野，率土地而食人肉”，对于人类观感的刺激，莫此为甚。故而，不仅《老子》曾被晚唐的王真、北宋的苏辙、明清之际的王夫之、20 世纪的章太炎及毛泽东等视为兵书，它与《孙子兵法》之间密切的渊源关系一望即知，都是以“行为主义”作为分析问题的理论基础，其他诸子实际上也不过是给“行为主义”披上了不同外衣而已。如披上仁义的外衣，即是儒家；披上兼爱、非攻的外衣，就是墨家；披上天道自然的外衣，就是道家；披上法、术、势的外衣，就成了法家。而就其本质而言，却是“一致而百虑，殊途而同归”，即用治军的办法治国，用将兵之道理民。两千多年来，在儒家伦理、老庄玄学及“霸王道杂之”的思想占统治地位的情况下，孙子其人其书饱受漠视、怀疑和毁谤，绝无人将其地位提升到诸子源头的高度。今经何炳棣先生将真相揭破，始悟中国传统文化诸元素都是在春秋战国的战争环境里埋下根子的。依照何先生的发现，先秦思想史有必要全面改写，可惜何先生本人却于 2012 年以 95 岁的高龄告别了这个世界，而将追寻诸子与兵家关系的未竟事业留给了后人。

何先生走了，但何先生的这项研究所带来的启示，却从多方面发人深省。

第一，我们应关注诸子多言兵这一重要现象。《老子》曾被许多大家直接视为兵书，就不必说了。孔子虽讲过“军旅之事，未之学也”之类的话，但据《史记·孔子世家》记载，冉有带兵打败了齐国，季康子问他：“子之于军旅，学之乎？性之乎？”他明确答道：“学之于孔子。”[②] 足见所谓“不教民战，是谓弃之”，绝非托之空言，在传统的六艺中，射、御两科显然与军事训练有关，孔子本人至少可算半个军事教官。荀子著有《议兵》篇，既论用兵之道，又谈作战技巧，涉及权谋、形势、兵制、赏罚、武器诸方面。他归纳出来的六术、五权、三至、五无旷，实为战争经验的总结。墨子主张非攻，擅长制造防守的器械，“公输般九设攻城之机变，子墨子九距之。公输般之攻械尽，子墨

---

① 何炳棣：《读史阅世六十年》，桂林：广西师范大学出版社，2005 年版，第 478 页。

② 司马迁：《史记》，北京：中华书局，1982 年版，第 1934 页。

子守御有余。”[①] 因此，《墨子》下半部《备城门》诸篇虽写成的时代较晚，但其中所体现的积极防御战略却应创自墨翟。至于法家，言兵之说更是数不胜数。专门的军事论文起码应包括《管子》中的《七法》《兵法》《地图》《参患》《制分》《九变》《小问》《禁藏》，《商君书》中的《农战》《战法》《立本》《兵守》《徕民》《赏刑》《画策》《境内》。吴起、商鞅等，既是法家，又是世俗十分推崇的“善用兵者”，具有双重身份。大致说来，除了激情四射的孟子相信单靠“仁术”即可“一天下”，其他人都未置身于战争之外。[②]

第二，既然知兵、言兵，诸子在一定程度上受到兵家、兵书的影响，也便不足为怪。军事辩证法被无限推演的情况何先生已有详论。另外，一切都与政治挂起钩来的做法，显然源自兵家政治决定成败的军事思想，《孙子》提出的为将标准“智、信、仁、勇、严”很可能就是“仁、义、礼、智、信”的最早蓝本[③]，儒家的理性态度、法家的严刑峻法和公正无私，都与将兵者的客观、冷静、无情有关，而在“专一”与专政[④]，“令民与上同意”与“尚同”[⑤]“诡道”与“术治”，军中“五人束簿为伍，一人逃则刭四人”与乡里“令民为什伍，而相牧司连坐”之间[⑥]似乎都可以找到相互贯通的蛛丝马迹。

第三，如果上述分析不误，则完全可以将兵家当作诸子学之前的一个发展阶段。《汉书·楚元王传》载刘歆《移太常博士书》曰：“重遭战国，弃笾豆之礼，理军旅之阵，孔氏之道抑，而孙吴之术兴。”笾豆之礼所指实为殷周礼乐文化，把它叫作孔氏之道是汉代独尊儒术的结果，正确的理解应该是：礼乐文化衰，而孙吴之术兴，继之，才是包括孔、老在内的诸子之学纷然而起。

第四，进入汉代，大规模的战争基本结束，人民渴望过上和平安定的生活，变秦、更化的呼声越来越高。朝廷采取的最重大的举措是接受董仲舒的建议，凡不在“六艺之科”者，“皆绝其道，勿使并进”[⑦]。于是，具有浓厚兵家

---

① 孙诒让：《墨子间诂》，北京：中华书局，1986 年版，第 447 页。
② 郑良树：《诸子著作年代考》，北京：北京图书馆出版社，2001 年版，第 82 页。
③ 杨丙安：《十一家注孙子校理》，北京：中华书局，1999 年版，第 7 页。
④ 杨丙安：《十一家注孙子校理》，北京：中华书局，1999 年版，第 146 页。
⑤ 杨丙安：《十一家注孙子校理》，北京：中华书局，1999 年版，第 3 页。
⑥ 高亨：《商君书注译》，北京：中华书局，1974 年版，第 147 页
⑦ 班固：《汉书》，北京：中华书局，1962 年版，第 2523 页。

色彩、带有军管性质的法家统治在形式上被废止，儒家被定为一尊，据称是经过孔子整理的殷周典籍被抬到经的地位，在诸子学之后，又开出了一个借助阐释经典以表达政治诉求的经学阶段。但董仲舒献给皇帝的儒术是经过融汇的新儒术，它的特点是德主刑辅、“霸王道杂之”。兵家的元素并没有被排除，而是在体系化的过程中被吸收了。所以，不仅是战国诸子，即便是进入了经学时代，兵家的影响也不能被忽视。

总之，中国传统文化是复杂的，需要分析，需要追根溯源，特别要重视它产生的背景。在这方面，何先生为我们树立了典范。我们应该像他那样，多做一些理性的深入研究，而不是只会跟风跑。

虞舜文化与中国梦的道德支撑

周亚平　吕芳文

（湖南省社会科学院研究员）

“天下明德皆自虞帝始”（《史记·五帝本纪》）。复兴中华民族伟大梦想不是凭空提出来的，其上溯尧舜之道，下承孔孟儒说，凝聚民族之魂，闪烁智慧之光。

一、实现中国梦要凝聚道德支撑的提出

2013 年 9 月 26 日下午，习近平在北京会见第四届全国道德模范及提名奖获得者时，就强调道德模范是社会道德建设的重要旗帜，要深入开展学习宣传道德模范活动，弘扬真善美，传播正能量，激励人民群众崇德向善、见贤思齐，鼓励全社会积善成德、明德惟馨，为实现中华民族伟大复兴的中国梦凝聚起强大的精神力量和有力的道德支撑。同时，习近平还指出，精神的力量是无穷的，道德的力量也是无穷的。中华文明源远流长，孕育了中华民族的宝贵精神品格，培育了中国人民的崇高价值追求。自强不息、厚德载物的思想，支撑着中华民族生生不息、薪火相传，今天依然是我们推进改革开放和社会主义现代化建设的强大精神力量。

党的十八大报告中有一系列关于道德建设的重要论述，如：“全面提高公民道德素质。这是社会主义道德建设的基本任务”；“推进公民道德建设工程，弘扬真善美、贬斥假恶丑”，“推动学雷锋活动、学习宣传道德模范常态化”……这都充分体现了中共中央高层对道德模范的深切关怀和对道德建设的高度重视。说明要实现中国梦，除了要有强大的经济实力做支撑，同时还有赖于整体文明程度的提升，要凝聚强有力的道德支撑，因为道德是社会关系的基石，是人际和谐的基础。

今日的中国社会，随着改革开放地不断深入与加速，到处都洋溢着生机活

力。然而，在经济快速发展进程中，却出现了一些道德滑坡和价值沦丧的现象。社会的一些领域和一些地方道德失范，是非、善恶、美丑界限混淆，拜金主义、享乐主义、极端个人主义有所滋长，见利忘义、损公肥私行为时有发生，不讲信用、欺骗欺诈成为社会公害，以权谋私、腐化堕落现象严重存在。这些问题如果得不到及时有效解决，必然损害正常的经济和社会秩序，阻碍中国梦的真正实现。

二、虞舜文化是中华道德文化之根源

中华民族有着几千年的文明史，正是这种具有深厚文化底蕴的东方文明促进了中华民族历史的文化发展与国家的强盛。实现中国梦必然是中华民族的伟大复兴，而中华民族伟大复兴的基础是文化的复兴。在回望中华民族所走过的历史足迹中，我们不难发现支撑国家和民族强盛的一块重要基石正是“德孝”二字，而中华道德文化之源就是中华始祖之一——虞舜。要实现美丽的中国梦，必须重视汲取和崇尚先祖们所创立的道德文化。

虞舜文化对我国传统文化的形成和发展影响深远，对整个中华民族的思想道德建设具有发轫之功。《史记·五帝本纪》所载：“天下明德皆自虞帝始”①，《尚书》也有“德自舜明”② 的记载。虞舜文化是道德文化之源。舜帝是道德文化的鼻祖。他所创造的道德文化集中体现在五个方面：一是在伦理道德上，舜帝忍辱负重，仁爱敬孝，推行“父义、母慈、兄友、弟恭、子孝”的五常教育，使古代人伦道德逐渐推向全国。二是在社会道德上，舜帝力行“乐于助人”“邻里和睦”“谦恭礼让”“童叟无欺”。他“耕于历山，人皆让畔”“渔于雷泽，人皆让居”，把方便让给别人，大家都愿与他同村而居。三是在职业道德上，舜帝一生从事多种职业，除从事农耕、渔猎以外，还从事手工业生产，经过商。他“陶于河滨，河滨器皆不苦窳”，陶工受其影响制陶器而精美。他以诚相待，从不使假。四是在政治道德上，主张“勤民事”“苦忧人”“只为苍生不为身”，非常讲求施政道德。他举贤任能，83 岁禅让大禹。五是宇宙道德。舜帝以“天人合一”的理念为核心，创作八音和谐的《韶乐》，以

---

① 《虞舜大典·古文献卷》，长沙：岳麓书社，2009 年版，第 633 页。

② 《虞舜大典·古文献卷》，长沙：岳麓书社，2009 年版，第 39 页。

表现“神人以和”的最高精神境界。

虞舜所创造的这五个方面的道德文化，在远古的虞舜传说时代具有强大的凝聚力，这主要体现在以下三个方面：

一是对家庭的凝聚力。舜帝一生主要通过身体力行的“忍辱负重”“以德报怨”来实现个人与家庭的进步。尤其在当上氏族部落盟主后，他在整个部落联盟中推行“五教”，即“父义、母慈、兄友、弟恭、子孝”的教化，增强部落联盟中各个家庭的凝聚力。

二是对社会的凝聚力。《五帝本纪》中记载：“舜所居，一年成聚，二年成邑，三年成都”。[①] 舜帝通过“耕历山，历山之人皆让畔，渔雷泽，雷泽上人皆让居，陶河滨，河滨器皆不苦窳”等事迹，以“道德谦让”“助人为乐”“诚实守信”的道德感化来凝聚整个氏族社会。

三是对民族的凝聚力。《史记·五帝本纪》载：“四海之内，咸戴帝舜之功。”[②] 由于舜帝推行的道德教化，形成了空前的部落大融合和民族大团结。

正是由于虞舜道德文化所特有的凝聚力，虞舜时期，农业、手工业经济以及音乐、艺术都得到了空前的发展，创造了前所未有的社会稳定、民族融合和人民安居乐业的社会和谐局面，所以才有被后人颂为理想的“尧天舜日”时期。

三、圣哲先贤们实践舜文化的经典示范

在中华民族五千年的文明史中，圣哲先贤们不断总结出“四维”“五伦”“五常”等社会道德规范与核心价值体系，并树立了大量可歌可泣的典型，成为历史的一面镜子，社会发展的助推器。他们是中国优秀传统文化的象征。《管子·牧民》曰：“何谓‘四维’？一曰礼，二曰义，三曰廉，四曰耻。”又说：“国有四维，一维绝则倾，二维绝则危，三维绝则覆，四维绝则灭。”所谓“四维不张，国乃死亡”，是以“礼义廉耻”为治国的四大纲纪。宋代欧阳修曾对管子“四维不张，国乃死亡”之语倍加赞赏，并在《新五代史·冯道传》中演绎说：礼义是治人的大法，廉耻是立人的大节。不廉就会无所不取，

---

① 《虞舜大典·古文献卷》，长沙：岳麓书社，2009 年版，第 628 页。

② 《虞舜大典·古文献卷》，长沙：岳麓书社，2009 年版，第 629 页。

无耻就会无所不为，人如果寡廉丧耻，贪得无厌，灾祸就会接踵而至；如果国家大臣寡廉丧耻，恣意妄为，那么国家必定灭亡。“五伦”指人与人之间基本的道德关系，即君臣、父子、夫妇、兄弟、朋友。齐景公向孔子请教国政，孔子回答说：“君君、臣臣、父父、子子”。君臣父子应该像君臣父子的样子，这就是政治的根本。孟子则将“五伦”解释为“父子有亲，君臣有义，夫妇有别，长幼有序，朋友有信。”在《礼记·礼运》中，还有“十义”的说法：“父慈、子孝、兄良、弟恭、夫义、妇听、长惠、幼顺、君仁、臣忠。”这是对孟子“五伦”说的具体发挥。“五常”即仁、义、礼、智、信，是儒家的核心价值观。孔子曾将“智仁勇”称为“三达德”，又将“仁义礼”组成一个系统，曰：“仁者人也，亲亲为大；义者宜也，尊贤为大；亲亲之杀，尊贤之等，礼所生焉”（《礼记·中庸》）。仁以爱人为核心，义以尊贤为核心，礼就是对仁和义的具体规定。孟子在仁义礼之外加入“智”，曰：“恻隐之心，仁也；羞恶之心，义也；恭敬之心，礼也；是非之心，智也。仁义礼智，非由外铄我也，我固有之也，弗思耳矣”（《孟子·告子上》）。董仲舒又加入“信”，曰：“仁义礼智信五常之道”（《贤良对策》）。民间的解释通俗易懂：“大忠大爱是为仁，大孝大勇是为义，修齐治平是为礼，大恩大恕是为智，公平合理是为信”（《田家祖训》）。可见，“忠孝廉节”对“五常”存在着继承关系，也有所取舍。

重视道德教育和榜样的典型示范作用是中国传统文化的一个显著特点。早在秦汉时期，一些有识之士就已经认识到官员道德素质的高低对国家安危的重大影响，提出了“忠”“仁”“正”“俭”“勤”“廉”等行为规范。其中“廉”的道德规范尤为突出。从“廉”的观念出发，古代思想家特别强调“以廉耻为教”，主张从道德教育入手，造成廉洁的社会风气，培养官吏的廉洁品格。其主要表现就是古代社会出现了大量的“官箴”类著作——对官吏的“儆戒之训诰”之词。与廉政道德教育想联系，历代皇朝都十分重视对廉吏的褒奖。把廉吏的榜样作用摆在十分突出的地位。廉者升迁，贪者黜降，将是否清廉始终列为考课的重要内容之一。

在我国传统文化中，“重民”的思想特别丰富。儒家大师孔子要求统治者实行富民、养民、利民、教民的宽慰政策。他认为，为政应当取信于民，民心的向背关系到国家的兴亡。孟子在此基础上提出了“民为贵，社稷次之，君为轻”的警世格言。儒家两位圣贤大师的这种“重民”思想被历代思想家、政治家所承继，诸如荀子的爱民说，李世民的“与民休息，改善民生”，柳宗元的“吏为民役”，张载的“安民”，张居正的“惩豪民，诛贪吏”，王夫之的“以民为基”和“宽以养民”等思想。他们都要求执政者“重民”“敬民”“保民”“利民”“爱民”，以获得民心。重义轻利是儒家思想的又一个重要方面，孔子把“义”看作做人和处事的基本准则。孟子把“义”看成人之所以为人的依据和人的本质所在。《孟子·告子上》中说“生，亦我所欲也；义，亦我所欲也；二者不可得兼，舍生而取义者也。”孔孟奠定的儒家这种重义轻利的价值观在中华民族的文化史中沉淀下来，成为全民族的一种价值取向。它强调的精神道德重于物质利益，个人利益服从集体利益。

在中华文明史的源头，也就是史称“三代”时期的华夏始祖那里，就有过“天下为公”的大同理念。到了两千年前的孔子时代，他说：“吾闻有国有家者，不患寡而患不均，不患贫而患不安。盖均无贫和无寡，安无倾。”也正是这个理念，直接导致了20世纪伟大革命者孙中山先生的政治理想。中国的革命，中国的现代化之路由此拉开序幕。中国共产党人领导人民推翻旧制度，建立新中国，靠的是什么？既不是单一的军事才能，也不是单一的政治才能，靠的是他正确的政治观念，也就是对“天下大同”这一中国思想资源的正确继承，他的伟大就在这里。邓小平以历史唯物主义为指导，批判地继承了传统文化中的“重民”观，奠定了他廉政建设的根本宗旨，即全心全意为人民服务的思想。他反复强调，所谓“全心全意为人民服务”就是“为人民服务不谋私利”。邓小平吸取了中国传统文化中关于道德教育思想的精华，继承了毛泽东思想中的有关理论观点，并把他们与中国的廉政建设联系起来。他反复强调，要坚持不懈地对广大党员、干部进行共产主义思想道德教育。他强调，“要教育全党同志发扬大公无私、服从大局、艰苦奋斗、廉洁奉公的精神，坚持共产主义思想和共产主义道德。”使他们成为“先天下之忧而忧，后天下之乐而乐”的人民公仆。

四、借力虞舜文化，撑起美丽中国梦

习近平指出，伟大时代呼唤伟大精神，崇高事业需要榜样引领。当前，全国各族人民正在为实现中华民族伟大复兴的中国梦而奋斗。我们要按照党的十八大提出的培育和践行社会主义核心价值观的要求，高度重视和切实加强道德建设，推进社会公德、职业道德、家庭美德、个人品德教育，倡导爱国、敬业、诚信、友善等基本道德规范，培育知荣辱、讲正气、做奉献、促和谐的良好风尚。虞舜文化所包含的道德文化，是与习近平的这一道德建设要求相适应的。因此，开展对虞舜文化的研究，弘扬虞舜道德文化精神，对实现中华民族伟大复兴的中国梦是具有重要意义的。

首先，虞舜道德文化为中国梦的实现树立了民族的道德榜样。

舜是我国古代五千年前的一位仁德贤明的帝王，他的人品光照千秋，德政恩泽万世。他的精神流芳至今，蕴含了丰厚的历史文化因素，为后世树立了光辉的榜样。

舜作为道德始祖有两点最为突出：一是他仁义孝悌，立德为本。《孟子传卷七·公孙丑章句上》记载道："大舜有大焉，善与人同，舍己从人，乐取于人，以为善。"① 相传舜自幼生性至孝，宽厚仁慈，具有高尚的道德情操。生母握登早亡，父瞽叟娶后母，生弟象。父愚顽、母嚣张、弟傲慢，全家都歧视舜，甚至几次想害死他，而舜却对父母的种种虐待与迫害，百般忍让，更加孝顺，以"求为变心易志"。他想以仁义孝悌之心感化家人，不让父母背上恶名。及至舜登帝位，回家拜见父母，仍然非常恭敬，未敢有丝毫懈怠，表现了他崇高的仁德秉性。

二是他躬耕劳作，取信于民。舜刻苦耐劳，身体力行，以自己的德行去感化百姓，求得实效，从而得到了百姓的信任和拥护。正如《孟子传卷七·公孙丑章句上》所说："自耕稼、陶、渔以至为帝，无非取于人者。取诸人以为善，是与人为善者也，帮君子莫大乎与人为善。"② 舜曾亲自在历山耕田，起早贪黑，劳苦耕作，为百姓做出了好榜样，使历山本来互相争夺地界的纠纷平息了，粮食也获得了好收成。舜在雷泽捕鱼，那里就不再发生互相争夺渔区的纠纷了，而且还互让渔场，并让年长者优先占有好渔区。舜到河滨去制作陶器，把原来制作粗劣的陶器提高了质量，变得经久耐用。因此，"一年所居成聚，二年成邑，三年成都"。正因为舜的躬耕劳作，注重实效，得以感化百姓，

① 《虞舜大典·古文献卷》，长沙：岳麓书社，2009 年版，第 546 页

② 《虞舜大典·古文献卷》，长沙：岳麓书社，2009 年版，第 546 页。

取信于民，短短三年就聚集了像都城那么多的人。后来舜做了帝王，仍然身体力行，带领部下烧林莽、驱猛兽、垦荒地、治水土、编蒲苇、织渔网，与平民百姓一样耕种渔猎。舜的这种艰苦劳作、苦干实干的精神，为后世万民做出了表率。

其次，虞舜道德文化为中国梦的实现提供了价值取向和道德规范。

我们知道，社会主义的道德观以荣辱为基本内容，作为社会主义基本道德规范教育和现代公民道德教育的核心内容，以其鲜明的是非标准和明确的价值导向，指导人们“应该做什么，不应该做什么”，提高人们明辨是非、善恶、美丑的能力，增强为建设中国特色社会主义、进而实现中华民族伟大复兴而不懈奋斗的信念和动力。社会主义和谐社会的构建，尤其需要广大人民群众具有共同的道德标准，整个社会具有稳定的内在秩序。

仁德孝贤是虞舜文化的核心与根本，它为我们当今建设社会主义和谐社会，实现中国梦提供了鲜明的价值取向和基本的道德规范。

舜以孝道闻名天下。舜屡遭生父、后母和其弟的陷害，却矢志不移，始终敬老爱幼，以德报怨，尽力维系家庭和睦。舜的优秀品质成为脍炙人口的美谈，流传后世。在当今建设文明国度、和谐社会的进程中，人与人的和谐，每一个家庭的和谐，构成了整体社会和谐的基础。我们常说，为人要有家国情怀，也就是这个道理。

舜德为先，注重教化，集中体现在四个方面：伦理上忍辱负重，仁爱敬孝；社会上乐于助人，与人为善；政治上施政以德，举贤任能；思想上以和为贵，人神共乐。虞舜文化以农耕文化为基础，以道德文化为内涵，通过儒家文化的传承，成为中华文化的本色。虞舜文化开创以和为贵的儒文化先河，对中华文明的形成和发展做出了重大贡献，因而具有深远的历史意义和现实意义。

第三，虞舜道德文化为中国梦的实现提供了强大的驱动力和凝聚力。

优秀的民族精神是我们赖以生存和发展的原动力，仁德孝贤是虞舜文化的精髓，曾被中国历代封建王朝和百姓所尊崇。时至今日，仍有其强大的生命力，其根本原因在于孝道符合人性与自然规律法则。所以说，虞舜文化的现实价值就在于：它是凝聚海内外同胞民族情感，实现祖国统一的精神力量；对社会主义精神文明建设有传承作用。虞舜文化主要通过儒文化传承。儒文化的相当一部分可作为传统文化的精华予以继承发扬，是我们振兴中国，实现中国梦的最基本的源泉与动力。

当前，在圆梦中国的路上，我们应借力中华传统文化精神，脚踏实地稳步向前。就国家、民族、个人而言，具体需要怎样做?

国家需要宽容与大气。宽容是一种态度，大气则是一种气质、气魄。对于一个具有优秀民族文化精神的国家，我们不仅要宽容异见，还要正视自己，既要直视自己悲惨的历史，更要以一种平静和理性的心态包容现实、寻求未来。

中华民族精神的核心内容之一："厚德载物"，是说一个有道德的人，应当像大地那样厚实宽广，能够像大地那样载育万物、生长万物。在做人与处世时，心胸开阔，意志高远，严于律己，宽以待人。而对于一个国家来说，一个文化自闭、缺乏包容性的民族，无论外表如何狂妄，都没有真正的民族自信，无论其经济、军事有多强大，手段有多残忍，也完成不了一次真正的征服。

民族需要信仰与自尊。改革开放三十多年来的中国，思想意识领域相应发生了深刻变化，我们党，我们的整个民族，面临着精神懈怠、信念缺失的危险。习近平就指出：理想信念的缺失，乃百病之源。如果丢失了共产党人的远大目标，就会迷失方向，变成功利主义、实用主义者，最后意志消沉，奉行及时行乐的人生哲学，甚至产生"人不为己，天诛地灭"的想法，把当干部作为一种谋取私利、巧取豪夺的手段。

信仰是什么？托尔斯泰认为：信仰，是人生的动力。诗人惠特曼说：没有信仰，则没有名副其实的品行和生命；没有信仰，则没有名副其实的国土。每个民族都有自己的信仰，每个时代有每个时代的民族信仰，民族信仰是民族精神世界一个重要的组成部分，是一种具有民族传统特质，并不断融合时代特征的精神力量，它引导、规范和推动着本民族不断走向未来的生存与发展。中华民族的信仰，更多的是一种民族的自信，这种自信是历史的辉煌遗留给我们的，也指导着我们去创造新的辉煌！我们的民族信仰支撑着我们的"中国梦"，完全有理由相信，凭借我们的道德、勇气和智慧，一定会实现中华民族的伟大复兴。

个人需要崇德与追求。"崇"是推崇之意；"德"，是道德、德行，也就是人的品质或品格。"崇德"即主张人要推崇高尚的品格，这是为人之本。正如习近平总书记所说，实现中国梦必须崇德向善，只有人人都拥有良好的道德情操，才能实现伟大的中国梦。没有任何一个伟大的民族是摒弃道德和真善美的，也没有任何一个强大的国家是道德败坏的。因此只有个人文明，社会才进步，国家才富强。

追求就是一种向上的力量驱使，也即担当与责任。一个人对这个国家、民族乃至家庭有责任有担当，才会有追求，有追求才会有成就。

中国自古以来就是一个崇尚道德的民族：古，不仅有前文提到的虞舜帝的孝行天下，更有炎帝为救百姓尝百草而毒其身，还有苏武牧羊使节不辱使命；文姬思国弃子终归汉；戚继光勇抗倭寇彰显民族精神；李冰父子治水造福万世；范仲淹忧乐心系天下，等等。今，有钱学森舍万金回国以自强；雷锋的毫不利己专门利人；焦裕禄的亲民爱民铸就人民的好公仆，等等。他们用实际行动诠释着“道德”的真谛，助推中华民族不断前行和进步。这种崇德向善的追求与践行，正是我们在圆梦路上所需要的精神动力。当下，面对世界范围各种思想文化的相互激荡，每个中国人都应该在圆梦路上积聚力量，充当追梦的主角。涓流汇海、聚沙成塔，形成推动社会发展进步的强大正能量，一步一个脚印地成就伟大的中国梦！

道家的根本理念

——“自然”与中国文化自信的理念依据

谢阳举
（西北大学中国思想文化研究所副所长、教授）

引　言

我们中国思想文化研究所在张岂之先生的带领下，承办陕西省政府主办的清明祭祀人文初祖黄帝陵期间的学术交流会已经有十周年了。多年来，围绕中国文化自信这一主题举办具有重要意义的学术活动，无论在历史、文献还是理论方面，可以说我们都取得了丰硕的成果和深切的认同，热忱感谢各位参与盛会的专家学者。

各位专家都熟知中国思想文化史上存在着一个合黄帝和老子命名的黄老学派。这个学派是田齐国家以黄帝为标志，以老子思想为资源和基础，鼓励稷下学者们阐发出来的。黄老是战国最为显赫的学派，一度在列国呈现出爆炸式发展趋势，可以说对百家思想、各诸侯国的执政都有渗透和影响。我们祭祀黄帝陵当然需要礼敬并回顾老子与道家文化的精神。所以今天在这里，我想谈一谈道家的核心理念即自然和文化自信的关系这个问题，以就正于方家。

一、文化自信是文明复兴的精神基础

从精神气质上看，国家在某种程度上相当于大写的人。心理或者精神自卑是个体最大的敌人，就国家而言，民族文化心理和民族精神的创伤也是民族复兴的深层障碍。因此，民族复兴必自文化心态的调适开始。

道家是中国思想文化的重要组成部分，在本土思想史上占有突出地位，甚至可谓是中国历史上一种最早出现的、最系统的学术范式。原始道家诸子在哲学上的成就和古希腊早期哲学相比，除了论证不尽圆满之外，实质内容丝毫不逊色。

近代，伴随着科学革命和资本主义文明的进展，西方横霸世界，东西方严重失衡，曾几何时，东亚人置身于西方哲学和科学之林时，不免会怀疑我们是否有从事这些智力思考的头脑。杨振宁先生写过这么一段文字：

> 列强的凌辱所产生的精神创伤使中华民族有了复杂的自卑感：东方人是否天生不适宜于做现代科学工作呢？在19世纪末当达尔文的进化论被用来佐证白种人的帝国主义侵略政策时，许多中国知识分子在灵魂深处曾为这样的问题所困扰。这不只发生在中国，在日本，长冈半太郎[①]（1865—1950），后来成为第一个在国际上出名的日本物理学家，也早在1883年进入东京大学之前便曾考虑过这个问题。他经过仔细的研究，认识到中国古代哲学家如庄子（约公元前369—286）的深入的识见以后，才得出东方人同样有能力研究现代科学的结论[②]。

由此足见文化心理自信以及中国道家的历史意义。

目前，中国人民正投身于中华民族伟大复兴的实践当中，文化自信再一次显示出重要性与紧迫性。面对西方思想文化，你会发现中国文化的浩瀚深邃与独特禀赋，尤其是道家，有利于我们调整心态，树立信心支柱。

生活在这样的时代，摆在我们从事思想文化研究的学者们面前的一大使命，就是要揭示出中国文化自信的历史来源和理念依据。本文旨在探讨道家自然理念及其意义。

可以说，道家标志了东方人有独立卓绝的价值观、理想与智慧，李约瑟的巨著《中国古代的科学和文明》，尤其是在第二卷中的梳理便是一个有力的佐证。

今天的东亚人固然不需要像长冈半太郎那样去体会一番庄子思想再去研究科学和哲学，但是如果东亚相信自己已经走出文化自卑情结了，则并非是什么

---

① 长冈半太郎（Nagaoka Hantaro）是明治、大正和昭和时期的原子核物理学家。日本物理学之父。他提出一种称之为“土星模型”的结构，即围绕带正电的核心有电子环转动的原子模型。他证明了亚洲人在自然科学方面像西方人一样具有天赋和能力。

② 杨振宁：《杨振宁文集》，上海：华东师范大学出版社，1998年版，第790－791页。

好事，因为我们仍然需要一场深刻的文化反思、自觉和自信。

综上可见，培植文化自信的研究任重道远，我们还需要做大量的反思与超越、消化与转化、传承和创新的工作。

二、回到“自然”理念的逻辑起点

文化是个伞形术语，几乎无所不包，我们从哪里入手来树立文化自信心？经过岁月的沉淀和无数前辈学人的探索，可以说，这个阿基米德支点已经找到了，这就是理念的逻辑[①]。

关于中国文化的结构和表征，有这样一种说法：在社会生活行为方面，儒家是主角，而在深层的文化心理结构和思维方式上，中国人的心灵中弥漫着浓厚的道家气息。这个认识有足够的事实做根据。道家对中国哲学思想的贡献巨大，中国古代哲学的众多原发性范畴、概念创生于道家，仅《老子》一书就包含有 70 多种中国哲学的重要概念和范畴。

在道家所有理念中，“自然”最有实质性意义，也是最难掌握的。“自然”体现出黄帝、老子、道家思想乃至中国文化的内在连续性。除了《庄子》外，《吕氏春秋》在先秦文献中堪称保存有最丰富的前道家思想源头的线索，书中吕不韦自称：

> 尝得学黄帝之所以诲颛顼矣：“爰有大圜在上，大矩在下，汝能法之，为民父母”[②]。

大圜，即大圆，指天、天道而言；大矩，即大方，指地、地道而言。可见黄帝之教的中心思想是法相天地，即自然之道。颛顼修的黄帝之道，是古代学术和政治制度中明天道之职事沿革不绝的根基，它开启了后世重天道的学术方向，这个方向正是道家从学术观上始终坚持的。起初天道除了天文历法，甚至还包含着许多星占、术数、律吕等成分。随着理性知识的积累、分化，天道中的神秘成分在进化中被剥离了，逐渐变成纯粹自然的天道。在《汉书·艺文志》中，我们可以看到《诸子略》“道家”之外，还有许多托名黄帝的著作，正见上古天官学术的残制。

---

① 理念逻辑的根本原则在于主客兼摄，非主非客，亦主亦客。

② 《吕氏春秋·序意》。

探讨天道和道家学术观的特质，不能不溯及黄帝、颛顼，以及古代史官、天官制度。道家式的学术观有丰富漫长的前道家来源，发展到春秋末期的老子这里，逐步形成了自己的核心精神特质，即老子创始的以“自然”为纽带的理念系统①。

在先秦文献中，“自然”一语首见于老子的《道德经》，而且老子是第一个将其当作哲学概念使用的哲学家。这个概念体现了中国文化的特质之所在，对其的使用则标志着中华民族先人对自己生存模式的理性总结，宣告了中国文化中一种原则性思维规则和价值理念的诞生，也预示着中国文化走上了追求最佳态势、高度亲自然的发展道路。从此以后，“自然”成了中国文化最高精神基因之一，也成了道家和整个中国思想史的一个概念母体，无数中国文化持续创新的内容就是从这个母体中衍生出来的。在世界多元文化之林中，如此明确地标榜这样强烈“自然”化纲领的文明理想是独一无二的。

三、老子“自然”理念阐释的方法

“自然”是老子思想中首要的关键词。然而，两千多年来，在老子“自然”概念的理解与阐释上，学术界有时候流于孤立的文字、语法分析或者停留在用老子其他哲学术语做循环式说明的地步，因此，不能说取得了实质性进展。王弼注《老子》说：“自然者，无称之言，穷极之词也”，这句话似乎给“自然”的进一步阐释贴上了封条。今天需要尝试在这个似乎不可进一步解析的“自然”概念上凿开一个缺口，哪怕钻开一个小小的缝隙。

1. 关于字面解释的辨析

在今人的辞典和语汇中，“自然”一词是被频繁使用的。但是，同《道德经》相比较，这种“自然”似乎只是近代文化语境中的“字样”，它们是朝向“自然的某某（事物）”的，并不是老子“自然”的本意，它们有时反而成了我们理解老子“自然”一语的障碍。在日常语言中，我们常常说到非超自然的、自发的自然、自然的世界、自然的事物、自然的部分、自然的现象、自然

---

① 其实《庄子》也透露了中国人关于黄帝与自然精神关联的集体无意识记忆。例如在《应帝王》篇中，庄子提出了“混沌”的著名隐喻。混沌象征“自然”，而混沌又是“中央之帝”，在中华民族的古史传说系统中，人们无不认同“中央之帝”就是黄帝，因为黄帝以土德旺。

的本性、自然的属性、自然的本质、自然的秩序、自然的规律、自然的奥秘、自然的形式、自然的描述等等，这些说法已经成了现代话语中流行性、主导性的表达。它们将自然剖分开了加以讨论，触及的只是大自然的某些特点、侧面、层面、部分等等。也有从“自然”中引申出其他比较系统的用法，例如，美学的用法、伦理的用法、科学的用法、艺术的用法、宗教的用法等；直接的指向行为的，则有崇尚自然、遵循自然、热爱自然、亲近自然、模仿自然、感知自然、认识自然、改造自然、征服自然等等。

不能不承认，今人有关自然的用法和老子的意思或多或少存在着交叉现象，然而，也不能不承认它们在整体上则是趋异的、不可换元、不可转译的。阐释老子的自然概念，需要在现代语言和知识规范中给老子思想腾出地盘和生长空间，这在本质上是需要恢复老子的自然语义和思维的。

“自然”是个多义词，我们提到的不同用法在老子思想中或许都有某种程度的体现，可是不为根本，我们拿这些用法代入老子的若干重要命题，生成的新陈述会明显偏离老子思想。将自然解释为“自己如此”，虽无多大妨碍，可是对人们了解老子思想的根本内涵而言，似乎缺了点什么，因为这种字面解释少不了没有解释的嫌疑。

值得注意的是，除上述用法之外，“自然”还可以用来指向不加人为伪饰、加工的自然的状态或者趋势。正是这种被我们长期忽视的意思，却最能够帮助我们理解老子的根本思想。

2. 从字面解释向逻辑层面深化

字面解释和语法分析有一定的必要性，但揭示不了“自然”的准确意旨和潜在理论意蕴，我们需要借助语言逻辑的分析来求解。

老子的“自然”，它由“自”和“然”两个字组成。“自”和其他字词结合使用，在《老子》中屡屡出现，比如说“自是”“自正”“自化”“自伐”“自均”“自胜”“自宾”“自富”“自定”“自矜”“自知”“自见”“自爱”“自贵”“自朴”“自生”等等。在语法形式上讲，“自然”属于这一系列复合词的集合。可是，细加体会和分析可知，“自然”这个术语与其他表达是有明显不同的，特殊性出现在“然”字上，其他带“自”的表达式是与表示动态的词结合在一起的，而“自然”中的“然”字则不是动词。也就是说，自然和上述带有“自”字复合词的集合，在逻辑上有区别。

在古汉语中，“然”字有多种用法。王引之说，“然”可以用作状事之词，若《论语》“俨然”“斐然”等。同时，他引《礼记·大传注》文：“然，如是也”，又说：“凡经传‘然则’‘虽然’‘不然’‘无然’‘胡然’‘夫然’者，皆是也”（《经传释词》）。从逻辑意思上看，“如是”也正是状事用法的一种，本质上“然”字的一个重要用法就是表示在某种情况下事物存在或者变化的相应状态、趋势。用作这种用法的还有“如”“若”等虚字，它们可以和“然”互训。由此可知，自然、自如和自若是等义词。老子的“自然”是在众多近义词中慢慢脱颖而出的。如、若等字本来的用法公式可以是“A如（若）B（然）”，但是，“自然”这类用法的公式却意味着“A如（若）A然”，这个公式的用法蕴含了先人认可了唯一性和统一性的原则，这是古汉语中所体现的一个形而上学准则或终极性前提。这样看来，“自然”一词的语法形式和逻辑形式是不同的，“自己如此”的解释并不能阐释清楚老子“自然”思想的内涵。

3. 从有无关系看“自然”

历史上对老子思想最有名的概述见于《庄子·天下篇》。篇中说，老子和关尹共同构成了道家的一个子派，老子哲学理论的要害，就是“建之以常、无、有，主之以太一”。“有”和“无”二者，正是老子哲学思考的端点。老子自己也说：“有”“无”两者始终缠结在一起，“玄之又玄，众妙之门”（通行本第一章），在这里，他清楚地交代了有、无这对范畴是其个人哲学，也是其认识世界的一道大门。

老子看到事物和世界有其现存的一面，也有其转化的一面，也就是说，他眼里的一切是处于过程中、转化中的东西。因此，从“有”和“无”的关系，我们可以在根本思路上认识老子哲学的意趣之所在。照理说，本体论应当解决存在和变化的关系问题，可是，通常的哲学家们还是或偏重谈存在，或偏重谈变化，因为要统一存在与变化，极易导致所谓存在和虚无的难题。老子在这个问题上迈出了可贵的一步，在他看来，存在的状态或者变化的趋势才是实在，世界以及任何事物不是简单、静止的“有”或“无”。毋宁说，事物都是“有”和“无”的统一，任何事物都由“有”和“无”两种反对的因素、动力和趋势组成，呈现出“有”和“无”两种相反运动的张力状态。

老子不偏向“有”，也不偏向“无”，而是把任何事物都放在有无之间和

转化之中来看待。这一点历代注释家和批评家多有误会。通行本《老子》中确实有言："天下万物生于有，有生于无"（第40章），这句话如果脱离老子思想系统孤立地解释，就会扭曲老子思想的出发点，贵无论玄学就是这样才认为老子说万物起源于"无"，以至于有人说老子哲学是主张绝对虚无的哲学。倚重倚轻、或有或无，是历史上注疏和评论老学者的痼疾。例如，古代的佛学家多批评道家局限于实体性思维，是侧重"有"的层面分析道家；何晏、王弼则侧重"无"的方向推解出贵无论玄学；宋明理学家则大都批判道家空谈有、无，所谓不知道动静、变化、出入、聚散、显隐等才是真正的有用范畴，张载说过："《大易》不言有无，言有无，诸子之陋"（《正蒙·大易》），看来也是犯了一场历史性误会，或者说他批判的对象其实是贵无论玄学和佛家的点评而已。

重新辨析和认识道家有无范畴的原初规定性具有重要意义。1993年出土的《郭店楚墓竹简》老子残本中有这样的章句："天下万物生于有，生于无"。与通行本比照，少一个"有"字，意思差之千里。陈鼓应先生以为，这个章句可能是误读。笔者认为，即使没有楚简，综合《老子》整个文本中随处可见的有无张力思维的线索，也可以理解老子强调的是有无辩证统一。老子说过："有无之相生也，难易之相成也，长短之相形也，高下之相盈也，音声之相和也，先后之相随，恒也"（参见帛书《老子》甲、乙本《道经》二章），显然强调有无统一性关系。

可以说，在老子心中，鉴于有、无的相互作用，世界和事物的本质就是事态或曰态势，事态是世界最真实的可能样式，对事态的关注构成其哲学思考的根本动机。

4. 自然即最佳态势

揣摩老子的章句和整部《道德经》的宗旨，我们总能看到老子关心事态即状态和趋势的运思以及行文方式。无论从本体论、认识论层面，还是人的心态和社会实践层面，都是这样。这和中国哲学思维特点有总体上的家族相似性。整个中国哲学，如果穷本溯源，可以说是从《周易》提出或蕴含的问题与符号系统开始的，这个问题就是"变异"问题，了解的办法就是以阴阳符号的运动形式和喻义为途径。这套系统，正如《易大传》阐释所昭示的，是要通过"立象"的符号思考，了解世界万物的存在状态与转变趋势。中国哲

学相信紧迫的问题是要认识世界上万事万物的变化趋势，所谓要窥破人和宇宙的“天机”，或曰达到“穷神知化”，获知“天下大势”。

老子以为，“自然”的状态和趋势就是我们本然存在的态势。这在第17、23、25、51、64等章中明确地反映出来，《第17章》云：“功成事遂，百姓皆谓‘我自然’”。《第23章》云：“希，言自然”。《第25章》云：“道法自然”。《第51章》云：“道之尊，德之贵，夫莫之命而常自然”。《第64章》云：“以辅万物自然而不敢为”。根据这些章句的意思，道、德本身、人和万物所遵循的都是“自然”。现在要看，自然的恰当内涵是什么？换句话说，自然指的是何种态势？

《庄子·天下篇》里说老子思想“建之以常、无、有，主之以太一”，句中的“常”字，历代注疏家很看重，但是意见纷呈。马叙伦说：“常者，和有无之名，故曰：知和曰常也”（《庄子义证》第33卷）。常字乃是老子哲学独立概念之一，应该沿着老子总的哲学思辨同时参照《老子》通书细加辨析。

《老子》中“常”字屡次出现，有重要的独立概念意义的如“常德”（《第28》章）、“习常”（第52章）、“复命曰常”（《第16章》）、“知和曰常”（《第55章》）。这里的“常”字在一定程度上含有不易的“常理”“律则”“规律”诸种意思，但是从整体上看，老子思想并不是局限于纯粹抽象思考的哲学，可以释为正常、恒常的状态和趋势。简言之，视为“正常”，则更加贴切，可以沟通古今语境变迁的障碍。玩味上述章句和整部《老子》，上述引文里的“常”在现代语境中，如果说要找到最恰当的解释，当是“常态”“正常”“常然”等，用“常态”“正常”等代入上述陈述，不违老子深意，且语义更合乎现代逻辑、知识和理解习惯。基于这样的看法，老子的许多思想命题都可以转换为关于可能性、必然性等模态性的哲学表述，老子是在讨论万事万物在整体上的关联状态与转化的态势，并且，他试图掌握的是这些态势中正常的态势。

在老子眼里，世界是运动的，运动体现为过程，过程有多种可能趋势和状态，不论“变”与“不变”、存在抑或超越，凡是事态都是有“常”、有“正”，即有稳恒、平衡、正常态的。也就是说，事物的存在和演变必有最佳状态，这个最佳状态是“道”规定的实质。与这个最佳状态最接近的，就是具有动态自演化、自组织、自平衡的稳定态，也就是自然常态。自然常态具有

自发的秩序生成和修复功能，但是，须知它不等于秩序，在某种程度上它可能是混沌状态，这是后来的规律论的解释者所始料未及的。失去常态，事物就会转向异化、衰亡。所以，老子哲学不但是状态哲学，而且是有关最佳状态，即稳动平衡态的哲学。老子以“道”作为统一“天道”和“人道”对立的范畴，提倡“为无为”（第63章）、“无为而无不为”（第48章），就是为了捍卫正常态势，因为只有这种态势才是正面成功最大、创造性成就最高而负面作用最小的态势。人们大肆渲染老子讲无为的哲学，其实严格地说，他从来没有讲所谓无为的哲学，而是讲“为无为”的哲学，是将无为和有为统一起来的哲学。“无为”的提出标志着我国古代哲学一次飞跃性的成熟，说明哲学思维已经迈出了单纯主观盲动的、妄为的、躁进的、幼稚的阶段。“无为”是老子极富思辨与想象力的概念，我们应该把它叫做“创造性的无为”。

在道论的整体语境中，“自然”可以阐释为：事物自身如其自身，即如其自身存在和变化的逻辑，事物保持或恢复自如的态势，等等，这是指事物对其自身存在与变化内在逻辑的自我肯定趋势。换句话说，“自然”并不等于存在抑或变化，而是对存在和变化本然关系的描述，自然指示出最合理的存在样式和状态。在老子的哲学话语中，说某事物“自然”，等于说事物如其常态、如其合理、健康和稳恒的事态存在着、变化着。《庄子》中有个“混沌”的说法（见《庄子·应帝王》），正是对老子自然即最佳态势最好的隐喻性说法。采用我们时代的知识和思维质料来进行阐释的话，从实质性上看，老子“自然”的本意是指常态，而不自然就是不正常、不平衡、不稳定、衰寂、反常、异常，等等。

根据上文对“自然”分析的尝试，甚至可以说能获得老子哲学的一种新定义。所谓老子哲学，就是关于事态或态势的哲学，或者称之为掌握变化趋势的哲学。老子的旨趣在于研究万事万物，包括社会历史的可能态势，他的归趋落实在认识最佳态势、绵延稳衡态势的哲学上。这种最佳态势既是事物变化的最优进化趋势，也是存在的最优条件。“最佳”指的就是“正常态”，简言为“常态”，常态的本质就是自然态，这是老子“道”的根本意旨之所在。老子的“自然”不等于大自然、规律、事物、实体、元素、自然现象等等，而是指这种正常、稳恒、优化、动态平衡的态势，这也是老子“道”论的重要实践价值之所在。“道法自然”的实践导向，就是要求人类捍卫常态的原则。

"自然"即所有可能态势中不可打破的最佳竞争态势。在老子眼里，不论变与不变、存在抑或超越，凡是事态都有"常"、有"正"，也就是说，必有最佳状态，与这个最佳状态最接近的，也就是自然常态。

四、"自然"理念的文化功能

1. 自然"定义"了中国文化的特质

自然概念抑制了超自然的路向，也斩断了人类任意妄为的路向。"自然"规定了中国文化发展的方向、路径与风貌，因此"定义"了中国文化的一大根本特质。

自然概念使道家否定了文化和自然二元对立的文化观。道家崇尚的"自然"不能等同于今人所言的人与自然、文化与自然二分中物质自然的概念。这种"自然"属于前文化与自然二元论的原生智慧。马丁·布伯认为，道家深藏着一种自然和文化没有发生分裂前的智慧，"这种知识不是认识，而是存在。因为它把万物揉于其统一性中，所以它永远不会与万物相对"。当人们割裂自然，将文化和自然对立起来，并仅仅从文化的视角看待文化时，人们就会失去真知。

2. 自然是中国文明绵延不息的保证

从正面实例看，中国文化源远流长，在世界上是独一无二的。国外的朋友们常常提出这样的问题：在四大文明古国中，为什么唯独中国文化能够长期绵延不绝？使得中国文化长期延续的智慧是什么？显然，他们希望从中国文化中吸取智慧以使自己的文化长期绵延下去。现在看来，脱离中国文化的"自然"内涵和脉络来讨论文化绵延的智慧，是得不出正解的。中国文化不是单纯人工文化因素线性累积的产物，它有道家的血脉，植入了"自然"的基因，始终坚持把根基深深地扎在自然之中，中国文化和自然之间经过了反反复复的辩证作用过程，中国哲学数千年维系着一个道的谱系，其中最高问题就是天人之际，而天人相关的基础正是道家对天道和人道、自然和文化关系的探讨。从道和自然的思考出发，推及人类，这是老子引导中国文化走上非人类中心主义之路、最早提出人类应该敬畏自然、顺应自然、以"无为"的原则对人类自律的原因。

可以说，中国文化中含有一条伟大的精神特质和原则，这就是道家赋予和

维系的“自然”精神。所以，说中国文化绵延数千年，实际上是因为肯定了某种自然与文化动态协调原则的重要性。它之所以能可持续存在，就是因为中国文化在成长过程中找到了使文化生命绵延的智慧，而这和道家对自然自觉文化观作用的发掘有极大的关系。道家是古代世界最著名的崇尚自然、亲近自然的思想流派，它主张超越人道泛滥的文化发展思路，也反对超自然的文化发展取向，始终坚持因任万物、遵循自然的常态思维准则。这个文化发展原理对中国文化的健康发展起了极大的保育作用。

3. 道家提出了特别的文化创造思维

世界上文化的形貌和种类千姿百态，每种文化都有自己的文化创造思路和发展原理，唯独中国道家哲人特别强调因顺自然、合乎自然、参照自然、效法自然地创造文化。这种文化创造、化育和维护的思路，乍看起来不彻底，然而历史证明了它的价值。就文化兴衰史而言，“不自然”“反自然”的文化是不可能长期持存的；只有自然的文化才可能长期生存下去，文化扎根自然越深，长存的基础就越稳固。从这个意义上讲，道家所持的批判的、辩证的、连续的自然—文化观，值得那些想使自己的文化绵延长存的外国朋友们特别加以注意。古代中国有个有趣的现象，即对历史文化产生了重大影响的许多精英人物，在思维观念、精神人格和立身行事的模式上，都不同程度地带有自觉地保持自然与文化调和适度的态度与思想，他们往往能自如地穿梭于庙堂学宫和山林野外之间。自然与文化严格分离或者截然对立的极端文化观，在中国历史上很难发现。中国文化结构体系中产生了道家是值得庆幸的，中国历史上如果没有“道家”，那么遵循“自然”而创造文化的正确原则很可能就会与我们擦肩而过。李约瑟早已看出了中国文化结构中道家的力量，他有一个传播久远的说法：中国如果没有道家思想，就像一棵烂掉了根的大树。

文化有文化的问题，文化自身可能成为社会问题，文化之外的因素也可能构成更主要的文化难题。在老子口中，所谓混乱纷争的社会就是“失道”（第三十八章）、“无道”（第四十六章）、缺“德”的社会，而“道”的宗旨是“自然”，所以坏的社会也就是属于不自然的社会，总根源均出在道亏德损。进一步言之，局限于人道内部是解决不了人道纷争的，大的文化难题离不开自然。老子把“道”的亏损视为纷争的最后源头，把握住了常态的存在前提，如果失去自然的根本原则，提出再多的人道主义文化的好价值观、好理念、好工

具也是无济于事的，这在思想史上是首创。在实践上，老子坚持“无为”的原理，是企求最大限度地接近自然智慧，或者说是让自然发挥它最大的作用，摆脱反自然的、过度的人为的祸根。消除自然的异化可能是纠正人类异化的前提，老子和道家由此入手建构美好社会的思路具有重要实践意义。

道家的和谐观，具有崇高性、包容性和辩证性，顺应了社会演变的法则，也超越了孤立狭隘、盲目乐观的人道自足主义。从对象和范围上讲，它指的是宇宙意识层次上开放的、自发性的、自组织的、相关性的、有机的和谐观；就思维上说，它以自然与文化的连续性、交叉性、渗透性为逻辑出发点，纳万物、人的身心与社会为一体，是整体的和谐观；就人际社会而言，它主张“玄同”人间的贵贱尊卑，声称“天地不仁”（第五章）、“惟道是从”（第二十一章），坚持在“自然”原则面前万事万物具有平等的内在价值，因而是公正的、平等的、反思的和谐观；就实践上看，它要求效法天地之道，一以“道”为“大宗师”（《庄子·大宗师》），协调天道和人道的冲突，因而是超越的、批判的、辩证的和谐观。通过道的理论，老子为总体的、永久的、动态平衡的社会和谐，奠立了超感性的、形而上的理论根据。

根据老子的观点，缔造和谐世界需要端正“人之道”，即：辩证地对待文化及其体制，其积极说法就是“以道莅天下”（第六十章）、“以正治国”（第五十七章），也即无为而治，这是为“道”所指涉的“自然”的自发性、创造性和可能性最大限度地留下地盘。庄子是老子精神的继承者和发扬者，他抓住了老子思想的精要，他把战国乱世归结为古代历史内包的反常态因素不断放大和聚敛的、不可避免的结局：“乱天之经，逆物之情，玄天弗成，解兽之群而鸟皆夜鸣，灾及草木，祸及止虫。意！治人之过也”（《庄子·在宥》）。这里，庄子把不求“道”、不治“己”的“治人之过”视为“外治”（相当于“外科手术”，见《庄子·应帝王》），这是悖逆自然的有为，是违背自然性质、法则与态势的，庄子希望回到老子以道治国的思路上来。按照道家的思想逻辑，我们不仅要捍卫内在自然本性和外在自然法则、自然情态，遵循主观自然与客观自然，更要维护自然事物与文化的最佳平衡态。这是老、庄对人类文化发展原理的重大贡献。

维护合乎自然的文化创造模式乃是道家的一贯原则。战国另一派，实际上也是影响超过老庄道家的黄老道家，虽然应势而变，推行“南面无为之治”

的统治术，但是都主张谨守大道，因任为本，其根本精神还是主张自然和文化平衡的。齐国稷下道家与管仲学派强调礼法并用，但是理论基础却依靠道家。楚道家也是以大道作为最高治国原理的。道家进入秦国，参与《吕氏春秋》的集体创作，从《吕氏春秋·序意》交代来看，也是以天地之道为本源的。后来的《淮南子》虽然步文子和黄老道家走向“有为”的足迹，然而推其本，仍然坚持有为和“无为”的统一。

鉴于以上思考，笔者认为，文化不能脱离自然的根基，文化要从自然中不断汲取源头活水。中国文化的衰微，与忘记自然和无为的原则有内在关系，世界文化的未来发展也需要统一文化和自然。

道家的文化创造思维有可能对人类未来的文明发展做出贡献。

道家的自然理念是中国文化的核心理念之一，无论在理论发展和实践运用方面都具有重要价值，这正是我们树立文化自信的重要理念依据。

《尚书》“中和”思想及其现实意义

韩　星

（中国人民大学国学院教授）

一、释“中”“和”“中和”

《说文解字》把“中”归属于丨部，说：“中，内也。从口、丨，上下通。”此意见于《周礼·考工记·匠人》：“国中九经九纬”，郑玄注：“国中，城内也。”后来引申为心中，如《尸子》：“卑墙来盗。荣辱由中出，敬侮由外生。”钮树玉《说文校录》说《集韵》《类篇》《韵会》引《说文》该条俱作“中，和也。”徐锴本《说文》也作“中，和也。”朱骏声《说文通训定声》和日本人高田忠周《古籀篇》等都采用“中，和也”这个说法。杨树达说：“事之中节者皆谓之和，不独喜怒哀乐之发一事也。《说文》云：龢，调也。盉，调味也。乐调谓之龢，味调谓之盉，事之调适者谓之和，其义一也。和今言适合，言恰当，言恰到好处。”① 这实际上也是“中”的应有之义，说明了“中”与“和”意思的交叉重合。

“和”的观念与“中”一样，有其悠久的历史，在甲骨文中即多有出现。《说文解字》解“和”有二义：《说文·口部》：“咊，相应也。从口，禾声。”《玉篇·口部》“咊”为“和”古文。《易经·中孚》九三爻词曰：“鸣鹤在阳，其子和之。”《易经·兑》初九爻词曰：“和兑，吉”。《诗经·郑风·萚兮》：“倡予和女。”谓一个先唱，一个和声，形容两人感情相通。后多比喻两人相互配合，彼此呼应。倡，亦作“唱”。《说文·龠部》：“龢，调也。”段玉裁注：“经传多借和为龢。”另外，《广雅·释诂三》：“和，谐也。”和谐、协调的意思。《广韵·戈韵》：“和，不坚不柔也。”

---

① 杨树达：《论语疏证》，上海：上海古籍出版社，1986年版，第28页。

从文化发生学的观点看，“和”最初根植于中国早期农耕文明之中，与早期人们的物质生活有着密切的关系。从辞源学的角度看，“和”的写法从禾从口。“口”《说文》云：“人所言食也”，说明“和”的最原始含义是“禾”满足了人们的物质生活需要，即饮食之和。

温少峰对《说文》释“中”发挥说：

> 所谓“从口、丨，上下通”，就是指太阳当木表之定，其所投日影垂直，故为“上下通”，故出“和也”即互相“对和（合）”之义。①

“木表”本身也是一种“神干”，既可以与日影取直，又能“上下通”以贯通天上人间。②“中”在甲骨文、金文中书为“[illegible]”或“[illegible]”，飘带状可反向，其字形状为建中之旗。唐兰先生解释此物为徽帜：

> 余谓中者最初为氏族社会中之徽帜，《周礼·司常》所谓：“皆画其象焉，官府各象其事，州里各象其名，家各象其号”，显为皇古图腾制度之孑遗。……此其徽帜，古时用以集众，《周礼·大司马》教大阅，建旗以致民，民至，仆之，诛后至者，亦古之遗制也。盖古者有大事，聚众于旷地，先建中焉，群众望见中而趣附。群众来自四方，则以建中之地为中央矣。列众为阵，建中之酋长或贵族恒居中央，而群左之右之望见中之所在，即知为中央矣（若为三军，则中军也）。然则中本为徽帜，而其所立之地恒为中央，遂引中为中央之义，更引中为一切之中。③

唐兰先生认为“中”之本义为“徽帜”，建中、立中是为了召集群众。从“中”字在甲骨文里常写作竖直的一笔而带有旗旒形来看，这个说法显然是有道理的。

胡念耕先生又据《殷虚书契前编》六、二、三所摹甲骨“中”字释为古

① 温少峰，袁廷栋：《殷墟卜辞研究——科学技术篇》，成都：四川社会科学院出版社，1983 年版，第 14 页。

② 箫兵：《中庸的文化省察——一个字的思想史》，武汉：湖北人民出版社，1997 年版，第 8 页。

③ 唐兰：《殷墟文字记》，北京：中华书局，1981 年版，第 53－54 页。

战场上王公将帅用以指挥作战的旗鼓合体物之象形。[①]

刘节认为：

> 《吕氏春秋·谕大篇》："舜欲旗古今而不成。"所谓"旗古今"，就是说把古今的事都写在中旗上。《国语·楚语》灵王引用史老的话："余左执鬼中，右执殇宫，凡百箴谏，吾尽闻之矣，宁闻他言?"韦昭以中为录籍。王符《潜夫论·志氏姓》篇有公旗氏，《战国策·秦策》四有"中期"，《春秋后语》引作"中旗"，并见《韩非子》、《说苑》。可见古有"中旗氏"。"中旗"一名在这里已指简册而言。古代的中旗制度既然可以附会到舜，虽然未成，也可见起源之古了![②]

这就把"旗中"或"中旗"的历史追溯到了古史的传说时代。

高怀民阐释其内涵说："中央为一直画，向左向右的飘带叫作'游'，向左向右是一样的，只是借以表示中间一直画的不偏不倚而正立，故'中'义与'正'义不离。中间之四方形读'围'，象征一地域，一直画立于其中，代表治国者应持此不偏不倚之'中正'之道行事，唯有行'中正'之道的人才能有土有民，得有拥护之者。中间这一直画更有深意，其贯通上下，代表天道与人道思想相通，治国者与被治者意见相通，父母与子女意见相通，个人则为思想与行为相贯通，大而放诸治天下，小而至于一言一行，何谓'中'，即此之谓。"[③] 这就将"旗帜"所代表的"中"所蕴含的"中正""中行"含义揭示了出来。

饶宗颐《诗言志再辨》一文中也主此说，认为"中"是旗帜，设旗帜于心，作行为之指导。"旗帜渊源甚古。"并引《世本·作篇》云"黄帝作旃"。"旃"是古代一种赤色曲柄的旗子。[④]

台湾有学者认为："中"由旌旗之义，伴随着有中央权力指挥之义。"中"字的本义即是"王旗"，王立"中"，即是君王立"王旗"，而为诸侯万民之

---

① 胡念耕：《唐兰"释中"补苴》，《安徽师大学报》，1991 年第 2 期。

② 刘节：《中国史学史稿》，郑州：中州书画社，1982 年版，第 12－13 页。

③ 高怀民：《中国先秦与古希腊哲学之比较》，台北："中央文物供应社"，1983 年版，第 270 页。

④ 饶宗颐：《诗言志再辨——以郭店楚简资料为中心》，收于武汉大学中国文化研究院：《郭店楚简国际学术研讨会论文集》，武汉：湖北人民出版社，2000 年版。

中。“王旗”即是代表“统治者”一国之“主体”“主宰”。“王旗”即是“中”，立“王旗”即是立“中”，立“中”所代表的涵义有四：（1）“权力”之中心，最高统率，号令自天子出。（2）“行政”之中心，任免考核文武百官之权，行政机关，运作之中心。（3）“四方交通”之中心，空间方位，交通运输以“王都”为中心点。（4）“资源”之中心，普天之下，莫非王土，率土之滨，莫非王臣，天下资源集中分配之中心。故统帅权的中，中央的中，空间方位的中，皆是这支王的“旃旗”本身就具有的含义。① 据此，有人进一步认为：“中”字本义是“王旗”，王旗所在即是“最高指挥权”，统帅者之所在。王者“立中”，一方面集统治权于一身，一方面也衍生出王者本身应如何去统治这个国家，才能使百姓安居乐业，丰衣足食的问题，也就是说，水可载舟也可覆舟，民心向背攸关王权是否能得到巩固。王如何才能得到百姓的爱戴呢？“中”字就引申出“中和”“中正”“至善”“合适”“时中”“中道”等等意义出来。②

江林昌引姜亮夫在《文字朴识·释中》篇分析“中”字的上端作飘游状，为氏族图腾旗帜，中间作圆者为太阳，而下端作飘游状者则为旗帜之投影。正午时刻，太阳正中照下，旗帜正投影于旗杆下，是为不偏不倚之中正。因此，人间的一切行为要以天神“日中”为依据，即《左传》成公十三年所谓“民受天地之‘中’以生，所谓（天）命也。”认为“中”是上古时期各氏族部落共有的宗教信仰和道德观念。这种信仰和观念来自于原始初民共有的太阳崇拜。在农耕时代，万物生长靠太阳，太阳是氏族成员的至上神。最后得出结论说，“中”字最初表达的便是中正公平，不偏不倚，因而可有行为准则之义，而这一意义正取义于太阳神的中午普照。这种观念在古代其实很普遍，如《国语·鲁语》有“日中考政”，《诗》毛传有“教国子以日中为期”，《淮南子·主术训》：“是以中立”。高诱注：“中，正也。”③

大量甲骨片记录着：“王立中”。《尚书·牧誓》的“王左杖黄钺，右秉白

① 杨素珍：《秦汉以前“四方”观念的演变及发展研究》，台湾中山大学中国文学研究所硕士论文，1997年5月，第35页。

② 刘家一：《〈中庸〉思想与“诚”的实践》，台湾中山大学中国文学系硕士论文，2007年6月，第55页。

③ 江林昌：《清华〈保训〉篇“中”的观念》，《光明日报》，2009－08－03。

旄以麾”，《孟子·尽心上》的“中天下而立，定四海之民”以及《荀子·大略》的“王者必居天下之中，礼也”，都说明了“中”是代表酋长君主之所在。因此，“中”的“徽帜”和“旗鼓”形象标志的是部众必须依附听从的权威和统治。

真正将“中”“和”连称，作为一个哲学命题加以较为系统论述的还是在春秋战国之际。《管子·郑弟》从道德伦理的角度提出了“中和”范畴：“中和慎敬，能日新乎！”把中和修养与道德日新联系起来。相传为孔子之孙子思所作的《中庸》就说“致中和，天地位焉，万物育焉”，赋予“中和”这个哲学命题以最普遍的意义。荀子曾三次提及“中和”：一是在《王制》篇：“故公平者职之衡也，中和者听之绳也。”唐杨倞注此为“言君子用公平中和之道，故能百事无过。中和谓宽猛得中也。”这里的中和显然是属于政治哲学范畴。二是在《乐论》篇：“故乐者，天下之大章也，中和之纪也。”把中和看成是音乐具有的根本精神，因而音乐具有了纪纲和标准的功能特点，成为培养儒家中和理想人格的重要手段。这里已使“中和”具有了某种形而上学的特色。三是在《至仕》篇：“恭敬以先之，政之始也，然后中和察断以辅之，政之隆也。”这里的“中和”主要是中正公平之意，虽然也是一个政治哲学范畴，但其中包含着中和方法论的意蕴。

二、《尚书》所载中和思想的渊源流变

中和思想渊源深远。相传早在氏族社会，帝喾便“执中而获天下”（《大戴礼记·五帝德》），“获”被训为“得”，得天下人心的意思。后来，司马迁继承了这个说法，《史记·五帝本纪》说帝喾“溉执中而遍天下”，通过行中道而得人心而得天下。据卜辞的记载，商人自命为“中商”，所居之地为“土中”。因此，三代以来王者就有以“土中”建国立都的传统。而上古“尚和”意识最初始意义大约集中于人之自然官能性感受，尤其是听觉、味觉上，古人多从音和、味和的角度出发谈论政和，这是“尚和”意识的原生时期。

朱熹在《中庸章句序》中这样说：

> 盖自上古圣神继天立极，而道统之传有自来矣。其见于经，则“允执厥中”者，尧之所以授舜也；“人心惟危，道心惟微，惟精惟一，允执厥中”者，舜之所以授禹也。尧之一言，至矣，尽矣！而舜

复益之以三言者，则所以明夫尧之一言，必如是而后可庶几也。

即认为儒家的中庸思想与道统来自尧舜禹。蔡沈《书经集传序》延续并发展了朱熹的观点："精一执中，尧舜禹相授之心法也。建中建极，商汤周武相传之心法也。"① 这就把中道与道统结合起来，从尧舜禹到商汤文武周公一脉相传。这个说法是基本上符合中和观念发展的历史的。

《尚书》的"中"概念随处可见，如"建中于民""各设中于乃心""作稽中德""以列用中罚""惟厥中""民心罔中，惟尔之中""咸中有庆"，同时对"和"的认识已很丰富，如"神人以和""协和万邦""燮和天下""克敬于和"，这些虽未对"和"的内涵作明确的界定，但通过对"和"的普遍推崇使我们看到了商周时代人们逐渐对"和"进行抽象的理解，而这就直接影响到春秋时人们提出"和实生物""以他平他谓之和"等富有理论色彩的观点。此外，除"和"外还有大量用"协""雍""谐""燮"诸词表达和谐之意，从虞夏到商周，"和"的总趋势是从神到人、从局部到全部的多元普遍发展着，充分体现了中华先民已充分重视和高度推崇"和"在实现政治理想中的地位和作用。在《尚书》中"中"与"和"开始初步结合，例如提出了"协于中""和厥中"等观点，初步形成了贵中尚和思想。下面大致按照时代顺序进行梳理和讨论。

《尚书·尧典》记载帝尧"允恭克让，光被四表。格于上下，克明俊德，以亲九族。九族既睦，平章百姓。百姓昭明，协和万邦。"这是称颂帝尧能够以自身的修德为本，先从处理家族关系使之亲睦，然后再延伸到与大家商量处理必需的事情，再延伸到协调和谐更多的邦国，最后达到整个天下万民安居乐业的和谐境界。这就比较系统地描绘了一个以"中"致"和"的理想政治模式，也就是后来儒家修身齐家治国平天下的最初表述。《论语·尧曰》："尧曰：'咨！尔舜！天之历数在尔躬，允执其中。四海困穷，天禄永终。'舜亦以命禹。"这段话是帝尧让位给帝舜时的授命辞，嘱咐帝舜应该保持中道，否则天下百姓将陷于困苦贫穷，则君禄也就永远终止了，目的是希望舜能够真诚地坚持中庸之道，什么事情都能够做到恰到好处。其中"舜亦以命禹"，见于《尚书·大禹谟》"人心惟危，道心惟微；惟精惟一，允执厥中"，孔传"危则

① 蔡沈：《书经集传·序》，北京：中华书局，1994 年版，第 1 页。

难安，微则难明，故戒以精一，信执其中”。这就是后儒推崇的著名的“十六字心传”，其中“危微精一”之论可能有后儒之见，但“允执厥中”则渊源甚古。禹怎样“允执厥中”？孔子说：“禹，吾无间然矣。菲饮食而致孝乎鬼神，恶衣服而致美乎黻冕，卑宫室而尽力乎沟洫。禹，吾无间然矣。”（《论语·泰伯》）对于禹来说，如果是因为个人衣食住的尚俭而在祭品礼服与田间上简率从事，便是不及；又如果对于祭品礼服与田间工事的完备，而在个人的衣食住方面尚奢侈，便是太过；禹没有不及与太过，就是中道。后来，周代将“允执厥中”作为治国之道，广泛加以推广。《中庸》引孔子说：“舜其大知也与！舜好问而好察迩言，隐恶而扬善，执其两端，用其中于民。”朱子《中庸章句》序开首讲“道统”说：“道统之传有自来矣，其见于经，则‘允执厥中’者，尧之所以授舜也。”现代史学家柳诒徵分析说：“是唐虞时之教育，专就人性之偏者，矫正而调剂之，使适于中道也。以为非此不足以立国，故制为累世不易之通称。……然中无一定之界域，故无时无地，仍不能免于偏执。惟其所执，恒不取其趋于极端耳。”① 新发现的清华简，“现在看《保训》篇文，似乎尧舜以来确有‘中’的传授。”② 宋代蔡沈在其《书经集传序》中说：“二帝三王之治本于道，二帝三王之道本于心，得其心则道与治固可得而言矣。何者？精一执中，尧舜相授之心法也；建中建极，商汤周武相传之心法也。曰德、曰仁、曰敬、曰诚，言虽殊而理则一，无非所以明此心之妙也。至于言天，则言心之所自出；言民，则谨其心之所由旋。礼乐教化，心之发也；典章之物，心之著也；家齐国治而天下平，心之推也。心之德，其盛矣乎？”③ 蔡沈认为，《书经》是古代圣王治道的载体，其中最深层的内核，也就是尧、舜、禹、汤、文、武、周公相授相传的心法——“精一执中”“建中建极”这八个字。其实，“精一执中”“建中建极”就是《尚书·大禹谟》中所说的“允执厥中”。明儒方孝孺在《夷齐》中说：“圣人之道，中而已矣，尧、舜、禹三圣人为万世法，一允执厥中也。”④ 柳诒徵说：“尧舜以来，以中为立国之

---

① 柳诒徵：《中国文化史（上卷）》，北京：东方出版社，1988 年版，第 34 页。

② 李学勤：《解读周文王遗言》，《光明日报》，2009 - 04 - 13。

③ 蔡沈：《书经集传·序》，北京：中华书局，1994 年版，第 1 页。

④ 方孝孺：《逊志斋集》卷五《夷齐》，文渊阁四库全书本。

道，孔子祖述其说，而又加以‘时’义。”① “允执厥中”也就是孔子所说的“允执其中”。孔子的中和哲学，正是在“祖述尧舜、宪章文武”的‘允执厥中’”的观念基础上发展起来的。

《尚书·舜典》又记载舜授命典乐之官夔的话：“夔，命汝典乐，教胄子。直而温，宽而栗，刚而无虐，简而无傲。诗言志，歌永言，声依永，律和声。”帝舜任夔为乐官时，向贵族子弟提出“直而温，宽而栗，刚而无虐，简而无傲”的要求，就是一种中和无偏的政治人格追求。《舜典》又说：“八音克谐，无相夺伦，神人以和。”这是指礼乐活动中通过“乐”来实现人与神的沟通、和谐。在西周礼乐文化中，礼的基本功能是“分”，而“乐”的基本功能则是“和”。《说文》：“咊，相应也”，指的就是乐器演奏的协调，是属于礼乐文化系统的一个基本观念，具有很深的思想意蕴。“和”还有饮食之和的意思。《尚书·说命》中就有“若作和羹，惟尔盐梅”的名句，意思是要做好羹汤，关键是调和好咸（盐）酸（梅）二味，并以此比喻治国。

《尚书·大禹谟》载禹说：“德惟善政，政在养民。水、火、金、木、谷惟修，正德、利用、厚生惟和。”伪孔传：“正德以率下，利用以阜财，厚生以养民，三者和，所谓善政。”《尚书·大禹谟》还载，帝尧对皋陶说：“皋陶，惟兹臣庶，罔或干予正。汝作士，明于五刑，以弼五教，期于予治，刑期于无刑，民协于中，时乃功。”明邱浚引朱熹“圣人之治，以德为化民之本，而刑特以辅其所不及而已”（《朱子大全·杂著》）。对这段话的解释说：“能明五刑以辅五品之教，而期我以至于治，其始虽不免于用刑，而实所以期至于无刑之地，故民亦皆能协于中道，初无有过不及之差，则刑果无所施矣。”② 帝尧在对皋陶的嘉奖中明确表示，刑罚的目的就是“刑期于无刑，民协于中”。伪孔传：“民皆命于大中之道”，孔疏：“民皆合于大中，言举动每事得中，不犯法宪，是合大中，即《洪范》所谓‘皇极’是也。”大中之道就是中道哲学。刑罚本身并不是目的，它只是一种手段，一种辅助道德教化以实现社会和谐、稳定、有序的手段，刑罚的目的正是不再使用刑罚，使刑罚成为完全不必要的东西。刑罚的最终目标是使民众日新其德，道德境界达到“中道”的

---

① 柳诒徵：《中国文化史（上卷）》，北京：东方出版社，1988年版，第238页。

② 邱浚：《大学衍义补·卷一百》，文渊阁四库全书本。

高度。

《尚书·皋陶谟》还提出“行有九德”：“宽而栗、柔而立、愿而恭、乱而敬、扰而毅、直而温、简而廉、刚而塞、强而义”。可以用九种美德作为参照系来检验、衡量一个人的行为，以此作为知人之道，作为按德授职的任官标准。这九种美德就是宽与栗、柔与立、愿与恭、乱与敬、扰与毅、直与温、简与廉、刚与塞、强与义，是对立统一、互补互成的九对对称范畴，将这九对德性范畴结合在一起充分体现出了在道德修养上追求“无过无不及”的中道精神。而这种精神就是治理天下的大法，是“允执其中”精神的延续和深化。

《尚书·盘庚》载商王盘庚迁殷时告诫部众有“汝分猷念以相从，各设中于乃心”之说。孙星衍疏：“《熹平石经》‘设’作‘翕’。翕者，《释诂》云：‘合也。’言汝当比顺思以相从，各合于中道。此今文义。”其中“设中于乃心”是盘庚告诫部众你们应该认清服从我的意志，每个人要把“中”的观念树立在心中。这里的“中”指的就是不偏不倚，每个人的行为要不偏离象征统治权的“中”，规规矩矩顺从自己的迁都主张。“这一方面将中道从对君主自身的要求推广为对于众人的要求；另一方面，又从政事上的‘执中’或方位上的‘建中’进而转化为观念上的‘设中于心’。这是‘允执厥中’的中道在商代的一大发展。”①

《尚书·洪范》传为夏代治国的大法，流传到商朝，为箕子所得。周灭商，周武王访于箕子，箕子陈述，为史官记录下来。今人或认为系战国后期儒者所作，或认为作于春秋。但我以为其思想渊源甚古，其中讲“王道政治”：“无偏无陂，遵王之义；无有作好，遵王之道；无有作恶，遵王之路。无偏无党，王道荡荡。无党无偏，王道平平。无反无侧，王道正直。会其有极，归其有极。”所述的“王之义”“王之道”“王之路”就是对上古圣王之道的精辟概括，就是后儒推崇备至的王道政治理想，其精义就是中道。下文又提出“乂用三德：一曰正直，二曰刚克，三曰柔克”，郑玄注“刚而能柔，柔而能刚，宽猛相济，以成治立功”。政治家个性的刚柔相济体现在政治上就是要宽猛相济，以达到中和。蔡沈在《书经集传》释曰：“正直、刚、柔、三德也。正者，无邪。直者，无曲。刚克、柔克者，威福予夺，抑扬进退之用也。强弗友

① 徐儒宗：《中庸论》，杭州：浙江古籍出版社，2004年版，第61页。

者，强梗弗顺者也。燮友者，和柔委顺者也。沈潜者，沈深潜退，不及中者也。高明者，高亢明爽，过乎中者也。盖习俗之偏，气禀之过者也。故平康正直，无所事乎矫拂，无为而治是也。强弗友刚克，以刚克刚也。燮友柔克，以柔克柔也。沈潜刚克，以刚充柔也。高明柔克，以柔克刚也。正直之用一，而刚柔之用四也。圣人抚世酬物，因时制宜，三德乂用，阳以舒之，阴之敛之，执其两端，用其中于民，所以纳天下民俗于皇极者盖如此。"[①] 这就是说，人的品德秉性大概可分为三类：正直、刚、柔。正直的品德秉性与"中德"的要求相吻合，刚与柔刚偏离了"中德"的轨道，或者"过"或者"不及"。"乂用三德"就是根据每个人的不同的秉性审时度势、因时制宜地施用不同的处理方法。具正直之德者，因其思想行为与"中德"的要求密合无垠，故可以顺其自然，无为而治，对于具有"强弗友""高明"的刚德者，则可以根据时空条件的不同，或以刚克刚，或以柔济刚；同样，对于具有"沈潜""燮友"的柔德者，也该根据客观形式的不同而以柔制柔，或以刚补柔。总之，"乂用三德"，无论是顺其自然，还是以刚克刚、以柔制柔或者以刚补柔、以柔济刚，其总的方法原则都是"阳以舒之，阴以敛之，执其两端而用其中于民"，其最终目的都是"纳天下民俗于皇极"，都是规范天下万民于中道。

关于"皇极"，《洪范》次五曰"建用皇极"，伪孔传说："皇，大；极，中也。凡立事，当用大中之道。"孔颖达疏说："皇，大，极之为中，常训也。凡所立事，王者所行皆是，无得过与不及，常用大中之道也。《诗》云'莫匪尔极'，《周礼》'以为民极'，《论语》'允执其中'，皆谓用大中也。"蔡沈《集传》释云："皇，君；建，立也。极，犹北极之极，至极之义，标准之名，中立而四方之所取正焉者也。"[②] 二说虽然不尽相同，但以"皇极"为古代帝王所应当行的大中之道则是一致的，在此基础上后来演变成了儒家中道治民的理想政治观念。

《洪范》继续说："五，皇极：皇建其有极。敛时五福，用敷锡厥庶民。惟时厥庶民于汝极。锡汝保极：凡厥庶民，无有淫朋，人无有比德，惟皇作极。"伪孔传解释是："大中之道，大立其有中，谓行九畴之义。……民有安

① 蔡沈：《书经集传》，北京：中华书局，1994 年版，第 117 页。

② 蔡沈：《书经集传》，北京：中华书局，1994 年版，第 115 页。

中之善，则无淫过朋党之恶、比周之德，为天下皆大为中正。”孔颖达疏说：“皇，大也；极，中也。施政教，治下民，当使大得其中，无有邪僻。故演之云：大中者，人君为民之主，当大自立其有中之道，以施教于民。当先敬用五事，以敛聚五福之道，用此为教，布与众民，使众民慕而行之。在上能教如此，惟是其众民皆效上所为，无不于汝人君取其中道而行。积久渐以成性，乃更与汝人君以安中之道。言皆化也。若能化如是，凡其众民无有淫过朋党之行，人无有恶相阿比之德，惟皆大为中正之道。言天下众民尽得中也。”《后汉书·五行志》引《五行传》曰：“皇之不极，是谓不建。”李贤注：《尚书大传》“皇”作“王”。郑玄曰：“王，君也。不名体而言王者，五事象五行，则王极象天也。天变化为阴为阳，覆成五行。经曰：‘历象日月星辰，敬授民时。’《论语》曰：‘为政以德，譬如北辰。’是则天之道于人政也。孔子说《春秋》曰：‘政以不由王出，不得为政。’则王君出政之号也。极，中也。建，立也。王象天，以情性覆成五事，为中和之政也。王政不中和，则是不能立其事也。”“皇”就是“王”，就是“君”，是天的象征，天有阴阳五行，王有情性五事。“五事”即《尚书·洪范》所说的貌（容仪）、言（辞章）、视（观正）、听（察是非）、思（心虑所行），此为古代帝王修身治国的五事。王者效法天道，以情性覆成五事就是中和之政。如果王政不中和就不能有所作为，就不能开出王道政治。综合上述，“皇极”就是以中德为其价值导向、精神方向、至大中正的王道政治。

隋王通《中说·魏相》：“夫子六经，皇极之能事毕矣。”宋代陆象山在《皇极讲义》中发挥说：“皇，大也；极，中也。洪范九畴，五居其中，故谓之极。是极之大，充塞宇宙，天地以此而位，万物以此而育。古先圣王，皇建其极，故能参天地，赞化育，凡厥庶民，皆能保极，比屋可封，人人有士君子之行，协气嘉生，熏为太平，向用五福，此之谓也。”这些发挥把“极”看成了宇宙的中心，“皇极”就是宇宙之光辉美大的“中”（大中）。古代圣王寻觅、确定、契合、融入这种“大中”就能跟宇宙化为一体，并且能够“充实而有光辉”，“大而化之”（《孟子·尽心下》），对社会形成无限的感染力，使得人人有士君子之行。

这一思想后来成为帝王统治天下的准则。《汉书·倪宽传》云：“惟天子建中和之极。”荀悦《汉纪·高祖纪一》：“昔在上圣，唯建皇极，经纬天地。”

清陈梦雷《丁巳秋道山募建普度疏》："昔先王建皇极以莅万方，化功侔于天地。"

方东美对"皇极—大中"的理解颇为精辟，他把"大中"与《尚书·尧典》称颂帝尧"钦思文明安安，允恭克让，光被四表，格于上下"联系起来。"格于上下"，光照四方，才能跟宇宙的"中"融会。而"协和万邦，黎民于变时雍"中的"协和"与"雍"都是"大中之用"。所谓"皇建其有极"的证明就是大禹战胜洪水，"天乃锡禹洪范九畴，彝伦攸叙"，让他能够一向"大中"，参赞天地，协和万邦。并指出，这个思想有深刻的思想背景："这一个经典从其历史的源头看起来，近似新的'启示录'。在中国经典上，这是一种崇德报功的启示录，并且箕子也说这不是他自己的说法，只是秉承夏代的精神遗训。……《洪范篇》'皇极'的这一项，有宗教的意义、道德的意义与纯哲学的理由在里面。"①

三、《尚书》所见周人中和思想

清华简《保训》记载了周文王的临终遗言，主要讲了有关舜和微的两个故事，有"求中""得中""假中""归中"等语，可看出"中"是本篇的核心思想之所在。"昔舜旧作小人，亲耕于历丘，恐求中，自稽厥志，不违于庶万姓之多欲。厥有施于上下远迩，迺易位迩稽，测阴阳之物，咸顺不扰。舜既得中，言不易实变名，身滋备惟允，翼翼不懈，用作三降之德。帝尧嘉之，用受厥绪。昔微假中于河，以复有易，有易服厥罪。微无害，迺归中于河。"②

《尚书·召诰》："王来绍上帝，自服于土中"。什么叫"土中"？伪孔传云："言王今来居洛邑，继天为治，躬自服行教化于地势正中。"孙星衍疏："土中谓王城于天下为中也。""土中"就是东南西北"四土"之中。司马迁的解释是"成王在丰，使召公复营洛邑，如武王之意。周公复卜申视，卒营筑，居九鼎焉。曰：'此天下之中，四方入贡道里均。'作《召诰》《洛诰》"（《史记·周本纪》）。那么为什么要寻找"地中"呢？《尚书·召诰》继续说："旦

① 方东美：《原始儒家思想之因袭与创造》，收入《生命理想与文化类型》，北京：中国广播电视出版社，1992年版，第408页。

② 李学勤：《解读周文王遗言》，《光明日报》，2009-04-13。

曰：其作大邑，其自时配皇天，毖祀于上下，其自时中乂。王厥有成命，治民今休。”伪孔传：“称周公言，其为大邑于土中，其用是大邑，配上天而为治。”孔颖达疏：“周公之作洛邑，将以反政于王，故召公述其迁洛之意，今王来居洛邑，继上天为治，躬自服行教化于土地正中之处。”原来确定“中土”是为了配应皇天，得到上帝的承认和庇护，同时对天下人进行教化，以实现上下和休，阴阳谐适，四时正平，风调雨顺。《尚书·康诰》：“惟三月哉生魄，周公初基，作新大邑于东国洛，四方民大和会。”伪孔传说：“初造基，建作王城大都邑于东国洛汭，居天下上中，四方之民大和悦而集会。”“上中”据《尚书·召诰》应改为“土中”，就是说这个新都洛邑就建在天下的中间，所以四方的人民都很欣悦地会集而来。孔颖达疏说：“周公初造基址，作新大邑于东国洛水之汭，四方之民大和悦而集会，言政治也。”所以，这个“中”实际上体现了深刻的政治含义。对此，《白虎通·京师篇》从政治道德角度这样解释：“王者必即土中者何？所以均教道，平往来。”

另外，《逸周书·度训解》云：“天生民而制其度，度小大以整，权轻重以极，明本末以立中。立中以补损，补损以知足。爵以明等极，极以正民，正中外以成命。”《逸周书·作雒》云：“周公敬念于后日，予畏周室不延，俾中天下。及将致政，乃作大邑成周于土中，城方千七百二十丈，郛方七百里，南系于洛水。诸受命于周，乃建大社于周中。其壝东青土，南赤土，西白土，北骊土，中央迭以黄土。”《周礼·地官·大司徒》云：“以土圭之法测土深，正日景，以求地中。日南则景短多暑，日北则景长多寒，日东则景夕多风，日西则景朝多阴。日至之景尺有五寸，谓之地中，天地之所合也，四时之所交也，风雨之所会也，阴阳之所和也。然则百物阜安，乃建王国焉。”测地中之法来源于测日中，“中”的概念由相互位置之中到时间概念之中（一日之中、一年之中）再到地理空间之中，以此说明建国要测量土地，以正日影来求地中，只有找到地中，才有人与天地的贯通和谐，万物由此生生不已。以此建国则国泰民安，求天地的中和是建国的基础。东汉郑玄在注释中引用郑众的话说：“土圭之长，尺有五寸。以夏至之日，立八尺之表，其景适与土圭等，谓之地中。今颍川阳城地为然。”《水经注》：“颍水经其县（阳城）故城南。……亦周公以土圭测日景处。”

后人对“土中”也有多有议论，《汉书·娄敬传》：敬曰：“陛下取天下与周异。周之先自后稷，尧封之邰，积德累善十余世。公刘避桀居豳。大王以狄伐故，去豳，杖马棰去居岐，国人争归之。及文王为西伯，断虞芮讼，始受命，吕望、伯夷自海滨来归之。武王伐纣，不期而会孟津上八百诸侯，遂灭殷。成王即位，周公之属傅相焉，乃营成周都洛，以为此天下中，诸侯四方纳贡职，道里钧矣，有德则易以王，无德则易以亡。凡居此者，欲令务以德致人，不欲阻险，令后世骄奢以虐民也。及周之衰，分而为二，天下莫朝周，周不能制。非德薄，形势弱也。”

《论衡·难岁篇》云：“儒者论天下九州岛，以为东西南北，尽地广长，九州岛之内五千里，竟三河土中。周公卜宅，《经》曰：‘王来绍上帝，自服于土中。’”

《太平御览》引《要义》云：“王者受命创始，建国立都，必居中土，所以总天地之和，据阴阳之正，均统四方，以制万国。”

《水经注》卷15《洛水注》引《孝经·援神契》曰：“八方之广，周洛为中，谓之洛邑。”

可见，最早的“土中”本来是一个地理概念，但是后儒逐渐赋予了不少宗教意义和政治意义。正如有学者所论：寻找、选择这种具有“宇宙中心”性质的国都“它的政治性跟它的宗教性是对立地统一着，它的现实性与超现实性是辩证地结合着的；换言之，它的神圣性是跟它的神秘性交错地互补着，它的科学性跟它的幻想性是紧密地相渗着。”① 地中、土中及中土的概念，在中国古代社会从酋邦向王国的演进中，显然起过十分重要的作用。一方面有王权神授等观念上的理由，一方面有政治运作上的原因：镇守中央，便于威慑和讨伐四方，也便于向属国征税征兵。②

周人还把“中”作为刑罚原则来运用，提出了“刑中”思想。刑中，就是要刑罚适中、恰当，符合规定，体现公正。《尚书·立政》载周公语云：“兹式有慎，以列用中罚”。“列用中罚”意为“列用中常之罚，不轻不重。”（《尚书正义》）《诗》云：“不刚之柔，布政优优”。《牧簋铭》云：“毋敢不明

① 箫兵：《中庸的文化省察——一个字的思想史》，武汉：湖北人民出版社，1997年版，第582页。

② 喻希来：《重新审视中国历史大时代》，《战略与管理》，2000年第5期。

(训勉)，不中不井（型或刑)”。《叔夷钟铭文》有“慎中其罚”。这些资料从正反两个方面揭示了周人的“刑中”思想。“刑中”是《尚书·吕刑》全篇的基本宗旨，集中反映了司法公正的理念。《吕刑》篇中的“上刑适轻，下服，下刑适重，上服。轻重诸罚有权，刑罚世轻世重，惟齐非齐，有伦有要”，是“刑中”思想在法律实施上的落实，是法律原则上的“时中”。《吕刑》还有言：“哲人惟刑，无疆之辞，属于五极，咸中有庆。受王嘉师，监于兹祥刑。”明代丘浚在《慎刑宪》中说：“帝王之道，莫大于中。中也者，在心则不偏不倚，在事则无过不及。帝王传授心法，以此为传道之要，以此为出治之则。”另外，《吕刑》“观于五刑之中”指考察五刑是否公正适用；“士制百姓于刑之中”指士师用公正的刑罚治理百姓；“明于刑之中”指明白公正用刑的道理；“明启刑书胥占，咸庶中正”指根据刑书斟酌，力求量刑公正。“刑中”只有通过“时中”和“权”才能做到。丘浚也曾对此作过阐述：“帝王之道，莫大于中。中也者，在心则不偏不倚，在事则无过不及……非独德礼乐政为然，而施于刑者亦然，盖民不幸犯于有司，所以罪之者，皆彼所自取也。吾固无容心于其间，不偏于此，亦不倚于彼，惟其情实焉。既得其情，则权其罪之轻重，而施以其刑。其刑上下，不惟无太过，且无不及焉。夫是之谓中，夫是之谓详刑。”[①]“刑中”思想被孔子所进一步阐发，把礼乐兴衰与刑罚是否“中”联系起，认为“礼乐不兴则刑罚不中，刑罚不中则民无所措手足”（《论语·子路》)，说明“刑中”是一个重要价值，只有“刑中”基础上的公正司法才能促进社会和谐，否则就会出现孔子所谓“刑罚不中，则民无所措手足”的情况，社会就可能因之而动荡失和。

“刑中”进一步发展为“明德慎罚”，成为西周整个统治中一以贯之的指导思想。“明德慎罚”作为联合词组构成的概念，最早见于《尚书》中的《多方》《康诰》。《尚书·多方》载周公在给商代圣王们的德政所做总结的时候说：“乃惟成汤克以尔多方简，代夏作民主。慎厥丽，乃劝；厥民刑，用劝；以至于帝乙，罔不明德慎罚，亦克用劝。”周公在这里通过总结历史经验是为了给西周各诸侯树立一个政治典范，或许有拔高商汤的地方，但应该有其基本事实的依据。在《康诰》中，周公对康叔说：“惟乃丕显考文王，克明德慎

① 邱浚：《大学衍义补·卷一百一》，文渊阁四库全书本。

罚，不敢侮鳏寡，庸庸，祗祗，威威，显民，用肇造我区夏。……封，予惟不可不监，告汝德之说于罚之行。”此文是周公在平定三监之乱后封康叔于殷时对康叔的训诫之词。指出在任用人才时要“庸庸、祗祗、威威、显民”，任用那些该任用的人，尊敬那些该尊敬的人，惩罚那些该惩罚的人，尊崇民众，德著于民，这就阐明了德与刑之“中”。“明德慎罚”成为西周政治统治的一个恒常话题，《尚书·大禹谟》：“帝德罔愆。临下以简，御众以宽；罚弗及嗣，赏延于世；宥过无大，刑故无小；罪疑惟轻，功疑惟重。与其杀不辜，宁失不经。好生之德洽于民心，兹用不犯于有司。”文中“御众以宽”“罚弗及嗣”“罪疑惟轻”及“宥过无大，刑故无小”等等，均反映了“明德慎罚”的观念。

周人从商人宗教迷雾中走出来，开始注重人自己的主体力量，人的理性精神得到了明显的张扬，表征人的主体力量的“德”字为周人所推崇而广泛应用。“德”字的本字是“悳”①，从心从直。许慎《说文解字》释“得”曰：“直，正也”。德的本意是正见于心，包含着人的中正之心。“中”与“德”结合而成“中德”，使“中”成了一种德性，这就突破了“中”的“王道”政治的局限性，而成为一个伦理性范畴。“中德”见《尚书·酒诰》：“丕惟日尔克永观省，作稽中德，尔尚克羞馈祀。”“兹亦惟天若元德，永不忘在王家。”伪孔传的解释是“汝能长观省古道所为，考行中正之德”。孙星衍称：“言尔能久观看省察于事理，将于尔所为稽合于中道。”“中”因为与上天有关，实际上是周人“中”能够更好与神沟通的抽象化，自然成为周人最神圣的价值理念。周公在《酒诰》篇中，总结历史经验教训，告诫各级官员，要时刻以“中德”作为参照系，作为检验标准，反省自己、检讨自己，从而使自己的思想与行为都趋及“中德”的要求，而没有丝毫过与不及之差，只有这样，官员们才有资格参加国君的祭祀活动，他们的职位才能得到国家的肯认与保障。不仅如此，周公在这里还明确地指出：“中德”就是“天若元德”，是为上帝所赞美的最高层次的美德、善德，换句话说，“中德”就是天理、天道，官员们的言行只有“稽中德”，与天理天道合拍协调，才能够得到国家的承认，才具有为政的合法性。

① 甲骨文中“德”字的初文“悳”字出现不下180处，见姚孝遂：《殷墟甲骨刻辞类纂》，北京：中华书局，1989年版，第864－866页。

四、中和思想的现实意义

《尚书》作为政事之书[①]，记载了二帝三王修齐治平的大经大法，其核心是中和思想。《尚书》中和思想是在上古先民“中和”观念基础上结合尧、舜、禹、汤、文、武、周公这些圣王道德人格和政治实践概括、提炼、升华出来的，是人生修养，也是思想方法，也是政治智慧，成为后来儒家中庸思想的源头。

儒家“中和”思想，经过历代儒者的努力弘扬，渗透到了中国古代政治、法律、哲学、艺术、伦理等各个方面，对中国文化、中国哲学影响很大，构造了中国文化、中国哲学的基本精神，成为中国人立身处世，待人接物的行为准则，使中和之道成了治国安民的根本哲学与根本法则。

中华民族的形成和发展就是不断融合其他少数民族的结果，今天以汉族为主体的多民族大家庭的民族格局就是“中和”精神的体现，中国文化对异质文化的不断吸收和融合也是在“中和”的精神指导下进行的。中国文化注重中和，使得外来文化、外来民族在中国这块土地上能够获得生存和发展的条件。即使在近代维新变法，现代激进革命之中，中国人也没有完全抛弃这一有价值的思想。新文化运动的主将胡适说：“中庸哲学，可说是一般中国人的宗教。”[②] 毛泽东对此也高度重视，指出中庸哲学是“孔子的一大发现，一大功绩，是哲学的重要范畴，值得很好地解释一番”[③]。他分析孔子“过犹不及”时说：“过与不及乃指一定事物在时间与空间中的运动，当其发展到一定状态时，应从量的关系中找出与确定具有一定稳定的质，这就是‘中’或‘中庸’或‘时中’。”[④]

中和思想当今仍然具有重要的现实意义，可以应对一些棘手的现实问题：

第一，内政问题：近代以来形成了激进主义、自由主义和保守主义三个社会政治思潮。儒家作为保守主义的主体，在左与右的激烈冲突中应保持中正平

① 《荀子·劝学篇》：“《书》者，政事之纪也。”《史记·太史公自序》：“《书》记先王之事，故长于政。”

② 沙香莲：《中国国民性》，北京：中国人民大学出版社，1992 年版，第 156 页。

③ 毛泽东：《毛泽东书信集》，北京：人民出版社，1983 年版，第 147 页。

④ 毛泽东：《毛泽东书信集》，北京：人民出版社，1983 年版，第 147 页。

和的态度，回归大中至正的道路，以儒为主，向左吸收马克思主义，向右吸收民主自由思想，然后整合成新的思想体系。具体地以儒家的仁道为价值基础，吸收马克思主义的社会理论和组织方式，吸收西方民主、自由、人权理念，以解决中国当今的政治发展的方向问题。

第二，经济问题：当今中国和世界上在经济方面有国家资本主义和自由市场经济之争，而儒家的王道理想就体现了公平原则。以此原则指导经济，就是确定政府的分配应当十分公正，同时允许自由竞争。对于经济生活来说，政府干预是必须的，目的是使竞争合法、合理、公平、有序为妥！

第三，文化问题：当今中国面临文化帝国主义与文化民族主义的冲突。文化帝国主义是以美国为主的西方国家借用其强大的经济和军事实力以及文化影响力自觉不自觉地推行的一种全球文化战略，由此产生了强势文化对弱势文化的挑战和文化霸权的出现。在这种情况下国内相应地出现了文化民族主义的思潮，这种思潮不仅在官方，而且在知识精英，特别是文化保守主义阵营中和民间老百姓中都有。我认为应该以中和之道化解文化帝国主义与文化民族主义的冲突。

第四，外交问题：当今中国面临的国际环境复杂多变，外交方面应该进退有据，刚柔相济。面对以美国为主的霸权主义，我们应以王道为主，霸道为辅；王道为体，霸道为用，就是道德优先，实力后盾。以中和之道处理外交问题，应该把国家利益与世界责任很好地结合起来，以中国文化为基础，向世界阐明中国维护国际秩序和国际体系的新理念，推动世界和平与发展。

第五，军事问题：当今中国仍然面临战争与和平的选择，冷战结束了，中国综合国力的上升引起了以美国为首的西方发达国家的疑虑和担忧，出现了“中国威胁论”，同时中国与周边国家和地区在领土和资源方面也多有纷争，虽然国家的总体战略是维护世界和平，但战争的威胁逼着中国军力增强。以中和之道处理应该还是坚持维护和平，但不怕战争，孔子说的“有文事者必有武备，有武事者必有文备”。

礼乐文化的历史依据与当代启迪

刘　丰

（中国社会科学院哲学研究所研究员）

在近年来的国学复兴过程中，传统的儒家礼学受到格外的重视，无论是学术层面的经学研究，还是普通民众热衷的“国学热”，礼学都显得尤为突出，成为国学研究中一个极为活跃的领域，这与过去相当长的时间里人们对礼的看法形成了鲜明的对照。重视礼学的学术氛围与时代氛围，一方面有利于礼学研究的深入发展，但同时，我们也应当有着清醒的认识，当代的礼学研究不能走到乾嘉汉学的老路子上去，我们的日常生活中也不能完全恢复古礼。从学术思想的角度来看，礼学研究应当充分面对当代中国社会文化面临转型、挑战的新形势，积极发掘礼乐文化的现代价值，接续传统，弘扬礼乐传统当中有价值有意义的部分，使其在当代文化建设中发挥积极作用，这才是我们对待传统礼学科学而有意义的态度。

一、礼是中国传统文化的特征

弘扬传统、接续传统首先必须认清传统。孟子曾说：“礼，门也”（《孟子·万章下》），对于儒学以及中国的历史与文化来说，孟子的这个断语非常贴切，而且包含了很多的含义与可以引申的空间。依笔者之见，礼的确是进入儒学以及中国文化之“门”，进了这道门，里面曲径通幽，别有洞天，可以尽览儒学与中国文化之奥秘；若不由这道门进入，则不见宗庙之美、百官之富（用子贡评价孔子语，见《论语·子张》），对于儒学的理解和中国文化的把握始终在外围盘旋，不能见其真谛。因此之故，古今学者大多承认，礼是中国文化的重要特征，研究儒学、研究中国历史文化，不能不谈礼。那么，我们应该如何理解礼是中国文化的特征呢？

处在历史情境中的古人其实也意识到了这个问题，他们谈论礼的重要性，

一般是从两个方面来说。一是认为礼与天地并，突出礼的重要性，如《左传》记载春秋时期人们的看法："夫礼，天之经也，地之义也，民之行也。"（《左传·昭公二十五年》）《礼记》也说："是故夫礼，必本于大一，分而为天地，转而为阴阳，变而为四时，列而为鬼神。"（《礼记·礼运》）在传统中国的思维中，以天地为大。礼与天地并列，是天经地义，这是对礼重要性的最好说明。二是认为礼自人类文明开化之初就已出现，突出了礼在中国历史文化中的悠久历史。如《礼记》书中就提出礼始诸饮食（《礼记·礼运》）、始于男女之别（《礼记·内则》）等不同说法。杜佑在《通典》中进一步总结说："自伏羲以来，五礼始彰。尧舜之时，五礼咸备。"[①] 如果按照这样的说法，礼当是文明产生的标志，其历史久远，意义自然重大。

传统的看法认为礼起自人类文明开化之初，这种看法虽然很有意义，但若从严格的学术角度来看，则多为推测之辞，在近代以来的学术发展脉络中就显得有些粗略。在近代的史学发展中，学者们结合新的材料与理论，将这个问题转换为对礼的起源的探讨，并取得了很大的突破与进展。王国维结合殷墟卜辞的研究，对礼的起源做了进一步的考证，认为礼起源于宗教祭祀仪式。其实这种说法是对《说文》的进一步落实。《说文解字》指出："禮，履也，所以事神致福也。从示从豊。豊亦声。又豊部：豊，行礼之器也。"这是说，礼起源于祀神求福的宗教祭祀仪式。王国维认为，礼的古字"皆象二玉在器之形。古者行礼以玉，故《说文》曰'豊，行礼之器'，其说古矣。"礼的本义就是器皿中盛两串玉以祭献神灵，后来也兼指以酒祭献神灵，再后来则一切祭神之事兼称为礼。[②] 王国维借助甲骨文的研究，从文字学的角度入手来考察礼的起源，支持了《说文》的看法，得到许多学者的肯定，成为学术界较为通行的一种观点。

此外，还有另一种观点也较有代表性，认为礼起源于原始社会的风俗习惯，这种看法以杨宽先生《古史新探》中的一系列文章最为典型。杨先生通过对古代冠礼、籍田礼、乡饮酒礼、射礼等起源的研究，认为"礼的起源很

① 杜佑：《通典·卷四十一·礼一·沿革一》，北京：中华书局，1988 年版，第 1119 页。

② 王国维：《观堂集林·卷六·释礼》，北京：中华书局，1959 年版，第 290 – 291 页。

早，远在原始氏族公社中，人们已习惯于把重要行动加上特殊的礼仪。……这些礼仪，不仅长期成为社会生活的传统习惯，而且常被用作维护社会秩序、巩固社会组织和加强部落之间联系的手段。进入阶级社会后，许多礼仪还被大家沿用着，其中部分礼仪往往被统治阶级所利用和改变，作为巩固统治阶级内部组织和统治人民的一种手段。”“西周时代贵族所推行的‘周礼’，是有其悠久的历史根源的，许多具体的礼文、仪式都是从周代氏族末期的礼仪转化出来的。”①

认为礼起源于宗教祭祀仪式，或者来源于上古社会的风俗习惯，都是近代以来学者从较为实证、科学的角度对礼的起源所做的进一步探讨，比起传统礼书中的诸种看法，已经有了质的飞跃。但是，无论是传统的看法如《礼记》所说，认为礼起源于饮食、男女之别，还是进一步认为礼源自宗教祭祀仪式，或者上古社会形成的风俗习惯，这些其实都是人类社会普遍存在的文化现象，因此如果仅就这几个方面来说，都不足以凸显礼在中国文化的重要性与独特性。我们认为，礼之所以在中国历史文化中独具特色，且具有重要地位和意义，还有两方面重要的原因。

第一，礼虽然源自上古社会人们逐渐形成的一些风俗习惯，或宗教祭祀仪式，但是经过了周公的制作和孔子的继承，礼被纳入了儒学，成为儒学所传承的重要内容。古代的儒家一致认为，周公曾“制礼作乐”，西周灿烂盛大的礼乐制度都是出自周公的创制。其实，历史地来看，周公不可能亲自制定繁复细致的礼制，也不可能创作出《周礼》，但是，周公在礼的发展历程中却是承前启后的关键人物。孔子就曾经说，三代之礼是“损益”发展的，而且“周监于二代”（《论语·八佾》），周礼是对夏、殷二代之礼以及二代文化的继承与发展，从这个方面来看，周公作为西周初期政治、文化方面的核心人物，虽然

---

① 杨宽：《古史新探》，北京：中华书局，1965 年版，第 234 页。其实，认为礼源于俗，前人就有这样的看法。战国时期的慎子就指出“礼从俗”。近代学者研究礼的起源，也有从这个角度来考察，如刘师培认为：“上古之时，礼源于俗。典礼变迁，可以考民风之同异。”（刘师培：《古政原始论》，《刘申叔遗书》，南京：江苏古籍出版社，1997 年版，第 683 页。）李安宅先生为近代中国社会学的奠基人之一，他从社会学的角度探讨礼的起源，认为礼并不如古人所认为的是圣王的创造，而是“人群应付生活条件的努力”，其实也就是认为礼是从社会生活的风俗习惯中逐渐发展而来的。参见李安宅：《仪礼与礼记之社会学的研究》，北京：商务印书馆，1931 年版，第 4 页。

不可能一一亲自制定周的礼仪制度，但他对礼制有所损益，制定礼仪法度的原则，这应该是合理、应该的。因此，我们对周公“制礼作乐”应该做全面的、广义的理解。正如顾颉刚先生所说：“‘周公制礼’这件事是应该肯定的”，周初的礼制“既然有所损益，就必定有创造的成分在内，所以未尝不可说是周公所制。”① 我们应该从这个角度来理解周公制礼作乐。孔子生活在礼坏乐崩的春秋末期，他对于“郁郁乎文哉”的周礼推崇备至，孔子一生的志向是“从周”（《论语·八佾》），复周礼。孔子认为，僵化的礼文并不是真正的礼。孔子以仁释礼，将传统的礼学与儒家的仁学联系起来，因此在孔子开创的儒学中，仁与礼是两个重要的支柱，也是两个重要的层面，缺一不可。虽然后世儒学的发展对两个方面有所偏重，但绝没有偏废，礼始终是儒学的重要内容。

经过了周公的制作与孔子的传承，礼就绝不仅只是源于上古社会的冠昏丧祭等各种仪式了，礼还成为儒学的重要特征，成为儒学传承的重要内容。历代儒家学者对三《礼》文献的梳理、考证，对上古礼仪制度的探讨，就逐渐发展成为儒家的礼学。另外，如前文所指出的，古人认为礼与天地并，对于这样的论断，如果没有充分的论证，它的丰富的思想内涵还不足以展现。对礼做理论上的阐释，主要也是由后世的儒家所完成的，历代的大儒对礼均有深刻的阐释，由此形成了儒学当中丰富的礼学思想。这些内容不仅是儒学的重要组成部分，而且还对中国传统哲学也产生了很大的影响，同时也使礼成为中国哲学思想的一个重要特征。

第二，礼不仅是儒学传承的一门专门之学，而且还对中国古代社会政治的发展，产生了极其深远的影响，成为中国政治历史的一个重要特征。早在先秦时期，人们就已经认识到，礼具有明确的政治含义，如“礼，经国家，定社稷，序民人，利后嗣者也。”（《左传·隐公十一年》）“礼，国之干也。”（《左传·僖公十一年》）“礼者，君之大柄也。所以别嫌明微，傧鬼神，考制度，别仁义，所以治政安君也。”（《礼记·礼运》）“礼之于正国也，犹衡之于轻重也，绳墨之于曲直也，规矩之于方圆也。”（《礼记·经解》）“人之命在天，国之命在礼。”（《荀子·强国》）“礼者，所以御民也；辔者，所以御马也。无

① 顾颉刚：《“周公制礼”的传说和〈周官〉一书的出现》，《文史·第六辑》，北京：中华书局，1979年版，第4页。

礼而能治国家者，晏未之闻也。”（《晏子春秋·谏下》）。礼之所以能治国，就是因为礼是权力的象征。[①]

按照司马迁的看法，秦的朝仪是“悉内六国礼仪，采择其善，虽不合圣制，其尊君抑臣，朝廷济济，依古以来”（《史记·礼书》），秦礼是在区分尊卑等级秩序的前提下杂采六国礼仪而成的。叔孙通制作的汉仪也是在此基础之上增减损益而成的。汉代的建立者刘邦及其追随者大多数都出自社会下层，他们在推翻了秦帝国之后，虽然废除了秦的各项严刑酷法，以“简易”为尚，但是在朝廷之上“群臣饮酒争功，醉或妄呼，拔剑击柱”，深为高祖所患（《史记·叔孙通列传》）。儒生叔孙通看到这样的局面既有损于帝国的威严，也不利于朝廷的长治久安，因此在征得高祖同意之后，征鲁诸生三十余人及学者弟子共百余人，演习一月有余，制定了汉的朝仪。这套仪式尊卑有序，在演习之后竟然令高祖曰：“吾乃今日知为皇帝之贵也。”（《史记·叔孙通列传》）让刘邦感到当皇帝尊贵的当然是礼制的威严。

秦汉的朝仪也就是当时的国家礼典，包含了“君臣朝廷尊卑贵贱之序，下及黎庶车舆衣服宫室饮食嫁娶丧祭之分”（《史记·礼书》）。魏晋以后，国家礼仪制作有了进一步的发展，其主要表现就是在《周礼》“五礼”的基础上，形成了严格而完整的五礼制度，以此作为每一个时期的礼典。这些国家礼典礼制，不但属于国家的大经大法，在国家政治发展中具有重要意义，而且历代礼典礼制的制作也多是在儒家的指导下完成的。除此之外，历代的法典也明显受到礼的影响，礼是中国古代法的指导思想，这一点是得到大多数学者所承认的。[②] 从这个角度来看，儒家的礼学主导了中国古代政治制度史的发展，使中国古代的政治文化具有鲜明的特色。

综上所述，礼是儒学的重要特征与主体内容，在儒家的指导下形成的礼典贯穿了秦汉以后中国古代历史的发展。礼学不仅是中国传统思想、学术的一个重要方面，而且还是指导国家政治与民众生活的准则。从这两个方面来看，礼不仅是所有的人类社会都具有的一种文化形态，更在中国文化当中具有重要的

① 刘丰：《先秦礼学思想与社会的整合》，北京：中国人民大学出版社，2003年版。

② 笔者在《先秦礼学思想与社会的整合》的第五章中对中国古代礼与法的关系有较为详细的讨论，而且还引述了很多学者的看法，可以参看。

地位和影响，成为中国思想文化的一个重要特征。正是在后一种意义上，我们才可以说礼是中国文化的重要特征，是认识儒学与中国文化传统之“门”。

二、礼乐文化的当代启迪

礼是中国自上古三代以来所形成的文化传统的重要特征，只有认清了这个传统，我们在传统文化的研究当中与当代文化的实践中，才会更加自觉地接续这个传统，而且这也是我们发掘传统礼乐文化现代价值的历史依据。这是因为，礼乐文化的现代价值并非无源之水，凭空而来，而是深刻地蕴含在礼乐文化的历史价值当中的。礼的当代价值就是礼的历史价值在当代社会的自然延续。

传统的儒家礼学是一门实践性极强的学问。冠昏丧祭等各种礼仪不仅保存在儒家的礼经当中，更是体现在人们的日常生活当中。但是，正如古人所说的，“礼之所尊，尊其义也”（《礼记·郊特牲》），礼在本质上是一系列有意义的“符号”。我们在新的历史时代振兴传统文化，发掘儒家礼乐文化的现代价值，并非是指简单地复活各种古礼的仪节，而是应当从整体上把握礼的意义和价值。从这个方面来看，有两个方面值得特别重视。

第一，与时俱进是礼乐文化的重要特征。《礼记·礼器》称“礼，时为大”。礼虽然表现为冠昏丧祭等各种繁复的礼仪，但儒家同时又认为，礼不是僵化的教条，而是与时俱进、具有源头活水的鲜活的文化因素。儒家礼学思想中的“时”有两层含义，一曰“时变”，一曰“守时”。

在中国传统思想中，“时”首先指的是与时俱进，灵活应变，不拘泥，不固守。孟子说孔子是“圣之时者也”（《孟子·万章下》），荀子说君子应该“与时屈伸”（《荀子·不苟》），说明“时”是儒家高度认可的思想。就礼学来说，“时变”是礼学思想的重要内容。孟子提出礼与权的区分①，董仲舒又进一步确定为经礼与变礼②，这都说明，适时而变是礼的一条重要原则。

五帝殊制，三王异礼。每个时代礼制本来就有所变异、改动与创新。晋武

---

① 《孟子·离娄》：“嫂溺不援，是豺狼也。男女授受不亲，礼也；嫂溺，援之以手者，权也。”

② 董仲舒《春秋繁露·玉英》：“《春秋》有经礼，有变礼……明乎经变之事，然后知轻重之分，可与适权矣。”

帝崇儒，恢复实行三年丧，但是一个显见的问题是，魏晋时期以皇帝为首的国家制度与上古时期相比，已经是极为复杂且庞大了。如果皇帝也要为父行三年斩衰，显然于国家体制的正常运行是不可能的。在这种情况下，既要保证国家机器正常运转，又要照顾到皇帝作为孝子也要尽宗法之礼，因此就有必要对三年斩衰之礼作适当的变通，于是提出“心丧”作为解决矛盾的办法。西晋以后至南朝，皇帝的丧制基本都是三年心丧，这是当时丧服制度的一个重大发明，同时也是礼权变的一个很好的例证。又如《宋书·礼志》所说：“夫有国有家者，礼仪之用尚矣。然历代损益有不同，非务相改，随时之宜故也。”礼随着社会的发展而变化，这是礼进步的体现。重视礼的时变，说明礼不是僵化不变的教条，而是可以灵活应对现实的规范，这就扩大了礼的运用范围，提升了礼的功能。

从历史经验可知，儒家礼学以“时”为大的思想在今天依然具有现实意义。当我们对待儒家的礼乐文化、传统文化以及外来文化的时候，在立足当代文化发展的基础之上，既不墨守成规，也不简单袭取或套用，而是广泛吸收与借鉴古今一切优秀文化的成果，这才是丰富、发展当代文化的有益途径。

另外，“时”还有一层重要的含义，就是“守时”。传统的儒家文化是根植于农业文明的一种文化体系。顺天守时，顺应自然节律，不仅是农业文明发展的必然要求，同时通过千百年的历史发展而积淀成为人们的思想观念与自觉遵守的行为模式。《夏小正》和《月令》既是礼学经典，又是礼制的重要内容，其中反映出的思想观念就是人事与自然节律必须相一致。在礼学家看来，顺天守时就是天人合一的具体表现，它要求政令、人事活动都必须与自然的节律相一致。

学者们基本承认，“天人合一”是中国传统哲学以及传统文化的一个重要特征。“天人合一”体现在传统文化的各个方面。近年来，很多学者在研究儒学的生态学意义与价值，这是一个很有现实意义的研究课题。礼学作为儒学的重要内容，在这个方面也有许多有待深入探讨的地方。例如，《礼记·王制》说：“天子不合围，诸侯不掩群”，“獭祭鱼，然后虞人入泽梁；豺祭兽，然后田猎；鸠化为鹰，然后设罻罗；草木零落，然后入山林。”这些规定既是古代的环保政策，更是圣王礼制的重要组成部分。与此相同的，孟子在说明仁政时指出：“不违农时，谷不可胜食也；数罟不入洿池，鱼鳖不可胜食也。斧斤以

时入山林，材木不可胜用也。”（《孟子·梁惠王上》）荀子也说：“草木荣华滋硕之时，则斧斤不入山林，不夭其生，不绝其长也。鼋鼍鱼鳖鳅鳣孕别之时，罔罟毒药不入泽，不夭其生，不绝其长也。春耕、夏耘、秋收、冬藏，四者不失时，故五谷不绝，而百姓有余食也。污池渊沼川泽，谨其时禁，故鱼鳖优多，而百姓有余用也。斩伐养长不失其时，故山林不童，而百姓有余材也。”（《荀子·王制》）在当代世界环保问题日趋严峻危殆之时，儒家礼乐制度中所反映的上述思想，显然具有很强的现实启示意义。古人从日常生活、生产经验中认识到，农业社会的可持续发展必须要符合自然的规律。现代文化的发展则使我们更加意识到，人是自然界组成的一部分。人类已经渡过了乞灵于自然界的童年时期，但也不能高傲地凌驾于自然之上。科技越进步，我们越发认识到人是自然生命体的一部分，人没有超越于自然之上的权力。人只有与自然讲和，平等相待，遵守自然固有的节律，才是人类和谐发展的唯一途径。尤其在当下中国面临能源危机、环境危机的时候，重新认识、温习传统礼学中的思想，用礼制或规则（包括法律）来限定、制约人的行为，使人类活动与自然节律相协调、一致，这对于建设生态文明、实现社会的可持续发展，无疑是有益的。

第二，“和为贵”是礼乐文化的社会功能。《论语·学而》称“礼之用，和为贵”，这一礼乐的社会功能特别受到儒家重视。礼乐文化的“和为贵”，在治理国家方面具有政治功能，在移风易俗方面具有道德教化功能，可以说，儒家是将礼乐的“和谐”作为最终的价值目标。

早在西周时期，就有思想家提出“和实生物，同则不继”（《国语·郑语》）的思想。儒家认为礼最主要的功能在于和，这其实是在对中国传统哲学深刻总结、体认的基础上而形成的一种认识。在当代追求和谐的语境之下，儒家以和为贵的思想成为贯通传统与现代的一个非常有价值的连接点。

儒家认为，礼的和是中和。中也是礼学思想的主要内容之一。《礼记·仲尼燕居》引孔子言曰：“夫礼，所以制中也。”子思曾说：“先王之制礼也，过之者，俯而就之；不至焉者，跂而及之”，子夏也说：“先王制礼，而弗敢过也”（《礼记·檀弓上》）。荀子说得更加明确：“曷谓中？曰：礼义是也。”（《荀子·儒效》）从这些说法可见，制礼的中和原则也就是中庸。中庸不是折中，而是在各种差异之上的一种平衡。所以，礼以和为贵，其实也就是崇尚中庸。

《论语》“和为贵”一章很多学者认为是讲礼乐关系，也是有一定道理的。儒家认为，“乐统同，礼辨异”（《礼记·乐记》），“乐合同，礼别异”（《荀子·乐论》）。这就是礼乐的辩证关系。所以，礼的功能与价值其实是在差异中寻求和谐，在尊重差异的前提下实现和谐。例如，礼重视“分”，也就是名分的意思。按照礼的规定，各个等级、各个阶层都有各自的礼，不能互相僭越。其实，这里也包含有权利与义务的含义。礼以和为贵，就是在尊重各个阶层权利基础之上，要求各种人等尽自己义务而达到和谐。这样的和与孔子所说的“和而不同”是相同的。

正如仁和礼是孔子思想的两个方面，仁学与礼学也是儒学的两项重要内容。当代儒学的发展更多是从心性义理方面阐发儒学的内在价值，将儒学解释成为当代精神的一个重要面向。其实，当代儒学的研究与弘扬不能忽略儒家的礼学。充分重视礼在儒学中的地位与意义，发掘出儒家礼乐传统的当代意义与价值，才能真正打通儒学的古与今。从这个角度来看，立足当代儒学发展、当代文化发展来研究儒家的礼乐传统，还需要作更加深入的探讨。

我们在新的时代振兴礼学，无论是在学术的层面深入钻研古礼，考证古代的名物制度，使我们对古代历史文化的认识变得越来越清晰，还是在现代人的生活中加入一些传统礼的仪节，使我们的生活变得更加彬彬有礼，只要我们把握住“时为大”和“和为贵”这两条礼的精义，我们就能够把握住礼的方向，使传统的礼自然地延续到现代社会，并且发扬光大，发挥出礼的现代价值。

厚生与闲情：四时流行所形塑的多元文化意涵

廖美玉

（台湾逢甲大学中国文学系教授）

一、前言

人生天地间，依循着日月四时的循环而作息，先秦儒家经籍即展现出人与自然环境的密切关系，至秦汉之际的《月令》体系著作[①]，与传为西晋索靖（239—303）所书的《月仪帖》等书类应用文书，入唐而有月令物候知识体系的传播与教习[②]，至清李光地（1642—1718）于康熙五十四年（1715）完成《御制月令辑要》，在《序》指出：

> 古者于明堂之中施十二月之令，本《尧典》授时之意而推广之，今所传《大戴礼·夏小正篇》《小戴礼·月令篇》，三代之遗文大略可见矣。月令虽出《吕览》，而蔡邕次其章句，孔颖达定其正义，推明周公品制，列之于经。汉晋而下，若《四民月令》《四时纂要》以及《千金锦带》《岁华纪丽》《岁时杂记》诸书……（明）冯应京、戴任始辑《月令广义》二十四卷，为士庶通用。观其原本经训，推衍义类，用意亦云勤矣。

推广《尚书·尧典》的“乃命羲和，钦若昊天，历象日月星辰，敬授人时”[③]，

① 吕不韦：《吕氏春秋·十二纪》，北京：中华书局，1991 年版；刘安：《淮南子·时则训》，北京：中华书局，1989 年版；孔颖达等正义：《礼记正义·月令》，十三经注疏本，台北：艺文印书馆，1982 年版；崔寔，石声汉注：《四民月令校注》，收入《诸子丛书集成续编》本，北京：中华书局，2013 年版。

② 廖美玉：《唐代〈月令〉组诗的物候感知与地志书写》，《国文学报》，2015 年第 58 期，第 73－98 页。

③ 孔安国传，孔颖达疏：《尚书正义》，收入《十三经注疏》本，台北：艺文印书馆，1982 年版，第 21 页。

并分命羲仲以殷仲春，申命羲叔以正仲夏，分命和仲以殷仲秋，申命和叔以正仲冬，落实而有十二月令的施行，可见四时月令的授时之意，原本经训而士庶通用，流传广大而久远。《序》中更明确标示《月令辑要》的增修“务合于体要而切于实用”，“因天时而课治功，察物候以尽人事，自国家政典，下逮甿庶，作息均可参验，而闳览博物之学亦于是乎有取焉”①。先民生活经验累积的月令物候知识，除了在施政上发展出天文、历法的持续观测与修订，由此衍生与农业生产有关的农书，乃至社交活动、人情往来的书仪等应用文书，使自然物候与社会生活始终保持紧密的联动关系。而人类更从与天的联系上认识世界，四时循环除了与生存所需息息相关，圣人以之为依归而建构出人文典范，在文学上更生发出缤纷异彩。

历来有关天人关系的诸多研究，思想方面的天人论述固然占了大宗，文学研究的时空议题也不遑多让，尤其人与自然关系又兼具自然科学与社会科学双重属性，相关研究自是极为浩繁。笔者先后撰写数篇与四时物候有关的论文②，持续累积有相关文献的阅读与评述，有尝试回应现当代社会问题的意义，如1992年1575名科学家发表《世界科学家对人类的警告》所指出：“人类和自然正在走一条相互抵触的道路”，至2015年联合国推动《巴黎气候变化协定》，2016年底《联合国气候变化框架公约》的缔约生效，深切体会到气候变化关乎人民福祉和人类未来。台湾跨领域学者徐森雄在《从全球暖化趋势谈物候学》一文指出：

> 时至今日，在各种领域中随着无季节化、环境人工化之进步，对

① 李光地：《御定月令辑要》，收入《四库全书》本，台北：台湾“商务印书馆”，1986年版，第3页。

② 《春天之歌——张若虚〈春江花月夜〉的生成及其诗学意义》，收入《乐府学》，北京：社会科学文献出版社，2014年版，第213－231页）；《演绎春天——元白〈梦游春〉的私情与共感》，收入《国文学报》第五十四期，2013，第79－112页）；《祭墓与踏青：唐代“清明”所展演的生命伦理》，收入《西北大学学报·哲学社会科学版》，2014年第44卷第5期，第107－116页）；《唐代〈月令〉组诗的物候感知与地志书写》，收入《国文学报》，2015年第58期，第73－98页）；《海外传衣钵——李穑〈牧隐诗藁〉的唐诗接受与物候感知》，香港：《人文中国学报》，2014年第20期，第343－385页）；《江山有待——建构物候诗学的思考路径之一》，《安徽师范大学学报》，2016年第44卷第2期，第144－159页）。

> 于季节变化之感觉变钝，“旬”之应用也几乎消失了。因此如果能让“大自然界言语”复苏，必定有新的价值产生。[①]

面对时代变迁所导致的季节感觉钝化，跨越领域、时代与文类的界限，关注生活中我们视为理所当然乃至视而不见的物候现象，比如诗人创作的“云生梁栋间，风出窗户里”，“不知栋里云，去作人间雨”[②]，云行雨施，涉及风、湿度、阳光等自然力量，有助于“大自然界言语”的复苏。回归传统有关天文与时变的经籍与著作，学者如何借由注疏而形塑出四时的历史语境，诗人又如何重新审视生活现场的见闻思感，以创作回应或诠解经典而体现四时物候的丰美多姿。缘于生活日用而发展出四时流行与人文传承的深度联结，以下尝试探索融合经学与文学的视域，结合经典上的义理性、文学上的抒情性，探索“四时”的蓬勃而多元的文化意蕴。

二、生物养民：四时流行与造化生意

先秦典籍对自然环境的高度关注，以应用最广的《易经》而言，不论是《恒·象辞》所称：“日月得天而能久照，四时变化而能久成，圣人久于其道而天下化成，观其所恒，而天地万物之情可见矣。”还是《乾·文言》所云：“夫大人者，与天地合其德，与日月合其明，与四时合其序”等[③]，都展现出人与四时变化的密切关系，后世学者更借由经典诠释与生活实践，建构出以天地日月四时为核心的人文典范。

（一）“四时流行”的经典诠释

体现“春天”的经典，以《解卦》所载“天地解而雷雨作，雷雨作而百

① 徐森雄：《从全球暖化趋势谈物候学》，《作物、环境与生物信息》，2007年第12卷第4期，第340－344页。

② 前者见郭璞《郭弘农集·游仙诗》，收入张溥：《汉魏六朝百三名家集》，台北：文津出版社，1979年版，卷2，第2230页）；后者见王维《辋川集·文杏馆》，收入彭定求，等：《全唐诗》，北京：中华书局，1999年版，卷128，第1300页。

③ 王弼、韩康伯注，孔颖达疏：《周易正义》，收入《十三经注疏》本，台北：艺文印书馆，1982年版，第84、17页。

果草木皆甲坼”最为具体而精微[①]，在天寒地冻的严冬之后，春天雷雨所带来的滋养，使百果草木纷纷冲破坚硬的土壤、树干，绽放出盎然的生意，成为四时流行的指标。唐代孔颖达（574—648）奉敕注疏的《五经正义》，尤其关注在“四时”上，其《周易正义序》首揭：

> 夫易者象也，爻者效也。圣人有以仰观俯察，象天地而育群品。云行雨施，效四时以生万物，若用之以顺则两仪序而百物和。若行之以逆则六位倾而五行乱。故王者动必则天地之道，不使一物失其性，行必叶阴阳之宜，不使一物受其害，故能弥纶宇宙，酬酢神明，宗社所以无穷，风声所以不朽，非夫道极玄妙，孰能与于此乎？斯乃乾坤之大造，生灵之所益也。[②]

圣人“象天地而育群品”以作《易》，就从“云行雨施，效四时以生万物”谈起，强调宗社无穷的关键在于百物和，不使一物失其性、受其害，特别拈出“生灵之所益”的理念，又见于《毛诗正义序》：

> 夫《诗》者，论功颂德之歌，止僻防邪之训，虽无为而自发，乃有益于生灵。六情静于中，百物荡于外，情缘物动，物感情迁。[③]

诗的抒情性浓，而内在的“情”又受外在之“物”的感动激荡，强调哀乐喜怒“冥于自然”“非由人事”的自发性，仍归结到“有益于生灵”。可见“四时以生万物”的启发，就在生物养民、有益生灵。孔颖达明指《乾》卦为“皆论乾德自然养万物之道”，而“圣人亦当法此卦而行善道，以长万物”，“云行雨施”即出自《彖》辞，孔颖达以“云行雨施，品物流形”两句乃释“亨”之德，由于“云气流行，雨泽施布”，才能使“品类之物，流布成形，各得亨通，无所壅蔽”，更由此而以“元、亨、利、贞”对应“春、夏、秋、

---

① 孔颖达疏：《周易正义》，收入《十三经注疏》本，台北：艺文印书馆，1982 年版，第 93 页。据学者研究指出：空气中含有 80% 的氮气，经由雷雨的闪电力量转为植物可吸收的氮肥，植物吸收氮肥而成长，恰可印证《易经》所言。详见李冠群等撰《微生物与有机农业（三）：土壤微生物的功用》（http：//highscope. ch. ntu. edu. tw/wordpress/？p =48813，2016 -07 -17 下载）

② 孔颖达疏：《周易正义》，收入《十三经注疏》本，台北：艺文印书馆，1982 年版，第 2 页。

③ 毛亨传、郑玄笺，孔颖达疏：《毛诗正义》，收入《十三经注疏》本，台北：艺文印书馆，1982 年版，第 3 页。

冬”，其疏《文言》所云：“元者善之长也，亨者嘉之会也，利者义之和也，贞者事之干也。君子体仁足以长人，嘉会足以合礼，利物足以和义，贞固足以干事。君子行此四德者，故曰：乾，元、亨、利、贞。”以诸儒所说“意各不同”，独义疏家之一的庄氏之说“于理稍密”，乃“依而用之”并发明其意，云：

> 庄氏之意，以此四句明天之德也，而配四时。“元”是物始，于时配春，春为发生，故下云“体仁”，仁则春也。“亨”是通畅万物，于时配夏，故下云“合礼”，礼则夏也。“利”为和义，于时配秋，秋既物成，各合其宜。“贞”为事干，于时配冬，冬既收藏，事皆干了也。①

直接把庄氏论“天之体性”为能“生养万物”“通畅万物”“利益庶物”“成就万物”②，延伸到春为发生的“体仁”，夏为通畅万物的“合礼”，秋为物成的“和义”，冬为收藏的“事干”，使自然与人文紧密相结合，如释九五爻辞“大人……与四时合其序”所云：“若赏以春夏，刑以秋冬之类也。”以天所体现的四时作为施政的重要指标。

孔颖达以“春、夏、秋、冬”诠解“元、亨、利、贞”，乃在发明生物养民的旨趣。如《泰》卦《象》曰：“天地交，泰。后以财成天地之道，辅相天地之宜，以左右民。”孔颖达释“辅相天地之宜”为“当辅助天地所生之宜”，释“以左右民”为“以助养其人”，再度从生物养民的角度申述“四时”的指标性：

> “天地之道”者，谓四时也，冬寒、夏暑、春生、秋杀之道。若气相交通，则物失其节。物失其节，则冬温、夏寒、秋生、春杀。君当财节成就，使寒暑得其常，生杀依其节，此天地自然之气，故云

---

① 孔颖达疏：《周易正义》，收入《十三经注疏》本，台北：艺文印书馆，1982 年版，第 12 页。

② 孔达引庄氏之说如下：“第一节‘元者善之长’者，谓天之体性，生养万物，善之大者，莫善施生，元为施生之宗，故言‘元者善之长’也。‘亨者嘉之会’者，嘉，美也。言天能通畅万物，使物嘉美之会聚，故云‘嘉之会’也。‘利者义之和’者，言天能利益庶物，使物各得其宜而和同也。‘贞者事之干’者，言天能以中正之气，成就万物，使物皆得干济。”同上注。

> “天地之道”也。“天地之宜”者，谓天地所生之物各有其宜。若《大司徒》云：“其动物、植物”，及《职方》云：扬州其贡宜稻麦，雍州其贡宜黍稷。若天气大同，则所宜相反。故人君辅助天地所宜之物，各安其性，得其宜，据物言之，故称宜也。①

明确指出“天地之道”就是“四时”，天地自然之气表现在寒暑有常、生杀依节，并引文献记载说明天地所生的动物、植物都各有其宜，因地域性不同、天气不同，生产也就不同。孔颖达谈人君辅助天地之道，在于使“天地所宜之物”都能“各安其性，得其宜”，自然能生物养民。再如孔颖达释《观》卦《彖》的“观天之神道，而四时不忒”云：

> 神道者，微妙无方，理不可知，目不可见，不知所以然而然，谓之神道，而四时之节气见矣。岂见天之所为，不知从何而来邪，盖四时流行，不有差忒。②

天道之微妙不可闻见，显现在四时节气的循环不已上，归结出“四时流行”一词，知化致用，可谓传神。《论语·阳货》云：

> 子曰：“天何言哉？四时行焉，百物生焉，天何言哉？”③

日夜更迭，四时递嬗，万物滋长，生生不息，即是“四时流行”之所本。而“四时”的冬寒、夏暑、春生、秋杀，又分明有其严酷性，是以孔颖达释《恒》卦的“四时变化而能久成”，云：“四时更代，寒暑相变，所以能久生成万物。”又释《革》卦的“天地革而四时成”，云：“天地之道，阴阳升降，温暑凉寒，迭相变革，然后四时之序皆有成也。”又释《节》卦的“天地节而四时成”，云：“天地以气序为节，使寒暑往来，各以其序，则四时功成之也。”④把春生、秋杀的个体无常生命，在四时寒暑的迭相变革中，形成生生不息的万物，使四时寒暑生杀的严酷生存挑战转变为流行久成的正向能量。是以孔颖达

---

① 孔颖达疏：《周易正义》，收入《十三经注疏》本，台北：艺文印书馆，1982年版，第42页。

② 孔颖达疏：《周易正义》，收入《十三经注疏》本，台北：艺文印书馆，1982年版，第60页。

③ 何晏集解，邢昺疏：《论语注疏》，收入十三经注疏本，台北：艺文印书馆，1982年版，第154页。

④ 孔颖达疏：《周易正义》，收入《十三经注疏》本，台北：艺文印书馆，1982年版，第84、111、132页。

释《系辞》的“变通莫大乎四时”，即以“谓四时以变得通，是变中最大也”，释“变通配四时”为“四时变通，易理亦能变通”[①]，都可见四时变通流行的核心观念。

（二）四时长养的生活实践

检视由汉后对儒家典籍的笺疏诠解，以《易·贲卦·彖辞》的“观乎天文，以察时变”为例，刘勰（465—520）《文心雕龙·原道》化约成“观天文以极变”[②]，着重在“天文”而略过了“时变”。萧统（501—531）《昭明文选序》、魏征（580—643）《隋书·文学传序》都引到“观乎天文，以察时变”，仍是侧重在“天文”[③]。孔颖达《周易正义》解释“观乎天文，以察时变”，乃从四时变化言，云：

> 观乎天文，以察时变者，言圣人当观视天文，刚柔交错，相饰成文，以察四时变化。若四月纯阳用事，阴在其中，靡草死也。十月纯阴用事，阳在其中，荠麦生也。是观刚柔而察时变也。[④]

孔颖达以“四时变化”来解释“时变”，并引《礼记·月令·孟夏之月》的“靡草死，麦秋至”与《西京杂记·第五》的“荠麦始生，由阳升也”为例证[⑤]，从物候的生与亡来阐述四时的特征。又如《诗·大雅·旱麓》的“鸢飞戾天，鱼跃于渊”，郑玄笺云：“鸢，鸱之类也，鸟之贪恶者也，飞而至天，喻恶人远去，不为民害也。鱼跳跃于渊中，喻民喜得所。”特别强化诗的政治与伦理作用。孔颖达疏则指出：

> 其上则鸢鸟得飞至于天以游翔，其下则鱼皆跳跃于渊中而喜乐，

① 孔颖达疏：《周易正义》，收入《十三经注疏》本，台北：艺文印书馆，1982年版，第157、150页。

② 刘勰撰，周振甫注：《文心雕龙注释》，台北：里仁书局，1984年版，第2页。

③ 萧统：《昭明文选》，台北：文化图书公司，1969年版，第1页。魏征：《隋书》，台北：鼎文书局，1983年版，卷76，第1729页。

④ 孔颖达疏：《周易正义》《十三经注疏》本，台北：艺文印书馆，1982年版，第62页。

⑤ 孔颖达疏：《礼记正义》，收入十三经注疏本，台北：艺文印书馆，1982年版，第307页。佚名：《西京杂记》，台北：台湾“商务印书馆”，1983年版，第18页。

是道被飞潜，万物得所，化之明察故也。[①]

以鸢飞鱼跃有化育流行、万物各得其所之意。回归儒家经典所映现的四时生活，以《诗·豳风·七月》最具代表性，历数一年十二月的物候与农事，因应北方早春的依然严寒，“三之日于耜，四之日举趾”，“三之日纳于凌阴，四之日其蚤，献羔祭韭”，夏历二月才正式展开户外的活动，“春日载阳，有鸣仓庚。女执懿筐，遵彼微行，爰求柔桑。春日迟迟，采蘩祁祁”。首先感受到的是阳光的暖意与长光照，伴随着春鸟的鸣叫声，春水滋养成一片桑柔蘩茂，女子把握春光的勤快工作，辅以“蚕月条桑，取彼斧斨，以伐远扬，猗彼女桑”的人为措施，充分掌握了春天的长养特质，也有利用厚生的经济意义。接下来的四月秀葽，六月食郁及薁，七月食瓜、亨葵及菽，八月萑苇、剥枣、断壶，九月叔苴，十月陨萚、获稻、纳禾稼；同时又有五月的斯螽动股，六月到九月的莎鸡振羽、在野、在宇及在户，十月的蟋蟀入我床下[②]，在四时流行中依序登场的动物与植物，满足了民生日用的需求，更展现出丰富多元的自然生态。杨牧《国风的草木诗学》即以《七月》为例指出：

> 在这首诗里，草木五谷的出现与月份季节共推移，而且每种植物的出现并不为了衬托那首诗，更由于草木五谷必须按季候准确地提出，诗人甚至要牺牲诗章声韵的完整来迁就。[③]

在以植物起兴说《诗》的抒情言志之外，不能忽略实际自然生态和生物养民的人文因素。

至于《月令》体系所形构的物候知识，观察并纪录的四时动植生长与活动，如启蛰、雁北乡、田鼠出、有鸣仓庚、寒蝉鸣、采芸、采蘩、摄桑及梅、杏、桃、桐的始华等，恰如董仲舒（前179—前104）《春秋繁露·四时之副》所说的“天之道，春暖以生”[④]，人与万物共同把握春天以成欣欣生意，也是

---

① 孔颖达：《毛诗正义》，收入《十三经注疏》本，台北：艺文印书馆，1982年版，第560页。

② 孔颖达：《毛诗正义》，收入《十三经注疏》本，台北：艺文印书馆，1982年版，第280－286页。

③ 杨牧：《失去的乐土》，台北：洪范出版社，2002），第211页。

④ 董仲舒撰，赖炎元注译：《春秋繁露今注今译》，台北：台湾“商务印书馆”，1996年版，第325页。

孔颖达《周易正义》所云“春为发生”的具体内容。因此，结合农耕经验而发展出的“月令”体农书，如西汉《汜胜之书》的“杏始华荣，辄耕轻土弱土。望杏花落，复耕”等[①]，即以物候作为指导农时的指标，大抵着重在发明四时的长养之意。

在施政上，刘向（前77—前6）《说苑·臣术》以提出“正四时，节风雨”“树五谷”作为遴选三公九卿的指标[②]，落实到日常生活中，四时更成为君臣诗歌吟咏的常见题材，如唐玄宗李隆基（685—762）《首夏花萼楼观群臣宴宁王山亭回楼下又申之以赏乐赋诗·序》体认到“草木无心，春来咸喜，故圣人弘道，先王法天”，关注到“今年带闰，节候全晚，景气犹清，芳草未歇”的季节特性，吟咏出“今年通闰月，入夏展春辉”，“天喜时相合，人和事不违”；乃至欧阳詹（755—800）《答韩十八驽骥吟》的“上帝本厚生”，段文昌（772—835）《享太庙乐章》的“生物咸遂”等[③]，都可见建立在四时生物的法天弘道观。再以汉唐乐府诗中的四时歌为例，总计春季有31首、夏季有30首、秋季有28首、冬季有27首，笔者曾分析乐府《四时歌》所映现的四季，乃以《春歌》为主旋律，接下来的三季，分别是由《春歌》引领的《夏歌》、持续记忆《春歌》的《秋歌》、接引《春歌》的《冬歌》，周而复始，恰是对“生生不息”的自然规律之依循[④]，同时浮现出“春”的核心位置。因此，唐德宗李适（742—805）《改二月一日为中和节诏》乃云：

> 朕以春方发生，候及仲月，勾萌毕达，天地和同，俾其昭苏，宜助畅茂。自今宜以二月一日为中和节，以代正月晦日，备三令节数，

---

① 崔寔：《四民月令校注》，收入《新编诸子丛书集成续编》，北京：中华书局，2013年版；贾思勰，缪启愉校释：《齐民要术》，北京：农业出版社，1982年版）；宗懔：《荆楚岁时记》收入艺文印书馆：《岁时习俗资料汇编》，台北：艺文印书馆，1970年版；韩鄂辑，缪启愉校释：《四时纂要校释》，北京：农业出版社，1981年版。

② 刘向：《说苑·臣术》记伊尹之言：“其言足以调阴阳，正四时，节风雨，如是者举以为三公”，“九卿者，不失四时，通于沟渠，修堤防，树五谷，通于地理者也”。（台北：台湾“商务印书馆”，1988），卷2，第48页。

③ 彭定求，等：《全唐诗》，北京：中华书局，1999年版，卷3，第35页；卷331，页3691；卷349，第3900页。

④ 廖美玉：《乐府〈四时歌〉所映现的世界图式》，收入《乐府学》第十二辑，北京：社会科学文献出版社，2015. 11），第227－245页。

内外官司休假一日。[①]

夏历二月才正式展开户外的活动，因而着力于发明时令进入仲春的“勾萌毕达，天地和同”，昭示节日意义在于助成动植物的昭苏与畅茂，凸显出四时长养的经济意涵。至于宋若莘、宋若昭《女论语·学作章第二》所云：“看蚕煮茧，晓夜相从。采桑摘柘，看雨占风。滓湿即替，寒冷须烘。取叶饲食，必得其中。”乃以女子立身求荣的积极作为，就在看雨占风、百事皆通的谋生知识，其中又以春蚕养殖最需要关注风雨寒温的气候变化。《营家章第九》更云：“凡为女子，不可因循。一生之计，惟在于勤；一年之计，惟在于春；一日之计，惟在于晨。”[②] 明白揭示的“一年之计在于春”，已成为具有普遍性的生活法则。

（三）“四时流行”所映现的造化生意

把“春”的长养之意推阐得淋漓尽致者，当属宋代朱熹（1130—1200），对孔颖达以“春、夏、秋、冬”诠解“元、亨、利、贞”，尤多阐发，如：

> 只如四时：春为仁，有个生意；在夏，则见其有个亨通意；在秋，则见其有个诚实意；在冬，则见其有个贞固意。在夏秋冬，生意何尝息！本虽彫零，生意则常存。[③]

春的“生意”贯注到夏秋冬，结合元、亨、利、贞来看，春生、夏长、秋实、冬藏都具有正向的意涵，透显出四时流行即具有生意常存、生气不息之意[④]。朱熹对于“春为仁”的生意，尤多阐发：

> 人之所以为人，其理则天地之理，其气则天地之气。理无迹，不可见，故于气观之。要识仁之意思，是一个浑然温和之气，其气则天地阳春之气，其理则天地生物之心。
>
> 或问《论语》言“仁”处。曰：理难见，气易见。但就气上看

① 刘昫：《旧唐书·德宗本纪》，台北：鼎文书局，1985年版，卷13，第367页。

② 宋若莘。宋若昭：《女论语》，收入陶宗仪：《说郛》，台北：台湾。商务印书馆，1977年版，卷七十下，第19、24页。

③ 黎靖德：《朱子语类》，台北：文津出版社，1986年版，卷6，第105页。

④ 朱熹诠解《易·复卦》的“复其见天地之心乎”，就在春的“生气方发”，夏的“生气发得来盛”，秋的“生气到这里都揫敛”，冬的“生气到此都终藏”，以见“生气之不息”。（黎靖德：《朱子语类》，台北：文津出版社，1986年版，卷53，第1280页）

> 便见，如看元亨利贞是也。元亨利贞也难看，且看春夏秋冬。春时尽是温厚之气，仁便是这般气象。夏秋冬虽不同，皆是阳春生育之气行乎其中。①

人之所以为人，在于存有天地之理与气，理无迹而难明，就从春的温厚、温和之气来理解，而此阳春之气透显出的理就是“生物之心”“生育之气”，并且贯注到夏秋冬而生生不息，以此见得“仁”之气象。朱熹直言“仁义礼知，便是元亨利贞。若春间不曾发生，得到夏无缘得长，秋冬亦无可收藏。”以春的“发生”统摄夏秋冬的成长与收藏，由此提出“仁”字须兼义礼知看：

> 仁者，仁之本体；礼者，仁之节文；义者，仁之断制；知者，仁之分别。犹春夏秋冬虽不同，而同出于春：春则生意之生也，夏则生意之长也，秋则生意之成，冬则生意之藏也。
>
> 且如万物收藏，何尝休了，都有生意在里面。如谷种、桃仁、杏仁之类，种着便生，不是死物，所以名之曰“仁”，见得都是生意。如春之生物，夏是生物之盛，秋是生意渐渐收敛，冬是生意收藏。②

草木需要冬眠，逢春而发生，在温暖的夏季成长，当秋冬气温逐渐下降，树叶转为深绿而枯黄，储积养分过冬，以待春来再度萌芽抽花。朱熹除了一再强调春生、夏长、秋收、冬藏都是“生意”，更以“桃仁、杏仁”的命名为例，秋冬结果后的桃、杏种子被称为果仁，就在种子所蕴藏的生意，确保了生命的繁衍。果仁落地，逢春生物，再度为一年时序拉出了好光景，在四时流行中显现了“仁”的深刻意涵。

三、闲情任运：简约生活与丰情天地

四时的生物养民，当以荀子《王制篇》的“春耕、夏耘、秋收、冬藏，四者不失时，故五谷不绝而百姓有余食也。”③ 把因应四时的人为耕作纳入国家体制，确保国民的足食，已成为千古不变的基本生活形态。另一方面，从生

① 黎靖德：《朱子语类》，台北：文津出版社，1986 年版，卷 6，第 111、112 页。

② 黎靖德：《朱子语类·性理三》，台北：文津出版社，1986 年版，卷 6，第 108、109 页。

③ 荀子著，［唐］杨倞注，［清］王先谦集解：《荀子集解》，台北：“世界书局”，1971 年版，卷 5，第 105 页。

活层面体现造化何言的鸢飞鱼跃，发挥孔门暮春浴沂舞雩的睿智无为，映现出四时流行的另一种意涵。

(一) 听风戏水，与物为春

前引《论语》的“天何言哉，四时行焉，百物生焉”，为孔颖达释《易》提出“四时流行”之所本，形塑出鸢飞鱼跃、万物得所的造化生意。落实到日常生活中，发挥得情味最为深厚者，当属《论语·先进》记载孔子与弟子言志的暮春浴沂风咏：

> 曾点言志：“莫春者，春服既成。冠者五六人，童子六七人，浴乎沂，风乎舞雩，咏而归。”夫子喟然叹曰：“吾与点也!”[①]

暮春时节的少长同游，浴沂舞雩，听风戏水，形塑出诗意的春居生活与丰美人文意涵，映现出四时流行的另一面向。无独有偶，《庄子·知北游》同样体认道：“天地有大美而不言，四时有明法而不议，万物有成理而不说。”四时推移，造化流行，不言不议而大美、明法、成理自在，庄子认为“立于宇宙之中”的人，是“逍遥于天地之间而心意自得”[②]，乃能从正向思考生存处境的意涵，解释“才全”云：

> 使之和豫，通而不失于兑；使日夜无却，而与物为春，是接而生时于心者也。是之谓才全。[③]

在日夜更迭、四时流行的变化无常中，以春之和豫生意，演绎出生命的风华与深情，恰可与孔门的浴沂舞雩相呼应。在文人的书写上，晋代王羲之（303—361）《兰亭集序》的惠风和畅、流觞曲水，少长咸集，游目骋怀，以仰观宇宙、俯察品类为视听之娱[④]，在舞雩气象之外，增添了诗酒风流的兰亭遗风。入唐而演变成上巳的京城贵游盛宴，以天宝十二载（753）杜甫（712—770）所作《丽人行》最具指标性：

---

① 邢昺疏：《论语注疏》，收入《十三经注疏》本，台北：艺文印书馆，1982年版，卷11，第100页。

② 庄子著，钱穆：《庄子纂笺》，台北：三民书局，1974年版，记载善卷拒绝舜让天下之言曰：“余立于宇宙之中，冬日衣皮毛，夏日衣葛絺；春耕种，形足以劳动；秋收敛，身足以休食；日出而作，日入而息，逍遥于天地之间而心意自得。”

③ 庄子著，钱穆：《庄子纂笺》，台北：三民书局，1974年版，第44页。

④ 张溥：《汉魏六朝百三家集·全晋文》，台北：文津出版社，1979年版，第1609页。

三月三日天气新，长安水边多丽人。态浓意远淑且真，肌理细腻骨肉匀。绣罗衣裳照暮春，蹙金孔雀银麒麟。头上何所有，翠微盍叶垂鬓唇。背后何所见，珠压腰衱稳称身。就中云幕椒房亲，赐名大国虢与秦。紫驼之峰出翠釜，水精之盘行素鳞。犀箸厌饫久未下，鸾刀缕切空纷纶。黄门飞鞚不动尘，御厨络绎送八珍。箫鼓哀吟感鬼神，宾从杂沓实要津。后来鞍马何逡巡，当轩下马入锦茵。杨花雪落覆白苹，青鸟飞去衔红巾。炙手可热势绝伦，慎莫近前丞相嗔。①

一样的暮春时节，少长同游替换成了椒房亲眷，而简易春服更被大幅度铺张，成了一场华丽时尚的盛装表演，又增加了穷奢极侈的精制饮宴，尤其经过筛选的“贵宾”们，把无数少长摒挡在曲江的春光胜景之外，这一场由权贵所主导的暮春游宴，完全失去了舞雩气象与兰亭风流。因此，德宗除了订定中和节以凸显四时长养的经济意涵，乃有《三日书怀因示百僚》诗云：

佳节上元巳，芳时属暮春。流觞想兰亭，捧剑得金人。风轻水初绿，日晴花更新。天文信昭回，皇道颇敷陈。恭己每从俭，清心常保真。戒兹游衍乐，书以示群臣。②

对于三月三日的风轻水绿、晴日芳菲，除了记忆兰亭的流觞曲水之娱，更举束皙回答晋武帝问三日曲水之义，以秦昭王置酒河曲而得水心之剑以霸诸侯③，因而体会到的天文皇道乃“戒兹游衍乐”，以从俭保心的自省，节制暮春游衍的恣意行乐。以此来看杜甫弃官入蜀之后，创作了许多春游作品，随手拈来，处处可见盎然春意，即使是独游，如《江畔独步寻花七绝句》，不论是“走觅南邻爱酒伴，经旬出饮独空床”或“黄四娘家花满蹊，千朵万朵压枝低”，春光美景是人人可得而有，繁花嫩蕊更是随地盛开，有江滨的稠花乱蕊，有江深竹静间杂着红花与白花，有黄师塔前的无主桃花，更有“留连戏蝶时时舞，自

---

① 彭定求，等编：《全唐诗》，北京：中华书局，1999年版，卷216，第2260页。

② 彭定求，等编：《全唐诗》，北京：中华书局，1999年版，卷4，第46页。

③ 房玄龄等撰：《晋书·束皙传》记束皙回答武帝问三日曲水之义，云：“昔周公城洛邑，因流水以汎酒，故逸诗云‘羽觞随波’。又秦昭王三日置酒河曲，见有金人奉水心之剑，曰：‘令君制有西夏’，乃霸诸侯，因此立为曲水。二汉相缘，皆为盛集。”，台北：鼎文书局，1983年版，卷51，第1433页。

在娇莺恰恰啼”①，人与花竹莺蝶同沐春光，表现了人人可得的舞雩之乐。纯属民间诗人的寒山（生卒年不详，约为唐玄宗至代宗间），其《诗三百三首》之一八云：

> 岁去换愁年，春来物色鲜。山花笑渌水，岩岫舞青烟。蜂蝶自云乐，禽鱼更可怜。朋游情未已，彻晓不能眠。②

体会到“春来物色鲜”，表现在山花、渌水、岩岫、青烟的共笑共舞，蜂、蝶、禽、鱼的自乐自得，是朋游之情所不能拘限的。因此，禅宗公案多有借四时以说法者，如《景德传灯录·云门文偃禅师》记载僧问：“如何是佛法大意?”文偃禅师（864—949）答以“春来草自青”③，这一段公案，显然不能自外于源远流长的四时论述与舞雩气象。迨北宋理学家从天地生物气象着眼，以孔颜与四时联结，乃有更多发明，如程颢（1032—1085）云：

> 仲尼，元气也；颜子，春生也；孟子，并秋杀尽见。……仲尼，天地也；颜子，和风庆云也；孟子，泰山岩岩之气象也。观其言，皆可以见之矣。仲尼无迹，颜子微有迹，孟子其迹着。④

孔子为天地元气，颜回为和气庆云为春生，而听风戏水、浴沂舞雩的春阳之乐，更成了后来儒者所津津乐道的舞雩气象。朱熹即以“天理流行”来诠解曾点的舞雩之乐，云：

> 曾点之学，盖有以见夫人欲尽处，天理流行，随处充满，无少欠缺。故其动静之际，从容如此。而其言志，则又不过即其所居之位，乐其日用之常，初无舍己为人之意，而其胸次悠然，直与天地万物上下同流，各得其所之妙，隐然自见于言外。⑤

在生活日用中体现的天理流行，就在天地万物的上下同流而又各得其所。朱熹《答廖子晦》也从“天理流行”来做解释“鸢飞戾天，鱼跃于渊”，云：“鸢

---

① 彭定求，等：《全唐诗》，北京：中华书局，1999 年版，卷 227，第 2452 页。

② 彭定求，等：《全唐诗》，北京：中华书局，1999 年版，卷 806，第 9065 页。

③ 道原纂：《景德传灯录》，台北：新文丰出版社，1983 年版。

④ 程颢、程颐：《二程集》，台北：汉京文化事业有限公司，1983 年版，卷 5，第 76 页。

⑤ 朱熹集注、蒋伯潜集解：《广解四书》，台北：启明书局，1961 年版，第 113－114 页。

飞鱼跃，道体无乎无在。当勿忘勿助之间，天理流行，正如是尔。”① 四时流行，道被飞潜，无乎无在，万物得所，勿忘勿助，恰可与孔颖达的“道被飞潜，万物得所”相互发明。朱熹有《曾点》诗直接体验舞雩气象，云：

春服初成丽景迟，步随流水玩晴漪。微吟缓节归来晚，一任轻风拂面吹。②

亘古如一的春日迟迟，一般的春服，在晴漪轻风中玩味吟咏出浴沂舞雩的春阳之乐。至其《春日》所云：“胜日寻芳泗水滨，无边光景一时新。等闲识得东风面，万紫千红总是春。”③ 把泗水滨的胜日寻芳，演绎成寒尽春生的无边光景，随意逢春而顺手写下的“万紫千红总是春”，成了脍炙人口的咏春名句。

（二）简约生活，诗意栖居

讨论有关“四时流行”的论题，很难不涉及文学性吟咏春、秋的主题。屈原（前352—前281）《离骚》反复吟咏着“惟草木之零落兮，恐美人之迟暮”“哀众芳之芜秽”“恐鹈鴂之先鸣兮，使百草为之不芳”，以及《招魂》的“湛湛江水兮上有枫，目极千里兮伤春心”④，成为“感士不遇”的基调。以《古诗十九首·回车驾言迈》为例，在东风百草中所见所思是“所遇无故物，焉得不速老”，反复唱叹“岂能长寿考”“奄忽随物化”，归结出“立身苦不早”“荣名以为宝”的渴望⑤。由此而不断强化“时不我与”“感时不遇”的焦虑感，诗人主观的情思凌驾在四时流行之上，以“感时伤逝”为主旋律，发展出“伤春”“悲秋”的抒情传统⑥，遂使春天滋养的欣欣生意，因个人的失志不遇而消退乃至被强力抹去。

由此来看陶渊明（365—427）被萧统认定是“白璧微瑕”的《闲情

① 朱熹：《朱熹集》，成都：四川教育出版社，1997年版，卷45，第2162页。

② 傅璇琮，等：《全宋诗》，北京：北京大学出版社，1998年版，卷2384，第27500页。

③ 傅璇琮，等：《全宋诗》，北京：北京大学出版社，1998年版，卷2384，第27500页。

④ 屈原撰，蒋骥注：《山带阁注楚辞》，台北：宏业书局，1972年版，第34、35、46、169页。

⑤ 隋树森：《古诗十九首集释》，台中：曾文出版社，1975年版，卷2，第17页。

⑥ 郁白：《悲秋：古诗论情》，桂林：广西师范大学出版社，2004年版。

赋》①，依陶渊明在《序》中自言，乃为推广张衡《定情赋》、蔡邕《静情赋》辞义而作，学者研究乃多指为爱情说与寄托说，旨在抒发爱情之思而归于闲正。闲，依许慎《说文解字》为“阑”意，即栅栏，有范围、界限的意思，不论是《尚书·毕命》的“虽收放心，闲之惟艰”，或《论语·子张》的“大德不逾闲”②，都有自我检束约制的意思，因此“闲情”就是检束情感的过度发挥。具体检视《闲情赋》中的“十愿十悲”，季节集中在秋冬两季，尤以时光流逝的“叶燮燮以去条，气凄凄而就寒”，“悼当年之晚暮，恨兹岁之欲殚”，“行云逝而无语，时奄冉而就过”等，大抵不出屈原《离骚》所云“日月忽其不淹兮，春与秋其代”之意，仍是感时伤逝的抒情调性。唯细究以“闲情”为题而写作长达280字的“十愿”：衣领、裳带、发膏、眉黛、莞席、丝履、昼影、夜烛、竹扇、木琴，可发现其中的衣、裳、发、眉（华妆）、席、烛、扇七愿为乐府《四时歌》所吟咏者，可相呼应③。而归结“尤《蔓草》之为会，诵《召南》之余歌”，一则标举《诗经·郑风·野有蔓草》的“有美一人，清扬婉兮。邂逅相遇，适我愿兮”，再则举传诵不绝的《召南》为例，有《鹊巢》的“之子于归”，有《摽有梅》的“求我庶士”，有《何彼秾矣》的“华如桃李”，不论是“尤”是“诵”，是怨尤、责过或效尤，都不能无视两性青春恋情的存在。因此，结语“坦万虑以存诚，憩遥情于八遐”，以万虑遥情形容关涉两性的十愿十悲，要能坦诚也能超越，是陶渊明诠释“终归闲正”的“作者之意”。

再从《闲情赋》序的“园闾多暇”索解，陶渊明归田后仿《诗经》体所作的几组诗，《停云》诗序首揭“思亲友也”，即是建立在“岂无他人，念子实多”的人情关怀，以“有酒有酒，闲饮东窗”展现时雨润泽的诗意春耕，

---

① 萧统《陶渊明集》题序：“白璧微瑕者，惟在〈闲情〉一赋，扬雄所谓劝百而讽一者，卒无讽谏，何必摇其笔端？惜哉，无是可也！”晋·陶渊明著，逯钦立校注：《陶渊明集》，台北：里仁书局，1985年版，第10页。

② 孔颖达疏：《尚书正义》，收入《十三经注疏》本，台北：艺文印书馆，1982年版，卷19，第292页；邢昺疏：《论语注疏》，收入《十三经注疏》本，台北：艺文印书馆，1982年版，卷19，第172页。

③ 廖美玉：《乐府〈四时歌〉所形塑的“四季原型”及其意义》，收入《乐府学》，北京：社会科学文献出版社，2016年版，第115－130页。

更以“东园之树，枝条再荣。竞用新好，以怡余情”[①]，化解古诗“所遇无故物”的人事感伤，回归到新好怡情的自然乐境。其《时运》首章云：

> 迈迈时运，穆穆良朝。袭我春服，薄言东郊。山涤余霭，宇暧微霄。有风自南，翼彼新苗。[②]

孔子展现谦抑的“不如老农”，陶渊明乃以春服与新苗，把孔门的舞雩气象，实践成日常生活。其《读山海经十三首》之一即以“既耕亦已种，时还读我书”的双兼士农，写出：“孟夏草木长，绕屋树扶疏。众鸟欣有托，吾亦爱吾庐。”春生夏长，人与树与鸟同得其所、同遂其性；再以“穷巷隔深辙，颇回故人车。欢言酌春酒，摘我园中蔬。”映现出农耕的简约生活，足以实践亲友同欢的诗意安居：“微雨从东来，好风与之俱……俯仰终宇宙，不乐复何如?”[③] 浴沂舞雩时节已过，依然有好风带来的润物好雨。任由春夏的流转到四时到一生，陶渊明以“欣”“爱”“乐”吟咏出与四时共生息的自在与深情。

四时流转，逝者如斯，更多与四时的对话、礼赞，是学习和探索生存的最佳方式。入唐而有张九龄（678—740）《感遇》的“兰叶春藏蕤，桂华秋皎洁。欣欣此生意，自尔为佳节。”由春兰秋桂的各有生意、各成佳节，体悟到四时的流行与自在。李白（701—752）《登梅冈望金陵赠族侄高座寺僧中孚》的“冥居顺生理，草木不剪伐。烟窗引蔷薇，石壁老野蕨。”[④] 顺着草木生理，随意可见蔷薇、野蕨的生命变化，更与烟窗、石壁相映衬成四时风景。吟咏四时乃成为诗歌主题之一，至白居易（772—846）《与元九书》更有意识地创作“闲适诗”：

> 又或退公独处，或移病闲居，知足保和，吟玩情性者一百首，谓之闲适诗。[⑤]

由防闲止邪的“闲情”，到吟玩情性的“闲适”，乃能有《闲吟》的“看雪寻

---

① 逯钦立校注：《陶渊明集》，台北：里仁书局，1985年版，卷1，第11－12页。

② 逯钦立校注：《陶渊明集》，台北：里仁书局，1985年版，第13页。

③ 逯钦立校注：《陶渊明集》，台北：里仁书局，1985年版，卷4，第133页。

④ 彭定求，等：《全唐诗》（北京：中华书局，1999年版），卷47，第572页；卷180，第1836页。

⑤ 白居易撰，朱金城笺校：《白居易集笺校》，上海：上海古籍出版社，1988年版，卷45，第2794页。

花玩风月”、《独行》的“晚花新笋堪为伴”等[①]，处处是自然生意，宋人即直指为“近道”，如宋代晁迥（948—1031）《法藏碎金录》云：

> 唐白氏诗中颇有遣怀之作，故近道之人，率多爱之。予友李公维录出其诗，名曰《养恬集》。予亦如之，名曰《助道词语》。盖于经教法门，用此、弥缝其阙而直截晓悟于人也。[②]

认为白居易诗有助于经教法门。至于唐僧皎然《诗式》（760前后）以“情性疏野曰闲”[③]，以疏旷朴素的自然情性为美，把“闲”提高到诗歌美学的范畴。至欧阳修（1007—1072）《伊川独游》诗有云：

> 东郊渐微绿，驱马忻独往。梅繁野渡晴，泉落春山响。身闲爱物外，趣远谐心赏。归路逐樵歌，落日寒川上。[④]

春天的东郊野渡，目见耳闻不外乎草绿、梅繁、泉响与樵歌，之所以留连终日，就在于身闲趣远。邵雍（1011—1077）更是一个“得闲”的指标性的人物，其《击壤集·序》自云：

> 经道之余，因闲观时，因静照物，因时起志，因物寓言，因志发咏，因言成诗，因咏成声，因诗成音。是故哀而未尝伤，乐而未尝淫。虽曰吟咏情性，何累于性情哉。[⑤]

把因闲而观时照物起志，与“经道”并列，使诗歌的吟咏情性能够无累于性情，更以“一编诗逸收花月”作为闲来相亲的四物之一[⑥]。宋代黄龙慧开（1183—1260）《禅宗无门关》第十九则《平常是道》乃云：“春有百花秋有

---

① 彭定求，等：《全唐诗》，北京：中华书局，1999年版，卷445，第5125、4958页。

② 晁迥：《法藏碎金录》，《四库全书》本，台北：台湾“商务印书馆”，1981年版，卷5，第13页。

③ 皎然著，周维德校注：《诗式校注》，杭州：浙江古籍出版社，1993年版，第35页。

④ 傅璇琮，等：《全宋诗》，北京：北京大学出版社，1998年版，卷282，第3585页。

⑤ 邵雍：《击壤集》，京都：中文出版社，1985年版，第8－9页。

⑥ 邵雍《安乐窝中四长吟》：“安乐窝中快活人，闲来四物幸相亲。一编诗逸收花月，一部书严惊鬼神。一炷香清冲宇泰，一樽酒美湛天真。”（傅璇琮，等：《全宋诗》，北京：北京大学出版社，1998年版，卷369，第4543页。）

月，夏有清风冬有雪。若无闲事在心头，便是人间好时节。”① 花月风光雨露，每一季的荣枯有无，都带出了下一季的璀璨，四时流行，大自然的声光色彩，无一不是情性与生意。简约生活，睿智无为，自有一种知天命的澄澈。以此来看清代黄宗羲（1610—1695）《景州诗集序》所云：

> 诗人萃天地之清气，以月露风云花鸟为其性情，其景与意不可分也。月露风云花鸟之在天地间，俄顷灭没，而诗人能结之不散。常人未尝不有月露风云花鸟之咏，非其性情，极雕绘而不能亲也。②

四时的月露风云花鸟，具有俄顷灭没的无常性，诗人萃天地之清气以为性情，极力避免因过度雕绘而丧失天真，以简约恬适映现亲近自然的生意，同属无常的人与月露风云花鸟，乃能共同展演出诗意盎然的丰富天地。

（三）乐天爱物，同情共享

四时流行，井然有序的生物逻辑，日出而作，日落而息，人类通过食物与农耕，展现与天地四时的亲切对话。《诗经》以采薇、采蘩、采蕨、采芹、采苹等时蔬之取用，解决了生活需求，记忆成家园图像，同时也标记时光的流逝。孔颖达《礼记正义》释“民不求其所欲而得之谓之信”，引《尚书·传》有民击壤而歌“凿井而饮，耕田而食，帝有何力”，今本不传，其以“天不言而四时行，是信若四时，故云谓之信也。”③ 亘古如斯的四时流行，已成了“信”的指标。人与自然共同营造的生产方式与生活状态，形塑出生命相连、生活相倚的农耕文化，成为诗人一再吟咏的生命乐章。如王维（701—761）《游化感寺》所云：“绕篱生野蕨，空馆发山樱。香饭青菰米，嘉蔬绿笋茎。”④ 野蕨与山樱是自然生物，耕耘所得的青菰米与绿笋茎更增添了食物的美味。由此联结的自然与人情，王维在《积雨辋川庄》写下：

> 积雨空林烟火迟，蒸藜炊黍饷东菑。漠漠水田飞白鹭，阴阴夏木转黄鹂。山中习静观朝槿，松下清斋折露葵。野老与人争席罢，海鸥

① 黄龙慧开：《禅宗无门关》，收入宗绍：《大正藏》第四十八册。

② 黄宗羲撰，沈善洪编校：《黄宗羲全集》，杭州：浙江古籍出版社，2005年版，第10册《南雷文案》，卷1，第15页。

③ 孔颖达疏：《礼记正义》收入《十三经注疏》本，台北：艺文印书馆，1982年版，卷50，第1600页。

④ 彭定求，等：《全唐诗》，北京：中华书局，1999年版，卷127，第1292页。

何事更相疑。[1]

充足的雨水润泽，时令上的“夏长”季节，也是农耕上的“夏耘”，天然生成与人力施作，乃有去年收成的黍米，与当季时蔬的藜叶与葵菜，成为王维与东菑耘草的农民、野老共享的食物。连接土地、大自然，关心食物，认识农事，友善自然，人与水田、白鹭、夏木、黄鹂、青松、朝槿、海鸥，共同成为四时流转中的丰美图像。杜甫入蜀后，更以亲自栽植体现对环境、对周遭的责任感与真情，如：

患气经时久，临江卜宅新。喧卑方避俗，疏快颇宜人。有客过茅宇，呼儿正葛巾。自锄稀菜甲，小摘为情亲。(《有客》)

寒食江村路，风花高下飞。汀烟轻冉冉，竹日静晖晖。田父要皆去，邻家闹不违。地偏相识尽，鸡犬亦忘归。(《寒食》)[2]

江村生活不免偏僻简陋，杜甫也不是地道的农民，对照白居易《二月二日》的“二月二日新雨晴，草芽菜甲一时生”[3]，应是早春时节，亲自种植的蔬菜也才刚长出几片新芽，客来的“小摘”，是自给自足的豪迈生活，更是情感的交流。待到寒食，已是风花汀烟的繁春盛景，田父邻家的频繁而密切互动，可见食物的充裕与分享，连鸡犬的觅食都不分彼此，交换食物也交流情感。这样的情感交流，更传递给了远客，其《客至》云：

舍南舍北皆春水，但见群鸥日日来。
花径不曾缘客扫，蓬门今始为君开。
盘飧市远无兼味，樽酒家贫只旧醅。
肯与邻翁相对饮，隔邻呼取尽余杯。

充沛的春水，滋养了群鸥，滋养了百花，也滋养了农作物。得闲幽居的杜甫，有去年酿造的酒，有亲自种植的时蔬，临时邀约的邻翁，以宾主尽欢的豪情，消解了市远家贫的简朴村居。即使离开成都草堂转赴夔州，其《园》诗云：

仲夏流多水，清晨向小园。碧溪摇艇阔，朱果烂枝繁。
始为江山静，终防市井喧。畦蔬绕茅屋，自足媚盘餐。

客中赁居的瀼西草堂，地理位置更为偏僻，种稻、种菜、种果树，在夏长的季

① 彭定求，等：《全唐诗》，北京：中华书局，1999 年版，卷 128，第 1298 页。

② 彭定求，等：《全唐诗》，北京：中华书局，1999 年版，卷 226，第 2432 页；卷 226，第 2441 页。

③ 彭定求，等：《全唐诗》，北京：中华书局，1999 年版，卷 456，第 5167 页。

节，水流充沛，依然是畦蔬繁茂，朱果盛产，即使是旅居也依然拥有粮食自主权。此外，同属农耕而看见的彼此辛劳，更懂得相互怜惜，杜甫在《行官张望补稻畦水归》写出“遗穗及众多，我仓戒滋蔓”，在《暂往白帝复还东屯》有“筑场怜穴蚁，拾穗许村童”，在《秋野五首》更有“枣熟从人打，葵荒欲自锄。盘餐老夫食，分减及溪鱼。”① 在收成时能够多点体贴。懂得节制私欲，护惜蚁鱼等生命，分享给更多需要的人，体现了四时生物的无私精神。

农耕对四时生物的体贴，能让人反思自然与群我关系，强化人与人、人与自然的情感流动，又展现在农村特有的家园感。白居易（772—864）有《夏思渭村旧居寄舍弟》云：

啧啧雀引雏，稍稍笋成竹。时物感人情，忆我故乡曲。
故园渭水上，十载事樵牧。手种榆柳成，阴阴覆墙屋。
兔隐豆苗肥，鸟鸣桑椹熟。前年当此时，与尔同游瞩。
诗书课弟侄，农圃资童仆。日暮麦登场，天晴蚕坼簇。
弄泉南涧坐，待月东亭宿。兴发饮数杯，闷来棋一局。

白居易所记忆的渭村十年樵牧生活，就由雀引雏、笋成竹的时物开启，鸟雀育子、新笋成竹是春生夏长的典型物候。亲手种植的榆柳，给屋宇带来夏日的清凉；成长良好的豆苗，饱满多汁的桑葚，分享多余以满足兔、鸟等其他生物的需求。首夏清和，兄弟的游瞩之乐，仿佛浴沂舞雩；对弟侄童仆的教导，包括诗书与农圃，弥补了孔子“不如老农”“不如老圃”的谦抑。接下来的麦收刈、蚕坼簇，满足了一家人的温饱需求。更以弄泉待月、饮酒下棋，营造出农闲的诗意栖居。配合四时流行的农事管理，以接近自然的节奏，根据农时安排作息时间，透过家人的分工、同学与共享，有效凝聚了家族情感，更借由满足其他生物的食物分享，建立了友善环境的观念。诗的后半部分写出仕贬官，以“井鲋”“笼莺”自喻，也更深入了解到土质与物候：“九江地卑湿，四月天炎燠。苦雨初入梅，瘴云稍含毒。泥秧水畦稻，灰种畬田粟。已讶殊岁时，仍嗟异风俗。”一方面有助于白居易往后仕宦各地，能够种、养结合，也能因时、因地制宜；另一方面也更重视家族情谊，结语“何时同一瓢，饮水心亦足”，

① 上引杜甫诗，分见彭定求，等：《全唐诗》，北京：中华书局，1999 年版，卷 226，第 2438 页；卷 229，第 2499 页；卷 221，第 2343 页；卷 229，第 2503 页；卷 229，第 2500 页。

尤为可见淡泊中的醇厚亲情。再看白居易《寿安歇马重吟》：

春衫细薄马蹄轻，一日迟迟进一程。
野枣花含新蜜气，山禽语带破匏声。
垂鞭晚就槐阴歇，低倡闲冲柳絮行。
忽忆家园须速去，樱桃欲熟笋应生。

他乡仕宦，春服徐行，农村的生活经验，让白居易对物候特别有多元的感知，空气中洋溢着野枣花香，仿佛带有新蜜的气味；野鸟的鸣叫声，有如匏瓜晒燥破析成杓的声音。这样的记忆方式，联系到故乡此时的雨后春笋、樱桃将熟，加强了家园的凝聚力。而这样的农村经验与家园感，也使得白居易对农民处境更有同理心，如《观刈麦》所展现的深切自省：

田家少闲月，五月人倍忙。夜来南风起，小麦覆陇黄。
妇姑荷箪食，童稚携壶浆。相随饷田去，丁壮在南冈。
足蒸暑土气，背灼炎天光。力尽不知热，但惜夏日长。
复有贫妇人，抱子在其傍。右手秉遗穗，左臂悬敝筐。
听其相顾言，闻者为悲伤。家田输税尽，拾此充饥肠。
今我何功德，曾不事农桑。吏禄三百石，岁晏有余粮。
念此私自愧，尽日不能忘。

仲夏的当空烈日，晒出了地面的热气，晒在背上更是灼痛难当，对刈麦的农民来说，却是满怀感恩地拥抱艳阳天，丁壮、妇姑与童稚的通力合作，把工时延伸到人力所能负荷的极限，为的是能够顺利收成。即使可能遭遇“家田输税尽”的威胁，也不减对身陷困境者展现同情心，以遗穗分享更弱势的人。农村的家园感，也映现在家人的同心协力，满足春耕、夏种、秋收、冬藏的劳力需求，如韦应物（737—791）《观田家》云：

微雨众卉新，一雷惊蛰始。田家几日闲，耕种从此起。
丁壮俱在野，场圃亦就理。归来景常晏，饮犊西涧水。
饥劬不自苦，膏泽且为喜。仓廪无宿储，徭役犹未已。
方惭不耕者，禄食出闾里。[①]

① 上引白居易与韦应物诗，分见彭定求，等：《全唐诗》，北京：中华书局，1999 年版，卷 433，第 4793 页；卷 462，第 5256 页；卷 424，第 4656 页；卷 192，第 1976 页。

即使是在四时生物的自然环境中，农业仍有赖于春耕、夏耘、秋收、冬藏的密集劳力，人力的有效分工，适度的使用兽力，爱惜天光的辛勤劳作，为的是家人温饱与永续居住环境。官员对农耕生活细节的感同身受，乃能有食禄者不得争利的体悟，有助于构建安康和谐的社会。

身为食禄者，白居易与韦应物都有自愧厚禄的觉知，白居易更因而在施政上采取宽简治理，其《和微之诗二十三首·和三月三十日四十韵》记忆的苏杭仕宦经历，先以细笔摹写江南的土质与物候："江南腊月半，水冻凝如瘀。寒景尚苍茫，和风已吹嘘。女墙城似灶，雁齿桥如锯。鱼尾上奫沦，草芽生沮洳。律迟太簇管，日缓羲和驭。布泽木龙催，迎春土牛助。雨师习习洒，云将飘飘翥。四野万里晴，千山一时曙。杭土丽且康，苏民富而庶。"除了展现白居易的物候知识，更有对当地的实质考察，从而体认到苏杭土丽民富的天然优势。除了必要的措施，如《钱塘湖石记》所云："大抵此州春多雨，夏秋多旱，若隄防如法，蓄泄及时，即濒湖千余顷田无凶年矣。"[①] 了解春雨、夏秋旱的地方性物候特征，修筑湖堤，简化岁旱农民请水的程序，自然能使百姓富庶安乐。由此确认自己的施政就在"雨衙少辞牒，四境稀书疏。俗以劳来安，政因闲暇着。"减少辞牒书疏的文字论辩，发挥同情共感而展现安抚慰劳的暖意，四时生物与宽简仁政，把更多的空间留给百姓，也把闲暇用来"日登眺""时游豫"，除了在"舟移溪鸟避，乐作林猿觑"中，展现与时物的亲切互动，更时时关注农业生产与生活供需情形：

> 水苗泥易耨，畬粟灰难锄。紫蕨抽出畦，白莲埋在淤。
> 菱花红带黯，湿叶黄含菸。镜动波飐菱，雪回风旋絮。
> 手经攀桂馥，齿为尝梅楚。坐并船脚敧，行多马蹄跙。
> 圣贤清浊醉，水陆鲜肥饫。鱼鲙芥酱调，水葵盐豉絮。

农耕的作为，有水耕、火种，有土栽、水生，在春天结束之前，紫蕨已抽芽，白莲也完成种植，清明萌芽的菱叶已浮出水面，梅实也还青涩，这个时期的生态还有飞舞的柳絮，有春荣冬更繁的桂花，有各种醉人的美酒，有鱼鲙、水葵等时鲜美食，以及芥酱、盐豉等调味料理，营造出民间生活的安和康乐与富

① 朱金城：《白居易集笺校》，上海：上海古籍出版社，1988 年版，第 3668 页。

庶。这样的宽政优游，“江上易优游，城中多毁誉。分应当自尽，事勿求人恕”[①]，虽未必能为官场积极作为的主流文化所认同，白居易也能心安理得，形塑出乐天爱物、成就百姓的典范。

四、结　语

日月常新，四时流行，因南北地气不同而节候各异，更有历时性的物候变迁，乃至寒燠极端，历来有关四时物候的吟咏与论述，可谓纷繁。本文探讨四时流行所形塑的文化意涵，聚焦在生物养民与闲情任运两个视角，从经典诠释与生活实践探寻四时的长养之意，从经学与文学中爬梳简约生活所映现的诗意安居与丰情天地。

大自然是人类生存与知识的根源，四季不同的光照、风、雨，形塑出多元而环环相扣的生态环境：秋天的凋零是因为冬天、春天与夏天而存在，春来百花开，蜜蜂采蜜也传递花粉；在秋天风中掉下种子，在隔年长出新芽，盛开的花朵，引来蜂蝶，绵延未来的生命。人类的栖息生养，同样是依循着四时的运行，并顺应在地环境的特性，建构出根植于“生活”的永续循环，凝聚成家园意识，更以同情共感的不忍人之心，关怀弱势，减少苦难，建立自然与自然、人与自然、人与人、人与生物之间的良善关系。

人文领域的研究，着重在阐释与实践人文之美，运用人文论述去唤醒人与大自然和谐共处的氛围，美化人生，丰富文化，以潜移默化的方式，酝酿并传播于社会中，虽低调而具有普遍性与恒久性。时至今日，现代科技看似提供了恒温舒适的室内环境，却又引发更剧烈的暖化与极端气候危机。重新理解古代经典，检视更长时段的文人吟咏，观照的层面可包括物理环境、风土民情、农务经验，乃至于人文生活等多个面向，成为常民生活的指南。吾人仍须持续观察时序及物候变化，倾听大自然的声音，嗅闻随风飘送的气味，体会自然流动的种种变化，不断与大自然进行互动与对话，同时也要体认到四时的地域性差异，尊重具有自然生态、社会文化差异化的多样性，以维系人与天地共生共好的永续生活。

---

① 彭定求，等：《全唐诗》，北京：中华书局，1999 年版，第 4985 页。

重读近代视域中的“五大洲与大九州”

——廖平的“居东”焦虑与“中国居中”之经学图像前景建构

李纪祥

（台湾佛光大学人文学院历史系所教授）

魏源《海国图志》对新世界图貌及新世界观的反应，常被视为近代性的出场。[①] 他在百卷本《海国图志》中对于“五大洲”之新形势必然是承接在林则徐《四州志》之后而接受的。所谓的“五大洲”乃是经历过“地圆说”之后，人们重新在这个大地是圆球形的世界中所发现及建构出来的一种“新世界观”与“新世界图像”之代称：“五大洲”。新世界观中的“五大洲世界图像”，中国系居于亚洲，亚洲则居于世界之东方，中国又位于亚洲之东方。以上所述，因着近代以降我们对魏源的熟悉度，几乎已是常识，但是学界对于魏源《海国图志》中所叙“邹衍大九州”之态度，则似鲜少问津者。魏源在其《海国图志》之《后叙》中，系如此地提到邹衍：

> 谭西洋舆地者，始于明万历中泰西人利玛窦之《坤舆图说》，艾儒略之《职方外纪》。初入中国，人多谓邹衍之谈天。[②]

所谓“初入中国，人多谓邹衍之谈天”者，反映的正是魏源的历史认知。魏源在其自身的时代，对于利玛窦初始传入“五大洲”的新世界图像，其评价乃是正面的。而对于晚明士大夫的接受反应，则显然其历史的认知系以为彼等多漠然，因而用了“人多谓邹衍之谈天”的语言，语气上的负面语意十分显然，我们因此而得知魏源对“邹衍谈天”的评价为如何！

魏源著作《海国图志》的动机，有其不得不尔的现实性与迫切性，使其

① 有关“魏源”被“近代化”的论述与反思，请参考笔者：《近代观与西学观——魏源研究的多元面向与反思》。

② 魏源：百卷本《海国图志》（湖南岳麓书局点校本），咸丰二年（1852）《后叙》。

急遽地在数年之中完成了这本以“洋人眼中新世界”的大书；这自然也涉及林则徐已然在南方战役与洋人有亲战的接触，因之，继承林则徐的《四州志》之后，完成一部“中国开眼看”、看“洋人开眼看到的新世界”的书，是既现实也是局势上所迫切需要的。在魏源以“海国”建构中土与域外接壤的世界新图像之后，随之而来与必须面对的问题，便是中国应当如何面对“五大洲”这一新语的语境，以及：中国如何“在亚细亚洲之中”的新存在问题，便在近代性格之意义下被魏源所提出，也被其严肃地面对。这一次牵动的不只是“域外/内”的世界图貌之接受与反应，也更是一个域内自我的政治现实层面的改革思考与路线的问题更应加以面对，同时还关涉传统文化与学问层面的再思考。

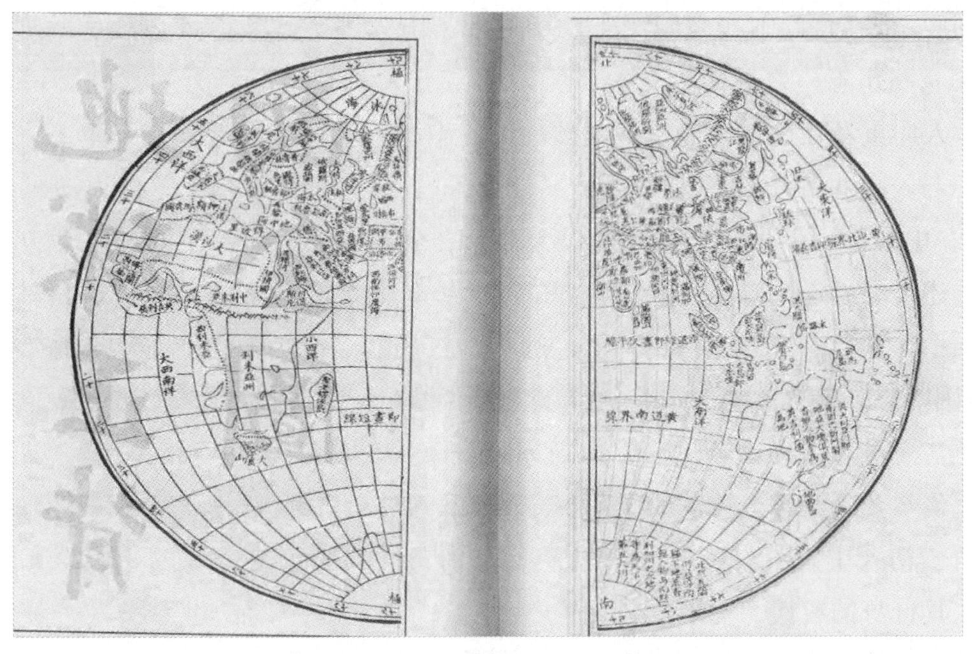

魏源《海国图志》〈地球正面图〉

除了魏源之外，值得注意的其实还有廖平。因为廖平对邹衍大九州的重视，是近代学人研究晚清与民国以来一段经学与学术史时所忽略的。廖平的再现邹衍，正是为了“与域外新说对话”，进而欲纳“地球”与“五大洲”于其所欲召唤至现代的孔子及其旧籍经典，自然邹衍也在其中，且与经典中《禹贡》《职方》等篇立于同样的高度。廖平晚年以本名所再刊的《地球新义》，很难被视为一本“新经学”的书，但确实是一部属于“新经学脉络”的著作。

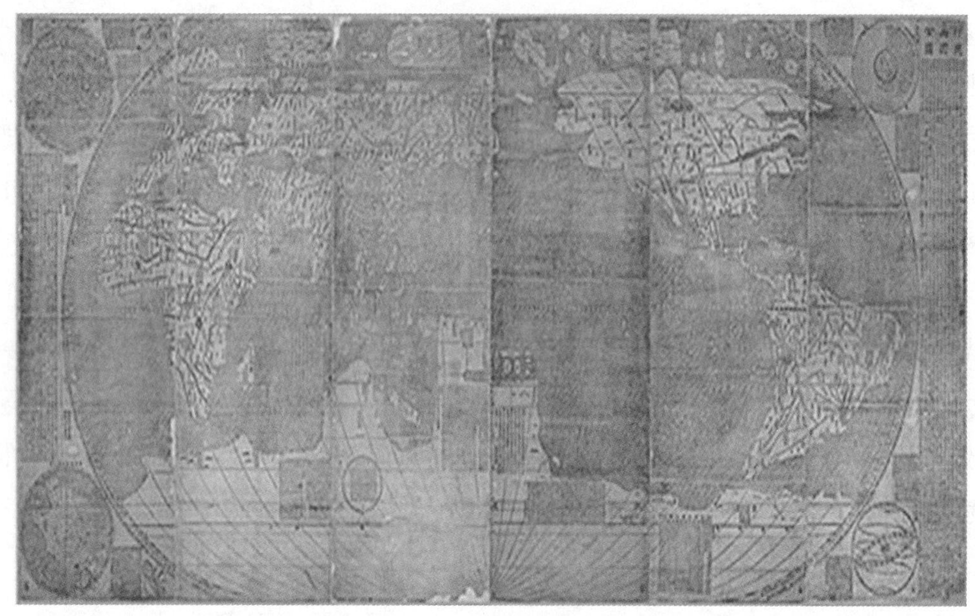
利玛窦绘本《坤舆万国全图》（1602，京都大学藏本）所呈现的“世界五大洲图像”

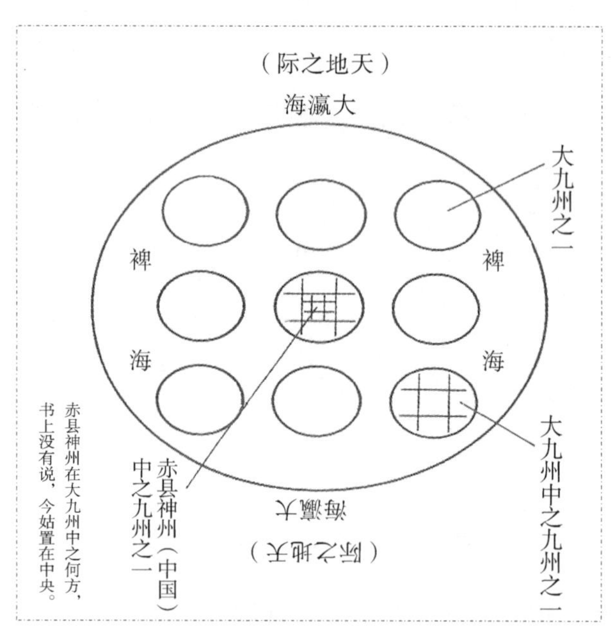

顾颉刚所绘邹衍大九州示意图

此书被弃置与忽视，其故在于“传统经学”上的“解经语言”与“经解著作”几无“地球”一词以铸入“书名”者之故，但我们正应自此切入而看待廖平的“经学”与“地球之学”，否则廖平之学便甚难得其“新义”！

更值得注意的，乃是廖平的态度，代表了一种明朝以来即出现的“域外世界的新世界观”之反应与接受的类型，此即将中国再度置入此一“新世界”之“中”，此“中”不仅是方位上的“居中”，也是文化上的“居中”。我们只要回想利玛窦氏如何在汉文新世界图中将明朝绘于“世界之中”，以及乾隆时由传教士所主导绘制、以大清为居中的世界地图，接续至道光之时的叶子佩所绘制的以南、北半球为主体而绘制的《万国大地全图》，即知此乃是一种将中国置入“新世界”及其与“域外”遭逢相接的模式，而且是以“中国居中的世界新图”的绘制模式形态！可惜的是，此种模式在“近代化”的思考意识以及为主轴以视“近代史”的眼界中，常对其主张“西学出于中源说”所误导，而认为这只是一种保守与退步心态下的产物，甚至是“进步/近代化”的阻力；遂忽视了另一种面对欧洲输入“五大洲”世界观的接受史！廖平对“大九州”召唤的进路，正好反映了他对历史上“置中”世界图式的认知与认同，廖平再现“大九州”的语境意义，正在此脉络中等待着知音。

对廖平而言，显然他对晚明以来的“新世界观”之脉络极为熟悉，不仅是利玛窦的早期输入，也包含了对于魏源、徐继畬等人甚至是清末时期大量涌现的西学知识，均甚为熟悉。同时，廖平对于“邹衍之说”更是别具敏度。对廖平而言，“闳大的邹衍”与“海外眼界的邹衍”被廖平视为是具有现代意义的“古人”，尤其是在封闭性九州世界观的孔子典籍旧章《尚书·禹贡》《周礼·职方》之外，尚有邹衍这样的“宏大”文献出现，因而便亟于为其正名与“收编至孔子的名下”。根据近人魏怡昱的研究指出，廖平曾在《经学六变记·三变记》中自述其所受于严复的刺激，廖平自言：“严又陵上书，所谓‘地球，周孔未尝梦见；海外，周孔未尝经营。’”[①] 对廖平而言，严复的观点呈现的是一种“周孔过时论”，过时的原因就在于过时的“时”：在一种“变”中，周孔不能梦见与不能经营的表述，已经否定了《孟子》所论孔子的“圣之时”义。但孔子是否不能再度“圣之时”？在“变”中“与时而中”，这便是廖平的课题，也是他要引述严复的语言以对比自我立场的不同科：严复此际的言论代表一种周孔已过时的心态，一种受重挫的意识对于“孔子”已然不具信心，认为其已“过时”；而廖平的经学之路则是意图继续让孔子的“圣之

① 廖平：《四益馆经学四变记·三变记》，收入《廖平选集》，成都：巴蜀书社，1998年版，第549页。

时”能存在于“新世界图像”之中有意义，有意义的途径之一便是让一切能是孔子的或是可能是出于孔门的古代典籍与文献，都能通过“变”与“新世界”的考验！“让孔子走入世界”便是经由“经典”重新勾勒出一幅剧变中的中国式“新图景”。①

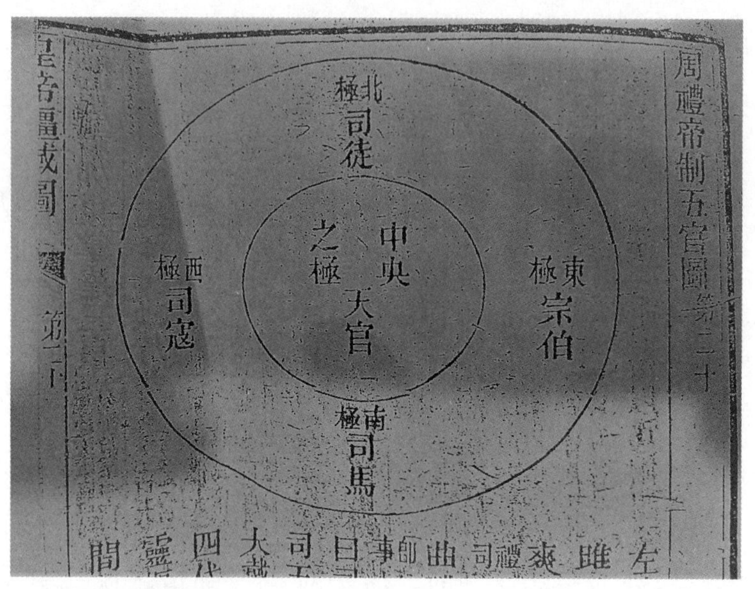

廖平著有《皇帝疆域图》一书，专门就经典中有关“中国”与“域外”关系之世界状态者而言之：如九畿、九服、藩国、华夏、九州、四帝四邻、四方、五服等，盖推其意旨将为中国建构一符合孔门经旨之世界观经说也。故历经清代学术中之今古文经学相抗之竞说后，遂与章太炎、康有为等皆不同，扬弃晚清强调的经学今古文之争，重新从经典的经学中，关注于中国与域外之新世界的关系，然其并未从地理学式的经纬度舆图立论立说与立旨，而由经典旧文以赋新义、制作新图新表，故其首倡《周礼》为《尚书》之传、“大九州”为孔门《春秋》中之邹氏学等新说，此类新说，不达者谓其为“新奇”“迂怪”“非常之论”，正有类于“邹氏之说”所招致之批评者。② 然彼以“天地

① 这是台湾青年研究经学者魏怡昱博士在其论文中论述的核心，见魏怡昱：《邹衍、经学与诸子——廖平大统学说的世界图像之建构》，“四川学者的经学研究”第二次学术研讨会，台北：“中央研究院”中国文哲研究所，2006 年版，第 17 – 24 页。

② 廖平对此非无觉，固已自云此矣，其曰：今合小大、综天人、统古今而一以贯之。在今日固托之空谈，将来必征诸实事，如以荒唐讥之，亦不敢多辨也。廖平：《地球新义》，第 29 页上 – 下。

五大洲”入于“经说”、以“易礼诗书春秋”出以“泰西”新义，则其求合“世界观”之“经学之路”亦诚伟矣！廖平于《皇帝疆域图》第四图《周礼九服九分天下图》中云：

《尚书》《周礼》专为皇帝制法，由春秋以推，大神禹为皇，司空决九川、距四海，全为全球立法。考《周礼》五土分五方，《禹贡》九河九江与九山九川九泽，以九起例者五见，冀雍又以四至见，内包九州，皆为大九州之师说也。①

廖平既曰“皇帝疆域”，又曰“全球立法”，显然是在讨论与构思地球之新世界语境下的皇帝如何居中问题。此“皇帝”又可视为经书语言中的“诸夏”，故其又曰：

大九州上应九天九野，《商颂》谓之九有，《庄子》谓之九洛，《周礼》谓之九夏。……中心王居为夏，故《论语》《公羊》谓之诸夏，《书》曰蛮夷滑夏，谓边鄙之变也。②

诸夏居于全球之中，皇帝必须重新思考经典中的语言语意来立新义，此于公羊家说谓之“孔子为汉立法”，便是向于未来性的经说与经义，而且意须有可实践性，方得谓之立法。由廖平之说中，其特重“九”之数，盖由禹贡九州与邹衍之大九州而来也，此二九州说正好涉及的便是中国之域内与域外关系的问题，邹衍的语言与中国内外世界的论述，也正好提供了廖平对于他自己的也是清朝以来的“中国在世界中”及古代经典语言中的“诸夏/藩国”关系之衔接。可以说，一部《皇帝疆域图》，便是廖平企图表现他对中国所面临的文化危机之思索与面对。他将邹衍大九州说中的“中国内/外”论述引入当代中国居于五大洲中如何用经典语言来操作论述的自创场域。“地球”与“五大洲”处处可见其作为廖平重新操作与重组经典旧语的地理空间图形式背景的痕迹。廖平已经改变了明朝以来专门聚焦于五大洲为“新说”的模式，而将“五大洲”转换为经典中的“九州”或以九为数的诸词，重绘皇帝疆域之世界新图，也重新摆置中国居中位置的论说与绘图模型。其曰：

① 廖平：《皇帝疆域图》（民国四年四川成都存古书局刊印本）第四图，《周礼九服九分天下图》，第11页上–下。

② 廖平：《皇帝疆域图》（民国四年四川成都存古书局刊印本）第四图，《周礼九服九分天下图》，第11页下。

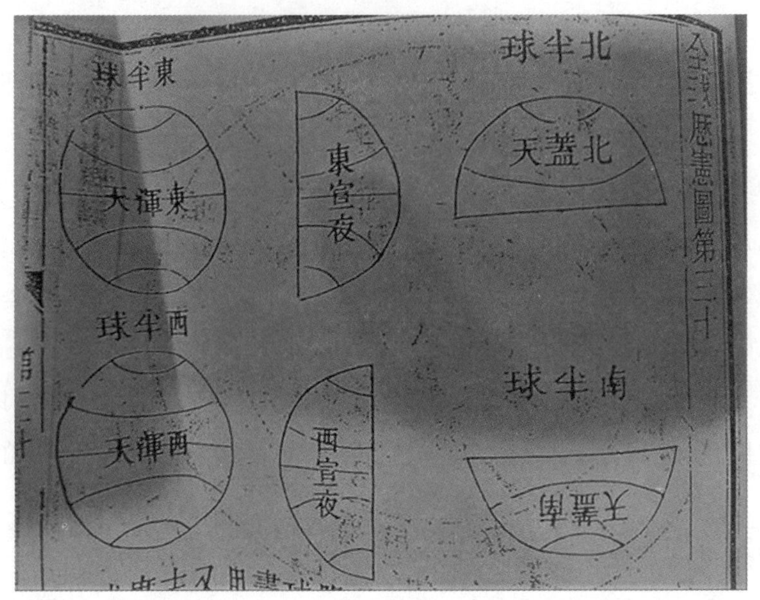

> 大九州可分可合，分之则各王一州，为割据时代；合之则以一服八，如邹氏春秋大一统，皇居中州统驭八极。[1]

又如第八图《禹贡九州推广为八十一州图》，明显是用邹衍大九州之说义，以成其“中国外”之世界图形。故此图中充满五大洲之影而决未见以此名来说经典之旧语新意。在此图中，北有“露西、欧洲”，东有“坎拿大、北美、南美”，西南有“非洲”，南则有“澳洲”；而中国，则居于图之中央，称之为“中国”。故此图实为廖平式的“儒家版邹氏学”的“中国居中之五洲图”。[2]全然反映出唯在廖平处始可见的、一种廖氏模式的五大洲与大九州遭遇之世界新图貌，此种中国居廖平式儒家版邹氏学“中国居中之五洲图”。于五大洲之中心的新世界图貌，不是用经纬度的新式地图绘制语言语法来呈现其“现在的当代世界”，而是以经书旧典的语言语法来呈现。但这个脉络，必须放在明季以来自利玛窦之世界新图输入为开始的五大洲说与大九州说遭遇的历史脉络中，始能看清廖平“奇言怪说”之意义，不唯不奇不怪，反而处处充满了儒家与中国式的再现惊喜。这是另一种完全不同于我们一般所见的现代化与近代

---

① 廖平：《皇帝疆域图》（民国四年四川成都存古书局刊印本）第四图，《周礼九服九分天下图》，第11页下–12页上。

② 廖平：《禹贡九州推广为八十一州图》，《皇帝疆域图》（民国四年四川成都存古书局刊印本）第八，第21页。

化模式的语言。用廖平自己的话说，则是：

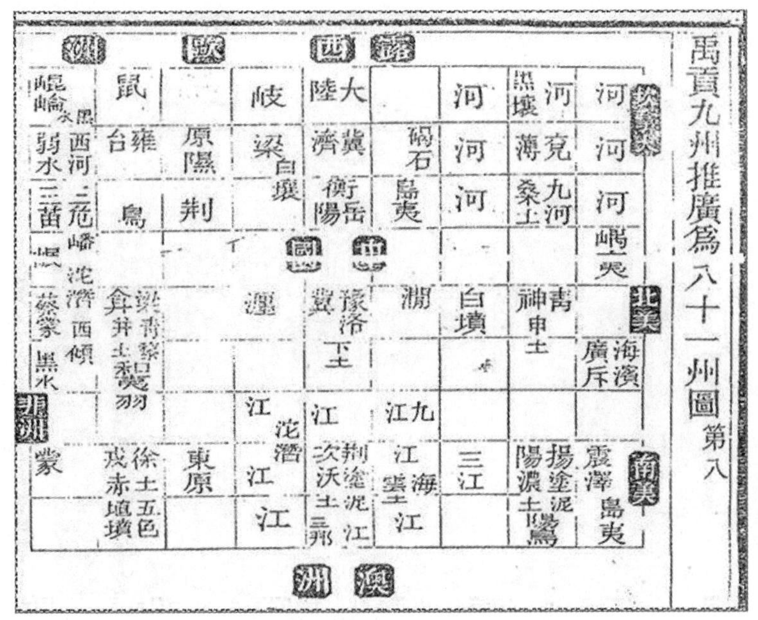

> 今世界开通，地球三万里之说大明。……昔目为无用之空文者，皆为当今之实验。……皆出孔门旧义，绝非自创新奇，特以前贤囿于《禹贡》区域，缩小圣经范围，生不逢时，无足深怪后之读。①

读其首句“今世界开通，地球三万里之说大明。”自是可以读出其渊源不唯在近者乃是出于魏源的世界新图，同时其远渊更正是出自明朝或为人所不信、以为“荒渺莫考”的利玛窦之“五大洲”新说。同时廖平的“世界……大明”之语式，与魏源自以为新的“张眼看世界”模式之接受性有何不同，正是一可以对应的不同类别！“昔日为无用之空文者，皆为当今之实验。”正是“重读经典”，以应世界新貌之廖平时之当下性格与接受进路。“特以前贤囿于《禹贡》区域，缩小圣经范围”，仍是在五大洲地球与世界新图图说下的语境。而“生不逢时”一句，最能显示廖平的独特性思考，既回向于古人之生不能逢时，更能期向于未来性之性格，以为古圣生不逢未来之时代，否则，亦将以“九州”而为“五洲”与“地球”之圣言，纳诸夏与中国而居世界之中，以成

① 廖平：《皇帝疆域图》（民国四年四川成都存古书局刊印本）第五图，《周礼九畿九州图》，第14页下。

华夏与藩国之文化高低之关系。[①] 是故其弟子曹三立为廖平《周官大统义正》作序，《序》中即云：

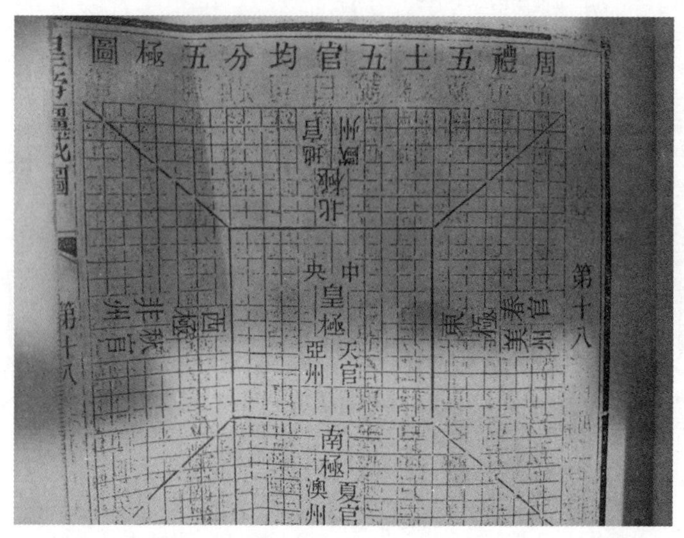

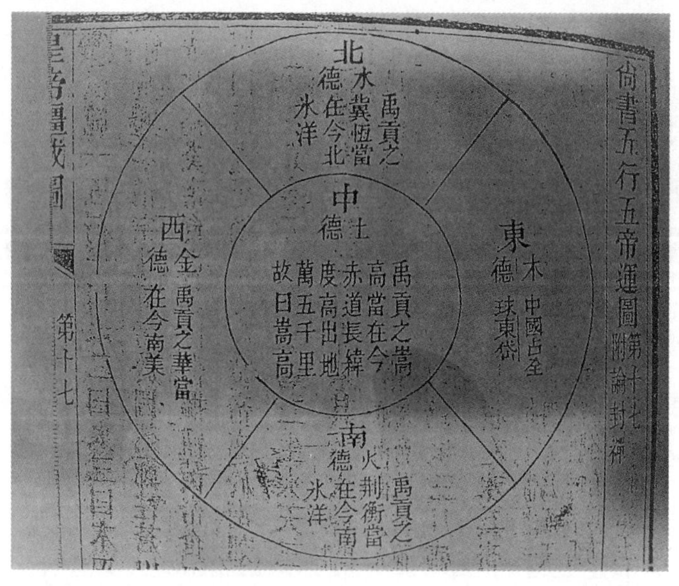

四益先生《古学考》以《周官》为逸礼，经莽、歆窜改而成。丁酉以后，乃以为海外大统之书。[②]

---

① 参考魏怡昱，前引文中的“中国与世界的遭逢”“让孔子走入世界”两节文字的意义抉发。第 2 - 10 页。

② 曹三立：《周官大统义正序》，收入吴嘉谟等纂辑，《光绪井研志》，第 705 页。

此意已述及晚清以来以“今、古学”对垒之经学史视野，抑且道及廖平“大、小统”之学；至少对廖平而言，“丁酉以后”，徒为今、古学论述是不足的。廖平既走出早期对于《周官》为莽、歆所窜的“新学伪经”之氛围，遂一变其视野，而以“中国与世界”之关系为其关怀核心，从“大统/小统”立其新说；此所以曹氏序文中所云其以《周官》为大统之书也；堪注意者，为其言“大统”时，其前有“海外”一词，由此，遂衔接上邹衍之学。曹三立之《序》续云：

> 《大行人》以九千里开方为九州，正合邹衍九九八十一州之说。……故以为海外之制。……平既于六艺中分二派，大统典制则以《周礼》为归，大统之有《周礼》，亦如小统之《王制》，故以其书附于大统三经，以为将来治海外之典章。……或曰：“《周官》中制度多与小统相同，何以解之？”曰：“由小推大，邹衍有成法可循。”①

以《周礼》为“大统”、以《礼记·王制》篇为“小统”，已完全跳出晚清康有为、梁启超、章太炎等人“今、古文”与“今、古学”对立的氛围与泥沼。于是，邹衍大九州说在廖平那里，成为一个重要的转喻核心，如何将中国在“地理方位上”置入“新世界之中”，以及如何将孔子代表的“文化符旨”置入“新世界之中”，两个课题的面对，正是廖平力图自经典中寻求当代语境化的难题；尤其是“如何可能”与“如何可为”——邹衍的“大九州”说遂成为其笔下示范其转义的衔接点！

一本名为《地球新义》之书，早在光绪廿四年（1898）即署名“新繁罗秀峰”而由“资州艺风书院”排印刊刻，但至民国廿四年（1935）时，同样的书却已被改署名“廖平”而重刊，在这本《地球新义》中，廖平所欲给予其“义”之“新”者，显然与他的前辈魏源《海国图志》之“新义”不同，后者之“新”在于引进“西洋人谈西洋人与世界”之“新”，而廖平之所“新”，则在于两重性：其一、“世界/地球”之“新”，其二、“在地球之中”如何可令“孔子”得其“义之新”！此之谓“地球新义”。则廖平显然并非一味以“西洋/域外”为“新”者，此“新”乃“变化”，于所变化之中，更有其所应赋之“义”者，此则当自经典、自孔子而来之“新义”。于是，《海国

① 曹三立：《周官大统义正序》，收入吴嘉谟等纂辑，《光绪井研志》，第705页。

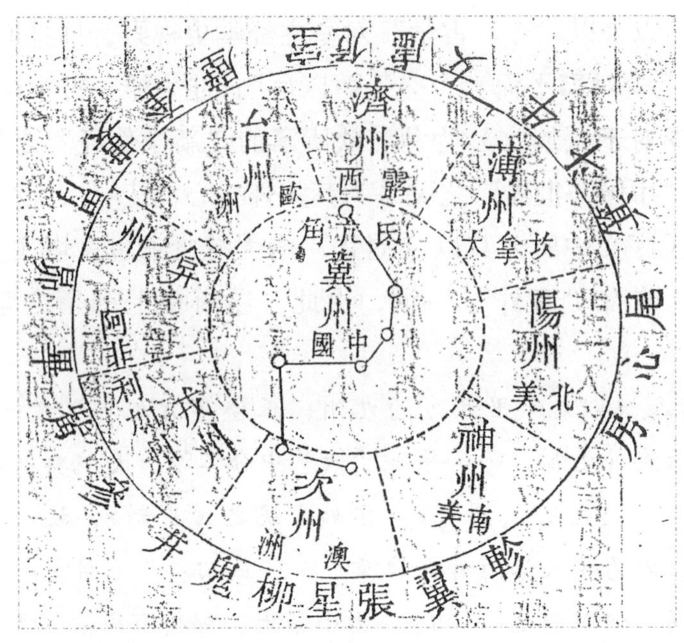

廖平〈大统分野图〉：廖平的五大洲、大九州结合的“中国居中世界图式”

图志》所引介，是一重新意；而廖平将孔子再度置入“世界之中”，此又一重“新义”！此廖平《地球新义》之所为作。

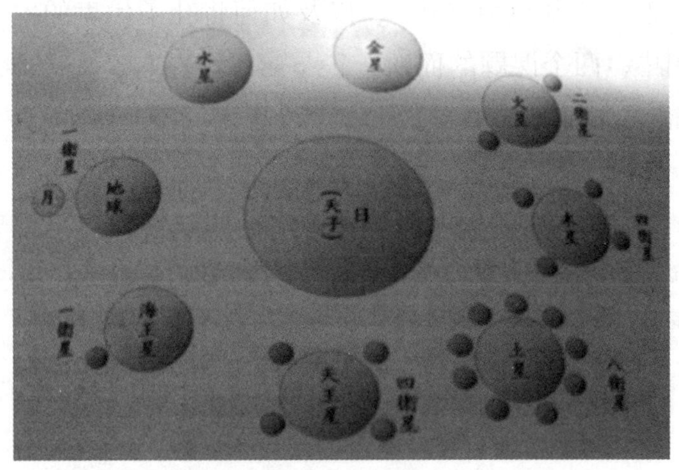

廖平的八大行星绕日及其附属衡星示意图

廖平在书中不仅“释地”，也“释球”，不仅引述“歌白尼”（哥白尼），也引述“刻白尔”（刻卜勒）；知有“天王、海王二星”，亦知“地球”为

"椭圆"。[①] 廖平在此书之卷上的《书出使四国日记论大九州后》中有云：

> 海外九州之说，自古以为不经。光绪庚寅薛叔耘副宪出使英、法、义、比四国，舟中无事，据西人所定五洲大势，分而为九，以合邹衍之说……为谈地球者，增一新解，识诚伟矣！然薛君虽能填实衍说，而不知其说其说所由来，以为古人本有此说，邹子从而推阐之。[②]

显然当时赞同甚或假邹衍九州以论五大洲者，实不乏人，廖平所"书后"之"薛福成"亦其一者。对于当代人重诠"中国/古代"经典或古文献之进入"世界/现在"时，"中学语义"、当如何在"西学语境"中重诠再现，正是廖平作为一"当代新儒家"所欲承担而又难为世人所理解的职志！

由高承瀛等修、吴嘉谟等纂集的《光绪井研志》中，便著录了廖平《地球新义》此书，题云：

> 《地球新义》二卷廖平编，资州川邱本、成都罗氏本。[③]

成都罗氏本者，即是上引之罗秀峰刻本。《井研志》于此书目下之《叙录》云：

> 孔子上考三王，下俟百世，所云祖述宪章者，小统也；上律下袭者，大统也。六艺中，以王伯见行事，皇帝托空言，微言大义，及门实有所闻，故《论语》多言大统。邹衍游学于齐，因有瀛海九州之说，庄、列尤详备。当海禁未开之先，邹子之说，见讥荒唐，无征不信，诚不足怪。今兹环游地球一周者，中国尝不乏人。[④]

可见"邹衍之说"必待"海禁已开"之后，其真义方得展现，这自然是"廖平学"的当代"经解"之言。其又云：

> 孔子固不重推验，然百世可知，早垂明训，苟画疆自守，以海为限，则五大洲中，仅留尼山片席，彼反得据彼此是非之言以相距，而

---

① 廖平：《地球新义》，题"井研廖宗泽校刊"，民国廿四年（1935）刊本，北京国家图书馆藏本，第58页下、第69页下。

② 廖平：《地球新义·卷上》，第55页上。

③ 高承瀛等修，吴嘉谟等纂集：《光续井研志》，台北：台湾学生书局景印，1971年版，卷13，艺文3，第827页。

④ 高承瀛等修，吴嘉谟等纂集：《光续井研志》，台北：台湾学生书局景印，1971年版，第827页。

> 侵夺之祸，不能免矣。①

因此，《叙录》中所述所欲正不妨视之为廖平意而假此一隅之方志《井研志》之《叙录》出场，曰：

> 窃以孔子之教三千年，乃洋溢中国，布满禹州，则浸延海外，流布全球，过此以往，未知或知矣！②

此《地球新义叙录》中已将“邹子之说”视之为自“海禁大开”之后方能读懂与验征之孔义，且以五大洲、大九州、禹州、海外等新旧词并陈并铨，所为何来？无他，《地球新义》即是“廖氏学”之“孔/经学”之“新义”也。学经、学孔而不能应“今/新世界”已为“地/圆球”、为“五大洲”之变，则何以而得曰“吾经学哉”？要之，廖平在此篇中所欲云者，为经典必有其“时”义、“孔子圣人”亦有其可信可宗之处，则“大九州”说亦有其“新义”可言：

> 但由汉至今说九畿者，皆囿于中土；自瀛海五洲之论出，儒者震而惊之，以为：《禹贡》弹丸，未能囊括四海；圣经幅员，未能包举六合。海外诸邦，既不在六艺疆宇之内，虽同此覆载，同此照坠，固不妨各尊所闻，各行所知。③

第一重“新义”述已，廖平又续云之：

> 所有疆域，惟此区区五千里，乃在圣人胞与之中；海邦不必自外，圣人已先外之。将来有大一统之日，中国纵不改孔子教，《中庸》所谓“凡有血气，莫不尊亲。”必无其事！岂六艺之教，有时而穷！声名洋溢，蛮貊竟成虚语哉！《论语》“十世可知”，可推极于百世，今当其时矣！④

此正是廖平所欲导出的第二重之“新义”！廖平说得最好的便是“时”义！而

① 高承瀛等修，吴嘉谟等纂集：《光续井研志》，台北：台湾学生书局景印，1971年版，卷13，艺文3，第828页。

② 高承瀛等修，吴嘉谟等纂集：《光续井研志》，台北：台湾学生书局景印，1971年版，卷13，艺文3，第828页。

③ 廖平：《地球新义》，题“井研廖宗泽校刊”，民国廿四年（1935）刊本，北京国家图书馆藏本，卷上，第57页上。

④ 廖平：《地球新义·卷上》。

“时”义的最大关键便是在于面对“变”时的“如何面对”与“如何得中”！因此，“经典”重诠的意义，便是不能自弃，否则，“岂六艺之教，有时而穷！声名洋溢，蛮貊竟成虚语哉！”便成了一种对“反传统”与“反经典”的尖锐质疑。

经由廖平重诠的“邹衍”，成了不仅是齐学抑且是齐学中的“公羊学”之授受者。《汉书》《艺文志》中所载录的《春秋》之三传五家中的“邹氏无师”之家，就是“邹衍”之学在《艺文志》中的被登录。邹衍的预为想象：当中国遭遇更大的域外世界之域外性变动与冲击时，能够调整自己的位所，使自己与自己的传统资源仍能居于“天下之中”。邹衍便是这样的齐学之流，亦是孔子之学的传述者，其虽无师，却幸而保存在古文献所引存的邹衍之说中。廖平面对与遭遇的是“五大洲的新世界图貌”所引致的变化与文化危机，他所走的方向与魏源之西化论显然不同，也与康有为将孔子编为教主式的孔教保国论主张的取向不同，更与后来的五四时期之西化论不同，他自大九州处所撷取的，是将其与五大洲说同化于一个廖平所身在的当代新世界位所中，并以“孔子及六经”为“世界之中心”，议论此一中心在未来如何可能再居于“中”。廖平显然是自利玛窦之五大洲说入华与大九州说遭遇以来，能自此一脉络将两者所反映的不同文化系统中的两种异质世界观——中国域内与中国域外的遭遇——结合于现实面，承认五大洲又以大九州来作为论述的指导者，承认现今已为地球之世界而又欲将孔门经典性之义转述于新的世界语境中的一位四川书院中的思索者，更是一位特殊而又被近代人所遗忘的“当代新儒家之先行者”。在近代以来人人都为文化危机而欲寻求中国之近代化出路的近代之史的行程中，廖平自明代以来掌握的脉络与脉动主轴，显然正好是针对了魏源的近代性，尤其是针对他的“张眼看世界”的西化与介绍的输入性性格，而产生了未来的筹划之将孔子输出于天下之中的输出性格。廖平的被忽略、被遗忘，被引以为“怪诞”，反映的正好是我们对于明朝以来西洋五大洲说与中国之召唤大九州说的两者遭遇所蕴含的意义之未能被解读。也许将解读与回顾的定点收束与立足在廖平，再度作一次“另类近代”之立足的思考与寻求，或是“另类近代”的历史回顾；不仅可以使我们对两种文化的世界观之遭遇文本何以被漠视，以及廖平的被遗忘与被忽略本身就成为近代史场域中“后叙事的空白”，当以“五大洲与大九州之遭遇”的开始至廖平的回应面对作为一种收束的结尾，而以“利玛窦—魏源—廖平”作为编织情节联系的叙事主轴时，各种图、文绘制与书写文本的世界图像，各种面对此一世界图像的心灵回应活动，便仿佛历历目前而可作另一主轴的呈现；同时，本文所处理本题的历史现象之题旨，以及廖平在近代行文中的“变奏”、叙事语调中的“怪诞”，都与廖平的近代邹衍语境有关；只是，“荒渺莫考”的古词，竟成了廖平与邹衍于历史中被捆绑在一起的近代命运！

但是，在21世纪的今天，在世界风云形势已经发生重组变化的今天，我们是否仍要囿于眼界，只看到“康有为”这一脉络呢？“廖平”的著作曾在后代尚未出版过“全集”（最近已出版），对后代的影响常被质疑为荒诞不经的经学，他的经学风格在长期的沉潜中，经历的六变更是被人质疑是否真的是经学？现在我们透过他的著作仔细阅读与仔细观察后，逐渐发现他的经学不仅经历过今、古学的冲突激荡时期，也经历过周公与孔子的建置天下礼乐制度的时期；更重要的是，廖平对当代中国西方新学的讯息掌握从来不曾间歇过。这样的廖平，关心中国的古与今、中与西，他别具只眼地看待魏源《海国图志》的影响，他从来就没有离开过对利玛窦以来的世界新图与地圆说、日心说的关切。如果将廖平的一生之经学生命放到“中国居东”之忧虑，与“中国居中”之“经学图像前景建构”的生命之路脉络当中，则对这位长期被边缘化的廖平，我们是否有些怀旧式的遗憾，未能早些关注；廖平的世界观与传统的经学联系，反映的正是最古老的经典与地球世界上最新的知识信息之综合。就其最新的吸收与最旧的转型与注入新知方面，我们是否又有些当代的熟悉感受，觉得廖平的作为是否在“让孔子走入世界”及“中国居中世界新图像”这两点的建构努力上，先不谈深度，我们启动的时间，其实至少比他晚了一百年！

冯契论中华文化心灵中的真善美

曾春海

（台湾“中国文化大学”哲学系教授）

一、其人与其书简介

冯契（1915—1995），生于浙江省诸暨市，1935 年入读清华大学哲学系，抗战期间曾参加抗日工作，他在 1939 年赴西南联大复学，1941 年毕业后至 1944 年在清华大学研究院师从金岳霖、汤用彤、冯友兰等名家。1949 年后，他历任华东师大教授、政治教育系主任、哲学系名誉主任。他一生奉献给了中国哲学史和哲学原理论之研究，其丰富之著作被结集成十卷的《冯契文集》①。他的著作中有两类较具原创性的代表作：一是《智慧说三篇》：即以《认识世界和认识自己》《逻辑思维的辩证法》《人的自由和真善美》为核心的哲学理论性著作；二是两本中国哲学史著作：《中国古代哲学的逻辑发展》和《中国近代哲学的革命进程》，据他的门生陈卫平先生说，这两大类成果贯彻了冯契所说的：“哲学是哲学史的总结，哲学史是哲学的展开，因而是相互联贯的整体性思想。”② 众所周知，希腊哲学将哲学本质界说为“爱智之学”，冯契针对这一精义，深信心灵自由是爱智者进行哲学创发的大前提。他在 1991 年 10 月已出版两种中国哲学史，正致力于其具哲学体系性著作《智慧说三篇》时曾说：“心灵自由是一切创作的泉源，没有心灵自由便没有艺术，没有哲学、没有真正的德性。”③ 他撰《智慧说三篇》的方法学立场在其“导论”中明确地自述：“我给自己规定了一个哲学任务，就是要根据实践唯物主义辩证法来阐

① 该文集由上海华东师大出版社于 1996—1998 年陆续出版，以下简称《文集》。

② 陈卫平：《心灵自由：冯契哲学创作的源泉》，《华东师大学报（哲学社会科学版）》，2015 年第 5 期。

③ 冯契：《哲学演讲录 · 哲学通信》，《文集 · 卷 10》，第 365 页。

明由无知到知，由知识到智慧的辩证运动。”①

二、哲学核心问题及其哲学心态

冯契生逢中国近代遭遇到空前的民族灾难和剧烈的社会变革，他作为一位有识且有志的青年，不禁满怀着忧患意识，由自由思辨的心灵回应了时代问题对他的深切呼唤，“中国向何处去”成为他关注的基源哲学问题。他在抗战期间在昆明西南联大读到毛泽东《新民主主义》后深受感动和启发。他认为这本书对百年来始终令国人困惑的上述问题做出了历史性的总结，他说：

> 毛泽东的著作回答了现实中面临的迫切问题，所以他的著作中所包含的哲学即对能动的革命的反映论和辩证逻辑的阐发使我觉得很亲切，也使我感到真正要搞哲学，就应该沿着辩证唯物论的路子前进。②

毛泽东在《新民主主义论》开篇所提出的“中国向何处去”，不仅探讨中国政治、经济往何处去，也关注中国文化、民族精神往何处去。此外，他由其师金岳霖处针对上述问题，得知探索该问题应该解决20世纪以来，存在中西哲学界上的科学主义和人文主义、实证主义和非理性主义的对立。若能如此，这一问题的探索，具更丰富义者在“使中国哲学既发扬中国的民族特色，又能够会通中西，使它成为世界哲学的有机组成部分”③。冯契自觉到自己应促使中国在哲学上、精神上站立起来，其智慧说旨在解决金岳霖所提出的问题，自觉走自己的哲学之路，发扬其时代意义。

但是他坚持的自由心灵思考在1950年之后，陷入困厄之境，遭受难以承受的曲折磨难。然而，他仍坚信，哲学家若不能一贯地保持独立人格及心灵自由的思考，则有失哲学家的真精神，他从《荀子·解蔽》：“故口可劫而使墨（默）云，形可劫而使诎（屈）申，心而不可劫而使其易意，是之则受，非之则辞。”中深受启示，坚信心灵的自主性不能因外力强迫改变，意志能作自由抉择，这是人性的尊严所在，这才是“爱智者”的本色。④ 他认为哲学创作的人格特征，在于保持心灵自由而培育出来的自由人格。他虽然选择坚守马克思

① 冯契：《智慧说三篇导论》，《文集·卷1》，第6页。

② 冯契：《认识世界和认识自己》，《文集·卷1》，第6页。

③ 冯契：《认识世界和认识自己》，《文集·卷1》，第12页。

④ 冯契：《智慧说三篇·导论》，《文集·卷1》，第18－19页。

主义，却不予以教条化地照单奉行，他有反教条化的性格元素。由于他标榜独立自由的思考心态，因此，他在这一旨趣上偏爱庄子，他说："庄子是中国哲学史上第一个起来反对独断论和专制主义的哲学家。"[①] 他很欣赏庄子开放的心灵，他认为哲学的思考在心态上应该"要有宽容精神，兼容并蓄的胸怀"[②]。同时，他认为哲学创作的源泉在主观上要具备心灵自由，客观上要能出入以往的哲学传统之资源。他在扼要地阐述其《智慧说三篇》的内容和观点时指出："这些就是我在系统地研究了中国哲学史，并同西方哲学作了粗略比较后形成的看法。"[③] 哲学创作得透过汲取前人的思想资源，冯契重视中、西及马克思的哲学传统，他的哲学学习态度有一明确的立场，所谓：

> 学哲学就要能入而又能出。大哲学家都是第一流的天才，有其严密的理论体系，所以"能入"难，"能出"更难。为要能出，就需要加以分析批判，多做些中西古今的比较。立足点高，眼界开阔，才能做到善出。能入而又善出，哲学史研究便有助于哲学问题的探索，以至于达到用哲学家的眼光研究哲学史，借鉴哲学史来进行哲学创作的较高境界。[④]

综观冯契的学思历程及其著作，我们可得知他对马克思哲学及中国哲学史有长期的研究和可观的成果。然而，他对当代新儒家的理解可能因生活世界的不同，对唐君毅、牟宗三、熊十力等人的重要研究性著作无暇深入研读，仍缺乏文本内在脉络的深刻性、相应性的觉解。同时，他对儒家哲学的源流发展史似乎缺乏哲学专家与专题的专业性探索，令人总有前后不一致的理解和评价。他对西方希腊哲学，中世纪哲学及近当代西欧的哲学之理解不够全面和深入。他在《智慧说三篇》第一篇《认识世界和认识自己》的论述中，对"认识自己"未能切入康德哲学的《纯粹理性批判》，他对英美哲学以知识心灵为对象，进行对认知主体自身的认识能力，意识的结构和活动，或实验心理学对心

① 冯契：《哲学演讲录·哲学通信》，《文集·卷10》，第329页。他在《中国古代学的逻辑发展》（上册），借康德谓休姆将人们从"独断的迷梦"中唤醒的评语来论庄子，见《文集》卷4，第230页。对他而言，"独断论"与"教条主义"是同义词。

② 冯契：《智慧说三篇·导论》，《文集·卷1》，第17页。

③ 《文集·卷1》，第16页。

④ 冯契：《认识世界和认识自己》，《文集·卷1》，第418页。

理现象和原理的研究成果的了解有很多局限性。尽管如此，他在《人的自由和真善美》一书中对中国哲学与文化中的真、善、美思想有许多值得我们重视的洞见。我们可以分别针对该书第六章《真与人生理想》、第七章《善与道德理想》和第八章《美与审美思想》来概括其对中国文化的论述且予以综合评论。

三、中国哲学史中的真与人生理想

冯契认为西方传统哲学中的逻辑、知识论的视域和论题因其严格意义而显得太窄。他把所拟议的“真”与人的本真之性和人生理想作为关注对象，这一视域与中国传统哲学，把“真”视为价值范畴，以期能与合乎人性发展的真理性认识关联起来。因此，他采取广义的知识论，聚焦于中国哲学中人性与真理问题，以及政治、社会、经济社群的公领域中功利与真理的关系问题。换言之，后者是“利”与“理”的关系，客观真理反映客观规律，有其独立性不因人的主观意志而改变，但是实然性的真或事实真理涉及如何运用它来为人类谋福利时，就有了外王功业的价值。如此，真理认识就转变成具有工具价值，为人类趋利避害的生活目的和理想予以指导的作用，前者在人性与真理的关系中，涉及人性与理的关系，他说：

> 在长期的社会实践中，并由于受文化传统的影响，人们“习以成性”，从而使不同民族形成不同的气质、心理，这也就是我们常常讲的国民性和民族心理，它是一种深层次的、具有自发性的力量，往往制约着人们对真的追求，规定着人们从事认识活动的方向。[①]

冯契对人性与理的关系之论述，其立基点和论述的脉络，显然是站在他所坚信的马克思实践唯物主义辩证法的理论基础上认为人性是人的社会关系之总和，这种由社会意识积淀下，从阶级矛盾、阶级斗争的群己关系，亦即由人之社会性的存有来理解人的社会属性或社会人格。这一视域和荀子积思虑，习伪故，以客观经验界或历史文化所形成的礼义师法来形塑人的社会人格，所谓“化性起伪”的群己互动关系中所形成的社会人格之本质颇有相似性。冯契说：“从能动的革命的反映论来看，总是社会存在决定社会意识，社会意识又反作用于社会存在，这样逐步经历由自在而自为、由自发而自觉的过程。如果社会意识

① 冯契：《人的自由和真善美》，《文集·卷3》，第172页。

如实地反映社会存在的本质，那么这就是真理性认识，这样的认识包括对人的本质力量的认识，体现了人的本质力量的发展。"① 他的观点是采取社会伦理学或公共哲学的立场，精确地说是属于重视实然的行为现象，找出其客观规律的社会科学立场而非人文学科哲学人类学或孔孟乃至宋明理学言人之所以为人的先验本性或心性存有学的进路。

由于孔孟从人之所以为人先验的道德意识言仁义内在，作为道德本性的四端之性由先验的道德本心，亦即四端之心所呈现，这是由心善言性善之道德的存有学。心性实践的道德形而上学之进路显然与冯契的基调是不相适应的。通过对孔孟德行伦理学和荀子外铄性的社会规范伦理学之对比，我们得以理解冯契对真与人生理想在先秦哲学之学解义和评价，他说：

> 先秦诸子提出的社会理想中，最切合实际的是荀子在《王制》《王霸》等篇中提出的社会理想："隆礼尊贤而王，重法爱民而霸。"这种"霸王杂用，礼法兼施"的社会蓝图最合乎当时历史的演变规律和发展趋势，比之孔孟、老庄的理想较为合理。这是因为在一定的意义上，荀子的社会理想是先秦"礼法之争"的总结。②

先秦诸子是根据当时的社会历史条件及人性的内在要求和本质提出不同的社会理想。孔子向往尧舜三代之治，孟子提出王道、仁政之理想。老子憧憬小国寡民的社会。庄子讲"至德之世"的理想，回到原始自然的状态，这是违背历史发展的客观趋势的。他认为汉朝是封建专制的政体，兼采"德教"与"刑罚"的治法，表面行儒术，实际上却采申韩的严刑峻法，标榜虚伪的名教，且沦为杀人的借口，人民处在弱势而无力反抗，便转向佛、道企求烦恼的解脱和精神上的慰藉。荀子真诚的社会理想，异化成王夫之所说的"其上申韩，其下佛老"的局面。冯契认为这一史实说明了在一定条件下，纵使哲学家提出了较为合理的理想，历史却走上了不合理的反面，古代的情况大致如此。对这一现象，在王夫之的理势论中已有以势定理的见解，可惜冯契未予以重视。

冯契认为中国近代哲学的革命进程，可理解成中国人民的革命世界观由自然到自觉、由自在到主观能动的自为进程，突出地表现在所提的社会理想这一

---

① 冯契：《人的自由和真善美》，《文集・卷3》，第173页。

② 冯契：《人的自由和真善美》，《文集・卷3》，第179页。

构思上。他说："整个中国近代哲学的革命就是围绕着'通过群众的革命斗争来实现理想社会'这个观念而展开的。"[①] 他认为这一观念潜存于太平天国，可是自太平天国以来，农业社会主义和皇权主义的糟粕，一直无法清除。他指出理想与现实交互作用，其发展过程是曲折而难尽人意的，他悲观地指出"王霸""德力"之辨在中国历史上是未曾解决的难题，荀子主张二者应统一。但是封建统治者采取两手并用的策略，用德教来掩盖其暴政的本质。他的这一控诉，可在魏晋南北朝和明清专制集权史实得到佐证。他认为毛泽东在《论人民民主专政》中的某些提法本应随着历史的发展而有所改进，可是仍存在许多待解的问题。他在"真与人生理想"的论题上归结出："正如毛泽东所讲的，我们的结论应该是'主观与客观，理论和实践，知和行的具体的历史的统一。'"[②] 冯契坚持真理与理想不应落入玄虚而应有其具体性、明确性的解说。

四、善与道德理想

这一论述的问题意识源发于冯契认为人生理想，不论是个人理想还是社会理想，都要通过人们的社会生活和行为来实践。若要研究行为主体在群己关系中的自由，必须处理善与道德的问题。道德理想之实践应透过个人道德质量的培养和建构合理之社会伦理关系的规范。社会伦理规范与个人品德虽有可整合性，也有其区别。"品德"一词主要指个人的道德质量，个人的道德人品。冯契说："我们讲仁人义士，仁人有仁爱的品德，义士有正义的品德。有这种品德，并不等于说，他们在社会上处在爱和信任的关系、公正和正义的关系中。"[③] 例如，儒家提倡智仁勇的三达德，对有道德的人而言是重要的道德质量。仁义是儒家的核心德目，道德行为必得出于理性的认识和自觉，也必须出于自由意志而有见义勇为的道德勇气。因此，冯契断定与仁义相连的智勇是属于个人品德的范畴，却非社会伦理关系的范畴。一个人在人生处境面临关键时刻时，观其是否能坚持道德原则，是否有操守就可断定这个人的品德如何。冯契认为理想人格在于真、善、美的统一，因此，对真理和美感的爱也是个人品

① 冯契：《人的自由和真善美》，《文集·卷3》，第181页。
② 冯契：《人的自由和真善美》，《文集·卷3》，第185页。
③ 冯契：《人的自由和真善美》，《文集·卷3》，第237页。

德。我们对品德的论究首先在“善”的概念理解，其进路应放在处理善和利，善和真的密切关系中。

若就善和利的关系论究道德意义的善，冯契通过孟子：“可欲之谓善”这一命题，谓“善”从广义而言就是“好”。换言之，凡可令人快乐、予人幸福感的对象都可称为“善”或“好”。若就狭义而言，道德意义上的善，乃指人伦关系好的行为，其本质特征必然涉及“利”与“义”的关系。他赞许墨家对义利关系的界说，所谓“义，利也。”（《墨经·经上》）道德内容的利益指社会集体的感性上、物质上、生活上的民生物质之满足，其中还涉及社会正义的分配法则，所谓：“志以天下为芬（职分），而能能利之。”（《经说上》）意指以利天下为己的职分，且善尽自己的能力来做到。显然，这是具有道德义务性的公共利益而非私利。墨家是从公共领域的公共善或社会善来说以功利为义，称为道德。冯契谓儒家举出另一界说所谓：“‘义者，宜也。’义，即应当做的（‘宜也’）。就是说，应当做的行为就是道德。讲‘义，利也。’是功利论的观点，讲‘义者，宜也。’是道义论的观点，这是两种不同的道德学说。”① 冯契这一区分是有意义的，儒家是站在义利之辨来区分的，是普通伦理学的立场；墨家是社会伦理学，以社会为本位的全民福祉为视域。这两者虽有区分，却可并行不悖的，且为互补的。冯契也认为“义”和“利”是可以且应该统一的。

冯契站在马克思社会哲学的观点上，认同人民是在劳动生产的基础上结成的社会关系，他肯定荀子“明分使群”的社会价值说，荀子谓人要依据社会组织为机制，才能共同利用和控制自然，创造社会财富。然而，在财富的分配上，人与人之间会有欲望和利益的冲突，因此，需要制定社会规范，诸如：法律、道德规矩等来处理矛盾，确立较为合理的社会秩序，使群己的利益调和而获得合理的满足。冯契从社会心理层面提出《墨子·经上》所言：“利，所得而喜也；害，所得也恶也。”因此，趋利避害是大众的共同心理，自然人我之间，群己之间化解矛盾，就有礼义、法度的规范。荀子把礼义和法度都看作度量分界的标准。

值得注意的是，冯契提出了法与道德的差异性，他说：“（法）用带有强

① 冯契：《人的自由和真善美》，《文集·卷3》，第206页。

制性的法使人不敢为恶。道德行为的特点，是要把合理的人际关系建立在‘爱’的基础上，建立在自愿自觉的基础上。”[①] 例如：法家针对人趋利避害的心理原则，倚重法，采取暴力手段来制约人违法的行为。相较于法家不讲究“爱”，儒家孔子以“爱”释“仁”且兼重合理性，《论语·宪问》曰：“爱之，能勿劳乎？忠焉，能勿诲乎？”孟子彰显仁义为核心道德价值，《孟子·告子上》说：“仁，人心也；义，人路也。”《孟子·尽心上》：“居仁由义，大人之事备矣。”相较于儒家以仁爱正义推己及人，兼善天下，墨家倡兼爱之德，爱人不同于爱一匹马，爱人视人为目的而思成全他，爱马视之为工具而思利用它。冯契认为“爱”可以形成道德凝聚力，这种看法很有见地，爱的力量不仅如此，深厚的爱是能真心诚意地为他人牺牲、奉献而不求回报，使人与人之间充满温馨的情感，体现人生命的深刻意义和崇高的价值。

另一方面，冯契也论述了善与真的关系，侧重于与义和理的关系，具体而言就是正当的社会道德规范。他认为义和理可兼容却也有区别，所谓：“道德准则是当然之则，客观规律是必然之理。”[②] 对他而言应然的道德规范在一定的历史条件下所形成，有实然的客观规律之根据。实然的客观规律是必然之理，不以人主观意志而转移。至于应然的道德规范、准则涉及道德行为者的动机、意志和愿望。社会道德规范对人虽有外在的赏与罚之利害，然而，人应对之应有自觉而能自愿的遵守。饶富意义者，冯契认为道德规范的合理性，不但有社会、历史规律之客观依据，且应合乎人性发展的真实要求。孟子言：“可欲之谓善”指人内在鲜艳的善之意向性，或内在道德律，然而，冯契倾向于外在的社会道德规范，他说：

> 人的本质在其现实性上是社会关系的总和，人是群体成员，是社会历史的产物，这是唯物史观的观点。强调这一点是必要的，但还不够。每个人是一个主体，有其个性，都有其自身的目的。在价值领域，如果忽视人的个性、价值都是抽象的。所以讲到善，讲到美，讲到智慧这样的领域，每个人都是具有内在价值的主体。[③]

---

① 冯契：《人的自由和真善美》，《文集·卷3》，第208页。

② 冯契：《人的自由和真善美》，《文集·卷3》，第210页。

③ 冯契：《人的自由和真善美》，《文集·卷3》，第211页。

在享有人性尊严的真正自由王国里，人人皆有个性，都应受到尊重。在道德规范的合理性的因素中，也应合乎人性发展的要求，其本质在于尊重人的个性，视每个人为目的。因此，冯契强调道德规范应兼顾这两个方面，论及善、美、智慧，每个人都是具有内在善与真的价值主体，另外，人性有七情六欲，理与情欲有需要调节的矛盾。冯契颇赞同清代乾嘉学派的代表人物戴震所言："以情洁情"，亦即使人情欲生命的需求合乎合理性的消费。其实践方法在戴震《原善》下所云："去私，莫如强恕；解蔽，莫如学。"历史上礼教的虚伪性就在于它从根本上违背了人之七情六欲的真实需求。名教的虚伪性与七情六欲的真实需求造成了历史上种种的悲剧，例如："越名教任自然""吃人的礼教""以理杀人"之言不是没有客观事实的依据。由中国人性论史观之，冯契认为缺乏对实然人性的科学研究，对社会历史的客观规律的研究也不足，他认为唯物史观和现代社会学、心理学的研究可补充这一领域的不足。冯契强调善以真为前提，道德规范要有客观合理性，是有感而发的，对当代中国伦理学的研究颇有启发性。但是冯契也有其误解之处，他说："理学家有一个错误，即是把当然之则，形而上学化为天命，把当然之则等同于自然的必要性。照他们的说法，人只要通过道德修养、道德实践，就可以和'天命'合一。这就是正统的儒家的'天人合一'论，这是形而上学。"① 事实上，理学家所关注的是道德主体的内圣成德之圣贤境界，但对客观世界的政治、社会、经济伦理着墨不够。就善与真而言，理学家也不疏忽人的气性和实然的七情六欲。我们以朱熹为例，他所提的"道统"内涵，明确地说："人心惟危，道心惟微，惟精惟一，允执厥中"，"人心"指刚气生命的知觉和欲望为实然性，其需求有"自然的必然性"，"道心"提内具于心的天命四端之性，是当然之则，其天人合一的真谛在其《中和新说》，衍生出居敬穷理，敬存动察，敬贯动静，以天理调和人欲，以下学上达来实现人天命之德性，天人合一，是在"允执厥中"的理欲调和中所实现的天人合德之最高道德境界。

当然，我们也同意冯契所论述的中国近代的伦理变革，他指出三纲伦理，政治与伦理一致化且以天命来论证背书，其中上对下有宰制性、下对上有依赖性。三纲伦理片面地强调在下者对上位者的依附性而丧失了个人的独立性。近

① 冯契：《人的自由和真善美》，《文集·卷3》，第242－243页。

代进步思想家针对这种依赖关系深表不满，乃强调人的独立性，冯契批判地指出："中国人过去的伦理观念，一方面缺乏人格的独立性，忽视自愿原则；另一方面，讲人的道德义务并不是个人对国家、对集体负责，而是看成应服从有恩于自己的个人，服从在上者。"① 他呼应严复、梁启超、章太炎、鲁迅、陈独秀对伦理觉悟和道德改革的诉求，且补充说：道德问题的真正解决，需要改革政治制度，改变经济基础，这一见解不无道理。

五、美与审美理想

人的自由不但体现在对真与善的自由，冯契还论述了审美活动的自由，他对"美感"的理解兼摄德国哲学家康德与俄国学者普列汉诺夫。康德强调美感是自由的快感，指审美经验超越利害关系的算计，是无所为而为的纯粹之鉴赏判断。受康德影响的美学家把美感导向形式主义，提出为艺术而艺术的理据。俄国普列汉诺夫的《艺术论》认为艺术起源于劳动，最初的艺术形象是由原始人的舞蹈、音乐和巫术结合在一起而构成的，他所说的是艺术之起源有功利性质，康德讲的是纯粹的审美判断之本质。两者不但不冲突，且可相互补充。冯契举庄子《养生主》篇"庖丁解牛"的例子，谓解牛的目的有供应牛肉的功利性，但是在解牛自身的活动中庖丁却因其固然、合乎天理，其动作有如舞蹈般地有节奏，庖丁出神入化地沉醉其间，将其本质力量在对象化、形象化中直观到自己的本质力量，享受审美活动的自由以及完成作品当下的踌躇满志之快感。因此，冯契说：

> 艺术不仅就它的起源来说是具有功利性质的，而且艺术及审美经验对于培养人的性格和精神素质有着重要作用，为人生而艺术的口号是正确的。艺术有它的内在价值，美感经验对人的自由发展有重要意义。②

他也通过人的心灵自由来论美感，指出人欣赏一朵花的美感是自由的，但是阅读一本伟大的文学作品，启发出人的丰富智慧和富有崇高道德意义的美感也是在心灵自由状态中进行的。因此，冯契推导出："从总体上看，美是以真

① 冯契：《人的自由和真善美》，《文集·卷3》，第235页。
② 冯契：《人的自由和真善美》，《文集·卷3》，第248页。

和善为前提，美和真与善之间有着相互促进作用。”① 他进一步分析，人通过生产劳动满足了物质生活需求，在这一基础上人可以开拓理想的价值领域。其主要内容有三方面：（1）人发展了自由的智慧，获得真知识来发展自己，改变世界。（2）发展了自由的德行，自觉且自愿地遵守道德规范。（3）发展自由的美感，在人化的自然中直观人能创作的本质力量，在主客交融的境界中享受自由的愉悦。因此，真、善、美三种心灵自由状态下的价值，虽有不同的本质，却浑化于将理想化为现实的精神自由活动中。他举《孟子·尽心下》：“可欲之谓善，有诸己之谓信，充实之谓美”为范例来解说。他诠释人性的善良出于本性而充实就是美。换言之，人依循其内在的四端之心、性，在居仁由义的历程中，体验到仁义出于人的本性，于是自发性地去实践仁义，所谓：“乐则生矣，生则恶可已也。”人的道德行为之涌现宛如草木在春天的生长，流水的自然而然情态，人在“恶可已”亦即不容自已的自然状态中不自觉地手舞足蹈，音乐、诗歌和舞蹈于焉诞生。孟子是可以这样来表述艺术的产生的。儒家常借用山、水、玉、石等自然物来类比喻示人的美德，这是美以善为前提的一种进路。

至于道家的美感人生，老庄归宗自然美。冯契说：“仁义礼乐摧残人性，只有复归自然，才能真正获得自由，这就是庄子讲的逍遥。”② 值得商榷的是，冯契未更深入地分析摧残人性的仁义礼乐究竟是怎样的性质？它是造立仁义礼乐之外铄性形式规范呢，还是文质彬彬，称情立文，情与理相表里的由仁义行之内在道德本心本性本情？显然，老庄否定的是文胜于质，情不及礼的，孔子也认为疲弊化的周代礼乐文制，缺乏内在道德感和有根源性的生命力，孔子所谓：“人而不仁，如礼何？如乐何？”庄子厌恶人虚情矫饰，有形式无内在活泼生命力的仁义礼乐，为匡正时弊而崇尚天真质朴的自然本性，透过这一背景，我们才能同意冯契所言庄子把天道说成天籁、至乐，《庄子·天运》所谓黄帝在洞庭之野演奏的《咸池》之乐是最美的音乐。《齐物论》说：“大块噫气，其名为风”，风声便是美妙的自然音乐。庄子据此推广至整个大自然的运动变化就是最和谐的音乐，亦即《知北游》所云：“天地有大美而不言。”事

---

① 冯契：《人的自由和真善美》，《文集·卷3》，第249页。

② 冯契：《人的自由和真善美》，《文集·卷3》，第252页。

实上，冯契对庄子的自然美学有内在相应的领悟，他说庄子书中有反对人为艺术美的论述，他举《庄子·胠箧》："灭文章，散五彩""擢乱六律，铄绝竽瑟"的提法，意指人造美不如自然美的生动活泼和有趣。冯契认为《庄子·知北游》："圣人者，原天地之美而达万物之理"，及《达生》曰："以天合天"可知庄子以人与自然交融浑化合一为美。因此，冯契认为庄子本身就是诗人，他的哲学就是诗，自然就是美。他举《庄子》书中庖丁解牛、梓庆为鐻的寓言，他们的审美创作活动以完全合乎天性为归宗。冯契总结性地指出："技艺达到神话的地步，这就是技进于道，必然进于自由，这样的自由就是美感的自由。"① 他还对比先秦儒道的美学特质说："如果说孔孟讲美是善的充实，是人格美，那么在老庄那儿，美就是与自然、与真实合一，美首先是自然美。"②

令人赏识的是冯契认为在先秦哲学史上，荀子对儒道的美学做了融合性的总结，初步达到了真、善、美的统一思想。他针对《荀子·乐论》说："君子以钟鼓道志，以琴瑟乐心。动以干戚，饰以羽旄，从以箫管。故其清明象天，其广大象地，其俯仰周旋有似于四时"，对"舞意天道兼"的舞蹈美学精髓做了深刻诠释。他剖析《乐论》之含义，谓人透过舞蹈的节奏，肢体的俯仰、屈伸、进退与人筋骨的力量和钟鼓声在节奏上对应符合一致化。其间演奏的器乐表现出人热烈的情感，再附加干戚的舞具，羽旄的装饰象征天的清明美、地的广大美，且"俯仰周旋"的舞蹈也完整地表达了一年四季之运行节奏。荀子也断言"美善相乐"意指礼乐的人文精神美感可净化人的情感，推行于社会大众可陶冶人们的性情，培育德性，使人格不仅是善的且是美的。《荀子·劝学》指出视为理想人格的"成人"就在于"不全不粹不足以为美"，所谓"全"指认识的全面性，"粹"指品德的纯粹性，就具备了真和善，再配合礼乐的美化生活而成就了美。荀子书中的"美善相乐"和"舞意天道兼"，对冯契而言就是真善美统一的心灵自由所体现之人生理想境界。③

此外，在冯契的中国美学论述中还有见解独到的审美理想及其表现说，在

① 冯契：《人的自由和真善美》，《文集·卷3》，第252页。

② 冯契：《人的自由和真善美》，《文集·卷3》，第252－255页。

③ 冯契：《人的自由和真善美》，《文集·卷3》，第253－254页。

审美理想中，艺术作品应多样化地体现出多彩多姿的生动形象。例如，《庄子》书中描述了许多形象丑陋的人，以形残衬托出人活泼生动的精神美和性格美。冯契主张在审美理想上应注意共性和个性的统一，营造意境、典型性格的艺术形象。他举叶燮《原诗》的美学原理，一首美的诗由理、事、情三者组成。诗是有情有景，且情景交融以表现审美理想。其中，“事”和“景”被称为造型因素，“情”为表情因素，不论画或雕像皆由造型因素和表情因素结合起来共同表现出艺术的审美理想。艺术理想若要表现出具体形象，必须通过物质媒介为美感的载体。在真、善、美的一体融合之审美理想下，艺术创作在选择形象、抒写感情上，同时做了道德评价。例如：对人物正面的刻画，蕴涵着道德的肯定，对反面人物之刻画则蕴涵着道德上的否定。

在审美理想的艺术想象上，冯契强调每一部分都需要形象直觉和感情的灌注，亦即造型因素和表情因素的美妙结合。他举刘勰《文心雕龙·神思》所云：“神与物游”来诠解形象思维中对“情”与“景（形象）”的处理，谓：“艺术想象既要有形象，又要超脱形象，既要有感情又要超脱感情，要能入能出，善入善出。这样，情景结合才能体现理想。”[①] 他在美学命题上强调《文心雕龙·神思》所言：“澡雪精神”具体言之，就如刘勰所说：“登山则情满于山，观海则意溢于海。”（《神思》）他认为艺术与美感应具有民族特色，但是也必须借鉴外国有价值的理论和艺术创作来反映时代，进而提升中国美学的进展。最后，冯契认为中国近代在美学理论上是有成就的，他列举了王国维、朱光潜、宗白华等人汲取西方美学理论的例子。他还特别提了鲁迅研究小说史发展了典型性格学说，在王国维的意境美学和严羽、王渔洋“羚羊挂角”的主流传统外，还补充了“金刚怒目”式的传统。他以开放的心胸和开拓性的视域强调中与西、古与今有价值的哲学资源皆应有所出入，且认为哲学界做得还很不够，这是他留给我们的最大期许和鼓励。平实而言，冯契的哲学见解对我们有着多方面的启发，值得我们参考和继续努力。

① 冯契：《人的自由和真善美》，《文集·卷3》，第261页。

中和之道：唐文治先生《诗经大义》诗教旨要

邓国光
（澳门大学中文系教授）

引　言

中国诗学本乎《诗经》。本诗立教，因教成德，此“诗教”乃中国文化之要义，盖身体力行，推己及人，皆建基于人性与社会之善良期盼，诗之为学，莫逾于此。唯百年来学术风尚之转移，诗教之义未得正视，难免有憾于诗学整体之认识。但泛论概念，则未免皮傅，盖践履之学，必须注意时代、人物、活动等三者之互动，而诗教之实践，于近代为不切，故备受冷落。然亦未尝无独清之士，亲议倡导，著书设教，而济济多士，于苦难时代不啻为黑夜之明灯，期盼旦明之有复，是其唯唐文治先生（1865—1954）与其《诗经大义》九卷乎！是以拟通盘介绍，先考证其成书与刊行之时间，次则阐明体例，而重点则在全面考述其诗教论之义理脉络，以见其诗道之宏广，其中“端性情”之以救世之“王道”重旨，更一以贯之，诗教以此促成人性之善化与公义之实现，足以起后世之沉溺于私欲恶行者，文化自信，端自正心诚意而开出中和之境。

一、成书之考证

介绍唐文治先生《诗经大义》，则“知人论世”，于先生之行宜，亦须先明其大略。

先生字颖侯，号蔚芝，别号茹经，江苏太仓人。16 岁中秀才，18 岁（1882）省试中举。21 岁入江阴南菁书院，受业于经师黄以周，协助王先谦校订《续皇清经解》。1894 年甲午之战，呈书军机大臣翁同龢议论国是。1898 年任户部云南司正主稿。1900 年亲历庚子之乱。1901 年 9 月，随同户部侍郎那桐赴日本道歉。1902 年 5 月随专使载振外访欧、美。此行环地球一周。1906

年以农工商部左侍郎并署理尚书，上书请各省铁路整顿借公谋私之风，有忤直隶总督袁世凯，此后绝意仕途。

其从政之时，目睹时艰，深刻体会士风颓败、民心涣散、气节沦丧诸种痛疾。1906 年冬丁忧离京，守制南归。之后全心办学，以“救民命、正人心”自任，鼓励气节，寻求恢复民族尊严之途。1906 年 8 月任邮传部上海高等实业学堂总监督，辛亥后改号南洋大学（于 1913 年改称交通部上海工业专门学校，1921 年正式定名为交通大学）；凡事亲力亲为，然不善护目。早年研读《万国公法》而耗损视力，至此病情日甚，至 1920 年，56 岁时已迹近失明，为此辞职，休养无锡。无锡富商施肇曾（1867—1945）议设“国学专修馆”，力邀主持校政。1928 年定名“无锡国学专修学校”，简称“国专”，特重传统学问，亲编“读本”，撰诸经“大义”。

综观唐先生一生行实，不论从政与办学，俱以复兴民族文化为意，其一生光明磊落，是经师而兼人师。于 20 世纪 30 年代，乃是倡导“读经救国”的学术领袖。传统学术之经世精神，得以传扬。“读经救国”为唐先生贯彻终始之主张，而其“诗教”精神，总归此神圣之愿望。

根据唐先生自编《年谱》云：

> 戊辰（1928），六十四岁六月：拟编《诗经大义》，分伦理、性情、政治学等凡类，因众说浩繁，仅订《序目》。①

是时唐先生主持无锡国专，于 1928 年 6 月初设想草拟是书，其《序目》具见先生《茹经堂文集第三编》。而先生门人陈起绍、何葆恩所撰《唐蔚芝先生〈茹经堂丛书〉提要并序》则云：

> 《诗经大义》八卷，未刻本。是书遵孔子说《诗》家法，兴观群怨，事父事君，多识之旨，为之比类。曰伦理学，所以事父事君者也；曰性情学，可以兴、可以怨者也；曰政治学，可以观者也；曰社会学，可以群者也；曰农事学、军事学，则政治学之支流，而亦可以观者也；循是六者，天下国家盛衰兴亡治乱之迹，概可知矣；曰修词学，则多识之绪余也；曰义理学，则根于“《诗》无邪”之旨，而深

---

① 唐文治：《茹经先生自订年谱》，收入《茹经堂文集》，台北：“中国文献出版社”影印无锡国学专修学校 1935 年本，1970 年版。

入于伦理、性理之精微者也。分门别类，俾读者了如指掌，苟能循是以求，《诗》之大义思过半矣。①

可见至1931年尚未刻出，而所以说为八卷者，盖唐先生于《茹经堂文集第三编》已经载《诗经伦理学序》《诗经性情学序》《诗经政治学序》《诗经社会学序》《诗经农事学序》《诗经军事学序》《诗经义理学序》《诗经修辞学序》等八编，盖预计一序一卷，故云八卷。唯此时尚未成书。考《茹经堂文集第三编》刻成于1938年11月，乃先生走避战乱寄居上海孤岛后数月。其门人朱诵韩跋文记载云：

今夏家山沦陷②，避居沪滨，适幸我夫子返自桂林；遣伻还无锡，携出《茹经堂文集第三编》未刻稿，完好无恙，同志欣然相告曰："此宝物也。"乃遂倡议即属华丰印铸室，付诸剞劂。……戊寅（1938）十一月，受业门人朱诵韩谨跋。

文中之"伻"谓仆人，指唐先生家仆高大勋。此《文集第三编》之手稿原留在无锡居所，幸未为兵乱所毁，自唐先生短期避难广西桂林，复道经香港抵沪，而遣其家仆高大勋返无锡故居携出，以故沪上门生皆欣庆，鉴于时乱，而急为之梓印也。其中所收《诗经大义自序》，未补梓出时间，知至1938年底，尚未刊行也，故战前受业于唐先生之门人，实在未知此书之具体内容。

幸运者，乃在战时从学唐先生门下之谢鸿轩先生（1917—2012），于1949年携带先生刊物赴台，齐集《茹经堂文集（凡六编）》《茹经堂奏议》三卷于1974年在台北文海出版社影印出版，而有关经学之著述，则统纳入《十三经读本》之内，在1980年于台北新文丰出版公司影印出版。此谢鸿轩先生编辑之《十三经读本》，收入唐先生《诗经大义》连卷首及正文八卷，合九卷，乃"葩庐丛书"本，唐先生《自序》之末交代云：

是书既成，为注释者，吴县单君束笙、太仓朱君叔子；助余印成者，金山高君吹万，并编入《葩庐丛书》云。③

此段文字乃《茹经堂文集（第三编）》收录之序所无者。考1924年无锡

---

① 本文原收入《国专校友会集刊》，1931年第1期，第105－119页。

② 指1937年七七事变。

③ 唐文治：《诗经读本》，收入《十三经读本（第1册）》，台北：新文丰出版公司，1980年版，第727页。此下引述，皆此本。

施氏醒园校刻《十三经读本》并未有《诗经大义》。而此序所提及之高吹万与《葩庐丛书》者，乃一关键。

考查唐先生自撰《年谱》，在“癸酉（1933），69 岁”，8 月至 12 月间载云：

余前编《诗经大义》，分伦理学、性情学等共八类。吴县单君束笙、同乡朱君叔子为之注释，每篇后并标诗旨，颇为精核。金山高君吹万名燮来索阅，因寄去。高君大叹赏，出赀为印入《葩庐丛书》，极可感。葩庐者，高君书斋名也。

唯 1935 年为校理先生《自订年谱》之门人左右手冯振先生按语云：

振谨案：先生以孔门之教学《诗》，曰：“兴观群怨，事君事父，多识而已。事父事君，伦理学也；可以兴、可以怨，性情学也；可以观，政治学、农事学、军事学也；可以群，社会学也；多识，修辞学也；伦理性情之精微，义理学也。”于是作《诗经大义》九卷，卷首纲要，卷一以下分选《诗》篇为各学：《伦理》十六篇、《性情》十六篇、《政治》十六篇、《社会》十六篇、《农事》六篇、《军事》十五篇、《义理》十篇、《修辞》八篇。其《诗经大义自序》及《八分类序》并编入《茹经堂文集》三编，尚未刊。

是在 1936 年前尚未刊行者。高吹万，名燮（1878—1958），字时若，号吹万，江苏金山人；中年后于金山筑“闲闲山庄”，藏书 30 万卷，重点搜集《诗经》类著作凡 800 余种。抗战甫始，山庄庋藏毁于兵火，著有《吹万楼论学书》《谈诗国风札记》《感旧漫录》《金陵游记》《吹万楼文集》。唐先生《茹经堂文集（第五编）》收录 1941 年所撰之《吹万楼文集序》具载与高燮交谊始末云：

金山高子吹万研悦国学，与余订交二十年矣。今秋以书来曰：“丁丑（1937）兵燹，寒舍荡然。最痛心者，数十万卷书悉数毁失。平居所为诗文，诗已无存，文则经门弟子写录，先事携出。敝帚自珍，请子为我叙之。”……高子性耽《诗》学，号其居曰“葩庐”，尝印余所撰《诗经大义》，辑入《葩庐丛书》，余常讲授于国学专修学校。①

如此，则可推言是书印在1939年至1941年间，而唐先生云“常讲授于国学专修学校”，则早于1941年，此可断言。再考谢鸿轩先生入读上海无锡国专分校之时间，在1934至35年间，至1939年10月入读中央陆军官校第十六期政训科，则谢先生之收藏《诗经大义》，必定在1939年或其前刊出。如此则可断言唐先生《诗经大义》刊成于1939年。此后两年，唐先生根据此刊本授徒，故云“常讲授”也。

二、体例之综述

《诗经大义》体例井然，显示完整之诗学思路。其整体布局，叙述如下：

1.《诗经大义自叙》要义

唐先生《诗经大义自叙》三层“答问”，开列其“诗教”论大义，以为全书理论纲领之所在。

第一道开宗明义，表明张扬“孔子家法”，正本清源，从而标出曾子、子思子、孟子，而强调西汉初年之韩婴，皆得孔子教《诗》言“悟”之人格自我开发之要旨。

第二道说明选《诗》宗旨，表明继承“孔子家法”，教授后学“知类通达”，因本及末，所以全书类分为八之意义，皆在实践“诗教”。

第三道畅明“诗道”与“政道”之内在关系，帮助诗足以通感人心，增强同情心与同理心，从而减轻人间之矛盾与摩擦，得以趋近“天下和平”之神圣愿景，其中更阐明诗人对时代之真切关怀，视为诗心之根本。

2.《诗经纲要》要义

《诗经大义》立一卷“卷首”题《诗经纲要》，分别列述“孔子删《诗》”“汉时传《诗》者四家”“《诗序》”“《诗谱》”“四始”“六义”“《诗》有入乐不入乐之分”“笙诗”“《诗》概论”九项专题，乃《诗经》学之基本知识。

此九则内容，较之原收在1924年无锡施氏醒园校刻《十三经读本》之《十三经提纲》，内容远为全面、清晰与充实，《十三经提纲》继承曾国藩之阴阳刚柔之气性论，而《诗经纲要》九则乃经义之学之流变问题，足见唐先生

① 唐文治：《吹万楼文集序》，收入《茹经堂文集（第五编）·卷五》。

治学，精进无已。故顺次介绍大要焉，以见学术根底之所在也。

“孔子删《诗》”条，因《史记·孔子世家》《汉书·艺文志》及郑玄《六艺论》说明孔子整理《诗经》之事实。

“汉时传《诗》者四家”条，说明汉代鲁、齐、韩三家《诗》，并《毛诗》之源流，皆依据史传列述，并介绍自宋迄清之重要辑佚成果，未存轩轾，实事求是者也。

“《诗序》”条，首先帮助历来作者所属之讨论，归结为：“大致《诗序》原出于子夏，而毛公及后经师，皆有所增益，汉人去古较近，其渊源自当可信焉”乃自义理脉络之相承而言。其次论《诗序》之存废，引陈启源《毛诗稽古编序》之意，肯定《诗序》之作用。辞气平和，立论中肯而有据也。

“《诗谱》”条，说明郑玄本《春秋》精神著书，于“知人论事”，不可替代；复抉示孔颖达《毛诗正义》、欧阳修《诗谱补亡》保存之功，戴震《毛郑诗考正》、丁晏《郑氏诗谱考正》修补之力，而赞扬胡元仪《毛诗谱》（收录于《皇清经解续编》）之集大成，晓学者以治学之坦途也。

“四始”条，罗列四家歧说，云：“《毛诗》偏于政治，《齐诗》囿于律历。”而《韩诗》空泛，认为“当从《史记》所引《鲁诗》为有根据”，此即“《关雎》之乱以为《风》始，《鹿鸣》为《小雅》始，《文王》为《大雅》始，《清庙》为《颂》始。”

“六义”条，顺《毛诗正义》分列“风、雅、颂”与“赋、比、兴”三经三纬，即“种类”与“体例”之别，云：“风者出于里巷之歌谣”，“雅者，正也，正乐之歌也”，“颂者，宗庙之乐歌”，则三经者，不离“歌乐”也。至于体例之三纬，云：“赋者，敷陈其事而直言之。”“比者，以彼物比此物……其词决，其旨显。”说“兴”曰：“先言他物以引起所咏之辞。”引焦循《毛诗补疏》及陈启源《毛诗稽古编》佐说，明辨性情与政教之内在关系。

“《诗》有入乐不入乐之分”条，引郑樵《通志》与顾炎武之说，指出有用诗于礼乐体系之中，以有部分诗歌如《邶》《鄘》以下，“则太师所陈以观民风者耳，非宗庙燕享之所用也。”此皆通达之论。

“笙诗”条，盖指佚辞之《小雅·南陔》《白华》《华黍》《由庚》《崇丘》《由仪》，因《仪礼·燕礼》笙奏起名。唐先生据《毛传》《郑笺》《孔疏》明其义，复引钱大昕云：“六诗既有篇名，则必非无辞。……夫诗有诗之

次，乐有乐之次。”明“笙诗”，乃存“乐次”之义，辞则存他篇，盖以礼文为主也。

“《诗》概论”条，收录经典文献论《诗》之文十一则，自《尚书·尧典》《礼记》《论语》（三则）《孟子》《诗序》《郑笺》《孔疏》《诗集传》《日知录》，以见“诗道”之统绪，因诗之本而达诗之用。

以上九项专题所论者，以“端性情”枢纽之义，故“诗教”大义，一以贯之，纵贯整体之文明历史，乃为以下八卷之立论基础也。

三、“中和”之道

唐先生《诗经大义》之“诗教”体统，周至庞大，条理周密，而万变不离其宗，“端性情”之所以实现，今谨依据其内在义理脉络，自“中和”“王业”“立教”三面向度彰显其大义。此节通考其“中和”之义。

1. 伦理学

先生《诗经伦理学序》云：

> 西国之伦理学实吾国所谓道德学，而吾国之伦理学则五伦之秩序，道德所由昉也。盖伦者序也，无人伦则天下事无序而不和，故曰天叙、曰天秩，皆出于五典，五典即五伦也。彝伦攸斁而办事有秩序者，吾未之闻也。且伦者类也，《礼记·学记》篇大成之学，贵乎“知类通达”；《孟子》言放其良心者谓之“不知类”。先儒言“声音之道与天地通”，盖声音者所以宣喜怒哀乐之节，而喜怒哀乐，人性殊焉，地质异焉，善观人伦者，移风易俗，达于类而已矣。

唐先生之言《诗经》伦理学，归本“中和”之德，此君子人格，须赖教化以养成，在乎“知类通达”，解开无知自私之精神枷锁，而至于性情开明而充满爱敬之心，是称“大成”。

先生引《宋史·乐志》载张载语“声音之道与天地通”，以开拓《礼记·学记》言“大成之学”在于“知类通达”之义，说明诗为心声，心善则声和。善乃天德，其声为德音，则知类焉，智慧得开而不愚矣。

先生推拓《礼记·中庸》所云：“喜怒哀乐之未发谓之中，发而皆中节谓之和。中也者，天下之大本也；和也者，天下之达道也。致中和，天地位焉，万物育焉。”诗之为道，因中而致和，立达由之，治国平天下，是谓大成之学。

故先生言：

> 故吾尝谓伦理者，统性情、政治、社会、义理学之大纲，而尤以“中和”为本。……盖伦理叙，则中和之气盛而天下以治。伦理废，则中和之气乖而天下以乱。稽诸历史，毫发不爽，岂独治《诗》学者所当知哉？惟学《诗》必以是为先焉耳。

先生本历史兴亡之深刻教训，直指教化之为关键，则《诗》之所以为教，正在维持人道。和平中正，善气相感，所以成德而致治。

其选诗十六篇，乃《周南·关雎》《葛覃》《卷耳》《召南·鹊巢》《采蘩》《采苹》《鄘风·柏舟》《魏风·陟岵》《唐风·鸨羽》《小雅·常棣》《蓼莪》《角弓》《蒸民》《周颂·雝》《闵予小子》《商颂·那》，分别阐明诗篇大旨，一以贯之，皆明德性之化，为“道德政治”之基础。

说《周南·关雎》云：

> 圣人取《关雎》以冠三百篇首，非独以其为夫妇之始，可以风天下而厚人伦也。盖将见周家发祥之兆，自宫闱始耳。故读是《诗》者，以为咏文王、大姒也可，即以为文王、大姒之德化及民，而因以成此翔洽之风也亦无不可。此中正和平之音，周邑以为房中乐，用之乡人，用之邦国，而无不宜焉。①

谓开国成家，先正家道。家道之正，端赖夫妇同心共善，盖“中和”之德音，必自闺门之内，而“王业”实现之所由。“知类通达”，因诗而透彻理解生活世界之整体也。其评论《商颂·那》云：

> 此祀成汤之乐歌也。美其乐舞，及其助祭诸侯，与其执事之臣，皆由汤孙之能将其事也。祖孙之间，精神相感，自能来格来享矣。商人尚声，声之盛，是德之盛也。汤之功德，自有《大濩》之乐，此所谓声，即《大濩》之声耳。审音以知乐，观乐而知德，非汤盛德，孰克当此？故《商颂》以《那》为首。

唐先生选《诗经》为教，以《周南·关雎》与《商颂·那》首尾关括，以明“伦理学”精义。先生所引张载“声音之道与天地通”之义，在乎精神相感，善心相应，故能超越时间与地域，通感同和，则转化暴戾杀气，斯为可

---

① 唐文治：《诗经大义·卷一》。

期，皆性情之得正也。故继之以“性情”之问题。

2. **性情学**

唐先生既然主张“端性情”，于《诗经性情学序》文开宗明义，抉示性与情之为人之根本特质，乃天赋之质量，故与天地通。正视人道，则必端视性情，教化之道，以学归仁。又云：

> 孔子曰：“《诗》之失，愚也。”然而“中和”之道曲能有成，伊古以来固有好仁而不害其为愚，且有因愚而愈显其天真者，忠孝节烈是也，而圣人必归之于中庸，故曰：“发乎情，止乎礼义。”止之者本于所养，故曰：“养其性。”又曰“养其心。”是故《诗》者性情之所发，即所以养性情之具也。

端以视之，必正以持之。持之道，在养而已。是以诗培养心性，乃积极之诗教，“中和”则为培养成熟之结果，如此则善气流行，盖“性情之相感”，足以感化天下人心。

先生选《邶风·柏舟》《绿衣》《燕燕》《谷风》《北门》《王风·黍离》《郑风·女曰鸡鸣》《桧风·隰有苌楚》《匪风》《曹风·下泉》《豳风·鸱鸮》《东山》《小雅·小弁》《北山》《采绿》《苕之华》十六首，具论端性情之诗旨。性情之大，不离食色。男女之事，乃首要正视者。

先生评说《郑风·女曰鸡鸣》，本《诗序》言：“刺不说德也。陈古义以刺今，不说德而好色也。”唐先生进而论曰：

> 此诗人述贤夫妇相警戒之辞。首章勉夫以勤劳，次章宜家以和乐，三章则佐夫以亲贤乐善而成其德，妇职于是乎尽矣。“中正和乐”之音，堪与《关雎》《葛覃》，鼎足而三。《郑风》得此，可谓中流砥柱也已。

“中正和乐”之正面意义，首先体现于家道之正，皆足见男女端庄之意义。

进而言之，则为君臣之道义相属，唐先生评《豳风·鸱鸮》云：

> 周公之诛管蔡，周公之不得已也，既伤且悔，引咎自责。首章追念文考文母恩勤养子之艰，不图天伦搆变，无道善全。次章望成王于未毁之先，同心图政，内疑既释，外患自消。三、四两章历述己之劳瘁，以王室新造，多难迭乘，哀鸣自诉，以冀感动王心。哓音瘏口，

不忍卒读，至性至情，感人者深已。

此周公为公室而鞠躬尽瘁之正志深情，唐先生云："哀鸣自诉，以冀感动王心。"盖谓意存忠厚，洵孔子所言："君子无终食之间违仁，造次必于是，颠沛必于是。"此所谓"至性至情"，贞固不回，卒保周室而至大治。论《诗经》之性情学，必以此为典范，下所论"政治""王业"，方为实在之"道德政治"也。

四、"王业"之义

王业乃治世之功，仁政之实践，在乎为政者之用心之是否端正。生于其心，害于其政。则诗人讥刺，意在救世，而明君俯察民情，顺民之所欲而导之以德，则民心悦乐而天下和平。诗教之于政教与社会，可谓大矣！

1. 政治学

唐先生本持正之义期望于在位临民者，故视《诗》之美刺，非徒个体特殊之行径，乃有戒于后世今日，盖"诗教"所以立人道，此万世之常经，超越之意义也。先生云：

> 吾夫子删《诗》之旨，岂独鉴于有周哉？盖诗者持也，政者正也，持之以正也。善者劝之，非专为个人劝也，所以劝今之人也；恶者惩之，非专为个人惩也，所以惩今之人也。且美者未必其美也，刺者乃正所以为刺也，亦非专为个人美刺也，所以戒今之人也。
>
> 读《鸿雁》而知民族之哀鸣嗷嗷也，读《硕鼠》而知民情之将适乐国也，读《大东》而知民生之杼轴其空也，读《正月》《雨无正》《苌楚》《苕华》而知民心之不乐其生也。呜呼！政治至此，尚忍言哉！极目千里，"何草不黄"矣？多难万方，"何人不将"矣？世变如斯，吾请与之读《诗》。

此序感慨淋漓。为政者若民之父母，保民养民乃本义，则聆听民族之集体心声，了解民情，所谓"美"与"刺"，皆集体反应。美者颂扬德政，固然可喜；而"刺"者乃药疗弊政，民心尚存好转之期盼，在上者自应反躬得失，而寻求纾解民困之方，以拯救百姓于水深火热之中，以解民于倒悬之苦，如此方得以名民之父母。唐先生倡导"诗教"，乃出于为民请命之内在道义与责任，有感于苦难时代种种难堪之乱象，透露其关怀时代之笃切，实典型儒者之用心也。

唐先生选释《小雅·鹿鸣》《皇华》《天保》《菁莪》《鸿雁》《节南山》《大雅·绵》《棫朴》《卷阿》《板》《荡》《召旻》《鲁颂·泮水》《商颂·玄鸟》《长发》《殷武》等十六篇，具说诗旨，皆痛乎言之，盖借以托怀。

其释《大雅·荡》诗旨，顾复而言曰：

> 贤才者国家之根本，道德者又君心之根本，根本既坏，不亡何待，殷之鉴夏，即周之鉴殷，历述祖训，词严义正，陈古刺今，惓惓忠爱之意也。

“道德”实在指君德，此政治之常经，不可失者。故释《大雅·召旻》诗旨，复痛言之云：

> 此诗居《变雅》之终，而第七章又居此诗之终，尤可痛心，盖自古亡国败家者，皆由于废旧道德也，岂非千古之殷鉴哉！

道德不存，则亡国破家相随属，《变雅》存心忠厚，提示为政之要义也。此孔子所言“为政以德”，政者治世之道也，而唐先生以道德为政治兴衰之关键，乃发扬孔子之意。则所谓“孔子家法”，非徒在读诗方法上着墨焉，其中自存在唐先生身处“反传统”“打倒孔家店”“反礼教”等狂躁之随便迁怒与抹杀传统文化之时代语境，深期能挽救时难于万一也，故言“由于废旧道德者”，绝非泛泛而论者也。足见唐先生之主持诗教，正举世汹汹而独清独醒之风骨士之高操。

唐先生说政治，重在“正”义。诗者正也，正者持也，持正者在人心世道之心术，尤其在为政者之道德自觉。先生关怀时代之切，更期之以“拨乱反正”之意，所以“正民心，救民命”，则诗之用世，首在正治也。治之可正，端在乎“君德”之存也，而“社会”之集体道德自觉，则上下同心同德，相辅相成焉。故续言《诗经》之社会学，以为政治学之继。

2. **社会学**

政治从为政者角度言，社会则从整体之民风言。社会乃组织之通名，文明显示于其中，道德体现其作用。于新立之共和政体而论，百姓具有参政议政之权利，民风之影响，与处上位者之心术，同样作用于政治。此唐先生熟识政治与时代之变迁与其互动，故从根本处提点文明社会建立之关键，乃在提升社会道德，其中明辨是非善恶，乃社会道德之基本。先生云：

> 是非善恶、清浊贤奸，乃社会之大关键也。国家兴废存亡之故，由社会造成之；人心邪正良莠之几，亦由社会造成之。社会中，是非明、善恶判、激浊而扬清、尚贤而黜奸，国未有不治者；社会中，是非暗、善恶昧、一清而百浊、进奸而退贤，国未有不乱者。此阴阳消长之原，毫发不爽者也。

这表明社会乃需道德意志之集体自觉与实践，即明辨是非黑白之道德判断，体现于尚贤黜奸之集体选择，则能成就“道德政治”，安康和平，由此而出。集体道德陷溺，自私自利，则“杀机”日显，甚至一发不可收拾，整个社会乃成罪恶之温床，败坏之场所，失德之甚，至于戕害文明，破国亡家，恶果自受。故先生视之为“阴阳消长之原”也。

其释《邶风·简兮》《卫风·考槃》《郑风·缁衣》《风雨》《魏风·伐檀》《秦风·蒹葭》《小雅·伐木》《白驹》《黄鸟》《巷伯》《頍弁》《都人士》等十二首诗之旨，一以贯之，皆就“德”与“位”两者见义。

说《郑风·风雨》诗旨，先生引唐太宗《赐萧瑀》诗句“疾风知劲草，《板》《荡》识诚臣”句，以明道德操守，必须在社会变化之环境经受考验，方能见高下与真伪，云：

> 风雨为阴气所凝，以比乱世，如“北风其凉”之意，由凄凄而潇潇而如晦，世变日甚一日，懔然其晦蒙否塞矣。雄鸡一鸣，伏阳震动而出，此剥极而复之机，君子身处乱世，不改常度，一旦得位乘时，转乱为治，而诗人忧乱之心已平，忧乱之疾已愈，渐有欢乐之气象矣。

先生指出“君子身处乱世，不改常度”，而君子之所以为君子，不徒自洁，尚须具备时代之责任感，所谓“忧世之心”，于是得志则与民同之，善化社会，乃义不容辞之神圣事业，先生遂谓：“一旦得位乘时，转乱为治。”此其释《郑风·风雨》切切之旨意，期盼社会康乐、民风和善之地步。

先生之以“社会学”言《诗》，实从民情风俗之角度言之。其综《黄鸟》之旨，具表此心意，云：

> 先王以“孝友睦姻任恤”六行教民，民风以厚。宣王末年，世衰道微，官师失职，民风偷薄，诗人所咏，民适异国，不得其所。首章言此邦之人不以善道相与。次章言此邦之人昏昧无知，不足与论休

戚相关缓急相通之义。末章言此邦之人不以诚意待物，有强陵、弱众暴寡之势，而不能与之相安矣，于是思归故国。首言复我邦族，中言复我诸兄，末言复我诸父，人情困苦之极，则愈益思其亲者焉。人情浇薄，到处相同，走尽天涯，不如宗国，吁！可慨已。

盖民风之厚薄善恶，就正常之情况言，乃视人君德行高下及教化之能否普行。及至近代已来，祸乱相寻，民人流离迁徙，生计之压力既重，教化无施，人情浇薄，迨又变本加厉焉。先生曾周行天下，体验非比寻常，但见四海同此歪风，遂出此无奈之叹也。救民于战乱与水火中，止社会之乱，安百姓之生，则为救时治本之先务焉，拨乱反正，莫逾于此，故继之以农政，务本之学也。

3. **农事学**

农政乃谓“民事”之重者。百姓之流离，乃极度不安社会之所致，而以农立国之华夏，长期忽略农政，更且争民施夺，战乱不已。先生为此痛哭流涕而陈之，于《诗经农政学序》为民请命，曰：

降及后世，“终岁勤动，不得养其父母”者，非农民乎？横征苛税，弃产卖妻，散而之四方者，非农民乎？“大兵之后，必有凶年”，铤而走险，迫胁而为盗贼者，非农民乎？“中田有庐，馌彼南亩。”以熙熙皞皞之天真，变而为首疾蹙额无告之穷民，又何其苦也！

昔日安康熙乐之农人，今时沦为苦极无告之“穷民”，则“民事”之为要务，实在急不容援。

农事有成，民得足食，而足兵继之，教化成之，治之所由生也。故先生述《豳风·七月》《小雅·信南山》《甫田》《大田》《大雅·生民》《周颂·载芟》六诗之诗旨，不离此养民之旨。其说《豳风·七月》曰：

通篇大旨，仰观星日霜露之变，俯察昆虫草木之化，以知天时，以授民事，女服事乎内，男服事乎外，上以诚爱下，下以忠事上，父父子子夫夫妇妇，养老而慈幼，食力而助弱，其祭祀也时，其燕飨也节，雍雍乎盛世之风也。

此农政大通而上下悦乐无间之盛治情状。善乎干宝《晋纪总论》云：

及周公遭变，陈后稷先公风化之所由，致王业之艰难者，则皆农夫女工衣食之事也。

此乃先生挚友曹元弼先生收录于所辑《经学文钞》者，乃先生亟劝无锡国专学子精读之书，干宝之言，洵足佐明农政之为王业、王道之根本者。足食乃王业始基，足兵所以守土，皆王业焉，故继之以“军事学”。

4. **军事学**

先生本周文王之文德，陈说《诗》言军事之重旨。于《诗经军事学序》四笔慨叹言“岂尚武哉”，可见其对于武事之敏锐与关注，盖先生生于战乱相寻之苦难时代，瞩目皆惊心，至于兵戈不息，生民之痛，更迈越前代，以先生悲悯之深，读《诗》而知人论世，诗言军事，自必极为关注，而寄盼王业之精神，自必以武王以武定乱为典范，期平定乎久远。故引《国语》载祭公谏征犬戎云：“先王耀德不观兵。”彰明“兵者不得已而用之者也”之正义。先生更痛陈“末世”用兵之惨状曰：

> 若夫末世之用兵，则大异乎是。逍遥河上之师，不与戊申之怨[①]；念彼共人之涕零，犹其小焉者也。甚者空民杼柚，离民室家，掷千万人之命，以快一己之欲；奇兵异于仁义，王道迂而莫为。如幽王之世，“山川悠远，维其劳矣，武人东征，不遑朝矣”[②]。故《苕华》之诗曰：“知我如此，不如无生。”[③] 当是时也，百姓求生不能、求死不得，盖有目不忍睹、耳不忍闻者矣。春秋时，五霸迭兴，争地争城，杀人盈野，无义战而《诗》遂亡，岂不痛哉！《老子》曰：“战胜以丧礼处之。”《孟子》曰：“善战者服上刑。”“殃民不容于尧舜之世。”呜呼！彼其饮至策勋之酒，无非万里朱殷之血；而其金鼓奏凯之音，无非万民号哭之声。天地之大德曰生，生人之大恶曰死。后世之颂武功者，当激发其恻隐之心也。“予怀明德，不大声以色，不长夏以革。”[④] 微周文，吾谁与归？述《诗经》军事学。

此序声色俱厉，沥血输诚，全在为民请命。起笔刻意点出“末世”，则笔下所叙，乃递降而下之及身，言非虚作，事在目前，皆强兵混战，山河浴血，

---

① “戊申之怨”指弑君之祸，出自《春秋·隐公四年》经文：“戊申，卫州吁弑其君完。”

② 《诗·小雅·渐渐之石》句。

③ 《诗·小雅·苕之华》句。

④ 《诗·大雅·皇矣》句。

草菅人命，万民号哭。此当道私心作祟而致，苟读《诗》以激发其“恻隐之心”，良知不泯，则庶或可稍息民困兵凶。

是以先生阐释《郑风·大叔》《清人》《唐风·扬之水》《秦风·小戎》《小雅·采薇》《杕杜》《六月》《采芑》《车攻》《渐渐之石》《何草不黄》《大雅·大明》《文王有声》《江汉》《常武》凡十五首之诗旨，意在于斯，皆在提点读者体恤民困，以义师行道。评论《小雅·杕杜》篇意，在能“曲体人情以慰劳之”。评论《小雅·六月》篇旨，赞颂周宣王用人得宜，将士用命，战术得当，而尤可为后世法者，乃意不在杀：

> 不事穷追，不勤远略。吉甫之老成持重，决非后世穷兵黩武者所可比也。宜乎文德武功，万邦取法矣。末章奏凯还朝，策勋饮至，而同志诸友，特举孝友之张仲，见取友必端，移孝以作忠，移友以顺上，以孝友立文武之本源。宣王之选将任贤，得人称盛，遂以启中兴之基已。

则《小雅·六月》，所记乃义战之典范，足戒穷兵黩武者。至于所以称义战者，乃一本孝友之纯德，以就成文功武德，故宣王中兴之业得遂也。

至于反其道而行之者，若《小雅·何草不黄》，《诗序》云：“《何草不黄》，下国刺幽王也。四夷交侵，中国背叛，用兵不息，视民如禽兽，君子忧之。故作是诗也。”意义已明显，而唐先生更深论其诗旨曰：

> 此诗伤征役不息，民生劳苦，上之人视之与禽兽无异，周室将亡之兆也。……栈车周道，终岁不息，可哀孰甚。《易·坤》之上六曰：“龙战于野，其血玄黄。”阴盛阳消，世运告终，王泽已竭，西周亡而东周弱，此诗所以殿《小雅》之终也。

先生谓诗人笔下，显示“上之人”轻贱民命，驱遣士卒“禽兽无异”，歹毒之心，必自受其殃，周室王业一去不返，乃王泽自竭之关键。

透过正反两面比对，义理昭然，是否爱民，此为消息。苟行王道，民得安保，生息自繁，进之则施教，否则失教，上无礼，下无学，则百姓相率为奸，亦“禽兽无异”也。以故继之以文教之义，裁成人道之义也。

五、“立教”之理

诗教之旨，先生本“理一分殊”之义，就“人性”之欲与理而综纳人伦道德之原则于"义理"，视之为"伦理"之宗要。"义理"纯乎其纯，引导人性之归向伦理。先生于《诗经义理学序》开宗明义云：

> 人生而静，天之性也；感于物而动，性之欲也。有欲当以理克之，故伦理根于性，义理亦出于性。然则伦理与义理，奚以别之哉？曰：伦理散见于伦常日用之际，义理体察于身心性命之微，一内而一外。本义理以度伦理，理虽一而分则殊也。自其溯于天命者言之，《易传》曰："一阴一阳之谓道，继之者善也，成之者性也。"《烝民》之诗则曰："天生烝民，有物有则；民之秉彝，好是懿德。""物"者属于质而为阴，"则"者属于理而为阳。孔子曰："为此诗者，其知道乎？"即一阴一阳之道也，故孟子引之为性善之征。

此义理具言之，乃为天赋之质量，是为"天则"，乃大共之原则，于孟子直指人性之善征。诗教之为理，乃所以克欲而复性之善德。如此，祥和之德性从之而出，方足以开出万世太平之真景。故义理之存乃纯德善征之着，而非抽象与推演之空洞理论，而必落实于实行焉，此先生论诗教精义之所在也。故先生曰：

> 自其着于德本者言之则为孝，《卷阿》诗所谓"有孝有德"，必归于"俾尔弥尔性"是也。自其修于学问者言之则为敬，汤之"圣敬日跻"、文王之"缉熙敬止"、周公之戒成王"敬之敬之，天惟显思"是也。周公之言为圣学之入门，而汤、文之德则为圣功之大效。《文王》诗言"聿修厥德"、《大明》诗言"厥德不回"而《皇矣》诗则畅言"明德"①。明明德者，《大学》之纲维，而明本心之要旨也。千古义理之学，萌柢于此矣。

此自教育之义言之，"大学"之教所以成德，此德不外孝心与敬意，乃人之所以为人之善良质性，而《诗》旨皆在明善张德，三百篇未有任何一篇诲淫诲盗而促使人为恶行者也，以之为教，则善德可长而阴恶自消，中和之音，发乎至善。此至善之理，本原天德，由衷而生。《诗》文所流露者，自非一定

---

① 《诗·大雅·皇矣》二、四、七章言明德，第四章反复言之曰："维此王季，帝度其心；貊其德音。其德克明，克明克类，克长克君。王此大邦、克顺克比。"故唐先生如此云云。

规律与法则。先生云：

> 然《诗》学之精微，贵乎闳通，而无取乎拘泥。观孔子《系辞传》释《易》二十一爻，无一定之象，亦无一定之理。宇宙间形形色色，无非义理所积而成，《易》言其大德之敦化，而《诗》则综其小德之川流，如《论语》《大学》《中庸》所引，吾既于自序言之矣。《孝经·开宗明义章》引《诗》“无念尔祖”，《五孝章》亦均引《诗》以垂训，《事君章》引《诗》“心乎爱矣”“中心藏之，何日忘之”，此经也，实传体也，传者传其义理也。孟子论政治，莫不引《诗》，如《仁则荣章》引《诗》“永言配命”，而《爱人不亲章》亦引之；《离娄》篇引《诗》“率由旧章”“逝不以濯”“载胥及溺”，亦皆传体也。其义理之精湛为何如夫？《易》之道广矣大矣！以言乎天地之间则备矣。吾谓《诗》之旨微矣妙矣！以言乎天地间之义理亦悉矣。

唐先生本《礼记·中庸》语云：“万物并育而不相害，道并行而不相悖，小德川流，大德敦化。此天地之所以为大也。”以川流敦化之纯德，期许诗教之活跃人生，实现生生自由之德。是《诗》之义理，所以美善兼备而永存于天下，亦人道之永存而可期也。

本此“生生之德”为念之义理品格，先生彰显《卫风·淇奥》《小雅·小宛》《宾之初筵》《大雅·文王》《思齐》《抑》《周颂·访落》《敬之》《小毖》《鲁颂·駉》等十篇诗旨，皆不离知德之要。其评论《卫风·淇奥》卫武公“有文章，又能听其规谏，以礼自防”云：

> 武公初年篡弒，晚成圣德。英雄圣贤，固一转念哉。

一念之自觉，唯在改过自新，成德成圣，此生命上达之内在动力，唐先生以为《卫风·淇奥》义理之所在，置诸四海而皆准。其评论《大雅·文王》，突出此诗为“圣王之心法”云：

> 后世之有国家者，求福求祸之界，在敬与肆而已。

进而帮助“转念”之所向，在敬之为心。若徒肆物欲，以人君之无限权力，肆意于无限之物欲，必置天下不顾而残民自肥，如此则生生道绝，而覆亡之为必然。评论《周颂·访落》云：

> 圣君知为君之难，学术与事功，交相惕厉，始见圣敬之日跻，而

王业可成也欤！

人君之道德自觉而履行，则圣敬日跻而王业得成，其间关键，在此一转念之际，乃建基于实在之磨炼，此磨炼端在二途，其一在学术之通明，其二在立事建功之为念，两脉并汇，强化与端正专念之进向，方能克制怠惰而积极奋发，“端性情”则奋发上达，王业方成。此《诗》义理之至正大者也，既开此门，则务必持而守之，笃而行之。其评论《鲁颂·駉》，则彰“秉心”之义云：

> 国君之富在马。鲁僖攻牧，以诚心行之，篇中一则曰思无疆，再则曰思无期，三则曰思无斁，四则曰思无邪。其秉心塞渊，较诸卫文公之徙，居楚邱而騋牝，致三千之盛，过之无不及焉。噫！人心之奔逸犹之马也，以“无邪”二字为之御勒，即此可以见道。牧马云乎哉！

持之以诚，行之以笃，秉心养术，自免“无邪”，则大义宗归孔子“思无邪”，所谓见道也。唐先生以此诗见道，盖《诗序》言：

> 《駉》，颂僖公也。僖公能遵伯禽之法，俭以足用，宽以爱民，务农重谷。牧于坰野，鲁人尊之。于是季孙行父请命于周，而史克作是颂。

诗之义理，均体现于鲁僖公之政绩，不离爱民与重农，故唐先生以《駉》压阵，曲终奏雅也。无邪者，立诚之进向也。诗教义理归之无邪，则孔子修辞立诚之理，乃继之而述焉。

唐先生《诗经修辞学序》云：

> 宣尼家法，修辞立诚，诚之为义大矣哉！《诗》道性情，允矣诚之为贵。故四始六义，无取纷华。……是则修辞之本原，必有其思无邪，而其风肆好[①]者。昔吾先正，言明且清[②]；后之君子，尚有典型[③]，亶其然乎？

盖文如其人，修辞之本源在心术，则义理之为心术之呈现，则中和之德，

---

① 《诗·大雅·崧高》云：“吉甫作诵，其诗孔硕，其风肆好，以赠申伯。”

② 《礼记·缁衣》云：“《诗》云：昔吾有先正，其言明且清。”原诗已亡佚。

③ 《诗·大雅·荡》句。

至诚而出，和顺积中，歌咏外发，典范自存。文章诗道，豁然大明。自此人心感奋，皆思爱敬，兴作成德，相生相养，及于相保，则诗兴之启发善意，性情端正，而王道之本也。故唐先生释《鲁颂·閟宫》“僖公能复周公之宇”（《诗序》）之意义云：

诗人之论，自源徂流，故虽颂鲁僖，而上及乎后稷、太王、文、武、周公之事，明其源本之所自出也。因成王赐周公以天子礼乐，故遂以夏正孟春郊祀上帝而以后稷配之，然非礼矣。鲁人据实颂之，夫子因旧存之，岂非《春秋》据事直书而善恶自见之旨哉？至膺戎狄，惩荆舒，荒大东，荒徐宅，至于海邦。淮夷蛮貊，及彼南夷，莫不率从，在僖公俱无其事，而诗人言之，孔子取之，亦曰：“此出于民之归美其君之义耳。”班、扬盛业，韩、柳瑰辞，其权舆于此乎？此非独周礼在鲁，将郁郁之文，亦在鲁矣！此所以系之“修辞类”之终也欤！

明一本爱敬之心以“推美”仁君，中和之德盛著，遂开启汉、唐盛世文学事业。于王道仁政，无限向往之怀，则文学之为道术，抚平时代伤痛之余，更策励天下共进仁亲和平，唐先生于诗教寄托之深远，拯乱救时，重振国威而文治再造之怀，溢于言表矣。

结　论

以上唐先生于1939年刊出之《诗经大义》，其诗教之论，乃趋向民智之启导。此本经世原则为拓充传统经教观念，实中国学术史上之重要创发。

“诗教”之为孔子教《诗》之要义，“诗教”之诗乃具指《诗三百》，此《诗三百》乃周诗之总集，其意义因孔子立教而开出。司马迁《史记·孔子世家》云：

孔子之时，周室微而礼乐废，《诗》《书》缺。……古者诗三千余篇，及至孔子，去其重，取可施于礼义，上采契、后稷，中述殷、周之盛，至幽、厉之缺，始于衽席，故曰：“《关雎》之乱以为《风》始，《鹿鸣》为《小雅》始，《文王》为《大雅》始，《清庙》为《颂》始。”《三百五篇》孔子皆弦歌之，以求合《韶》《武》《雅》《颂》之音，礼乐自此可得而述，以备王道，成六艺。

故从教化角度理解，此华夏至高尚之诗学，必自孔子始。孔子教人而论《诗》，非为论《诗》而教《诗》；教人以《诗》之正义，启发民情，端庄民志，非空说《诗》文。此本末轻重，亦必须厘清者，唐先生深明此义。

《礼记·经解》言："孔子曰：入其国，其教可知也。其为人也，温柔敦厚，诗教也。"足见"诗教"善化社会上下气质之重要，而其具体体现于文明而亲和之共同质量，是为"温柔敦厚"。但一事两面，单单"温柔敦厚"，还嫌不足，因为仁之与智，相辅相成，缺一不可，故《经解》续引孔子言："其为人也，温柔敦厚而不愚，则深于诗者也。""不愚"虽不能等同智，唯智者必"不愚"，可断言者。"温柔敦厚"乃性情之善；"不愚"为智慧之反应。然则，诗教向度，不离性情与智慧之开启，人道根本大义因之以奠定，此唐先生《诗经大义》义理之学之两大向度，所以启发民情与开导民智，双轨并行，自存救偏补弊之深意也。

故"诗教"之进向，乃所以"淑世"，非复空抒一己之得失哀乐，因"风"及"雅"而至"颂"，人道必面向天下苍生之关怀，故《经解》继引孔子云："天子者，与天地参，故德配天地，兼利万物；与日月并明，明照四海而不遗微小。"如此立说，乃本一理想之"天子"人格，为大成之典范，既是圣王之道，与天地合德，而共进于至善至美。此诗之为"道"，乃奠定两千年诗学之最高标准，无以尚之，乃研治中国文论所必须正视者也。唐先生《诗经大义》聚焦"王业"，融贯《诗》《书》《礼》之义理，纳修、齐、治、平于诗教之视野与目标，融摄《中庸》"致中和"之理，诗道之"中和"为实现之途，因以救世，乃经学"王道"义之全新阐释。

中国文学观念与理论之形成，与"总集"共存。就"诗"之一面而论，更属典型。《诗经》300篇定型以后，孔子本之以施行教化，"因材施教"，启迪后学，从而接通心灵，拓张同理心，因得以开解眼下之疑惑，而超越个人哀乐之情绪波动，渐进于高明，因"风"及"雅"而至"颂"，张开整个精神世界，上下与天地同流，德合天地，神明俊朗。如此，"诗"之为教，意义之大，非徒所谓"书写技术"之工具意识可以比量矣。故"诗教"者，实开发性情之大端，其意义在过程自身，此过程乃文明之所以递进，明通人道自觉之关键。实事求是，通过"集"而"教"而及于"义"与"道"，以身体力行之角度，亲切体会孔子"诗教"之精义者，古来多有，至于20世纪，在新体制之中依然独任承传“诗教”之神圣责任者，就今存文献所及，必以唐文治先生《诗经大义》所提出之“孔子家法”为表率，故敬述焉，以见道统之传，未尝一日断绝也。

正视《诗经》开出之“诗教”传统，返本归根，活化其中含义于中国文学理论之建设，进而强化文化生命力，实责无旁贷。

国学大师论清明文化

龚　杰

（西北大学中国思想文化研究所教授）

关于文化问题，南齐王融在中国历史上第一次提出文化范畴及其价值的论断。在其《曲水诗序》中说：

敷文化以柔远。

意思是说，推广文化到四面八方，使其以和谐相处。这是人之为人的基本要素之一。

同时，文化还有多种类型，如政治文化、科技文化、民族文化、地域文化、节日文化等等。但无论是哪一种形式的文化，都必须以习主席史无前例提出的“四种自信”（即文化自信、道路自信、理论自信、制度自信）为指导。这是习主席对中国自然、社会、思维科学的客观规律及其发展过程的全面总结。必将在中国以后各个时代、各种文化中留下或多或少、或大或小、或直接或间接的历史印迹。

清明文化，虽是民间的节日文化，也不例外。人们可以通过清明文化加深对习主席指示的理解，探讨和落实清明文化中极其丰富的内在涵义。

一、清明的理论

最早提出清明涵义的是中国春秋时代的《诗经》。西汉儒学家们将春秋时代最早的诗歌编为总集，称《诗》，后改称《诗经》。

《诗经·大雅·大明》讲的是周武王伐商纣王的一段历史。为何要伐纣王？因为纣王不清明。清明的含义，从广义上讲有三：政治不腐败，生活不腐化，思想不偏蔽。纣王却相反，所以要“肆伐大商，会朝清明”。毛注：“不崇朝而天下清明”。毛，即西汉的毛亨（即大毛公），自著有《毛诗故训传》。故训一词，最早见于《诗经·大雅·烝民》，即用概括的文字介绍《诗经》的

内容。他是研究《诗经》的国学大师。他注解这句话的意思是说，不崇拜商朝，而改朝换代是天下清明的条件。从而间接地体现了他的“制度自信”。

战国末赵国的国学大师荀子（约前313—238），在其所著的《荀子·解蔽》：“虚壹而静，谓之大清明”。这里是讲教育与清明的关系。意思是说，未受教者，谓之虚，一心求教者，谓之静。如果做到了“虚壹而静”，就证明你具有排除蔽壅，了解什么是清明的能力，从而体现了文化自信。

西汉的国学大师淮南王刘安（前179—前122）及其门客苏飞等人所著《淮南子·齐俗训》：“原人之性，芜秽而不得清明者，物或堁之地”。意思是说，如果文化自信受到污染，不得清明，就不能观察到农田和道路的界限。反之，则做到了“道路自信”。

北宋国学大师张载（1020—1077），祖籍大梁（今河南开封），右迁居至凤翔郿县（今陕西眉县）横渠镇，他曾赋诗一首表述自己的“清明”之志：

土床烟足紬衾暖，瓦釜泉乾豆粥新。
万事不思温饱外，漫然清世一闲人。

《张载集存·杂诗》

他说的“清世一闲人”，是强调一个“清”字，即主张生活清贫，反对追求豪华，再一个是强调“闲”字，以防外界干扰，把闲下的时间用于明理，实现他尊儒、重礼、务实和宣传天文历法的理想。他创建关学的目的，就是为了实现其“理论自信”。（见《郿县县志》）

明代国学大师王艮，字心斋（1483—1541），今江苏东台人，泰州学派的创始人。他是中国历史上为数不多的出生于制作食盐（又称灶户，亭户）贫困家庭的学者。他不赞同孟子、王守仁等所说的“良知”，即是人具有不学而知、不虑而行的先天性本能。由于他出身清贫，所以他希望一切像他一样清贫的劳苦大众，挣脱樊笼，认清“明哲保身”的道理。这里讲的是人的生存与清明的关系。意思是说，要以明善恶，知是非之心、争取和维护人所应有的生存权，这才是人的“良知”所在，故被称为“良知新说”。王艮曾赋诗一首来表达自己的心情：

一旦春来不自由，遍行天下壮皇州。
有朝物化天人和，麟凤归来尧舜秋。

《王东厓先生遗集佚存》卷二

由于此说与近代人权思潮相类似，因此受到中外学术界的关注。

现代的国学大师张岂之教授（生于1927年，祖籍江苏南通）。他不仅继承历代国学大师对“清明”的论述，而且在理论和实践上对“清明”的见解都有新意。其内涵极为丰富，仅列举几例。

其一，张岂之教授是中国人文学科的学者中，唯一主张和主持在每年4月初清明节期间，召开学术研讨会的大师，使与会的老、中、青人员相互磋商，相互学习，从而有利于提高各自的文化素养，受到“文化自信”的教诲，也体现了先生通过学术研讨会宣传和落实文化自信的宗旨。

其二，是为人师表，为官清明。先生曾担任西北大学校长多年，来访者络绎不绝。先生特在其住所大楼的一层门外，立有木板制作的“告示”，其中写“来访者切勿携带馈赠，否则，将拒绝接待”。现木板告示虽已撤去，但使曾读到的人牢记不忘。先生做到像习主席所说的，将贪腐锁在“笼中”，成为落实制度自信的楷模。

其三，是指出理论自信的目的是为了区别“文野”。“野”，就是野蛮。俗话说，蛮不进理，无理可言。“文,”就是文明。先生说：“一部中国历史实际是一部中国文明史”。他认为，只要“人讲文明、讲道德、讲理想、讲爱心”，把文化自信落到实处，一定能够加速“我国文明心理、文明行为、文明秩序、文明风尚的建立”。他自信文明的这种理性思维，一定会在“社会土壤上开花结果”。体现了先生的理论自信。

其四，是强调进行科学研究一定要走创新之路，从而充实了清明文化的内涵。先生自著和主编的著作，都没有概念化、公式化的倾向，主要是先生制定了著作的4条“基本原则”：①重视文献资料考订，将学术史建立在可靠的资料基础上；②重视学派的研究和区分，显示出学术史的厚重内容；③重视学术上的兼容并包；引导人们从不同的角度去认识学术史的价值；④关注不同思想学术派别的“融通”或“会通”，这有助于人们从整体上去认识中国传统学术思想的创新发展。所以，先生说：“我们自信有若干创新点”。体现了先生的道路自信。

由于张岂之教授是中国人文学科的杰出贡献者，我们从电视上获悉前不久在世界各国著名学者的学术研讨会上，推举出享有国际声誉的47位国学大师。张岂之教授被推举为世界学术界所承认的唯一的一位中国国学大师。这是中国学术界的光荣，也是对我们的鼓励。我们将努力学习和理解习主席关于“四种自信”的指示，尽到一名人文学科工作者所应尽的责任。

二、清明的实践

“清明”不仅是内容丰富的理性思维，而且也是中国农业生产的依据。远在春秋时期的黄河流域，就有春分、夏至、秋分、冬至四大节气，作为全年农业生产须要跟进的四个阶段。到秦汉时，农业生产的二十四节气完全确立，成为农业生产实践的主要依据。

何谓二十四节气？“气”是指全年的气候与时间，“节”是指各个阶段气候与时间的合称，统称节气。具体说，春、夏、秋、冬各有六个节气，统称二十四节气。

春季的六个节气是，立春、雨水、惊蛰，春分、清明、谷雨；夏季是立夏、小满、芒种、夏至、小暑、大暑、秋季是立秋、处暑、白露、秋分、寒露、霜降、冬季是立冬、小雪、大雪、冬至、小寒、大寒。时间是：春季从 2 月到 4 月；夏季从 5 月到 7 月，秋季从 8 月到 10 月，冬季是从 11 月到来年的 1 月。

“清明”还对当代的政治制度具有指导的性质。各级领导都应自觉自律地作为施政规范，以做一名“公正廉洁，反对自私自利”为核心的清明公务员为己任。

就一般群众而言，也应牢记清明的义理，以此教诲子孙后代，发扬清明的光辉，使其照到四面八方，成为加速祖国繁荣昌盛的精神动力。

为了庆祝清明是理论思维与相关实践的有机结合，就农业生产而言，其农谚说，“清明谷雨两相连，浸种耕田莫迟延”；“种树造林，莫过清明”。民间并有踏青与扫墓的习俗。江南农谚将清明的最后一天（即每年的 4 月 4 号）定为清明节。

清明这种理论与实践相结合的思维模式，为后代国学大师的论著予以继承和发展，一直流传到现代始终未变。

领导干部与文化自信

方光华

（西北大学中国思想文化研究所教授）

十八大以来，习近平总书记曾多次阐述文化自信。特别是2016年11月30日，在中国文联十大、中国作协九大的开幕式上，他说："文化自信，是更基础、更广泛、更深厚的自信，是更基本、更深沉、更持久的力量。坚定文化自信，是事关国运兴衰、事关文化安全、事关民族精神独立性的大问题"。① 文化自信已经成为观察和了解当代中国特色社会主义理论创新的一个重要视角。它是上个世纪90年代以来文化自觉思潮的进一步呼应，是对中国道路、中国理论、中国制度文化底蕴和发展方向的深入认识，也是对中国如何融入世界的进一步思考。

党的领导干部是中国特色社会主义事业的骨干和中坚力量，是党的路线和政策的制定者和执行者，是党的各项任务的组织者和领导者，是党联系群众的桥梁和纽带，是党和国家对外开放事业的实践者。党的各级领导干部文化自信的牢固程度关系党和国家的整体文化形象，直接影响全社会文化自信的深度和广度，关系到国家文化实力在海外的传播力度，需要引起高度关切。

文化自信到底应该怎样才能在领导干部心中生根发芽、开花结果呢？

首先，在中国道路的历史自觉中坚定自信。

20世纪，我们经过千辛万苦，终于走出了一条有中国特色的社会主义道路。中国半殖民地半封建的社会现实决定只有社会主义才能救中国，中国资本主义发展不足，社会物质财富积累不充足，决定了中国只能走市场经济的发展特色社会主义道路。中国社会主义道路证明有悠久历史传统的中华文明能够走

① 习近平：《在中国文联十大、中国作协九大的开幕式上的讲话》，《光明日报》，2016－12－01第2版。

出自己独特的发展道路，同时证明通往现代化并非只有资本主义一条道路。中国特色社会主义道路显示出社会主义的活力，同时彰显出中国文化精神顽强的生命力。但是一个时期以来，我们过于关注中国道路的具体问题，对这条道路的历史意义和文化意义认识模糊，以至于我们的干部缺乏一种历史的深邃感和使命感。

领导干部对政治道路的自觉自信并不是一个新问题。在中国历史上，凡是有所作为的君主都会思考如何唤醒官僚群体的政治自觉意识。例如公元前133年五月，刚从窦太后控制下解脱出来的汉武帝，下诏举贤良对策，讨论怎样才能从根本上实现国家长治久安的问题。当时广川（今河北枣强）人董仲舒上书指出，政治的关键是要找到正确的治国道路，这条道路就是尧、舜、禹、汤、文、武、周、孔相传之王道，可是五百多年间，“所由非其道”，君臣没有找到正确的政治道路，没有形成对正确的政治道路的自觉。董仲舒提醒汉武帝以孔子的历史著作《春秋》为基本准则，对政治道路进行自觉反思。董仲舒的这一对策使汉武帝大感兴趣，《汉书·董仲舒传》说，“天子览其对而异焉”，希望他对王道的具体内容和实施办法给予进一步阐述，遂有著名的《天人三策》。董仲舒的对策还激发出司马谈创作《史记》，为汉代政治道路提供历史依据的强烈自觉。司马谈还没有来得及完成就病逝了，司马迁继承父亲的遗愿，将汉代政治置于自黄帝以来的中国历史长河中，使汉代政治道路在天人之际、古今之变、思想会通中呈现出宏大的历史意义，极大地焕发出汉代政治的使命意识，为汉代内政外交新格局的开拓提供了思想支撑。

毛泽东特别善于使领导干部明白所从事工作在民族历史发展中的文化意义。1949年9月21日，在中国人民政治协商会议第一届全体会议上，毛泽东致开幕词，他说：“我们有一个共同的感觉，这就是我们的工作将写在人类历史上，它将表明：占人类总数四分之一的中国人从此站立起来了。……我们的民族将从此列入爱好和平自由的世界各民族的大家庭，以勇敢而勤劳的姿态工作着，创造自己的文明和幸福，同时也促进世界的和平和自由。……让那些国内外反动派在我们面前发抖吧，让他们去说我们这也不行那也不行吧，中国人民的不屈不挠的努力必将稳步地达到自己的目的。”[①] 1954 年 9 月 15 日，在全国人民代表大会第一次会议上，毛泽东同志致开幕词，他说：“我们的事业是正义的，正义的事业是任何敌人也攻不破的……我们有充分的信心，克服一切艰难困苦，将我国建设成为一个伟大的社会主义共和国，我们正在前进，我们正在做我们的前人从来没有做过的极其光荣伟大的事业，我们的目的一定要达到，我们的目的一定能够达到！”[②] 这些话是多么得富有感召力，他把一个新的人民民主共和国在中华民族发展历史乃至人类文明发展历史上的价值简洁而有力地呈现出来，把我们的奋斗目标和所面对的挑战清楚地揭示出来，让全国人民特别是领导干部焕发出一种崇高的使命感，看到自己为之献身的事业那种气势磅礴的力量！

习近平总书记十分重视在中华文明和人类文明的历史中揭示中国道路的文化意义。在第十二届全国人民代表大会第一次会议上，他说：中国特色社会主义道路来之不易，“它是在改革开放 30 多年的伟大实践中走出来的，是在中华人民共和国成立 60 多年的持续探索中走出来的，是在对近代以来 170 多年中华民族发展历程的深刻总结中走出来的，是在对中华民族 5000 多年悠久文明的传承中走出来的，具有深厚的历史渊源和广泛的现实基础”。[③] 在 2016 年 7 月 1 日庆祝中国共产党成立 95 周年大会的讲话中，习近平总书记说，中国共产党领导中国人民取得的伟大胜利，使具有 5000 多年文明历史的中华民族全面迈向现代化，让中华文明在现代化进程中焕发出新的蓬勃生机；使具有 500 年历史的社会主义主张在世界上人口最多的国家成功开辟出具有高度现实性和可行性的正确道路，让科学社会主义在 21 世纪焕发出新的蓬勃生机；使具有 60 多年历史的新中国建设取得举世瞩目的成就，创造了人类社会发展史上惊天动地的发展奇迹，使中华民族焕发出新的蓬勃生机。[④]

---

① 毛泽东：《中国人民从此站立起来了》，收入《毛泽东选集・卷 5》，北京：人民出版社，1996 年版，第 343 – 345 页。

② 毛泽东：《为建设一个伟大的社会主义国家而奋斗》，收入《毛泽东文集・卷 6》，北京：人民出版社，1999 年版，第 350 页。

③ 习近平：《在第十二届全国人民代表大会第一次会议上的讲话》，收入《习近平谈治国理政》，北京：外文出版社，2014 年版，第 39 – 40 页。

④ 习近平：《在庆祝中国共产党成立 95 周年大会上的讲话》，《光明日报》，2016 – 07 – 02，第 2 版。

对于我们正在从事事业的价值和意义，习近平总书记也不断给予提示。2013年12月26日，在纪念毛泽东同志诞辰120周年座谈会上，习近平总书记说：党的十八大以来，我们所做的一切工作，就是要把以毛泽东、邓小平、江泽民、胡锦涛同志等领导的党中央开创和发展的伟大事业坚持好、发展好。[①] 2012年11月29日，在参观《复兴之路》展览时，习近平总书记说：实现中华民族伟大复兴就是中华民族近代以来最伟大的梦想，是每一个中华儿女的共同期盼。[②] 实现中华民族伟大复兴首先要朝两个奋斗目标去努力：在中国共产党成立一百年时全面建成小康社会，这是中国梦的第一个宏伟目标；在中华人民共和国成立一百年时建成富强民主文明和谐的社会主义现代化国家，这是中国梦的第二个宏伟目标。

领导干部要树立文化自信，首先要认真学习习近平总书记的系列讲话，善于把握中国特色社会主义道路以及我们的奋斗目标对中华文明发展延续的价值和意义。只有在历史的长河中看到我们所做事业的文化意义，领导干部才会真正懂得，中国特色的社会主义道路植根于中华文化沃土、反映中国人民意愿、适应中国和时代发展进步要求，有着深厚历史渊源和广泛现实基础，中国特色社会主义道路显示出社会主义的活力，更显示出中华文明的生命力。领导干部才会自觉把党的最高纲领和最低纲领统一起来，做到既要树立共产主义远大理想、坚定信念，以高尚的思想道德要求和鞭策自己，更要脚踏实地地为实现党在现阶段的基本纲领而不懈努力，坚定不移地走中国特色社会主义道路，扎扎实实做好现阶段的每一项工作，把个人的追求融入党和人民的事业续发中，为民族和人民的根本利益而不懈奋斗。

第二，在中华民族思想独立性的自觉中坚定自信。

黑格尔在《法哲学原理》序言中提出过一个著名命题：“凡是现实的都是合理的，凡是合理的都是现实的”。恩格斯在《路德维希·费尔巴哈和德国古典哲学的终结》指出：黑格尔的哲学中包含着辩证法的合理内核，虽然他本人并没有明确意识到这一点。黑格尔揭示出这样一个道理：凡在人们头脑中是合

① 习近平：《在纪念毛泽东同志诞辰120周年座谈会上的讲话》，《人民日报》，2013-12-27。

② 习近平：《实现中华民族伟大复兴是中华民族近代以来最伟大的梦想》，收入《习近平谈治国理政》，北京：外文出版社，2014年版，第36页。

理的，不管它和现存的、表面的现实多么矛盾，都注定是要成为现实的。历史是人类经济生产方式发展的必然趋势，也是人类理性思维发展的必然结果。文化的发展离不开人类思维的陶冶和精神指引。

2016 年 5 月 17 日，在哲学社会科学工作座谈会上，习近平总书记指出："中华民族有着深厚文化传统，形成了富有特色的思想体系，体现了中国人几千年来积累的知识智慧和理性思辨。这是我国的独特优势"。[①] 文化自信需要对中华思想有自觉自信。

中国思想的诞生并不比西方晚，自古就有十分独特的思想。与中国文明起源相应，在距今 5500 年左右就有比较成熟的思想产生，到距今 4000 年左右的时候，已经形成比较高级的理论形态，形成了"八卦"与"五行"等不同的思想传统。与中国文化发展大势相一致，中国历史上曾经涌现出许许多多的思想高峰。

毛泽东十分重视中国思想的连续性。1938 年 10 月，在党的六届六中全会上所作的政治报告《论新阶段》中，毛泽东就提出并阐明了"马克思主义在中国具体化"的科学命题，指出"马克思主义必须和我国的具体特点相结合并通过一定的民族形式才能实现。"[②] 他说："我们这个民族有数千年的历史，有它的特点，有它的许多珍贵品。对于这些，我们还是小学生。今天的中国是历史的中国的一个发展；我们是马克思主义的历史主义者，我们不应当割断历史。从孔夫子到孙中山，我们应当给以总结，承继这一份珍贵的遗产。"[③] 在 1940 年 1 月的《新民主主义论》中，毛泽东进一步阐明了中国共产党对于传统文化的基本观点：为什么要吸收中国古代的文化遗产？一方面，"清理古代文化的发展过程，剔除其封建性的糟粕，吸收其民主性的精华，是发展民族新文化提高民族自信心的必要条件"。另一方面，"中国文化应有自己的形式，

---

① 习近平：《在哲学社会科学工作座谈会上的讲话》，新华网，2016－5－17。

② 毛泽东：《中国共产党在民族战争中的地位》，收入《毛泽东选集·卷 2》，北京：人民出版社，1991 年版，第 534 页。

③ 毛泽东：《中国共产党在民族战争中的地位》，收入《毛泽东选集·卷 2》，北京：人民出版社，1991 年版，第 533－534 页。

这就是民族形式。民族的形式，新民主主义的内容——这就是我们今天的新文化。"① 马克思主义之所以能在中国生根发芽，开花结果，同中国马克思主义者善于运用中国传统思想资源密切相关。中国传统思想既构成了马克思主义在中国传播和发展的重要思想基础，又成为马克思主义中国化的思想桥梁。

2016 年 5 月 17 日，在哲学社会科学工作座谈会上，习近平总书记指出：中华文明历史悠久，从先秦子学、两汉经学、魏晋玄学，到隋唐佛学、儒释道合流、宋明理学，经历了数个学术思想繁荣时期。中国古代大量鸿篇巨制中包含着丰富的哲学社会科学内容、治国理政智慧，为古人认识世界、改造世界提供了重要依据，也为中华文明提供了重要内容。近代以来特别是改革开放以来，中国在经济、政治和世界文明交往等领域所走过的独特路径，丰富了世界现代化进程的探索内涵，也丰富了人类精神生活的内涵。它们是发展社会主义先进文化的深厚思想基础，是建设中华民族共有精神家园的重要支撑。②

习近平总书记说：领导干部要善于从博大精深的中华优秀传统文化找到我们在世界文化激荡中站稳脚跟的根基，又要善于从中华民族在近代以来民族独立解放斗争中的思想成果，以及改革开放以来的思想成果中吸取精神营养。习近平主席指出：牢固的核心价值观，都有其固有的根本。抛弃传统、丢掉根本，就等于割断了自己的精神命脉。③ 但同时也指出，像长征这样用充满理想和献身精神、用意志和勇气谱写的人类史诗已经成为中华民族精神生活的经典。"长征迸发出的激荡人心的强大力量，跨越时空，跨越民族。长征精神，已经深深融入中华民族的血脉和灵魂，成为社会主义核心价值观的丰富滋养，成为鼓舞和激励中国人民不断攻坚克难、从胜利走向胜利的强大精神动力。"④ 不但如此，"我们党在领导革命、建设、改革长期实践中独立自主开拓前进道路的探索和实践精神，是我们党全部理论和实践的立足点，也是党和人民事业

① 毛泽东：《新民主主义论》，收入《毛泽东选集·卷 2》，北京：人民出版社，1991 年版，第 707 页。

② 习近平：《在哲学社会科学工作座谈会上的讲话》，新华网，2016－05－17。

③ 习近平：《培育和弘扬社会主义核心价值观》，收入《习近平谈治国理政》，北京：外文出版社，2014 年版，第 164 页。

④ 习近平：《在纪念红军长征胜利 80 周年大会上的讲话》，新华网，2016－10－21。

不断从胜利走向胜利的根本保证”。[①] 领导干部要认识到中国马克思主义与中华优秀传统文化的密切联系，领会到追求每个人的自由全面发展、追求社会公平正义、追求全人类解放这些社会主义核心价值理念，是中华优秀传统文化精髓在当代中国的具体体现。它是国家和民族最持久、最深层的力量，是国家和民族的精神追求，是区别于其他国家和民族的特性。这种特性是我们之所以不走西方资本主义道路而走中国特色社会主义道路的精神基因，也是我们今天不会迷失方向的重要保证。

第三，在与世界其他文明交流的理念自觉中坚定自信。

当今世界，人类文明发展方向面临选择，世界并不平静。领导干部如果没有对中国关于世界文明发展方向以及文明交流基本原则的高度自觉自信，是很难面对日益复杂的国际形势的，也很难在国际矛盾斗争中跟习近平同志为核心的党中央站在一起。

自古以来，中华文化就强调，人类只有对生命本性有所彻悟，才能彰显宇宙整体生命的意义。“唯天下至诚，为能尽其性；能尽其性，则能尽人之性；能尽人之性，则能尽物之性；能尽物之性，则可以赞天地之化育；赞天地之化育，则可以与天地参矣。”[②] 中华文化中的“天下”观念与西方文化有很大的差异。中华文化的“天下”是一个以“民心”为凭借、可以无限延伸扩大而连续展开的文化—生活空间。荀子说：“取天下者，非负其土地而从之之谓也，道足以壹人而已矣。”[③] 意思是：得到天下，不是夺取他人的土地并使之服从自己，而是说对人性的开创示范作用得到了认同。中华文化推崇“以德服人”“协和万邦”的王道，反对唯我独尊、唯利是图的霸道。中华文化主张“和而不同”，对自己独特的生存和发展方式有自觉自信，同时对与自己不同的文化方式抱欣赏和肯定的态度。儒家认为，万物并育而不相害，道并行而不悖。道家认为，事物的多样性甚至会表现出极端对立的特点，但就是在这种对立中才显示出事物统一的深刻性，事物的多样性才使宇宙充满活力。佛教认为，从缘起关系来看，任何事物都相互依存，一即一切，一切即一，都是真如的显现。

---

① 习近平：《在纪念红军长征胜利80周年大会上的讲话》，新华网，2016－10－21。

② 《礼记·中庸》。

③ 《荀子·王霸》。

对某一事物可能会有成千上万种不同的认识，而且会有成千上万的理由去选择成千上万的行为方式，这些方式都是平等的，其中是相互包容的关系，只有以“我不入地狱，谁入地狱”的胸襟，才能推进问题的解决。

在近代以前，中国与周边长期维持着一种以华夏文明为核心，以文化的扩展范围为边界，以朝贡方式作为维持秩序手段的文化共同体。在距今5000多年前，黄帝统一炎黄和九黎部落，使黄河中下游流域产生更加密切的联系，为华夏文明形成和发展奠定第一块基石。商周时期，华夏已经成为处理中原与周边关系的重要概念，任何外来族群，只要认可中原农耕文明支撑的文化，就会被纳入主体民族。周礼主张，天子身份的获得主要来自“德性”，天下的构建方式应当采取“中心向外扩散”的结构，即由天子所处的文化中心，向外逐次扩散的“同心圆结构”。

《史记》给中原的周边民族专门立有《匈奴列传》《南越列传》《东越列传》《朝鲜列传》《西南夷列传》。在司马迁看来，华夷各民族都同源共祖于黄帝，蛮夷与华夏是你中有我、我中有你的关系。夷夏之别主要是不同民族的文明发展程度的差别，不是民族属性的分别。《史记》还立有与中原王朝有交往的国外民族《大宛列传》。文中记述了西域诸国的物产风情，着重写了张骞两次出使西域的经过，展示了汉王朝同西域各国的微妙关系，说明中国与西域诸国有着悠久的经济和文化交流的历史，存在着政治和人员的往来关系。在叙事中，司马迁对汉武帝派张骞打通西域，努力控制河西走廊，维护中国的统一和强大，促进汉朝和中亚诸国间的经济文化交流，给予肯定，但也含蓄地表达了对汉武帝不顾国力，武力无限征服异族的批评，说明他主张处理“对外关系”要采用“柔以服远”的政策。

秦汉以后，中国的版图不断向外扩张，但在古代中国的大部分时期，国家边界的概念是模糊的，凡是认同主流文明基本价值观的外来族群，即使他们有自己独立的政权，都会被接纳并融入到华夏民族当中。中华民族与周边世界独特的“华夷秩序”曾经是世界文明史上一道独特的文化景观。

近代以后，西方列强逐步打破了东方的“华夷秩序”，也动摇了中华文化与世界其他文明交流的理念。在相当长的时间内，中华民族的生存权、发展权成为迫在眉睫的头等大事。为了救亡图存，中国人民进行过不屈不挠、前仆后继的斗争，涌现出许多永垂史册的志士仁人和英雄豪杰。在反抗帝国主义的伟大斗争中，中华民族的自我意识实现了巨大凝聚与高度升华。毛泽东对中华民族的民族精神作过高度概括：“我们中华民族有同自己的敌人血战到底的气概，有在自力更生的基础上光复旧物的决心，有自立于世界民族之林的能力。”①

毛泽东认为，中华民族要对人类文明做出自己的贡献，首先是中华民族要实现完全的独立和解放。这就是“中国必须独立，中国必须解放，中国的事情必须由中国人民自己作主张，自己来处理，不容许任何帝国主义国家再有一丝一毫的干涉”。② 新中国建立以后，为了使新中国真正成为一个独立的国家，中国坚持在平等互利和互相尊重领土主权的基础上同各国建立新的外交关系。即使在向苏联社会主义国家“一边倒”的特殊时期，毛泽东仍强调在同苏联的交往中不能放弃自己的独立主权和民族尊严。同时，中华民族也深深懂得，“己所不欲，勿施于人”（《论语·卫灵公》），“己欲立而立人，己欲达而达人”（《论语·雍也》），坚决不欺负不压迫世界上的其他国家、其他民族，与世界人民一道，反对霸权主义，维护世界和平。1974 年 2 月，毛泽东提出划分三个世界的战略思想，把美国和苏联划为第一世界，日本、欧洲、加拿大等国家为第二世界，亚非拉三大洲的 120 多个发展中国家为第三世界。主张加强中国同第三世界国家的团结友好和合作，维护世界公平和正义。改革开放以来，中国坚持在和平共处五项原则的基础上，建立和发展同世界上一切国家的正常关系，相继实现了中美、中日、中苏关系完全正常化，与亚非拉许多国家建立了外交关系，提高了中华民族的国际地位。

随着我国经济快速发展，中国的发展道路得到越来越多人的理解和认同，中华文化的作用和影响引起世界更大关注，但同时也给我们带来了维护世界和平大局所面临的新挑战。2011 年，中国政府提出关于人类发展的“命运共同体”新理念。2012 年，这一理念被正式写入党的十八大报告。十八大以来，习近平总书记多次强调要用命运共同体的理念观察和处理中国自身及外交问题。2015 年 9 月 28 日，在第七十届联合国大会上，习近平总书记指出“‘大道之行也，天下为公。’和平、发展、公平、正义、民主、自由是全人类的共

① 毛泽东：《论反对日本帝国主义的策略》，收入《毛泽东选集·卷 1》，北京：人民出版社，1991 年版，第 161 页。

② 毛泽东：《在新政治协商会议筹备会上的讲话》，收入《毛泽东选集·卷 4》，北京：人民出版社，1991 年版，第 1465 页。

同价值，也是联合国的崇高目标。当今世界，各国相互依存、休戚与共。我们要继承和弘扬联合国宪章的宗旨和原则，构建以合作共赢为核心的新型国际关系，打造人类命运共同体”。人类命运共同体理念坚持国家独立自主，坚持和平发展，坚持文化多样性，渗透中华文化的精神追求，凝聚着近代以来中华民族追求独立解放的宝贵经验，表达了中国追求和平发展和为世界福祉贡献力量的决心。这样的理念，恰恰是今天全球治理最需要倡导的精神指引。领导干部对这样的理念应该有坚定的信念，应该高度关注国际经济政治秩序治理的进展，解决思考如何努力提升国家合理主张的制度化能力的路径，争取为人类文明的发展做出更大的贡献。

中国文物特性与东方文化遗产保护体系的建立

李颖科

（陕西省社会科学界联合会党组书记）

迄今为止，中国文化遗产保护体系和方法大多移植西方基于石质材料特性的遗产保护理念和方法，而中国文物特性、国人文化观念、审美情趣、思维方式等均不同于西方，因此，构建具有中国文化特性的文化遗产保护利用体系，探索一条符合中国国情的文化遗产保护利用之路，已成为我国文化遗产保护利用工作的重中之重。本课题拟从六个方面来构建基于中国文化特性的文化遗产保护体系，以真正建立起具有中国特色的文化遗产学的学科体系、学术体系和话语体系，以便于在世界文化交流大格局中，更好地贡献中国智慧和中国方案。

一、构建中国文化遗产保护体系的必要性和重要性

（一）构建东方文化遗产保护体系是传承优秀文化、培育社会主义核心价值观的核心支撑

党的十八大以来，习近平总书记就加强文化遗产工作做出了一系列重要论述和工作指示，并着重强调了加强文化遗产保护对弘扬传统文化、培育社会主义核心价值观的重大意义。文化遗产资源承载着中华优秀传统文化的思想精华和道德精髓，蕴含着一个民族所特有的精神价值、思维方式和创造力、生命力、想象力，不仅是中国优秀传统文化的物质载体，也是培育社会主义核心价值观的重要源泉。保护文化遗产就是弘扬民族精神标识、维系民族精神家园，将为凝聚民族共识、实现中华民族伟大复兴提供精神文化支撑，为弘扬社会主义核心价值观提供弥足珍贵的文化资源和历久弥新的精神财富。

（二）构建东方文化遗产保护体系是促进经济社会可持续发展，提升国家文化竞争力的重要保障

文化遗产资源所蕴涵的影响力能够转化为现实的文化生产力和竞争力，对

于满足人民群众日益增长的精神文化需求，发展文化产业和旅游业，促进经济转型升级均具有重要作用并日趋发挥越来越大的贡献，是社会综合发展的重要支点、无形资产和稀缺资源。同时，文化遗产资源是中华文明传播发展的不朽见证和互通桥梁。在当下世界都在反思国家治理理念之际，中国要塑造中国形象、讲述中国故事、提出中国主张、贡献中国智慧，提升国际话语权，谋求中国在国际文化竞争中的主导地位，首要任务就是为世界文化注入“中国元素”，而文化遗产资源势必在国际文化竞争格局中承担重要战略使命。

（三）构建东方文化遗产保护体系是破解当今中国文化遗产保护难题，指导新时期文化遗产事业发展的战略需求

《威尼斯宪章》是目前国际通用的文物建筑及历史遗址、遗迹的保护原则，但它忽视了以中国为代表的东方文化遗产的特性，剥离了文化遗产所处的自然环境与人文环境。长期以来，由于受西方文化遗产保护理念的影响，中国没有形成符合自身特性和客观规律的文化遗产保护体系，往往使文化遗产保护工作与实际要求失之偏颇，其结果使大量理应得到有效保护的文物古迹没有很好保护，使一些不应损毁的文物古迹遭到破坏甚至消亡。因此，加快构建具有中国特色的文化遗产保护体系，是当今中国乃至东方文化遗产保护发展要解决的首要问题。伴随着《国家“十三五”文化遗产保护与公共文化服务科技创新规划》《国务院关于进一步加强文物工作的指导意见》《关于实施中华优秀传统文化传承发展工程的意见》等系列政策的实施，更是将文化遗产保护上升到国家战略高度，对探索中国文化遗产保护体系建设、加强落实文化遗产保护工作提出了新目标和高要求。

（四）构建东方文化遗产保护体系是加强中国文化遗产对外交流与合作，共同探寻人类文明可持续传承的时代使命

面对世界各国主动参与国际间文化遗产交流与合作的发展趋势，我们有责任和使命建立一套以中国文物特性为基础的，具有现代意义、科学、严谨、实事求是的东方文化遗产保护体系，深入挖掘文化遗产资源的文化、艺术、科学和经济价值，切实有效指导中国乃至东方文化遗产保护工作。并以此为突破，加强中国文化遗产的对外交流与合作，积极推动文明古国真正走向世界，探讨世界文化遗产保护所面临的共同问题，寻求人类文明可持续传承的有效途径，成为做好人类文化遗产保护工作的重要组成部分，以共同促进全球文化遗产保

护事业的大发展。

二、构建中国文化遗产保护体系的理论依据

（一）文化发展的客观规律

文化发展是一个扬弃和创新的过程，每一个时代的文化总是在继承前一时代的文化精华并剔除其糟粕，同时再融入本时代新的文化成分而不断加以创新发展起来的。文化遗产作为文化的物化表现，其发展也必然是一个扬弃和创新的过程。例如，就可移动文物而言，无论是青铜器、瓷器、陶器还是金银器、玉器等，一个时代的器物形制总是在继承前一时代优点特长的同时不断加以创新和发展；就不可移动文物来说，一幢古建筑或一座古塔，其外在形式和风格也是在继承和创新的过程中发展变化的。文化遗产本身的发展如此，其保护也应如此。换言之，对任何一种文物古迹的维修保护，应根据其本身的特性及现存的实际情况，采取局部或整体加固措施，特殊情况下，为了使其更好、更长久地留存于世，也可改变其原有结构或材质加以维修保护。

（二）东方文物的固有特性

中国文物以建筑物和大遗址构成最主要的类型，而砖木、土木结构建筑体系又是中国古代建筑的主体。由于砖木、土木结构建筑体系具有相当灵活的调节机制，因此能够在统一的构筑体系中，针对不同地区的自然条件进行灵活的调节，形成多元的构筑形态和有机的建筑形象。但是，不同于西方国家以石质结构为主的古建筑，如古希腊、古罗马时期的一些神庙、宫殿，具有不易破损、保存时间长等特点，砖木、土木结构建筑材料又是极易毁损的材料，它较之石质材料在强度和耐久性上都要差，容易糟朽、变性、风化、流失、受虫蛀。另外，构件的榫卯连接也降低了结点处的强度。因此，对砖木、土木结构建筑而言，造成破坏的原因有屋顶渗漏、基础非均匀沉降、长期荷载作用以及地震、虫蛀、自然风化、水土流失等，经常性的维修和对毁损构件的替换是必不可少的。因此，中国乃至东方的文化遗产保护应当采取有别于西方以石质材料为主要建筑构件的保护理念和原则。

（三）主客体有机关系辩证

辩证唯物主义认识论告诉我们：主体与客体之间不仅是反映和被反映的认识关系，更为重要的是改造和被改造的实践关系。主体在改造客体的过程中认

识客体。从主体与客体的有机联系，尤其是从主体对客体的能动性角度来说，我们在保存文化遗产“原真性”的同时，要积极发挥遗产保护工作者的主观能动性，更不能割裂客体与主体的有机联系，使文化遗产与遗产保护者处于相互隔绝、彼此孤立的状态。遗产保护者不应该目睹文物古迹日渐遭受风吹雨淋、自然风化和人为破坏而无所作为，人为地延误或丧失制止遗产损毁、破坏恶果出现的有利时机，而要坚持科学发展观，切实发挥主动性和创造性，不断增强做好新时期文化遗产保护工作的责任感和使命感。

（四）中国传统审美意识

文化遗产原真性是衡量文化遗产的表现形式和文化意义的内在统一程度。而中国文化遗产的主要表现形式则是“意”与“象”的统一，且“遗产的场所精神比物质实体更重要”[①]。意象、意境作为中国古典美学的重要范畴，体现了中国文化遗产在类型、布局、形制、设计上都渗透着传统的哲学和美学意识。特别是在建筑实践和造园实践上，文化遗产更多地表现为追求艺术表现的情景交融。人们通过亭台楼阁、山池花树所形成的整体布局、精巧配置，体会其中所蕴含的诗情画意。这种事物的表现形式与表现意义的内在统一，正是中国传统文化背景下文化遗产价值的核心意义和内容之所在。另一方面，正所谓“得意忘象”，在思维方式上，中国传统文化在审美主体上具有整体把握、直观领悟和模糊性的特点。古建筑的持续维修“整旧如新”甚至重建，均可满足人们的审美愿望。相反，建筑物经风雨剥蚀而致的残缺，因重要历史原因形成的废墟，远不能表达中国人深层的审美意识——“通天达人”的完美。

（五）中国传统思维方式

冯友兰曾指出，不同于欧洲哲学思想强调区别的逻辑性特点，中国哲学则“偏爱无区别”，强调“用直觉得到的概念”，而这正是“中国哲学和西方哲学之间的根本区别”[②]。李约瑟也曾指出，与西方近代科学思想以机械论为代表的分析论不同，“机械论的世界观在中国思想中简直没有得到发展，中国思想

---

① 阮仪三，林林：《文化遗产保护的原真性原则》，《同济大学学报（社会科学版）》，2003 年第 2 期。

② 冯友兰：《中国哲学简史》，涂又光，译，北京：北京大学出版社，1985 年版，第 13 页。

家普遍持有一种有机论的观点”①。二者都表明了中西思维范式上的差异。近代西方的科学思维要求对任何事物必须经过实证分析和逻辑论证的过程，才称得上真正被认识，这决定其迥异于中国传统思维方式的特质。此外，西方近代的科学思维方式是在对自然现象观察实验的基础上发展起来的，也决定中西文化思维方式的根本区别。在中国古代，政治伦理问题才是社会文化的核心问题，这种政治人文现象显然是不同于自然现象的。在这种典型政治伦理型文化主宰下的思维方式，肯定不同于西方在自然科学主导下发展起来的思维范式。因此，以西方思维方式为特征的文化遗产保护体系作为保护中国乃至东方的文物遗产的根据，究竟在多大程度上还能保存中华民族文化遗产的真粹而不丧失，还有待科学审视。

（六）中国传统价值取向

中西方的价值取向是两类典型的精神家园。在中国的价值取向中，精神特质是合人性的，以社会人生为主题，目力可及，范围有限，可以从容设计、精心安排，即使不一定特别美好，也属实际实用之类。中国人的兴趣不在“浩瀚的宇宙、孤独的人类”宏观理论问题上，而在于“过好自己的日子”。而西方民族的精神家园，其精神特质是合神性的，以“上帝之城”为依托，俯视人世间的事情，精神追求既是超俗的指向上帝和天国，又是世俗的指向自然与社会，以证明人在世间的价值，获得上帝的恩宠。这种中西方价值取向上的差异，必然导致以价值为发轫的文化遗产保护看法、态度会各自迥异，相去甚远。

三、构建中国文化遗产保护体系的事实依据

（一）世界文化遗产保护理念难以契合东方文物特性

西方古代建筑大多都采用石质材料，尽管有一定的风蚀现象，但露天保存状态良好且可做残损保存；并且由于历史形态、审美价值取向和文化氛围的不同，遂形成了以西方文物特性和环境为基础的西方文化遗产保护理念。在此理念的影响之下，逐步构筑起当今以西方文化遗产保护理论、方法为基础的世界文化遗产保护体系框架。例如，《威尼斯宪章》是以意大利学派主要观点为基

① 李约瑟：《中国传统科学的贫困与成就》，《科学与哲学》，1982 年第 1 期。

础而形成的对文物建筑保护理念和原则的历史总结；《奈良文件》是对以欧洲为中心的遗产保护理论和方法的有益补充；《圣安东尼奥宣言》是在美洲文化背景下提出对文化遗产保护理念的理解，是对《奈良文件》的进一步深化和补充；《西安宣言》也是基于之前的文化遗产保护理念，对历史建筑、古遗址和历史地区的环境进一步提出了评估、管理和保护的办法、建议和操作指南。

从20世纪60年代的《威尼斯宪章》到2005年的《西安宣言》，每一个宪章都是对文化遗产保护内涵的一次扩展，反映了人们对文物遗产保护的新认识和世界范围内文物遗产保护理念的发展，逐步形成以西方文物保护理念为核心的世界性文化遗产保护体系。这套在国际上达成共识的文物遗产保护体系所产生的积极作用是不容否认的，但它忽略了东西方文物特性的差异，更多适用于欧洲古代石构建筑文物的特点。中国建筑在用料、结构、形式、装饰等各方面都跟欧洲建筑有很大差别。因此，东方的砖木、土木结构古建筑，不可能像希腊、罗马那样保存古建筑残址。而且，由于古代大部分建筑物的结构材料和装饰材料都是非永久性的，结构方法是装配性的。如要修复，也很难做到像西方那样，将新修的部分标明修缮的时间，与原物保持明显的分界，称之“留白”。砖木、土木结构建筑不是西方的砖石建筑，让残柱露天很快就会墙倒屋塌，彻底毁掉，从而也就谈不上任何保护，故而东方的砖木、土木结构古建筑只能作为一个整体来修复。另一方面，在中国、日本等东方国家的传统价值观中，文物遗产的物质性和精神性是统一的，甚至重内在意蕴而轻外在表现。因此，东西方在文化遗产保护问题上必然存在着不同的理解，集中表现在对遗产价值和与之相关的信息的判断上。由此可见，中国乃至东方文化遗产建筑的保护方法与以《威尼斯宪章》为导向的世界文化遗产保护体系在本质上是有偏差的，并不适用于中国以及东方文化遗产保护的实际情况。

（二）东方文化遗产保护典型案例

1. 古代东方的文化遗产保护案例

（1）雷峰塔

公元10世纪雷峰塔由吴越国王钱俶始建，原计划修百丈十三层，由于财力有限，只建了七层。北宋宣和年间方腊农民起义，塔身受到重创。到南宋庆元年间，雷峰塔得以重新修缮，砖砌塔身从七层减为五层，形制为平面八角形，且塔身外围新建了木构搪廊。

（2）大雁塔

大雁塔是唐永徽三年（652）玄奘为保存由天竺经丝绸之路带回长安的经卷佛像而主持修建的，最初五层，后加盖至九层，再后层数和高度又有数次变更，最后固定为现存的七层塔身。大雁塔之所以能够历经1300多年的风风雨雨，至今仍旧巍然耸立在古城西安，根本原因就在于明代维修保护时在其外围加固了一层砖。

2. 近当代东方文物保护案例

（1）黄鹤楼、汉宣帝杜陵

近当代东方文化遗产保护典型案例主要有两类。一是古代建筑景点的恢复，如武汉黄鹤楼；二是大遗址保护，如西安国家重点文物保护单位汉宣帝杜陵的保护，以生态环境建设促进陵墓保护。

（2）日本伊势神宫

伊势神宫是日本神道教最神圣古老的神道场所，始建至今大约已有1300年时间之久。按照传统祭祀习惯和依照造替制度，伊势神宫每隔20年要焚毁重建，称神宫式年迁宫。虽然迄今已翻新重建了62次之多，但宫殿建筑总是保持着40年以下的传统风格，完好保持了奈良时代的建筑式样。

从以上案例可以看出，深受中国及东方文物特性、传统审美意识、思维方式、价值取向等影响，以“重修庙宇，再塑金身”思想为代表的东方传统古建筑修缮观，重视对古建筑使用价值和象征意义的维护。这对今天文化遗产保护工作来说，在某种程度上仍然有着积极的借鉴意义。但还应看到，传统修缮观是所谓的“以古为荣”思想，对古建筑的始建年代、重建年代、重修年代、传说年代等概念模糊，总是试图通过文献记载来证明现存建筑建造年代的久远，把“恢复原状”当成文化遗产保护的最高标准。这种追求“焕然一新”“完美无缺”的古建筑修缮与保护理念，与现代意义上把古建筑同样看作古董，珍视其所包含的历史信息和意义的文化遗产保护思想是有区别的。

四、构建中国文化遗产保护体系的研究方法

（一）对比分析法

对比分析法是把客观事物加以比较，以达到认识事物的本质和规律并作出正确的评价。在对比分析中，往往选择时间标准、空间标准、经验或理论标

准、计划标准等对所比较的客观事物作出客观的评价。通过从东西方文物的特性、材质、空间位置、历史风俗、民族心理特点等不同角度的对比、分析、评价，探索东方文化遗产的保护方法和理论体系。

（二）田野工作法

田野工作（field-work）又称为田野调查、现场调查、实地调查，是一种在各个学科里被广泛应用的方法。运用田野工作，对研究文化遗产与社会文化变迁、环境演变、群体审美意识、民族风俗等方面的关系都有很大帮助，也有助于认识东方文化遗产保护理念和保护方法的异同。

（三）个案研究法

利用东西方各国不同时期、不同地域、不同风格，具有典型特征的文化遗产，进行个案研究、归纳、评价，分析其原因，明晰其态势，总结其规律，构建有针对性的文化遗产个案保护与利用体系。

五、构建中国文化遗产保护体系的价值系统

（一）核心价值

中国文化遗产的核心价值在于其所彰显的中国性、东方性和世界性。中华文明绵延数千年，文化遗产承载着华夏民族的历史渊源、发展脉络和独特创造，可以凝聚和打造强大的中国精神和中国力量。无论是道路自信、理论自信、制度自信，还是文化自信，都要从弘扬中国文化遗产和中华传统文化中寻找精气神。另一方面，中国作为一个享誉世界的文明古国，对东方各国文化的形成和发展都产生过重要的影响，是全人类共有的精神财富。因此，置于人类共有精神财富的坐标系中，中国文化遗产同样具有世界普遍文化意义，将成为解决人类共同难题的思想宝库。

（二）经济价值

文化遗产是历史上经济形态、经济体制、经济机制的真实见证，其当代的经济价值则主要体现在旅游和文化产业开发等方面。一方面，文化遗产是得天独厚的旅游资源，在保持文化遗产可持续发展的前提下开发旅游业，可最大化地、有效地转化为当地全面发展的软实力，带动当地经济和文化的同步发展，实现经济增长模式的良性发展。另一方面，文化遗产是中华传统文化的载体，能够带动文化经济发展，并以此为依托构建具有民族特色、地域特色的文化产

业，产生新的经济增长点。此外，旅游业、文化产业可持续发展，又会进一步带动交通、餐饮、住宿、购物等多个行业的发展，增加就业、改善民生，产生长久性的综合经济收益。

（三）文化价值

文化遗产向人们展示了每一个社会发展阶段生产、生活、娱乐、信仰的特色，是一个国家历史文化演变的见证、社会发展的浓缩，能够比较全面地反映不同时代的政治经济制度、社会活动和文化特点，其文化价值可以从器物、秩序、艺术、宗教、精神等各层面体现出来。特别是不少文化遗产由于其作为直至今日所能见到的很少的、甚至唯一的携带准确而真实的重大史实信息的历史遗存，而具有无法估量的文化价值。另一方面，文化遗产是展示民族文化和地域文化的橱窗。经过长期的历史积淀，文化遗产往往形成了独特的建筑风格、园林景观、装饰形制等文化氛围，物质文化和精神文化内容丰富，可以从各方面向人们传递丰富的特色文化信息。

（四）社会价值

文化遗产的社会价值主要是通过对社会产生精神影响而实现。通过文化遗产的有效保护及展示，对于弘扬、传承中华民族的优秀文化，进而提高人们对文化遗产保护工作的关注度，扩大文化遗产的社会影响力，使民众自觉参与到文化遗产保护的工作中来具有无可替代的意义和作用，能够提高人们对国家的归属感和民族认同感。此外，文化遗产的社会价值还体现在满足精神需求和发挥宣传教育功能等方面。例如，一些文化遗产能够满足人们陶冶情操的鉴赏需求；一些文化遗产历史与环境交相辉映，可以成为当地居民便利的休闲场所；另外还有一些文化遗产能充分发挥爱国主义基地的宣传教育功能，对培育民族精神，增强民族自豪感和凝聚力等具有重要意义。

（五）科技价值

文化遗产可以从不同角度反映不同时代的科技水平和生产力水平，具有技术史和科学史的价值。通过研究文化遗产，可以了解当时社会的生产力发展水平和科技水平。例如，不同时期出土的纸质文物，反映了该时期造纸原料、技术、设备等状况，从中可以分析造纸技术不断发展变化的进程；而一处文化遗迹或古建筑、石窟寺，其科学价值则往往表现在多方面，包含了不同的科学技术信息。特别是现存的许多工程类文化遗产，运用到大量居于当时世界领先地位的科学技术，部分先进技术和科学原理甚至沿用至今，充分展示了古代人民对科学技术的认知和创新，彰显了文化遗产的科技价值。

（六）环境价值

文化遗产的环境价值突出表现在生态文明建设和景观优化美化上。文化遗产与环境是一个有机的统一体，文化遗产都处在一定的环境之中，二者之间有着内在的联系和外观的统一，互为依托，交相辉映，形成一个形象的整体和完美的景观。文化遗产保护离不开对文化所处环境的整体保护，而通过对文化遗产依存环境的保护、生态修复和景观优化，有利于保障文化遗产所在地空气清新、水质优良、植被覆盖，对于发挥文化遗产的生态效能，提升自然环境、优化景观氛围，加强生态文明建设都具有独特的现实价值。

中国文化遗产是承载华夏文明的基石，见证着原汁、原味、原生态的中国文化。保护文化遗产就是要留住文化根脉，守住民族之魂。当今中国，文化遗产保护事业内涵正在逐渐深化，文化遗产保护的要素、类型、空间、时间、性质、形态等各方面都在发生着深刻变革。这要求遗产保护工作者要积极响应当代文化遗产保护发展的时代诉求，并始终以中国文物特性作为我国文化遗产保护研究与实践的根本落脚点，探索、构建一套契合中国文化本色和现实发展需求的东方文化遗产保护体系，立足重构遗产环境、活化遗产内涵、拓展遗产产业、创新遗产管理和彰显遗产价值五大基本要素，为中国乃至东方文化遗产可持续发展提供源源不断的生命力，同时也为讲好中国遗产故事，塑造中国遗产品牌，为国际文化交流、竞争大格局中的世界文化遗产保护事业贡献中国特色的“遗产智慧”和“遗产力量”。

六、构建中国文化遗产保护体系的主要内容

当今中国文化遗产保护，正面临着前所未有的机遇与挑战并存的局面，特别是“包括遗产产业在内的文化产业蓬勃发展，为文化遗产事业发展创造了新的机遇，同时也带来了新的挑战、压力和风险”。[①] 为了探索符合中国国情的文化遗产保护体系，遗产保护工作者们开展了大量的理论研究和工作实践，积

① 徐嵩龄，等：《文化遗产的保护与经营：中国实践与理论进展》，北京：社会科学文献出版社，2003 年版。

累了丰富的经验，提出了若干值得探讨的保护理论。我们应该尊重文化遗产的多样性，在学习、借鉴国外先进思想和技术的同时，在保护实践中不断开拓、探索、构建符合自身文物特性、历史传统、艺术价值和国情的科学的文化遗产保护策略和完整的保护体系。

现当代文化遗产保护要向“混合遗产”“动态遗产”保护方向发展，重视文化遗产“点”“线”“面”的全方位保护。[①] 我们要立足中国国情，按照“基础在环境，核心在文化，发展在产业，保障在制度，目标在价值”的总体思路，通过遗产环境、遗产内涵、遗产产业、遗产管理和遗产价值的保护、重塑来构建中国与东方文化遗产保护体系的核心内容。

（一）文化遗产本体保护

1. 无论是砖木、土木结构文物建筑，对它的维修保护可采用新科技、新材料、新方法、新工艺，力求以最先进的科学技术使文化遗产得到有效保护。

2. 在维修大遗址过程中，无法按照原貌来进行还原时，可以改变它原有结构、形态、用材，使其所表征的历史信息得以重现。

3. 历史上的建筑和物件，即使完全不存在，只要有历史根据和史料支撑，可以在原址重建。

4. 对不可移动文物保护，不仅要开展抢救性保护，还要加强文物日常养护巡查和监测保护，重视岁修，减少大修。

（二）文化遗产环境保护

1. 良好的环境依存状况是文化遗产保护的前提和基础，保护文化遗产环境就是保护好文化遗产所依存的整体环境。也就是说，文物古迹的保护对象要从文化遗产本体扩大到对其环境及环境所包含的一切历史的、社会的、精神的、习俗的、经济的和文化的活动，实现“从躯体到灵魂的保护”。

2. 保护文化遗产必须对其尚存的地形、水体、建筑物及树木等周边环境进行坚决保护，同时还要考虑与外围环境的有机联系，保护有特色的自然风光和生态景观。要把文化遗产保护纳入生态环境建设，以生态环境建设促进文化遗产保护工作，以文化遗产保护工作提升生态环境的文化内涵。

① 单霁翔：《从“文物保护”走向“文化遗产保护”》，天津：天津大学出版社，2008 年版。

（三）文化遗产内涵挖掘

1. 针对体现中华文明独特魅力的典型性文化遗产，开展多视角、多维度、多层次的价值挖掘，阐述文化遗产背后的故事，突出文化遗产的历史、艺术和科学价值。

2. 落实“互联网 + 文物”战略，把互联网的创新成果与文化遗产保护、传承、创新、发展深度融合，挖掘和拓展文化遗产蕴含的历史、艺术、科学内涵和时代精神。

3. 完善以大遗址、遗址城市、遗址村落、遗产廊道、历史街区等不可移动文化遗产和可移动文化遗产为产品基因的文化遗产谱系，重点创新“中国数字遗产”产品，健全中国文化遗产的实体谱系和数字谱系，彰显文化遗产的文化内涵。

（四）文化遗产产业激活

1. 实施“文化遗产 +”融合战略，构建文化遗产 + 产业（生态、旅游、科技、文创、体育、商贸等）和文化遗产 + 支撑（服务、消费、环境、内容、营销等）的文化遗产产业体系。

2. 围绕文化遗产教育、文化遗产文创产品、文化遗产素材创新、文化遗产动漫游戏、文化遗产旅游等方面，打造“互联网 + 文化遗产”的融合型文化产品。

3. 文化遗产保护必须考虑社区居民的利益，积极引导公众参与文化遗产的保护开发，带动区域旅游产业、文化产业及相关产业的发展。

（五）文化遗产制度再造

1. 文化遗产保护是一个牵一发而动全身的系统工程，需要量化文化遗产保护工作的考核指标体系，建立联席领导工作制和文化遗产保护责任终身追究制，组建专家咨询委员会等，强化文化遗产保护工作的协同管理。

2. 通过各级财政资金优先保障文化遗产保护工作。同时鼓励社会参与文化遗产保护，利用公益性基金等平台，采取社会募集等方式筹措文化遗产保护资金。

3. 加强与综合性大学的人才联合培养工作，共同培训能胜任文化遗产保护勘察、规划、设计、维护、管理等各方面工作需求的综合性和专业性人才。

（六）文化遗产价值重塑

1. 针对中国文化遗产开展多视角、多维度、多层次的价值挖掘，重点研究中国文化遗产的中国性、东方性、世界性。

2. 对传统生态哲学价值回归的基础上，注入“创新、协调、绿色、开放、共享”时代内涵，实现文化遗产价值的重塑、传承、创新和发扬。

3. 建立以中国文化遗产标识为导向的世界文化遗产价值传播体系，塑造中国文化遗产保护理念品牌，形成以中国为主导的国际文化遗产保护共识，打造“世界文化遗产保护命运共同体”。

文明互鉴六论

李　浩

（西北大学中国文化研究中心暨汉唐文学研究院教授）

一、引言

互鉴就是用几个镜子交互对照。唐太宗李世民说："以铜为鉴，可以正衣冠，以人为鉴，可以知得失，以史为鉴，可以知兴替。"（《新唐书》卷一一〇《魏徵传》），可见，唐太宗懂得用铜鉴、人鉴、史鉴三个镜子来多角度多层次借鉴，这是一个雄才大略政治家的互鉴。晚唐诗人温庭筠在小词《菩萨蛮（小山重叠金明灭）》中描写一位贵族女性的早妆说："小山重叠金明灭，鬓云欲度香腮雪。懒起画蛾眉，弄妆梳洗迟。照花前后镜，花面交相映。新贴绣罗襦，双双金鹧鸪。"这是说一个贵族女性用"前后镜"对自己体态的互鉴。

2014 年 3 月 27 日，习近平主席在联合国教科文组织总部演讲时指出："文明因交流而多彩，文明因互鉴而丰富。文明交流互鉴，是推动人类文明进步和世界和平发展的重要动力。"这是说各个民族各个国家各种文明之间的互相交往交流。

目前，关于这一思想的讨论比较多，但很多人将此理解为外交理念、外交观，也有人认为这是国际文化交流的准则。我认为这不仅仅是习近平重要的外交理念，更重要的是习近平的文明观和文化观，这一文明观如从纵向的维度来理解，可以从历史、现实、未来三个面相切入。如从横向的维度思考，至少可以从以下几个方面进行阐释。目前纵向维度讨论的文章较多，故本文侧重后一方面即横向维度的论述。

二、"文明互鉴"的逻辑展开

一是文明互鉴哲学论。文明互鉴的哲学基础是既要认识自己，又要了解世界。认识自己很重要，在哲学史上曾经作为一个时代的命题，认识自己也是不断的、逐步的，故能形成省思成果的历史和传统，但自我的认识毕竟是单向的。这就需要了解周边、了解世界、了解宇宙中其他文化和文明的样态，别人的省思成果和历史，这种文明成果宏观的有天体学、天文学、地质学，中观的有政治学、社会学、艺术学，微观的有分子学、细胞学。

对自我的省思体现着认识的深度，对世界的了解体现着认识的广度。人类认识的结晶体呈金字塔形，既深且广，纵向的高深与横向的广大构成了一定的比例关系。

文明互鉴是与过去西方世界居于主流地位的“文明冲突”“文明对抗”“零和博弈”等相对立的新文明观，因为这些文明观都有自我中心的印痕，也容易陷入自我认知保护的壁垒和模式。西北大学彭树智先生几十年来倡导“文明交往理论”，实际上强调的是对周边的世界要互相往来，彼此交流。著名社会人类学家费孝通讲：“各美其美，美人之美，美美与共，天下大同。”其中都包含着文明互鉴的思想。

二是文明互鉴国策论。文明互鉴思想是文明交流史上的基本事实，但作为一个执政党的领导人，习近平对文化交往和文明互鉴的反复强调，并将其与新丝绸之路与一带一路建设相呼应，显然不是一种权宜之计，而是长远的国策。如将其理解为一种国策，那么相关的政治、文化、宣传、教育、经济部门就应该迅速跟进，调整话语，而不是各唱各的调，各迈各的步。

三是文明互鉴历史论。从人类文明史的演生来看，互鉴的史实和例证不胜枚举，故这里也不多赘述。丝绸之路史实是支撑文明互鉴的历史依据，“一代一路”是文明互鉴的新实践。

著名学者汤用彤先生借用文化人类学有关文化移植的前沿成果应用于中国古代思想文化层面，他认为外来文化与本地文化接触必须经过冲突与调和的三个阶段，才能在本地生根。他以印度佛教的中国化为例来说明外来文化必须经过很大改变才能适应本地文化，也才能被移入国内并广泛接受，这样的互鉴其实就是文化的双向交流。

四是文明互鉴价值论。按照知名学者袁行霈的说法，文化在双向交流过程中，达致的是“双向馈赠”的效果。在古代社会，丝绸和瓷器进入欧洲的同时，丝路贸易也带来了西方的香料、首饰、金银器，引进了石榴、胡桃、胡椒、胡萝卜，明清以来又引进了土豆、玉米、西红柿、辣椒等物种，不光是改变了农产品布局，而且影响了商业和金融，刺激着人口的增长，进而影响着社会的变革。近代以鸦片战争为前导的贸易，除了政治军事外交上的种种纠葛外，也让我们见识了西方的钟表汽车和坚船利炮。现代特别是改革开放以来的当代，随着加入世贸组织，特别是近十年来以互联网、物联网为载体的新型贸易，对人类文明交往特别是对中国文明交往的深远影响，迄今没有得到充分的和积极的肯定。

五是文明互鉴生态论。和而不同与文化多样性的原理："物之不齐，物之情也""和实生物，同则不继""君子和而不同，小人同而不和"等理念，包含着中华文明朴素的哲学思想，揭示了多样性是事物的本来面貌，并存共处是天地万物生发之道。《礼记·中庸》："辟如四时之错行，如日月之代明，万物并育而不相害，道并行而不相悖。"

六是文明互鉴发展论。英国历史学家汤因比在《历史研究》一书中探讨了各种文明的起源、生长、衰落和解体的机制。他认为文明的起源在于"挑战与应战"；文明的生长在于"精神的自觉与自决"；文明的衰落在于"自决能力的丧失"；文明的解体在于"社会体的分裂与灵魂的分裂"。新文明的发展和创造是在多种文明的交流交往和冲突中不断得到更新的。《诗经》中说："周虽旧邦，其命维新。"维新既是自我的调整变化，也是与周边环境、外部世界的互动交流。与时俱进，方能永葆生命力的健康发展。

三、小结

习近平总书记在谈到中国哲学社会科学的发展时还说，要"不忘本来，吸收外来，走向未来"，这是对文明互鉴思想的另外一种学理表述。

文明互鉴是文明交往史上的一个基本认知，基本共识，但知易行难，我个人认为，落实这一理论的重点和难点，其实并不是知（即理论研究），而是行（即践履实行）。

中国文化与中国传统文化

——如何认识中国传统文化

方　铭

（北京语言大学教授）

近些年来，我们不断听到对“中国传统文化”互相对立的评价，事实上，我们之所以会产生对中国传统文化各种矛盾的认识，就是缘于我们把“中国传统文化”与“中国过去的文化”“中国古代的文化”“中国固有的文化”划了等号。因此，在进行国学教育活动中，我们首先应该准确定义“中国传统文化”的内涵，区分“中国传统文化”和“中国文化”的不同。

准确地说，“中国文化”内容应该包括“中国过去的文化”“中国古代的文化”“中国固有的文化”，甚至包括“20 世纪的中国文化”，其时间的跨度和地域的宽度可以无限延伸，其内容可以能涉及各个方面，有道有器，有粗有精，有伪有真。但是，“中国传统文化”就其本义而言，只应该是中国“传承道统”的文化，也就是那些传自轴心时代而体现人类文明方向的核心价值，是“载道”的文化。讨论国学教育问题，我们应该分清作为知识的专业国学教育和作为培养共同价值观的国学教育的区别。对于非专业从事中国文化研究的人来说，学习国学文化，应该突出重点，抓住核心，紧紧围绕着“传承道统”这个中心，既可以节省学习者精力，又可以防止对中国传统价值观的多样性理解。

如果把“中国传统文化”严格限制在“载道”的区域，就要树立“道统”之传自孔子这个基本常识。如果在孔子之外寻求“道统”，显然是舍本逐末。

孔子所倡导的中国传统文化，其核心价值，以“天下为公”为基本出发点，其内容可以分为三个层次：简而言之，即孔子所谓“恕”，即把一切人都看作是平等的主体；扩展而言，即孔子所谓“忠恕”，“忠”为尽己之道，“恕”为推己之道，有尽我所能的责任，有推己及人的立场；如果再扩展，就是“忠恕”“均平”“仁惠”，“忠恕”是个体行为准则，“均平”是社会运行原则，“仁惠”是国家的基本立场。如果能以“天下为公”为基本出发点，以忠恕、均平、仁惠为核心价值，个人有“忠恕”德行，社会运行贯彻“均平”原则，国家能有全心全意为人民服务的“仁惠”情怀，国学教育的目的就达到了。

建立在“天下为公”基本出发点上的忠恕、均平、仁惠思想，完全包容法国大革命以来西方近代的文明成果——自由、平等、博爱思想，而内涵则更为丰富和深刻。如果仔细考察，发现其具有五个明显特征：一是萌芽和生长在中国的文化，这是主体性特征；二是被中国人长期坚守的文化，这是传承性特征；三是符合人道主义原则的文化，这是普遍性特征；四是符合人类文明方向的文化，这是世界性特征；五是可以作为建构未来的文化，这是永恒性特征。这五个特征，既保证了中国特色，又保证了与人类文明的同一性。

《论语·雍也》载，子贡曰：“如有博施于民而能济众，何如？可谓仁乎？”子曰：“何事于仁，必也圣乎！尧、舜其犹病诸！夫仁者，己欲立而立人；己欲达而达人。能近取譬，可谓仁之方也已。”《论语·颜渊》载，子曰：“出门如见大宾，使民如承大祭。己所不欲，勿施于人。在邦无怨，在家无怨。”《论语·卫灵公》载，子贡问曰：“有一言而可以终身行之者乎？”子曰：“其恕乎！己所不欲，勿施于人。”“忠”是正心诚意，敬业守信，是尽己之道；“恕”是“己欲立而立人，己欲达而达人”，“己所不欲，勿施于人”，是推己之道。我们平常所说的“良心”，就包含在“忠恕”之中。

《论语·季氏》载，孔子曰：“求，君子疾夫舍曰欲之而必为之辞。丘也闻有国有家者，不患寡而患不均，不患贫而患不安。盖均无贫，和无寡，安无倾。夫如是，故远人不服，则修文德以来之；既来之，则安之。今由与求也，相夫子，远人不服，而不能来也；邦分崩离析，而不能守也，而谋动干戈于邦内。吾恐季孙之忧，不在颛臾，而在萧墙之内也。”“均平”不仅仅是财富公平，也包括政治权利的公平，宋代革命者所提出的“均贫富、等贵贱”的革命主张，就是根植于孔子思想的。“远人不服，则修文德以来之”，既是处理国内不同族群和不同阶层之间应该尊奉的原则，更是建立世界和平新秩序的不二门径。

《礼记·礼运》说：“大道之行也，天下为公。选贤与能，讲信修睦。故人不独亲其亲，不独子其子，使老有所终，壮有所用，幼有所长，鳏寡孤独废疾者有所养，男有分，女有归。货恶其弃于地也，不必藏于己；力恶其不出于身也，不必为己。是故谋闭而不兴，盗窃乱贼而不作，故外户而不闭，是谓大同。”大同之道就是均平之道，就是公平之道，就是公正之道。郭店楚简《唐虞之道》说：“尧舜之行，爱亲尊贤。爱亲故孝，尊贤故禅。孝之方，爱天下之民。禅之传，世亡隐德。孝，仁之冕也。禅，义之至也。六帝兴于古，咸由此也。爱亲忘贤，仁而未义也。尊贤遗亲，义而未仁也。”中国古代家庭伦理的孝悌观念，也是以天下为公为最高原则的。《唐虞之道》又说：“虞诗曰：‘大明不出，万物皆暗。圣者不在上，天下必坏。’治之至，养不肖。乱之至，灭贤。”虞诗是虞舜时代的诗歌，“举贤”和“养不肖”，“鳏、寡、孤、独、废、疾者有所养”，体现了孔子赞扬的尧、舜时代具有的平等思想所包含的文明高度，这也正是我们今天和未来所要实现的目标。

《尚书·尧典》说唐尧曰：“钦、明、文、思、安安，允恭克让，光被四表，格于上下。克明俊德，以亲九族。九族既睦，平章百姓。百姓昭明，协和万邦。黎民于变时雍。”尧亲睦九族、百姓、万邦，就是践行仁惠之德。《论语·公冶长》云：“子谓子产有君子之道四焉：其行己也恭，其事上也敬，其养民也惠，其使民也义。”《论语·宪问》载：“子路问君子。子曰：‘修己以敬。’曰：‘如斯而已乎？’曰：‘修己以安人。’曰：‘如斯而已乎？’曰：‘修己以安百姓。修己以安百姓，尧舜其犹病诸。’”《论语·尧曰》载，子张问于孔子曰：“何如斯可以从政矣？”子曰：“尊五美，屏四恶，斯可以从政矣。”子张曰：“何谓五美？”子曰：“君子惠而不费，劳而不怨，欲而不贪，泰而不骄，威而不猛。”子张曰：“何谓惠而不费？”子曰：“因民之所利而利之，斯不亦惠而不费乎？择可劳而劳之，又谁怨？欲仁而得仁，又焉贪？君子无众寡，无小大，无敢慢，斯不亦泰而不骄乎？君子正其衣冠，尊其瞻视，俨然人望而畏之，斯不亦威而不猛乎？”子张曰：“何谓四恶？”子曰：“不教而杀谓之虐。不戒视成谓之暴。慢令致期谓之贼。犹之与人也，出纳之吝，谓之有司。”“仁惠”建立在公平公正的基础上，节用而爱人，善待人民，全心全意为人民的服务，就是“仁惠”的具体表现。

有人认为，中国近代社会的衰落，就说明中国传统文化是没有生命力的。实际上，以孔子为代表的中国传统价值观具有普适性，是放之四海而皆准的真理。可惜的是，自汉代以来，我们中国古代社会的种种弊病，以及近代的衰

落，都是因为没有真正贯彻“天下为公”之道，没有真正按照轴心时代孔子所阐述的政治理想的完整体系去建设我们的政治文化，没有真切地贯彻忠恕、均平、仁惠的价值观，而是常常把主要精力放在剥削和压迫国内人民的目的上，导致在中国漫长的历史进程中，治乱轮替。“治世”必然是或多或少地贯彻了孔子思想的时代，而“乱世”必然是在实践中完全违背了孔子思想的时代。因此，拯救乱世的时候，革命者必然以恢复孔子为代表的中国传统政治思想为号召。《荀子·子道》说：“入孝出弟，人之小行也；上顺下笃，人之中行也；从道不从君，从义不从父，人之大行也。”在中国历史上，一些可以改变历史进程的人没有能在“从道”和“从义”上下功夫，这才导致了中国近代社会的衰落。

朱熹《中庸章句序》说：“盖自上古圣神继天立极，而道统之传有自来矣。”《朱子语类》卷十七说，“道理至广至大”，因此，道统之传不仅仅是“言忠信，行笃敬”，如果仅仅是“言忠信，行笃敬”，“则自汉唐以来，岂是无此等人”。也就是说，道统之传在汉唐以后，就打了折扣。卷十三说，“学者当常以‘志士不忘在沟壑’为念，则道义重，而计较死生之心轻矣”，“人须是有廉耻。孟子曰：‘耻之于人大矣！’便是羞恶之心。人有耻，则能有所不为。……人言今人只见曾子唯一贯之旨，遂得道统之传。此虽固然，但曾子平日是个刚毅有力量、壁立千仞底人。”学习国学，是为了建设具有文明价值的核心价值观，这就需要全社会完整地领会中国传统文化的核心价值观，树立“能有所不为”的“知止”观，做一个坚持中国传统“刚毅有力量，壁立千仞”的人。

论中国文化的两个传统

张茂泽

（西北大学中国思想文化研究所教授）

建设中国社会主义，是前无古人的伟业，必须传承人类一切优秀文化。2017 年 1 月 25 日，中共中央办公厅、国务院办公厅下发《关于实施中华优秀传统文化传承发展工程的意见》，文件对中华文化优秀内容进行分类，提出它包括核心思想理念、传统美德、中华人文精神三大部分。如果从历史发展过程说，这些优秀文化内容也可以划分为不同历史阶段的优秀内容。我们也可以说，既有古代的优秀文化传统，也有近现代的优秀文化传统。我们传承发展中华优秀文化，不能只讲古代而不及近现代，或者只讲近现代而忽略古代；我们更不能将古代传统和近现代传统割裂甚至对立起来，用古代反对近现代，或者用近现代否定古代。因为这两个传统分别代表了中国文化在古代和近现代的不同阶段；它们虽然因为历史条件不同，而在内容上有所不同，反映了不同历史阶段的特征，但两者的基本内容，如核心思想理念、传统美德、人文精神等方面，又一脉相承，一以贯之，有机统一，构成中华优秀文化整体，浓墨重彩描绘了中华文明史主线。准确认识中华优秀文化中的这两个传统，正确处理两个传统的关系，无疑有助于我们更科学、更全面地传承发展人类优秀文化，完成中国社会主义建设的光荣历史任务。

一、古代传统和近现代传统

大约在 5000 年前的黄帝时代，华夏先民在远东大陆的黄河流域，发明舟车、蚕桑、文字等，可谓中华文明大创造的时代，中国文化从此孕育诞生。此后，经历夏、商、周、秦、汉、三国、魏晋南北朝、隋、唐、五代、两宋、元、明、清，朝代虽然不断更替，但以中华民族共同体、汉语言文字、农业立国、国家大一统、中道思维、丰富历史典籍等为代表，数千年间，中华文化持续不断发展，从未中断自然发展进程，由此成为从原始社会开始，持续绵延发展至今的代表性人类文化。到1840年近代来临时，中国文化已经雄踞远东大陆，疆域辽阔；农业发达，人口众多；形成了以汉族为主体、多民族共居的格局；哲学、宗教、艺术、科技、道德、制度等自成系统，礼仪之邦，文质彬彬，成就影响深远的礼乐文明传统；多民族统一国家逐步形成和巩固，留下了小生产条件下大国治理的丰富经验和教训等。

从鸦片战争开始计算，我国近现代史只有一百多年，但也经历了抵抗外侮的鸦片战争，以及洋务运动、维新变法、辛亥革命、建立民国、追求科学民主的五四新文化运动、抗日战争、解放战争、建立中华人民共和国、改革开放、全面深化改革等，中华民族终于从落后挨打困局中走出来，目前正为建设国家富强、民族振兴、人民幸福的中国梦而努力奋斗。政治上，建立了民主共和国，确立了人民群众当家作主的社会主义政治经济制度。经济上，小生产大部分已经变成了社会化大生产，工业化成就巨大，中国从农业国变成全球制造业中心，高铁、智能手机、互联网引领世界。在文化上，建立了现代自然科学、社会科学、人文学科体系，归纳、演绎方法结合，形式逻辑和辩证思维结合，历史和逻辑统一，让中国人具备了认识世界和自身的“科学慧眼”。建立起完善的现代教育体系，让中国人普及和传承科学文化知识有了坚固的平台和畅通的渠道，等等。

在国人艰难求索、艰苦奋斗进行近代化和现代化的社会实践基础上，我国古代的优秀文化和接触到、学习到的欧美优秀文化相结合，促使我国社会加速转型，形成了近现代的中华文化新传统。

中国近现代文化传统内容也很丰富。如团结起来、振兴中华的传统；如不断革命、不断改革以进行现代化建设的传统。目前来看，中华文化最大的近代化或现代化成绩，或者说中华文化最主要的近现代传统是，我们经过学习西方文化和传承发展古代文化的反复辩难、大规模实践，最终找到了不同于欧美的中国近代化或现代化道路。在近现代历史上，我国虽然落后挨打，革命占据了大半段时间，但中华民族在团结起来、振兴中华的旗帜下，经过不断革命和改革，最终走上社会主义道路，并已经取得了巨大的文明建设成就。

中国道路的主要特点是，落后国家或发展中国家的现代化道路和西欧、北美不同。具体内容有：

第一，经过艰苦探索，成功走出了一条小农经济向社会化大生产转型的社会主义经济发展道路，这就是中国特色的经济现代化道路。包括中国的工业化道路、农村城镇化道路、国家和市场关系道路等。1840 年时，相比西欧发达国家，我们可谓贫穷落后，没有现代工业。经过一百多年的发展，目前我国的 GDP 总量高居世界第二，形成了门类齐全的工业制造体系，成为全球制造业中心。中国经济现代化道路的独特性已经引起世界关注。

美国联邦储备银行高级经济学家、清华大学文一教授著《看得见的手——政府在命运多舛的中国工业革命中所扮演的角色》[①] 一文，从经济学角度探讨邓小平引爆中国工业革命的秘诀。他认为，工业化从来就不是自由放任的小农市场经济的产物，而是重视经济发展的政府利用国家和市场两个力量，主动不断进行产业升级的结果。过去我们认为西欧现代化完全是市场经济的产物，文一教授不赞成。他认为国家、政府在现代化中必须发挥相应作用。

文一教授强调中国现代化和西欧现代化的相同处，我想从中西文明不同的角度强调其相异处。中国现代化道路，乃是西欧现代化道路之外的另外一种模式，即在落后国家进行现代化的模式。所谓落后国家，就中国而言，其基本国情是，不仅生产落后，而且国家独立，人口众多，农业传统深厚，政府和人民紧密团结，同心同德，万众一心，主动适应世界发展潮流，紧跟不断变化的形势，进行现代化探索，并最终走向了成功。这个模式，是不需要羊吃人运动，不需要向外征战，建立殖民地，让殖民地输送黑奴劳工、各种矿物资源、提供市场，而主要是对内改革，解放思想，改革体制，解放生产力，调动广大劳动群众的主动性、积极性、创造性；对外开放，学习外国先进经验，平等互惠，和平发展的结果。目前，借助“一带一路”建设，本着和平合作、开放包容、互学互鉴、互利共赢原则，为建立世界各国“合作共赢的新模式”，建设“和谐共存的大家庭”[②] 而进一步努力。

第二，经过近代反复革命、改革，成功走出了一条从古代专制集权、家天下，向现代民主集中制转型，变成公天下、人民群众当家作主的社会主义民主

① 观察者网，http：//www. guancha. cn/WenYi2/2017_ 02_ 06_ 392730. shtml。

② 习近平：《在“一带一路”国际合作高峰论坛开幕式上的演讲》，http：//news. china. com/news100/11038989/20170514/30522538. html。

政治发展道路。目前还在全面深化改革，加强德治与法治建设，完善我们的政治体制，使它完全适应全面而深入的现代化的需要。相信社会主义民主建设必将进一步推进，人民群众的生产生活能分享到更多的民主法治现代化红利。

中国道路在政治经济关系上的一个显著特点是，国家用政治力量引领、推动经济现代化，经济界用社会化大生产方式、空前丰富的生产产品等现代化成果奠基、支持国家政治发展的互动模式。

第三，经过中体西用、全盘西化等近现代的探索、摇摆，摸索到了古代思想文化现代化的道路，即去粗取精，去伪存真，学习全人类一切优秀文化成果，综合会通，创造社会主义新文化。我国古代宗法礼乐文化、儒释道思想、诸子百家、诗词歌赋等，以及一切外国先进的科技、思想、艺术、管理等内容，都成为社会主义新文化的资源。伴随着社会化大生产的进行，世界市场支持着世界历史的书写，传统民族的、区域的文化，逐步向着现代“全球村”的、全人类的文化转型。比如，我们现在的电影，主要是三分天下，即从题材看，古典式、近代革命式、外来好莱坞式。这从一个侧面展现了我国现在的文化面貌，即传统和近现代结合、中国和外来文化并存的基本特征。未来社会主义的文化模式，应该就在这种和而不同、兼容并包的氛围中，在中西古今文化的结合中诞生、出世。这样建设成功的社会主义文化，一定既是中华民族的，远东大陆的，有东亚性，也是全人类的、全球的，有世界性。

二、两个传统的异同

中国文化的古代传统和近现代传统的关系是，一方面有不同，差别很大，不容混淆、等同，另一方面又在中华文明发展进程中历史地连接为一体，相辅相成，不可分割。这两个方面我们都要注意。

从相异一面看，有这样几点：

第一，存在形态或固定或未定。古代传统已经固定成型，成为历史，不会再改变。而我国现代化正在进行，尚未完成，还没有完全形成人类近现代化的新模式。这意味着，中国文化的近现代传统还没有成型，还在变化中，需要我们在现代化实践中努力建设，充实、丰富近现代传统的内容。对古代传统，我们除了认识、理解外，除了运用历史学成果，从中寻找历史借鉴外，我们不能对古代传统本身进行实质的改变。近现代传统还在路上，它最终成为什么样子，有赖于我们现在怎么认识它、对待它，取决于我们如何努力建设它，充实、丰富它的内容。故我们对近现代传统，不仅要科学地认识它，总结其经验教训，尤其还要凭借理想信念，抱有责任感和使命感，努力建设它，用具体的建设成就和经验充实丰富其内容，最终完善它。总之，我国古代文化传统是成型的、成熟的文化传统，近现代是历史转型的、还不成熟而正在形成的文化传统，需要我们进一步努力建设它、塑造它。

第二，离我们或远或近。古代传统离我们远而间接，近现代传统离我们近而直接。我们就处于实践、参与、亲知着近现代的历史。稍微上点年纪的人，都亲身经历了现代化建设带来的社会巨变，带来的社会生产方式、生活方式的提升。相比起来，我们和古代就有一定的隔阂，感觉疏远。如我们用现代汉语，非专业人士对文言文多望而生畏。我们对古代传统，只能借助史学、考古学等成果的学习、研究，借助对古文物的发掘、展示、参观等，间接了解古代传统的内容。

第三，发展速度或快或慢。我国古代号称礼仪之邦，文明数千年延续繁衍，蔚为大观。但我国古代在农业小生产条件下，和近现代相比，生产力水平较低，财富积累较少，社会交往范围较为狭窄，交通不够发达，大范围交流困难，生活节奏缓慢，历史演进漫长，有学者甚至断定存在着停滞不前的现象。近现代则历史巨变，很快发生历史转型，不免让人眼花缭乱。一个人青年时代、中年时代、老年时代截然不同，甚至出现梁启超所谓今日之我与昨日之我战的情况。

第四，古今中西交融有不同。近现代传统中，旧的和新的交错，中学和西学并存。近现代大力学习欧美的经济社会化大生产方式，公司、政党、民间社团为主体的政治组织制度，自由、民主、平等的社会生活方式，绅士风度、情人节、圣诞节等，有点像孔子说的，“礼失而求诸野”。古代虽然也新旧交替，但维新模式占主导地位。虽然也学习外国文化，如引进印度佛教，引进外来的音乐、舞蹈，以及葡萄、石榴等，但并未带来社会性质的质变和历史阶段的巨大进步。所以，无论在规模形式上，还是在实质内容上，古代学习外来文化，都只是在古代的范围内引起量变，远不如近现代那样深受外来文化影响而发生全面的、深刻的、质的变化，即从古代小生产社会，变成社会化大生产的近现代社会。

从融会外来文化的结果看，我国古代学习汲取外来文化，如源于印度的佛

学，如沿着古代“丝绸之路”而来的中亚、西亚甚至欧洲文化，都取得了圆满的融合。结果是，外来文化在完成中国化任务后，完全成为了中国文化的一部分。近现代传统也汲取外来文化，但现在看来，外来文化，包括外来的科技、思想学说、宗教、艺术，以及制度、管理等，其中国化的历史任务远没有完成。我们学习外国先进文化还在路上。参照古代传统可知，继续坚持学习外国优秀文化，继续坚持外来文化中国化的历史方向，是发展、充实和丰富我国近现代优秀传统的必由之路。

第五，文化自信的内涵和程度不同。古代传统的生存发展状态是华夏光辉笼罩着我们，我们生产相对发达，民族国家统一，实力强盛，人们有高度文化自信，展示出中华文化的旺盛生命力。近现代传统是在欧风美雨吹打下，相比欧美发达国家，我们生产落后、制度落后、思想文化落后，如胡适所言，我们物质文化不如人，精神文化也不如人，人们缺乏文化自信，但依然能从困境中崛起，展示出中华文化在逆境中奋起的顽强生命力。我们的文化自信在近代遭受了严峻考验，有些人甚至变成了文化自卑。经过一百多年艰苦努力、团结奋斗，在取得巨大现代化成就的基础上，中华民族的文化自信又逐步恢复、重树着。

古代强大、成熟、典型，近现代弱小，但正强大着；不成熟，但在成熟着；边缘，非主流，但正在迈向中心、主流的道路上。近现代面临的条件要艰苦得多，国内外局势要复杂得多，民族国家危机要深重得多，可谓三千年未有之变局。变则强，不变则亡，维新派的言论说出了近现代中国人面临的基本形势。救亡图存，远超古代；问题成堆，多于古代；矛盾尖锐激烈，胜于古代；多方压力，强于古代；故近现代国人的潜力被挤压出来，爆发出远超古代的井喷式创造力，成果也超过古代。中国社会主义建设一旦成功，所取得的人类文明史意义的成就，必将不输于古代。

两个传统虽然有时代的不同，但又有历史的延续，故两者不可分割，更不能对立。

三、不能割裂两个传统

或许因为人们注意到古代传统和近现代传统的巨大差别，所以在传承发展中华优秀文化时，难免畸轻畸重，左右摇摆，其实质就是将两个传统割裂开

来，甚至对立起来。

举一个例子，不少同志讲国学，理解的就只是古代的儒释道、经史子集、琴棋书画等。这样理解本身并没有错误，但如果只是这样理解，对国学在近现代的转化发展完全不予考虑，在理解国学经典时，完全撇开近现代国人学习西方、化西学为国学的历史成果，如王国维的甲骨文研究、殷周史研究，郭沫若的先秦史研究，侯外庐的中国思想史研究，以及其他一些学者如冯友兰的中国哲学研究、钱穆的中国史研究，中华书局整理出版的系列国学著作点校本、商务印书馆出版的汉译世界名著丛书等，只是依据自己独特的社会人生感悟、经验直观，其科学性恐怕就有些可疑。

将这两个传统对立起来，不只在国学界，即使在其他领域，比如在企业、学校等社会组织中，也有表现。之所以如此，是因为在现实中，一方面，传统优秀文化传承不足；另一方面，确实有不少单位，不少工厂、企业、公司、学校、社团组织等，都是近代以来，甚至是现代才建立起来的。许多单位，讲自己的历史，最长也只讲到近代晚清时期。对这些单位的同志们来说，古代的历史很悠久，但和自己的厂史、企业史、学校史等单位的历史没有多少关系。所以，他们似乎可以不讲古代文化，照样能经营好工厂企业、办好学校。北京大学追溯自己的校史，到晚清的京师大学堂，1898 年创立，算是校史较长的高校了。他们称自己是近现代大学。办近现代大学，当然不如西方发达国家。为什么？他们的大学在中世纪，最早在 1088 年的意大利就出现了，即博洛尼亚大学，当时只有法律和医学两个专业，师生自愿组织，如当时的行会，独立于政府和教会。博洛尼亚大学在 1988 年欧洲 430 所大学校长签署的《欧洲大学宪章》中，被称为欧洲所有大学的母校，迄今办了近千年了。我们一百来年的校史，怎么和人家近千年的相比？这就导致我们现在的大学缺乏教育自信。所有大学都比不上人家，我们就不免产生大学自卑情绪，没有教育文化自信。但如果我们将大学史和古代悠久的教育传统结合起来，将近现代大学传统和古代大学传统结合起来，我们还会不会有自卑？我们古代有没有大学传统？大家了解我国古代教育史，很容易想到汉代出现的太学，西晋开始出现的国子学，后也称国子监，就是我国古代教育管理机构和最高学府。在思想上，《礼记·大学》保存了先秦高等教育的内容和思想，即三纲领、八条目。

这说明，古代文化在近现代确实发生了断层。小生产方式基础上的一些文化内容不适应近现代社会化大生产的需要，自然要被淘汰，可以理解。但只看见近现代而忘记了悠久灿烂的古代传统，或者只看见古代的辉煌灿烂而忘记了近现代的探索成绩，都不是对中华优秀传统文化的全面把握。

将古代和近现代两个文化传统对立起来，不仅在思维方式上不正确，不符合历史实际，而且还会在思想上、理论上导致一些困难。比如，如果将古代和近现代两个文化传统对立起来，中国文化5000年持续不断的发展就没有落实。中国古代悠久灿烂的文化就在近现代没有了历史发展前途，而中国近现代的革命和建设事业，中华民族的振兴，中国文化的复兴就缺乏古代文化的厚重支持。

为什么说两个传统不能分割、不能对立，从根本上说，是因为在历史事实上两者就是有机统一的，两个传统之间发生了具体的历史连续性联系，即古代传统在近现代也发生了近代化、现代化，发生了近现代转型，从而形成了近现代传统。正因为如此，才实现了中国文化5000多年持续不断的自然发展。近现代源于古代，近现代传统由古代传统发展而来。近现代传统本就是古代传统近代化或现代化的产物，近现代传统也只是古代传统在近现代发生现代化转型的表现。所以，我们认识古代传统，不能离开近现代传统的支持；我们要准确理解近现代传统的内容、性质和历史地位，决不能离开对古代传统的渊源、基础、背景地位的把握。应该本着古代传统以认识近现代传统，借助近现代传统以理解古代传统，使古代传统和近现代传统有机结合，符合从古代到近现代一脉相承的历史连续性，达到既认识到古代传统，又认识到近现代传统的文化自觉高度。只有这样，我们才算真正全面认识了中华优秀文化传统。

古代和近现代两个传统统一，才构成中国文化传统的整体。近现代传统是古代传统接近我们，落实到我们身上的中介、平台、载体。我们只能借助近现代传统，学习和参照近代学人对古代传统的解读，才能更好地理解古代传统，进而理解古代传统在近现代的历史演变，认识和把握文化传统传承发展的规律。如果说传统是我们的老师的话，那么，近现代传统就是我们最直接的授业恩师，而古代传统则是我们的师祖。

四、古代传统发展为近现代传统

古代传统发展为近现代传统，乃是近现代国人艰难求索、艰苦奋斗的创造性收获。有两个集中表现：（一）历史巨变。如小生产转变为社会化大生产，建立起现代工商业体系，使中国生产成为全球生产的一部分。这导致近现代礼仪制度也发生巨大变化，旧的慢慢衰落、废弃，如男耕女织的小生产方式，日出而作日入而息的生活方式，祭天、求神等的宗教仪式，旧的礼法制度等，都逐步退出历史舞台。（二）一脉相承，如民族构成、汉语言文字、忠孝、中道思维等。需要注意几种不同的情况。一是古代内容而有近现代新形式。一脉相承的内容，非古代传统原封不动，不是近现代照搬照抄古代的内容，而是有新的表达形式。如古代汉语变成现代汉语，繁体字变成简化字，文言文变成白话文。虽然都是汉语，但表现形式上有很大不同。二是古代内容而有近现代新阐发。如古代“天下为公”理念，在近现代获得科学社会主义理论的支持，而发展成为科学的社会主义理论。三是古代内容而有近现代新实践。一脉相承的内容，结合新的历史条件，体现更加充分。如古代有“天下为公，选贤与能”的理想，近现代社会化大生产条件下，让我们具备前所未有的历史条件，如具备了社会化大生产的物质基础，具备了社会主义经济制度、社会主义政治制度等保障，具备了共产党的领导、组织等，使我们能够在社会主义建设实践中最终实现这个理想。

可见，传承发展中华优秀文化，应注重两个传统的统一，既要传承发展古代优秀文化，也要传承发展近现代优秀文化。从两者没有间断的历史发展联系看，近现代传统从5000多年的古代文化传统中走出来，古代传统是近现代传统中国道路的古代渊源，近现代传统是古代传统现代化的产物。

从全人类和平发展角度看，从建立全人类命运共同体角度看，从打造“一带一路”看，近现代传统中的中国经验，亟待总结提炼。

必须注意，支撑起中国道路、中华模式的，是发达的经济生产。中国文化古代传统的基础，是发达的农业文明。即使晚清落后挨打时期，也养活了世界1/4的4亿人口。中国文化的近现代传统，农业文明向工业文明转型，小生产向社会化大生产转型，同时还养活了世界上人口最多的国民。2011年，我国耕地面积18亿亩多一点，国家规定的保护耕地红线就是18亿亩，大约占全世界耕地面积的7%（美国耕地面积1.97亿公顷，占世界耕地的比例是13.15%）。用7%的耕地面积，目前依然养活了世界1/5以上的人口。

晚清时期农业尚没有现代发达，耕地面积也要少很多，生产效率要低得

多。可以反推我国古代农业生产对中华文明在古代的辉煌成就，对古代文明顺利进入近代文明时期做出的巨大贡献，不可低估。重视生产，重视经济建设，是历朝历代的国策，尤其是改革开放以来进行现代化事业的基本政策。无论是古代传统，还是近现代传统，这都是核心内容。

从中国社会主义建设深入发展、世界各国现代化进一步进行角度看，我们有必要讨论近现代传统中的中国经验，供我国进行社会主义建设和其他国家独立自主发展借鉴。

中国经验是在现代化实践中，中华文化和外来先进文化相结合的产物，是中华优秀传统的进一步充实、丰富和发展。中国社会主义经济建设经验，是在向市场经济过渡中，主要不是从国外、从西方发达国家引入市场经济制度，而是结合国情，和体制改革一起，通过解放思想，用特区试点、逐步推广的办法，形成的一套社会发展道路模式。中国社会主义民主政治建设经验，指在向民主、法治过渡中，主要不是照抄照搬国外的政治制度，而是结合国情，进行政治制度革命、政治体制改革，逐步形成一套适应、维护和巩固多民族统一大国的政治发展道路模式。中国特色政治经济发展经验的基本内容，就是改革开放，凡是有利于社会生产发展、人们生活进步、民族国家和谐统一的，我们就大胆去做。社会主义新文化建设经验，指在向近现代文明转型过程中，在民主化、科学化转型过程中，我们不仅大力学习外国的先进经验，而且着力总结传承我们自己固有的建设经验；我们学习外国优秀的东西，不局限在学习某一个国家，而是所有国家的先进文化，我们都虚怀学习，充分吸收。外国近现代的要学习，古代的也要学习。总之，要学习外国所有的优秀文化内容。其次，我们学习外来优秀文化，要科学对待，准确理解，实事求是，决不能生搬硬套，邯郸学步，要运用外来优秀文化解决中国现实问题，满足广大人民群众日益增长的生产生活需要。这就要求我们，要结合传统的管理经验、学术积淀，逐步建立中国气派、中国特色的哲学社会科学、文学艺术等，形成中国文化发展道路模式。

还可以从古代我们喜欢提及的天人关系看近现代传统取得的中国经验内容。天人统一，人文化成，构成古代文化的核心内容。具体而言，指化天为人，进行社会生产活动。化人为己，见贤思齐，学习人家优秀的文化内容。化己为文，不断提高我们自己的科学文化水平，使自己达到文明高度。这“三化”中，近现代在前两点都取得了远超古代的成就。但在第三点，即化己为文上，在提高全民族科学文化水平上，离古代“华夏”的标准还有不小差距。

关于化天为人，即社会生产方面，我们现在的人口数量，是古代的至少3倍以上。但我们生产的财富，超过古代远不止3倍。古代我们大多为乡村生产产品，产品主要供我们自己使用、消费。现在我们为全世界70亿人生产产品。我们从传统手工业发展为现代制造业，建立了完备的制造业体系。联合国列举的制造行业，有500多个，只有中国是最齐全的，什么都能生产制造。Made in China，到处可见，行销全球。喜欢出国购物的同志们，买名牌，回来一看，大多都是Made in China。这不是近现代传统取得的最大成就吗?

关于化人为己，即学习外国优秀文化方面，我们也远超古代。古代学习外来文化，主要是学习外来宗教文化，如佛教中国化，也引进外来的经济作物、文化艺术等，但主要的内容，如农业生产、丝绸、陶瓷等，如礼乐制度，如诸子百家，根本上是我们自己创造的。近现代学习外来文化，范围广泛，内容深刻，可谓全面而系统的学习，从师夷长技，学习外国坚船利炮的制造，到工商实业、立宪政治制度、民主共和国，到科学、民主的思想文化，再到1949年以后的工业化、改革开放以来的市场经济建设，以及外国哲学社会科学的全面翻译、引进等等。以商务印书馆编辑出版的，由数代中国人不懈努力的“汉译世界学术名著丛书”为例，共408种，涉及哲学、历史地理、政治法律、经济等学科，比较全面地反映了“迄今为止，人类已经达到过的精神世界”，是近现代中国学习外国优秀文化的重要代表。

有了化天为人、化人为己这两点，就为我们化己为文提供了坚实基础，为我们化己为文的文化育人树立了高度的道路自信。不用说，中国道路，就是古代传统和近代传统有机统一的产物。只是这种统一现在还不能称为完善，还没有尽善尽美，还不能称为近现代的中华文化模式。为什么?因为对古代传统，我们还要学习、研究，要发掘其中的优秀内容，以便转化应用、传承发展。对近现代传统，我们还在建设中，还有新的内容层出不穷。同时，我们对近现代传统，也要进一步学习、研究，总结提炼，概括成为能知能行、能传播能推广的经验，以推动中华文明再创辉煌，为人类文明做出我们应有的贡献。

“认识论障碍”与儒家礼乐

龚建平

（西安交通大学人文学院教授）

一、“认识论障碍”的概念

法国哲学家加斯东·巴什拉在《科学精神的形成》一书中将西方哲学认识论和科学精神的形成看成并非是“获得一种实验知识，而是要改变实验知识，要铲除已经在日常生活经验中积累起来的障碍”①，这个障碍，就是所谓的认识论障碍。从中西哲学的发展来看，他所谓“认识论障碍”的概括简洁明晰，准确地反映了哲学追求必须超越的目标。

为什么会有认识论障碍呢？这是由人类的认识本身决定的。人们在看一个文献或作品时，对内容可能有很大不同乃至截然对立的理解。同样一座山，不同的人在其中发现了自己所希望发现的东西，而把其他的都忽略了。究其根源，是因概念除了有其指称外，还有其含义与解释，“指称是一致的，而解释却不同”。②

比如电话这个词，对于用户、话务员、工程师以及研究电话电流微分方程的数学家来说是完全不同的。在不同身份的人那里得到不同的反应。对于日常生活，人们或许并不一定要进一步追问其中的不同，但是，对于试图把握客观真理的科学或知识而言，就需要“努力从实际心理综合的角度把握科学的概念，即从演变的心理综合角度，为每个概念制定阶梯，指出一个概念是如何产生另一概念，如何与之相联系的。”如果我们放弃追求其中的联系，其实也就

① 加斯东·巴什拉：《科学精神的形成》，钱培鑫，译，南京：江苏教育出版社，2006年版，第14页。

② 加斯东·巴什拉：《科学精神的形成》，钱培鑫，译，南京：江苏教育出版社，2006年版，第13页。

放弃了科学的立场。

加斯东·巴什拉这个提法显然有其深远的西方哲学根源。从古代希腊哲学的“始基”的探源、柏拉图的理念概念，到根本怀疑感觉的可靠性乃至实在的真实性的怀疑主义；从洛克的第一、第二性质的区别到休谟所谓规律和知识只是“心理联想”，并无客观的事实与之相对应，因而，导致不可知论。直到综合经验主义和唯理主义的康德提出可知的是现象，本体不可知的结论，都可以看成是对消除“认识论障碍”上的悲观论者。不过，这里的障碍主要还是认识上的障碍，认识上的障碍会导致认识论障碍。当然包括认识者自身要克服的主观性和客观限制性，也包括由此而产生的主体之间理解的障碍。

所谓“认识论障碍”是指同一概念可以在不同人那里有不同的意义，它不仅包括同一指称可以由不同概念表达，而且包括同一概念可有不同涵义（或同一概念可以在不同人那里有不同的意义）。因此，对于科学精神而言，消除“认识论障碍”是基本的，最重要的。从近代认识论的意义上，就是主观如何达到客观的问题，所谓意识与物质的同一性问题。其实，也就是在是否可能彻底消除认识论障碍的问题上，古往今来的哲学家有不同的看法。怀疑论者、休谟和康德的不可知论，固然是对消除认识论障碍表示悲观。而柏拉图超越洞穴的哲学家、培根破除“洞穴”“种族”“市场”“剧场”等四种假相的思想，乃至马克思主义的实践检验真实学说和整个中国哲学，基本上是认识论障碍问题上的乐观主义者，他们认为真相是可知的。

如果深入追问导致“认识论障碍”的诸因素，并且不停留在近代认识论的层次和模式（主客对立的设准），而还要从中国古代和现代认识论的某些思想来看。那么，以今人眼光，自然包括习得性经验、认知模式、官能结构、乃至知行关系等都可能导致认识的差别。

二、古代儒家哲学中的“认识障碍”

不擅长认识论的中国古代哲学中，也认识到“认识论障碍”。不过，相比之下，道家所认识到的障碍主要属于认识的障碍，即认识对象存在着障碍。庄子曾经提出“心斋”的思想。他在《人间世》中说：“无听之以耳，而听之以心；无听之以心，而听之以气。听止于耳，而心止于符。气也者，虚而待物者也。唯道集虚。虚者，心斋也。”“符”即符合，指心总是追求内外、主客相

符合。而内在的心怎么可能和外在的物相符合呢？只有“气”无内外，无主客，没有自己的主体性，能够“虚而待物”，与物泯然一体。

庄子这个思想的根源在《老子》。老子说：“为学日益，为道日损。损之又损，以至于无为。”（《48 章》）“损”，即是要消除，去掉。老子还说“致虚极，守静笃。”（《16 章》）虽然，老庄并非是要达成科学认识，而是要通过修养与道为一，与天为徒，但是去除“认识论障碍”也是一个必要条件。而且，由于强调的不是知识论，而是修养论，所以，老庄修养的重心不是要在不同的解释和认知中找到可以沟通的根据或普适性条件，比如概念化和逻辑推理，而是要去除物欲和认识偏见、成见，以认识大道。它们当然是限制认识真相的一大障碍。虽然其中也有一些导致认识论障碍的因素，但道家并不强调主体间的沟通协调一致，因此，这个问题是可以暂且忽略的。

在庄子这里，“耳”象征感官，听到什么，必然取决于耳的结构和能力。耳朵不灵，或某些声音不符合耳朵的构造，它就听不到了。“听止于耳”就是说所听到的东西肯定是由耳朵的构造和结构所处的位置和角度等决定的。所以，诗人说“你听那花开的声音”，普通人怎么听也听不到的。孟子和庄子同时，他们的思维水平是同一个级别的。孟子说：“耳目之官不思，而蔽于物。物交物，则引之而已矣。”（《孟子·告子上》）

“心”则是思维的器官。庄子也主张用思维来超越感官可能的限制，才会说“无听之以耳，而听之以心”。这同样可以得到孟子的佐证。孟子说：“心之官则思，思则得之，不思则不得矣。”然而，庄子作为儒家的批评者，对作为思维器官的心的结构和能力同样持怀疑态度。故说“勿听之以心，而听之以气。”“气”在这里不是一般地指物质性的“气”，而是“精气”。

“精气”是什么，我们只能从“心”的限制性来看。“听止于耳，心止于符”，也就是说，“心”所要达到的是内外的符合一致。我们近代不是追求主客观相符合吗？可庄子为何还认为不够，还要超越“符”的阶段呢？因为，追求主客观的符合一致，至少是以假设主客相对立为前提的。即必须设准一个主，一个客，然后才有二者的符合一致问题。事实上，人在某种意义上既是主，而在另一面来看，他又是客，这种身份必然导致主客的符合一致是一种理想。

与庄子同时或稍晚的《管子·心术》说：“人皆欲知，而莫索之其所以知。其所知，彼也；其所以知，此也。”所谓彼、此，就是主、客。《心术》接着说：“不修之此，焉能知彼？修之此，莫能虚矣。虚者，无藏也。故曰去知则奚率求矣，无藏则奚设矣。无求无设则无虑，无虑则反覆虚矣。”所谓虚，就是心灵空虚无所保留，就能做到抛弃智慧，乃至什么也不追求；能做到空虚，就没有什么可谋划的了。不追求又不谋划就可做到无思虑，无思虑就回到虚的境界。又说：“虚其欲，神将入舍。扫除不洁，神乃（不）留处。……求之者，不及虚之者，夫正（圣）人无求之也，故能虚无。虚无无形谓之道，化育万物谓之德。”虚无无形与化育万物是其不同的两个方面。“气”或“精气”是修养才能达到的认识大道的条件。

从这里可以看到，中国古代道家的认识论是和修养论紧密联系的。他们最终追求的不是对外在对象性存在的科学认识，而是把握“道”。从一定意义上和“认识论障碍”的提出者初衷不同；但道家在对道的认识中似乎不自觉地意识到主客的永恒对立在认识论上是无法解决的。他们求解决的方式是修养论。既然是修养，就不仅是要超越感官或思虑的限制，且要不受欲望乃至人为活动的限制。

孔子也有类似思想。不过，儒家因注重人文道德，涉及价值问题，更直接地将认识与修养联系起来。《论语·子罕》记载：“子绝四：‘毋意，毋必，毋固，毋我。’”这四个方面，既可以看成是修养，也可以看成是认识真相（及其变化）的条件。

所谓“毋意”，“毋”，禁止之辞，“意”即臆测、臆断。“毋意”，乃“毋测未至”①，即对尚未发生的事，不主观臆测或臆断，想当然，要有真凭实据，说话要有根据，也不要轻信人言。子曰：“始吾于人也，听其言而信其行；今吾于人也，听其言而观其行。”（《论语·公冶长》）又据《吕氏春秋·任数篇》载：“孔子曰：‘所信者，目也，而目犹不可信。所恃者，心也，而心犹不足恃。’”因为，目与心都可能被蒙蔽。“毋必”，即不一定。即使不主观臆断，所见所信都有根据，但却可能是或然的，不排除其可能同时成立。孔子曰：“言必信，行必果，硁硁然小人哉！”一般情况下，可以说言应有信，行应有果，但是，却不是绝对的。这是经权之变。诺思罗普说：“人们不能根据

---

① 杨树达：《论语集释·上》，北京：中华书局，2013 年版，第 662 页。

从一组假说推论出与实验相一致的结论，就认为这组假说一定就是正确的。”特别是在人文社会的认识上，在人际交往中，听与观察都有限制性，从经验不能得出普遍的结论。陈寅恪、陈修斋都认为“哲学无定论”。“毋固”，固，执滞不化义，也有解为“故”，钱穆谓二义相通，仍做固执解①。毋固，即不固执己见。能成一家之言，但并不意味着在任何条件下都绝对正确，因为，“横看成岭侧成峰，远近高低各不同”。不同的人对同样的生活事实感受会有不同，对同样的资料解读也往往有很大的差异，但不一定和相反的观点势不两立。“毋我”，我，私己，为我私我慢之我。“毋我”，杜维明谓“消解自我中心”。一般情况下，人是有一种自夸、自大，这是难免的。“毋我”就是要求不自夸、不自大。

我们知道，一切指令发出的中心，一切活动的司令官，就是这个主体，这个自我。虽然，在意识自觉的情况下，在大众场合，我们都自觉不自觉地将自我的夸大倾向或修饰一下，或掩盖起来，让人们觉得好像是和周围的人打成一片一样，以求和睦相处。但是，要知道，这个自我的夸大倾向是根深蒂固的，一有机会它就会从幕后跑到幕前来。她跑出来的后果是什么，就是自大，或叫“自欺”。“自欺”发生的时候，通常是自己心目中的自己和实际存在的自己、群众心目中的自己，相去太远了。

以上四个方面，都可以作为对认识论障碍的超越。它们是层层递进的，毋意，是不要主观；毋必是对客观有所认识，但应承认二者非一回事；毋固是说就算主客相符，也要知道它们成立的条件；最后，毋我达到消除自我中心主义，达到天人合一。可见，中国哲学有知行合一的特征。因而，这几个方面，同样可以看成是对行为的要求，是修养。特别是第四方面，“毋我”谈的主要是修养问题，即如何客观化即消解自我中心主义的问题。

然而，即使如此，未必能够超越障碍，认识真相。特别是在儒家专注的人文道德领域，认识不只是求得与事实的符合一致，而是在具体条件下的“合外内之道”，达成主体间的交往和沟通，其中所要求的认识条件实为特殊。因为，事实与价值处于复杂的交互作用之中，人与人之间也有主体间性，价值与人格的显现会受到更多因素影响。这是孟武伯问子路、冉求、公西赤是否仁者，孔

① 钱穆：《论语新解》，北京：生活·读书·新知三联书店，2005年版，第203页。

子虽均肯定他们各自的才能，却回答“不知其仁也”（《论语·公冶长》）的原因。更为重要的是，孔子所谓“知仁”不能等同于认识真相。对真相的认识是主观与对象的符合一致，而对是否“仁者”的认识则是没有普遍性的客观对象的；即使有一个对象，也无法对象性地认识。个体因为诸多因素不能超越自身限制而把握概念的意义，更会加大认识上的障碍。关键是，不仅判断“仁者”的主体需要特殊条件，而且所谓“仁”其实是没有一个客观对象的。这其中的歧义和认识论障碍的产生，导致人与人之间不仅有观念上沟通的困难，而且有生存意义上的鸿沟难以逾越。“四毋”并非是针对科学认识而是相对道德认识而言的，消解自我中心就可达到生存意义上的自我超越。

因为道德认识要面对人的言与行，即使在自我认识中，也会面临特殊的障碍，故荀子主张“虚壹而静”和“解蔽”。

荀子受到老庄和孔子思想的深刻影响。荀子云：“人何以知道？曰：心。心何以知？曰：虚壹而静。”在他看来，心固然可能有成见，但可以做到空虚；心也可能有许多歧见，但也能做到专一；心会自己活动，但也能安静。“虚壹而静，谓之大清明。”荀子主张不要以“所藏”害所知，一般可理解为不要以旧知识（经验）和偏见、成见等妨碍新知识的接受；心灵保持虚静守一状态，而非纷乱繁杂的情形。其实，深一层看，也是认为道德认识不能受到表象的干扰。所谓“解蔽”，是指要从限制主体的各种角度中超越出来。在他看来，无论古今、远近、博浅、欲恶都是遮蔽真相的“蔽”。“解蔽”即是去掉蒙蔽认识的障碍。无论是从认识真相还是道德认识，皆需“解蔽”。

古今、远近、博浅、欲恶等不外是人们看事物的角度、方法和价值观等。在他看来都是蒙蔽人的。他还说，“凡万物莫不相为蔽”。以此而论，上下、左右、黑白、前后、多少、大小，都不免是一蔽。其所以如此，是因为心所要认识的对象是“道”而非同一指称。道对不同的人显现是不同的。作为儒家，荀子没有否定儒家的基本价值观，而剔除了道家的相对主义价值观。可惜，荀子的认识，包括他说：“凡以知，人之性也”这样光辉的思想，却没有得到后人从认识论方面加以继承和发挥。

张载等则从德性之知和修养方面发展了认识论思想。如张载所谓“见闻之知，乃物交所知，德性所知，不萌于见闻”（《正蒙·大心》）“大其心则能体天下之物，物有未体，则心为有外。世人之心，止于闻见之狭。圣人尽性，不

以见闻梏其心，其视天下无一物非我，孟子谓尽心则知性知天以此。天大无外故有外之心不足以合天心。见闻之知，乃物交而知，非德性所知，德性所知，不萌于见闻。”（《正蒙·大心》）很显然，张载将天心、圣心看成是完全超越了见闻之知，即超越了认识与认识论障碍，其根本在于他们不是基于见闻，而是通过体天下之物、尽性的修养活动所实现的。这就把超越认识障碍和超越认识论障碍实现主体间的交往与沟通当成生命扩大的道德实践性活动，这也是从生存意义上来说的。

比较儒家认识论和道家的不同，主要在于道家认识的对象“道”是客观的，虽然道家也主张天人合一，但是，这种合一是消解主体性为特点的，虚静、玄鉴是根本的认识方式。至于儒家，因为认识的对象是价值对象，不可能摆脱主体自身去认识，而必然包括主体的自我认识，其遭遇的障碍自然不可同日而语。因为，在儒家那里，仅仅虚静、静观是不够的，还需要积极地建构，包括建构性的修养以及对境界形而上学的探讨。因此，儒家不仅主张超越认识障碍，而且要超越认识论障碍。

三、“认识论障碍”视野下的礼乐

关于道德主体如何能够超越自身限制，客观地认识自己，儒家有一些专门的论述，因为篇幅所限，待另文专述，此处暂不展开。但毫无疑问，超越认识障碍相对儒家而言，不外乎是所谓反躬自识，道德修养。然而，因为这些活动都是为了超越认识论障碍，达到主体间的交往，所以它们也都可以看成是广义的克服认识论障碍的活动。

在儒家那里，除了和道家相同的主张修养之外，在主体的交往中有没有一种企图超越认识论障碍而力求在不同的解释和认知中找到可以沟通的根据或普适性条件呢？有没有一些将各种具体多样的处境和条件，通过形式化的、可共同接受的方式来处理，从而方便人们的交往，同时也有利于人们在不同的解释和认知中达成彼此协调一致的方法呢？应该说是有的。这就是所谓“礼”。

一定意义上说，主体间的交往方式，也就是一种认识方式。《礼记·仲尼燕居》记载：“孔子曰：‘古之君子，不必亲相与言也，以礼乐相示而已。’”为何君子的交往只是以礼乐相示即可，不用言语呢？这是由人的结构和礼乐的特点所决定的。人既具有七情，又具有仁义孝慈等人义，然而礼乐却可以将这些看起来复杂的因素有机组织起来，使人的本质得到显现。《礼记·礼运》云："何谓人情？喜怒哀惧爱恶欲，七者，弗学而能。何谓人义？父慈，子孝，兄良，弟弟，夫义，妇听，长惠，幼顺，君仁，臣忠，十者，谓之人义。"饮食男女，是人人皆有的欲望，死亡贫苦，是人人厌恶的大恶。人义是能够合理安排这些欲与恶并理顺人际关系的基本规范。相反，如果这些驱动人们行为的动机，不能在人义的规范中获得必要而合理的安排，必导致争夺相杀。"人藏其心，不可测度也，美恶皆在其心不见其色也，欲一以穷之，舍礼何以哉？"甚至说："欲察物而不由礼，弗之得矣。"（《礼记·礼器》）因此，人类如果不是在相互之间比谁较谁更阴暗和残忍的话，那只能以礼来安排和规范这些本能。"不隆礼不由礼，谓之无方之民。"（《礼记·经解》）

《礼记·仲尼燕居》中认为礼乐是交往与认识的媒介，《礼记·礼运》则突出礼安排本能的功能作用，同时和《礼记·礼器》《礼记·仲尼燕居》一样均承认礼是交往与认识的方式，所不同的是，后者还同时强调乐的交往与认识功能。而从整个《礼记》乃至儒家道德实践来看，礼乐都是被重视的交往和认识方式，甚至可以看成是儒家对主体间交往与认识主体之间障碍的超越。

在这种意义上，乐具有双重含义：一是指音乐，如"比音而乐之，及干戚羽旄，谓之乐"；一是指快乐，如"君子乐得其道"，"行而乐之，乐也"。（《礼记·仲尼燕居》）后者往往是对音乐的文化与伦理政治功能的解释与发挥。所谓："乐者天地之和也"，"生民之道，乐为大焉。"（《礼记·乐记》）

所谓礼乐的特性，是指礼乐既充分考虑到每个人的自然、社会属性，同时又考虑到每个人的生命价值与感受。"故做事不以礼，弗之敬矣；出言不以礼，弗之信矣。故曰：礼也者，物之致也。"没有礼，每个人生命的特殊意义与价值无从体现，没有乐，则他们的生命无法在现实中安定落实。"礼也者，理也；乐也者，节也。君子无理不动，无节不作。不能《诗》，于礼缪；不能乐，于礼素；薄于德，于礼虚。子曰：'制度在礼，文为在礼，行之，其在人乎！'"礼乐既是表达仁爱之情的方式，也是认识和感受人情的途径。所谓"正名"，是必须通过礼乐的方式来实现的。

可见，我们从认识障碍与认识论障碍两个概念可以较好地理解儒家伦理特别是礼乐教化与修养的意义。礼乐的重要功能就在于克服认识与认识论障碍。礼乐之所以有如此重要的地位，是由中国人特殊的思维方式和社会结构所决定的。

首先，传统的思维方式是形上与形下“不即不离”的思维方式。《易传》曰：“形而上者谓之道，形而下者谓之器。”所谓不即，是说抽象的道与具体的器相区别，不能混淆；所谓不离，是说二者不能割裂，不能将灵与肉、天堂和地狱绝对对立。中国人认为人通过自身的修为，能够实现道与器合一，亦即身心统一，人我合一，天人合一。这一思想在熊十力那里有着“体用不二”的明确表达，二程兄弟亦有所谓“体用一源，显微无间”的看法，甚至认为，天人本无二，不必言合。

其次，传统中国人的关系是以血缘为主轴的“嵌入式”关系。这种关系承认血缘关系的先天性质，由此进一步认为人和人是彼此交织为一体的。虽然这种“嵌入式”的关系可以扩散，但最基本的是夫妇、父子、君臣、兄弟、朋友关系五种。可以说，传统的伦常道德就是以此为基础建立的。其理想是“万物并育而不相害，道并行而不相悖。”（《礼记·中庸》）最高的目标是“天下为一家，中国为一人。”能够使社会得以维持的是以礼为基本原则的“中”与“和”的观念。还有“慎独”的观念。所谓“慎独”，即是个人独处时，内心里仍“嵌入”有诸种人伦关系。心中始终有人，便为仁者。仁义礼知，忠孝恕悌等只是理顺人际关系实现中和的规范。中和的观念是人与物、内与外、心与身、人与人、人与天之间保持平衡和谐的根本，而礼乐是将其贯穿在一起的中轴。因此，真实的世界不是认知者眼中的未知世界，而是依靠中和观念建构的人文世界。

这样的生活状态固然有其优长：避免了宗教神学对世俗生活的禁锢和破坏，传统中国士大夫都理性而不迷信；另一方面，是对待社会生活现实的、求实的立场和态度。当然，这种生活状态也存在风险：即有可能导致理想下滑为凡俗甚至庸俗，为堕落留下可能。而“嵌入式”的社会关系，既可能使上述优长得以发展和升华，亦可能使堕落得到遮蔽或转嫁。人心不是直接显现的，只有礼可以充当交往的中介。礼将事实世界和价值世界联为一体，并具有社会文化的生机力。因为人自身结构的复杂性，不仅个人及行为具有变数，而且，彼此之间深度“嵌入”的关系更让行为与行为之间、人与人的关系之间充满变数。美好的情意很可能堕落为物欲，而人生穷困的窘境也可能转化升华为正能量。每个行为的意义往往可做多种解读，不仅对观察者是如此，即使对行为者本身也如是。至于究竟会怎样演化，主要取决于礼教制度再生社会现实的能力。在天人互动、人我交织，乃至是非莫辨、善恶难分的时刻，礼乐是能够对其加以辨别的原则。

然而，即使礼乐具有如此的超越交往与认识障碍的功能，却也不是不受限制的。这些限制，除了我们今人一目了然的对等级的肯定，以及自然属性的差异与人为之间的差异并不同步之外，还有受到时代条件的限制。“礼，时为大”。这个时代特点，不仅是指不同的朝代有不同的礼制及其服色、器械、徽号等的差别，更重要的是社会治乱的不同，礼仪充当的角色也是不相同的。从这个角度说，礼乐文化对主体的道德精神而言，只是形式化的东西，它对人的精神境界和社会的整体面貌有很大的依赖性。礼乐都不能被其外在的形式所遮蔽。换言之，礼乐其实还是没有从根本上超越人类交往和认识的障碍。礼乐可能会异化，不能取代个体自觉的道德认识和道德修养，这也是道家批评礼的根本原因。

儒学走向乡村的典范[①]

——以阳明学在徽州的传播为中心

解光宇　刘　艳

（安徽大学中国哲学与安徽思想家研究中心研究员、哲学系教授）

明中后期，儒学呈现出由庙堂返归民间的迹象，由此产生了与官方儒学即程朱理学迥然有别的平民儒学。平民儒学就是我们所说的大众儒学，阳明学就是这一时期平民儒学的代表。走平民化、通俗化、大众化路线的阳明学，在明中晚期深入到了民间，在全国各地都留下了足迹，其中就包括素有“东南邹鲁”“程朱阙里”之称的徽州地区。然而有学者认为，阳明学在徽州的传播是一座“孤岛”。其实不然，明中后期阳明学在徽州十分兴盛，“讲会者大多不诣紫阳”[②]。而阳明学之所以能步入徽州，“沦人骨髓”[③]，使徽州“闽洛绝响，遵者寥寥”[④]，其中一个重要原因就在于阳明学秉持着儒学大众化的指导思想，试图以最平实的语言向精神匮乏的普通老百姓谈经论道。明中后期，新安讲会多聘请阳明高第阐教，邹守益、王畿、钱德洪、刘邦采、罗汝芳等王门高足“迭主齐盟”[⑤]，纷纷来徽州讲学。他们把高高在上的儒家之学从徽州的庙堂、书斋推向了民间，认为人人皆可成为圣人，由此填补了平民与圣人之间不可逾越的鸿沟。也正是因为此，明中后期的徽州地区“多王氏之学，有非复朱子之

① 基金项目：安徽省高校人文社会科学重点研究基地招标项目“明代徽州心学思潮研究”（SK2015A017）；安徽大学徽文化传承与创新研究中心招标项目“明代中期徽州心学思潮研究——以《新安理学先觉会言》为中心”（Y01002227）；教育部人文社会科学重点研究基地重大项目“明代徽州心学研究”（15JJDZONGHE002）。

② 施璜编，吴瞻泰、吴瞻淇补：《紫阳书院志·卷12·列传七·衍续诸儒·汪县尹》，清雍正三年刻本。

③ 施璜辑，方允惇、施澴等订：《还古书院志·卷7·传·吴抑庵先生》。

④ 施璜缉，方允惇、施澴等订：《还古书院志·卷7·传·吴抑庵先生》。

⑤ 赵所生，薛正兴：《中国历代书院志》，南京：江苏教育出版社，1995年版。

旧者矣”,[1] 这足以说明阳明学在当时已普遍传播于徽州地区，占据了徽州人心。那么，阳明学如何在徽州实现大众化呢？王门高足如何向徽州百姓传播阳明学，从而实现了阳明学平民化呢？其具体表现在哪里？本文将就这些问题切入，试图找出问题的答案。

一

为了实现阳明学在徽州的传播，阳明弟子首先要做的就是来徽州宣传阳明学，当时在徽州宣传阳明学的最佳方式就是讲会。明中晚期阳明弟子开始进入徽州，他们陆续来徽州参加讲会，或主教，或主会，或主讲，占据了当时的徽州讲坛，似有引领徽州学术走向之势。

嘉靖二十九年（1550）邹守益受徽州诸生之邀入东山书院讲学，这一事件标志着阳明心学正式进入徽州，可以说邹守益开启了徽州阳明学讲会之先河。邹守益步入徽州讲会，前后历时一个多月。《新安理学先觉会言》[2]（以下简称《会言》）中记载，刘邦采在《圣学端绪辩》中曾写道他随邹守益来徽州是庚戌孟冬（农历十月），其作《圣学端绪辩》的时间为庚戌仲冬（农历十一月）。而邹守益的《斗山书院序》《婺源同志会约》，以及刘邦采的《书祁门同志会约》都作于庚戌仲冬。这说明庚戌孟冬刘邦采随邹守益来徽州，直到庚戌仲冬他们才结束了徽州之行。

关于邹守益来徽州去了哪些地方参加讲会，《会言》卷一之《婺源同志会约》有记载：

> 婺源王生价、洪生圭、王生鸣宾、余生纯明，趋学于复古，订齐云之游。予携王生一峰、朱生震及二儿兰、善，泛番湖，历东山书院，相与剖富贵利达之关。齐景千驷，不及饿夫；管仲一匡，取羞童

---

① 赵所生，薛正兴：《中国历代书院志》，南京：江苏教育出版社，1995 年版。

② 新发现的民国安徽通志馆传抄本《新安理学先觉会言》现藏于安徽省图书馆，为明代徽州韩梦鹏所辑，共两卷，卷一为新安同志会约及其序、家会及其序，还包括一些徽州书院之序等等，而为之作序的大多为白沙弟子和阳明弟子，以及一些鼓吹心学的徽州弟子，如湛若水、邹守益、王龙溪、祝世禄、陈履祥等。卷二为主会诸先生之所讲论，如湛若水、耿定向、王龙溪、罗汝芳等，其内容大都以心学为中心，并对诸如“学习”“义利”“尽心”“求放心”等问题展开讨论，以微言来阐释心学大义。

子。诸友欣然若有契也。既两邑之诸生，以次集于齐云，复以次集于建初。让溪游司谏聚讲岩镇，觉山洪郡侯趋别斗山，持其邑之会约以相示，规过劝善，期以共明斯学。[①]

从地点上而言，邹守益在徽州先后去了祁门的东山书院、齐云山、休宁的建初山房、岩镇、歙县的斗山书院、婺源的福山书院等等。由于邹守益首次步入徽州讲学是在东山书院，所以人们往往将邹守益东山书院的会讲视为新安六邑大会的开始。潘士藻曾说过六邑大会“肇举于嘉靖庚戌”[②] 之“安成东廓邹公实亲举玉趾照临之”[③]，此后“六邑各举于季秋”[④]。由此可见，邹守益是新安六邑大会上主讲阳明心学的第一人。新安六邑大会影响深远，徽州学者每年都要举办，每到大会举行时，都会有许多人前来听会，这其中大多为徽州六县的学者，当然也会有一些普通的百姓慕名而来。所以，六邑大会是邹守益传播阳明学的重要平台。

邹守益的徽州之行时间较长、地点较多、参会影响较大。正是因为如此，徽州人才能真正地接触到了阳明学，邹守益也才有更多的机会宣传阳明学。所以，邹守益的徽州之行取得了良好的效果，为阳明学在徽州的传播开了好头。邹守益讲学于东山书院时，“徽郡之同志聚而二百人”[⑤]；赴福山之约时婺源同志“闻而云集”[⑥]，“再见衣冠之胜”[⑦]；邹守益在福山书院“留十日言别”[⑧]，而婺源同志“依依不忍别”[⑨]。潘士藻也讲到，嘉靖庚戌（1550）邹守益来徽州讲学，“一时景从之士彬彬然”[⑩]，即追随邹守益的徽籍学者颇多，此景象已

---

① 韩梦鹏:《新安理学先觉会言·卷一·婺源同志会约》，民国安徽通志馆传抄本。

② 韩梦鹏:《新安理学先觉会言·卷一·书六邑白岳会籍》，民国安徽通志馆传抄本。

③ 韩梦鹏:《新安理学先觉会言·卷一·书六邑白岳会籍》，民国安徽通志馆传抄本。

④ 韩梦鹏:《新安理学先觉会言·卷一·书六邑白岳会籍》，民国安徽通志馆传抄本。

⑤ 韩梦鹏:《新安理学先觉会言·卷一·福山书院序》，民国安徽通志馆传抄本。

⑥ 韩梦鹏:《新安理学先觉会言·卷二·圣学端绪辩》，民国安徽通志馆传抄本。

⑦ 韩梦鹏:《新安理学先觉会言·卷二·圣学端绪辩》，民国安徽通志馆传抄本。

⑧ 韩梦鹏:《新安理学先觉会言·卷二·圣学端绪辩》，民国安徽通志馆传抄本。

⑨ 韩梦鹏:《新安理学先觉会言·卷二·圣学端绪辩》，民国安徽通志馆传抄本。

⑩ 韩梦鹏:《新安理学先觉会言·书六邑白岳会籍》，民国安徽通志馆传抄本。

“遂以为常”①。可见，邹守益在徽州的讲学受到了热烈欢迎，其思想也获得了徽州人的认同，这为阳明学在徽州的大众化传播奠定了良好的基础。

邹守益之后，王畿、钱德洪、罗汝芳、耿定向等人陆续进入徽州，特别是王畿，他曾多次来徽州讲学，并参加了众多讲会。《会言》卷一之《福田山房序》中有言：

> 嘉靖丁巳（1557）春暮，予赴水西期会，新安歙县学谕徐子汝洽闻予至，遣友人程元道辈趋迎于水西，遂从旌德以入新安，馆于福田山房。至则觉山洪子偕六邑诸友，已颙颙然候予旬日矣。旧会在城隅斗山精舍，避静改卜于此，盖四月十八日也。②

王畿所作《婺源同志会约》中言：

> 嘉靖丁巳（1557）五月端阳，予从齐云趋会星源，觉山洪子偕诸同志馆予普济山房，聚处凡数十人，晨夕相观，因述先师遗旨及区区鄙见，以相订绎，颇有所发明。同志互相参伍，亦颇有所证悟。③

《龙溪王先生全集》卷二之《建初山房会籍申约》中说：

> 新安旧有六邑同志大会，予与绪山钱子更年莅会，以致交修之益。初会斗山，后因众不能容，改会于福田。今年（1570）仲秋予复赴会，属休宁县邵生汝任辈为会主，驰报让溪、觉山、周潭诸公及六邑之友，相期于十月九日会于建初山房。……予念甲子（1564）与诸君相会，复七年于兹也。④

《会言》卷一之《书绩溪颖滨书院同心会籍》中曰：

> 新安旧有六邑同志大会，每岁予与绪山钱子君迭主会事，每会不下百数十人，惟绩溪信从者寡，心窃讶之。今年秋杪，予复如期赴会。⑤

---

① 韩梦鹏：《新安理学先觉会言·卷一·书六邑白岳会籍》，民国安徽通志馆传抄本。

② 韩梦鹏：《新安理学先觉会言·卷一·福田山房序》，民国安徽通志馆传抄本。

③ 韩梦鹏：《新安理学先觉会言·卷一·婺源同志会约》，民国安徽通志馆传抄本。

④ 王畿：《龙溪王先生全集·卷二·建初山房会籍申约》，清道光二年刻本。

⑤ 韩梦鹏：《新安理学先觉会言·卷一·书绩溪颖滨书院同心会籍》，民国安徽通志馆传抄本。

《龙溪王先生全集》卷七《新安斗山书院会语》：

> 新安旧有六邑大会，每岁春秋以一邑为主，五邑同志、士友从而就之。已亥（1575）秋，先生由华阳达新安，郡守全吾萧子出迎曰：‘先生高年，得无舆马之劳乎？郡中士相望久矣’乃洒扫斗山书院，聚同志大会于法堂，凡十日而解。①

《会言》中还收录了王畿所作的《斗山留别诸同志漫语》《书休宁会约》《余氏家会题辞》。

通过《会言》的记载，可以推知王畿前来徽州的大体情状，即王畿在1557年春首先在歙县参加福田之会，并作《福田山房序》一文，后又到歙县斗山精舍，“与新安同志诸君为数日之会”②，留《斗山留别诸同志漫语》一文。同年的端阳王畿还去了婺源普济山房，与婺源同志“述先师遗旨”，为婺源沱川余氏的家会籍题辞，并作《婺源同志会约》一文。之后王畿到休宁与徽州学者“相会数日”③，并作《书休宁会约》一文。1564年、1570年王畿去歙县建初山房参加六邑大会，并作《书绩溪颖滨书院同心会籍》一文。1575年秋王畿又来歙县斗山书院参加六邑大会，并作《新安斗山书院会语》一文。可见，王畿不仅多次来徽州，而且参加了众多讲会。

另一方面，王畿曾多次为徽州书院写序，为徽州讲会定会约，为徽州某些家会题辞等等，这些表明他与徽州人联系密切，同时也能说明徽州人对其学问的认同感，这种密切的联系和认同感是王畿在徽州传播阳明学的有利条件。

除了邹、王二人，阳明的其他弟子也曾数次来徽州参加讲会，积极传播阳明学。可见，王门高足不断进入徽州，参加讲会，是阳明学在徽州大众化传播的前提。

二

阳明弟子来徽州参加讲会，向百姓传经诵道，受到了徽州民众的热烈欢迎，尤其吸引了社会地位低下但影响力甚广徽商的注意。因为在被称为“程朱

---

① 王畿：《龙溪王先生全集·卷七·新安斗山书院会语》，清道光二年刻本。

② 韩梦鹏：《新安理学先觉会言·卷二·斗山留别诸同志漫语》，民国安徽通志馆传抄本。

③ 韩梦鹏：《新安理学先觉会言·卷一·书休宁会约》，民国安徽通志馆传抄本。

阙里”的徽州地区，商人往往受人鄙视，只有以儒家学问为指导、以实现成圣成贤为目标的士人，才会受到人们的尊重。面对理学所带来的精神压力，徽商寸步难行，而阳明学的出现，尤其是讲阳明“新四民观”，为他们带来了希望。王门高足们秉承着阳明“四民异业而同道”[①] 的“新四民观”来徽州传播心学，他们把受到民众尊重的“士”与社会地位低下的“工”“农”“商”置于同一层次，认为“士农工商”虽然有职业差别，但是只要“尽心”致良知，都可以不断地完善自我，都可以实现儒家的道德理想。

阳明弟子对“新四民观”的弘扬以及对商人及其职业的伦理价值予以充分肯定，表现在其对徽商“赤裸裸”的褒扬中。比如王畿就曾为徽商黄君的义行大唱赞歌，他在赠黄君的序文中说道：

> 世有沾沾挟策，猥云经史之儒，而中无特操，甚或窃饾饤以媒青紫，及践朊华，辄乾没于铢两，聚生平而弁髦之，谓经术何率使士人以此相诋訾？耻吾儒之无当于实用，而却走不前矣。夫其人之不敢步趾儒也，岂诚儒足耻哉！亦谓心不纯夫儒耳，若迹与射赢牟息者伍，而其心皭然。不淄于出入、不悖于人伦，若南山黄君，斯非赤帜夫儒林者耶！[②]

由此看出，王畿对社会上许多儒士无儒家操守、急功近利且心术不正的恶劣行为进行了强烈的抨击，以此来衬托出徽商黄君“贾服儒行”的优秀品质。他认为世间有一些人以儒者自居，但是他们有其名而无其实，并没有儒者应有的品德和气节。这些人表面上自得于儒者的身份，实际上私下做着与儒者身份相违背的事情。他们常常在生活中投机取巧以获取小恩小利，甚至堆砌、杂凑文辞，抄袭他人文章，试图谋取高官显爵之位。这些饾饤小儒会受到普通大众以及同行的鄙视，王畿由此发出儒学“何率使士人以此相诋訾”的感叹。在王畿看来，这些衣冠楚楚的“伪儒”不但“无当于实用”，而且还停滞不前，所以没有人敢去追随，真正的儒者以此为耻。

然而，社会上还存在着另外一些人，他们与商人为伍，在人群中以“射赢

---

① 王阳明：《王阳明全集·卷25》，上海：上海古籍出版社，1992年版，第941页。

② 王畿：《王畿集·卷13·赠南山黄君归休序》，南京：江苏凤凰出版集团，2007年版，第372页。

牟息”，即以盈利为目的，但其心却是洁净无尘，没有半点邪念，其行为却是光明正大，不违背人伦道德，就如徽州的黄君一样，虽是商人，却有儒者的风范。王畿称赞黄君不计较个人得失，常常“辞貌整雅，时挟书出游”[①]，每“闻法施财施之说”[②]，总是“击节称善”[③]，其“仗义周贫，虽倾床头阿睹，弗惜也”[④]，即黄君为了救济贫穷，即使倾其所有钱财也在所不惜。王畿还对黄君抚恤兄长儿子、捐金筑邑城、响应国家号召承担采木之役，以及以儒家经史来教育子弟读书明理的行为予以高度赞扬，他认为黄君的行为与那些“射赢牟息”者不可同日而语。

为了将黄君与饾饤小儒区别开来，王畿对“贾服儒行”之人与“儒服贾行”之人进行了鲜明的对比，他说：

> 昔有儒而隐于屠者、渔者、耕牧者，要其质行，较然与古为徒，其骨迄于今不朽。黄君盖辨此矣。慕义植伦咸儒者之实蹈也。然则君之托迹称质，安知不犹夫屠耶、渔耶、耕牧耶！彼沾沾以儒名，媒青紫而乾没铢两者，黄君且臣虏之矣。[⑤]

过去有一些儒者虽寄身于屠夫、渔者、耕牧者等职业，但其品行诚朴，显然与古人无异，所以其品质、气概至今不朽，黄君可谓与其相当。而那些隐居山林以称朴素的人，他们以儒者自名，却“媒青紫而乾没铢两”，这种人连屠夫、渔夫、耕牧人都不如，更何况与黄君相比较。

在王畿看来，贾、儒之别不在名，而在于他们是否以儒家伦理作为其行事的准则。只要商人能以儒行事，那么同样算是一个儒者，用汪道昆的话来讲，

---

① 王畿：《王畿集·卷13·赠南山黄君归休序》，南京：江苏凤凰出版集团2007年版，第372页。

② 王畿：《王畿集·卷13·赠南山黄君归休序》，南京：江苏凤凰出版集团2007年版，第372页。

③ 王畿：《王畿集·卷13·赠南山黄君归休序》，南京：江苏凤凰出版集团2007年版，第373页。

④ 王畿：《王畿集·卷13·赠南山黄君归休序》，南京：江苏凤凰出版集团2007年版，第373页。

⑤ 王畿：《王畿集·卷13·赠南山黄君归休序》，南京：江苏凤凰出版集团，2007年版，第373页。

即“藉能贾名而儒行，贾何负于儒！”[①] 甚至可能超过那些自称为儒者的人。

王畿旗帜鲜明地为徽商贾服儒行、经世济民的儒者风范扬名显世，这种做法打破了传统重儒轻商的观念，无疑能吸引包括徽商在内的社会各个阶层的人前来听讲，同时也备受欢迎。据有关材料记载，当王门高足来徽州参加讲会时，经常受到当地经商大族的热情接待。如邹守益在徽州讲学期间，就有“鲍氏、程氏、潘氏、胡氏、戴氏、谢氏、李氏、吴氏、方氏、洪氏、余氏、王氏”[②] 等前来切磋学问，邹守益也亲切地称他们为“徽之同志”[③]，如此亲密的称呼蕴含着对徽商的理解、尊重和肯定，让一直受歧视的徽商感到温暖。所以，阳明学很快地深入到了徽商群体之中，这无疑也对阳明学在徽州的大众化传播起到了推波助澜的作用。

三

家是社会的细胞，从某种程度上来讲，家庭承载着民族文化传承的重要使命。家庭成员的年龄、职业、文化层次、社会地位等各不相同，所以一种学说能够扎根于家庭，被地方家族所接受，那么可以说它已经渗透到了社会之中。不仅如此，地方家族在文化传播方面扮演着关键角色，他们对某种学术的认同和支持往往决定着地方文化的发展方向。阳明弟子高瞻远瞩，早已洞察到了这一点。所以，除了参加大量讲会、取得徽商的支持和信任外，还注重与徽州家族之间的互动以及对家会的重视。

王畿认为“吾人之学，始于家庭”[④]，学问之“日充日显，由一家以达于一邑一郡，以风动于四方”[⑤]，学问的不断完善和显达始于一家一族，因为家

---

① 汪道昆：《太函集·卷52·明故明威将军新安卫指挥佥事衡山程季公墓志铭》，黄山：黄山书社，2004年版，第1102页。

② 邹守益：《邹守益集·卷2·赠郑景明归徽》，南京：江苏凤凰出版集团，2007年版，第70页。

③ 邹守益：《邹守益集·卷2·赠郑景明归徽》，南京：江苏凤凰出版集团，2007年版，第70页。

④ 韩梦鹏：《新安理学先觉会言·卷一·余氏家会籍题辞》，民国安徽通志馆传抄本。

⑤ 韩梦鹏：《新安理学先觉会言·卷一·余氏家会籍题辞》，民国安徽通志馆传抄本。

庭成员之间的学问传承可以逐渐影响到一乡、一县，以至于影响全国，从而使得该学问能够遍及天下，响应四方。所以阳明弟子在参加徽州讲会的过程中，时常通过徽州士人与徽州的一些大小家族进行互动和往来，其表现为阳明弟子为徽州一些家族的家会题辞、书写家会籍等等，并在与徽州地方家族的互动中传播阳明学。

如嘉靖丁巳（1557）年，王畿曾来婺源与诸同志“晨夕相观”①，讲述“先师遗旨”②，“以相订绎”③。在此期间，王畿与婺源大族——沱川余氏家族有所互动。在《会言》之《余氏家会籍题辞》中有这样的记载：

> 婺源沱川余氏汝兴、诚甫、孝甫等，谋于叔氏士晋，举合族之会，以示亲睦而征德业，相与乞言于予，记有终也。④

为了显示家族成员之间亲近和谐的气象，考察验证他们的德行与功业，婺源余氏大族举办家会，在此期间余汝兴、余诚甫、余孝甫等余氏家族中具有威望的成员共同“乞言”于王畿，希望王畿对此家会有所指教。王畿受邀之后为余氏家会籍题辞，向他们阐述儒家关于维护家庭和睦，提高家族成员内在修养的道理，以及德行高尚之人在整个家族中的重要意义。从题辞的内容可以看出，王畿并没有刻意地宣传阳明心学，而是自然而然地谈论日常生活中最为普遍的家庭伦理，这种说法让徽州大族感到十分亲切，这也是阳明高足受徽州地方家族热烈欢迎的原因之一。

那么，王畿到底是如何阐述家庭伦理的？在阐述家庭伦理的背后其最终用意何在？《会言》之《余氏家会籍题辞》中，王畿首先提出了“正家之道”须“恩义并用”。他说道：“家庭之间恩常掩义，恩洽而济之以义，则恩不渎；义敷而培之以恩，则义不乖，恩义并用，先后以节，正家之道也。”⑤ 家庭伦理中，“恩”包含着“义”，“义”藏于“恩”中，恩义相互助益。以“义”为

---

① 韩梦鹏：《新安理学先觉会言·卷一·婺源同志会约》，民国安徽通志馆传抄本。

② 韩梦鹏：《新安理学先觉会言·卷一·婺源同志会约》，民国安徽通志馆传抄本。

③ 韩梦鹏：《新安理学先觉会言·卷一·婺源同志会约》，民国安徽通志馆传抄本。

④ 韩梦鹏：《新安理学先觉会言·卷一·余氏家会籍题辞》，民国安徽通志馆传抄本。

⑤ 韩梦鹏：《新安理学先觉会言·卷一·余氏家会籍题辞》，民国安徽通志馆传抄本。

内涵而普遍施恩于家庭成员，那么人们就不会轻慢于“恩”；以“恩”为内涵而广传“义”，那么人们就不会背离“义”。恩义相互制约，才不会使“恩”泛滥而被人轻慢，才不会使“义”无限膨胀而显得没有人情味，缺乏温情，从而被人误解。只有恩义并用，才能保持家庭关系的正常有序。

王畿还认为“正家之道”并非声音笑貌可以“袭取而得”[①]，其根本在于反躬自问使其德行表现于日常的言行之中，保持言行的谨慎，以高尚的品德征服家庭成员，维护家庭的和谐稳定。在“庸言庸行”[②] 中尽君子之道，这是孔子家法，也是“正家之道”的根本。王畿引用《易·家人·象》中的言辞，以此说明具有明哲之德的人才能言之有物、行之有理，进而才能教化其他家族成员。王畿说道：“言而有物，则非虚诬之言；行而有恒，则非邪妄之行。言非虚诬，家人得有所稽；行非邪妄，家人得有所赖，风动之机于己取之而已。”[③] 说话有根据，就不会出现虚妄之言；行动有准则，就不会出现乖谬之行。语言真实有据、行为可靠有理，就会获得家人的信赖和尊敬。以人伦道德之理来自处，就会影响到身边其他人，这是“风自火出”之象，即德教出于明哲。所以，教化他人的关键在于反求己身，即提高自身的道德修养，使其言有实、行有理，言行一致，知行合一，这样才能树立起威信，从而更好地教化家人。

在王畿看来，家族成员不可能都是善而无过之人，所以需要家族中的“二三主会君子”[④]，即主持家会的德行威望较高的家族成员去引导教育其他人。而这“二三君子”除了反求诸己，以自身的德行去影响家人的一言一行，还须“积诚以感动之”[⑤]，以诚心去打动、感化家人。如果有足够的诚心，但劝

---

① 韩梦鹏：《新安理学先觉会言·卷一·余氏家会籍题辞》，民国安徽通志馆传抄本。

② 韩梦鹏：《新安理学先觉会言·卷一·余氏家会籍题辞》，民国安徽通志馆传抄本。

③ 韩梦鹏：《新安理学先觉会言·卷一·余氏家会籍题辞》，民国安徽通志馆传抄本。

④ 韩梦鹏：《新安理学先觉会言·卷一·余氏家会籍题辞》，民国安徽通志馆传抄本。

⑤ 韩梦鹏：《新安理学先觉会言·卷一·余氏家会籍题辞》，民国安徽通志馆传抄本。

善归过的语言太少，也不足以说服其改正错误，那么就要使其“自悟自改”[①]，同时还须这“二三君子”帮助家人审视其言行，与其共同经历并完成这个改过自新的过程，即王畿所说的“与之同过”[②]，如此便不会出现洁身正己以示父兄之失的问题，王畿认为这样“既不伤恩亦不废义”[③]。由此可知，阳明学在当时已经受到了当地大族的认同，否则素以朱子故里自居的婺源大族也不可能“乞言”于阳明弟子，这表明阳明学在徽州已深入人心。

除了王畿，王阳明的另一位高徒钱德洪也十分重视家会。在他看来，“道始于家邦，终于四海”[④]，家庭是道学广传四海的起始、基础，所以家会在道学传播的过程中发挥着重要的作用。钱德洪说：

> 会于四方，则信乎者博无择地矣；会于家庭，则信乎者益博无择人矣。
>
> 周子曰：‘家难而天下易’。学征于日用，难者既乎，而易者自不容已焉，得道之常也。[⑤]

简而言之，参加地方大会的成员不分地域，来自四面八方，全国各地；参加家会的成员则不分男女老少、茕独鳏寡。但是使某种学问扎根于家庭比扎根于天下难，因为家庭成员的年龄、学术水平、理解能力各不相同。如果某种学问能够在家庭中流传，能够被每个家庭成员所吸收，那么其广传于社会就不是什么难事了。

钱德洪一方面强调家会的重要性，另一方面也注重个人在家会中“自求会

---

① 韩梦鹏：《新安理学先觉会言·卷一·余氏家会籍题辞》，民国安徽通志馆传抄本。

② 韩梦鹏：《新安理学先觉会言·卷一·余氏家会籍题辞》，民国安徽通志馆传抄本。

③ 韩梦鹏：《新安理学先觉会言·卷一·余氏家会籍题辞》，民国安徽通志馆传抄本。

④ 韩梦鹏：《新安理学先觉会言·卷一·书婺源叶氏家会籍》，民国安徽通志馆传抄本。

⑤ 韩梦鹏：《新安理学先觉会言·卷一·书婺源叶氏家会籍》，民国安徽通志馆传抄本。

之端”[①]，即自得家会的真实意义在于求“心一”。钱德洪以“家会”作为背景来阐述个人“一其心”的重要意义，而其实质则是和王畿一样，目的在于宣传阳明心学。钱德洪言：“知同志之会在四方，而不知自求其所会，其会也欺。知同志之会在家族，而不知自求会之端，其会也诬。”[②] 无论是四方之会，还是家会，人都应该明白“自求”，即自己寻求、体验“会”的终极意义和价值，否则任何讲会的举办都是自欺欺人，都是有其形而无其实的空架子而已。

在《书婺源叶氏家会籍》中，钱德洪以“人”引出了“心”，又以“心”引出了举会的意义。他说：“天有二气五运，会而为人；人有五类四体七窍，会而为心”[③]，人为天地万物间的最灵之物，而心则是人体的统帅，支配着人的“五类四体七窍”，即感官和行为。钱德洪在这里夸大了“心”的主宰地位，他认为“心之神明灵触灵通主宰造化，纲纪百物”[④]，即“心”具有掌控自然界、管理万物的能力，这里显然拔高了“心”的主宰力。因为宇宙中不同的事物需要不同的管理方法，这个管理方法可以称之为“理”，所以心“散而为万殊，归而为一”[⑤]。这似乎与程朱理学中的“理一分殊”在理论形式上有相同之处，但在内容上，钱德洪将“理”改为“心”，从某种意义上可称之为“心一”而“分殊”。这里的“心”不是个体之心，而是具有普遍性的“理”之心，因为钱德洪认为心是“万理之会”，心即理，理即心，心与理一。

但作为阳明弟子的钱德洪并不否认“心”也是个体的存在，心既然是“万理之会”，那么心作为个体的存在又如何与理合一？针对这个问题，钱德

① 韩梦鹏：《新安理学先觉会言·卷一·书婺源叶氏家会籍》，民国安徽通志馆传抄本。

② 韩梦鹏：《新安理学先觉会言·卷一·书婺源叶氏家会籍》，民国安徽通志馆传抄本。

③ 韩梦鹏：《新安理学先觉会言·卷一·书婺源叶氏家会籍》，民国安徽通志馆传抄本。

④ 韩梦鹏：《新安理学先觉会言·卷一·书婺源叶氏家会籍》，民国安徽通志馆传抄本。

⑤ 韩梦鹏：《新安理学先觉会言·卷一·书婺源叶氏家会籍》，民国安徽通志馆传抄本。

洪说："故心一则神明察，而万理时出；心二则神明蔽塞，万理乖隔。"① 心若专一于理，人的精神头脑就会清明，万物之理就会自然而然地随心所出，从而达到心与理一的境地；而心若有杂念，人的精神头脑就会受到蒙蔽，万物之理就会受到阻隔，心与理也就无法达到合一的状态。由上可知，钱德洪在程朱理学"理一分殊"的理论模式下解释心的普遍性，这使得徽州学者更容易进入心学的思想体系；同时钱德洪又不否认个体之心与外物之理合一的可能性，这在某种程度上迎合了徽州学者以主体之心来把握万物之理的现实需要。

由此可知，无论是王畿，还是钱德洪，他们都非常注重在家庭、家族中传播阳明学。从徽州大族对他们的真诚邀请可以看出，阳明学在徽州人的心中确实占据了一定的位置，走进了普通民众的生活中。

总之，阳明高足进入徽州参加了大量讲会，占据了徽州的学术讲坛，进而继承了王阳明的"新四民观"，俘获了徽州商人的心，得到了大量徽商的支持和拥护，最后深入徽州大族，真正地走向了徽州的大街小巷，实现了阳明心学在徽州的大众化。而阳明学在徽州的大众化传播也为今天我们实现儒学的大众化提供了借鉴，即是让学者、教授走向民间，大量举办讲座，向普通群众阐述儒家的微言大义，其所宣传的儒家思想还要贴近百姓生活，把儒学融入生活，让百姓明白儒学的意义和价值，从而获取他们的支持。不仅如此，还必须要重视家庭伦理，以儒家思想熏陶家庭成员，使其德行可以影响一家、一族，甚至一乡、一县。由此可见，阳明学在徽州的传播是儒学走向乡村的典范，同时也为今天儒学的复兴提供了可资借鉴的实践路径。

---

① 韩梦鹏：《新安理学先觉会言·卷一·书婺源叶氏家会籍》，民国安徽通志馆传抄本。

定分、正名与公平正义
——儒家的正名思想及其社会意义

宋冬梅

（中国孔子研究院副研究员）

一、引言：名分，从法律的“定分止争”说起

定分止争，是我国法律中一个古老而又常新的命题，原出于《管子·七臣七主》：“法者所以兴功惧暴也，律者所以定分止争也，令者所以令人知事也。”其中的“律者所以定分止争也”，说明了法律对于“定分止争”的功能与作用。

分，在《说文》中解释为：“分也，从八刀。刀以分别物也。”分，即从一到多，显示分的自然结果。分，物必有主，于是产生了物的所属问题，即法律所指的物的“权属”。定分，是确定名分，定谁所有；止争，是止息纷争的意思。定分，是止争的前提和基础；定分是手段，止争是目的，定分则止争。法律中，常用“定分止争”止息争斗或者争夺，是解决人们内部生活矛盾以及维护社会安定的一种法律途径和方法。

战国时期的慎到形象地举例说明“定分止争”：“今一兔走，百人逐之，非一兔足为百人分也，由未定。由未定，尧且屈力，而况众人乎！积兔在市，行者不顾。非不欲兔也，分已定矣。分已定，人虽鄙不争。故治天下及国，在乎定分而已矣。”（《慎子·内篇》）同一时期法家学派的代表商鞅也认为：“一兔走，百人逐之，非以兔可分以为百也，由名分之未定也。夫卖兔者满市，而盗不敢取，由名分已定也。故名分未定，尧、舜、禹、汤且皆如骛焉而逐之；名分已定，贪盗不取。名分定，则大诈贞信，民皆愿悫，而自治也。姑夫名分定，势治之道也；名分不定，势乱之道也。”（《商君书·定分》）战国时期的齐国尹文也对“定名分”加以说明：“名定则物不竞，分明则私不行。物不

竞，非无心；由名定，故无所措其心。私不行，非无欲；由分明，故无所措其欲。然则心欲人人有之，而得同于无心无欲者，制之有道也。”（《尹文子》）他们的大意都是在说，现在有一只兔子在田野里奔跑，有成百的人在后面追赶，并不是说，一只兔子可以分给一百人，而是因为兔子的所有权没有固定下来。所有权没有固定下来，就是唐尧这样圣王也没有办法解决，何况是一般老百姓呢！成群的兔子堆积在市场上，行路的人都不去看它们一眼，这并不是人们不愿意得到兔子，而是因为这些兔子已经有主了。只有物的所有权确定下来，才能止息纷争；这样，即使有的人品性粗野，但也不会再去争执了。

我国近代思想家梁启超也对“名分”阐明：“‘分’乱必争，自古亦然。政治主权未定，则如秦失其鹿，天下共逐之；经济产权未定，则纠葛必然；人之身份名义未定，则纷扰必增，矛盾蜂起。”其实，纵观古今，“分未定”状态，是一种面对物质匮乏、利益稀缺时的原初选择和野蛮状态，而“分已定”状态则是一种面对物质匮乏、利益稀缺时的规范选择和文明机制。以野蛮状态应对物质匮乏、利益稀缺，埋下了人类自残的种子；以文明之风应对物质匮乏、利益稀缺，则开出了人类繁盛的和畅通衢。只要人类的物质生活是在交往关系中进行的，而不是纯粹的私人生活，则以制度规范的文明来防治无序追逐的野蛮，这就是法律的起源，不让野蛮和战争在混乱竞争中登场。因此统治天下和国家，就在于定名分。

现实生活中，如何确定物权的归属，划定权利人享有哪些权利，这些权利受侵害时应如何得到保护呢？这就需要一部专门的法律来予以规范、调整和保障。在我国的法律体系中，《物权法》就是这样一部专门的法律。《物权法》主要界定与调整三类问题：第一，对于有形财产关系，能够回答财产属于谁？谁是财产的主人？第二，权利人对财产享有哪些权利？他人负有怎样的义务？第三，怎样保护物权？侵害物权的要承担哪些民事责任？《物权法》的核心法律意义和价值在于确认财产、利用财产和保护财产。《物权法》的作用直接体现在定分止争和物尽其用两个方面。正是从这一法律意义上，人们形象地将《物权法》比喻为“竖立在公权力面前的私权利保护之墙”，因为物权作为维护公民的基本生存和生活的财产权，是一项重要的民事权利，也是公民基本权利的重要内容之一。

二、儒家的正名思想与社会秩序

定分止争，虽是一个简单的法律词语，但时时处处都与人民生活乃至社会和国家治理有着密切的联系。这一概念在历史上不同的思想学派之间有不同的认识和应用。

1. 儒家正名的追求：礼制与秩序

笔者前面所讲到法律意义上的“定分止争”，是针对不知权属的名利之徒熙熙攘攘的利益之争，需要用法律来规范，使之趋利避害，减少纠纷。法家强调定分止争，在于强调其法律的重要功能。

儒家所讲的“分”，是指“名分”。在重视礼教的传统社会中，“名分”是儒家社会管理思想的核心概念。“名”的本意是指事物的概念或名称，“分”的本意是指所分之物的份额，引申为范围、界限、区别；二者合起来运用于社会政治伦理，则是国家和社会管理中的重要制度与规范，于是，在社会管理体系中，“名”就是一个人在社会关系中的身份地位、社会角色；“分”就是指在“名”的基础之上所拥有的权力与义务。为此，宋代司马光曾说：“名分虽小，其事关重大。”中国传统社会中的“名”，有国家行政领域的君、臣、公、侯、卿大夫，家庭范围的父子、兄弟、夫妇，行业领域的士、农、工、商等，这些都代表着不同的社会角色和地位，因此也有君臣之分，父子之别，职业之分等。在传统社会里，不同的“名”承担着不同的“分”，如“君礼”“臣忠”“父慈”“子孝”“夫义”“妇顺”“兄友”“弟恭”等，“名”与“分”是密切相连的，构成适合人际关系管理的社会制度。

孔子最早提出“正名”。他生活于礼崩乐坏的春秋末期，面对“名实相怨”的混乱状态提出“正名”思想，以求社会秩序稳定。齐景公问政于孔子，孔子对曰：“君君，臣臣，父父，子子。”（《论语·颜渊》以下引《论语》只注篇名）由这种“名分”的分殊，人们才能各安其位，各司其职，各得其所，正如《泰伯》中所讲的“不在其位，不谋其政”，这是进入社会管理的礼之所在。孟子的正名思想更具有浓厚的伦理政治色彩。《孟子·离娄上》载：“欲为君，尽君道。欲为臣，尽臣道。”这是直接对孔子“君君、臣臣”正名思想的发展。孟子认为即使君主治理国家，也要名实相符，当齐宣王问他：“臣弑其君，可乎？”他回答：“闻诛一夫纣，未闻弑也。”（《孟子·梁惠王下》以下引《孟子》只注篇名）孟子强调了名实相符及其公平性。

以孔子、孟子为代表的先秦儒家“正名”学派，其“正名”思想是一种重视内涵性的概念逻辑系统。他们在许多方面提出了独特的新见解，充实和发展了儒家“正名”理论。《礼记·曲礼》中也阐述：“分争辨讼，非礼不决。”《礼记·礼运》主张：“礼达而分定。”儒家推崇名分与礼制结合，按照正统伦理观念和礼制关系来端正纲纪名分，将定分与正名联系起来，首先被看作是一种秩序，而后才是秩序中的权利归属，所以正名、定分是消除矛盾、解决纷争的基础和前提。

法家的“定分止争”，是从法律方面讲物的权利所属；而儒家的“正名”观，是讲社会中人与人的关系，讲的是秩序；二者似乎“风马牛不相及”，那么怎样将它们联系到一起呢？

儒家推崇的“大道之行也，天下为公”的“大同世界”与法家的“器”二者之间是一种“以道御法”的关系，这种关系要求首先从社会意义上建立公平正义的社会，要求公天下；其次，人与人之间要筑起道德大厦——人人具备仁爱、礼让、诚信、慎独、和为贵等思想品德。

2. 道与法的关系：以道御法

法家所讲的“定分止争”与儒家的正名怎样取得联系呢？按照社会运行的规律来说，就是要“以道御法”。“道”，广义上讲是宇宙的本原和普遍规律，是自然现象所依的最基本规律，是产生一切形式的根本，也是主宰一切形式的根本，是事物发展的规律。就人类社会来讲，道是主宰人类社会运行的本质规律。事物脱离道，就不会生存下去。社会脱离道，就不能长久地发展下去。“术”是规律指导下的方法。“道”与“术”是相辅相成的，“道”是理论，“术”是方法；“道”是主干，“术”是分支。在治世过程中，道术结合，相得益彰；道术相离，各见其害；轻道重术，则智术滥用，手段极尽，故生酷吏与小人。谋权，术也。然德义极而智术尽丧。道之为体，唯此为大；术之为用，以道御之。体用相生，是为极道而至术。

历史上，成功的治世都是以道御法的典范。法律作为“术”，不能脱离治理社会的大道，而必须根据具有本质规律的“道”而制定，任何脱离本质规律而制定的法律必非良法。以道御法则法有功；以法御道则国有乱。符合普遍规律的法律方可为，否则要慎为。《荀子·天论》载：“循道而不贰，则天都不能祸”，意思是说，遵循事物的规律而专心不移，即使是苍天也不能降祸人。历史上的圣人之为圣人，是以道德教化影响万代千秋，而常乏于智术；王者之为王者，因功名霸业震惊万民，但略输于道。术胜于神，精于韬略，善于运筹，神机鬼灵；道至于圣，则经天纬地，道术互补，德才相臻。

3. 儒家追求的理想社会：大道、大同

儒家追求的人类社会的“大道之行”，是人人各安其分，各司其职，各得其所的理想社会。《礼记·礼运》载：“大道之行也，天下为公，选贤与能，讲信修睦。故人不独亲其亲，不独子其子，使老有所终，壮有所用，幼有所长，鳏寡孤独废疾者皆有所养，男有分，女有归。货恶其弃于地也，不必藏于己；力恶其不出于身也，不必为己。是故谋闭而不兴，盗窃乱贼而不作，故外户而不闭，是谓大同。”这里的大道，是指治理社会的最高准则，其最终目标就是国泰民安的理想状态。大道与大同，都是儒家设想的追求目标和理想境界，寄托着人们对美好生活的向往。孟子将这种公天下的社会人际关系在《梁惠王上》中讲得明白：“老吾老以及人之老，幼吾幼以及人之幼，天下可运于掌。”又载：“乐民之乐者，民亦乐其乐；忧民之忧者，民亦忧其忧。乐以天下，忧以天下，然而不王者，未之有也。”

这种“大道社会”最为主要的特点是“天下为公”“路不拾遗”“夜不闭户”，社会具有良好的风气，人们具有良好的道德，因为社会以天下为公为最高原则；共有共享社会财富，人人为了共有的利益而劳动，每个人都能享受相应的社会福利；大家相互亲爱，和平而没有战争等。大道之行、大同世界是儒家思想的精髓之一，对中国政治思想的发展有着深远的影响，历史上许多的仁人志士都以此作为谋求民族独立、自由和解放、探寻社会前进发展道路的精神动力。儒家的大同理想与当今文明社会之间存在着传统文化上的内在传承关系，是中华儿女共同拥有的对理想社会的价值追求。

4. 构筑公民“道德大厦”体系：仁爱、礼让、诚信、慎独、贵和

战国时期，法律规范作为外在强制性的控制手段，是实现社会秩序化的首要选择。当时各国的“法术”之士进行了变法改革，魏国李悝变法，楚国吴起改革，韩国申不害变法，齐国邹忌改革，秦国商鞅变法等，取得了良好效果，增强了国家的实力。在此基础上，如何承接良好的发展机遇，将能够规范人们行为的“名分”制定下来，恰到好处地符合人性，促进人们自律，并将

此纳入自然和谐的世界，这便促使思想家们在“名分”“德性”与“大道”之间进行积极而开拓性的认识和思考，甚至从自然界中吸取智慧。如《尸子·分》曰：“天地生万物，圣人裁之。裁物以制分，便事以立官。君臣父子上下长幼贵贱亲疏，皆得其分曰治。爱得分曰仁，施得分曰义，虑得分曰智，动得分曰适，言得分曰信，皆得其分，而后成人。”又《黄帝四经·道原·大道上》曰：“上信无事，则万物周扁。分之以其分，而万民不争。授之以其名，而万物自定。”

人们从自然事物的自在性上得到启发，用道德规范引导社会转向有序。所以维护社会的有序运转，建设文明社会，对人的要求就是构筑公民良好的“道德大厦”，使仁爱、礼让、诚信、慎独、和为贵等道德，成为人民约束自身行为的道德自觉。

首先，仁爱。仁爱是儒家思想的核心和最高道德规范。它源于人们对自然、社会和人类自身的认识，是关于人生意义、人生理想和人类生活准则的学说。春秋时代的孔子继承前世思想，将“仁”学理论系统化，对于怎样做才是“仁”和如何运用“仁”的思想提出了自己的看法，孔子的“仁爱”学说突出了“仁者爱人”的核心价值；后世儒家将“仁”学弘扬与阐释，把“仁者爱人”中心意蕴施之于政治、社会的应用与管理中，在中国思想发展史上产生了重要影响。儒家思想中的“仁爱”学说，其伦理道德意义包含“爱人”和“克己复礼为仁”。所谓爱人，一方面是“己欲立而立人，己欲达而达人”(《雍也》)，这是“忠”；另一方面是“己所不欲，勿施于人”(《颜渊》)，这是“恕”。“克己复礼为仁”，即克制自己不正当的感情欲念，使之符合礼的规定，也就是“非礼勿视，非礼勿听，非礼勿言，非礼勿动。”(《颜渊》)“仁”是“礼”的理论基础，“礼”是“仁”的行为尺度，建立仁礼统一的社会伦理模式正是孔子的理想。“仁者爱人”是“仁”学说的核心价值。“仁者爱人”是孔子关于“人的发现”，标志着人类道德生活的自觉，是儒家伦理思想的道德基石。孔子“仁学”思想为儒家“内圣外王”之道提供了理论依据，并被后世儒家所吸取、弘扬和阐释，成为儒家人文思想中永恒的“不灭之火”。

儒家“仁爱”学说是当代构建文明社会的基础。现代社会信息畅通，交流广泛，人们的思想文化多元化，利益追求多元化，价值观念多元化，社会分层多元化。如何在这个多元化的世界里维持人际关系的平衡并走向和谐？我们认为，孔子所说的“仁者爱人”“己所不欲，勿施于人”“己欲立而立人，己欲达而达人”可以作为每个社会成员最基本、最朴素的道德追求。“忠恕”“仁爱”原则可以作为人与人之间的处世之道。中国历史上的仁人志士都以“天下为己任”“乐于助人”“无私奉献”的崇高品德注解了“仁者爱人”的原则。一个一生尽善而无怨无悔的人，必定是人生意义、生命价值完美的人。现代社会提倡的“为人民服务”“公仆精神”“雷锋精神”“奉献精神”，亦是“仁者爱人”人文意蕴的最好注脚。反之，一个人如果不能遵守最起码的道德规范，没有容忍他人、理解他人的气度，便不会产生全心全意为人民服务的意识和为国家民族利益献身的自觉。推而广之，任何人、任何民族、任何国家都是多元世界的一部分，都是人类文明的创造者，因此也都需要这种“仁爱”境界，都应奉行“仁爱”精神。互相理解，推己及人，和平共处等是构建人类文明社会的基本前提。

其次，礼让。礼，是儒家追求的文明秩序和制度。春秋时期，孔子主张的礼是一种秩序的要求。在他看来，用礼管理社会的管理者应“以礼御其心”，“属之以廉耻之节”，树立法规和典范。孔子说：“名不正，则言不顺；言不顺，则事不成；事不成，则礼乐不兴；礼乐不兴，则刑罚不中；刑罚不中，则民无所措手足。”（《子路》）如果社会没有正气，礼乐不兴，那么刑罚就很难做到公正，社会的公平、正义就无从谈起。社会上更普遍意义上的群体，应建立怎样的秩序呢？《论语·颜渊》载：“齐景公问政于孔子。孔子对曰：‘君君、臣臣、父父、子子。’”孔子是讲，在一个国家，君王理政，国君就要像国君的样子，尽职尽责，以身作则，“其身正，不令则行；其身不正，虽令不从。”（《子路》）照这样臣子自然会忠于国君，忠于职守，做好工作。在一个家庭，父亲要像父亲的样子，尽到自己敬老爱幼的责任，为儿子做出榜样，这样，做儿子的就会尽到儿子的责任。春秋时期社会动荡，当时的等级名分受到破坏，弑君杀父之事屡有发生，孔子认为这是国家动乱的主要原因，所以他告诉齐景公，恢复等级秩序是治理国家的重要前提。

孔子主张的君臣父子之礼是一种相互支持与尊重的关系。《论语》记载鲁定公请教孔子怎样处理君臣关系，孔子回答：“君使臣以礼，臣事君以忠。”（《八佾》）在这里，君臣关系是双向互动的，而且处于强势地位的国君使臣以礼的行为是互动的前提，也就是说，只有国君尊重臣下，依礼使臣，臣子才会

忠于国君，尽职尽责。程树德《论语集释》引《皇疏》曰："言臣之从君如草从风，故君能使臣得礼，则臣事君必尽忠也。君若无礼，则臣亦不忠也。"朱熹《论语集注》载：'使臣不患其不忠，患礼之不至；事君不患其无礼，患忠之不足。'尹氏曰：'君臣以义合者也。故君使臣以礼，则臣事君以忠。'关于君臣之礼，孟子讲得更直接，《离娄下》记载齐宣王向孟子请教如何处理君臣关系，孟子曰："君之视臣如手足，则臣视君如心腹；君之视臣如犬马，则臣视君如国人；君之视臣如土芥，则臣视君如寇仇。"孟子和齐宣王的另一次对话，"齐宣王问曰：'汤放桀，武王伐纣，有诸?'孟子对曰：'于传，有之。'曰：'臣弑其君，可乎?'曰：'贼仁者谓之'贼'，贼义者谓之'残'。残贼之人谓之'一夫'。闻诛一夫纣矣，未闻弑君也。'"（《梁惠王下》）"礼之用，和为贵。"（《学而》）礼乐文化可以用来展现和处理人际关系，进行社会调节和管理，通过引导社会各阶层按照礼乐规范和原则来处理人与人、人与社会、人与自然的关系，从而在社会公共生活中形成一种良好稳定的社会秩序，达到儒家所倡导的礼乐精神。孔子、孟子所倡导的礼是一份珍贵的文化遗产，经过创造性的借鉴和转换，可以成为我国现代精神文明建设和制度建设的思想资源。在中国特色社会主义理论指导下，儒家礼乐思想中的秩序、和谐精神可以帮助我们解决当今市场经济发展过程中伦理道德、价值取向、人际关系、礼仪秩序等方面出现的失衡问题，从而保证人与人、人与社会、人与自然之间的和谐，保证整个社会健康的发展，构建一个民主法治、公平正义、诚信友爱、充满活力、安定有序的社会主义和谐社会。

第三，诚信。这是儒家修身、齐家、治国、平天下的道德标准之一，是我国传统仁人志士个人精神生活方面的价值取向，也是评价一种社会风气是否清明的重要标准之一。先秦时期的孔子、孟子等对诚信的经典论述和丰富的思想，汇集起来集中代表了儒家诚信思想的理论源头。春秋时期，孔子行教时，从文化知识、社会实践、忠诚本分、讲究信用四方面教育弟子。他认为，一个人要在社会上能够立身，必须讲究忠信，有信而立，无信则不立。所以，立信是做人的根本。有信之人对社会、对他人讲究信用，对自己的民族和国家讲究忠信。战国时期，孟子把信与诚相连，称为"诚信"。他说："诚者，天之道；思诚者，人之道。"（《离娄上》）首先，他从天道诚信来说明人必须诚信的道理。其次，他更加强调内心的道德修养，主张通过修身养性，养成"浩然之气”，遂可“反身而诚”，达到“至诚”的道德境界。孟子对诚信的论述在这里既指明了个人内心的“诚”与在社会上“信”的关系，也说明了通过个人的修养达到社会诚信的途径。这样，社会诚信的建立也就具备了更加广泛的民众基础。战国时期的荀子综合发展了孔子、孟子的信思想。首先，他认为“群”与“信”有着密切的联系。人与动物的区别在于“人能群”，而动物不能“群”。人们结成社会群体一起共同生活，一个必不可少的前提条件是建立起彼此之间的相互信任。不信任的猜疑和仇视只能产生离心力，使人际关系遭到破坏。信任才是人与人之间的黏合剂，使人们走到一起，形成一个彼此依赖的社会共同体。其次，他认为信是立身之本，诚信与否是君子与小人之间最明显的一个道德分界线，信是天下之行数，是放之四海而皆准的为人处世原则。第三，他认为政治信用是国家成败兴亡的关键因素。第四，他认为信是一种职业伦理道德。孔子、孟子、荀子关于“信”的论说奠定了儒家信思想的基础，指导和影响着我国社会信伦理道德的延续和发展。

信，贯通古今，是人类社会生活中最为普遍的伦理道德要求，在我国思想文化史上占有重要的地位。纵览历史长河，关注这一道德范畴的思想家把它看作宇宙的本体、人存在的本体、价值的本体等。从人的生命世界来看，没有信，便不能撑起生命存在的大厦；从人的生活世界来看，没有信，便不会有七彩斑斓的生活。信道德开启了人们生命深处的亮点，彰显了人格的直拨伟岸、高风亮节，开启了生命的价值之源、理想之源。当今，建设有中国特色的社会主义，信被赋予新的时代内涵，它不仅引导着市场经济领域中的理智性行为，而且构成个人与社会、个人与个人相互关系的基础性道德，同时也是构建和谐社会和实现现代文明的重要基础和标志。现代社会，我们应将传统信德的优秀价值加以发扬光大，唱响文明社会的诚信之歌，在维系我国社会、政治、经济、文化发展中发挥应有的作用。

任何一种思想道德的产生、发展、延续都离不开与它维系相伴的时代。当今社会，我国正经历着从传统到现代的转变时期，伴随着改革的深入与扩大，大量的社会问题不可避免地以不同方式纠缠着人们的道德观念和价值判断，甚至陷入道德危机之中，其中最为突出的是市场经济条件下信道德在某些领域的缺失、沦陷，使得某些领域陷入诚信道德危机。在此背景下，我们从灿烂的传统文化中寻找信道德资源以服务于现代社会，正是这样一种对传统文化资源的

寻根与借鉴，所以，将中华传统信道德资源的合理内核与社会主义核心价值观进行完善融合，是我们探究当代信价值的理性选择。现在，“诚信”被赋予了新的价值和意义，“爱国、敬业、诚信、友善”集中体现了社会主义核心价值观在个人层面的基本规范和要求，这一中华民族的传统美德被继承下来，作为培育和践行社会主义核心价值观的重要内容。

第四，慎独。“慎独”是真心不欺、小心谨慎的意思，是儒家提倡的君子道德品质之一。它始见于郑玄的《礼记·礼器》，曰：“如此则得不以少为贵乎？是故君子慎其独也。”注曰：“少其牲物，致诚悫”。（孔颖达：《礼记正义》，《十三经注疏》影印本，卷二十三。）《礼记·中庸》载：“慎独者，慎其闲居之所为。小人于隐者，动作言语自以为不见睹，不见闻，则必肆尽其情也”。在儒家经典《大学》和《中庸》中都讲到“慎独”。《大学》载：“所谓诚其意者，毋自欺也。如恶恶臭，如好好色，此之谓自谦。故君子必慎其独也。小人闲居为不善，无所不至，见君子而后厌然，掩其不善，而著其善。人之视己，如见其肺肝然，则何益矣。此谓诚于中，形于外，故君子必慎其独也。”意思说，所谓意念真诚，就是不要自己欺骗自己。就像憎恶污秽的气味，喜爱美丽的容颜，这就是所谓的自我满足。所以，君子在独处时一定要谨慎。小人则不然，他们在独处时做不道德的事情，什么坏事都能干出来，一见到君子就躲躲藏藏，掩盖自己所做的坏事，而故意显示自己有道德。其实人们看到他们，就像能看到他的心肝脾胃肾一样清楚，躲躲藏藏又有什么用呢？这就是说内心的真实一定会通过外表表现出来。所以，君子一定要在独处时谨慎不苟。《中庸》载：“是故君子戒慎乎其所不睹，恐惧乎其所不闻。莫见乎隐，莫显乎微，故君子慎其独也。”即道德高尚的人即使知道事物内在规律深微不可测，难以感觉到，也要时刻戒慎，不能违背天性。即使在隐蔽和细微之处，也不要违背规律。所以，道德高尚的君子在自己独处时更加谨慎小心。

“慎独”作为君子操守，具有“自省”“诚意”“守独”等几个方面的意义。首先，“自省”，即要求君子能够对自己的心灵进行自我省察、自我反思，突出道德主体的自觉性和道德责任感，注重个人自觉为善的主动性。孔子的高足曾子就提倡“吾日三省吾身”，君子要保持这种品质，时常以“仁”和“礼”标准检验自己的思想言行是否符合君子标准，还要以古圣先贤为榜样，以身边的模范人物为榜样，见贤思齐，取长补短，积极进取。只有慎独省察，

才能弘扬正道，才能对自己不符合公共伦理道德的言行予以改正，对符合社会伦理道德的言行加以坚持。其次，“诚意”是指人们认同公共道德规范并能自觉遵守，要忠于内心的真实想法，不自欺。只有诚于中，才能形于外；无内心之诚，必无外显之真。“慎独”是道德主体对内心良知的唤醒，对道德自觉性和能动性的发挥，是真实自我的实现。只有“诚意”，才会具有强烈的道德需求，才会忠于自我真实的道德情感，并推及社会良知。道德主体内心越真诚，道德体验效果越明显，道德情感越能稳定持久。第三，“守独”是“慎独”在行为上的谨慎自律。它直指现实生活中无人监督防范时道德主体的思想行为，展现的是一个卸下伪装的真实自我，体现的是人的内在道德良知，激发的是主体恪守自律的道德行为。这种情形下，“慎独”有着特定的环境，“幽暗之中”“细微之事”“无人知晓”，这种特定的环境中，靠他律遵守道德是无法达到的，而只有“慎守其独”的自觉和力量，才能使真正的君子道德在幽暗中焕发光彩，这是人的自律精神，更是对道德的敬畏！

“慎独”，是儒家所推崇的独具中国特色的修身方法，是达成君子人格、实现自身价值、提升人生境界、担当社会责任的重要内容之一。这种君子人格在历史上有许多名垂青史的志士仁人加以继承和发扬，成为慎独的榜样和力量，成为推动中华文明向前发展的动力。即便是今天，“慎独”仍是重要的道德修养标准。无论普通公民还是国家公务人员、领导干部，都要谨言慎行，加强道德自律，从小处做起，常慎其微，不断反思自己的言行，不断提升个人修养与思想境界。

第五，贵和，即和为贵。“和”在儒家思想中具有多重意义。儒家强调“修身律己”，追求的是人格和谐；强调“贵德重礼”，追求的是群体和谐；强调“仇必和而解”，追求的是天下和谐。

古代先贤将“和谐”思想内化为人心，应用于社会和政治，以求社会“和谐”的境界及功用。比如，“调人掌司万民之难，而谐和之。”东汉郑玄注：“调犹和合也。”“难，相与为仇雠；谐犹调也。”在这里，调人是一官职，通过调解民众之间的大小纠纷，以化解矛盾，达到社会和谐。《周礼》中的“以和邦国，以统百官，以谐万民”，说的是周代大宰之职掌建邦之六典中的第三典“礼典”的内容，目的佐王治邦国，以达社会和谐。《左传·襄公十一年》有如下记载：晋悼公在位期间，派大将魏绛与西方少数民族修好。成功之后，把郑国送的乐人、乐器的一半赏给魏绛，并对魏绛说：“子教寡人和诸戎狄，以正诸华，八年之中，九合诸侯，如乐之和，无所不谐，请与之乐之。”这里说的是在民族关系中实施和谐政策，使得民族关系融洽，国家、社会“如乐之和，无所不谐”。

将“和谐”思想应用于处理人与人之间的关系，力求人与人之间相处和谐。孔子曾把“和”视为做人处事的重要标准，提出“礼之用，和为贵”，即礼制最为可贵的作用是营造和谐有序的秩序。他还说：“君子和而不同，小人同而不和”。(《子路》) 在这里，“同”并非“和”的先决条件，能在“不同”中求“和”才是高境界。孟子论说，“天时不如地利，地利不如人和”。就是说，要想做成事情，最重要的是人与人之间的和谐关系。和谐是互动的艺术，是彼此之间的适应与合作。另外，在人与人的关系中，将“和谐”泛化为家庭中的人伦关系，会使家庭和睦，幸福安康。比如，喻夫妻和悦为“琴瑟和谐”。历史上，司马相如向卓文君求爱的《琴歌》里就唱出“交情通体心和谐”的词句。又比如，古代治家格言中所说“夫妇和而后家道成。”“兄弟敦和睦，朋友笃诚信。”还比如，《尚书·尧典》记载，尧在位七十年，询问众臣，该把帝位让给谁。大臣岳推荐了舜，他介绍舜的人品时说：“瞽子，父顽，母嚣，象傲，克谐以孝，烝烝乂，不格奸。”意思是说，舜是盲人的儿子，父亲糊涂，母亲愚顽，弟弟象傲慢无理，而舜能够和谐相处，完美尽孝，修身自治，遏止顽佞。“克谐以孝”就是至孝和谐，完美尽孝。这是一个舜和谐处理家庭关系的典型例子。

儒家“和”的思想源远流长，与时偕行。当今的“和”文化建设继承了中华民族“和”文化的优良传统，是建构当代文明社会的重要内容之一。

三、“定分止争”的法律与社会意义

从法学角度讲，“定分止争”是法律的重要功能。美国经济学家波斯纳告诫我们：“法律越不确定，以谈判解决纷争的比率就越低。”“定分”就是确立物的权利归属，是事物进行进一步交易和分配的前提，只有这样，才能减少权利归属的不确定性，防止纠纷发生。关于“定分”的法律功能，首先它可以解决已经发生的纠纷，其次能通过事先确认物的权属、配置权利与义务的方式预防纠纷。这种预防功能，在《物权法》上有充分的体现。因为，“定分”在法律内容上首先需要明确、合理而全面地配置权利与义务的关系，只有划定明确的权属界线，才能理清个人行为界限，以便合理保持个人的自由空间以及利益范围，确保个人行为的规范不会超越法律所规定的界线，进而防止纠纷的发生，达到“止争”的效果。无论是先预防，还是后解决，“定分”的功能，在现代社会中都值得提倡。就此而言，它既是“止争”的基础，也具有“止争”的功能。“定分”是司法的一种法律手段，“止争”则是司法的社会效果，二者统一于司法活动中。

“定分止争”就其社会意义讲，其中的“定分”由《物权法》确定物的权属，目的在于通过确认权利主体对其财产享有占有、使用、收益、支配和处分的权力，进而也产生了对物的优先效力和排他效力；同时，从被动的一方——物的角度来说，也形成了安定有序的财产秩序。从法经济学的角度来看，虽然这种产权的分配对于财产社会福利的最大化并无直接影响，但物的产权界定是进一步交易的前提，一旦产权界定，即可通过自愿交易方式实现资源的最优化配置，达到物尽其用和社会福利最大化的目的。所以，由《物权法》界定产权，定分止争，不仅能够维护财产秩序，促进资源的优化配置，而且还能够通过解决纠纷达到物尽其用的效果，在安定有序的财产秩序下，每个社会主体尽其权力和才智发挥物的最大效用，整个社会的生产效率和总财富也就会得到稳定中的增加。

从司法的功能来看，应当也是定“分”止争，而不是有学者认为的定“纷”止争。目前，法院在审判中特别提倡“案结事了”，并将其作为司法的主要目标。也就是说，司法的目标就是解决纠纷。此种理解实际上是一个“定纷止争”的概念。在这种思想指导下，很多法院多以调解方式结案，个别地方法院甚至打出“零判决”的口号。于是，即使是简单的“欠债还钱”案件，法院也要进行无休止的调解，以至于最后债权人不得不作出重大让步，因为只有达成调解协议才能结案，其结果等于变相鼓励赖账不还的行为。现代社会矛盾频繁，而法院公信力和权威性不彰，在此情况下，重视调解无疑是正确的，但调解的前提是当事人自愿，而且即便是自愿调解，也应当以分清是非为基础。比如，“欠钱还债”天经地义，债权人愿意调解，法院当然不能径行判决，但法院在进行调解的过程中也须首先明确债务人应该还债及债的数额，在这个基础上，债权人如果愿意放弃自己的部分权利，法律不必进行干涉。可见，即使采取调解方式，也必须是在“定分”的前提下进行。

结合我国当前的现实，我们应当强调的是，解决纠纷的目的，最终是要通过明辨是非来贯彻和落实正义，以实现长久的稳定，而不在于短视的“息事宁人”。为了维护社会的公平正义与和谐秩序，我们也应当鼓励沟通、协商和宽容，但这必须在分清是非的基础上完成。没有是非，必将导致法律可预期性的降低，大大削弱其对人们行为的调整功能。这就是说，我们需要通过“止争”来维护公民的正当权益与社会稳定，但前提必须是在“定分”，即明辨是非的基础上进行。换言之，“定分”和“止争”是有机统一的，只有确定名分，才能止息纷争。在这里我们讲的名分，其实可以在更宽泛的意义上讲，即追求公平正义。正是通过“定分止争”，才能实现公平正义，这也正是人民法院的职责所在，即其作为审判机构，宪法赋予其重要职能就是依法裁判、公正司法。如果不先进行定分而进行止争，则难以真正达到案结事了的目的。这也说明只有公正才能止争，而公正的重要内容就是要“定分”。故而，司法的最高目标不是“案结事了”，而是公平正义。总之，古老的“定分止争”而不是“定纷止争”在当今法治建设中仍有重要意义，它既是法律，也是司法的重要功能，司法绝不能为了突出“止争”而忘记“定分”的前提。

四、当代社会的公正、法制与民生

任何历史时期，公平正义都是衡量社会发展水平的重要标尺。它关系着广大人民群众的生活与幸福，关系着整个社会的稳定与发展，影响着民族心理的形成与发展。古代儒家的正名与公平思想是传统社会公平正义风气的“源”。当代社会的公正与秩序是对传统的承接与发扬，同时，当代社会公正与秩序的建立和维护要着眼于当今社会中层次差别、资源占有、财富分配的“差序格局”，这是现实社会的“原”。在古今思想传承与结合的问题上，我们要借古鉴今，“源”“原”结合，才能进行思想、理论与制度的创造性转化，创新性发展。

公平正义，在社会生活中无论是理论建设、道德教化，还是制度保障，总是与一定生产关系相联系、相适应，凡是有利于促进社会进步、促进社会生产力发展的，就属于合理的，否则就是不合理的。我国现阶段，一方面，经过三十多年的改革开放，国民经济总体实力大大增强，科学技术突飞猛进，人民生活水平基本实现了从贫困到温饱、再到趋向小康的历史跨越，总体水平有较大改善；另一方面，在社会发展的同时，也出现了相对突出的民生问题，主要表现在司法、生产、收入、分配、阶层划分以及社会心理等层面，特别是在与公平正义相关的分配方面，出现了诸如城乡居民收入差距继续扩大，地区与行业收入差距继续扩大，国民收入分配过多倾向于资本和政府垄断部门，劳动报酬在初次分配中比重较小，普通劳动者收入长期偏低等问题，这些问题的产生导致人民群众在学有所教、劳有所得、病有所医、老有所养、居有所住等实际生活的各个方面产生了诸多困境，已经成为严重影响社会安全与稳定的问题。

传统儒家的正名与公平观启示我们，在当代信息时代、知识社会的转型加速期，实现社会的公平正义，需要加强社会主义核心价值观的培育，需要大力提倡社会公德和集体主义教育，需要重视道德教化的引导，需要加强制度调控与制约等，综合发挥这些措施在促进利益分配、实现社会公平中的积极作用。针对以上我国改革发展产生的问题，中国共产党作为领导我们事业的核心力量，时刻牢记全心全意为人民服务的根本宗旨，时刻倾听人民的心声，顺应人民的意愿，保障人民的权利，维护社会的公平正义，积极解决民生问题。因此，党的十八大报告明确指出："必须坚持维护社会公平正义""公平正义是中国特色社会主义的内在要求"；特别是在社会主义核心价值观中又明确提出"倡导自由、平等、公正、法治"，这是针对人民大众、解决民生问题的普世要求，从而大大深化了十六届六中全会以来把"公平正义"作为促进社会和谐发展重要条件的高度认识。

公平正义是中国共产党一贯坚持的政治主张和价值追求。当前，我们正在全力推进全面小康社会建设，积极构建社会主义和谐社会。党和国家领导人立足现实，正视诸多有悖于社会公平正义的现象和问题，积极回应人民群众的公平正义诉求，促进社会公平正义。各级领导干部，作为人民的公仆，正积极地把不断实现好、维护好、发展好最广大人民的根本利益，作为服务民生的崇高目标，并采取有效措施解决民生问题，使改革发展的成果更多、更好、更公平地惠及人民群众，在经济社会不断发展的基础上，力争最终朝着共同富裕发展的方向稳步前进。只有这样，才能有助于实现经济社会的全面、协调、可持续发展，有助于体现社会主义消灭剥削、消除两极分化的本质，有助于巩固党的领导地位、提高党的执政能力，有助于促进人的全面、健康发展，有助于实现国家富强、民族振兴、人民幸福的中国梦。

“文化自信的意义”发言纲要

谢大宁
（台湾佛光大学教授）

一

习近平主席去年提出了四个自信的说法，也就是道路自信、理论自信、制度自信与文化自信，这四个自信的核心，我认为主要就在于文化自信。这一说法的意义是重大的，这意味着未来中国共产党在建立新时代的理论与发展道路乃至于整体的制度建构，都将以文化自信作为最基本的支撑，并以此来作为对民族伟大复兴的诠释重点。我们且不说中国共产党建政以来，曾经长期采取的谨慎立场，如今却转以文化自信自期，这转变有多大与多明显。就从如今能够重新认识传统，让传统文化能够在中国发展的道路中，重新扮演核心关键的角色，并赋予传统以新的生命力，这就是一个具有历史意义的大事件。如果拿历史来做一些类比，这一发展也许就相当于董仲舒为汉武帝所规划的“复古更化”吧！

二

然而文化自信并不能建立在一种盲目的自信上，也不能停留在一种怀旧式的纯粹的复古上，而且有鉴于民粹式的民族主义所曾带来的重大破坏力，文化自信的提倡尤其应该要避免落入狭隘的民族主义陷阱之中。以庄子的话来说，我们要的不是传统的“糟粕”，而是可以把握住“礼意”的文化自信。传统的制度面、器物面毕竟已经过去了，但它的精神面、信仰面则是可以永远“周虽旧邦，其命维新”的。因此，当我们提倡文化自信时，必须把握时刻反省，时刻开新的态度。牟宗三先生等当代新儒家“返本开新”的精神，也许是我们必须建立的第一个基本共识。

（一）文化自信也许可以从几个层面来讨论它的意义

文化自信必定也必须建立在对传统的正确认识上：这虽然是个不必多所诠释的命题，但作为关键字的“正确”问题，却是一个必须特别重视的问题。一百年来对传统的研究，事实上存在着许多“方法论”层面的陷阱，当方法论“全盘西化”时，固然带来了理解传统的新方向，可是削足适履的状况也所在多有。所谓正确理解传统的方法论，它不该是义和团式的全盘拒绝西方，但也应该要谨慎处理“格义”的问题。这个部分，百年来的学界已经有了许多惨痛教训，也有了许多新思考，尊重学术规律，给予充分客观的理解空间，也许是必须拥有的共识。

文化自信必须建立在对时代与世界的正确理解上：近代中国的最大问题，也许还不是出在文明程度的落后上，而是出在完全丧失了自信。当丧失了自信后，内无以了解自己，外也无法对世界与时代做出正确认识。我们只要看看当西方崛起后，他们是如何理解这个世界，从而为这个世界带来多少苦难的，就可以想到其中的问题了。西方的崛起，让他们把这个世界当成是白人的负担，其中的文化自大，到现在为止都还是西方不断在伊斯兰世界造成如此大问题的根本原因。文化自大会如此，文化自卑当然也会有另外的问题。我们面对时代与世界，固然要克服文化自卑的问题，也必须以今天西方的文化自大为借鉴。这里当然也有如何建立正确认识方法论的问题，我们还是应该尊重学术规律，给予客观的理解空间。

文化自信必须以追求更好的文化融合为目标：真正自信的人才可以排除自卑或自大，真正自信的人才可以真正伸出理解与友谊之手，真正自信的人才可以以同理而非同情的方式面对他人。同样的，文化也是如此。所以我们的文化自信，应当表现在我们真正面向世界所有文化，伸出我们的友谊之手，去理解、去付出，也可以坦然地呈现自己，不虚矫、不伪饰。我们诚恳地认识自己、理解他人，然后才能寻找更好地融合，一种相观而善的融合。融合不是丧失或放弃自我的融合，而是一种尊重差异、接受差异的融合，一种在舒服地做自己的状况下，又能彼此愉悦共处的状态，这也许才是我们应该追求的文化融合。

文化自信必须以为世界创造新的文明与普世价值为追求的境界：中国的崛起就目前的世界格局来看，它就非常容易会落入一种格局，也就是成为世界的另一个“霸权”国家。这么些年来，我们基于深受帝国主义的侵害，因此我们总强调反霸权的论述，可是霸权是有诱惑力的，它很容易让我们去追逐有形国力的增长，并与先进国家形成一种国力的比拼，去竞争，去争取优势，维持优势，从而形成一种竞赛的循环。但真正的崛起，不可以是一种让人惧怕的崛起，而是一种让人尊敬、仰慕的崛起，这只能靠更丰富的文化创造，才可能达成。因此，真正的文化自信，必须以新文明与新价值为主要内涵，就这点而言，我们显然还有太多的努力空间。

（二）文化自信的提升是两岸最可以合作的部分

无论目前两岸的政治氛围如何，台湾在对传统的自我理解、对西方的认识与文化融合上，仍有相当值得重视的成就。相对而言，台湾一直是个对传统保存得比较完整的地方，即使日本统治了五十年，也没有太大改变。而一九四九年的历史因缘，使台湾得以汇聚了当时全中国相当数量的文化精英，在弹丸之地相激相荡，也是同样的历史因缘，使台湾有了比较完整面向欧美的学习机会，这使得台湾有机会成为某种传统面向现代的橱窗。它也许不见得代表传统面向现代的唯一方向，但至少它的发展轨迹和大陆形成了非常鲜明的对照。大陆面向现代的经验，有台湾所缺乏的部分，但因为大陆过往特定的政策与氛围，也使得大陆在正确理解传统的经验上，有了许多断层，这也许正是台湾可以为文化自信的提升贡献所长的机会。我们寄语两岸的民众能同心同德，以携手共谋属于中国人的文化自信之提升，并使中国的崛起与民族的复兴，成为这个世界更祥和的大事因缘。

国家治理现代化与中华文明复兴

邹重华

（京港学术交流中心主管）

一、引言

2012 年 11 月召开的中国共产党第十八次全国代表大会，以习近平为核心的新一届中央集体登台。2013 年 11 月中共十八届三中全会通过的《中共中央关于全面深化改革若干重大问题的决定》（简称十八届三中全会《决定》），首次提出了要“推进国家治理体系和治理能力现代化”，并将其列为全面深化改革的总目标。

“国家治理现代化”，包含了国家治理体系和治理能力两个方面。治理体系指国家的基本制度和政府组织架构等，治理能力指的是执政者的行政领导和驾驭问题的能力。“国家治理体系和治理能力是一个有机整体，相辅相成，有了好的国家治理体系才能提高治理能力，提高国家治理能力才能充分发挥国家治理体系的效能。”①

“国家治理现代化”，是在我国改革开放面临诸多瓶颈的背景下，由执政党中央提出的，一时成为学者们热议的话题。有学者将其视为继工业、农业、国防、科学技术四个现代化（简称“四个现代化”或“四化”）之后的“第五化”②。笔者的理解是，“国家治理现代化”与“四个现代化”是两个不同层面的现代化，前者关系到国家的长治久安。

① 习近平：《切实把思想统一到党的十八届三中全会精神上来》，习近平在党的十八届三中全会第二次全体会议上的讲话，2013 年 11 月 12 日。

② 许耀桐：《应提“国家治理现代化”》，《北京日报》，2014 年 6 月 30 日。

二、推进我国"国家治理现代化"已刻不容缓

改革开放30多年，中国的经济发展取得了举世瞩目的成就，也衍生出各种社会问题。我国国家治理体系和治理能力，虽然在改革开放的过程中也在不断地调整和改进，但已滞后于社会发展的需要。

习近平总书记指出："实际上，怎样治理社会主义社会这样全新的社会，在以往的世界社会主义中没有解决得很好。……我们党在全国执政以后，不断探索这个问题，虽然也发生了严重曲折，但在国家治理体系和治理能力上积累了丰富经验、取得了重大成果，改革开放以来的进展尤为显著。……同时，我们也要看到，相比我国经济社会发展要求，相比人民群众期待，相比当今世界日趋激烈的国际竞争，相比实现国家长治久安，我们在国家治理体系和治理能力方面还有许多不足，有许多亟待改进的地方。"①

十八届三中全会《决定》中的16个部分，公布了60项重大改革任务，具体的任务有320多项，对"国家治理现代化"的主要方面都谈到了。诚如《决定》所言："当前，我国发展进入新阶段，改革进入攻坚期和深水区。必须以强烈的历史使命感，最大限度集中全党全社会智慧，最大限度调动一切积极因素，敢于啃硬骨头，敢于涉险滩，以更大决心冲破思想观念的束缚，突破利益固化的藩篱，推动中国特色社会主义制度自我完善和发展。"

三、本届中央领导集体高度重视"国家治理现代化"

新一届中央领导集体上任以来，高度重视"国家治理现代化"。2013年11月的《中共十八届三中全会公报》，首次提出了要"推进国家治理体系和治理能力现代化"，并列为全面深化改革的总目标。近年来，习近平总书记在公开讲话和文章中，多次提及"国家治理现代化"。2014年2月17日，在省部级主要领导干部学习贯彻十八届三中全会精神全面深化改革专题研讨班的开班仪式上，习近平主讲的话题就是"国家治理现代化"。2014年10月13日，中央政治局第十八次集体学习的主题，定为"我国历史上的国家治理"。这表明，

① 习近平：《切实把思想统一到党的十八届三中全会精神上来》，习近平在党的十八届三中全会第二次全体会议上的讲话，2013年11月12日。

本届中央领导集体对“国家治理现代化”的重视程度，是前所未有的。[①]

如何推进“国家治理现代化”，《中共中央关于全面深化改革若干重大问题的决定》是这样表述的：“必须更加注重改革的系统性、整体性、协同性，加快发展社会主义市场经济、民主政治、先进文化、和谐社会、生态文明，让一切劳动、知识、技术、管理、资本的活力竞相迸发，让一切创造社会财富的源泉充分涌流，让发展成果更多更公平惠及全体人民。”

“国家治理现代化”牵涉方方面面，依法治国、依法施政，是“国家治理现代化”的重中之重。长期存在的人治大于法治，人情重于法理的状况，必须改变。提高司法系统执法的公正性，以改变与民众期望落差很大的现状。

确立公平合理的干部选拔用人制度，辅以制度化的反腐败监督机制，扭转中高级干部大面积腐败的严重情况，逐步建立起廉洁高效的公务员体系。

不断提高民众对社会发展的民主参与度，探索适合中国社会的民主政治发展道路。

对于社会管理，无论是新闻媒体或非政府组织，都要建立在法治的基础上，而非用传统的行政手段。“比如，现在的维稳，大多不是以疏为主，而是以堵为主，致使社会管理的成本巨大。”[②]

十八届三中全会《决定》系统地阐述了推进“国家治理现代化”的种种措施，关键是加以落实。虽然本届中央领导集体高度重视“国家治理现代化”“但全社会包括很多的领导干部都还认识不够”。[③]

北京大学政府管理学院院长兼北京大学中国政治学研究中心主任俞可平教授认为：“实现国家治理现代化的关键是政府自身的治理要现代化。然而，恰恰在这方面我们遇到的挑战、存在的问题还很多。”他列举了政府公信力流失、

---

① 《习近平治国理政关键词（11）：国家治理现代化》，2016 年 2 月 26 日，记者刘少华，来源：人民网 - 人民日报海外版，http：//cpc. people. com. cn/BIG5/n1/2016/0226/c64387 - 28151414. html.

② 俞可平：《政府创新与国家治理现代化》，2016 年 6 月 26 日在深圳创新发展研究院所做的演讲，发表于财新网，2016 年 7 月 5 日，http：//opinion. caixin. com/2016 - 07 - 05/100962312. html.

③ 俞可平：《政府创新与国家治理现代化》，2016 年 6 月 26 日在深圳创新发展研究院所做的演讲，发表于财新网，2016 年 7 月 5 日，http：//opinion. caixin. com/2016 - 07 - 05/100962312. html.

政府创新动力不足、行政成本过高、形式主义泛滥、一把手权力集中、政府管理出现低俗化倾向等政府治理存在的六个问题。俞可平并举例说："国家治理现代化"的目标提得很好，但是现在有些方面正常化都算不上，甚至还出现了低俗化的倾向。我举个例子，中央限制官员公费出国，这很好。但一些地方，把官员出国的限制也用在学者身上，一年只能出国一次，一个国家只能呆5天。还有，中央的"八项规定"非常好，但有些地方把老干部和工人的正当福利也停发了。这些哪是国家治理的现代化，连正常化都谈不上。①

四、"国家治理现代化"关乎中华文明的复兴

"怎样治理社会主义社会这样全新的社会，在以往的世界社会主义中没有解决得很好。"这意味着没有成熟的经验可供借鉴，本届中央领导集体尝试从我国自身历史中寻找经验与智慧。

2014年10月13日，中央政治局第十八次集体学习，以"我国历史上的国家治理"为主题，请中国社会科学院历史研究所卜宪群研究员进行讲解，并谈了意见和建议。习近平总书记在主持这次学习时强调："对绵延5000多年的中华文明，我们应该多一份尊重，多一份思考。对古代的成功经验，我们要本着择其善者而从之、其不善者而去之的科学态度，牢记历史经验、牢记历史教训、牢记历史警示，为推进国家治理体系和治理能力现代化提供有益借鉴。"②

习近平强调，中华优秀传统文化是我们最深厚的文化软实力，也是中国特色社会主义植根的文化沃土。

一个国家的治理体系和治理能力是与这个国家的历史传承和文化传统密切相关的。解决中国的问题只能在中国大地上探寻适合自己的道路和办法。

我们推进国家治理体系和治理能力现代化，要学习和借鉴人类文明的一切优秀成果，但不是照搬其他国家的政治理念和制度模式，而是要从我国的现实条件出发。

---

① 俞可平：《政府创新与国家治理现代化》，2016年6月26日在深圳创新发展研究院所做的演讲，发表于财新网，2016年7月5日。

② 习近平：《解决中国的问题只能在中国大地上探寻适合自己的道路和办法》，人民网2014年10月13日，http：//politics. people. com. cn/n/2014/1013/c1024－25825659. html.

中国的今天是从中国的昨天和前天发展而来的。要治理好今天的中国，需要对我国历史和传统文化有深入了解，也需要对我国古代治国理政的探索和智慧进行积极总结。

习近平指出，要重视中华传统文化研究，继承和发扬中华优秀传统文化。中华传统文化源远流长、博大精深，中华民族形成和发展过程中产生的各种思想文化，记载了中华民族在长期奋斗中开展的精神活动、进行的理性思维、创造的文化成果，反映了中华民族的精神追求，其中最核心的内容已经成为中华民族的文化基因。

国家治理现代化，需要发掘中华优秀传统文化资源；实现国家治理现代化，将为中华文明的复兴提供强劲的推力。

五、"国家治理现代化"助推"一带一路"战略

在历史上，中华文明曾长期为周边国家和地区所倾慕和效仿。最为典型的是盛唐时期日本对中华文明的全面学习和仿效。这种学习和仿效，是这些周边国家和地区自发和心甘情愿的，并非受外力强迫。

当代中国的复兴，不仅仅是经济的复兴，而是中华文明的全面复兴。实现"国家治理现代化"，将使中国成为一个法治、民主、公平、开放、文明和富强的社会，在世界上再度成为一个令人尊敬和效仿的国家。

2013 年，习近平总书记提出构建"丝绸之路经济带"和 21 世纪"海上丝绸之路"（简称为"一带一路"）的战略构想。这一构想承接古今，连接中外，赋予古老丝绸之路崭新的时代内涵，是一个高瞻远瞩的战略构想，一条和平发展的共赢之路。它既传承以团结互信、平等互利、包容互鉴、合作共赢为核心的古丝绸之路精神，又顺应和平、发展、合作、共赢的 21 世纪时代潮流。①

"一带一路"战略不能仅仅理解为一个经济发展战略，同时也是复兴的中华文明与"一带一路"沿线国家和地区的文化交流和文明对话。中国的"国家治理现代化"模式，将可为"一带一路"沿线国家和地区的发展，提供一个不同于西方的参考模式。

---

① 陈凤英：《习近平"一带一路"构想战略意义深远》，《国际在线》2014 年 10 月 10 日，http：//politics. people. com. cn/n/2014/1010/c1001 –25805422. html.

六、结语

有学者称:“2014 年成为国家治理现代化的起航元年。”① 两年多来,我国的军队体制和管理的现代化方面取得了巨大成就,司法体制的现代化也有所进展。2017 年下半年,将召开中国共产党第十九次全国代表大会。人们期待,以习近平为核心的十九届中央集体,在推进“国家治理现代化”的各个方面都能取得较大进展,为国家的持久平稳发展奠定坚实的基础。

推进“国家治理现代化”,是继我国实行改革开放政策之后的又一重大举措。只有实现“国家治理现代化”,才能保住改革开放所取得的既有成果,才能保障国家的持续平稳发展。“国家治理现代化”,关系到国家的长治久安,关系到中华文明的复兴和中国梦能否实现。

① 《〈习近平的国家治理现代化思想〉出版座谈会召开》,人民网 2015 年 10 月 23 日,http://world.people.com.cn/n/2015/1020/c1002-27719508.html.

中国传统治道与国家治理体系与治理能力现代化

徐 海

（江苏人民出版社编审）

实现国家治理体系和治理能力现代化是党的十八届三中全会提出的总目标之一。其中，政府在国家治理体系和治理能力现代化的地位和作用十分重要。固然，国家治理体系和治理能力，涉及行政、立法、执法甚至社会管理等多层次、多主体、全方位机构处理相应各种事务的能力，但政府治理体系和治理能力现代化是一个重要内容，也可以说是最重要的内容，因为“政府治理现代化是国家治理现代化的重要组成部分。推进国家治理现代化，必然要求推进政府治理现代化。没有政府治理现代化，国家治理现代化也可能成为空中楼阁。”① 同时，经济体制改革是全面深化改革的重点，其核心便是处理好政府和市场的关系，使市场在资源配置中起决定性作用并更好发挥政府作用。市场决定资源配置是市场经济的一般规律，健全社会主义市场经济体制必须遵循这条规律，需要着力解决市场体系不完善、政府干预过多和监管不到位问题。政府的使命与组织设置、职能承担与转换、运作效率与监督、官员选拔使用与奖惩等核心问题便是政府治理的核心。

政府治理现代化不可能建立在空想和空设的制度之上。除借鉴现代化国家政府有效治理的制度和方法外，我们可以从我国古代数千年的政府运作模式中借鉴一系列制度和做法。

一、对政府使命和作用的清醒认识

在当代中国特殊的背景下，政府治理现代化的核心在于政府从传统无所不

① 薄贵利：《准确理解政府治理现代化的科学内涵》，http：//www. chinareform. org. cn/gov/system/Report/201410/t20141021 _ 209352. htm # 0 - tsina - 1 - 26278 - 397232819ff9a47a7b7e80a40613cfe1。

包的“全能政府”转变成有所为、有所不为的“有限政府”，从传统的“为民作主”的“牧民”政府转变成人民真正当家作主的“民有、民享、民治”的政府。从这个角度看，中国几千年封建专制政权似与今日现代政府判若云泥。但是，关于政府与人民孰轻孰重的理念不但从来没有被忽视，反而一直是古代政治家和思想家反复强调和论述的核心。《尚书》所说“民为邦本，本固邦宁”，孟子所谓“君为轻，民为重”，唐太宗关于官民“舟水”之喻，都体现了古人对政府与人民关系的清醒认识。清代顾炎武甚至有“国家”与“天下”的二分法。中华文化传统对政府与人民关系一直有如此清醒的认识，十分强调尊重人民的主体地位和首创精神，对推翻不施“仁政”的昏聩朝代和帝王持赞同态度，尊重人民选择政府的权力。同时，为让人民在一定程度上避免因政府的过多干预而被动成为“臣民”，古代“黄老学说”不断被实践，从一定程度上体现了今日政府治理的核心要旨。老子所谓“小国”思想以及“烹小鲜”的政府治理理念，也从一定程度上体现了“无为政府”和“不与民争利”的现代政府精神。中国历史上几个著名的善治和升平时期，政府均秉持“无为”“少为”理念，休养生息，让民自主。汉代建立之初，特别注意政府不要折腾和反复，为后世留下“萧规曹随”的千古佳话。汉光武帝刘秀尤其反对多为。“帝厌用其兵，欲修文政”，希望政府少作为，以期各地都“自在”。①

作为现代化的政府以及追求现代化的政府，其改革自身的使命十分重要。现代政府有别于传统政府之处在于其功能、使命和愿景都发生了很大的变化。克服自身缺点，反省自身道路，是一个常变常新的话题。美国政府对各级高级官员的一项基本要求便是“引导变革”，因为处于现代化和全球化背景下的政府无一不面临着新的层出不穷的问题，因此，实现自身变革是现代政府十分重要的使命。中华优秀传统文化特别强调“变革”与“维新”。张岂之先生将“日新月异——与时偕行的革新精神”视为中华优秀文化的核心理念之一，认为“周虽旧邦，其命惟新”的变革追求和价值引领贯穿了中华五千年文明史。② 只有改革与维新，才能生生不息。这也是为什么在中国实现现代化过程中不断强调改革并希望通过改革实现国家治理体系和治理能力现代化

① 王子今：《王霸之道》，南京：江苏人民出版社，2017 年版，第 70 页。

② 张岂之：《中华传统文化的核心理念》，南京：江苏人民出版社，2016 年版。

的重要原因。

二、礼法并用的有效治理

政府治理能力现代化的重要目标是建立“法治政府”。法治政府实现的前提是有法可依和有法必依。一般认为，中国古代政府（当然也包括世界国家和地区的非现代政府）治理天下依靠的是人治而非法治。诚然，中国是长期封建专制国家，专制国家的政府主人是皇帝，“普天之下，莫非王土；率土之滨，莫非王臣”，于是，天下规制，尽由王出。然而，尽管国王所有制是中国古代的国体，特别是秦统一后形成的中央高度集权的国家更是如此，但在治理静态层面的制度和动态层面的政府运行方式即所谓的政体，并非都是随意、无规则的任性妄为。相反，在执行层面，中国古代有着非常完善的规制章程，律令全面而丰富。从纵向来看，从秦律到清律，法律文本和执法机构逐步完善；从横向看，从法律调整的社会关系来分析，民法虽轻，刑法畸重，但涉及婚姻、土地、经济、官制和刑法的“法规”还是相当丰富的。明朝的经济立法，涉及土地、农业、水利的条例和规定相当繁复，其中对四时耕种的各项规定，比之今日有过之而无不及。[①] 拿刑法来说，罪与罚与规定严谨，且逐步发达。秦朝在焚书坑儒、独行法家之说的治理思想指导下，法律的严苛和繁重都为民所愤，直至“苦秦苛法久矣”（《史记·高祖本记》）。因此，不能简单认为古代中国是人治社会。除国体外，在国家治理层面，治理者非常注重法律在人们行为规范方面的重要作用。

更有人指出，在周朝，甚至出现了类似今天宪法形态的古代“宪法”，认为《尚书·武成》这样的文本，就是今日宪法的叙事框架和叙事策略，类似今日宪法的序言、国家性质、国家机关的组成及运行规划，等等。[②]

然而，作为调整社会关系的规范，法律是设置行为准则的底线，现代国家完全承认并利用道德等其他规范的价值和作用，即所谓“依法治国”与“以德治国”的双规范效用。在中国古代，礼和法是一对相互区别却并行不悖的规则。礼补法之不足，法护礼之逾越。法家重法与政，儒家循德与礼，各有侧

---

① 蒲坚：《中国古代法制史丛钞》，北京：光明日报出版社，1997 年版，第 187 页。

② 喻中：《风与草》，北京：北京大学出版社，2011 年版，第 159 页。

重，各有不足。治理者非常注重“礼与法”的辩证关系，轻视任何一个方面都会导致治理的偏颇。

三、妥善处理集权和分权

分权的理论和实践，起始于欧洲启蒙时期，由洛克、卢梭和孟德斯鸠大力倡导并深入研究，并逐步被后来的欧洲和美国资本主义革命采纳并实践，并基本形成立法、行政和司法三权分立的治理框架。

集权与分权，是统一的多民族大国所面临的一个治理难题。除上述国家机构部门之间的分权与制衡外，还涉及中央与地方的权力分配和层级设置。

中国是一个统一的多民族国家，幅员辽阔，人口众多。在这样的背景下，必须妥善处理好中央与地方的关系。从历史上看，由于这一关系未处理好，致使国家分裂和内乱丛生的惨剧经常发生，从“八王叛乱”到“藩据割据”乃至北洋混乱，都给国家和百姓带来了深重灾难。如何调动地方的积极性，又保持国家整体利益最大化和社会进步，中国古代治理者进行了长期艰苦的探讨和实践。周朝将全国各级官员分成公、侯、伯、子、男五等，将地区封地分成三个等级，类似于今天的省、市、县的行政区划，其辖地严格分成等级。[①] 在著名的《左传·郑伯克段于鄢》中，祭仲说：“都城过百雉，国之害也。先王之制：大都，不过参国之一；中，五之一；小，九之一。今京不度，非制也……”[②] 中央与地方的关系，从古至今，一直是治理中的敏感点和重要点。北魏时代设“三长制”，五户为一邻，设邻长；五邻为一里，设里长；五里设一党，设党长。[③] 这些基层组织的管理，直到晚清或民国，仍有被借鉴的。对地方权力，有些朝代注重收，比如宋，吸取了唐安史之乱和割据的教训；有些注重放，如汉光武帝，特别强调各地的“自在”，以致造成东汉末年的篡权。

政府治理体系现代化要求进行合理的权力分配与制衡机制。除中央与地方外，古代中国也已清晰认识到政府部门权力行使的高效和制约。自夏以后，中央政府结束了禅让制的权力交接方式，至秦王朝一统中国，建立高度中央集权

---

① 喻中：《风与草》，北京：北京大学出版社，2011 年版，第 161 页。

② 《左传》，长沙：岳麓书社，1996 年版，第 1 页。

③ 张晋藩：《中国古代监察法制史》，南京：江苏人民出版社，2007 年版，第 136 页。

化的国家。但在中央政府层面，元首、行政部门（宰相或首辅）与具体工作部门又有精准的职能和职责划分，以便保持实际权力人——皇帝对大权充分和绝对的控制，又能保证权力的高效和便捷运行，以便实现对全国的治理。同时，最高权力人对这些分配出去权力的行使进行监督，对越权、滥权和失职的机构和官员进行监督和纠察。在这当中，皇权与相权，决策、执行和监督的分权与制衡，条块统合与分析，也显得十分重要，构成治道治术的重要内容。

先秦西周之时，中央政府便设“宰”负责对百官的考核。春秋时宰夫还行使对官吏财政状况进行审计的职权，稽查郡、县等各级政府财务收支状况，确定是浪费还是节省，分别予以惩罚和奖励。[①] 其职能类似于今日的审计长。汉代制订《监御史九条》《刺史六条》，意味着中国古代监察制度化的开端以至完备。至于隋唐时代的六部制度一直沿用超过千年，而与内阁六部相对应的三省制、谏官与察官等设置，反映出中国古代国家管理者对权力牵制、制约和监督作用的清醒认识。至于涉及国家更高层面的皇权与相权的相互制约，更是古代中国各代统治者着力研究的重大课题。皇帝、宰相、三省六部组织的系统，其作为政体，其实离今日不远。今天，人民代表大会制度作为我国根本的政治制度。各级人民代表大会作为最高权力机关履行人民当家作主的职能。同时，我国实行议行合一的制度，在治理过程中，关于内阁与监察，关于立法与司法，未必不可以借鉴古代一些制度和做法。目前正在进行的监察制度改革，其实可以从古代吸取丰富而有益的经验。

四、对官员选拔、使用和管理的高度重视

无论是古代还是当代，政府都是组织。根据组织行为学的原理，在组织中起决定作用还是组织中的人。政府机构中，官员是鲜活而有理性的个体。官员既是理性经济人，也是充满信仰和价值观的社会中的人。中国古代对官员的管理完善而细致。从官员的考试、任用、交流与回避，以及官员的操守、惩戒、培训与从业准则，无不具有一整套的做法和成规。学者认为中国古代似乎有完善的文官管理系统。韦伯称之为科层制的官僚体制在古代中国政府体现得比较典型。

---

① 张晋藩：《中国古代监察法制史》，南京：江苏人民出版社，2007 年版，第 21 页。

中国古代官员的考录制度相当发达。先秦，官员的选用往往是根据功劳来决定。从汉代开始了从“功臣政治”向“贤人政治”的转变。一大批社会上的贤人经过特别的察举制进入官僚阶层，成为中国古代官员选录的重大事件和转折。① 选贤举能，成为迄今为止非常重要的选拔官员的方式，是从世袭制向选拔制的飞跃。从此开始，“伯乐”的作用一直被高度重视。但是，由于“伯乐”也会看走眼，判断离谱是一个方面，任人唯亲完全无法避免。因此，从汉代“察举制”到隋唐“科举制”是中国古代官员录用和使用的又一重大变革，并一直沿用至今，为世界各地所称道，是中国古代政治智慧对世界的贡献。

除了录用和选拔外，对官员的管理和监督始终是中国古代统治者最为费心聚力的事情。科举制使“天下英雄尽入吾彀中”，后代读书人的唯一目的就是入仕，尽管上升通道狭窄，但毕竟使天下读书人发现可以晋升的途径，对未来充满希望。

中国古代非常注重官员的品德和基本素质，于是有了司马光所谓著名的“德才兼备”的二元论。对官员的德和才的综合要求，成为现在党政干部选拔的依据。同时，对官德的要求非常严格。睡虎地出土的竹简就有《为吏之道》的重要内容。② 至于省县级官员一把手的使用，更是中央政府的重要职责。唐代有“治人之本，莫重刺史”的重要原则③。与此同时，官员的回避制度、轮换制度和异地任用等制度，都是中国古代官吏治理制度对当今中国最具有影响力和借鉴作用的核心制度。比如回避制度，不但有官员使用的本省回避，还有师生和亲属的回避。特别是一些重要岗位的回避和交流，如军队、监察体系，其做法一直沿用至今，为中国今日治理能力现代化提供了不竭的智慧。

---

① 王子今：《王霸之道》，南京：江苏人民出版社，2017 年版，第 119 页。

② 王子今：《王霸之道》，南京：江苏人民出版社，2017 年版，第 124 页。

③ 张晋藩：《中国古代监察法制史》，南京：江苏人民出版社，2007 年版，第 174 页。

中华民族文化血脉下的文化抉择与未来发展

黄连忠

（台湾高苑科技大学教授）

一、前言

在长远的人类历史文化发展进程中，从种族语言文字进而形成悠久的历史及文化，象征着一个“文明辐射圈”的建立与开展。在“文明辐射圈”中，有着中华文化5000年历史的辉煌，亦有着亚洲空间地域的经营开展，更有着中华民族文化血脉下的文化道统与思想价值观的延续及发展。这是中华民族伟大复兴的灵魂寄托之所在，更是当今海峡两岸共同选取以中华文化作为价值根源的文化抉择。

在人类文明演进的历史中，对于文化及其价值思想的选择，往往成为一个民族或多个民族，在不同地域的历史时空下，最重要的价值判断与命运发展之所系。虽然近代以来工商业发达，科技日新月异，但是人文素养与文化传承仍然是一个民族真正的灵魂，也是一个国家实质进步与未来发展的指针，更维系着社会的安宁与人民的幸福。

当今中华文化的认同与抉择，乃至于未来的发展方向，应该是从单一性走向多元性，从地域性走向全球性，从狭隘性走向开放性，更从政治性走向文化性。因此，中华文化虽然遍及全球范围，影响世界文化甚为深远，但是以海峡两岸为主的中华文化，才是文化精髓的真正核心。不仅如此，海峡两岸在文化血脉中同宗同族同源同种，应该寻根溯源，继往开来，继承中华文化的优质内容与精神特色，携手共创中华文化的再度辉煌与伟大成就。

二、中华民族文化血脉下的文化抉择

在人类的历史长河中，中华文化的起源与发展，一直是人类文明重心之所

系，也一直是世界文化的中心，具有不同于印度文明或西方文明的特质。两三千年来以传统国学或是以儒释道思想为主的华夏文明，不仅具有仁爱万物与世界大同的胸怀，在生存发展的过程中，也展现出中华文化博大精深而又细腻深刻的文化质量。

从黄帝以后，先秦时代经历了上古时期的孕育，发展了“禅让”与“道统”的传统文化，这在人类文明的发展演进史上，并不同于茹毛饮血与残忍杀伐的其他民族，陶渊明曾以“葛天氏之民欤”来赞扬上古民风之淳厚。在经历夏商两朝之后，进入了周朝的西周与东周，在东周的春秋战国时期中，从过去的农耕立国，逐渐转变成封建制度、宗法制度与礼乐制度的创立。其中的礼乐制度是最具有中华文化起源性的代表，“礼”的主要形成部分是对社会加以合理的规范，进而形成伦理的等级，安顿社会的秩序；“乐”是基于对“礼”的伦理等级制度，运用音乐进行礼仪文化的教育与调解，缓和社会的矛盾。司马迁《太史公自序》有“礼以节人，乐以发和”之说，可见礼乐文化是以人为本的调和。礼乐制度与文化一直深刻地影响着中华文化的推演，在孔子感慨“礼坏乐崩”的同时，除了极力主张恢复西周的礼乐制度之外，更提出了人性自觉的反省，强调“克己复礼”的诉求，并以“仁”作为其主要的政治理论与人性学说之根源，用忠恕之道说明修身方法，用“君子与小人”阐释价值判断的取舍，如在《论语·里仁篇》中说“君子喻于义，小人喻于利”，这是儒家的“义利之辨”，再加上君臣伦理等学说，就成为中华文化以儒家思想为主的政治学说中的代表思想之一，也是中华文化不同于其他世界各国文化特征中的要项。到了孟子提出的“反求诸己”，逐渐确立了儒家思想的特质，在《孟子·公孙丑上》说：“射者正己而后发，发而不中，不怨胜己者，反求诸己而已矣。”孟子以“性善”作为理想的诉求，强调王道仁政与个人修养品德相结合，也认为仁、义、礼、智等伦理思想与个人基本道德，皆来源于人的本心及本性。在《孟子·告子下》有“人皆可以为尧舜”之说，又提出“民为贵”的思想，重视“以民为本”的观念。因此，实行仁政王道，天下归心，才是理想政治的实现。若相反而以暴政虐民，则不得民心必至政权败亡。反观先秦诸子百家，虽然各擅胜场，但终究在秦朝统一中国之后，看到了秦朝没有承袭春秋以来的儒家仁政思想，虽有强弓劲弩与严格法令，却在一夕之间土崩瓦解，可见中华文化是以“上应天理，下应民心”为基础的特质。

到了西汉时期，汉武帝采用董仲舒“罢黜百家，独尊儒术”的提议，不仅国势强盛，政治稳定，更形成中华文化历史中的泱泱大国。汉代是真正实现“大一统”的时代。“大一统”的提出见于《春秋公羊传·隐公元年》：“何言乎王正月？大一统也。”在徐彦的《公羊疏》中说：“王者受命，制正月以统天下，令万物无不一一皆奉之以为始，故言大一统也。”《汉书·王吉传》中也说：“《春秋》所以大一统者，六合同风，九州共贯也。”虽然后世封建王朝以为统一全中国为“大一统”，但是笔者浅见以为，这是古代人民期待有一个统一或完整的强盛国家，能够让人民安居乐业，免于时代动荡下的战乱与天灾人祸。在对仁政王道的渴望中，能够实现家庭和乐与社会安康的人生幸福。因此，“大一统”是中华民族历史中集聚政治、文化、地理与制度的一种良善期待，更是以儒家思想主体为理想政治体制之实现，也是凝聚民族情感与团结力量的展现。吴玉敏《中华文化核心价值与民族凝聚力探源——中华“大一统”“天下”观等传统思想之现代解读》一文中指出：“所谓民族凝聚力是指由情感、理想、愿望、价值观等各种观念形态相结合，蕴藏于民族成员的意识或观念之中，以各种形式表现出来的民族聚合与相互团结的精神力量。”[①] 因此，在中华文化的血脉发展中，期待一个统一而强盛的中国，不仅可以对抗列强的侵略，还可以维护世界的和平，创造全体人类的幸福。

汉代开始，佛教传入中国，逐渐融入中华文化的氛围，这也是中国文化展现了包容与吸收转化的特质之一，不仅使中华文化的内容具有更为丰富的特质，亦可以看出中华文化的开放性与包容性。诚如丁广惠在《国学的渊源、特点及其与传统文化、炎黄文化、中华文化的区别》一文中指出：“在中国文化发展史上，发生过两次中外文化大交汇。第一次交汇是从东汉明帝永平年间开始的印度佛教的传入，从而发生了东亚次大陆文化与中国传统文化的交汇。佛教文化经过魏晋南北朝与传统文化的碰撞磨合时期，吸收了儒家心性之学和易、老、庄的玄学，形成了中国化的天台宗、华严宗、净土宗和禅宗等佛教宗派；中国的儒学也吸收了禅宗的‘本体真如’‘直指本心’、顿悟等学说，形成宋明儒学的正宗——宋明理学。本来佛教是货真价实的‘洋教’，但正因有

① 吴玉敏：《中华文化核心价值与民族凝聚力探源——中华“大一统”“天下”观等传统思想之现代解读》，《中华文化》，2010 年第 4 期，第 52 页。

这个中国化的过程，而且对中国文化产生了重要影响，已为相当多的群众所接受，所以学术界一直把它划入传统文化的范围，当然，也同时是中华文化的一部分。"[①] 佛教思想的传入，在传统国学中的儒道思想之外，加入了新颖的元素与内容，因此展现了"中国化"的融和思想，这也是汉唐以来，中华民族重要的文化抉择之一，也就是接受、吸收与转化而成为中华民族文化血脉的一环。

传统的国学是中华传统文化主要的内涵，也是复兴中华文化的主要项目之一。在丁广惠《国学的渊源、特点及其与传统文化、炎黄文化、中华文化的区别》一文中指出："国学是中国特有的一门学科，它以儒家经典文献为主，兼及诸子百家'五四'以前的政史诗文著作为研究对象，在校勘、训释的基础上，阐释作品的积极意义并探讨学术思想发展变化规律的一门社会科学。研究国学的目的在于挖掘并弘扬中国传统文化思想。"[②] 研究国学与复兴发扬中华文化是眼前当务之急，也是对于中华民族数千年来优质文化的继承与提升，具有显著的时代意义与价值。

从古代至近代以来，中华民族一直处在多民族、多地域与多文化的体系之中，何星亮在《中华民族文化的多样性、同一性与互补性》一文中指出："中华民族文化的多样性和差异性，不是冲突的根源，而是互补的基础，不同民族文化在互动中取长补短，互通有无，从而使中华各民族文化在互补中得到繁荣和发展。多样性、同一性和互补性并行不悖的历史经验，为人类社会多元文化的和平发展提供了借鉴。"[③] 诚如斯言，中华民族文化的包容与融和的特质，一直是古代王朝兴盛的根本原因，如盛世唐代的开放性与综合性，吸纳了不同民族与地域文化的差异及其内涵。相对的，元代摒弃了中华传统文化以儒家思想为主流的传统，元朝蒙古人入主中国，对于中国传统文化打击甚深，同时对于儒士的歧视如同传统印度的"种姓制度"一般。如谢枋得在《叠山集》中

---

① 丁广惠：《国学的渊源、特点及其与传统文化、炎黄文化、中华文化的区别》，《文化学刊》，2013 年第 2 期。

② 丁广惠：《国学的渊源、特点及其与传统文化、炎黄文化、中华文化的区别》，《文化学刊》，2013 年第 2 期。

③ 何星亮：《中华民族文化的多样性、同一性与互补性》，《思想战线》，2010 年第 1 期。

《送方伯载归三山序》中叙述有："滑稽之雄，以儒为戏者曰：我大元制典，人有十等，一官二吏，先之者，贵之也。贵之者，谓其有益于国也。七匠八娼，九儒十丐，贱之也。贱之者，谓无益于国也。嗟乎卑哉！介乎娼之下、丐之上者，今之儒者。"另外在郑思肖《心史》中说："韃法（元朝蒙古法令）：一官二吏，三僧四道，五医六工，七猎八民，九儒十丐。"两者说法虽略有出入，却可看出元代时儒者的地位低下，只比乞丐高一级，这是刻意贬抑知识分子的一种政治手段，也造成了元代社会优秀的文士没有机会借由科举考试而跻身庙堂之上，只好往民间发展，创造了一个有益于民间戏曲发展的社会环境。然而，从元朝的兴起到败亡，可以看出对于中华文化未能继承的文化抉择，是其失败的主要原因。

中华民族的文化具有融合性，如民族文化的多样性、宗教文化的多元性与地域文化的多发性，在不同民族中皆有其独特的文化传统与民间特性。过去至今，中华民族文化虽然是以汉族文化为主流，但是对于少数民族则是展现了文化整合及融合并进的包容性及融合性。在辽阔的中国地域中，各民族或各地区皆有不同的风俗，也有不同的文化特色，这些都是整体中华文化的一部分，也同样地获得平等的地位与尊重。

时至近代，中华民族文化正从传统跨越至当代的社会，在继承与转化的过程中，中华文化面对的是新的挑战与新的适应，也面临着新的抉择与新的机遇。因此，从时代的维度来看，这是一项重要的时代课题，如李翔海在《从延续民族文化血脉中开拓前进——论习近平中国传统文化观的时代意义》一文中指出："从时代性的维度来考察一个文化系统，不仅有其内在的合理性，而且对于正处于从传统向现代转型进程之中的中国文化传统而言更具有必要性。"①这是对过去的传统文化进行考察研究与反省，也是对传统文化在现代转型进程中的深度思考。近年来，中国大陆提出"中华民族伟大复兴"的时代议题，而且对于传统文化大力的举扬，笔者以为这是非常重要而正确的文化抉择，更是继承中华优秀文化的具体实践。

笔者生在宝岛台湾，适逢台湾于1966年开始提出的"中华文化复兴运

---

① 李翔海：《从延续民族文化血脉中开拓前进——论习近平中国传统文化观的时代意义》，《中共中央党校学报》，2015年第6期。

动”。蒋介石曾在孙中山先生诞辰101周年时，于台北市阳明山之中山楼中华文化堂落成时提道：“国父（孙中山）发明三民主义，以继承我中华文化之道统为己任，乃使我五千年民族文化，历久而弥新，盖我中华文化之精华，尽撷于此也。”[①] 所谓的“中华文化复兴运动”，自此展开。过去，在日本发动甲午战争后的《马关条约》下，台湾于1895年被割让给日本，但在日本窃据台湾的50年内，台湾人民仍然心系祖国，以汉文化为自己的血脉渊源。如连横（1878—1936）在《台湾通史·序》中说：“台湾固无史也。荷人启之，郑氏作之，清代营之，开物成务，以立我丕基，至于今三百有余年矣。……洪惟我祖先，渡大海，入荒陬，以拓殖斯土，为子孙万年之业者，其功伟矣！追怀先德，眷顾前途，若涉深渊，弥自儆惕。”这是对中华祖国文化的深切怀念，亦是身为中国人的内在情怀。还有如近代台湾文学作家钟理和（1915—1960）于1959年创作的短篇小说《原乡人》，其书中提到的“原乡”，最早是指台湾高雄美浓镇中大多数客家人的祖籍广东梅县，这是对应日本殖民残暴统治下的反抗心理，进而产生寻求文化及理想中的“中国”，亦可看出早期台湾人民对中华文化的认同与向往。

在第二次世界大战结束后的1945年10月25日，台湾终于脱离日本的窃占而重回中华民族的怀抱，“国民政府”从日本接手统治台湾与澎湖群岛，结束了日本的殖民统治。台湾虽然遭受50年的日本统治，但是文化的传承积累与影响，并不是50年或100年就可以轻易改变的。尤其是1949年以后，台湾以继承中华文化自居，这也是历史上重要的文化抉择时期，带来了台湾数十年来稳定与发展的基础。笔者以为，台湾文化就是中华文化的一部分，并没有独立的台湾文化可以成为一个民族的象征，因为台湾人民绝大多数都是汉族文化的延续与迁徙，自然是中华民族文化血脉下不可分割的一支。诚如王艳芳在《台湾女性小说的民俗书写与中华文化认同——以萧丽红作品为例》一文中指出的：“由于台湾较之大陆更多地受到各种东西方文化的撞击和影响，从而吸收、融合了各种文化的成分，在长期的历史演变过程中，逐渐形成了一种颇具特色的台湾地方文化，不断地增容和更新着中华传统文化的内涵。即使台湾文

① 王寿南：《中华文化复兴运动纪要》，台北：中华文化复兴运动推行委员，1981年7月，页1。

化处于冲突、融合和变迁的过程中，中华传统文化依然是台湾文化的母体和主体渊源。因此，台湾文化是中华传统文化的一种自然延伸和发展，与大陆同属一个不可分割的文化系统。”① 笔者以为这是客观的判断，也是台湾有识之士共同的见解，更是清晰的文化定位与正确的文化抉择。

台湾继承了中华民族文化的优秀传统，特别重视儒家思想，如蔡灿煌在《乐以载道？——台湾“中华文化复兴运动”期间的礼乐重建经验》一文中指出：“两岸华人在不同的时空里，都把文化复兴的大业寄托在孔子与其后儒家推崇的礼乐制度上。”② 笔者以为这是重要的文化选择与决定，也可以看出在不同时空背景下的大格局与宏观视野。不仅如此，过去台湾实践中华民族文化亦不遗余力，主要是展现在节庆民俗与传统道德方面，如杨立宪在《台湾社会对中华文化的态度探析》一文中指出：“台湾主要的风俗习惯与大陆无异，如重视家庭生活和传统节日，重视饮水思源、尊师重教、敬老爱幼、上慈下孝、忠孝仁义礼智信、勤俭持家等传统美德，喜欢中华传统戏曲，讲究饮食冬补等。”③ 笔者以为这是十分公允客观的文化观察，也是台湾民间的实情，亦可看出台湾继承中华文化的一项特征。其中，特别是对传统节日的重视，在生活中是显著地受到中华文化的深刻影响。④

台湾民间潜藏着中华文化发展的优点，这是厚植于民间的中华文化的深远力量，如杨照在《中华文化传统在台湾的奇特发展》一文中指出：“（台湾）在生活上，集体秩序的力量远远超过个人中心的利益，只顾自己方便不顾全体秩序与公平的做法，在社会上仍被普遍视为是‘可耻’的，因而台湾社会中会有相对发达的排队习惯。另外，对人和善友善，表现礼貌、提供服务的行为

---

① 王艳芳：《台湾女性小说的民俗书写与中华文化认同——以萧丽红作品为例》，《江苏师范大学学报（哲学社会科学版）》，2016 年第 5 期。

② 蔡灿煌：《乐以载道？——台湾“中华文化复兴运动”期间的礼乐重建经验》，《中央音乐学院学报》，2014 年第 4 期。

③ 杨立宪：《台湾社会对中华文化的态度探析》，《北京联合大学学报（人文社会科学版）》，2011 年第 4 期。

④ 在安源《中华民族的文化血脉与精神资源——传统节日论，以古典诗词为例》一文中说：“中国的传统节日是条大河，汇聚并传承着中华民族的文化血脉。”从传统节日看中华文化的传播，这是值得深入探究的主题，安源：《中华民族的文化血脉与精神资源——传统节日论，以古典诗词为例》，《鄂尔多斯文化》，2011 年第 2 期。

规范，也持续在起作用。只是从原本传统的个人修养德目，扩充为服务业的根底，进而使得台湾的服务业可以快速成长提升。在台湾表面现代的面貌之下，藏着深厚的传统价值力量，因此使得台湾看起来凌乱，实质上却有自身独特的安稳秩序吧!"① 因此，台湾民间的文化形态，正是受中华文化的深刻影响，任何背弃中华优秀文化传统道德的举措，终究会受到台湾人民的厌恶与反对。

海峡两岸都是中华文化的继承者，应该合作互助，如谢政谕在《台湾"去中华文化"将无法向前走》一文中指出："两岸都是中华儿女，本应是兄弟情谊，应该是分享有无的关系，应当共同努力，两岸经贸整合是一种共利，所以更应该有同理心来看待彼此的社会情况。"② 笔者同意如此开阔的思想，积极互动，彼此包容，乃至于渐进更加融和，以创造互利双赢的局面。因此，海峡两岸都选择以传统中华民族文化为最重要的文化抉择，这也是中华民族伟大复兴必经的道路。

三、中华民族文化血脉下的未来发展

中华民族文化的未来发展，笔者在此提出"去异存同兼容并蓄的和会思想"为主旨加以论述。因为笔者过去30余年来研究佛教思想，发现圭峰宗密大师（870—841）是中晚唐时代的佛门高僧，也是中国佛教史上一位具有时代创见的伟大思想家。宗密所提出的"和会"思想，正好可以成为中华民族文化未来发展的参考方向。若以学术史的角度观察，笔者以为宗密的贡献与学术地位，主要是他提出了"禅教一致"的时代创见，透过系统性的整理及严谨的分析论证，总结并会通了佛教传入中国以后的宗派思想，并且给予了合理的判摄，指证出各家思想的哲学根据，以及会通融和的基本架构。宗密从"禅教一致"的论证模式中，发展成和会儒释道三教的文化融和主义。他对思想的互动与批判，以及文化伦理的融和与会通，不仅树立了儒释道三教调和的论证模型，也构建了一套佛教的和会哲学。

楼宇烈在《中国近现代佛教的融和精神及其特点》一文中指出："佛教通过发扬'融和'精神，能够不断地从其他学派、宗教的理论中去获取新的营

---

① 杨照：《中华文化传统在台湾的奇特发展》，《同舟共进》，2011年第9期。

② 谢政谕：《台湾"去中华文化"将无法向前走》，《台声》，2016年第23期。

养，得以适应变化的地域、历史、社会、文化环境，发挥出自己的新的生命力，而使佛法久住于世。”[①] 笔者以为，当代中华文化的未来发展，亦可借鉴佛教的“融和”或“和会”的思想，这是在“尊重包容”与“欢喜融和”的前提与目标选取中，在不同民族与地域文化中包容吸收其精华，更要吸取世界各国的优秀文化之精髓，让当代中国能够与时俱进，在丰盛文明的底蕴中，亦能发展更好的工商业与科技业，增进人民的幸福，发展适应现代乃至未来的社会优秀文化，更能展现中华民族文化广博的胸襟与不同于其他国家民族的文化特质。

综观宗密禅教一致与和会儒道思想的哲学意义，即是展现在“判释禅教各派的思想与根据”与“提供和会三教的方法与途径”，回应禅教之间，乃至佛教内外在思想辩证上的需求。至于其文化价值的贡献，即是“广摄禅教各派的互证与融和”，以及“调解佛教内外的矛盾与流弊”，提供当时及后世在社会文化的宗教对立中，一套可以解决彼此矛盾，进而欢喜互证及融和的示范学说。这一套学说的系统，也是文化融和的方法论思维，值得深入探讨。因此，宗密以为在佛教融和的过程中，不仅要去安顿及互补佛教内部各宗派之间的长短异同，更是积极团结佛教内部的力量，达到弘扬佛法的时代使命。如此思维的方法论过程，正是中华文化的优质内涵，也是未来发展的精神方向之一，最终目的是达成中华各民族之间的“尊重包容”与“欢喜融和”，达到团结与发展的契机。

宗密的和会思想，这是在确立彼此沟通的“大前提”与互相尊重的态度之后，不能一味地乡愿，而是提出具有批判性与辩证性的“交叠共识”。所谓的交叠共识，是指近代政治学者洛尔斯（John Rawls，1921—2002）所提出的概念，据石元康阐释以为：“洛尔斯在这里提出了交叠共识（overlapping consensus）这个概念。在民主社会中，大家所追求的只是交叠共识。只要能够达到这点，公正原则究竟是否具有放诸四海而皆准的普遍性就变成了无关紧要的问题。什么是交叠共识呢？由于在一个民主社会中人们有不同的宗教信仰、哲学主张及人生理想，要在这样一个多元的社会中建立起一种统一（unity），只

① 楼宇烈：《中国近现代佛教的融和精神及其特点》，收入《1991 年佛学研究论文集》，高雄：佛光出版社，1992 年版，第 63 页。

能靠一个政治上的公正思想体系，而这公正思想体系必须要得到不同的宗教、哲学及人生理想的主张者支持，这就需要有一种共识才能达到。但是不同宗教及人生理想的人，不可能在所有事情上都有共识，因此，他们的共识只能是限于政治公正方面的，所以洛尔斯把这种共识叫作交叠共识。”[①]“交叠共识”又称为“重叠共识”，就是寻求最大的共识，去异存同，彼此包容，达成共识与团结的方法之一。然而，笔者以为“交叠共识”所涵盖的范围，可以延伸至哲学思想的辩证融和，其中不可忽略的是，必须透过批判的辩证与系统性的思维，才能准确地呈现出彼此的共识，如此才能提升相互包容的层次。关于此点，宗密在处理禅宗的各宗派之间的和会前，他是先判摄诸宗的禅法，给予价值的安顿，然后才进行融和会通的过程，同时于禅门与教下的和会也是如此处理。因此，宗密是通过批判来和会禅宗各派，而且通过和会来安顿各宗的价值。笔者以为中华民族文化未来发展，必须从政治与文化层面，拉高到哲学辩证层面，透过合理的判摄，进而安顿与确立融和的进程与价值的层次，体现中华文化兼容并蓄又精细优异的特质。因此，笔者以为相互的包容，应由感性的层次提升为理性辩证的层次，同时也需要具备系统性的思维结构，才能进行缜密与和谐的沟通。因此，宗密和会哲学的处理模式，对于现代社会的包容性而言，的确具有十分重大的启发意义。

宗密的和会哲学展现在实践的层次上，必然经过五个阶段：首先是“尊重”，接着是“批判或判释”“包容”“肯定”与“吸收”，最后是体证欢喜融和的境界。基本上，这五项内容正是当今社会问题的解决之道，也可以成为中华文化面对当今问题的调和方法，乃至于因应未来的发展。其实，生命中有融和的大美，展现在“天行健，君子以自强不息”的实践中，同时通过实践尊重与包容的调和方法里，便能体现出中华民族欢喜融合的历程与理想。

在佛教思想乃至中国文化与中国哲学的发展中，往往有一种“膨胀与收缩”的现象，意即思想的创立与开发到某种程度，或因为社会的变迁、政治的干预、思想的成熟、现实的需求等因素，开始出现统一或和会的思想。如先秦诸子百家争鸣，黄老继起而汉代收归儒学，这是一种思想文化的激荡与辩证融

---

① 石元康：《交叠共识与民主社会中政治哲学的工作：洛尔斯理论最近的发展》，收入《当代政治思潮》，台北：“民主文教基金会”，1992 年版，第 140 页。

和的过程，亦足以成为今日中华民族伟大复兴的借鉴，在去异存同兼容并蓄的和会思想中，创造出一个“尊重包容”与“欢喜融和”的时代社会之氛围，进而团结中华各民族及海峡两岸的人民，共同为继承与发扬中华文化迈向世界文明的顶峰而努力。

四、结　论

百余年来，中华民族经历了许多重大事件的影响。然而，从过去数十年来至今，海峡两岸渐进而互动的和谐，实在是造就了一个属于全体中国人的和平盛世，吾人应当庆幸与感恩，生于斯世，长于斯土。笔者当初看到“中华民族伟大复兴”一词时，内心十分震撼与激动，更因此而热血澎湃。笔者回忆起年少时的心愿，曾经与先父首次站立在山东烟台养马岛上的山陵高处，回望一湾浅海外的远天连绵青峰，心中生起经略神州大陆的万丈豪情，笔者这也是认同中华民族文化再创高峰的一种理想情怀。

在现实生活中，我们时常感伤与抱怨眼前的社会时势，但是从人类的文明历史进程来看，我们却是生活在一个最为幸福的时代与环境。也许，还有许多不够圆满的地方，但是我们心中都拥有一个美丽的愿景，包容与体谅，尊重与和谐，深信中华民族乃至于全世界的人类，都将迈向更为美好的未来。笔者以为时代的海潮，正在推动海峡两岸共同抉择中华传统文化为持续不变的信念，在彼此共同的理想及梦想中，团结融合成为一个生命整体，便是中华民族存续发展最为伟大的生命力量。

中华民族的未来，建立在吾人的信心与信念之中，海峡两岸也势必融合在民族复兴的时代潮流里，更期待全体人类都能享受和平幸福与欢喜快乐的生活，这也是中华民族对世界人类的责任，更是我们所期待的未来。

文化自信与中国当代书院的复兴

王维生　戴美玲
（厦门筼筜书院）

文化是民族的血脉，是人民的精神家园。习近平总书记在2016年的“七一”重要讲话中特别提出要提升文化自信，并且在联合国教科文卫组织等多种场合强调要让中国文化精神薪火相传，将弘扬中国的核心价值与树立文化自信提升到国家战略的高度。党的十八大以来，以习近平同志为核心的党中央高度重视中华优秀传统文化的传承发展，“弘扬中华文化，建设中华民族共有精神家园”，树立中国文化的主体意识，树立对中国文化的自尊和自信成为共识。作为中华优秀传统文化实施的载体之一——中国当代书院的复兴，值得我们关注。

一、文化自信是中国当代书院复兴的背景

国人恢复文化自信的最明显表征，就是对各种传统文化活动充满了热情。面对世界文化的多元与开放，建设社会主义文化强国，加强社会主义核心价值体系建设，成为中华民族与国家的精神追求。在中华民族与国家文明的发展过程中，积淀了许多优秀的价值观念与实践方式。所谓“君子如欲化民成俗，其必由学乎”，“古之教者，家有塾，党有庠，术有序，国有学”① 等，都揭示了中华民族重视“学”与教育的历史传统。无论是大到国家治理还是小到社区治理，文化、知识的教育、学习与研究都是重要的内容，涉及社会的方方面面，历来为国家与民族所重视。

弘扬优秀传统文化的场所与活动，日趋受到人们的关注与重视。虽然关于书院的定义与性质有一定的区别，但是可以认同的是，书院作为传统中国独特

① 《礼记·学记》。

的学术、文化与教育机构，是中国人围绕着书，开展包括藏书、校书、修书、著书、刻书、读书、教书等各种活动，进行文化积累、研究、创造与传播的文化教育形式。从春秋战国时代的淇奥、洙泗到汉代精舍，发展至唐末书院，以至宋、元、明、清的兴盛与普及，中国历史上共计有 7000 多所书院。这些书院在中国古代文化史、教育史、思想史、学术史上均有着极为重要的历史地位，不仅产生了当时世界范围内较为发达和完善的教育制度和思想，而且是中国古代学术思想的大本营，在文化传承、人才培养、学术研究等方面创造了辉煌的成就。书院承载了中国人的精神向往，承载着中国文化传承与发展的重要使命。

近代以来，伴随着新学、西学的冲击，作为传播中国传统文化精神与承载中国文人精神向往的载体，书院在 1901 年被改制为大中小学堂。当然，也不能否认新文化运动后书院仍然有新的发展，而且传统书院具有的鲜明的文化性和民族性，以研究和传播经典文化为己任，教人以修齐治平之道、经世安邦之策，依然成为后人精神瞻仰的指引性符号，仍然具有极强的号召力与吸引力。

百年来，中国传统文化的传承与发展起起落落，书院的组织形式与传播形态到了 20 世纪 80 年代又开始萌芽。20 世纪 90 年代以来，我国经济社会快速发展的同时，“国学热”自民间兴起，书院作为传统文化的重要内容和象征，日益受到广泛关注和重视。21 世纪以来，随着国家综合国力的提升，社会经济的发展，民族文化自信增强，以国学传播热潮为标志的中华优秀传统文化的弘扬日益受到关注，中国当代的书院开始了新一轮的复兴。我们以中国当代书院为切入点，可以看到中国当代书院建设成为传承传统文化、弘扬社会主义核心价值观，实现文化自信的重要途径和载体。

二、中国当代书院的文化自信基本立场

（一）中国优秀传统思想文化应是当代书院的道统

千年的书院受到中国传统社会思想文化的变迁影响，同时也反过来影响了中国文化思想教育乃至社会生活各个方面。张岂之先生在 2015 年第七届海峡两岸国学论坛的发言稿《中华文化与会通精神》中指出，中华文化精神的特征是“会通”，“在唐代，儒学遇到严重的挑战，儒学的代表人物想重新恢复儒学的正宗地位，他们在反对佛、道的同时，又吸取了佛、道的某些方面，加

以会通，开启了后来宋代理学的先河。”中国书院的起源也正是在这样文化的会通下，于唐朝末五代时期出现，从个人的读书场所到开始有服务公众、传道授业的社会文化教育功能。

在中国传统思想文化中，首推理学家对于书院的贡献。北宋时期，以理学家为代表的知识阶层为了重振儒家文化，有意识地兴办书院。在理学家的精心经营下，书院也成为传承儒家“道统”的场所。到了南宋，在朱熹等理学家的带动下，书院建设之风更盛。陈荣捷先生曾指出：“朱子及其门人，在推行书院制度上，在宋代较之任何其他学团，更为积极与活跃。”[①] 朱子一生大部分时间在其自创的精舍、书院讲学，形成了人数众多的考亭学派。宋理宗以后，随着理学被官方正统化，各地官员纷纷仿效理学家建立书院。正是理学家与书院的密切关系，共同形成了富有区域特色又汇集在中国文化中的历史传统。当代各式新的“书院”多是作为传播和传承中华文化的重要载体，书院的宗旨、目的也多是为了传承和传播“国学”（中华优秀传统文化）。

（二）中西结合、和而不同应是当代书院的基本态度

处于中西文化交汇中的国人，常出现对自身文化的不自信。在19世纪40年代，为了适应时代的变革，书院引入“新学”“西学”作为研究和教学的内容，以“改革”的姿态走向近现代化的历程。在改革还在进行中时，清廷下达了激进的改制诏令，全国书院短时间内被责令改为大、中、小三级学堂。胡适一直认为书院之废是中国一大不幸。毛泽东在1921年《湖南自修大学创立宣言》中指出，书院后期作为科举的附庸，形式上存在坏处。但是，中国书院的师生关系、自由精神、课程研究等都要比西式的学校优胜，而在创办的自修大学中就是要“取古代书院的形式，纳入现代学校的内容”。

陈平原先生对中国书院的借鉴之用多有阐发，他指出因为西学的魅力确实无法抵抗。“实学”成为大势所趋，加上大众和普及教育需求，传统书院在二十世纪中国被压抑了，只是成为了一些现代大学教育的思想资源。

100多年来，时代多有变化，西化的社会大环境要比100多年前更为广泛。当代的书院虽然办院理念、经营方式以及招收培养对象及定位都不完全一样，不可能也不应该完全照搬古代书院。只有以古为鉴，与西方文化相互取长补

① 陈荣捷：《朱子新探索》，台北：学生书局，1988年版，第513、110－111页。

短，采用和而不同的基本态度，才能办好当代书院。

三、文化自信下中国当代书院建设与发展

近十年来在多种力量的参与推动下，特别是民间力量对传统文化的觉醒，当代书院呈现复兴之势，新式书院如雨后春笋一般发展起来。据不完全统计，当代叫“书院”之名的就有5000多所机构，真正从事传统文化相关内容的新老书院总数已超过明代，达2000所以上。当代书院的新发展，对于中华文化传承，民族精神的培育以及民众文化归属感的培养都有着非常重要的意义。当代的书院已经不只是文化的传承，更具有现代意义。虽然当代书院已经不同于传统的书院，但是仍然在核心内容、价值与文化精神上对中国传统有着一定的传承，是中国人文化自觉以及寻求文化自信的具体表现，对于当代社会依然具有十分重要的文化教育意义。

综观当代书院的发展，因其历史背景、创院宗旨和定位不同，所选择的形式与特点也有诸多不同，对还处于不断变化发展中的当代书院进行较为全面的梳理与分类着实不易。

岳麓书院邓洪波教授在《中国书院史》（2011增订版）的《余论柳暗花明：二起二落的书院命运》中将进入21世纪后新建的500所以上的书院大致分为：

①体制内的大学书院，如贵州大学中国文化书院承担教学科研任务，而仿效香港中文大学新亚书院的复旦大学、西安交通大学等书院实质为学生管理服务机构。②民间各式各样的书院，包括面向作家类书院如西安白鹿书院，山东万松浦书院等作家系书院。主要面对青少年的读经学校类的如北京四海孔子书院；面对成人解经的台湾德简书院；主攻礼仪的武汉云深书院，以各类师生研习为主的大兴安岭长白书院。③在官民二者之间的书院，如山东尼山圣源书院采取“民办公助，书院所有，独立运作，世代传承”的机制，厦门筼筜书院采取“政府支持，企业投资，公益运营”的方式，坚持“旧学商量新知培养”的理念，定期开办海峡两岸国学论坛，长年开展国学经典教育。④值得注意的是，网络的国学书院以及儒佛相融的北京什刹海书院，凡此种种，不胜枚举。

武汉大学郭齐勇教授在台湾《国文天地》（2016年2月第31卷第9期）

所发表的《大陆当前的国学热与书院热》中认为，就主办方而言，大体上有官办、商办、学者办、民办，或官学商或官学或商学或民学合办等多种。

（1）汤一介、王守常教授的中国文化书院是学者办的典型。（2）岳麓书院、筼筜书院是官学合办的两种不同的典型。以岳麓书院为代表，结合传统与现代，大学与文化事业，使千年书院获得新生，但岳麓书院经验对各家老书院来说，不可复制；厦门筼筜书院是厦门市政府指导下办的，该院与学界与厦大国学院紧密联系，独立办了闻名全国的系列讲座、高端论坛及青少年学习国学的活动，因地利与传统，又成为台湾海峡两岸人文学者联络的纽带。筼筜书院所以办得十分成功，与前述岳麓书院一样，与主办团队的热情、懂行、敬业、开拓有关。此外，地处曲阜的中国孔子研究院、地处贵阳的孔学堂是现代官办的文化机构，尚不属于书院，但多少带有一点书院的色彩。（3）商办、民办的书院如河南省建业集团办的本源社区书院、武汉经心书院等。目前最让人担忧的也是商办、民办的一些民间书院。这些书院也分几种情况：从目的来说，有的是以盈利敛财为目的，有的是以公益为目的；从对象来说，有的是成年人（如企业家、企事业单位、机关），以办讲座、搞培训为主，有的对象则是儿童与青少年，做课外教育或全天候教育。

陕西师范大学田建荣教授在《中国当代书院教育的发展定位与战略选择》中，综合了当代书院教育的类型：①按书院创办的定位及办学宗旨，分为新创办的传播传统文化和国学的书院，高校附属式书院，文学创作新书院，专门的学术研究书院；②按文化产业发展现状，分为博物馆式以展览为主的书院（如鹅湖书院）、文化旅游为主的书院（如嵩阳书院）、与中学相结合的书院（如白鹭洲书院）、与高校相结合的书院（如岳麓书院）；③按大学书院表现形式，分理念组织、文化组织、教育组织、学生管理组织。

田建荣教授在此基础上将现代书院进行了不同类的划分：①从书院总体上，分学校书院、社会书院、遗迹书院和网络书院；②从所承担的社会功能上，分为学校教育型书院、学术研究型书院、学生管理型书院、社会化书院、文化遗迹型书院；③从内容上，分为国学书院、蒙学书院、文学书院、艺术书院、企业书院等。

目前我们也正在进行中国当代书院统计的统计工作，主要统计的书院需要满足：①正式注册的，有较为正规的简介；②有固定的办学场所或者空间；③

有较为常规的传统文化内容的办学活动；④有较为固定的工作人员。

在统计工作中我们较为注意以下几个特点统计：

①有常设的办公地点和工作人员；

②主要从事中华优秀传统文化传承发展工作；

③一般要求有正式的注册和相关的社会影响。

因为目前的统计工作正在进行中，据不完全统计，当代主要从事中国优秀传统文化的书院按照我国 34 个省级行政区域，包括 23 个省，5 个自治区，4 个直辖市以及香港、澳门 2 个特别行政区进行划分，大致搜集到将近 150 所当代在运营书院的基本情况。从梳理中可以看到，当代书院复兴的时间主要集中在 2000 年以后，性质上有公办、民办、公私合办，既有政府的文化品牌建设，也有企业以书院带动产业区域发展，不一而足。在统计工作中，我们发现，除了上述专家的归类以外，随着越来越多的书院建立，还有以下几类书院值得关注：

1. 官办书院的新类型

一些不叫书院之名，但是却以国学为载体同时承载书院文化精神的组织不断出现。如由国务院参事室牵头的中国国学中心项目是十二五期间国家重点投资建设的国家级、标志性、开放性公益文化设施。它位于北京奥林匹克公园中心，以弘扬中华优秀传统文化、建设中华民族共有精神家园为建设宗旨，致力于研究和展现中华优秀传统文化所蕴含的道德、智慧、审美的丰富内涵及其当代价值，促进中华文化与世界文化的交流。目前的中国国学中心主体建筑已经完成，包括国学展示区、国学体验区、国学研究中心等七个部分，建成后将成为国家级新型公益文化设施。

在全国范围内，官方对以国学与书院类机构的投入呈现增强的趋势。一是人员的编制可以解决，二是持续的经费投入，三是与研究机构的广泛合作，也可谓迈向快步发展的阶段。2012 年 9 月建成的贵阳孔学堂为例，投资近 15 亿元，每年度 5000 万财政拨款经费，是贵阳市委、市政府推崇孔学、弘扬国学、致力于传统文化传承的教育基地，被《焦点访谈》评价为“不是庙堂是学堂，不是复古而是复兴，古为今用、传承教化，传播交流分享传统文化”的典范。在福建省内，书院建设越来越受到重视，2015 年三明的尤溪县建成朱子文化主题公园，复办南溪书院、开山书院等特色书院，项目总投资 3 亿多元，受到

了省市各级政府与百姓的好评。

在地方省市的发展战略上，山东省2014年就开始推动建设现代新型书院，山东省文化厅正式印发《关于在全省创新推进“图书馆+书院”模式建设“尼山书院”的决定》，推广“图书馆+书院”服务模式。现代图书馆承担着文献收藏、整理研究、社会教育的职能，与古代书院有着天然联系。2013年山东省邹城市揭牌成立孟子研究院，并给予50人正县级编制。2015年9月，孟子研究院附属的孟子学会、孟子书院揭牌，研究院参照教育部人文社科重点研究基地的运作方式，以“研究孟子思想，弘扬传统文化，助推国学传播”为宗旨。孟子书院也多次到全国各类书院中学习借鉴，所采取的“研究院+书院”的模式得到政府的大力支持。

在组织形式上，除了图书馆和研究院形式，此外还有文明办体系的苏州德善书院。它是由苏州市文明办、苏州市语委办、苏州市文广新局、苏州市教育局、苏州市文联、苏州日报社联合主办的非学历、公益性教育机构，通过整合社会资源和举办传统文化公益讲座，开设国学经典少儿公益传习班，开展中华经典诵读活动，举办市级道德讲堂，开展中外传统文化交流等多种形式，致力于提升市民道德修养，营造城市人文氛围。

2. 官民结合书院的新类型

所谓的官民结合即意味着既有官方的支持，又有充分的民间学者或者企业家的参与，既有政府的支持，又有企业、企业家以及学者的自主性与独立性，大学中的书院应该更多的属于这一类。2016年9月10日，清华大学苏世民书院开学。苏世民是美国黑石集团主席，苏世民书院作为其学者项目的组成部分，依托清华大学，广纳世界青年才俊，以书院的形式将知识学习、文化熏陶和实践历练融为一体，打造培养青年领军人才的国际平台，这种“企业家+大学书院”的新形式可以吸引更多向学之人。苏世民书院秉承的“立足中国、面向世界”原则，也为大学中建设书院提供了相关的可以借鉴的模式。无独有偶，2015年由美国著名免疫学家和遗传学家、2011年诺贝尔生理学或医学奖获得者布鲁斯·博伊特勒教授倡导在厦门大学设立了博伊特勒书院，此创新之举，致力于培养中国内地生命科学研究精英。这也是希望通过书院这一形式，汇集国内外生命科学领域顶级科学家，打造生命科学领域杰出人才培养的优秀平台。可见这类型的书院非常有国际化的视野，将中国与世界更创新地联系在一起，与百年前的中西书院有传承的意味。

2015 年 6 月起，厦门市开始探索创建集学习教育、文体活动、组织孵化、群众议事于一体的社区书院。厦门社区书院功能定位之一是希望能够孵化出更多的社会公益组织，以让居民能够更好地服务自己。厦门社区书院按照“统筹规划、分级管理、注重实效”原则，采取“总部 + 教学点”架构、“总部与教学点联通共享的信息运行系统”的扁平化方式，建立市级书院总部与社区（村居）书院教学点两级服务管理体系。截至目前，全市已建成 1 家市级社区书院总部、4 个区级社区书院指导中心（湖里、集美两个区的指导中心正在创建中）、25 家市级试点社区书院和 34 家区、街（镇）先行创建的社区书院，初步形成了一套基本的课程体系、信息服务系统和运行管理模式，构建起互联互通、资源共享的社区教育服务体系。社区书院建设集合了多方力量，其中，民间公益力量是一个十分积极的组成部分。如何打造“社区 + 公益组织”的社区书院模式，让民间公益力量参与社区书院，发挥其积极作用，解决书院运作中遇到的实际问题值得下一步继续探索。

3. 民办书院的新类型

对于多数期待复兴国学的民间文化人士来说，延续传统书院精神仍是他们创办新书院时的重要基础。但因条件不同，开办书院需要土地、房舍、资金、人员等资源，前期的投入较大，民间个人力量很难支撑起这些投入，所选择的发展方向也有所不同。

许多由民间人士自主创办的书院，因各方面条件的限制，功能难以齐全，因此，只能以私塾或培训班形式代替。一是面向青少年学习中国经典的延伸，包括各种私塾、学堂、讲堂和才艺班型的书院。二是向社会人士学习中国文化的延伸，包括各式国学讲座、培训班以及读书会、沙龙等，层出不穷，形式结合古今，课程兼含理论与实用，有大学的院系举办的，也有民间文化传播公司、培训机构举办的，特别标举实用性方面。这些都是书院发展面向社会的新形态，这些新形态精神渊源很多还是出自书院。

民间书院的另一发展思路是将书院与当前地方的文化产业相结合。以往的著名书院，无论是博物馆式以展览为主的书院（如鹅湖书院）还是以文化旅游为主的书院（如嵩阳书院、应天书院）、与中学相结合的书院（如东林书院、白鹭洲书院）、与高校相结合的书院（如岳麓书院），事实上这些书院都

与文化旅游业密不可分。当代书院如何结合文化旅游产业也值得探究。

一类是以本地名人为名称的书院文化产业建设，如山东德州的“中国德州董子文化街”项目，该项目作为山东省文化产业示范基地，齐鲁文化特色新地标，德州市重点文化产业项目，由山东兆光集团在山东建“文化强省”、德州作为董仲舒故里，打造“区域文化高地”的背景下出资6亿元于2008年开工，2012年建成。项目的氛围是在古色古香的建筑中构建文化与商业融合的一条街区，其经营以文化产业为核心，培育红木家具、古玩奇石、名人书画等重点市场，连续举办城市庙会、生活博览会等会展活动。街区以专门纪念董仲舒的董子园风景区为中心绵延围合成4A级风景区。公园中的主体建筑就有柳湖书院、董子读书台、董子像等。这类书院是作为整体文化产业的一部分内容，如何更好地发挥书院的功能作用还需要观察。

第二类是以蕴含中国文化内涵的物品为载体的文化产业建设，如在同样是省级文化产业示范基地，国家重点文化产业项目的福建漳州龙人古琴文化村项目中，主要是集古琴文化传承、文化艺术传播、教育及学术研究、文化旅游、影视演艺等于一体的基地。其中建有龙人书院，内设学堂、讲坛、藏书楼、音乐厅等，致力于开展以古琴文化为核心的中国传统文化教育与传播活动，包括读书会、名家讲座、学者论坛、艺术展、音乐会等。

目前以中国文化相关物品为载体的书院越来越多，如厦门大与茶书院，成立于2015年，其宗旨在于复兴中国茶道，传承中国茶文化。汇集茶界名师，博采众长，长期开展茶学必修专业系列课程及少儿茶文化推广，致力于茶文化传播及茶经理人的培养。茶书院有成人茶艺空间、儿童茶道教室、日本茶道教室。此外福建武夷山还有以武夷岩茶为载体开展国学活动的孝文书院。除了茶书院以外，福州的桢楠书院、泉州的楠风书院都以金丝楠木为载体开展相关的传统文化活动，这种类型的民办书院把越来越多样的活动赋予物品之上，丰富了中国文化物品的内涵。

总体而言，近十年来，中国当代书院的发展目前进入到“春秋时期”，其呈现的特点：一是百花齐放，百家争鸣，当前社会各界，包括政府官方、学者、企业，民间各种力量都加入到当代书院的建设中来；二是书院发展呈现“会盟”的趋势，在发展过程中，起步比较早，有文化情怀的较有实力的书院都在积极推动书院联盟的成立，如中国书院学会、中国书院高峰论坛、名书院联盟等。对此我们应该看到，当代书院发展的积极方面与光明前景。

四、国家文化自信战略深入对中国当代书院的推动

2017 年新春期间，中共中央办公厅、国务院办公厅印发了《关于实施中华优秀传统文化传承发展工程的意见》（以下简称《中华优秀传统文化实施意见》指出，文化自信是更基本、更深层、更持久的力量。中华文化独一无二的理念、智慧、气度、神韵，增添了中国人民和中华民族内心深处的自信和自豪。为建设社会主义文化强国，增强国家文化软实力，实现中华民族伟大复兴的中国梦，并发出通知要求各地区各部门结合实际认真贯彻落实。可以说两办印发的《中华优秀传统文化实施意见》是官方对于中华优秀传统文化传承发展的肯定，可以期待中国当代书院在文化自信建设与中华优秀传统文化传承发展中发挥更大的作用。

在国家切实实行弘扬中华优秀教育文化，建设社会主义文化强国的战略下，具体的实现方式也督促人们将文化自信通过教育引导、舆论宣传、文化熏陶、实践养成、制度保障等成为支撑中华民族复兴的重要力量。要求各地区各部门结合实际认真贯彻落实，也正是在这个背景下产生的。回顾世界历史，上世纪 70 年代，以家庭为中心的东方传统观念受到了强烈冲击，如何整合族群的价值观念、凝聚社会的普遍共识、强化公民的国家认同，成为新加坡人民行动党立国执政的难题①。新加坡政府开始“文化再生”运动，号召新加坡人要保持发扬儒家传统道德，捍卫和弘扬传统的亚洲价值观和意识形态。1991 年 1 月，经国会批准，新加坡政府发表了《共同价值观白皮书》，集聚了多元价值共识和核心精神，既继承了中华儒家伦理，又吸收其他种族的文化精髓，还借鉴了西方文明中的有益元素，使新加坡的凝聚力大大增强，在国家振兴、社会治理方面发挥了重要作用。

在《中华优秀传统文化实施意见》提出以后，对于中国当代书院复兴的转型提出新的要求。我们认为，中国当代书院应在以下几个方面继续深入探索并发挥积极作用：

---

① 钟轩：《政府推动　全民参与　法治护航——新加坡共同价值观建设的启示》，《人民日报》，2015 年 06 月 19 日 14 版。

(一)讲学论道：深入阐发文化精髓

书院自古就是讲学论道之地，840 多年前的“鹅湖之会”，既为当时之学术盛事，也首开中国学术争鸣风气之先河，并造就近千年之流风，所碰撞出来的思想火花和学术成果对当时及后世儒家学术文化的发展产生了重大影响，可以说影响至今。

对于中国的传统文化，依然需要“旧学商量加邃密，新知培养转深沉”，深刻阐明传承发展中华优秀传统文化是建设中国特色社会主义事业的实践之需，当代书院可以说是结合学术与社会的窗口，进行富有探讨的学术争鸣，有利于更好地阐发文化精髓。

在当代书院建设中，就有不少结合时事热点的高品质学术论坛，如厦门筼筜书院联合厦门大学国学研究院、台湾“中研院文哲所”等单位联合创办的“海峡两岸国学论坛”，论坛以两岸国学学术研讨会为主，重视阐发传统文化的当代意义，举办面向公众的系列公益讲座及配套活动，扩大论坛影响力；岳麓书院、白鹿洞书院、北京七宝阁书院等举办的“书院传统和未来发展论坛”，涉及“家教、家训、家风与当代家庭文化建设”诸多当代教育话题……近年来，全国各地复兴的书院文化热潮中，多有高品质的文化论题阐发，这对于传承和弘扬中华优秀传统文化，增强中华民族的文化自信有着重要而独特的意义。

(二)培育君子：融入国民教育与生活

书院教育最为重要的还在于理想人格的培养。按照《实施意见》，中华优秀传统文化要贯穿国民教育始终。书院教育应该注重塑造令人追求的“新君子”人格理想，注重传统君子价值的创造性转化，为国民教育创造良好的社会氛围和实践机会。

国民“新君子”教育可以依托书院与家庭、学校、社会等载体，融入到国民的教育与生活中，在整个社会培养公民“新君子”的氛围。在不少当代书院的理念中，在开展富于时代性、创新性、应用型的现代教育新内容的同时，多有借鉴传统书院教育“学为君子”的教育理念和文脉传承，将优秀传统文化内蕴核心价值理念融入书院的教育教学体系中。不少当代书院广泛的进行各阶段的国学普及教育，开展相关的国学经典诵读活动，举办面向市民的名家讲座、读书会等活动，在传统节日举办相关活动，探索着更适合中国国民

"新君子之道"的现代公民自我修养提升的教育与互动模式，深入发掘儒家君子理想的当代价值。

（三）文化交流：增强文化交流互鉴

文化自信离不开文化的交流互鉴，创新人文交流方式，丰富文化交流内容，不断提高文化交流水平也引发关注。目前中国正在通过海外中国文化中心、孔子学院，文化节展、文物展览、博览会、书展、电影节、体育活动、旅游推介和各类品牌活动，助推中华优秀传统文化的国际传播。

中华医药、中华烹饪、中华武术、中华典籍、中国文物、中国园林、中国节日等中华传统文化代表性项目，以及戏曲、民乐、书法、国画等优秀传统文化艺术应广泛在中国开花结果，带给民众以愉悦与魅力，才能更好地走出去。当代书院都可以作为这些中国文化特色的载体，以更加生活化地存在于普通中国百姓之中，在全方位、多层次、宽领域的对外交流中，展现中华文化的格局与特色。

（四）会通创新：参与当代文化主体性建构

会通精神是中华文化精神的特征，也是我国优良的学术传统，更是文化传承与创新的必然途径。当代书院也同样应以理学家们的革新精神，以中国优秀传统思想文化为道统，发挥中国书院千年以来的优良传统来促进新的时代思想与精神的发展。正如张岂之先生所言，在吸收外来文化方面，无论是"中学为体，西学为用"还是"西学为体，中学为用"，都是将中华文化与外国文化隔离开来，甚至是对立起来，与我国古代学术思想方面的会通精神不合。今天我们有必要克服这种体用关系的对立，真正实现"中西马"的会通创新，实现民族文化自信与全人类优秀文化的发展。

中国文化的传统与阐释：
关于确立文化自信的三点建议*

王继训
（山东财经大学艺术学院教授委员会主任、东方艺术文化研究所所长）

但凡植物果实都离不开其生长的土壤、水分与气候，所以古有淮南为橘，淮北为枳之说。同理，但凡人类文化与社会思潮也必有其特定的环境与历史条件。本文通过对中华文化传统的阐释，提出关于如何确立文化自信的三点建议，建议如下：

建议一

首先弄清楚何谓中国传统文化，讲明白自己的故事。但问题是好像许多人从来就没有或者不想搞清楚。五千年色彩斑斓的中华文化一直不信神、不怕鬼，有着无神论的与众不同的历史文化特征，它独立于世界东方，不同于西方世界的基督文化。大陆是中华文化的环境基础；农业是中华文化的经济基础；儒学是中华文化的思想基础。中华文化表现出浓厚的大陆文化、农业文化与儒家文化的色彩，品格内向收敛，而基督文化则主要沿着地中海周边发展起来，重商重战，品格外向开放，喜欢扩张。比如中国人喜欢墙，便是明证。国家筑有长城，私家筑有院墙。无墙不成国，无墙不成家，只不过各种墙的规格不同罢了。中国的墙文化并不等于一味的封闭内敛，而是对外封闭，对内开放。在西方即使父母要进孩子的房间，也要得到允许，否则就是失礼。② 在中国则不一样，那些做家长的，有权取消一切人等的隐私，特别是像《红楼梦》中史

* 本文是在对张岱年先生“综合创新”文化观的一次梳理，材料观点如旧；并在此基础上提出建议二三。

② 史仲文，胡晓林：《中国全史·总序》，北京：人民出版社，1994 年版。

太君那样的家长。中华文化在人生信仰方面，主张宗教宽容，所以中国古代儒释道三教各有千秋，从来没有哪一家能把别家赶尽杀绝。虽然也曾有过宗教冲突与迫害，但总体上不同信仰还是可以和睦相处、相得益彰的。西方基督文化只承认上帝的绝对权威，并借着与君权的联姻，狂热的基督徒将非基督文化视为邪神、不敬、亵渎，加以打压、排斥、迫害、清洗，终结了希腊罗马时代的兼容并蓄、丰富多彩的古代文明，将欧洲推入到中世纪迷信、偏执的文化孤岛与沙漠中，这就是历史学家所说的基督教霸权。中华文化讲究人文，重视人生，也热爱人生。在中国历史上最权威的往往不是神灵，而是皇帝。在基督文化中，皇帝是凡人。殊不知中国皇帝不但可以给神仙排座次，连天堂地狱的事情，皇帝也管得着（唐太宗以皇帝身份给儒释道三家排座次。京剧《铡判官》一折戏中有：阎君对包拯说，阴间事不用你阳官来管，包青天理直气壮地说，宋天子封我阴阳二官，阎君也没了脾气）。这种凡人给宗教崇拜的神明敕封做法，在基督文化里是不可思议的。也正是因为中国古代有这样的传统，中国人进寺院烧香与西方人进教堂忏悔原罪的目的不同，含义也不同。中国人好像同神明做生意，花几个钱，上一炷香，希望合家平安，祈祷美好前程，或生一个大胖小子，或找一门好婚姻，或生意发财。中国人似乎比神灵还精明，一方面敬鬼神而远之，另一方面希望鬼神为自己服务。中华文化讲天人合一，相信天人感应；重视道的影响。皇权虽大，但冥冥中还有一个高于皇权的道的力量。开明皇帝有道，昏庸皇帝无道。统治者做了坏事，会天怨人怒的；做了好事，等于顺应天理，会得到上天护佑与人世支持的。所以《易经》有“天行健，君子以自强不息”，“地势坤，君子以厚德载物”的说法。中华文化中的道，管天管地，中间还管世间的皇帝。以道衡量，一切神仙都有缺点，何况凡人与皇帝呢。既然鬼狐神仙世界有善恶之分，那么恶神善鬼也无可厚非，于是中国古代文学中产生了很多凄美的故事，许多妖狐鬼魅其实比人还有人情味，像《聊斋志异》中那些美丽善良的狐仙，谁不喜欢，谁不想邂逅呢！中华文化兼具包容性、整体性、现实性、模糊性，在行为方式上重视亲情、重视人际关系、重视礼仪道德、重视乡土人情、重视血缘关系、爱面子、富有人情味，（旧诗中写人生四大美事：久旱逢甘霖，他乡遇故知，洞房花烛夜，金榜题名时），喜欢儒家学说中的中庸之道，反对极端行为，珍视生命，热爱生活，贵生恶死，强调“食色，性也”，认定吃饭与生儿育女都是第一位的。宗教大抵

是研究人死后怎样，可是中国的道家却关注人怎么能不死？（可见孟子的不孝有三无后为大的说法，还是颇有宗教情怀的）但凡此种种，中华文化的这些特点都使得中国人对人生充满了善意与美好的期许。“有朋自远方来不亦乐乎”“出门如见大宾”“己所不欲勿施于人”等等。但也应该看到，古代中国虽然从来不是一个宗教性的国家，却是一个历史漫长等级森严的国家，官民界限分明，尊卑有序，人分九等，观念僵化，君为臣纲，使得中国知识分子智慧固不弱于他人，人格却很难完整，在皇权和官僚面前，往往不自觉得矮下三分。中华文化这种重农抑商、重适轻技的官本位本质也决定了中国古代历史上相当长时间里不是一个开放性的国家，自我中心观念严重，而且缺乏危机感，明明已经发生危机，还以为天下太平，只管高枕无忧。① 这也是中国自宋元以来，慢慢大大落后于世界文明历史发展水平的重要原因之一。

建议二

其次，弄清楚真实的欧洲文艺复兴及其那场运动中所谓人文主义者们身上究竟有多少现代性的东西，即平等、民主与社会公平；不要人云亦云地过度解读。文艺复兴恢复了古希腊、罗马的古籍著作，让读书人多读了一些可读之书，但也不是必然地产生现代人的独立人格、独立思考、思想自由、言论自由、平等思想与天赋人权的；文艺复兴确实提升了读书人的理性与智力，但这种提升却有一个巨大的副作用，那就是抛弃了公平、公正、仁爱与敬畏之心。人文主义者们一方面批评教会的腐败，另一方面他们自己也过着不道德的生活，依附权贵，反对大众民主。造成从五四开始中国知识界对文艺复兴错误认识的原因，主要还是中国人缺乏对基督教神学的研究与理解，中国人的无神论传统，加之阶级斗争史观的干扰，以至于对西方中世纪神秘主义世界观与社会现象认识肤浅，一些学者至今还在传播人文主义者振兴欧洲的观点。其实文艺复兴的解放功能十分有限，它使西方知识分子刚从玄虚迷信中解放出来，又马上掉进古代崇拜的陷阱中，无法自拔。文艺复兴是西方走出中世纪的第一步，可惜这一步走邪了。可以说在西方文明进化论链条上，文艺复兴很大程度上是

① 史仲文，胡晓林：《中国全史·总序》，北京：人民出版社，1994 年版。

起反向催化剂作用的。[①] 西方的崛起与繁荣，现代意义上的伦理道德、价值观、政治法律制度并不能归功于文艺复兴，而是宗教改革后新旧两个教会对文艺复兴时代的奢侈、淫乱、失序的纠偏结果，像薄伽丘、伊拉斯谟等人文主义者们，对中世纪天主教荒唐礼俗有过深刻的批判与嘲讽，但他们只是提出了问题的所在，解决问题的却是宗教改革运动中的马丁路德、茨温利与加尔文等人。

建议三

最后，走出文化的封闭圈，争取更大的开放性，增加文化的多元与活力，充分认识到东西文化的差异与文化隔离，实现中华文化的自我更新与自我完善，为终极的世界文化融为一体打下理论与实践基础。[②] 东西文化的差异与优劣的辩论，早在 20 世纪初就已很激烈，现摘录其要，以飨之：陈独秀认为："西洋民族以战争为本位，东洋民族以安息为本位。"[③] 杜亚泉认为："东西方文明乃性质只异，而非程度之差。西方为动的文明，东方则为静的文明。"[④] 李大钊认为："东西文明有着根本不同点，即东洋文明主静，西洋文明主动。"[⑤] 梁漱溟认为："世界文化分西方、东方和印度三种不同路向。"虽然他没有说出东西印度文化的不同特质与相互关联来，但他个人是反对文化调和主张的。

中华文化的发展史实为一部惊心动魄、催人泪下的兴衰史。在四大文明中，中华文化是唯一没有发生文化断层的历史文明，没有断层并不等于没有荣辱兴衰；中华文化曾独领风骚于世界之林，也曾成为被人瞧不起的东亚病夫。反思中华文化兴衰史，我们得出这样的结论：但凡开放时期，便是兴旺时期；但凡封闭时期，则是已经衰落或者正走向衰落的时期。公平地讲，世界上各种

---

① 坐看风云急：《理想国的失衡与崩溃·自序》，上海：三联出版社，2015 年版。

② 陈崧：《五四前后东西文化问题论战文选》，北京：中国社会科学出版社，1985 年版，第 12 页

③ 陈崧：《五四前后东西文化问题论战文选》，北京：中国社会科学出版社，1985 年版，第 17 页。

④ 陈崧：《五四前后东西文化问题论战文选》，北京：中国社会科学出版社，1985 年版，第 57 页。

⑤ 梁漱溟：《梁漱溟全集》，济南：山东人民出版社，1989 年版，第 331 页。

不同民族的文化，从宏观层面上看，并没有优劣之分，但在阶段意义上看，还是有优劣之分的[①]，“中国自15世纪始，落后于西方。此后一去三百年，与世界先进国家的差距越来越大。直到鸦片战争，才使得中华民族从历史文化迷梦中惊醒起来”，这是一个不争的事实。所以积中华文化数千年的历史经验，积中华文化数百年的历史教训，我们以为现代中国人有必要反思自己民族与国家的历史文化，也有必要正确评价别人与自己，既不要文化虚无，也不要文化盲从，找到属于自己的正确发展道路，有定力地走下去，赶上世界潮流并成为世界先进国家。[②] 李约瑟曾经说过“当东西方科技接触时，会达到一个互相融为一体的时机”，但遗憾的是他没有说这是怎样的一个时机。我们以为当世界各种文化终于融为一体的时候，不仅是人类文明伟大的历史机遇、空前盛大的历史性节日，更是中华文化的自我更新与自我完善。

结　语

关于如何确立文化自信之前，首先要弄清楚我是谁？从哪来？到哪去？这些众人最难回答并且答案众多的问题。在本文里，就是何谓中国，何谓中国文化（华夏文化）的问题。对于这个问题，每个人也都有着各种各样的研究与不同结论。从读20世纪三四十年代顾颉刚、傅斯年对于中国本部概念研判开始，到最近读许倬云“说中国”和葛兆光为此专门做的《说中国》解说，虽说文中把中国说成类似美国一样的大熔炉的看法，可谓仁者见仁智者见智，值得探讨（公平地讲，从宏观、种族、文化层面上讲是可以的，但从微观、阶段意义上看是有差异的，毕竟它还受宗教信仰、风俗习惯、政治运行等因素的影响）。但至少有一点大家是达成共识的，对于中国历史、华夏文化乃至中国这个国家概念的形成，是中国史研究者必须面对的课题和责无旁贷的义务。哈罗德·伊萨克在其著作《族群》[③] 中阐述道：有的民族以自己的历史为耻，有的民族简直没有历史可言，有的民族则因为自己的历史核心空无一物而忧心，可是中国历史却不同，他不是缺乏历史，而是历史太多太沉重，这个历史恰恰给

① 史仲文，胡晓林：《中国全史·总序》，北京：人民出版社，1994年版。

② 史仲文，胡晓林：《中国全史·总序》，北京：人民出版社，1994年版。

③ 《族群》，邓伯宸，译，台北：立绪出版社，2004年版，第200页。

中国史研究者们出了个难题，一方面因为这个国家的历史经历太丰富而觉得难以处理；另一方面这个国家文化疆域太大太模糊而又不知如何对历史加以论证。所以本文所阐释的建议二三，只不过从另一角度提供了一种分析，孰是孰非，有待进一步研究，但有助于让我们学会以平常心看待我们、看待世界、看待自己、看待他人，以开放、包容之心建设属于中华民族不断融合的文化共同体。

论张岱年对罗素哲学的诠释与会通

许 宁
（陕西师范大学哲学系教授）

一、张岱年研习罗素哲学的学思历程

1996 年，张岱年（1909—2004）回顾平生治学历程时说：“在研究中国哲学的同时，我对哲学理论问题也很感兴趣。在吾兄申府的指引之下，我阅读了罗素的哲学著作，对罗素所提倡的逻辑分析（logical analysis）方法甚为赞佩。我认为逻辑分析应是哲学的基本方法。”① 这段话提示了三点：一是张申府是张岱年的哲学引路人；二是张岱年通过阅读罗素著作开始了自己的哲学启蒙；三是认为罗素哲学所体现的逻辑分析是哲学的基本方法。

张岱年的长兄张申府（1893—1986）被称为中国研究罗素哲学第一人。张申府 1914 年第一次阅读到罗素（Bertrand Russell，1872—1970）的《我们的外界知识》就深受吸引。此后，张申府怀着“赞佩”和“敬仰”之情搜集罗素的文章、著作，并将其视为当代重要的思想家推荐于学界。1919 年至 1920 年，张申府先后翻译了罗素的《我们所能做的》《哲学之价值》《梦与事实》《民主与革命》等论文。1920 年，罗素来华访问②，张申府曾多次与罗素共同研究哲学问题，以至于罗素推许道：“他（张申府）对我的著作——全部著作

① 张岱年：《张岱年全集（第一卷）》，石家庄：河北人民出版社，1996 年版，第 3 页。

② 1920 年 10 月 12 日罗素到达上海，先后在上海、杭州、南京、长沙、北京、保定等地，进行了长达 9 个月的讲学活动，做了大大小小 60 多次讲演，涉及 20 多个主题，从爱因斯坦的相对论、数理逻辑、教育之效用、宗教之信仰、社会改造原理、布尔什维克思想、世界政治、中国到自由之路，到心的分析、物的分析等。其讲学活动引起很大的社会反响，形成了一股“罗素热”，对当时中国思想界产生了较深远的影响。

——都有所了解（事实上比我自己还了解），并编制了一份难以想象的完整书目。”到晚年，张申府仍然自信地说：“我相信我懂罗素，可能我是中国惟一懂得罗素的人。罗素自己不懂孔子，但是他的思想很贴近孔夫子，这种相似别的任何人都不具备，即使罗素否认这一点。我的哲学把它们结合在一起，你一定会说，我是他们之间的一座桥梁。”[①] 受罗素影响，张申府认为“仁”（人道主义）与“科学法”（逻辑解析）是最贵重的两种东西，“通”则是做哲学的目的。[②] 罗素哲学的思维特色是“辨而通”，唯物辩证法的要义在于“活而通”。张申府由此提出“孔子、罗素、列宁，三流合一”，认为“孔子代表中国古来最好的传统，罗素代表西洋历来最好的传统，列宁代表新的方在开始的传统”。[③] 而他的使命就是成为“中国最好的传统和西方最新的思想之间的桥梁，我试图在儒学中的人道主义和罗素的数理逻辑之间建立共同的基础”。[④]

张岱年读高中一年级时便在张申府的引导之下钻研以罗素为代表的英国新实在论哲学。张岱年回忆道：“青年时期学习哲学，受申府引导。从事哲学思维，开始于罗素的《我们的外界知识》，后来钻研马恩著作也受申府指引。张申府宣扬了很多比较正确的哲学观点。”[⑤] 换言之，罗素著作对于张岱年具有哲学启蒙的意义。

张申府提倡的“三流合一”观点对张岱年产生了极为深刻的影响。1932年，张岱年写道：“吾兄申府曾提出列宁、孔子、罗素三流合一，我颇受启发。但是我认为关于中国哲学，不仅应该重视孔子，也应该重视道家和墨家，更应

---

① Vera Schwarcz：《在孔子与罗素之间——访罗素专家张申府》，余景华，摘译，《社会科学论坛》，2000 年第 7 期。

② 张申府：《所思·序言》，北京：生活·读书·新知三联书店，2008 年版，第 1 页。

③ 张申府：《张申府文集（第三卷）》，石家庄：河北人民出版社，2005 年版，第 434 页。

④ Vera Schwarcz：《在孔子与罗素之间——访罗素专家张申府》，余景华，摘译，《社会科学论坛》，2000 年第 7 期。

⑤ 张岱年：《张岱年全集（第八卷）》，石家庄：河北人民出版社，1996 年版，第 532 页。

该发扬王船山、颜习斋、戴东原的进步思想。"[①] 同样致力于"三流合一"理论，张岱年相较于其兄张申府，在中国传统文化的融合上，更进层楼。1933年，张岱年在《论外在的实在》一文中，以理论分析的方法论证外在世界的实在性，反驳佛家的"唯心唯识"、西方的主观唯心论以及陆王学派"心无外物"之说。[②] 在《逻辑解析》一文中，张岱年认为，辩证法又称辩证的解析（dialectical analysis），与逻辑解析性质十分相近，甚至可以看成一种特殊的逻辑解析法。同时，一切解析又在某种程度上都是辩证的。无论如何，解析是哲学研究中最根本、最基础的方法。[③]

1936年，张岱年在《哲学上一个可能的综合》中提出未来哲学的发展方向之一是"将唯物、理想、解析综合于一"，在方法上将现代唯物辩证法和形式逻辑结合起来，在内容上将现代唯物论哲学和古代哲学的优秀传统结合起来。张岱年写道，张申府认为30年代世界哲学的思潮有二，一为解析，二为唯物，两者一定意义上相反相成。"这样把唯物主义辩证法与新实在论的逻辑分析法和孔子的仁学相提并论，是否显得驳杂呢？我认为这里关涉到哲学研究的一个重要的方法论的问题。"[④] 张岱年认为这样做是必要的，至少在20世纪30年代的历史条件下，这样地广泛论述当时世界的新思潮，是有重要意义的。1942年，张岱年撰写了《哲学思维论》《知实论》。《哲学思维论》提出了对于哲学命题的意义标准的观点与关于演绎法、归纳法与辩证法三者关系的见解，认为基本的思想方法有三，即形式逻辑演绎法、科学归纳法及辩证法。《知实论》尝试从感觉经验的分析论证客观世界的实在，是《论外界的实在》进一步之发挥与扩展。[⑤] 这标志着张岱年对罗素哲学的诠释融会达到了一个新

① 张岱年：《张岱年全集（第八卷）》，石家庄：河北人民出版社，1996年版，第508－509页。

② 张岱年：《张岱年全集（第八卷）》，石家庄：河北人民出版社，1996年版，第505页。

③ 张岱年：《张岱年全集（第一卷）》，石家庄：河北人民出版社，1996年版，第180－181页。

④ 张岱年：《张岱年全集（第八卷）》，石家庄：河北人民出版社，1996年版，第36页。

⑤ 张岱年：《张岱年全集（第八卷）》，石家庄：河北人民出版社，1996年版，第512页。

高度。

二、张岱年对罗素哲学的诠释与发展

罗素哲学注重认识论，从认识论出发采用“新”的逻辑进行分析，是一种分析实在论。罗素认为，逻辑分析是哲学上唯一科学的方法，体现了一种新的哲学的本质特征。张岱年“三流合一”的理论体系——《天人五论》，打下了罗素哲学的独特烙印。

《天人五论》从1942年开始直到1948年完成，包括《哲学思维论》《知实论》《理事论》《品德论》《天人简论》五篇。张岱年承认在撰写时“对于罗素一派的现代逻辑和有关归纳法的论著有所涉猎”[①]。张岱年《哲学思维论》的第二章标题是“哲学命题之意谓”。罗素1919年发表论文的标题是“论命题：命题是什么和命题怎样具有意义”。张岱年文章的基本结构是：命题与命题的类别以及基本命题，意谓之准衡，真妄与正谬，哲学之命题。罗素文章的基本结构是：事实的解构[②]，论意象和词的意义，命题和信念，真和假。二者都由是命题、意义、真假等部分来构架的。但在对罗素哲学作深度诠释运用的同时，张岱年亦结合了传统中国哲学的思想要素，有其独特的创造和发展。

就研究方法而论，张岱年受罗素哲学重逻辑分析的影响，高度重视方法论问题。他指出：“一派哲学的方法，足以决定一派哲学系统的内容。因而，如想探求哲学的真理，选取或发明一个正确有效的方法，却是必需。”[③] 他肯定“实证主义者提出命题意义问题是值得注意的”，并力求“从唯物论的观点对于哲学命题及其意义标准提出一种新的诠释”[④]。《哲学思维论》是关于哲学思

---

① 张岱年：《张岱年全集（第三卷）》，石家庄：河北人民出版社，1996年版，第31页。

② 在罗素看来，事实和命题是研究的出发点，罗素《逻辑原子主义哲学》第一章标题便是事实与命题。《论命题：命题是什么和命题怎样具有意义》于《逻辑原子主义哲学》一年后所作，表明罗素对于命题性质的理论有了发展。因此，文中所论罗素和张岱年著述纲领几乎是完全相同的。

③ 张岱年：《张岱年全集（第三卷）》，石家庄：河北人民出版社，1996年版，第3页。

④ 张岱年：《张岱年全集（第三卷）》，石家庄：河北人民出版社，1996年版，第4页。

维方法的一般研讨，其步骤是首先提出一个关于哲学性质的诠说，次则辨核命题之类别与指谓（意义）之准衡。其次予演绎、归纳、辩证三者之关系以新的解释。"归纳法包含演绎，辩证法又含容归纳。故演绎为最基本之方法，归纳为第二级之方法，辩证则为第三级的方法。"[①] 这个过程实际上是英美哲学以及科学哲学常用的猜想、反驳与证明的方法。

首先，张岱年对解析的方法作出了精细的阐述。他认为，解析大体可分为两个方面：一是名词概念的分析，二是对经验现象的分析。对名词概念的分析又分为四个方面：（1）名词的分析，包含歧义的辨别以及名词意谓中诸要素的厘明；（2）命题的分析，包含命题歧义的辨别以及命题的剖分，即通过将一复杂命题层层析解为最简单的命题，从而彰显该命题的确切意谓；（3）问题意蕴的分析，亦包括命题歧义的辨别，即辨明论点，确定争论的核心与范围，以及问题之剖分，即化大问题为小问题，化复杂问题为简单问题；（4）论证的分析，即论证层序的辨别，由粗而致精，由浅而入微，不仅寻察一见解之根据，更须追问其根据之根据。对经验的分析可分为三层：（1）经验所含的要素的辨别；（2）诸要素间关系的察识；（3）辨识一现象与其他现象的异同，由此勘明一现象的特点。[②] 罗素注重以分析的方法解决问题，认为哲学终于学会的一件事就是如何以表面上看来不致使问题成为无意义的，不可解决的或混乱的方式加以陈述。这（分析的方法）代表了从苏格拉底开始的构造性哲学倾向的顶峰。[③] 因而，张岱年认为罗素的研究方法是逻辑解析的方法。他写《中国哲学大纲》一书即充分运用了逻辑解析的方法：一是审其基本倾向，二是析其辞命意谓，三是察其条理系统，四是辨其发展源流。这四点与他所谓的名词意蕴的解析，命题的解析，问题的解析和论证的解析是基本一致的。

其次，他还就会通的方法提出了自己的见解："会通与解析相对待。解析

---

① 张岱年：《张岱年全集（第三卷）》，石家庄：河北人民出版社，1996 年版，第 29 页。

② 张岱年：《张岱年全集（第三卷）》，石家庄：河北人民出版社，1996 年版，第 66 –67 页。

③ 罗素：《逻辑与知识》，北京：商务印书馆，2012 年版，第 391 页。

为于同见异，剖一为多。会通则系于异观同，合众为一。”① 其中会通之方法亦可分为二：一是兼综或融会，即一般的综合法。又可别为三：（1）方面之兼综，即一现象之诸方面或宇宙全体之诸方面之综合；（2）观点之兼综，即融会贯通诸观点之所见而各予以适当之位置；（3）学说系统之兼综，不同之学说系统，各有所长，亦各有所短，兼综之术，在于裁长补短，兼取异说之真理而摒弃其妄见。二是通观或“以道观之”。通观或“以道观之”，为哲学之最特色的方法。又分为二方面：（1）永恒观，即在永恒的观点下观物，即缩百年为一瞬而观之；（2）广大观，即在统全的观点下观物。即缩大地为一粟而观之，然后能不蔽于一曲而见众异之会通。

在论述解析方法和会通方法的基础上，张岱年还强调哲学方法之运用，更以若干必需的精神修养为基础，显示了他在哲学方法层面对于传统哲学的吸收和借鉴。“有此种精神修养，然后从事哲学之研究，方可有所得。如无此种修养，则虽博览强记，仅助其记诵；虽广说博辩，止成为戏论。”② 他所理解的哲学工夫所必需之精神修养，分为三种：第一，存诚，即有求真之诚，又别为三种：（1）崇征验，（2）不忽微，（3）不讳所不知；第二，善疑，即先疑而后信，能疑常人之所不疑，破除习见之束缚，解脱传统之桎梏；第三，能辟，表现为能开新思路，能启新观点，能立新范畴。

（二）就哲学命题而言，张岱年对罗素的命题理论有新的创造发展。罗素常用事实、命题、存在、对象、真理、关系等词语，张岱年亦袭用之。张岱年认为，一切之学术皆由命题组成。命题又可分为事实命题、名言命题和价值命题。③ 其中，名言命题近似于形式逻辑，是对符号或命题的命题。事实命题的相关理论则出自罗素。罗素认为，所谓“事实”是指任何一个复合的事物。事实的复合等于说事实具有很多成分（constituents）。每个成分又有一个或几

① 张岱年：《张岱年全集（第三卷）》，石家庄：河北人民出版社，1996 年版，第 68 页。

② 张岱年：《张岱年全集（第三卷）》，石家庄：河北人民出版社，1996 年版，第 69 页。

③ 张岱年：《张岱年全集（第三卷）》，石家庄：河北人民出版社，1996 年版，第 12 –13 页。

个位置（position）。[①] 而张岱年认为事实命题是基本命题，事实命题之层级又不相同。特殊事实命题为基本命题之概括，规律命题又系特殊事实命题之概括，统赅命题，又是规律命题之概括。[②] 有关事实命题对于经验的摹状，张岱年借助了罗素著名的"摹状词理论"。摹状（description）一词源于罗素，罗素把人的认知分为两种，一种是亲知，一种是摹状，命题对于经验事物的描述属于摹状。[③] 罗素认为，摹状词分为限定性摹状词和非限定性摹状词，区别的方法并不取决于被描述的限定的个体，而是取决于摹状词的形式。[④] 张岱年同样认为，摹状命题之一般形式为某某如何如何。如所摹述者系不实在之物，则该命题为无谓。[⑤] 张岱年的创见在于借助中国传统文化资源，取《庄》《易》的"辞受取舍""以词抒意"等范畴和概念来论述哲学的命题和意谓。故而胡军认为："在对概念或问题或范畴的剖析方面可以说张岱年是中国现代哲学界的第一人。"[⑥]

张岱年在罗素的命题分类之上独创性地提出价值命题这一旨在讨论关于理想或事实与理想关系的命题。他指出："现代实证论者，认为一切价值命题，俱属无谓。因价值命题不表示任何事实，而于经验上不可征其真妄。……价值命题之意谓准衡，在于可践，不在于可验。关于价值之命题，亦即关于理想之命题。理想虽非现实，然可以转成现实。可践即可以实现。"[⑦] 张岱年反对实证论者否定价值命题的观点，认为价值命题的真伪不在于逻辑上的可验，而在于事实上的可践，这就把人生价值和人生理想纳入哲学研究的视野，从而丰富了命题意义理论。

---

① 罗素：《逻辑与知识》，北京：商务印书馆，2012 年版，第 345 – 346 页。

② 张岱年：《张岱年全集（第三卷）》，石家庄：河北人民出版社，1996 年版，第 15 页。

③ 罗素：《哲学问题》，北京：商务印书馆，2012 年版，第 35 页。

④ 罗素：《逻辑与知识》，北京：商务印书馆，2012 年版，第 295 页。

⑤ 张岱年：《张岱年全集（第三卷）》，石家庄：河北人民出版社，1996 年版，第 17 页。

⑥ 胡军：《张岱年哲学慧观中的逻辑分析方法》，《北京大学学报（哲社版）》，2004 年第 5 期。

⑦ 张岱年：《张岱年全集（第三卷）》，石家庄：河北人民出版社，1996 年版，第 19 页。

三、罗素哲学在中国——以金岳霖和张岱年为例

罗素哲学继承了英美经验论与分析哲学的特点，并对现代西方哲学中逻辑实证主义流派有深远的影响。中国的知识分子普遍对罗素高度关注，尤其以清华学派为代表。金岳霖（1895—1984）和张岱年是对罗素哲学有创造性转化的两位代表。

1920 年，金岳霖在哥伦比亚大学以《T. H. 格林的政治思想》获博士学位。其后赴欧游学，在伦敦期间，罗素的《数学的原则》对他产生了重要的影响。他后来写道："罗素底那本书我那时虽然不见得看得懂，然而它使我想到哲理之为哲理不一定要靠大题目，就是日常生活中所常用的概念也可以有很精深的分析，而此精深的分析也就是哲学。从此以后我注重分析，在思想上慢慢地与 Green 分家。"[①] 20 世纪 30 年代，金岳霖编撰《逻辑》教科书时，把罗素和怀特海的《数学原理》中的逻辑系统介绍进中国。在 20 世纪 50 至 60 年代，他还写作了《罗素哲学》一书，对罗素哲学做了比较系统的阐述与评论。

（一）解析的实在论与解析的唯物论

金岳霖撰写《论道》（1940）、《知识论》（1948）等，被誉为"中国哲学界新实在论学派的首领"。在他看来，罗素关于逻辑的理解"也许十分深奥、技术性很强，以致问津者极少"，"但是由于它不再是一些肤浅的哲学家手中简单的玩物，它成为严肃的哲学批评和构造的空前可靠的工具"[②]。金岳霖受过现代逻辑的专业训练，对于现代逻辑及其方法有明确的认识，懂得要想保证一个逻辑系统的自足和严密，就必须有它的前提，即基本概念和基本命题，必须遵循现代逻辑的演绎程序。他提出："如果哲学主要与论证有关，那么逻辑就是哲学的本质。大量的见识令人神往，健全的实在感觉在今天大概比丰富的想象更有说服力。但是无论如何，严格的推理能力是必不可少的。哲学家受到批评往往不是因为他们的思想，而是因为它们发展哲学思想的方式，许多哲学

---

① 金岳霖：《论道》，北京：商务印书馆，1987 年版，第 3 –4 页。

② 金岳霖：《道、自然与人》，北京：生活 · 读书 · 新知三联书店，2005 年版，第 221 页。

体系都是由于触到逻辑这块礁石而毁灭的。"① 他在《论道》中借鉴新实在论的理论思维成果，以"式"和"能"作为出发前提，论证"可能界""现实界""存在界"等命题，发展了"道，式-能"为基本框架的本体论思想。换言之，以逻辑方法重建形而上学。而他在《知识论》中认为，"在实在主义的立场上，'有独立存在的外物'是一不可怀疑的命题"②，"所与是客观的呈现"，承认外物的客观实在性是建构知识论唯一可靠的立足点。他以"有官觉"和"有外物"作为知识系统的出发前提，推演出"所与""意念""事实""命题"等命题。以至于黄楠森肯定金岳霖的哲学思想与辩证唯物论有相通之处，甚至认为金岳霖的认识论与辩证唯物论认识论"在许多基本观点上确是惊人的相似"。③

如果说金岳霖发展了解析的实在论，那么张岱年则发展了解析的唯物论。新文化运动以后，马克思主义在中国获得了广泛传播，很多先进知识分子都接受了唯物主义，郭沫若、侯外庐、杜国庠、赵纪彬等运用唯物史观研究中国古代哲学思想，对新理学、新心学进行了批判，发掘了一批异端的、无神论的、唯物主义的思想家，如王充、王符、仲长统、范缜、王廷相、吕坤等。早在求学阶段，张岱年就为辩证唯物论所"心折"，后在清华大学开设《哲学概论》课程，宣讲辩证唯物论，并将其称之为"当代最伟大的哲学"。1933 年，他在《关于新唯物论》中肯定了"新唯物论或辩证的唯物论，实为现代最可注意之哲学"。在《中国哲学大纲》自序中，他明确提出："对于过去哲学中的根本概念之确切意谓，更须加以精密的解析。……对于中国哲学之根本观念之意蕴加以解析，这可以说是解析法（Analytic Method）在中国哲学上的应用。"④ 在《事理论》自序中，他坦承"西方则兼取唯物论与解析哲学之说，非敢立异于

① 金岳霖：《道、自然与人》，北京：生活·读书·新知三联书店，2005 年版，第 210 页。

② 金岳霖：《知识论》，北京：商务印书馆，2011 年版，第 119 页。

③ 黄楠森：《再谈从金岳霖先生的哲学思想转变中得到有益启发》，《哲学研究》，1995 年增刊（纪念金岳霖百年诞辰专辑）。

④ 张岱年：《张岱年全集（第一卷）》，石家庄：河北人民出版社，1996 年版，第 129 页。

时贤，不欲自违其所信耳”[①]。对于现在中国所需要的哲学，他主张应当既是唯物的，又是分析的。当时苏渊雷就评价道：“尊论谓以新唯物论为本，先求唯物与理想二义之综合，而兼解析法以此求一真的可信的有力的哲学，能作生活之指导的哲学……切问近思，真探本抉微之谈也。”[②] 孙道升认为张岱年的思想属于将解析法输入于唯物论的一派，“可称为解析法的新唯物论，此派具有批判的，分析的精神，其作品在新唯物论中，可谓最值得注意的，最有发展的”。[③] 张岱年认同孙道升对自己的评价，他说“1936 年，友人孙道升发表了《现代中国哲学界的解剖》一文，评述了胡适、梁漱溟、冯友兰、熊十力等的学术思想，以张申府、张季同（即张岱年——引者注）为解析的唯物论的代表”[④]，自述《哲学思维论》《知实论》《事理论》《品德论》以及《天人简论》的基本倾向是试图运用逻辑分析方法来阐明、论证现代唯物论的基本观点，力图把现代唯物论与逻辑分析方法以及中国哲学的优秀传统结合起来，构造一个“三结合”的体系。

（二）综合的分析与分析的综合

金岳霖认为：“当论证支持一种信念的时候，哲学就开始有话要说。但是论证包括分析和综合。”[⑤] 而在综合与分析之间，金岳霖更强调综合的分析，张岱年则更注重分析的综合。

正如罗素所言：“共相的世界也可以说就是实在的世界。实在的世界是永远不变的、严正的、确切的，对于数学家、逻辑学者、形而上学体系的建立者和所有爱好完美胜于爱好生命的人们，它是可喜可悦的。”[⑥] 在金岳霖看来，

---

① 张岱年：《张岱年全集（第三卷）》，石家庄：河北人民出版社，1996 年版，第 114 页。

② 苏渊雷：《中国思想文化论稿》，上海：华东师范大学出版社，1989 年版，第 137 页。

③ 郭湛波：《近五十年中国思想史》，上海：上海古籍出版社，2005 年版，第 293 页。

④ 张岱年：《张岱年全集（第八卷）》，石家庄：河北人民出版社，1996 年版，第 585 页。

⑤ 金岳霖：《道、自然与人》，北京：生活·读书·新知三联书店，2005 年版，第 210 页。

⑥ 罗素：《哲学问题》，北京：商务印书馆，1959 年版，第 70 页。

"宇宙是全，全表示整体"，正是以肯定世界的整体性为前提，《论道》从本体论的层面系统地论述"无观的"共相，《知识论》认为知识论的对象是"知识底理"，而所谓"知识底理"即是"共相底关联"。因此，金岳霖的哲学就表现为对宇宙整体或共相世界的分析展开和逻辑构造，他娴熟地运用逻辑分析方法，而显示了形而上学建构的用心和追求。杨国荣指出："作为受过新实在论洗礼的哲学家，金岳霖在某种意义上所追求的仍是形式化（逻辑化）的形而上学。"① 即逻辑的本体如何过渡到现实的世界？

金岳霖认为，每一个文化区都有其"中坚思想"，每一个"中坚思想"都有其"最崇高的概念"，最基本的原动力。中华文化的"最崇高的概念"就是"道"。"道"是"式"与"能"的综合。"虽有能而能不单独地有，虽有式而式也不单独地有……单从式这方面着想，它是纯形式，单从能这一方面着想，它是纯材料。在本书它们都是最基本的分析成分，它们底综合就是道。""道"即共相和综合，而展开为"式"与"能"的进一步分析，也即共相既超越于殊相，又内在于殊相，成为具体的共相。冯友兰对此颇为认同："金先生和我的那两部书，人们认为，内容差不多，其实也有不同，在金先生的体系里，具体共相保留了一个相应的地位，我的体系里没有。我当时不懂得什么是具体共相，认为共相都是抽象，这是我的一个弱点。"② 金岳霖接受罗素的哲学观念，认为"分析就是哲学"，甚至认为"哲学就是概念的游戏"，即哲学就是对概念作分析。

张岱年指出："我学习运用逻辑分析方法，是受了罗素、摩尔的影响，同时也学习金先生的分析方法。"③ 他反复强调，哲学不可离开逻辑分析方法，逻辑分析方法是哲学研究的一种最为基本的方法，进而指出："哲学中的科学方法即逻辑解析（Logical analysis），或简称解析。逻辑解析可以说是二十世纪初以来在哲学中最占优势的方法，而也是最有成效的方法。多数第一流的哲学著作全是用逻辑解析法写成的。逻辑解析对于哲学实可以说有根本的重要。如

---

① 杨国荣：《玄学本体论的逻辑构造——论金岳霖早期的哲学思想》，《社会科学辑刊》，1994 年第 1 期。

② 冯友兰：《金岳霖学术思想研究》，成都：四川人民出版社，1987 年版，第 29 页。

③ 张岱年：《张岱年全集（第八卷）》，石家庄：河北人民出版社，1996 年版，第 463 页。

欲使哲学有真实的进步，更不能不用解析。……做哲学工夫，第一要作解析。”[①] 但同时，他也注意到，逻辑解析需要辩证法。“辩证法似乎颇可以说为我们开拓了一可能之域，以前所认为不可能而加以封闭的领域，由辩证法乃明其为可能。罗素常说新逻辑扩大了可能之域，旧逻辑的大病之一在于太限制思想，辩证法是不是可说亦是最能打破旧逻辑之无理的限制的呢？……概念之解析，似乎自当亦遵循辩证法。”[②] 在他看来，维也纳派与辩证唯物论（Dialectical materialism）派，实在可以说是现在哲学中最新最有力的两派，这两派所用的方法也不同，一派用逻辑解析法，一派用辩证法，但这两种方法实在是相成的。“我觉得将来的新哲学，一定会是这两派的一种综合，也即是兼用二种方法的成果。”[③] 辩证法是分析与综合的统一。所以张岱年指出，辩证法于解析之外更重综合，解析与综合，实是不可或缺的。他肯定哲学对于经验与事物之探讨，以观其会通，得其全象为根本宗旨。“辩证综合与辩证解析在应用时，只是一个历程之两段。由辩证的综合，乃能兼摄各方的真理而不蔽于一曲。”[④] 足见他既重视作为哲学工具的分析，更强调作为哲学目标的综合。张岱年在1936年的《哲学上一个可能的综合》中提出未来哲学的发展方向之一就是“将唯物、理想、解析综合于一”。他强调指出中国现在所需要的哲学必须是综合的，而综合应有别于混合或调和，真正的综合必是一个新的创造。他主张“兼综东西两方之长，发扬中国固有的卓越的文化遗产，同时采纳西洋的有价值的精良的贡献，融合为一，而创成一种新的文化，但不要平庸的调和，而要作一种创造的综合”[⑤]。后来他又提出“兼和”“综合创新”等精辟的哲学论断，无不与此相关。

---

① 张岱年：《张岱年全集（第一卷）》，石家庄：河北人民出版社，1996年版，第177页。

② 张岱年：《张岱年全集（第一卷）》，石家庄：河北人民出版社，1996年版，第176页。

③ 张岱年：《张岱年全集（第一卷）》，石家庄：河北人民出版社，1996年版，第87－88页。

④ 张岱年：《张岱年全集（第一卷）》，石家庄：河北人民出版社，1996年版，第180页。

⑤ 张岱年：《张岱年全集（第一卷）》，石家庄：河北人民出版社，1996年版，第229页。

综上所述，张岱年的哲学建构历程与对罗素哲学的诠释与会通是密切相关的。罗素著作之于张岱年具有哲学启蒙的意义，罗素的逻辑解析法成为张岱年哲学思维的基本方法，而且罗素被张岱年视为西方哲学的典范，与代表传统中国哲学的孔子以及代表马克思主义哲学的列宁鼎足而三，成为未来新哲学的理论来源之一。张岱年建构新哲学体系的努力体现了中国哲学现代转型的理论自觉。一方面，以中华民族的时代崛起和中华文化的伟大复兴为问题导向；另一方面，借助西方逻辑分析实证以及辩证唯物论，以多元化的哲学形态予以新的理论创造。从金岳霖和张岱年二人对罗素哲学的研究可以略窥罗素哲学对于中国哲学现代转型的重要价值，他们的哲思历程充分说明中国哲学的合法性不在追随模仿，而在于熔铸创新，只有扎根于民族主体性和哲学时代性的创造性实践中，才是振奋民族精神，增强文化自信的根本途径。

作为理智德性的“无欲”①

路传颂

（西北大学中国思想文化研究所讲师）

引 言

自从厄内斯特·索萨（Ernest Sosa）于1980年发表“The Raft and the Pyramid”② 一文以来，德性知识论迅速成为当代英美国家知识论研究的一种重要进路。正如德性伦理学复兴了古希腊的“伦理德性”概念，德性知识论复兴了古希腊的“理智德性”概念。德性知识论把“理智德性”置于知识论研究的核心地位，既为解决知识概念分析、盖梯尔反例和反驳怀疑论等传统知识论难题提供了新的思路，同时也开拓了知识论研究的新领域，使以往被知识论专家所忽视的知识的价值，知识与行为的关系，知识的伦理、审美、社会政治维度，理解和智慧等主题受到了学者们的关注。

但是，德性知识论之“新”是相对于笛卡尔以来，尤其是后奎因、后盖梯尔时代的知识论而言的，德性知识论所拓展的“新”领域，本身与哲学的历史一样古老，古希腊哲学与中国古代哲学中都有着丰富的关于理智德性的理论资源。德性知识论强调知识与人格、道德、良善生活之间的联系，任何了解中国哲学的人都会立即发现，这些与中国哲学强调知行合一、仁智合一的特征不谋而合。例如，江怡认为中国古代哲学家对知识问题的探讨主要就是从德性的角度出发的。他还从德性知识论的角度阐释了中国哲学中的“德性之知”

① 本文是陕西省教育厅专项科研计划项目（14JK1685）阶段性成果。

② Sosa E. The Raft and the Pyramid: Coherence versus Foundations in the Theory of Knowledge. *Midwest Studies in Philosophy*, 1980, 5 (1): 3 - 26.

和“格物致知”这两个重要概念或命题。[①] 还有学者指出，新儒家代表人物唐君毅就是将认知与个人自我超越的德性品质联系在一起的。[②] 近年来，台湾东吴大学的米建国更是致力于把《论语》和《大学》中思想资源置于德性知识论的哲学讨论中。[③] 然而令人遗憾的是，研究德性知识论的学者只注意到了儒家思想中的理论资源，却忽视了道家思想。事实上，道家思想中也包含着丰富的理智德性元素，甚至庄子所谓的“有真人而后有真知”就完全可以理解为德性知识论的最早、最明确的宣言。

本文尝试从德性知识论的角度阐释道家“无欲”概念的认知维度。文章包括以下几个方面的内容：第一部分介绍德性知识论的主要观点及其对“理智德性”概念的界定与分析；第二部分初步解释为什么“无欲”可以被理解为一种理智德性；第三部分通过说明“无欲”与西方学者所提出的诸种理智德性的联系，进一步论证“无欲”是一种理智德性；最后一部分讨论作为理智德性的“无欲”在伦理、审美领域的价值。

一、德性知识论与理智德性

柏拉图在《美诺篇》中区分了知识和正确的信念[④]，一个拥有知识的人一定拥有正确信念，但一个因猜测而拥有正确的信念的人并不拥有知识。在《泰阿泰得篇》中，柏拉图进一步追问知识和真的或正确的信念的区别是什么，并尝试为“知识”提供一个普遍必然的定义。[⑤] 自此以后，对“知识”的概念分析就是知识论研究的一项重要任务。传统上，“知识”一般被定义为“具有证

---

① 江怡：《知识与价值：对德性认识论的初步回答》，《北京师范大学学报（社会科学版）》，2012 年第 4 期，第 88 – 92 页。

② 郝苑：《理智德性与认知视角——论欧内斯特·索萨的德性知识论》，《自然辩证法研究》，2011 年第 4 期，第 20 – 24。

③ 米建国，叶方兴：《当代知识论的德性转型——台湾东吴大学哲学系米建国教授学术访谈》，《东南大学学报（哲学社会科学版）》，2016 年第 2 期，第 21 – 28 页；Mi C. What is knowledge? When confucius meets Ernest Sosa. *Dao*, 2015, 14 (3): 355 – 367.

④ 柏拉图：《柏拉图全集：第一卷》，北京：人民出版社，2002 年版，第 532 页。

⑤ 该篇提出了多种知识定义，最后一个知识定义是：知识是真实的信念加上逻各斯（王晓朝译为“说明原因的解释”），但这个定义并不能让苏格拉底和泰阿泰德感到满意。柏拉图：《柏拉图全集：第二卷》，北京：人民出版社，2003 年版，第 746 页。

成的真信念”（“证成”或译为“正当理由”），“证成”被认为是信念的一种属性，具有该属性的真信念就是知识。按照这个定义，说一个人 S 知道命题 P，必须满足三个条件：首先，S 要有肯定的认知态度，即 S 相信 P 为真；其次，P 是真的；最后，S 能够提供正当理由证明 P 为真。第三个条件要求 S 必须明白无误地知道 P 为真的根据，这一立场被称为“内在主义”。然而，这个要求似乎太强了①，因为我们认为儿童甚至许多成年人拥有某些知识，却没有对信念的正当理由进行细致深入的思考。由此引出了另外一种观点：外在论，即认为决定 P 为真的因素可以外在于 S 的认知范围。

外在论有多种形式，其中一种是由艾尔文·戈德曼（Alvin Goldman）所提出的可靠论。② 可靠论者把知识定义为产生自可靠的认知过程的真信念，可靠的认知过程包括标准的知觉过程、记忆、良好的推理和内省。按照这种知识定义，我们可以承认儿童也拥有知识，即使儿童对自己的信念产生过程缺乏自觉的认识。值得注意的是，在传统的知识定义中，证成是信念的一种属性，而在可靠论者的知识定义中，证成首先是认知过程的属性，只是在派生的意义上才是信念的属性。我们后面会看到，德性知识论的某些代表人物进一步把研究重心从人的认知过程的属性转移到人自身的属性上。

随后，索萨借鉴了德性伦理学的“德性”概念，将理智德性作为知识论架构的基石，把知识定义为产生自认知者的一个或多个理智德性的真信念。索萨所谓的理智德性是能够帮助我们获得和坚持真信念、避免假信念的认知官能或能力，如视觉、内省、记忆、良好的推理能力等。索萨把思维融贯也作为一种理智德性，同时区分了动物知识和反思知识，前者产生自可靠的理智德性，但完全是内在主义的，后者不仅产生自可靠的理智德性，还依赖于融贯、证成等因素，因此，索萨的德性知识论调和、吸收了可靠论和内在主义，为解决传统的知识论难题提供了新的进路。

---

① 另一方面，盖梯尔反例也证明它太弱了，因为 S 可能仅仅因为偶然的知识运气（epistemic luck）而拥有具有正当理由的真信念，因此仍然没有知识。Gettier E L. Is Justified True Belief Knowledge?. *Analysis*, 1963, 23（6）: 121-123.

② Goldman A I. What Is Justified Belief? 1979, 17: 1-23. 德性知识论问世之后，一些研究者把早期的可靠论者如罗伯特·诺齐克、艾尔文·戈德曼都追溯为德性知识论者，戈德曼欣然接受了这一称谓。

很多知识论专家赞赏索萨将理智德性置于知识论研究中心的做法，但在对理智德性的界定上有不同看法，由此产生了以索萨为代表的德性可靠论和以罗琳·蔻德（Lorraine Code）、詹姆斯·芒特马奎特（James Montmarquet）、琳达·扎格泽博斯基（Linda Zagzebski）等人为代表的德性责任论。两派的分歧主要有两点，首先，德性可靠论者把知觉、内省、记忆等认知官能或能力看做理智德性，认为它们是可靠的真理助手（truth conducive），能够使认知者的真信念和假信念之间的顺差最大化。而德性责任论者则认为，德性的运用或不运用应该是在我们的控制之下，是我们能够为之负责的东西，因此知觉、记忆等都不能算是理智德性。因此，德性责任论者把心灵开放、思维公正、细心、缜密、理智勇敢等性格特征或人格特质作为理智德性。其次，德性可靠论者运用理智德性概念来分析知识概念、解释证成的本质和结构，以解决盖梯尔反例、反驳怀疑论等传统知识论难题，而部分德性责任论者则认为传统的知识论研究的范围过于狭窄，应该扩展知识论研究的范围。

蔻德认为知识论专家应该更多地关注理智德性的人格、主动性和社会性维度，这些是一个在认知上负责的认知者想要获得的品质，它们能够帮助认知者在知识探索生涯中获得成功。蔻德因此认为，认知责任性（epistemic responsibility）是首要的理智德性，而其他诸如心灵开放、思维正直则是派生性的。芒特马奎特认为首要的理智德性是认知尽责性（epistemic conscientiousness），即意欲获得理智生活的恰当目标，尤其是渴望真理、避免谬误。他所认定的其他理智德性包括不偏不倚、理智冷静、理智勇敢等。芒特马奎特还特别关注认知责任与道德责任的关系，认为道德责任性奠基于信念责任性。[①] 扎格泽博斯基的著作《心灵的诸美德》（Virtues of the Mind）是目前为止关于德性知识论最缜密、最系统化的著作。在该书中，扎格泽博斯基分析了德性的结构。她认为，无论是伦理德性还是理智德性，都包含动机和成功（success）两个成分，即直接以某种善为目的，并具有可靠地成功获得该目的的能力。理智德性具有达至理智目标（例如知识和理解世界）的动机和可靠地成功获得理智目标的

---

① Greco, John and Turri, John, " Virtue Epistemology", The Stanford Encyclopedia of Philosophy (Winter 2016 Edition), Edward N. Zalta (ed.), URL = <https://plato.stanford.edu/archives/win2016/entries/epistemology-virtue/>.

品质。①

综合德性可靠论与德行责任论双方的观点，“理智德性”一般被定义为有助于获取知识的先天具有的能力或后天获得的性格特征。德性可靠论认为理智德性是能力德性，德行责任论认为理智德性是性格德性。德性责任论者质疑德性可靠论把人简化为认知机器②，而德性责任论则似乎无法令人满意地解释知觉知识等低级知识，毕竟，我知道我面前有一台电脑，这并不需要我有什么卓越的性格特征。③ 越来越多的人主张，对理智德性的完满解释必须包含能力德性和性格德性，前者能够解释低级知识，后者比较适合于解释复杂的科学知识、艰深的哲学知识。德性知识论把知识论的重心从研究信念的性质转移到研究人的认知官能的性质甚至人自身的特征，把作为认知者的“人”及其德性置于知识论的核心地位，知识论研究真正成为对人自身的研究。

二、“无欲”与作为认知策略的“有欲”

前面已经介绍了德性知识论的主要观点及其理智德性概念的含义，本文接下来将试图论证道家的“无欲”概念有资格被理解为一种理智德性。首先需要指明如下两点：第一，本文并不否认“无欲”同时也是一种伦理德性；第二，本文并不是要试图证明道家的代表人物如老子、庄子自觉地把“无欲”视为一种理智德性（本文也并不排斥这种可能），而是试图证明“无欲”本身有助于我们获得知识避免谬误，因此应该被视为一种理智德性。

《老子》第一章就出现了“无欲”一词：

> 道可道，非常道。名可名，非常名。无名，天地之始；有名，万物之母。故常无欲，以观其妙；常有欲，以观其徼。此两者，同出而异名，同谓之玄。玄之又玄，众妙之门。

“无欲”可以理解为欲望寡浅、欲望淡泊，老子所谓“常无欲，以观其妙”，

---

① Zagzebski L T. *Virtues of the mind: An inquiry into the nature of virtue and the ethical foundations of knowledge*. Cambridge: Cambridge University Press, 1996: 165 – 84.

② 索萨在最近的一篇文章中试图反驳这种质疑。见 E. 索萨，郑伟平，曹剑波：《德性知识论：品质与能力》，《世界哲学》，2014 年第 5 期，第 5 – 20 页。

③ 同样，扎格泽博斯基也试图提供一种对低级知识的解释来回应质疑，见 Zagzebski L T. What is Knowledge?. *The Blackwell Guide to Epistemology*, 2006: 92 – 116.

明显是把“无欲”与认知活动联系起来。王弼注曰：“常无欲空虚，可以观其始物之妙。”河上公注曰：“人常能无欲，则可以观道之要。”老子与注释家都认为，“无欲”有助于我们理解道或世界。如果宽泛地把“无私”理解为根源于“无欲”的性格特征，我们可以在黄老道家的文本中看到更多直接把“无欲”与认知活动、认知成就联系起来的例证，如：

无私者知。（《经法·道法》）

唯公无私，见知不惑。（《经法·名理》）

虚其欲，神将入舍；扫除不洁，神乃留处。人皆欲智而莫索其所以智乎。（《管子·心术上》）

去欲则宣，宣则静矣，静则精。精则独立矣，独则明，明则神矣。（《管子·心术上》）

定心在中，耳目聪明，四肢坚固，可以为精舍。（《管子·内业》）

但是，把“无欲”理解为理智德性，首先会遇到文本上的障碍，因为老子同样把“有欲”与“观”的认知活动联系起来。如果“无欲”有助于“观其妙”，因此而应该被视为一种理智德性的话，那么“有欲”有助于“观其徼”，也应该被视为一种理智德性。然后，截然相反的心灵状态不可能都被归为美德，例如，如果心灵开放是理智德性，那么心灵闭塞就只能视为理智恶习；如果理智勇敢是理智德性，那么理智怯懦就只能被视为理智恶习。

本文认为，虽然这里“无欲”与“有欲”对举，但它们归属于不同范畴。王弼把“观其妙”释为“观其始物之妙”，把“观其徼”释为“观其终物之徼”，并说“徼”是“归终”之意。“始”与“终”可以理解为创始与完成，或生与杀，“其”则指的是“道”。按照这种解释，老子的意思似乎是说：“常无欲”，以理解道创始万物或“生”物之妙；“常有欲”，以理解道给万物规定好的归宿。似乎“无欲”与“有欲”都不是理智德性，而只是一种认知策略或思维方式，非常类似于康德所谓的“反思性的判断力”，即：我们把道看作是无欲望的，然后让自己保持无欲的心灵状态来理解道；我们把道看作是有欲望的，然后让自己保持有欲的心灵状态来理解道。但是反思性的判断力并非在寻求客观知识，而只是力求获得一种主观的理解。而且，把道看作是有欲望的，与道的非人格性并不相符。因此，本文倾向于河上公对该章的解释：

> 人常能无欲，则可以观道之要，要，谓一也。……常有欲之人，可以观世俗之所归趣也。[①]

按照河上公的诠释，“无欲”与“有欲”所“观”对象不同。从字面上来理解，常保持无欲的心理状态，以理解道；常保持有欲的心理状态，以理解世俗之人的诉求、旨趣。魏源对该句的解释，与河上公大体相似：“凡书中所言道体者，皆‘观其妙’也；凡言应事者，皆‘观其徼’也。”[②]“无欲”侧重于在认知上或理论上理解道，而“有欲”则侧重于在实践上理解世俗之人的欲求。因为世俗之人都是有欲求的，因此必须从欲望的角度来理解世俗之人，“有欲”是一种认知策略或认知方式，而不是理智德性。

本文之所以强调“从字面上来理解”，是因为本文认为，“常有欲”并不能像河上公本那样理解为“常有欲之人”。“常有欲，以观其徼”并非如字面上所说，认知者要拥有各种各样的欲望，才能理解世俗之人的诉求、旨趣。恰恰相反，“常有欲，以观其徼”所说其实正是老子在第四十九章所说的“圣人无常心，以百姓心为心”。此句帛书本作“圣人恒无心”，严遵《老子指归》注云：“道德无形而王万天者，无心之心存也；天地无为而万物顺之者，无虑之虑运也。由此观之，无心之心，心之主也。无用之用，用之母也。”[③] 河上公注云：“圣人重改更，贵因循，若自无心。”[④] 刘笑敢据注文认为，严遵本和河上公本原本都是“常无心”。[⑤] 因此，如果河上公的注解更符合老子原意，“常有欲，以观其徼”是指“观世俗之所归趣”，那么，“常有欲”本身就已经预设了“常无欲”，即第四十九章所言“常无心”，因为如果“常有欲”是如字面意思所说“常有欲之人”，那么认知者个人的欲望会妨碍他认识世俗之人的归趣。唯有认知者保持“常无欲”的心理状态，才能不受个人欲望和主观偏见的影响，同情地、设身处地地理解“百姓心”。

因此，“有欲”并非是一种理智德性。首先，“有欲”是一种具体的认知

---

① 王卡：《老子道德经河上公章句》，北京：中华书局，1993 年版，第 2 页。

② 魏源：《魏源全集》，长沙：岳麓书社，2011 年版，第 18 页。

③ 严遵，王德有：《老子指归译注》，北京：商务印书馆，2004 年版，第 112 页.

④ 王卡点校.《老子道德经河上公章句》，北京：中华书局，1993 年版，第 188 页。

⑤ 刘笑敢：《老子古今 ：五种对勘与析评引论：上卷》，北京：中国社会科学出版社，2006 年版，第 487 页。

策略或认知方式，是一种虚拟的假设，即从欲望的角度、设身处地地理解“世俗之所归趣”，因为世俗之人皆有欲望，只有假设自己处在与他人同样的情况下，才能真正理解他人。其次，“常有欲”本身已经预设了“常无欲”，即不受个人欲望和主观偏见的影响。然而，即便“有欲”确实是一种认知策略或认知方式，并不排除“无欲”也是一种认知策略或方式，即认知者假设自己与道一样是无欲望的，从而获得对道的理解。因此，本文接下来将把“无欲”与德性知识论者（主要是德行责任论者）所提倡的诸种理智德性做比较，进一步论证“无欲”有资格被视为一种理智德性。

三、“无欲”与诸理智德性

我们刚刚讨论了《老子》第一章文本中的“无欲”和“有欲”两个概念，认为“有欲”只是一种认知策略，而不是理智德性，而且“有欲”的认知策略本身已经预设了“无欲”。然而这还并不能充分证明“无欲”就是一种理智德性。如前所述，本文的目的不是要证明老子自觉地把“无欲”作为一种理智德性来对待，而是试图证明“无欲”有助于获得理智上的善，因此是一种理智德性。因此本节内容不再局限于通过诠释、分析《老子》文本来解释“无欲”概念，而是直接将“无欲”概念置于理智德性的概念框架中，解释“无欲”是如何有助于获得理智上的善的。

我们首先遇到的一个困难就是“无欲”似乎不符合扎格泽博斯基对理智德性的结构的分析。按照扎格泽博斯基的观点，无论是伦理德性还是理智德性，都包含“产生一个特定欲求目的的动机”和“实现该目标的可靠成功”两种成分，[①] 也就是说，理智德性首先必须根据动机来解释，而动机是一种“激发和指导行动朝向一个目的的情感或感受”[②]。而“无欲”似乎排除任何情感、动机。然而本文认为这里的“困难”是似是而非的。首先，“无欲”仅仅是在字面上是指没有任何欲望，就其实质而言，指的则是欲望寡浅、欲望淡泊，尤其指的是对物质、财富、享受、名誉、声望、地位等对象的欲望。鉴于

① 理智德性包含“可靠成功”的成分并不意味着理智德性必须总是能够保证成功获得理智善。

② 方红庆：《理智卓越、真理之爱与知识——扎格泽博斯基的德性知识论及其批判》，《道德与文明》，2015 年第 2 期，第 88 页。

《老子》文本的格言体、诗体语言的特征，我们在解释《老子》文本时应该避免“思想聚焦”而按照字面意思将术语的含义绝对化。[①] 其次，扎格泽博斯基所说的动机是指对认识实在、理解实在等理智善的动机，扎格泽博斯基认为或许在更深的层次，道德德性和理智德性源于同样的动机，即对一般而言的存在（being in general）的爱。[②]《老子》所谓“常无欲，以观其妙”，“观其妙”就是一种理智动机，“无欲”与动机概念并不矛盾，而是服务于对理智善的追求的。甚至我们也可以说，“观其妙”的动机正是源于对“道”或存在的爱，即试图建立与“道”或存在之间的认知联系。

因此，“无欲”同样包含追求理智善的动机成分，即试图理解道，或者说意欲建立与道之间的认知联系。“无欲”也同样包含实现理智善的可靠成功。首先，“无欲”能保证认知官能不受欲望的干扰，《老子》第十二章说：

> 五色令人目盲；五音令人耳聋；五味令人口爽；驰骋畋猎令人心发狂。

老子清楚地认识到对感官享乐的过分欲求会妨碍知觉和思维的认知功能。戈德曼这样的可靠论者认为知觉和良好的推理是可靠的信念产生过程，德性可靠论者进一步认为知觉和良好的推理是认知者所具有的理智德性。可靠论者放弃了柏拉图、笛卡尔关于知识的不可错性（infallibility，或译“绝对可靠性”）的理想标准，仅要求认知过程或理智德性所产生的真信念与假信念之间的顺差最大化。而“无欲”则可以通过避免欲望对能力德性的干扰而增加真信念在信念输出中的比重。更为重要的是，虽然“无欲”更接近于德性责任论所主张的性格德性，却能够对能力德性的发挥施加积极的影响而在能力德性和性格德性之间建立某种更紧密的联系。

其次，“无欲”能够可靠地保证成功获得理智善的另外一种方式是防止欲

---

① “思想聚焦”是刘笑敢提出的概念，指的是老子文本“由古本、到传世古本，再到通行本的发展过程中强化、突出《老子》的思想观点和重要概念的过程”，即在文本演变过程“对某种共同的语言特点的重复和强化”（参见刘笑敢：《老子古今：五种对勘与析评引论：上卷》，北京：中国社会科学出版社，2006 年版，第 23、12 页。）本文借鉴这个概念，用以指按照字面意思讲概念术语含义绝对化。

② Zagzebski L T. *Virtues of the mind: An inquiry into the nature of virtue and the ethical foundations of knowledge*. Cambridge University Press, 1996: 167.

望对求知动机的扭曲。换句话说，“无欲”不仅能够保障认知者可靠地发挥其能力德性的作用，也有助于认知者稳定地发挥其他性格德性的作用。

“无欲”有助于认知者保持心灵开放（open-mindedness）。心灵开放是指从偏见、偏袒以及其他使心灵封闭、不愿考虑新问题、接纳新观念的习惯中解放出来。① 我们可以用《庄子·逍遥游》中一段材料对此加以说明：

惠子谓庄子曰：“魏王贻我大瓠之种，我树之成，而实五石。以盛水浆，其坚不能自举也。剖之以为瓠，则瓠落无所容。非不呺然大也，吾为其无用而掊之。”庄子曰：“夫子固拙于用大矣。……今子有五石之瓠，何不虑以为大樽，而浮于江湖，而忧其瓠落无所容？则夫子犹有蓬之心也夫！”

惠施因意欲大瓠为我所用而被功利欲求闭塞了心灵，因而不能以新的眼光看待大瓠，反而不能认识到大瓠另有妙用。

“无欲”有助于认知者保持理智勇气（intellectual courage）。理智勇气是使认知者能够坚持其信念的心灵特征。② 俗语谓“无欲则刚”，语出《论语·公冶长第五》：“子曰：‘吾未见刚者。’或对曰：‘申枨。’子曰：‘枨也欲，焉得刚？’”钱穆解释说：“人多嗜欲，则屈意徇物，不得果烈。”③ 虽然《论语》及钱穆注解都是就伦理德性而言的，但无疑“无欲则刚”也能体现在认知活动中。一个欲望淡泊的人更不容易因为外界的威逼利诱而故意生产假信念，甚或为了避免真实信念与假信念之间的“认知不协调”④ 而用假信念进行自我说服。

“无欲”有助于认知者保持思维公正和不偏不倚（impartiality）。正如《庄子·齐物论》所说的那样，一个做到“吾丧我”的人（即一个与个人欲望、偏好、偏见保持距离的人），能够以“两行”的态度和方式对待各种相互对立的观点。所谓“两行”，即“以一种道的胸怀和眼光，平等、开放、客观公允

---

① Zagzebski L T. *Virtues of the mind: An inquiry into the nature of virtue and the ethical foundations of knowledge*. Cambridge: Cambridge University Press, 1996: 173.

② Greco J. Virtues in epistemology. In P. K. Moser (Ed.), *The Oxford handbook of epistemology*. New York: Oxford University Press, 2002: 289.

③ 钱穆：《论语新解》，北京：生活·读书·新知三联书店，2005 年版，第 120 页。

④ 心理学家利昂·费思廷格提出的概念，即为了避免态度与行为或两种想法（“认知”）之间的不一致而调整自己的想法。参见戴维·迈尔斯：《社会心理学》，北京：人民邮电出版社，2016 年版，第 110 页。

地看待言论”[①]，通过把矛盾作为思维的基本单元而保持思维公正。

限于篇幅，这里不再详细讨论“无欲”与其他理智德性的联系，但相信读者很容易就能看出“无欲”如何有助于认知者保持全神贯注（wholeheartedness）、理智冷静（intellectual sobriety）乃至细心、思维缜密等其他理智德性的。至此，我们完全有理由把“无欲”视为一种理智德性。“无欲”以追求对道、世界的理解等理智上的善为其动机；“无欲”既能可靠地保证能力德性的运作，又能使认知者保持心灵开放、理智勇气、思维正直等其他性格德性。因此，“无欲”不仅和其他理智德性一样包含动机和成功两种成分，而且可以在能力德性与性格德性之间建立联系，甚至可以在某种程度上说，“无欲”是比心灵开放、理智勇气、思维正直等更为根本的理智德性。

四、“无欲”的伦理与审美价值

不同于德性可靠论，德行责任论是按照伦理德性的模式来理解理智德性的。一切伦理德性都以某种善为目的，而理智上的善是善的一个子类。相信《老子》所谓的“常有欲，以观其徼”“圣人恒无心，以百姓心为心”已经能够清楚表明作为理智德性的“无欲”在伦理、政治上的价值。本文将以《庄子》中的某些本文为依据，简要说明作为理智德性的“无欲”在环境伦理和艺术创作中的价值。

首先，“无欲”在环境伦理中的价值在于有助于人类对自然内在价值的肯定：

> 山木，自寇也；膏火，自煎也。桂可食，故伐之；漆可用，故割之。人皆知有用之用，而莫知无用之用也。(《庄子·人间世》)
>
> “知无用而始可与言用矣。夫地非不广且大也，人之所用容足耳，然则厕足而垫之致黄泉，人尚有用乎?”(《庄子·外物》)

谢阳举认为，“无用之用”即以辩证的命题形式揭示自然事物的“内在价值”。[②]“山木，自寇也”，表面上是讲自然事物因为对人类有用而被消耗，其

① 谢阳举：《老庄道家与环境哲学会通研究》，北京：科学出版社，2014 年版，第 93 页。

② 谢阳举：《老庄道家与环境哲学会通研究》，北京：科学出版社，2014 年版，第 253 页。

实暗含着对人类工具理性的批判。《庄子》的意思是说，自然事物具有独立于人类欲望、人类善的内在价值。只有暂时悬置人类的欲望，抛弃对待自然的工具理性态度，我们才能真正发现并承认自然的内在价值。

其次，“无欲”有助于在艺术创作和技术劳作中取得突出成就：

> 梓庆削木为鐻，鐻成，见者惊犹鬼神。鲁侯见而问焉，曰：“子何术以为焉？”对曰：“臣，工人，何术之有！虽然，有一焉：臣将为鐻，未尝敢以耗气也，必斋以静心。斋三日，而不敢怀庆赏爵禄；斋五日，不敢怀非誉巧拙；斋七日，辄然忘吾有四枝形体也。当是时也，无公朝。其巧专而外骨消，然后入山林，观天性形躯，至矣，然后成鐻，然后加手焉，不然则已。则以天合天，器之所以疑神者，其是与！”（《庄子·达生》）

“斋以静心”即《庄子》内篇所说的“心斋”“坐忘”。“梓庆削木为鐻”的故事说明，通过排除对庆赏爵禄、非誉巧拙的欲望，艺术创造者或手工艺人才能集思凝神，“观天性形躯”，把自我与外界高度融为一体，从而获得鬼使神工之妙。《达生》篇的“佝偻者承蜩”“津人操舟若神”、吕梁丈夫“从水之道而不为私”“东野稷以御见庄公”“工倕旋而盖规矩，指与物化而不以心稽”等故事也都能从不同侧面说明“无欲”的审美和艺术价值。

结　语

综上所述，德性知识论通过复兴古希腊的“理智德性”概念，不仅为解决传统知识论难题提供了新的思路，而且扩展了传统知识论的范围，把人及其能力特征和性格特征置于知识论研究的核心，更能够解释认知活动在伦理和审美等理智生活中的作用，以及知识与伦理价值和审美价值之间的联系。

道家“无欲”概念有理由被视为一种理智德性。“无欲”既包含扎格泽博斯基所谓的德性动机成分，也包含德性成功成分，而且可以在能力德性与性格德性之间建立联系，甚至是比心灵开放、理智勇气、思维正直、理智冷静、思维缜密等理智德性更为根源性的理智德性，更能保证认知者获得理智上的善。同时，作为理智德性的“无欲”也能够在政治、伦理、审美、艺术等理智生活中发挥积极作用。

后 记

（2017 论文集）

习近平总书记在 2016 年 5 月 17 日《在哲学社会科学工作座谈会上的讲话》中指出："要坚定中国特色社会主义道路自信、理论自信、制度自信，说到底是要坚定文化自信。文化自信是更基本、更深沉、更持久的力量。" 11 月 30 日他在中国文联十大、中国作协九大开幕式的讲话中又说："坚定文化自信，是事关国运兴衰、事关文化安全、事关民族精神独立性的大问题。没有文化自信，不可能写出有骨气、有个性、有神采的作品。"

为了深入学习贯彻落实习近平总书记讲话精神，结合我省地方文化的特点，陕西省人民政府决定在丁酉（2017）年清明公祭轩辕黄帝活动期间，举办"黄帝陵·文化自信"清明学术交流会，具体由西北大学承办。自 2007 年以来，今年是第 11 次举行清明黄帝文化学术交流会。2017 年 4 月 2—5 日，学术交流会如期在西安举行。来自全国各地的 60 余名学者共聚一堂，围绕"黄帝陵与黄帝文化""文化传承与学术创新""文化自信与民族复兴"等问题展开了热烈而深入的研讨。陕西省人民政府常务副省长梁桂出席开幕式并致辞，清华大学、西北大学教授，西北大学名誉校长张岂之先生做了《中华文明根脉与文化自信》的演讲。著名学者董金裕、邓国光、陈福滨、廖美玉、潘小慧、曾春海、李纪祥、赵馥洁、赵世超、刘志琴、霍彦儒、董群等先后做了精彩发言，引起了广泛讨论。

会议期间，张岂之先生还同董金裕、廖美玉、肖永明、张茂泽四位教授在陕西省委党校大礼堂，为陕西中青年干部做了一期"三秦大讲堂"，此期大讲堂是"中华优秀传统文化专题讲座"，涉及儒学教育、节气文化、书院的社会教化功能以及中国文化的两个传统等话题。

为反映此次学术交流会的成果，陕西省公祭黄帝陵工作委员会办公室和西

北大学中国思想文化研究所整理编辑了《黄帝陵·文化自信清明学术交流会论文选集》，并在西北大学出版社的支持下顺利出版。在此，谨向关心、支持本次学术交流会和编辑出版论文选集的各位学人和各界朋友表示衷心的感谢！

限于水平，本书中的疏漏在所难免，敬请各位读者批评指正。

编　者

2017年8月28日

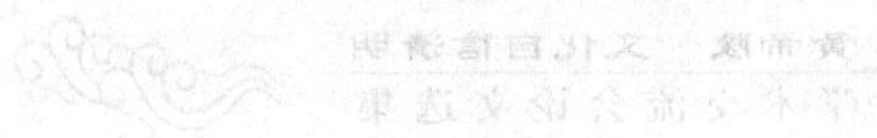